新曲线 | 用心雕刻每一本……
New Curves
http://site.douban.com/110283/
http://weibo.com/nccpub

用心字里行间　雕刻名著经典

你知道吗?
你在做全世界
最重要的工作。

感谢乔智大叔为本书提供精美插图。
自称"幼儿园专业看门20年"的乔智大叔,以稚拙的笔触,温情的视角,每天用一幅小画传递着关于孩子、幼儿园和教育的思考,其中一些,已成为经典,在幼教圈中,久久流传。

商务印书馆（成都）有限责任公司出品

儿童生活中我是谁

学前教育导论

第9版

［美］斯蒂芬妮·菲尼　伊娃·莫拉维茨克　谢里·诺尔蒂　著

洪秀敏　李晓巍　王兴华　译

洪秀敏　审校

商务印书馆

2019年·北京

Stephanie Feeney Eva Moravcik Sherry Nolte

Who Am I in the Lives of Children?
An Introduction to Early Childhood Education

ISBN: 978-0-13-265704-4

Copyright © 2013 by Pearson Education Inc.

All rights reserved.

No part of this book may be reproduced or transmitted in any form or by any means, electronic or mechanical, including photocopying, recording or by any information storage retrieval system, without permission from Pearson Education, Inc.

CHINESE SIMPLIFIED language edition published by PEARSON EDUCATION ASIA LTD., and The Commercial Press. Copyright © 2019.

中文简体字版由培生教育出版公司授权出版。

作者简介

斯蒂芬妮·菲尼　伊娃·莫拉维茨克　谢里·诺尔蒂

斯蒂芬妮（Stephanie），曾多年在夏威夷大学任学前教育教授，积累了丰富的经验。退休后，与他人合著了 Continuing Issues in Early Childhood Education（第3版），撰写了 Professionalism in Early Childhood Education: Doing Our Best for Young Children 一书。斯蒂芬妮现仍致力于学前教育伦理和专业素养方面的写作及教学。

伊娃（Eva），檀香山社区学院教授，她既在该学院授课，同时又负责一所儿童发展实验学校。在日常工作中，她常与儿童、家长、员工以及学院的学生接触，具有丰富的实践经验，为她在现实生活中的幼教工作打下了坚实的基础。

谢里（Sherry），檀香山社区学院教授，曾为本书第7版供稿，并参与编写第8版。她在关于军人家庭儿童、低收入家庭儿童和婴幼儿教育方面有着丰富的经验。

斯蒂芬妮、伊娃和谢里在学前教育领域丰富的知识、研究经验与写作功底，确保本书具有理论的科学专业性、语言的通俗易读性、内容的丰富教育性、教学法的独特操作性，完整地呈现了学前教育领域新的理论和研究成果，具有重要的实际意义。本书被誉为学前教育领域的"百科全书"。

译者简介

洪秀敏，教育学博士，北京师范大学学前教育研究所（系）所长、教授。现任中国学前教育研究会常务理事及学术委员会委员、教师发展专业委员会主任。主要从事学前儿童心理发展与教育、幼儿园教师专业发展和学前教育政策的研究。主持国家社科基金重大项目等省部级课题十余项，出版著作近20部，发表论文80余篇，获中国高校人文社会科学研究优秀成果奖、北京市高等教育教学成果奖、北京市哲学社会科学优秀成果奖、教育部高校哲学社会科学优秀咨询报告等荣誉。

李晓巍，发展与教育心理学博士，北京师范大学学前教育研究所（系）副教授。毕业于北京师范大学心理学院，美国加州大学伯克利分校联合培养博士。现任中国学前教育研究会副秘书长。主要从事儿童社会性与情绪发展、儿童发展评价等方面的研究。主持并参与多项教育部人文社科基金项目、教育部人文社科重点研究基地重大项目等。在国内外专业期刊发表学术论文20余篇。

王兴华，教育心理学博士，北京师范大学学前教育研究所（系）副所长。毕业于德国慕尼黑大学，世界学前教育组织（OMEP）中国委员会委员。主要从事儿童心理发展方向的教学和科研工作，主持全国教育科学规划等多项省部级课题，曾在中英文专业杂志上发表多篇学术文章。参与编写或翻译了《儿童心理学手册》《透视处境不利儿童的心理发展》等多部专业著作。

推荐序

近些年来，在世界范围内，幼儿园教师的专业发展受到了人们的广泛关注。美国幼儿教育协会（NAEYC）制定了幼儿教师专业标准，规定了合格的幼儿教育专业人员应知应会的内容。我国教育部也于2012年颁布出台了《幼儿园教师专业标准（试行）》，以促进幼儿园教师的专业发展，建设高素质的幼儿园教师队伍。

伴随着专业标准的出台，"如何做一名专业的幼儿教师"成为广大师范院校学前教育专业的师生、幼儿教师以及幼儿园管理者极为关注的问题。由北京师范大学学前教育研究所（系）三位教师共同翻译、北京新曲线出版咨询有限公司出版的《儿童生活中我是谁：学前教育导论》一书在一定程度上回答了上述问题。这本书以帮助学前教育专业的学生成长为一名专业及至优秀的学前教育工作者为目的，以帮助学习者形成正确的儿童观、教育观为导向，通过明确幼儿园教师应该并必须掌握的专业知识、应该并必须具备的专业能力，勾画出幼教工作者的专业形象，引导并促使学前教育专业的学生成长为心中有理想、眼中有儿童、学业有专攻、教育有方法、行为有规范、举止有教养的幼儿园教师。本书自1979年第一版发行以来大受欢迎，之后又经过八次修订，被作为幼儿园教师的培养和培训教材广泛应用于不同国家和地区，包括美国各州以及加拿大、澳大利亚、日本、新加坡等。第九版延续了以幼儿为中心的传统，致力于促进幼儿生理、社会性、情感和智力等各方面的和谐发展，并以尊重个体、在教育情境中考虑个体差异为显著特征，力求让学前儿童教育的价值和指导原则在各教育实践环节中清晰可见。全书内容通俗、易懂，既反映了学前教育领域的研究成果，也反映了对多年来学前教育实践经验的总结与反思。

尽管本书的写作背景是当今的美国社会，与我国的具体情境和文化背景存在一定的差异，但是从幼儿教师成长的共性和学习特点来看，本书有许多值得借鉴的地方，突出表现在其推崇反思和提供情境化互动练习等方面。反思是学习过程的基石，本书各个章节均设有"经验反思专栏"与"伦理反思指南专栏"，鼓励学习者在实践中反思自己的人格特质、态度、技能、价值观和道德观，这些对于帮助学习者聚焦所学、澄明所想、认清将来在幼儿生活中所要扮演的角色来说具有重要意义。"我的教育实验室"提供了情境化互动练习、模拟，以及其他教师专业发展所需知识技能的资源和在线学习方案，这种支架式的学习体验为学前教育专业的师生们提供了一种有价值的教育与学习工具。

一本好书就是一位良师益友。本书对于广大学前教育专业的师生来说可以称得上是良师益友。作为一本入门级别的书，它非常适合学前教育专业的学生阅读，也适合广大幼儿园教师阅读。当然，对于与学前教育专业有关并致力于儿童服务的专业人员也大有裨益。

翻译是一件费力不讨好的事情，因为翻译一部著作，不仅需要一定的语言功底，而且还要能准确把握与专业有关的学术知识。这本书的翻译工作是三位教师在十分繁忙的教学和科研中抽出时间努力完成的。在翻译过程中，她们尽其所能在忠实原文、语句通俗易懂的基础上提升文采。完美的翻译是很难达到的，但是她们严谨的作风、刻苦的精神和追求完美的态度值得称赞。

作为一名多年从事学前教育专业的教学和科研工作者，我充分肯定这部译著，并向全国学前教育专业的师生、幼儿园系统推荐这本书。

是为序。

冯晓霞
北京师范大学教育学部教授
原中国学前教育研究会理事长

译者序

学前教育工作者对儿童、家庭乃至整个社会的发展都会产生长远的影响。作为一本入门级的著述,《儿童生活中我是谁:学前教育导论》的核心目标是,使教育者或即将步入学前教育领域的未来教育者明确:作为一名幼儿教育工作者,应该坚持尊重儿童、尊重文化差异、以儿童为中心、与家庭友好相处的工作方法。教育的价值在于尊重并重视儿童,引导、促进儿童的全面发展,而非教育的内容或方法。

在本书的作者队伍中,既有长期关注幼儿教师伦理与专业成长的学前教育领域的教育专家;也有来自教育一线、拥有丰富实践经验的学前教育工作者;还有长期指导幼教实习、专注幼儿教师培养的教师教育工作者。他们从不同的视角,对学前教育以及学前教育工作者的发展发表了自己的见解。基于此,本书具有视角独特全面、理论实践并重的显著特点。

基于各自的教育成长经验以及多年来教学研究工作的实践积累,三位作者从学前教育工作者的专业责任出发,对其工作内容和伦理责任进行了阐述和分析。她们不仅对存在的问题进行了理论层面的探讨,而且还为读者提供了相应的技术性策略指导。在章节的结构安排上,除必要的基本知识外,每一章还包含了"反思专栏""黄金法则"和"家园联系"等内容,不仅为读者提出了大量的理论联系实际的思考问题,而且呈现了简练清晰的教学经验总结;同时,每章节附有丰富的案例,以便帮助读者运用本章知识做出分析,增强对所学内容的理解和巩固。

全书分为三大编,共14章:

第一编包括第1~3章,内容包括学前教育专业概述、儿童观和教育观的发展与趋势。第1章对学前教育专业进行了概述,从作为普通人和专业工作者这两种视角介绍了学前教育工作者的专业角色与责任。第2章藉由具体的幼教机构项目介绍了美国目前的学前儿童教育体系,讨论了学前教育机构管理、教师资格认证、机构和课程质量,以及美国教育改革对学前儿童教育的影响。第3章主要阐述了儿童观、教育观的历史演变及其对美国学前教育产生的持久影响,介绍了欧洲的学前教育模式以及美国历史上最重要的早期教育项目——儿童托管和开端计划。

第二编包括第4~13章,分别阐述了学前教育工作者在儿童发展评估、儿童人际关系建立、儿童健康和安全、游戏、课程计划和家园合作等方面的工作责任,并结合案例,提供了具体的教学策略和教学活动指导。其中,第4章阐述了儿童发展的一般规律。第5章论述了学前教育领域内的评估工作,包括聘雇的性质、评估的工具以及幼儿教师在评估过程中的角色等内容。儿童与重要他人之间温暖且积极的人际关系是儿童情绪健康发展的基础。第 6 章探讨了师幼关系在指导儿童行为中的关键作用，以及指导儿童与他人建立积极关系的教学策略与教学活动。第 7 章的主要内容是，在学前教育过程中，幼儿教师需要保护儿童免受伤害，实现幼儿的身心健康发展。第 8 章专门论述了学习环境对幼儿发展的重要作用，以及环境创设的规律与原则。第 9 章讨论了游戏在儿童教育中的作用，学前教育工作者在支持儿童的游戏时所扮演的角色。第 10 章和第 11 章详细介绍了学前教育课程的设置和内容选择，为幼儿教师提供了相关的思考框架。第 12 章主要是指导教师在面对有特殊需要的儿童时，如何为融合教育做准备。第 13 章论述了家园合作的重要性，与幼儿家庭建立联系，鼓励并支持家庭参与到幼儿园活动中是学前教育工作者的工作内容之一。

第 14 章是本书的最后一编，在前两编的基础上，它进一步明确了作为一名专业的工作者，幼儿教师应当有自己的职业信仰和职业承诺，尊重儿童并投入工作。为了成为一名学前教育领域的专家，你要意识到幼儿教师不仅仅是一个讲故事的人，你需要对幼儿、对自己、对你的职业做出承诺，学前教育是一项复杂而艰巨的任务。

最后的附录部分提供了美国幼儿教育协会的道德行为守则、承诺书以及各种环境检查表。

本书的翻译工作历时一年之久，感谢所有为本书的翻译工作做出努力的团队成员。翻译工作由洪秀敏统筹安排，具体分工如下：洪秀敏翻译了前言、第 6 章、第 7 章、第 8 章、第 9 章和附录；王兴华翻译了第 1 章、第 2 章、第 3 章、第 4 章、第 5 章；李晓巍翻译了第 10 章、第 11 章、第 12 章、第 13 章、第 14 章。全书由洪秀敏统稿和审校，研究生顾红梅、刘鹏参与了部分工作。在此表示感谢！

知识永远在更新进步。本书虽然包含了学前教育领域诸多方面的内容，但并不能涵盖所有。它所提供给您的应当是思考问题的方式、对待儿童的理念、开展家园合作的态度……但所有这些理念层面的指导还需要您在具体的教学实践工作中去打磨，去领悟！

洪秀敏
北京师范大学学前教育研究所（系）所长
中国学前教育研究会常务理事
教师发展专业委员会主任

致读者的一封信

亲爱的读者：

欢迎阅读《儿童生活中我是谁》——一本学前教育领域的导论性教科书。本书的写作目的，旨在帮助你成为一名能够促进幼儿发展的学前教育领域专业人士。

本书无意于让每一位读者都得出相同的结论或者对儿童采用相同的教育方式。我们坚定地认为，要想成为经验丰富的学前教育工作者，你必须要形成自己的风格，以及能够反映自己的价值观、指导自己行为的专业理念。逐渐成长为一名学前教育工作者的确让人兴奋，我们鼓励你花点时间仔细想一想，有关幼儿及其家庭以及你作为教师的角色，你都知道些什么、你相信什么以及你最看重什么。该领域有太多的知识需要学习，而且这些知识还在不断更新和发展，因此，本书不可能涵盖你需要的所有知识。然而，我们能为你提供一种视角，教你如何看待信息、观念，以及工作中与幼儿及其家庭相处时所做的诸多选择。我们深信，当你用心反思所学的知识，认真思考自己的儿童观和教育观，并在实践中磨炼你的技能时，你一定能从学前教育这份重要的工作中获得满足与快乐。

作者介绍

读一本书时，人们喜欢了解书的作者——他们是谁以及为什么要写作这本书。这里与大家分享一些关于我们的信息。我们有多种职业角色，包括学前教师、社会工作者、幼儿园教师、中心主任、教育协调员、亲子中心项目总监、顾问、亲职教育教师、CDA 培训师、开端计划区域培训主管、大学教授以及作家。我们曾任职于家长合作组织、儿童保育中心、幼儿园、婴幼儿项目、开端计划、军人子女保育机构、公立学校、政府机关和大学机构。我们也是美国地方和国家学前教育组织及儿童权益拥护者的董事会成员。

斯蒂芬妮（Stephanie），曾在夏威夷大学任学前教育教授多年，退休后，与他人合著了 Continuing Issues in Early Childhood Education（第 3 版），撰写了 Professionalism in Early Childhood Education: Doing Our Best for Young Children 一书（这两本书均由培生公司出版）。斯蒂芬妮现仍致力于学前教育伦理和专业素养方面的写作及教学。

伊娃（Eva），檀香山社区学院教授，她既在该学院授课，同时又负责一所小型儿童发展实验学校。在日常工作中，她常与儿童、家长、员工以及学院的学生接触，这不断地为她在现实生活中的幼教工作打下了基础。

谢里（Sherry），曾为本书第 7 版供稿，并参与编写第 8 版。她在关于军人家庭儿童、低收入家庭儿童和婴幼儿教育方面有着丰富的经验，同时她也是檀香山社区学院的教授，负责教学和督导学生实习。

伊娃和谢里在斯蒂芬妮的帮助下，刚刚完成了本书的配套用书《有意义的幼儿课程》（Meaningful Curriculum for Young Children）的编写工作。她们在课程方面丰富的知识、研究经验与写作功底，为本书的此次再版奠定了基础。

斯蒂芬妮·菲尼、伊娃·莫拉维茨克和谢里·诺尔蒂

本书自该版起，多丽丝·克里斯坦森（Doris Christensen）将不再参与编写，我们一如既往地感谢她对本书做出的长期贡献。琳达·布朗（Linda Brown）博士帮助我们修订了第12章《融合多样化的学习者》。我们的老朋友、老同事——夏威夷社区大学希洛分校的学前教育教授玛丽·戈雅（Mary Goya）——更新了本版的《教师资源手册》《试题库》以及《在线幻灯片》。

本书源自我们作为儿童、成人、学习者以及教师的经验，我们早期受教育的经验，既来自以儿童为中心的托儿所（正如本书所描述的那样），也来自大型的公立学校、私立学校和小型的跨国学校。尽管童年经历不同，但是我们的价值观是相似的，很多教育理念也一致。长久以来，我们秉承这样的承诺：确保所有接受学前教育的儿童都能得到培育、接受挑战，支持他们全面发展，并鼓励家长们加入到孩子的教育中来。

之所以撰写这本书，是因为我们希望有一本与我们的信念相一致的导论性学前教育教材，我们坚信学前教师的个人发展和专业发展是紧密相连的，我们强调反思价值观和教育选择的重要性——该方法在当时并不被普遍接受——但是现在，我们乐见人们接受了这一观点。与前8个版本一样，第9版反映了一种阅读、反思、整合新信息和新经验的过程。

关于本书：以儿童为中心的取向

本书自1979年出版第1版以来，历经八次修订，被广泛应用于不同的机构和国家，包括美国、加拿大、澳大利亚、日本、新加坡和中国等。本书的每一版本都反映了学前教育领域的发展以及学生和同事们对本书的反馈，同时也反映了我们作为教育者、儿童与家庭支持者的成长。

为了帮助读者更好地理解本书内容，我们采用了通俗、直接、个人化的写作风格。与前几版一样，我们在本版中仍将强调个人意识的发展，强调按照价值观和选择的持续反思过程。

在学前教育中，坚持以儿童为中心的取向是本书以及我们开展儿童工作的基础，该取向根植于人本主义与进步主义教育的悠久传统，根植于学前教育独特的历史和哲学。我们观念的形成深受那些倡导以儿童为中心的教育实践的教育家、心理学家和哲学家的影响，他们是（依时间先后顺序排列）弗里德里克·福禄贝尔、约翰·杜威、玛丽亚·蒙台梭利、露西·斯普拉格·米切尔、A.S.尼尔、列夫·维果茨基、让·皮亚杰、埃里克·埃里克森、卡尔·罗杰斯、亚伯拉罕·马斯洛、芭芭拉·比伯、西尔维娅·阿希顿-华纳、詹姆斯·L.海姆斯、洛里斯·马拉古兹、约翰·霍尔特、霍华德·加德纳。

那些秉承以儿童为中心传统的学前教育机构，致力于促进儿童生理、社会性、情绪和智力的全面发展。这些教育机构以充分尊重个体以及鼓励在教育情境中尊重个体差异为特征，并坚信儿童从直接经验和自发性游戏中获益最多。在以儿童为中心的教育机构中工作的教育者们根据儿童的实际情况开展工作，并重视逐步了解每个孩子的优势、兴趣、面临的挑战和生活环境，进而有针对性地为每个孩子的成长和学习提供支持，而不是按照预定的计划行事。这些教育者们把每个儿童视为家庭、社区和社会的一员，他们的选择反映了上述这些他们对学前教育的理解。

我们认为建构主义取向能为幼儿提供学习经验，也认可有意识的教学（intentional teaching）的重要性。在这一版中,我们将继续坚持我们的价值观和承诺,诸如尊重、文化敏感性、以儿童为中心、家庭友好等,并在工作中践行这些取向。我们力求让学前教育的这些价值观和指导原则清晰可见,并恪守我们对此的承诺。多年来的事实清楚地表明:这不只是一种可见的学前教育工作的取向,更是一种与所有年龄段的人相处、终生学习以及如何生活的取向。

本版更新的内容

- 在第4~13章中,关于学前教育工作者的日常工作,我们增加了更多的课堂轶事,完善了关于如何把建构主义和有意识的教学转化成课堂实践的新案例。
- 鉴于家庭在家园共育方面发挥着重要的作用,我们在第4~13章中新增了"家园联系"新专题。
- 更新了第1章中有关职业道德的范围,增加了新的部分:"专业成长之路"。
- 更新了第2章中对学前教育领域中的项目、标准和问题的讨论,增加了学前教育新趋势的内容。
- 我们在第4章中更新并拓展了与学前教育相关的脑科学研究,包括脑执行功能的重要性。
- 更新和拓展了第5章中关于评估准则、儿童作品样本、数字化档案、小学低年级儿童档案、文档集合、幼儿园和低年级真实性评估等内容。
- 我们在第6章中拓展了针对家庭系统理论的讨论,强调以培养社会性和情绪能力为目标的指导;还拓展了支持该学习的实践,包括教学金字塔(CSEFEL)。
- 第7章丰富了学前教育项目中的肥胖预防、健身活动等内容。
- 在第9章中,我们新增了以维果茨基和厄尔克林的理论为基础的装扮游戏层次的内容,补充了游戏流动理念、艾贝尔游戏过程理论、游戏在大脑发育过程中的作用以及对追逐打闹游戏等内容的讨论。
- 课程及课程计划的章节有所加强,包括在建构主义学前教育项目中整合性课程的案例(案例录像见www.myeducationlab.com,该网站要求每名学生一个独有的登录密码)。我们在第11章中增加了其他一些内容,如在"课程计划"中拓展了DAP、内容标准、基于观察的计划、制订周计划以及用整合方法制订计划的比较等内容。

我们的愿景

很多取向可用于幼儿教育工作。在本书中,我们想帮助你发现你作为教育工作者的角色(你是谁),你应该重视儿童哪些方面,而不是只关注教学内容和技能。就像创作一个泥塑像一样,泥塑像的每一部分都代表着一个核心,我们致力于帮助你把自己的工作整合成"你是谁"的一部分。如果没有这一基础,你们便难以了解如何回应一群真实的儿童。如果泥塑的构成仅仅是把头、胳膊、腿简单地粘在泥球上,那么将泥塑放在火上烤的时候各个部分就会散落;同样,如果构成一位教师的教育都是些零星碎片,那么当面对真实的课堂时,这些教育也会如泥塑一般四分五裂。

在你即将面对的儿童及其家庭的生活中,你扮演着重要的角色。我们希望本书能够帮助你早日胜任学前教育工作,乐于培养、善于反思,并积极坚定地支持幼儿的全面发展。

致　谢

自1977年开始编写、修订本书以来,许多同行、朋友和学生给予我们大力的支持和影响,因此,我们要感谢的人越来越多,感谢的心情也越来越强烈。

感谢那些从我们启动编写本书时对我们的思想和实践作出贡献的教育领导们:Barbara Bowman、Sue Bredekamp、Harriet Cuffaro、Lilian Katz、Elizabeth Jones、Gwen Morgan和Karen VanderVen。我们清楚地记得Docia Zavitkovsky、Jim Greenman、Elizabeth Gilkeson和Elizabeth Brady给予的帮助。感谢Jean Fargo,是他帮我们认识到,我们的人生价值,必寓于学前教育工作者的工作之中。此外,已故的Fred Rogers先生那尊重儿

童的态度、动人的言语仍旧启发着我们。

我们还要感谢为本书以及之前版本提供帮助的朋友和同事们：Georgia Acevedo、Steve Bobilin、Linda Buck、Spring Busche-Ong、Svatava Cigankova、Robyn Chun、Jane Dickson-Iijima、Richard Feldman、Marjorie Fields、Nancy Freeman、Amy Garma、Jonathan Gillentine、Kenneth Kipnis、Miles Nakanishi、Robert Peters、Julie Powers、Larry Prochner、Jackie Rabang、Alan Reese、Beth Rous、Kate Tarrant 和 Lisa Yogi。

夏威夷大学马诺阿分校学前和小学教育项目的同学们，以及檀香山社区学校学前教育项目的同学们，他们有着深刻的洞察力并向我们提出发人深省的问题，为我们提供了关于未来教育者的新视角，感谢他们。

和你们一样，我们也在"做中学"。在与夏威夷一些教育机构的儿童、家庭和同行们一起工作时，我们的态度、价值观、知识和技能都得到了提升。这些机构分别是：里沃德社区学院的儿童中心、檀香山社区学院的 Keiki Hauoli 儿童中心、夏威夷大学马诺阿分校的儿童中心、幼儿园以及圣蒂莫西儿童中心等。

感谢对本版书给予建议和评论的评论家们：布里瓦德社区学院的 Victoria Candelora、戴维森县社区学院的 Jody Lawrence、卡罗来纳海岸大学的 Barbie Norvell-Johnson、俄克拉荷马大学的 Sharon Pyeatt、纽约州立大学科特兰分校的 Patricia Roiger、麦克伦南社区学院的 Emily Stottlemyre。

感谢本书中照片的提供者 Jeffrey Reese，他是一位极有天分的摄影师，他的作品使得本书更加生动，前四个版本中的照片也都出自他手。这些照片拍自俄勒冈州库斯贝的南海岸开端计划项目、波特兰的海伦·戈登儿童发展中心、华盛顿奥林匹亚的 Kona 和 Ed Matautia 一家、夏威夷里沃德社区学院的儿童中心、檀香山社区学院的 Keiki Hauoli 儿童中心、卡内奥赫湾海军基地的儿童发展中心。"我的教育实验室"专栏中的录像由 Steve Bobilin 在夏威夷里沃德社区学院和檀香山社区学院拍摄。为本书增添活力的插图是来自里沃德社区学院儿童中心的孩子们的作品，再次感谢这些学校的儿童、工作人员和家长们的合作。感谢美国国家教育博物馆和捷克共和国布拉格的夸美纽斯图书馆慷慨地允许我们在第 3 章中使用他们藏品中的照片。

特别感谢我们的编辑 Julie Peters 在本次修订过程中的悉心指导。

每本书的写作都会给作者的家庭生活带来或多或少的影响，因此，最后我们要特别感谢我们的丈夫和孩子：Don Mickey、Jeffrey Reese、David 和 Miles Nolte，感谢他们用耐心和乐观激励并支持我们。

斯蒂芬妮·菲尼
伊娃·莫拉维茨克
谢里·诺尔蒂
于俄勒冈州的沃尔德波特、夏威夷的檀香山

本书特点

反思专栏

本书的章节中有两种类型的反思专栏。这些专栏中提出的一些问题可供你思考、讨论和写作。

反思你的经历

反思你在幼儿园和学前班的经历。你儿时参加的，以及长大后所观察或执教的机构是如何反思其发展历史的？这些机构像什么？你对它们的反应是什么？

◀ "关于……"的反思专栏

这些反思专栏提出的问题有助于你消化所学的知识。思考和反思是学习过程中的基石，对这些主题的讨论和写作有助于你聚焦所学、理清思路。

伦理反思专栏 ▶

学前教育工作者经常会在工作中遇到伦理问题。在第1章"教师"中，你可以发现有关职业伦理的综述以及幼儿教师可能经历的道德困境。这些专栏描述了一些道德困境，并要求你思考每种困境下的冲突责任，反思"好的学前教育工作者"如何运用NAEYC道德行为规范中的指导准则来处理这种冲突。

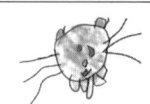

反思伦理责任

在你任教的班级里，一名6岁的孩子经常请假，当你向她询问原因时，她告诉你她必须在家照顾妹妹，因为妈妈病了或者妈妈必须去上班。请运用第24页的"伦理反思指南"，反思你在这一情境中的伦理责任。

黄金法则 ▼

"黄金法则"专栏以清晰有效的方式总结并呈现了有关教学的重要原则和实践。

创设室内学习环境的黄金法则

1. 整理环境以便于监管、清洁和维护。
2. 确保有饮用水、卫生间、换尿布的设施，要有水池和可供休息的安静空间。
3. 选择适合幼儿使用的家具，为成人提供舒适的座椅。
4. 按区域组织和布置教室。
5. 挑选安全、优质、结实的器材、材料，丢弃或修理受损的、残缺的器材和材料。
6. 将幼儿使用的材料放置在他们视平线高度的、开放且宽敞的架子上，教师的材料放置在幼儿接触不到的地方。
7. 循环使用游戏材料。
8. 定期评估并改变环境。
9. 为环境增添具有美感的各种物品或饰品。
10. 投放能够反映幼儿及其家庭和地域特色的材料。

家园联系 ▼

本版的新特点之一是新增了"家园联系"专栏，这为你在学前机构中如何进行家园联系的方式提供了一些实操思路。

家园联系

指导实践

家长们会通过多种途径向孩子传递他们的期望以及希望孩子表现出的行为。有些途径可能与你所知道和理解的相类似，而有些则完全不同。以下这些途径有助于你更好地了解家长们的育儿目标、价值观以及惩罚措施：

- 在登记表中增加一个问题：家长在家如何处理孩子的不良行为。
- 在幼儿初入园时，安排一次家长会，询问他们惩罚孩子的方法；花点时间与家长分享你在班级中处理儿童不当行为的方法。
- 询问家长最希望孩子掌握哪些社会性技能，并请家长分享你在开展相关的教学时如何与他们配合的理念。
- 召开家长会，围绕幼儿表现出的诸如上床睡觉、进餐、说"不"等常见问题展开讨论，要求家长认真地投入讨论主题。
- 邀请在幼儿指导或者家庭文化等方面知识渊博的专家来主持一场家长会，或者开展亲职课堂。

章末特点

- **学习成果**：在撰写本书的每一章时，我们会有自己的意图，并考虑特定的学习成果。这些学习成果涉及美国幼儿教育协会（NAEYC）为学前教育专业准备项目制定的标准，在每章末都包含这方面的内容。
- **拓展学习**：这一部分有助于你进一步了解章节内容。
- **你的专业档案袋**：该部分会给你提供一些建议：哪些东西可以放进你的专业档案袋。如今，很多领域的专业人员都会创建档案袋，用以向雇主和自己证明他们的任职资格、技能、经验和独特品质。档案袋是"活的文件"，伴随着你的成长、学习和新经验的获得，档案袋也会随之变化。第1章中有创建档案的指导方针。

本书最后附有参考文献，我们在写每一章时参考或提到的书和文章都在其中。在你致力于成长为一名学前教育工作者的过程中，我们希望你有机会读一读其中的某些文献。

我的教育实验室

课堂实践的力量

在《教师应该做到的和能够做到的》(Preparing Teachers for a Changing World)一书中,琳达·达林-哈蒙德(Linda Darling-Hammond)及其同事指出,在真实的课堂中开展基础的师资教育,是训练教师应对当今课堂中教学复杂性的重要(或许甚至是必要)的一部分,真实的课堂是指融入真实的师生以及实际的师生工作案例。"我的教育实验室"是一种在线学习解决方案,它提供语境化交互式的练习、模拟训练,以及其他有助于发展教师所需知识和技能的资源。"我的教育实验室"中所有活动和练习的设计都紧紧围绕教师基本的学习成果,反映了专业的教学标准。运用课堂录像、真实的师生手工作品、个案研究以及其他的资源和评估,"我的教育实验室"中的这种支架式的学习体验,为职前教师及其培训者提供了独特且有价值的教育工具。

在课程中提到的每一主题中,你将发现下列绝大多数甚至全部特点和资源:

与国家标准相联系

与以往版本相比,现在的更容易看出课程作业如何与国家标准相联系。"我的教育实验室"中的每个主题都列出了想要达到的学习成果与适当的国家标准之间的联系,并且所有的活动和练习也都反映了适当的国家标准和学习成果。

任务和活动

设计任务和活动以提高学生对课程中概念的理解力,节省指导教师备课和评分的时间。这些指定的练习(通过录像、案例和/或学生与教师的手工作品)展示了正在起作用的这些概念。它们有助于学生加深对内容知识的理解,整合并应用他们在本书中学到的概念和策略。(这些任务的正确答案只能由指导老师在教师资源包中获得。)

构建教学技能和性情

这些学习单元有助于学生实践并强化技能,这些技能对优质的教学而言是必不可少的。展示完某一核心教学过程所包含的步骤后,学生们可以通过录像、师生的手工作品和/或真实课堂的个案研究,获得练习应用这项技能的机会。为练习某一教学概念提供多种机会,每一种活动都鼓励学生加深理解和应用概念,以及运用批判性思维能力。

IRIS中心资源

IRIS中心位于范德堡大学(iris.peabody.vanderbilt.edu),由美国教育部特殊教育工作办公室(Office of Special Education Programs, OSEP)资助,该中心开发了面向职前教师和在职教师的培训巩固材料。该中心与来自全美各地的专家一起创建了具有挑战性的互动模块、个案研究单元和播客,这些播客能够提供有关在包容性环境中与学生相处的具有研究效度的信息。我们将这一部分内容整合进了"我的教育实验室"课程中。

教师语录

这一特色通过资深教师录制的录像来强调教学的力量,每位演讲者用引人入胜的语言讲述了自己选择教师作为职业的故事。这些视频有助于准教师们拓宽视野,引导其思考为何现在所学的知识对于他们的教师职业生涯来说如此重要。录像中每一名超群出众的教师都是"全美州首席教育官理事会年度教师奖"的获得者,对教师而言,该奖是历史最悠久、最负盛名的荣誉。

个性化学习计划

"我的教育实验室"中的学习计划是与章节目标紧密相连、由学习材料支撑的多项选择评估。精心设计的学习计划能提供多种机会,以便学习者充分掌握所要求的课程内容,达成每章的目标:

- **本章目标**明确了每章的学习成果,从而使学生在阅读和学习时能有的放矢。

- **多项选择评估**是对内容掌握程度的评估。这些评估反映了章节目标,并且学生能不限次数地参加多项选择题测验。这些测验不仅能为每项目标提供总分,而且也能针对每个选项的正误给予解释。

- **学习材料:复习、练习和拓展**有助于学生进一步了解章节内容:他们学习了哪些内容,还有哪些内容不知道。这些材料包括文本摘录、含有提示和反馈的活动、围绕视频或情节的交互式多媒体练习等。

简要目录

1 教师　3

2 学前教育机构及领域　35

3 历史与教育模式　61

4 儿童发展　101

5 观察、记录和评估儿童　143

6 关系与指导　185

7 健康、安全和幸福感　229

8 学习环境　265

9 理解并支持游戏　309

10 课程　345

11 课程计划　391

12 融合多样化的学习者　437

13 家园合作　471

14 成为学前教育专家　503

详细目录

1 教师   3

学前教育工作者   4
  我们的工作   5
  与幼儿一起工作   5
    发展适宜性实践   6
    有意识的教学   6
    强调标准   7
    幼儿园教育与小学教育的区别   7
  家园协作   7
  与团队成员一起工作   8

作为普通人的教师   8
  什么特质让你成为一名优秀的幼儿教师   9
  人格特质   10
    气质   10
    多元智能   11
  个人价值观和道德观   12
  对待多样性的态度   13
  生活经验的影响及其对之反思的能力   14

作为专业工作者的教师   16
  专业知识和技能   17
  专业承诺和行为   19
    法律责任   19
  职业价值和道德   19
    职业价值观   19
    职业道德   21

专业成长之路   24
  角色   25
  学历要求   25
  职业发展阶段   30

总结   30

学习成果   31
拓展学习   31
你的专业档案袋   32
我的教育实验室   33

2 学前教育机构及领域   35

幼教机构概述   36
  儿童   36
  目标   36
  设施   36
  赞助费和经费   37

针对0~5岁儿童的幼教机构   37
  儿童保育   37
    中心式儿童保育   38
    家庭式儿童保育   38
  开端计划和早期开端计划   39
    学前教育项目对低收入家庭儿童的影响研究   40
  学前家庭教育   40
  0~5岁残障儿童项目   41
  公立幼儿园   41
  项目管制与质量提升   42
    认证   42
    质量标准   43

针对5~8岁儿童的教育机构   44
  学前班到小学低年级（K—3）   44
  特许学校   45
  5~8岁特殊儿童教育项目   45
  家庭教育   45

教育标准运动   46
  普适核心标准   46

早期学习标准	47
学前教育的争论和发展趋势	**48**
争　论	48
学前教育的目标	48
学前教育课程的性质	49
学前教育的责任	49
质量、薪酬和负担能力	50
入学准备	52
趋　势	53
家庭压力和多样化	53
体系的发展	53
质量评定与改善体系	54
幼儿园到3年级的项目协调和衔接	55
提高教师学历要求	55
责　任	56
经济问题	56
总　结	**56**
学习成果	**57**
拓展学习	**57**
你的专业档案袋	**58**
我的教育实验室	**58**

3　历史与教育模式　　61

人本主义传统	**62**
学前教育起源	**63**
古希腊和罗马（公元前400—公元200）	63
柏拉图	63
亚里士多德	64
昆体良	64
中世纪（500—1450）	65
文艺复兴和宗教改革（1300—1600）	66
马丁·路德	66
约翰·阿摩司·夸美纽斯——学前教育之父	67
启蒙运动时期（18世纪）	68
约翰·洛克——白板说	69

让·雅克·卢梭——人性本善	69
工业革命（19世纪）	70
约翰·裴斯泰洛奇——学前教育的开端	70
罗伯特·欧文	71
促使学前教育领域形成的教育运动	**72**
福禄贝尔和幼儿园	72
福禄贝尔幼儿园	73
幼儿园运动	75
幼儿园的影响	77
麦克米伦姐妹与托育学校	77
美国早期的托儿所	78
托儿所的影响	79
约翰·杜威和进步教育	81
什么是进步教育	81
进步教育的影响	82
当代的例子	83
高瞻课程	84
发展—互动法	85
欧洲的三种有影响的教育模式	**86**
蒙台梭利教育法	86
蒙台梭利教育方案	87
蒙台梭利教育法的影响	88
华德福教育法	88
华德福教育方案	89
华德福教育方案的影响	89
瑞吉欧教育法	90
瑞吉欧教育方案	90
瑞吉欧教育法的影响	91
对三种教育法的反思	92
美国学前教育史上两个重要的项目	**92**
儿童保育	93
美国儿童保育的起源	93
国家危机时期的儿童保育	95
二战后的儿童保育	96
儿童保育的演变	96
开端计划	96

开端计划的历史	97
开端计划的影响	97
总　结	**97**
学习成果	**98**
拓展学习	**98**
你的专业档案袋	**99**
我的教育实验室	**99**

4 儿童发展　　101

儿童发展研究	**102**
儿童发展的基本原则	102
发展的整体性	102
发展的预定模式	103
发展的差异性	103
成熟和经验影响发展	104
发展遵循自上而下、从中心到外周的原则	104
文化影响发展	106
理论联系实践	106
发展的基础	**106**
发展的生物基础	107
遗传特性	107
基本需求	107
气　质	108
环境的作用	110
养育关系	110
早期经验	111
脑研究及其对学前教育的意义	113
发展理论	**115**
格塞尔及其成熟论	116
成熟论的实践意义	117
皮亚杰及其建构理论	117
知识的类型	118
知识建构的过程	118
皮亚杰的认知发展阶段	119
皮亚杰对理解儿童社会性和道德发展的贡献	121

建构理论的实践意义	122
柯尔伯格及其道德发展理论	123
维果斯基及其社会文化理论	124
社会文化理论的实践意义	125
布朗芬布伦纳及其生态系统理论	125
生态系统理论的实践意义	127
加德纳及其多元智能理论	127
多元智能理论的实践意义	127
埃里克森及其心理社会发展理论	128
心理社会理论的实践意义	129
马斯洛及其自我实现理论	130
自我实现理论的实践意义	131
儿童的全面发展	**131**
发展阶段	131
发展领域	132
婴儿的发展	132
婴儿的生理发育	132
婴儿的认知和语言发展	133
婴儿的社会性和情绪发展	133
学步儿的发展	134
学步儿的生理发育	134
学步儿的认知和语言发展	134
学步儿的社会性和情绪发展	134
学龄前/幼儿园儿童的发展	136
学龄前/幼儿园儿童的生理发育	136
学龄前/幼儿园儿童的认知和语言发展	136
学龄前/幼儿园儿童的社会性和情绪发展	137
低年级学龄儿童的发展	137
学龄儿童的生理发育	137
学龄儿童的认知和语言发展	137
学龄儿童的社会性和情绪发展	139
总　结	**140**
学习成果	**140**
拓展学习	**141**
你的专业档案袋	**141**
我的教育实验室	**141**

5 观察、记录和评估儿童 　　143

什么是评估 　　144
为什么要评估儿童——评估的目的 　　144
真实性评估 　　145
 观　察 　　145
  观察过程 　　147
  叙事性观察记录 　　150
  结构化观察记录 　　158
  电子记录 　　163
  观察记录方法的选择 　　164
 作品样本 　　164
 档案袋 　　165
  创建档案袋 　　166
  电子档案袋 　　168
  档案袋的使用 　　169
  真实性评估系统 　　170
 公开记录 　　172
 真实性评估在幼儿园和小学的应用 　　172
标准化评估 　　173
 标准化评估工具的种类 　　173
  筛查工具 　　174
  发展性评估 　　175
  诊断测验 　　176
  学业准备和成就测验 　　176
  标准化测验的争议 　　176
  高风险测验 　　177
与家长共享信息 　　179
 保　密 　　179
总　结 　　180
学习成果 　　181
拓展学习 　　181
你的专业档案袋 　　182
我的教育实验室 　　183

6 关系与指导 　　185

指导是什么 　　185
 关系是指导的基础 　　186
 以信任为基础的指导 　　187
 尊重差异的指导 　　187
  不同的指导理念 　　187
  儿童间的差异 　　189
 指导而非惩罚 　　190
指导的目标 　　191
 促进社会智能和情绪智能的发展 　　192
 培养自控力 　　193
 提高儿童的韧性和积极的自我认知 　　194
 促进批判性思维技能的发展 　　195
 开发儿童成为积极的社会一员的能力 　　195
教学金字塔 　　195
积极沟通，建立健康的关系 　　196
 沟通策略 　　196
  时间和关注点 　　197
  尊重且真诚地说话 　　197
  有效的倾听 　　197
  反馈式和回应性语句 　　200
  用鼓励代替表扬 　　200
  "我—信息" 　　202
  与婴幼儿交流 　　203
 交流中的文化差异 　　204
指导儿童的社交活动 　　204
 处理冲突 　　204
  帮助儿童明确并表达自己的情绪 　　205
  和平解决冲突 　　206
 营造并倡导尊重与公平的教室文化 　　207
团体指导：有效的课堂管理策略 　　208
 创设环境，寻找一个指导伙伴 　　208
 明智地使用权威 　　209
 制定行为准则 　　210
 用转换注意力代替转移注意力 　　211

预判可能出现的问题 212
巧妙过渡 213
管理大型群体 215
处理问题行为 216
找到你的"触发点" 217
问题行为不等于问题儿童 218
失误行为 218
处理问题行为的策略 219
自然结果与逻辑结果 219
暂停策略带来的问题 221
冷静之所 221
行为主义取向 222
体罚从来都是不可取的 222
挑战性行为 223
总　结 224
学习成果 225
拓展学习 225
你的专业档案袋 226
我的教育实验室 226

7 健康、安全和幸福感 229

身体健康与安全 230
为儿童创设安全场所 230
何谓安全？ 231
发展差异和安全 231
安全的户外环境 232
促进户外安全的实践 233
安全的室内环境 234
交通及旅行安全 236
促进安全的实践 237
帮助儿童学会自我保护 240
保护儿童远离虐待和忽视 240
为幼儿创设健康的环境 241
了解疾病是如何传染的 243
遵循健康常规 243

遵守隔离生病儿童的指导方针 246
与专业卫生保健人员合作 246
影响健康的情况 247
了解并预防肥胖症 247
铅中毒 248
食物过敏和不耐受 248
帮助儿童保持健康 249
促进体育活动和运动 249
鼓励选择健康的食物 250
将健康知识纳入课程 252
将个人护理的常规活动作为教学机会 253
幸　福 253
身体接触的重要性 254
良好的过渡促进幸福感的发展 254
良好的开端 254
完满的结尾 256
对危机期的儿童给予支持 259
灾难和丧失 259
暴力事件 260
总　结 261
学习成果 262
拓展学习 262
你的专业档案袋 263
我的教育实验室 263

8 学习环境 265

创设学习环境 267
空　间 268
独立和开放式设计的教室 269
布置空间的原则 269
设备和材料 271
室外学习环境 272
室外活动范围 273
婴儿或学步儿的室外游戏空间 274
利用室外环境 275

让环境起作用	276
考虑教—学环境的维度	277
注重秩序和美观	277
反映儿童——反映场所	279
避免装可爱	280
不同的儿童——不同的场所	281
婴儿和学步儿的环境——像家一样的地方	281
舒适性设计	281
常规设计	282
灵活性设计	283
移动性设计	283
学龄前和幼儿园教室——儿童的天地	285
积木区	287
戏剧表演区	290
操作玩具和游戏	290
感觉游戏中心	291
艺术区或工作室	292
图书区	293
写作中心	294
探索中心	294
木工区	295
小学教室——一个称为学校的地方	296
教室中的电脑和其他技术设备	298
电　脑	298
电视和录像机	299
包含特殊儿童	300
包含成人	300
时　间	300
一日活动日程表	301
一日流程的影响因素	301
教室常规	304
换尿布和如厕	304
总　结	306
学习成果	306
拓展学习	306
你的专业档案袋	307

我的教育实验室	307

9 理解并支持游戏　　309

理解游戏	310
游戏的特征	310
游戏的类型	312
儿童为什么要游戏	313
当代游戏理论	314
游戏的阶段	315
帕顿：社会性游戏的阶段	315
皮亚杰和斯米兰斯基：游戏的认知发展阶段理论	316
维果斯基和艾里康宁：儿童假装游戏理论	317
认识游戏的发展阶段	318
游戏在儿童发展中的作用	321
游戏在儿童生理发育中的作用	322
游戏在儿童情感发展中的作用	322
游戏在儿童社会性发展中的作用	322
游戏在儿童认知发展中的作用	323
游戏在儿童综合发展中的作用	324
解释游戏的作用	325
促进游戏	325
支持的态度	327
支持者的角色	327
舞台监督者	327
观察者	328
调解者与保护者	328
参与者	331
导　师	332
户外游戏的特殊作用	333
游戏中存在的问题	334
多样性与游戏	334
文化、社会阶层及游戏	334
残障与游戏	335
游戏的性别刻板印象	336
暴力表演游戏	337

追逐打闹游戏 338
　　排斥——你不能说"你不能玩" 339
　　日益减少的游戏机会 340
总　结 341
学习成果 342
拓展学习 342
你的专业档案袋 343
我的教育实验室 343

10 课　程 345

什么是课程 346
　　课程从何而来 346
　　儿童如何学习 348
　　学前教育的课程 348
身体发展课程 352
　　大肌肉运动课程 353
　　精细动作课程 355
　　感知发展课程 357
沟通课程 359
　　语言课程 360
　　读写课程 361
　　文学课程 364
创造性艺术课程 367
　　视觉艺术课程 369
　　音乐课程 373
　　创造性运动课程 374
　　审美课程 376
探究性课程 378
　　数学课程 379
　　科学课程 382
　　社会性学习课程 384
总　结 386
学习成果 387
拓展学习 387
你的专业档案袋 388

我的教育实验室 388

11 课程计划 391

课程计划应考虑的因素 391
　　课程选择的影响因素 392
　　　价值观和信念 392
　　　关于儿童的知识 394
　　　家庭、文化与社区 395
　　　什么值得学习 395
　　　内容标准 396
　　组织课程 397
　　　以学习者为中心的组织方式 397
　　　以学科—领域为中心的组织方式 397
　　　综合的课程组织方式 398
　　内容和方法 398
　　　游　戏 399
　　　支架式活动 400
　　　小组活动 401
　　　大群体活动 401
　　　选择活动 402
　　以观察为基础制订计划 403
　　　观察个体 403
　　　观察小组 404
　　　带着重点去观察 404
制订计划 404
　　活动计划或教案 405
　　　确定内容 405
　　　解释原因 407
　　　明确你需要什么 409
　　　教学计划：你要做什么 409
　　　评价计划 411
　　　实施计划 412
　　　评价并记录学习 413
　　　评价计划：哪些有效，哪些无效 414
　　　真实情境中的书面活动计划和教案 414

周计划	415
制订综合的学习计划	418
选择学习主题	419
审视你的目的	423
明确主要知识	423
为活动形成观点	425
丰富环境	425
制订计划	427
实施学习计划	427
评价综合学习	430
总　结	**430**
学习成果	**433**
拓展学习	**434**
你的专业档案袋	**434**
我的教育实验室	**435**

12 融合多样化的学习者　　437

以人为本的语言	439
融合教育与法律	440
为融合教育做好准备	441
识别有特殊需要的儿童	442
观察和记录	442
干预反应	444
接受特殊教育服务的资格	444
确定教育需求	445
实施融合教育	446
准　备	446
计划调整	450
环境支持	451
材料改造	451
简化活动	452
适应性器械的使用	452
来自同伴的支持	452
无形的支持	452
融合教育与发展适宜性实践	453
合　作	453
从事障碍儿童工作的特点和策略	454
肢体障碍儿童	454
认知迟滞儿童	454
学习障碍儿童	455
沟通障碍儿童	456
感觉障碍儿童	456
视觉	456
听觉	457
感觉统合	458
注意缺陷／多动障碍儿童	458
情绪障碍儿童	459
孤独症谱系障碍儿童	459
具有挑战性行为的儿童	460
其他特殊需要	461
遭受虐待和忽视的儿童	461
有急性或慢性健康问题的儿童	462
资赋优异儿童	463
双语学习者	463
与障碍儿童的家长一起工作	465
总　结	**466**
学习成果	**467**
拓展学习	**467**
你的专业档案袋	**468**
我的教育实验室	**468**

13 家园合作　　471

为与家长相处做准备	472
理解家长	472
养育的阶段	472
当今家长所扮演的角色	473
家长的多样性	473
家庭系统理论	474
理解你自己和你的角色	475
你对育儿所持的价值观和信念	476

你的角色——教师和父母之间的区别	479
你与家长关系的发展阶段	479
建立与儿童家庭的关系	**480**
开　始	480
家　访	480
建立和谐的关系	481
让家长感受到他们是受欢迎的	481
交流与沟通	482
交流技巧	483
日常交流	483
书面沟通	484
家长会	485
处理问题和担忧	487
家庭参与	**490**
课堂参与	490
项目参与	493
家庭教育	493
支持家庭	**495**
在承受压力时提供帮助	495
加强家庭工作	496
帮助有障碍儿童的家庭	496
理解法律和道德责任	**497**
保密原则	497
报告儿童虐待和忽视	497
总　结	**498**
学习成果	**499**
拓展学习	**499**
你的专业档案袋	**500**
我的教育实验室	**500**

14　成为学前教育专家	**503**
对幼儿做出承诺	**504**
形成理念	504
了解儿童和最佳实践	504
理解并运用道德准则	505
反思并确立目标	506
对自己做出承诺	**506**
关爱自己	506
与同事交流	507
规划你的职业生涯	507
对职业做出承诺	**508**
像真正的专家一样行动	509
继续学习和成长	510
加入专业组织	510
呼　吁	512
坚持那些对孩子有利的东西	**512**
总　结	**514**
学习成果	**514**
拓展学习	**514**
你的专业档案袋	**515**
我的教育实验室	**515**

附录A	美国幼儿教育协会的道德行为准则和承诺声明	**517**
附录B	环境检查清单	**524**
附录C	NAEYC的学前教育专业准备项目标准与本书章节内容对应表	**541**
参考文献		**545**

特 点

黄金法则

轶事记录的黄金法则 158
以评估为目的的儿童访谈的黄金法则 163
创建儿童档案袋的黄金法则 169
集体活动的黄金法则 217
处理问题行为的黄金法则 220
保障玩具和材料安全的黄金法则 236
帮助儿童自我保护免受虐待的黄金法则 242
支持运动的黄金法则 250
支持儿童健康饮食的黄金法则 251
良好开端的黄金法则 257
室外游戏环境的黄金法则 275
创设室内学习环境的黄金法则 280
幼儿快乐一日活动的黄金法则 305
支持儿童游戏的黄金法则 332
与幼儿交谈的黄金法则 362
帮助儿童发展读写概念的黄金法则 364
为小组读故事的黄金法则 366
幼儿创造性运动的黄金法则 376
选择综合课程学习主题的黄金法则 421
与儿童家庭建立良好关系的黄金法则 489

建立专业档案袋

伦理反思指南 24
建立你的专业档案袋 28
作为学生和作为教师的观察的主要区别 152
帮助儿童理解和表达情绪的方法 205
解决冲突的过程 207
课堂管理的建议 213
有关过渡游戏的建议 215
使用户外设施的安全指南 234

家园联系

理解个体发展 105
指导实践 190
关于营养 252
简单介绍游戏的价值 326
课程介绍 351
使用周计划 418
让家长参与到综合课程中来 427
关于项目参与 494

我骄傲，
　我是一名幼儿教师。

儿童生活中我是谁

我爱你

无条件，有原则

只有了解自己,方能教书育人。

——约翰·加德纳

1

教 师

欢迎来到学前教育这一领域！你即将踏上从事学前教育和保育这一重要职业的征程。你是什么样的人以及你将来会成为哪种职业工作者，都将对儿童、家庭乃至社会产生深远的影响。本书的目标在于：帮助你成为一名优秀的教育工作者，以促进儿童茁壮成长；为儿童家庭提供支持；与同事建立友好的工作关系；维护儿童及其家庭的权益；帮助你在将来为学前教育作出贡献。本章将概述学前教育这一领域（第2章将更加详细地介绍），还将介绍学前教育工作者的专业角色及其相关责任。我们从两种不同却又相互关联的视角来看幼儿教师：作为普通人（他们带着自身经验和特质参与幼教工作）和作为专业工作者（他们将成为这类教师）的教师。在"作为普通人的教师"这一部分，我们鼓励你反思自己的人格特质、态度、技能、价值观和道德观。这些对你将来在儿童生活中扮演的角色有重要作用。本章最后将介绍学前教育专业的一些相关职业，以及从事这些职业需要积累的教育经验。在你认识自己以及深入了解学前教育和保育这一领域的过程中，你将获得必要的知识、技能和行事方式，这些都有助于你成长为一名专注的学前教育工作者，为儿童提供优质的培育、教育和保育服务。

第1章 学前教育工作者

我的教育实验室

访问"我的教育实验室",利用"个性化学习计划",提高你对本章概念的理解。你也可以通过基于视频的"任务和活动"以及"建构教学技能和性情"课程来磨炼教学技能。

事物的名称很重要,因为名称会让我们产生我们是谁以及我们做什么的印象。所以,在本章开始部分,我们首先要对我们的服务对象、专业领域以及该领域的工作者做一些基本的界定。儿童-早期(early childhood)一般是指个体从出生到8岁这一段时期。在专业领域中,通常称为"学前教育""学前教育和保育"或"早期保育和教育",以此强调保育和教育(简称保教)的双重功能。这种双重功能也正是学前教育项目及其教育工作者与其他教育及其教育工作者的区别所在。

在这一版中,我们将统一使用学前教育(early childhood education,ECE。也译作"儿童早期教育"——译者注)这一术语来泛指各种机构为0~8岁儿童所提供的教育和保育服务。我们之所以选用这一术语是因为,教育是我们工作的核心功能,而且这个术语既可以直接将我们与其他阶段的教育(包括初等、中等和高等教育)连成一个整体,同时又表明了我们的独特之处——关注年幼儿童。另外,教育的作用也是当今社会最看重的。当某些项目或机构被认为具有教育性,它们就会获得社会的尊重,而它们的服务对象(儿童)就会被视为学习者。学前教育这个术语反映出,学前教育工作者是在照料关系中支持儿童发展并帮助他们学习的。

学前教育工作者在许多不同机构中为幼儿提供保教服务。大多数提供保育服务的学前教育工作者都有明确的教育目标,那就是促进幼儿的积极发展和学习。这类项目可以在不同的机构中实施,包括专门提供幼儿保育和教育的儿童发展中心、学校和家庭。针对5岁以下儿童的项目或机构可能被称为学前班、儿童保育中心、儿童发展中心或托儿所;幼儿与父母一起参加的项目叫亲子项目(family-child interaction program);针对5~8岁儿童的项目或服务机构通常有幼儿园、早期项目(从幼儿园到小学3年级)、小学(从幼儿园到小学6年级),以及一些课外辅导班。

为幼儿提供服务的人也有不同的职业称谓,如教师、照料者、早期教育提供者、从业者和学前教育工作者等。在本章中,我们使用"教师"这一职业称谓。这是因为我们相信,这一称谓能更好地代表你(使用本书的学生)以及你的职业抱负,不管你将来打算为婴儿还是8岁儿童提供服务。我们将教师一词作为一种泛称,因为它强调了将所有针对幼儿的工作者团结为一个整体。布里德坎普为我们使用教师一词提出了充分理由:"教师是一个最广义的术语,它涵盖了这项工作的大多数职责,值得社会尊重。毕竟,不管在什么环境,'教师'通常都是儿童对照料和教育他们的成人的称呼"(Bredekamp,2011,p.21)。教师也是大众——比如你的家人和朋友——能够理解并且可能产生积极联想的术语。我们希望能向你传达你所选择的这份职业的重要性和严肃性,同时也希望你能继续向其他人传达这份工作的价值。本书将交替使用教师、学前教育工作者和从业者等称谓来指代所有为0~8岁儿童提供保教服务的工作人员,包括婴幼儿的照料者、家庭式儿童保育提供者、家访员以及幼儿园、学前班和小学低年级教师等。

因为5岁以下儿童的保教项目大都在幼儿园或儿童保育中心中，而学前班到小学3年级的教育项目通常在小学中，因而把学前教育领域作为一个整体来看还是有一定挑战性。然而，当你建构对这一领域的理解时，牢记以下这一点对你将有所帮助，即不管在哪种项目或机构中，学前教育最主要的目标是支持儿童的成长和发展。不管它们叫什么，建在哪里，这些学前教育项目或机构都同时提供保育和教育服务。不管她们的职位是什么，或者服务多大的儿童，针对幼儿的工作者都致力于支持儿童的全面发展，促进儿童的学习，并提供悉心的照料。

我们的工作

幼儿教师的工作内容形形色色，充满挑战；这一职业要求知识、技能、敏感性、创造力以及勤奋。如果这些挑战令你兴奋，那么你选择这份职业就是正确的。如果你喜欢充盈在与幼儿的日常相处中自然发生的教与学的机会，那么你会从学前教育这份工作中收获特别的成就感。但如果你认为教学只是传授某一主题的知识，或者你喜欢有条理、预期性较强的工作，那么学前教育的工作可能就不那么令人愉快。有时，一些大学毕业生怀揣着塑造幼儿的愿景开始了自己的职业生涯。当他们发现自己需要花费很多时间在调制涂料、为幼儿换衣服、调解幼儿间的争执、擦地板、为幼儿擦鼻涕等琐碎事情上时，他们会感到沮丧。虽然幼儿教师的工作会要求苛刻且辛苦，但它也会让人振奋且欣慰，因为除了那些琐碎的任务，你还可以与儿童对话、给他们讲故事、唱歌，和他们一起观察大自然、探索周边环境、栽培植物，以及引导他们进行创造性的表达。你每天都有机会计划和实施一些有趣且有意义的学习活动。我们发现，这些多姿多彩的任务会让幼儿教师的工作充满无尽的乐趣和挑战性。

作为学前教育工作者，你最重要的任务是与儿童一起工作，但同时也需要与家长、同事和社区机构打交道。如果最初你是因为喜欢与孩子们在一起而选择学前教育这一事业，那么你可能会惊讶地发现，学前教育工作者在很大程度上也需要与成人一起工作。在日常工作中，你需要与家长和同事打交道。你也可能要与那些关心儿童及其家庭的相关机构的人员（如儿童福利工作者或儿童早期干预专家）打交道，当你进一步拓宽专业发展时，还可能与其他专业人士建立联系。

就对儿童负责而言，不同学前教育项目之间是一致的。作为未来的学前教育工作者，我们希望你致力于为幼儿提供高质量的服务（本章还将对此进行更详细的阐释）。最后，你可能还需要了解相关的社会问题、参与政策制定，以及为儿童的权利和需要发起公开倡议。

与幼儿一起工作

幼儿教师的首要任务是与儿童一起工作。每天与儿童一起工作时，你可以与他

教　师

反思并写出当前你对学前教师的理解*

当提到幼儿教师时，你脑海中浮现的是什么？幼儿教师是什么样的？他们做些什么？

*这是本书的第一个"反思专栏"，后面你还会发现很多类似的反思专栏。反思这些问题并写下你的想法，这将帮助你成为一位优秀的幼儿教师。你的老师可能会把这些反思作为课堂教学的正式部分。如果没有，你可以用笔记本简要记录自己的想法。作为学前教育工作者，这是记录你自身成长过程的有效方法，并且也是你成为反思型教师的起点。

们交流、玩游戏，满足他们的生理需要、教导他们，以及为他们提供心理安慰和安全感。儿童的年龄越小，你要为他们提供的养育和生理照料就越多。

幼儿教师一天的工作在第一个孩子到园之前就已经开始，并且一直持续到最后一个孩子回家之后。当你为孩子们创设出安全、健康和富有刺激性的环境时，就意味着工作的开始。对5岁及5岁以下的儿童来讲，学习环境是主要的教学工具。你还需要设计日课表、规划学习内容以及收集和利用资源等等。这些幕后工作是幼儿教师工作的重要组成部分。儿童到园后，你要在他们游戏时观察并支持他们，调解他们之间的关系，为儿童如何与人相处做出榜样，帮助他们发展技能和了解世界。一天中，你可能要扮演教师、朋友、秘书、家长、图书馆员、室内设计师、同事、保姆、清洁工、顾问、演员和外交家等不同的角色。

发展适宜性实践

在学前保育和教育的过程中，我们认为儿童发展的各个领域——社会性、情绪、智力和生理——都很重要，并且相互关联。因为幼儿很脆弱，他们需要成人给予回应式的照料，因此，我们应该培养并支持儿童发展的方方面面。我们称这种对幼儿全面发展的关注为"完整儿童"观，本书之后还会反复提到这种观点。为完整儿童的发展提供回应式保育和教育，这就是今天的发展适宜性实践（developmentally appropriate practice，DAP）（Copple & Bredekamp, 2009）。本书也将探讨如何提供发展适宜性实践。

大多数学前教育工作者认为，最好的学前项目应持"完整儿童"的教育观。与过去学前教育项目强调在设计好的环境中以游戏为主的教育形式相比，目前对标准的重视，使得幼儿教师把更多的注意力放在了学科知识的学习上。由于强调岗位职责要求和学业成绩，致使基于游戏的教育形式，在许多从学前班到小学3年级的早期教育项目中消失了。作为本书的作者，我们坚信，儿童在那些强调全面发展并认为每个发展领域都同等重要的项目中才会茁壮成长。我们期待这一天：基于游戏的教育形式能够回归到所有学前教育项目中来。

有意识的教学

人们越来越强调，学前教育工作者应该具备有意识的或目的性教学策略，并用在每一个儿童身上（Epstein, 2007; NAEYC, 2009）。爱泼斯坦（Ann Epstein, 2007）认为，有意识的教学是指教师所做的每个决定背后都有其教育意义，并且能够解释这样做的原因。有目的性的教师会确定儿童的发展目标，充分考虑可能的行动，然后确定采取哪些策略来达成这些目标。这类教师既需要有儿童发展的知识、研究和教育学方面的扎实基础，了解相关的标准，并且知道如何运用自己的知识储备去实现教学目标，同时又能根据儿童的个体差异做出相应的调整。要成为这样的教师，你需要做一些准备工作：学习如何选择恰当的教学策略，并实践如何用一种简单易懂的方式向儿童家长、同事和其他对幼儿发展感兴趣的人解释你为什么要选用这些教学策略。

强调标准

学前教师总是需要规划课程、评估儿童，并遵循项目的指导方针。当前由于公众对学前教育的关注以及岗位职责的要求，这些成为幼儿教育教学职责中更大的部分。许多学前教育项目和机构越来越关注早期学习标准和学业内容（尤其是读写技能）以及幼儿教师的教学角色。鉴于当前对标准的强调，人们对幼儿教师产生了以下期望：

- 了解所在教育项目或机构以及所在州的相关标准；
- 根据早期学习标准设计课程；
- 根据标准评估儿童所学；
- 自我评估达成标准的程度。

尽管这些任务与幼儿教师过去所做的非常相似，但今天更加强调幼儿教师工作的可见性、公开性和可评估性。你也需要借助各种各样的质量评价体系，提供项目教学质量的证据，或者建立学前项目的课堂教学档案，以便获得国家的认证。

幼儿园教育与小学教育的区别

如果你所在的教师教育项目安排学生既到学前机构也到小学实习，你可能就会发现两者在理论和实践两个层面都存在差异。幼儿园项目通常遵循儿童发展研究。他们将学习环境划分成不同的活动区，每个区域放置各种玩具和材料，供儿童探索和创造；把游戏视为重要的学习途径；强调儿童的自主选择和动手操作；教师是儿童活动的引导者；对儿童的评价主要以观察为基础。而在小学，或许你还能回忆起自己小学时的经历，教师更关注学科技能（如阅读和数学）、科学知识和社会学科的学习；典型的小学教室配备有课桌或工作台；小学教学更多依赖于阅读和口头讲解；孩子们有更多的纸笔作业，对学生的评估主要依据作业和标准化测验的分数。当然这里讲的只是一般情况，不排除存在一些特例。

家园协作

幼儿的成长离不开家庭环境，因此与幼儿父母及其他家庭成员联系也是学前教育工作者的重要工作内容之一。学前教育机构通常是儿童离开家庭后获得最初社会经验的地方，儿童能否顺利适应入园过渡期，即帮助幼儿和家长学着适应每天彼此分开一段时间，你在其中发挥着重要的作用。事实上，你很可能是家长和幼儿亲密接触的第二任专业人士（第一任通常是儿科医生）。对于针对婴儿、学步儿和幼儿的机构而言，与儿童家庭建立合作关系至关重要；对于针对年长儿童的机构来说也同样重要。

正如你与儿童在一起时需要扮演不同角色、满足不同需求一样，与家长打交道也需要运用不同的工作技巧，有些可能与你和儿童打交道时的技巧相同，有一些则不同。在与家长打交道时，你可能需要扮演顾问、社会工作者、倡导者、教师、通讯员、图书馆员、调解人、翻译员、公关主任和邮递员等角色。这些不同的角色让你的工作更加多姿多彩，更有吸引力，同时也更具挑战性。

与团队成员一起工作

对大多数学前教育工作者来说，工作的一项重要特征就是与其他成人合作。团队合作包括与同事和督导志愿者合作，与机构管理人员互动，以及与诸如监护人或顾问等形形色色的人打交道。有些学前教育工作者报告说，加入团队能够获得支持、鼓舞和归属感。团队支持有助于缓解压力，创设令人愉悦的工作环境，减少冲突，提高工作动机（Rodd, 1994）。在团队中高效工作是你需要学习的专业技能。

在高效的团队中，成员间拥有共同的目标。尽管存在个体差异，但大家会彼此尊重、互相支持。他们承认每个人都有自己的长处并且擅长优势互补。他们理解自己的角色定位，并履行自己应尽的职责。或许最重要的是，他们能有效地沟通，解决在日常近距离接触中不可避免产生的人际冲突。

作为一名团队成员，你的职责可不只是每天参加团队工作。你还需要理解团队的角色和职责，在团队工作中发挥积极作用。与团队成员一起工作时，尊重对方，公平地承担任务，对他人的付出心存感恩，这样你就能成为一位好同事。

作为普通人的教师

因为作为一名普通人是你将来成为专业人士的基础，所以，我们先来看看作为普通人的学前教育工作者是什么样子的，也请你审视一下自己。接着我们将考察成为一名专业的学前教育工作者意味着什么。你带着你的全部经历进入这一领域，包括你的人格特质、性别、种族、文化、家庭环境、价值观、信念和生活经历。随着时间的流逝，所有这些你已有的经历，将与你的职业训练以及与儿童及其家长一起工作的经验融合在一起，并最终形成你作为一名学前教育工作者的同一性。

什么特质让你成为一名优秀的幼儿教师

你聪明吗？体贴吗？有行动力吗？你是开朗活泼还是安静矜持？你具有创造力和表现力吗？实际上，不管你具有何种特质，你都有可能成为一名好老师。许多不同特质的人都在学前教育领域取得了成功。没有所谓"正确"的人格类型，没有一套单一的经验或培训会为你增添必备的特质，也没有一种单一的方法能让你成为优秀的幼儿教师。成为优秀的学前教育工作者并没有单一的模式。

尽管许多不同背景的人都能成为优秀的学前教育工作者，但并不是每个人都能在这一领域中获得成功和满足。

什么能让你成为一名优秀的幼儿教师？什么样的态度、知识、技能和人格特质——包括性情，即人们用特定的方式对经验做出反应的倾向——的组合有助于你更有效地从事幼儿工作？成功的学前教育工作者通常具有以下特征：积极的态度、好奇心、对新思想持开放态度、热情、有担当、精力充沛、体力好、有幽默感、灵活、有自知力、能共情、情绪稳定、热心、敏感、有激情、有毅力、愿意承担风险、有耐心、正直（诚实、有正义感）、富有创造力、热爱学习以及信任儿童（Cartwright, 1999; Colker, 2008; Feeney & Chun, 1985; Katz, 1993）。幼儿教师要热爱自己的本职工作，能与幼儿和成人进行有效的沟通，起到榜样作用，无条件地关爱儿童，同时也能客观地看待他们。

许多学前教育领域的学者已经探索了学前教师需要具备的特质。在此，我们引用芭芭拉·比伯（Barbara Biber）1948年的一段论述（本书所有版本都引用了这段话），因为这段论述非常生动地描述了我们理想中的学前教育工作者的形象：

> 教师应该是一个内心强大、有足够安全感的人，这样她才能遵循信念工作，而不必事事都循规蹈矩；她才能树立威信，而不必强求顺从；她才能试验性地开展工作，却又不是毫无根据；她才能勇于承认错误，却又不会感到羞愧。（Biber, 1948, p.282）

我们不可能列出优秀幼儿教师的所有品质。我们赞同本章列举的和许多其他人生动描述的优秀幼儿教师的品质。我们深信，对儿童及儿童期的充分理解和欣赏是优秀教师的核心品质。尊重是根本，因为只有承认每个人都是有价值、值得欣赏的，你才能真正地与他人建立联系。在学前教育中，对幼儿教师来说，不必（也不可能）爱每一个孩子；更重要的是尊重每一个孩子及其家庭成员的价值观。另外，幼儿教师要有利他主义精神——要始终关注他人的最佳利益——以及照料儿童的能力，因为悉心照料儿童是学前教育工作者的核心工作内容。

我们知道，欣赏和尊重孩子，真正的关爱就会出现；怀着一颗上下求索的心灵，就会带来愉悦、希望和奉献。如此，教育幼儿——就会从一份职业转变成一种使命。

第1章 人格特质

如前所述，各种人格特质的人都有可能成为优秀的幼儿教师。重要的是，你愿意客观地看待自己，理解自己的人格特质以及它们对你的工作会产生怎样的影响，并且愿意克服那些可能会影响你有效工作以及保持良好人际关系的不利因素。

多年以来，我们一直让我们学院的大学新生思考这样一个问题：小时候最喜欢和最讨厌的老师分别具有什么样的特征。我们发现，他们的许多记忆都是关于自己老师们的一些典型人格特质。他们最喜欢的老师通常和蔼、公正、有同情心、温暖以及善于倾听；而最不受欢迎的老师通常都冷漠、反复无常、无趣、漫不经心，时不时还会羞辱他们。学生们报告的童年记忆都很生动，有时还伴有强烈的情绪反应。对这一问题的探索强化了我们的信念，即教师是个什么样的人，会对学生产生强烈而深远的影响。所以即将成为教师的你，首先需要对此进行深入的思考。

气 质

儿科医生亚历山大·托马斯和斯特拉·切斯曾做过一项关于婴儿气质类型的研究，后来治疗师杰恩·伯克斯和梅尔文·鲁本斯坦将这些气质类型应用于成人（Burks & Rubenstein, 1979）。对于我们的学生，气质类型是他们开始思考自己人格特质的好起点。托马斯和切斯将气质（temperament）定义为个体的行为风格和典型的反应方式。他们发现新生儿在特质上表现出明显的差异，并且这些特质通常具有跨时间的稳定性。尽管它们会受到生活经验的影响，但我们仍然可以用气质的9个维度来解释成人和儿童的人格差异。

图1.1简要描述了气质类型应用于成人时的9个特质，每个特质都对应一个连续体。在教学中，我们把每个特质连续体作为工具，让学生进行自我反思。气质类型没有好坏之分，它们只是个体的一部分。然而，有些特质，例如积极的心态、高活动水平以及容易适应新环境等，都有助于你从事幼教工作。

看看下面这两位教师：

> 鲁比和米歇尔一起带班，班上孩子的年龄为3~4岁。鲁比每天都在孩子和家长入园前一个小时就到达幼儿园；她喜欢独自在教室内整理自己的思路，并准备好上课用的材料。米歇尔则是在上课前的最后一分钟冲进教室，背包里塞满了她为这次植物课程准备的有趣的东西。孩子们入园半小时后，鲁比安静地给几个年幼的孩子读书，包括正处于与母亲分离焦虑期的乔舒亚。米歇尔则带领着其他的孩子在花园里追逐嬉戏。

鲁比和米歇尔表现出了十分不同的气质特征，尤其是在规律性和反应强度方面。认识到儿童、家长或同事的气质可能会与你不同（正如鲁比和米歇尔的例子），这样有助于你避免将他人的行为视为消极或难以应付的。你想更多地了解自己的气质特

图 1.1　托马斯和切斯提出的气质的 9 个维度

```
1. 活动水平：生理和心理活动的水平。
   非常活跃_____不活跃/安静

2. 规律性（节律性）：对可预测的规律活动或随意活动的偏爱度。
   高度规律/可预测_____非常不规律/不可预测

3. 分心程度：外部刺激在多大程度上影响个体从一项活动转向另一项活动的行为和意愿。
   容易分心_____面对刺激注意力很集中

4. 主动－退缩：对新情境的反应方式。
   喜欢新体验_____逃避新体验

5. 适应性：调整以适应新观点或新情境的难易度（在初始反应之后）。
   很容易适应变化_____难以适应变化

6. 身体敏感性（反应阈限）：对诸如噪音、味道、气味和温度等环境变化的敏感性。
   对变化警觉_____难以辨识变化

7. 反应强度：典型反应的强度水平，包括积极反应与消极反应。
   高强度_____低强度

8. 持久性/注意广度：投入某项活动的时间长短（即使活动有难度）以及在干扰下坚持工作的能力。
   不容易受干扰_____很容易受干扰

9. 心境质量：通常是乐观还是悲观；不加鉴别地享受一切还是对喜欢的情境更有选择性的倾向。
   通常很乐观、高兴_____通常很悲观、难过
```

资料来源：Information from J. Burks & M. Rubenstein, *Temperament Styles in Adult Interaction*, 1979.

征吗？在图 1.1 的连续体上标出自己的情况，并思考你的发现所代表的含义。

多元智能

霍华德·加德纳的多元智能理论是另一种有助于你了解儿童和自己的资源。加德纳以社会需求和价值为基础，将智力描述为一种文化界定。只有当你意识到自己独特的天分和优势（你的智力）后，你才能最大限度地发掘潜力。图 1.2 列出了加德纳确定的 8 种智力形式。

理解人们的智力有不同的表现形式，也有助于你与同事合作。如果上例中提到的鲁比和米歇尔足够明智，那么她们将互相学习，取长补短。鲁比善于反思和提前制订计划，并且具有很高的人际智能，她可能会成为一位解决儿童社会情绪需要的专家；而米歇尔的自然智能突出，她可能会成为激发儿童动机和设计科学课程的专家。当然，如果她们不够明智，就可能会因为彼此间的差异而心生怨恨。

更多地了解自己，有助于你对个体差异更加敏感，更乐于接受差异，更能意识到你的人格特质对他人的影响，更加清楚自己在哪种工作环境中能最高效地工作。

如果你想更多地了解自身的人格特质、能力和反应的独特方式等，有很多工具

图 1.2　加德纳的多元智能

- 音乐智能：创作音乐以及对音乐反应的能力。如果你对教室中的听觉环境特别敏感，能轻松地演奏乐器和唱歌，那么你可能具有较高的音乐智能。
- 身体 – 运动智能：运用身体解决问题的能力。如果你的协调性很好，并且积极地与孩子们一起游戏，那么你可能具有较高的身体 – 运动智能。
- 逻辑 – 数学智能：理解数字基本特性和因果关系原则的能力。如果你喜欢为自己和孩子们创造一些挑战，那么你可能具有较高的逻辑 – 数学智能。
- 语言智能：运用语言表达观点以及学习新词语或其他语言的能力。如果你很健谈、喜欢字词游戏、读书、讲故事和诗歌，那么你可能具有较高的语言智能。
- 空间智能：对空间布局进行心理表征的能力。如果你对房间的物理布置很敏感，很容易明白该如何重新布置教室，特别喜欢和孩子们玩搭积木，那么你可能具有较高的空间智能。
- 人际智能：理解他人并与他人交往的能力。如果你处理人际关系周到细致，并且表现出社交能力和领导力，那么你可能具有较高的人际智能。
- 内省智能：理解自身的能力。如果你有浓厚的兴趣和明确的目标，对自我有很好的了解，关注内心世界，展现出信心，那么你可能具有较高的内省智能。
- 自然智能：认识环境中动植物的能力。如果你对生活环境中的动植物非常了解，并且特别善于设计科学课程和教室的科学角，那么你可能具有较高的自然智能。

资料来源：Information from H. Gardner, *Frames of Mind*, 1983.

反思你的人格特质

根据本章的气质连续体和加德纳的多元智能模型，分别思考一下你的人格特质和智力。你属于哪种气质类型？你偏爱什么活动和环境？你擅长什么？对你来说，什么具有挑战性？你对自己人格的了解对你与儿童、家长和同事相处有何帮助？

可供参考。例如迈尔斯 – 布里格斯类型指标（Myers-Briggs Type Indicator, MBTI），该量表主要考察人们看待世界和决策时的典型倾向。你也可以从大多数高校咨询中心获取其他评估工具。迈尔斯 – 布里格斯类型指标也有网络版：正规的需要付费，也可以使用某些修订版（参见本章末的网站信息）。

个人价值观和道德观

价值观是指个体用来判断什么是重要、值得拥有或有价值的，以及判断个体应该具备何种品质（如真、善、美、仁爱、诚实、智慧、忠诚、公正、尊重等）的原则或标准。价值观的形成是一个复杂的过程，与你的家庭背景、文化、宗教、社区和生活经历有关。在诸多方面，价值观都会影响我们大大小小的生活决策。例如，你每天做什么、吃什么、住在哪里、读什么书和杂志、看什么电视节目或视频、选择什么样的工作和娱乐等等，所有这些都会受你价值观的影响。你的职业价值观源自这些个人价值观。如果你能花点时间反思一下，你就能识别自己的个人价值观，看到它们对你的生活所产生的影响。

你选择学前教育的原因可能是你从心底关爱孩子；也可能是受宗教价值观、对世界和平的承诺、对社会公平的关心或学习激情等原因的驱动；又或许你希望能帮助孩子们享受快乐充实的生活，帮助他们成为优秀的学生或有所作为的社会成员。认识自己的个人价值观有助于你明确在帮助孩子的日常工作中需要达成的目标。

有时你会惊讶地发现，那些你认为普遍的价值观，别人可能并不认同，这也是我们换一个新环境或开始一段新关系（如与新伴侣一起生活），以及在学前教育机构中开始工作的第一年往往会难以适应的原因之一。意识到这一点，有助于你理解价值观是你的自我同一性中很重要的一部分，你在生活和工作中遇到的每一个人，可能并不会和你持有相同的价值观。

道德观是指个体所持有的何为善恶、是非或正当的观点，包括个体对自身义务的信念以及如何行事的看法（Kidder, 1995; Kipnis, 1987）。道德观涉及对是非的判断。在很小的时候，人们就知道道德问题是很严肃的，因为这关系到我们对他人的责任和义务。例如，我们能很快学会应该如何对待他人，成人甚至期望儿童也能按照这些方式来行事。

一个人的道德观萌生于儿童早期。你或许能认同你所崇拜的成人确定的行为标准，这些人可能来自你的家庭、宗教场所和社区。诸如诚实、乐于助人、公正、尊敬长辈、以家庭为重和尊重差异等品质，都是我们小时候从家人和社区以及宗教领袖身上学到的。

当你着手为成为一名学前教育工作者做准备时，就应该深入思考是什么价值观引导你做出了这个决定，以及你的价值观可能会对你将来的幼儿工作产生哪些影响。

对待多样性的态度

与人们的价值观紧密相关的是他们对待不同人群的态度，这些群体在文化、宗教、语言、阶层、族裔、性取向、外貌或能力等诸方面与他们自己存在差异。我们对待这些差异的态度源于我们的价值观，源于我们儿时从成人那里获取的信息以及我们与不同的人相处时的经验。

我们对他人总会发展出自己的偏好和预期。我们倾向于喜欢或拒绝某些个体或群体（即偏见），这或许是因为人类具有这样一种倾向：与自己相似的人相处时感觉放松和舒服。与其他价值观和偏好不同，偏见容易让人们产生刻板印象和歧视，会对某些个体或群体造成负面影响，甚至会不公平或不公正地对待他们。刻板印象是对某类特定群体过度简单的概化，它并未建立在直接经验的基础之上，是一种不公正的固着心理印象。歧视是"在事先缺乏足够的知识、思考或理由的基础上形成的观点或情感，武断地支持或反对任何个体、群体或性别"（Derman-Sparks, 1989, p.3）。如果你曾经因为你的家庭、族裔、年龄、文化、性别、宗教信仰、语言、外貌、能力、地位或任何其他的个性特征而被拒绝或不公正地对待过，你就会意识到歧视有着多

反思你的价值观以及你儿时接收到的道德信息

为你的价值观列一个清单。想想你的这些价值观是如何形成的？哪些是你从家庭、教堂或邻居那里学到的？哪些是间接获得的？日常生活中有哪些行为是你认为道德或不道德的？你童年以及成长过程中也有过这些行为吗？想想你的价值观在成长过程中曾有过哪些改变？

么强大的影响。我们通常认为歧视是对某一群体的负性情感，然而，对某一群体偏执的喜爱也是有害的。在这种情况下，被偏爱群体的成员可能获得一种不切实际的优越感，而受歧视群体的成员则可能体验到一种无价值感。

尽管我们中的大多数人都意识不到自己的偏见，但其实每个人或多或少都存在一些。即使我们能意识到我们的偏见，我们也可能拒绝承认或为此感到尴尬。因此，偏见并不能消除。偏见会影响我们与儿童、家长和同事的关系。

识别和正视你的偏见，这将有助于你认识到，因为这些偏见你可能给儿童及其家庭造成的负面影响。当你意识到某种偏见时，仅仅是这种意识就足以帮助你更接受多样性，或者纠正自己对儿童或家长的负性反应倾向。事实上，对于那些触发负性反应的家长或儿童来说，许多优秀的教师只要认识到，他们只是因为喜爱这些儿童或家长，那么他们就会积极地消除这些偏见。当你关注积极的方面时，你更容易对那些曾经令你讨厌的儿童或成人发展出特殊的好感。你对儿童及其家庭新产生的欣赏，实际上也会影响你对群体其他成员的情感。

反思你对多样性的态度

生活中，你曾在哪些情境下以何种方式体验过偏见或歧视？它如何影响你对自己以及他人的看法？

有让你讨厌或待在一起感觉不舒服的人吗？这些人有什么特征？你是否倾向于喜欢特定种族、文化、经济背景、性别或行事风格的儿童？

当你与不同的孩子们相处时，你对哪些事情感兴趣，哪些挑战又会让你感到焦虑？

D.G.是一个3岁大的小男孩。在小熊舞蹈室，他那淡蓝色的眼睛和银发小平头使得他在孩子中显得格外特别。玛丽老师觉得D.G.的外貌不讨人喜欢。D.G.不仅外表特别，而且行为表现也与众不同。他很少讲话，拒绝参加小组活动，也不愿意与别人一起做值日。玛丽努力尝试从D.G.身上寻找她所喜欢的东西。她发现，D.G.能搭建复杂的积木结构，也能绘出五彩缤纷的图画。有一天，她注意到D.G.在帮助比他小的孩子。玛丽找机会把她看到的这一切告诉了D.G.。慢慢地，她发现自己越来越喜欢D.G.了。学年的最后一天，他们拥抱在一起，表达对彼此的欣赏和喜爱之情。

还有一种好办法，那就是自我反省，想想是否有任何特定的儿童或儿童群体你不愿与之相处。如果你发现你对某些儿童群体及其家庭有强烈、难以克服的偏见，那么你就需要想清楚了，选择学前教育这一职业是否是个好主意。

我们生活在一个日益多样化的世界里。作为学前教育工作者，你极有可能密切接触形形色色的人，他们的种族、经济状况、文化、语言背景、性取向、能力和生活方式各异。这种多样性带给你的既是挑战也是机遇。尽管有时你可能会感到不舒服甚至自我怀疑，但是当你学着去珍视这些广泛的人类差异时，也可能会获得新的欣赏和领悟。

生活经验的影响及其对之反思的能力

工作中，你将带着你过去所有的经历与儿童及其家庭相处。作为一个人，你有你与生俱来的特征、你的人格、文化、生活经验、态度和价值观等。这些都会影响你将成为什么样的学前专业工作者。如果你不对之进行反思，你对你自己的这些方面就不会有一个充分的认识。然而，你想理解他人就必须先理解自己。自我认识以及反思你的人格和行为对他人产生影响的能力，是有爱心的合格的学前教育工作者所具备的基本素质。

> 谢里尔是独生女。她的父母都是教师，她也总是假装成玩具娃娃或玩具小动物的教师。谢里尔喜欢上学，但是由于她很害羞，所以朋友不多。读高中时，她在附近的一家学前机构做志愿者。和孩子们相处时，她发现自己不会害羞。于是，她决定要做一名幼儿教师。她拿到了学前教育专业的学位，并在实习的学前机构当了一名教师。现在，如果你见到她，绝对想不到她曾经是那么害羞，没有朋友。

> 休是一名一年级教师，在市中心长大。她的父母都不讲英语。她对第一天上幼儿园的不愉快经历至今仍记忆犹新，但是她很快就喜欢上了学校。休8岁时，她的父亲去世了。后来，哥哥也因吸毒过量而死亡。休的家庭一直经济拮据，日子过得很艰难。但是她在校表现优秀，靠着所获的奖学金上了一所州立大学。休是家中第一个获得学位的人。她热爱工作，经常谈及她正在运用各种方法，努力改变着那些与她有相似家庭背景的孩子们的生活。

> 萨拉是一位学前教师，童年时受过家庭虐待。早在16岁之前她就离开了家，想方设法上学，并最终获得副学士学位。她现在是一名教师，教3岁幼儿。她拼命地护着自己班里的孩子，认为大多数家长都没有资格生养孩子。她对权威人士，如她的主任和学前教育委员会的那些人，持消极看法。她频繁请假，并总是批评自己所在的机构质量太差。她抱怨工资少得可怜，还需要加班布置教室或家访。

当你进入学前教育领域时，要记住你也曾是个孩子，你的童年经验会极大地影响你感受自己和他人的方式。与儿童及其家长相处会唤醒你早已遗忘的情感和态度。在你的童年经验以不曾预期和破坏性的方式影响你之前，反思它们如何影响你与他人的关系，这不失为一个好主意。如果你童年时的基本需要都得以满足，那么你很可能会把这个世界视为美好而滋润之地，也更容易支持儿童的成长和发展。如果你在成长过程中曾遇到过问题，就像前面提到的谢里尔、休和萨拉一样，那么你可能需要一些时间，依靠自己或寻求朋友和咨询师的帮助，来解决这些遗留问题。对于童年，我们每个人都有愉快和不愉快的回忆。像休一样，许多优秀的学前教育工作者会尽力为孩子们提供自己所缺失的积极童年经验。另一些学前教育工作者，诸如萨拉，如果没有自己的洞察和他人的帮助，就难以克服童年经验和应对当前工作的挑战。

教育工作者只有了解并接纳自己，才有能力关心、同情并教养儿童。自我认识在很大程度上取决于你以诚实和不加评判的方式观察自己的能力，正如你能以同样的方式观察儿童一样；取决于你能真实评价你在该领域的优势以及真正需要改进之处。自我认识意味着你要承认，每个人都会经历负面感受和强烈的不愉快情绪，如愤怒和恐

第 1 章

反思在儿童生活中
你是谁以及
你想成为谁

哪些早期经验或事件对你变成现在的你影响最大?有没有哪些不愉快或痛苦的经历需要你花费精力去面对和解决?你的早期经验和你今天选择学前专业有什么关系吗?你想要在孩子们的生活中扮演什么样的角色?

惧等。我们要以建设性的方式来识别、接纳并表达这些感受(例如,和亲朋好友聊一聊,找咨询师,或通过写作、艺术创作的形式来表达),否则它们就可能变得具有破坏性。

自我认识和接纳的能力是同情心的基石,对学前教育工作者来讲,同情心是如此重要。下面这段引自发展心理学家阿瑟·杰西尔德的论述,表达了同情心的重要性。因为这段话如此生动地表达了这一理念,所以我们将其纳入了本书所有版本中:

> 要富有同情心,个体必须能够接纳任何情绪的影响——爱或恨、愉悦、恐惧或悲伤——能够长久地忍受和包容其存在,能充分地体会接纳其意义,与经历这一情绪的人产生情感上的共鸣。发挥到极致的同情心具有英雄主义的特征:能面对愤怒的肆虐,恐惧的冲击,以及爱的温柔激励,然后才能在更大的背景中拥抱这些感受,接纳并理解这些情感对体验者所具有的意义(Jersild, 1955, pp.125-126)。

在专业发展(本书的核心主题)的过程中问问你自己:"在儿童的生活中我是谁?我想成为谁?"没有人能够时时刻刻完全地自知、成熟、明智、富有同情心和洞察力。任何人都有敌意和防御倾向。关键是学会客观地看待自己,客观地接纳他人对你的反馈,将其视为有助于你成长的有价值的信息,而不是否认它们或用来贬低自己。

作为专业工作者的教师

你正在学习如何成为一名学前教育工作者,这意味着你将进入专业领域,成为一名专业工作者。我们每天都能听到这些术语,但有时并不清楚它们的含义。专业是一种能为社会提供必要服务的职业。专业工作者是指经过专业训练,并运用个人的技能和能力通过实现专业承诺以服务社会的个体。

有关学前教育是否是"真正的专业"——是否满足用于界定某种职业为某一专业的大多数标准——目前尚有争议。这些标准包括一系列的专业知识和技能,长期的培训,严格准入培训和从业资格要求,一致认可的行业行为标准,无私地服务社会和满足他人需要(利他主义)的承诺,承认从业者是社会上唯一能执行该专业功能的群体,自主性(对服务质量的自我调节和内部控制)以及道德准则。

学前教育工作者通常都非常符合利他主义这条标准。在该领域,我们有知识基础和相应的培训。我们也有道德准则,这些准则清楚地规定了学前教育工作者的道德义务,确定了该领域独特的价值观(详见图1.4),提供了道德行为的指导原则。但是在培训和从业资格等方面，我们还未完全达到专业地位的标准。职业培训通常都很简短，不同地区和机构的从业要求也各不相同，而且通常都不够严格。学前教育机构的自主权或自我规制极为有限，因为针对5岁以下幼儿的私立机构需要获得社会福利（非学前教育）部门的许可，公立学校的政策不是由教育者制定，而是由教育委员会的成员制定。不像其他已确立的专业，适用于学前教育工作者的道德准则并不具有强制性。

尽管我们的学前教育领域并不满足用于界定一个专业的所有标准，但是毋庸置疑，学前教育工作者通过对处于生命周期关键期的幼儿进行悉心的培养和教育，为社会作出了重要贡献。我们所作贡献的价值也越来越被人们认可。由于学前教育工作者对幼儿发展的方方面面都会产生至关重要的影响，因此要求他们的行为必须反映献身服务的职业理想，必须优先考虑儿童及其家庭的利益，必须坚持工作能力标准，必须提供高质量的服务。

专业知识和技能

专业知识和技能是每一门专业的核心定义特征。近几年来，人们已经做了大量的工作来界定学前教育的知识基础。大量文献描述了支持幼儿发展与促进其学习所需的知识，并且人们在这方面也取得了越来越多的共识。

不断完善的教师准备标准规定了教师需要掌握的知识和技能，以确保他们在从事幼教工作前做好充分的准备。这些教师准备标准包括专业认证委员会提出的 CDA 能力，美国幼儿教育协会（National Association for the Education of Young Children, NAEYC）[1]制定的学前教育专业准备标准，美国国家专业教学标准委员会（National Board for Professional Teaching Standards, NBPTS）制定的优秀学前教师标准，以及特殊儿童委员会（Council for Exceptional Children, CEC）制定的学前儿童特殊教育教师标准。在美国，除了这些全国性标准外，大多数州也创建了当地的教师专业发展体系，以提高 0~5 岁儿童教育工作者的专业技能（Bellm, n.d.）。

在 2010 年美国幼儿教育协会出台的初级和高级学前教育专业准备项目标准（NAEYC, 2011）中，美国幼儿教育协会强调了 2 年、4 年和高级学前教育培训项目中的毕业生分别需要掌握的知识和技能。图 1.3 总结了美国幼儿教育协会规定的标准。这些标准描述的内容构成了本书大部分的内容，这对你来说应该不足为奇。我们将在本书每一章的结尾处指出本章内容对应的是美国幼儿教育协会中的哪一条标准。

经验丰富的学前教育工作者，其知识库的核心是儿童发展。以儿童发展知识为基础的工作承诺可追溯到 20 世纪 20 年代的儿童研究运动，这也是我们区别于大多

---

[1] 美国幼儿教育协会（National Association for the Education of Young Children, NAEYC）致力于改善幼儿的幸福，主要关注0~8岁儿童的教育和发展服务质量。该协会成立于1926年，是世界上最大的致力于幼儿利益的组织。

图 1.3　NAEYC 学前教育专业准备项目标准总结

标准 1. 促进儿童的发展和学习
核心内容
1a：了解并理解幼儿的特征和需要
1b：了解并理解影响幼儿发展和学习的多种因素
1c：运用发展的知识创设健康、尊重、支持以及富有挑战性的学习环境

标准 2. 与家庭和社区建立联系
核心内容
2a：了解并理解家庭和社区的多样性
2b：通过建立尊重、互惠的关系支持并融入家庭和社区中
2c：鼓励家庭和社区参与到儿童的发展和学习中

标准 3. 通过观察、记录和评估等方式支持儿童及其家庭
核心内容
3a：理解评估的目标、价值和使用方法
3b：了解并使用观察、记录以及其他合适的评估工具和方法
3c：理解并运用可靠的评估工具,促进每个儿童的积极发展
3d：了解对与家长、专业同事间合作关系的评估

标准 4. 运用发展性有效方法与儿童及其家庭建立联系
核心内容
4a：理解积极的关系和支持性互动是幼教工作的基础
4b：了解并理解幼儿教育的有效策略和工具
4c：使用各种发展适宜性的教学和学习方法
4d：反思自身的教学实践,促进每个儿童的积极发展

标准 5. 运用学科知识设计有意义的课程
核心内容
5a：理解学科中的内容知识和资源
5b：了解并应用核心概念、探究工具以及内容领域或学科的结构
5c：运用自身知识、适宜的儿童学习标准和其他资源,为每个儿童设计、实施和评估有意义且富有挑战性的课程

标准 6. 成为专业工作者
核心内容
6a：认同并投身学前教育领域
6b：了解并支持道德标准和其他职业指导原则
6c：通过参加继续教育和合作学习指导实践
6d：整合幼儿教育中有见地、反思性和批判性的观点
6e：为幼儿和学前教育专业代言

资料来源：NAEYC. 2009. *NAEYC Standards for Early Childhood Professional Preparation Programs*. Washington, DC: Author. www.naeyc.org/files/naeyc/file/positions/ProfPrepStandards09.pdf. Reprinted with permission from the National Association for the Education of Young Children (NAEYC). Full text of all NAEYC position statements is available at www.naeyc.org/positionstatements.

数其他教育工作者的特征之一。本书的各章节分别体现了儿童发展的知识以及其他基本知识：学前教育的历史和特点；观察、评估与记录；指导幼儿群体；健康；安全和营养；创设学习环境；支持游戏；设计和实施课程；残障儿童的教育；家园共育。

专业承诺和行为

要成为一名专业工作者远不止积累知识和技能那么简单。它涉及承诺、知识、道德行为以及继续学习和发展的意愿。

专业行为包括做一名优秀的员工。它意味着我们要守时，衣着得体，工作认真，职责明确，遵守承诺，将掌握的专业知识运用到工作中，积极向公众展现你所在的机构和领域。专业行为也包括我们要有职业化表现（behaving collegially），不把个人情感和牢骚带入课堂，了解相关的法律和道德责任。

法律责任

学前教师负有法律责任。我们需要知道与学前教育相关的法规和政策，并且像每一个公民一样，我们必须遵守国家和社区的法规。学前教育工作者有义务报告儿童受虐待或被忽视的情况。这意味着，你有法律和道德责任报告任何可疑的虐待或忽视儿童的情况。例如有儿童带着明显的外伤来学校，而你怀疑这可能是由儿童家人或其他成年人体罚所致。

作为一名新手教师，你最重要的任务之一就是，熟悉你所在单位中有关儿童虐待现象的报告程序。尽管你可能强烈希望永远不必使用这一程序，但是你要知道为了履行你维护儿童权益的法律和道德责任，了解如何做非常关键。

职业价值和道德

个人的价值观和道德观并不总能指导专业行为，因为不是每个人都拥有相同的价值观和生活经历，也不是每个人都学习过相同的道德课程。即使拥有相同价值观和道德信念的人，也不一定能在幼教工作中以相同的方式应用它们。学前教育工作者仅有个人的态度、价值观和道德观来指导他们的工作是不够的，他们还需要增加职业价值观，明确指导他们当面临道德问题时应该如何行事，让学前教育工作者一致认同他们的专业承诺。

职业价值观

某一职业的价值观并非喜好问题，而是职业内成员一致认可的基本观点。职业价值观是对专业信念和专业承诺的陈述。美国幼儿教育协会制定了道德行为准则和专业承诺书（2005年4月修订，2011年5月重申并更新）来指导成员的职业责任行为。这一道德准则明确了核心价值（见图1.4），阐释了学前教育工作者的核心观念、对社会的承诺以及共同的目标。

这些核心价值观使得所有学前教育工作者在遇到职业道德问题时，能够依据他们普遍接纳的职业价值观（而非个人价值观或信念）行事。

大多数从事学前教育工作的人都认同这些价值观的精神。当你把个人价值观融入职业价值观中时，你将会加入到其他学前教育从业者队伍中，去共同实现专业承诺，促进幼儿及其家庭的积极成长和发展。

反思你的职业价值观

通过头脑风暴列出你认为每位学前教育工作者都应持有的价值观。对比你列出的价值观与图1.4中呈现的学前教育的核心价值观。思考两者为何有异同。

价值观冲突　当你在工作中遇到冲突时，这些冲突往往都与职业价值观有关。有一类价值观冲突发生在个体内部。例如，你可能会面临职业需要和要求与个人生活的冲突（如一场重要的员工会议安排在你的爱人或孩子生日那天）。工作中，你可能会面临重视表达自由（如允许孩子们参与自己感兴趣的戏剧表演）与重视和平（如禁止战争游戏，因为它会把暴力带入教室）的冲突。或者你会面临在高薪工作和自己喜欢的工作之间难以选择的困境。当遇到这些情况时，你最好分析一下这些冲突，以决定哪种价值观对你来说是最重要的。

行为和价值观保持一致也很重要。有时，教师意识不到他们的行为可能背离其价值观。我们认识一位教师，尽管她自己很重视独立性和儿童的自发学习，但是当她审视自己的班级时，才意识到竟不允许孩子们从架子上选择他们想要的材料。

有时，你会发现你与他人也存在价值观冲突。这有助于你认识到，在这个多元化的社会中，价值观的差异性是我们生活中自然、健康的一部分。尽管解决方案并非总是能很容易找到，但是你能学会更加成熟地解决价值观冲突。你可能会遇到这

图1.4　学前教育的核心价值观

学前保育和教育的道德行为标准建立在对以下核心价值观的承诺基础之上，这些核心价值观植根于学前保育和教育领域的发展历史中。我们承诺：

- 把儿童期视为生命发展全程中一个独特且有价值的阶段
- 将关于儿童发展和学习的知识作为我们工作的基础
- 重视并支持儿童与家庭之间的联结
- 认识到在家庭、文化*、社区和社会环境下能最好地理解和支持儿童
- 尊重每个个体（儿童、家庭成员和同事）的尊严、价值及独特性
- 尊重儿童、家庭和同事的多样性
- 承认只有建立在信任和尊重基础上的关系才能帮助儿童和成人最大程度地发挥其潜能

*这里所说的文化包括族裔、种族同一性、经济水平、家庭结构、语言、宗教和政治信仰，这些都对儿童发展以及儿童与世界的联系有深刻的影响。

资料来源：Reprinted from the NAEYC Code of Ethical Conduct and Statement of Commitment, revised April 2005, reaffirmed and updated May 2011. Copyright © 2011 by the National Association for the Education of Young Children. The full text of all current NAEYC position statements is available at www.naeyc.org/positionstatements.

样一种情况：某位管理者的行为（例如，为了把被指控为性虐待的风险最小化而禁止员工拥抱儿童）与某种重要的价值观（给予幼儿所需的有感情的身体接触）直接冲突。你也会发现与同事之间的价值观冲突，这导致你们在如何开展幼教工作这一问题上存在不同观点（例如同事要求幼儿进餐时保持安静，而你却认为这是发展儿童的语言和沟通技能的绝佳时间）。

你也可能发现，你的信念与来自家长的压力会产生冲突：家长希望你教和对待孩子的方式与你所持的信念相悖。有时，你不得不应对这样的家长，他们的要求在你看来并不是从孩子的最大利益出发。例如，家长可能比较担忧孩子在校的学业成功，想让他们掌握更多的学业内容，但你的专业素养告诉你这种做法不具发展适宜性。

当来自不同背景、持有不同价值观的人合作照料儿童时，观点冲突在所难免。当你面临冲突时，首先确认它是不是价值观冲突，这对你很有帮助。解决价值观冲突的最好办法是不要急于做出价值判断（如内心的声音在说："不！他们是错的！我才是对的！"），仔细聆听他人的观点。我们的朋友兼同事琼·法戈经常建议大学生要学会"好奇，而不是愤怒"。价值冲突通常涉及文化差异，例如是应该抱起哭泣的孩子，还是应该留一些时间和空间让他自己平静下来。我们需要承认并讨论这些文化差异。当你们合作时，你们能够寻求一种充分尊重双方的解决方法。请谨记，当相竞争的观点是强烈的价值冲突所致，尤其与文化差异有关时，寻找解决办法并非易事，此时你能做的可能就只能是求同存异。

有时，教学实践的差异如此之大，以至于你发现你都想离职了。例如，我们的一个学生辞掉了一份高薪工作，因为她认为实践性学习和儿童自主选择很重要，但她所在学校采用的课程形式不允许她以这种方式教学。虽然做出离职的决定很痛苦，但是如果价值观差异太大，这或许是你唯一的选择。就像我们刚刚所说的这名学生一样，你可能会发现，在一种与你的价值观和专业承诺更加一致的环境下工作，你会更快乐。

职业道德

道德是关于是非、责任与义务的研究。职业道德强调群体的道德承诺，通过共享来延伸和提升教育者的个人价值观和道德观，对工作中对与错的行为进行批判性反思。道德行为标准并非是对个人品味或喜好的阐述；它们为致力于做正确事情的专业工作者提供了共同的普遍基础。

职业道德承诺包含在其道德准则中。道德准则有别于政策、规章制度或法规。它阐述了该领域的职业愿景以及个体从业者的义务。它能告诉从业者应该如何处理他们的工作，应该做什么和不该做什么。道德准则帮助专业工作者去做正确的事，而不是做最轻松、能带来个人利益最大化或让人最受欢迎的事。如果从业者都能遵守道德准则，那么它能向公众确保行业实践建立在合理、一致的标准基础上，并保证服务对象和社会的利益最大化。

反思价值冲突的经历

你还记得曾经与他人产生过的价值冲突吗？你们分别持有的价值观是什么？当时你是怎么处理的？你们的价值观或人际关系经过这次冲突有所改变吗？

道德准则 当今，教育工作者可遵循的道德准则不止一套。美国蒙台梭利学会和美国教育协会制定的道德准则适用于所有年级的教师（从学前到12年级）。美国幼儿教育协会和特殊儿童委员会下属的幼儿部（Division for Early Childhood, DEC）制定的道德准则是专门针对幼教工作者的。如果你在其他国家生活或工作，你可能也会发现一些反映当地文化和价值的道德准则。（本章最后会列出关于这些道德准则的网站信息列表。）

在美国大多数的学前教育教科书和学前教师教育项目的课程体系中，都包含美国幼儿教育协会的道德行为准则和承诺书。美国幼儿教育协会的道德准则已被美国家庭儿童保育协会（National Association for Family Child Care, NAFCC）采用，并且获得国际儿童教育协会（Association for Childhood Education International, ACEI）的认可。每一位学前教育工作者都应学习适用于其项目或机构的道德准则，认真阅读以理解其中的道德承诺，当需要时用它来指导自己的工作。

学前教育工作者为什么需要道德准则？最具说服力的理由是，幼儿是脆弱的，他们缺少力量来保护自己。照料这些幼儿的成人则很强大，他们控制着儿童想要和必需的重要资源。卡茨（Katz, 1993）指出：从业者服务对象的力量越弱，从业者的道德就越重要。如果教师忽视或者虐待幼儿，幼儿是不能保护自己的。基于此，学前教育工作者在对待幼儿的利益方面要公正、负责，这非常重要。

学前教育工作者需要道德准则的另一原因是，他们所服务的对象群体是多样化的，包括儿童、家长、用人机构和社区。大多数学前教育工作者都认同，他们的首要责任和忠诚对象是儿童。然而，当家长、机构或管理者要求学前教育工作者优先考虑他们的关切时，学前教育工作者便很难再坚持儿童优先。

美国的学前教育机构广泛采用美国幼儿教育协会制定的道德准则。该道德准则自1989年第一次施行以来，此后每五年修订一次，最新版本是2011年的修订版。美国幼儿教育协会的道德准则不断得以补充，包括教师教育者道德准则（2004年）和管理者道德准则（2006年）。这些道德准则和补充能帮助你回答："当优秀的学前教育工作者遇到道德问题时应该怎么做？"

道德准则由4部分组成，分别阐述了学前教育工作者对儿童、家庭、同事以及社区和社会的职业责任，准则中的条目有助于从业者做出负责任的道德决策。准则中包括理念和原则，理念描述了一些模范实践行为，原则阐述了哪些实践行为是要求的、哪些是禁止的和哪些是允许的。（完整的NAEYC道德准则参见附录A。）

伦理责任 伦理责任是明确的，它们是必须做或禁止做的事。NAEYC道德准则和大多数其他道德准则清晰规定的第一条，也是最重要的一条，就是学前教育工作者不能伤害儿童。NAEYC道德准则（p-1.1）的第一条写道："最重要的是，我们不伤害儿童。我们不参与那些具有情感伤害的、身体损害的、不尊重儿童的、羞辱儿童的、危险的、利用儿童的或恐吓性的实践。这原则优先于道德准则中的所有其他原

则"（NAEYC, 2011）。这条原则说明，所有学前教育工作者都应优先考虑儿童的福祉，所做每一种行为或决策都要首先考虑可能对儿童造成的不良后果。

第二条非常重要的伦理责任是对儿童及其家庭信息保密的义务，教师对在工作中获得的有关儿童及其家庭的信息都应严格保密（保密性是每种职业的特征）。没有什么比泄露儿童家庭成员的私人信息更能削弱家长和教师之间的信任关系的了。学前教育工作者绝不应该泄露任何保密信息，比如，一位家长与你分享了即将离婚的信息，你不应告知任何没有合法知情权的人。

其他责任还包括：熟悉学前教育的基础知识并用这些知识指导实践；熟悉对儿童和学前机构产生重要影响的相关法律和法规；尊重儿童家庭的文化、语言、风俗、信仰、抚养儿童的价值观以及他们为孩子做决定的权利；尝试与同事和雇主共同解决问题；协助所在项目或机构提供高质量的服务。

有时在面临道德问题时，你会意识到做"正确的"事情可能很难。例如，当你觉得同事的做法（比如下雨天让孩子们在房间内看动画片，不允许孩子们在规定时间以外用洗手间，或者要求孩子们进餐时不要讲话）对儿童无益时，如果你提出异议，同事们可能就会不那么待见你了。

道德困境　当你在工作中遇到争议或问题时，你首先要做的一件事是确定它是否涉及道德问题。问问自己，这个问题或争议是否必须区分对与错、权利与责任以及人类福祉。并非工作中遇到的所有冲突都涉及道德问题。如果隔壁班的老师没能定期更换公告栏中的作品，他或许未能达到你的标准，或者没有为孩子们提供最好的体验，但他并未违背职业道德。你与同事在早饭后还是午饭后给孩子们讲故事而持不同意见，这只是个需要协商解决的问题，并不涉及职业道德。然而，如果冲突或争论是道德问题，你就需要确定道德准则中是否清楚地阐明你必须或禁止做什么，无论它是否涉及责任，或它是否是一个道德困境问题。

道德两难是一种工作困境，其中涉及相互矛盾的职业价值观，存在不止一种合乎情理的解决办法。做出正确的行动决策是困难的，因为困境通常是一方与另一方的利益相冲突。例如，这可能意味着将儿童的需求置于家长之上。在道德困境中，不管你做何选择都有利有弊。运用规则和依靠事实难以解决道德困境。事实上，规则和制度甚至会让道德困境问题更为棘手。你在学前教育领域遇到的许多道德困境，都不可能在本书或其他教科书中找到现成的解决方案。相反，这些两难情境需要你运用道德准则加之你最好的专业判断仔细地加以考虑。你可以在 NAEYC 道德行为准则中找到解决道德两难问题的指导建议。专栏"伦理反思指南"为你思考本书中的道德困境问题提供了指导。

伦理反思指南

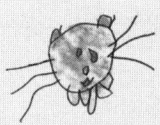

"反思你的伦理责任"是本书特色之一,当你思考学前教育工作者面临职业道德困境应该如何做时,该专题能为你提供一些经验。当在工作中面临两难困境时,最好以行业内集体道德智慧为基础,而不是以你个人认为正确的观点来决定应如何做。这样一来,问题就由"在这种情形下我应该怎样做?"变成了"在这种情形下优秀的学前教育工作者应该怎样做?"尽管NAEYC道德行为准则不能确切地告诉你应如何做,但它能帮助你处理你所遇到的道德问题,并提醒你学前教育工作者的主要使命是儿童的福祉。当面临道德困境时,最佳解决方案有时很明显,但有时也需要你努力找寻最佳解决途径。NAEYC道德准则将帮你明确自己的职责,将价值观进行优先排序。

伦理反思贯穿全书的所有章节,你可以按下列步骤去思考本书中的每一种道德两难情境:

- 该情境牵涉哪些人?他们之间相互冲突的职责是什么?
- 适用于该情境的核心价值观是什么?
- NAEYC道德准则是如何处理此类问题的?(确保自己通读了NAEYC道德准则中所有4部分的理念和原则)
- 在回顾道德准则和反思该情境的基础上,你认为适合该情境的最道德的解决方案是什么?

专业成长之路

每位学前教育工作者都有自己的故事。

弗雷德总是喜欢和孩子们在一起。他高中时选修了一门儿童发展的课,他也很喜欢在一所幼教机构和孩子们一起度过的时光。像他哥哥一样,弗雷德选择了汽车机械化专业,成为一名认证技师。家人很认可他的职业,薪水也不错。但弗雷德对此并不满意,作为一位技师,他觉得没有充实感。三年后他决定重回学校参加培训,立志成为一名学前教育工作者。他明白从事幼教工作不会赚很多钱,但是他知道这才是他真正想做的事业。

安是一位年轻的母亲,在大学攻读法语文学学士,她把儿子送到了大学的儿童保育中心。她经常到该中心去帮忙。一天,该中心的人问她是否想在这里兼职。第二学期,安从法语专业转到教育专业。现在,她是一名幼儿园教师。

露丝一直想做一名教师。她刚考入大学就选修了一门学前教育课程。大学期间,她在一家儿童保育机构做兼职助理。毕业后她成为一名幼儿教师,不久她又继续攻读研究生。现在她是一所小型幼儿园的教育主管。

劳雷尔在大学获得了心理学和人类学的双学位。她决定做一名教师,与学生交流她对学习的热爱之情。通过幼教机构的实习经历她意识到,学前教育项目对儿童发展有重要影响。她决心做一名幼儿教师,因为她想对他人产生影响。

做了几年幼儿教师后,她意识到自己在享受教学的同时,也痴迷于学前教育的理念和理论。她决定去从事职前教师培训工作,这样也能为幼儿提供服务。于是,她重新回到学校拿到了硕士学位。现在,她在一所社区大学教授学前教育课程。

本章至此,已经讨论了学前教育工作者的角色、理想的人格特质、反思的重要性以及一些从事幼教工作的职业期望。在本章最后部分,我们将探讨职业规划,了解对学前教育工作者不同角色的培训要求以及职业发展阶段。

角　色

你可以在许多机构从事与幼教相关的工作,其中也有许多不同的角色供你选择。总体来讲,学前教育有两大类角色:一是直接面对儿童及其家长的角色,涉及与儿童及其家长的日常互动以及直接负责儿童的保育和教育工作。这些职位包括家庭式儿童保育提供者、婴幼儿机构、幼儿园、学前班或小学低年级(1~3年级)的任课教师,其中幼教机构的教师又称为照料者。学前教师也包括双语班和特殊教育班的教师。

学前教育专家休·布雷德坎普(Bredekamp, 2011)将许多支持儿童发展和教育的其他角色界定为学前教育工作服务者。这类角色可能工作在儿童周围,包括儿童保育中心主任、课程专家、校长或学校咨询师等。另外还有一些为儿童提供间接服务的角色,如行政机构的教育专家、教师培训人员、资源和转介专家、课程开发人员或家长培训人员。

还有一些角色,他们虽然也能支持幼教工作,但是所受的培训明显不同,因而通常并不被视为学前教育工作者。这些角色包括治疗师、儿童保育认证机构的工作人员、图书馆员、社会工作者或咨询师。

绝大部分学前教育专业的学生都准备从事一线幼教工作,也将发现这项工作适合作为他们毕生的职业。其他一些人在一线工作了一段时间后会转到其他职位。他们可能是想尝试新的挑战,也可能是发现自己更适合其他角色。他们在学前教育一线的工作经验将为他们有效从事为儿童服务的二线工作奠定坚实的基础。

学历要求

在学前教育领域,通过专门的训练,你可以获得专业的知识与技能。想成为一名能为幼儿提供积极经验的教育者,培训很有必要。单纯的教学经验或其他领域的学位(甚至像小学教育等相关领域)都不能为婴幼儿教育工作者提供必要的知识和技能。

有研究表明,教师的受教育水平越高,其课堂质量会越高,儿童在认知和社会性发展方面的收获也会越大(Barnett, 2004; Early et al., 2007; Kontos & Wilcox-Herzog,

2001）。这项研究使得学前教师被要求接受更多的培训，尤其是在开端计划和州资助的学前教育项目中。

那些关心幼儿教育和福利并且受过学前教育培训的人可从事很多不同类型的工作。每个人都要找到最能反映其兴趣、天赋和风格的职业。不同的职位要求不同类型和程度的培训，并且提供不同的工作条件和报酬。对学历的不同要求取决于职位、儿童的年龄、项目的管理方式、管理项目的行政机构以及你所在的社区、州和国家的标准。与负责学龄儿童的教师相比，对那些照料年幼儿童的教师的学历要求就很不同，通常也没有那么严格。某些地方规定，3岁以下的幼儿教师要经过专门培训。理解这一差异有助于你做职业规划。幼儿教师通常都需要参加从业培训，参加0~5岁儿童的培训项目（通常为2年制的专科教育），或者参加学龄前到小学3年级儿童的培训项目（通常为4年制的大学教育）。也有一些4年制的培训项目关注整个0~8岁儿童群体。

0~5岁儿童的学前班和儿童保育机构一般要求从业人员具有儿童发展协会（Child Development Associate, CDA）的证书或者学前教育专业的副学士学位（2年制）。CDA证书是美国国家授予的学前专业证书，它需要修满120课时经过核准的培训课程（由社区大学、行政机构或远程学习组织提供），通过标准化考试，具备一定的幼教工作能力，方可获得。

取得学前教育专业的副学士学位需要学习教育与儿童发展课程，具备与婴幼儿和学龄前儿童有关的实践经验，学习基本的教育课程。取得教育学或儿童和家庭研究专业学士学位的学生也可以在0~5岁的学前教育机构任教。

在学前教育领域，2年制的学前社区大学并不是最高学位，相反，它只是职业发展连续体的第一步，在学前教育领域，职业发展连续体又称为"职业格"（career lattice）。自20世纪80年代以来，人们一直致力于创建学前教育职业发展的连贯系统：从以社区为基础的培训开始，进入2年制的学位项目，然后是4年制的学位项目，最后攻读研究生学位（NAEYC, 2009）。

反思你的职业之路

作为学前教育工作者，你从哪里来？你一直都想当教师吗？你是否接受过其他领域的培训，然后偶然发现了学前教育？你进入学前教育领域是因为自己孩子吗？你认为你的职业之路如何影响你对教师的看法？

在公立学校从事学前班到小学3年级教学的教师，通常需要参加4年制的教师职前培训项目，取得教育学学士学位。这些培训项目设有经过核准的学习课程，修满后才能拿到教师资格证（有时也称为许可证）。美国一些州也提供学前教育领域的教学许可证或认证服务。这些培训项目要求学生主修学前教育和儿童发展课程，并有在学前教育机构实习的经历。

作为美国教师教育认证委员会（National Council for Accreditation of Teacher Education, NCATE）的初级或高级教师资格证的组成部分，开设学前教育专业的学院可申请NAEYC学前教育协会学位认证（Early Childhood Associate Degree Accreditation, ECADA），或者NCATE或NAEYC的学士或硕士学位认证（NAEYC, 2009）。这两种认证都以本章前面提到的专业发展标准为基础。

人们逐步意识到学前教育对儿童发展的重要性，这也使得幼儿教师的从业资格备受关注。近期的两个事件说明了这一事实。联邦政府资助的针对低收入家庭儿童的开端计划,最近提高了教师的入职要求:从2008年起,所有新雇佣的教师和半数以上的原有教师必须拥有学前教育或相关领域的学士学位。修订的NAEYC教师认证标准也提出,所有学前教师至少应具有学士学位。然而,州认证标准通常并不包括这条规定。

表1.1列出了儿童早期教育工作者的职位和必要培训,推荐了针对幼儿教育机构中各种不同职位的培训活动。

并非每个进入儿童早期教育领域的人都经过专业培训。人们通过不同的途径进

表 1.1 儿童早期教育机构的不同职位及必要的培训

背景	职位	必要的培训
家庭	家庭式儿童保育提供者	美国大多数州对此职位没有正式的培训要求 儿童发展协会(CDA)颁发的家庭式儿童保育证书与美国家庭式儿童保育协会的认证 美国小型企业管理局 婴儿/儿童心肺复苏和急救
	保姆	美国大多数州对此职位没有正式的培训要求 大学和私人机构针对保姆的培训项目,为期从6周到1年不等
	家访员	美国大多数州对此职位没有正式的培训要求 针对低收入家庭或处境危险儿童的家访员需要具有CDA证书或更高学历
中心(针对5岁以下儿童的学前教育机构,针对小学儿童的课外辅导班)	教师助手/助教	入职和在职培训或CDA证书
	学龄机构领导	高中文凭或同等学力 入职和在职培训
	助理教师/助理照料者	幼教工作培训 可能需要CDA(婴幼儿、学龄前儿童或双语儿童)证书或学位 与带班教师相比,通常需要较少的培训和经验
	教师/照料者	幼教工作的专门培训 美国大多数州要求此职位具备大学学位(教育学、学前教育或儿童发展专业) 美国一些州要求此职位接受CDA认证
	0~5岁幼教机构的高级教师、主导教师和主管	此职位的培训要求与教师相同 主管可能需要专门的培训 督导或课程开发职位可能需要学士或硕士学位
	学前特教教师	此职位需要特殊教育专业的学士学位
小学	教育助理	各州对此职位要求不同,有些州要求2年制的专科学位
	教师(公立学校的学前班、幼儿园及小学1~3年级)	学士学位和小学教师资格证 包括儿童早期教育的专门培训 各州的资格证不同:可能包括从婴儿期到小学3年级,从学前班到小学3年级,从幼儿园到小学6年级,或除了小学教师资格证还需要儿童早期教育或幼儿园认证
	资源教师或专家	学位和教师资格证,以及相关学科领域的培训

入这一领域。据估计，只有25%的学前教育工作者是用"传统的"方式开启自己的职业生涯，即参加工作前主修学前教育专业。有些教师（约25%）是作为儿童家长进入这个领域的，他们在观察到优质幼教机构对其孩子发展的益处后，进而去学校参加早期保育和教育培训。其他约50%的教师是偶然进入到学前教育领域的，他们发现该领域纯属巧合。这些人通常在其他领域已经获得了学位，后来又补修了必要的教育课程，从而成为一名学前教育专业人士（Bredekamp, 2002）。

作为本书的作者，我们就代表了这两种典型

建立你的专业档案袋

当今，在教育领域和许多其他领域，展示你专业性的途径之一就是建立专业档案袋。专业档案袋记录了你的技能、知识和培训。有些大学要求你建立专业档案袋，以此来评估你是否完成了班级或项目所要求的学习成果。

不管学校是否要求你建立档案袋，我们都建议你建立一份专业档案袋，一方面方便记录你的成就，以便将来呈现给招聘方，另一方面它也是记录你作为学前教育工作者成长历程的工具。在每章最后，我们会建议你将那些与本章内容相关、能展示你的学习情况的作品放入专业档案袋。下面是帮助你迈出第一步的建议：

开始创建：选择一种开放、灵活的形式（如三孔活页夹）来存放你的档案，这样便于管理和调整。

自我介绍：运用本章的反思专栏来帮助你开始建档——写下你的想法，包括（1）简短的自传，概述引导你将学前教育作为职业的重要生活事件；（2）个人使命宣言，阐释你作为学前教育工作者的愿景，你的职业期望和梦想；（3）教育理念的阐述，描述你的幼儿教育和保育的价值观。请记住，上述内容在你从初学者转变为新手专业人士的过程中是会变的。定期回顾这些以了解你的想法是如何发展的，并加以修订以反映你的新见解。

收集推荐信：熟悉你的工作和品格的人写的推荐信能有力地证明你的能力。当你的雇主、主管或大学教授赞许你或者表扬你的工作，不妨请他们给你写一封正式的推荐信，放入你的档案袋。

写一份简历：简历是对你的资历和经验的简要概括。如果你想在求职过程中用这份档案袋，那么定期更新你的简历，这对你很有用。这份简历会让你未来的老板快速了解你是否符合职位要求。有关学前教育工作者求职简历的写作指导、范例和建议可从纽约州学前教育职业发展资源指南获取，请访问earlychildhood.org/cdrg/prep_employ.cfm.

资格证明：档案袋中留一部分专门存放你的学位、证书、人事登记卡、毕业证书等。记住，你在其他领域的培训（如音乐、水上逃生技能）也是你学前教育领域正式培训的有益补充。

持续的培训记录：在你的职业生涯中，你将会有很多机会参加各种培训。档案袋就是记录这些培训经历、存放培训证书的最佳地方。每条培训记录一定注明培训日期、的职业发展之路。斯蒂芬妮的学前教育职业生涯就是我们称之为的"渐趋明朗"的路线。她攻读中等社会研究，获得学位后，作为一名社会工作者在开端计划中任职，而后踏上了学前教育之路。伊娃和谢里则是先修完学前教育课程后才进入学前教育领域的。伊娃一直想成为一名学前或幼儿园教师，读大学时就将此作为其职业目标。作为社会学专业的本科生，谢里选修了儿童发展课程，后来对幼教工作感兴趣，她将专业换成了儿童发展。

我们多年的观察与劳拉·科尔克的结论相一致：通常，学前教育工作者进入这一领域，是因为他们总觉得这就是自己的"使命"，因为他们认为，能在儿童的生活中有所作为是很重要的，因为他们有改变世界的承诺（Colker, 2008）。

为了记录你的专业化成长历程，我们建议你建立档案袋，并定期更新。具体内容可参见专栏"建立你的专业档案袋"。

培训教师、主办单位以及培训课时。记住，用各种方式记录培训对你实践工作的提升。

记录你的知识和能力：参照你所在州对核心知识和技能的阐述、CDA能力标准或NAEYC标准，并将之作为整理你档案袋中知识和能力的框架。每一部分都要提供你在该领域所学和所做的实例。你可以用照片（如孩子们的作品、创设的教室环境等）、书面说明（如描述你如何成功地指导遇到困难的儿童）或书面作品的样本（如课程计划、展示你知识的论文或家长信）等不同形式来记录。档案应包括直接与你的专业能力和成长有关的条目。简要地说明反映你知识和能力的每个条目符合哪条标准，以便档案袋的使用者明白档案袋为什么包含该条目。

档案袋目录页的范例

一名教师的自我介绍
　　个人简介
　　教育理念和使命
　　专业推荐信
资格证明
　　教育和经验简历

人事登记卡
大学学历和证书
急救和心肺复苏证书
NAEYC或其他专业协会的会员证

持续的培训记录
　　参加工作坊和会议的证明（要注明日期）

知识和能力（可分两栏标记："能力领域"和"样例"）
　　成长和发展（如你为特定年龄段儿童制作的玩具图片）
　　专业化（如参加工作坊后所写的反思）
　　多样性（如你为残障儿童或母语为非英语的儿童制订的课程计划）
　　观察和评估（如某次观察及以此为基础的计划）
　　健康、安全和营养（如教儿童健康常识的课程计划）
　　学习环境（如教室平面图样例）
　　关系和指导（对你某次指导幼儿的反思）
　　学习体验计划（你制订的整合学习计划样例）
　　家园共育（家长信或你制订的家庭会议大纲）
　　项目管理（你保存记录的一些方法样本）

注：档案袋里不应该放置你收集来的手册或讲义，只放你自己的作品。档案资料中避免出现儿童或家长的姓名。

职业发展阶段

正如儿童发展具有阶段性一样，你也会经历职业发展阶段，需要不断成长和学习。像儿童一样，你也需要适宜的刺激和培养，在每一阶段发挥出你全部的潜能。了解这些职业发展阶段有助于你理解，在职业生涯中的不同时期，你会有不同的职业需要。作为一名新手教师，你会关注与儿童的直接相处以及与之相伴随的关系网。随着经验的不断增加，日常工作变得相对轻松起来，于是你又会产生不同的需要，并寻求新的挑战。

莉莲·卡茨（Katz, 1995）将幼儿教师的职业发展描述为四个阶段，关注每一阶段教师职业支持和教育需要的变化，具体如下：

阶段 1： **生存期**。从事幼教工作的第一年，你需要将大学所学的知识应用于实践。这一阶段通常很艰难，压力也很大。因为对你而言，所有事情都是新的，而且你可能对自己抱有不切实际的高期望。作为新手从业者，你需要很多指导和实践建议。你需要获得其他同事对你的认可并与之建立联系。

阶段 2： **巩固期**。在课堂上，当适应了基本的"生存期"后，你便开始整合你的知识，形成更个人化的幼教工作方式。在这一阶段，你会发现现场指导、咨询或同事建议等对你很有帮助。

阶段 3： **更新期**。从事幼教工作 3~5 年时，你可能会产生某种程度的职业倦怠或不满。这一阶段你喜欢阅读专业资料、参加工作坊或会议、开展行动研究或加入专业学会。参观其他学校或许会让你重燃激情，给予你新的灵感、更大的归属感和专业素养。

阶段 4： **成熟期**。从事幼教工作 5 年或 5 年以上，你发现自己对实践工作的细枝末节不再那么感兴趣了（你已经掌握了），而是对思考工作背后的价值、理论、争议、理念更感兴趣。在这一阶段，参加研讨会、取得更高学位以及阅读更加理论化的专业资料都会带给你兴奋感，为你提供你感兴趣和愿意参与的新领域。

卡茨划分的阶段更适合那些在幼教机构并以服务儿童作为日常工作基础的个体。那些从与儿童一起工作的第一线转到为儿童工作的第二线的教师也会经历相似的阶段，当他们获得专业经验并成熟后，他们也会寻求相似的挑战。

反思你的理想工作

假设你在学前教育领域可以拥有一份理想的工作。你喜欢教哪个年龄段的儿童？哪种类型的学前机构最吸引你？这份工作会是什么样子的？为什么吸引你？你需要参加哪些培训以获得这份工作？

总 结

作为一名学前教育工作者，你正处在职业生涯的起步阶段，你有很多东西需要学习，需要积累很多有益经验。你早已知道，你需要学好大学里的课程。这需要你去读书、写论文、创建项目、参观机构、实习和考试，等等。但是你可能并没有想过大学毕业之后要继续做什么。优秀的教师是一个终身学习者，这既是工作的需要，也是自我发展的需求。如果你有志于做一名优秀的教师，我们假设你有这种理想，那么在整个的职业生涯中，你将需要持续学习与儿童和教学相关的知识。

当一份工作包含重要的目的、深刻的价值观，以及你强烈地感到从事这份工作是对世界作贡献时，它便成为一种"使命"。当你从事对你生命具有意义的工作并获得回报时，当你热爱你的工作时，你便拥有了一种使命。我们希望你能发现，为幼儿及其家庭服务，从事学前教育工作，恰是你体验个人成就、实现人生价值的一种方式。

孩子们在等着你。

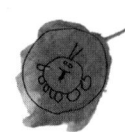 学习成果

阅读完本章后，请你认真完成"拓展学习"部分的选读任务，准备"你的专业档案袋"部分的条目，你将会在满足 NAEYC 的标准 6"成为专业工作者"（NAEYC，2009）上又有进步。

核心内容：

6a：认同并投身学前教育领域
6b：了解并支持道德标准和其他职业指导原则
6c：通过参加继续教育和合作学习来指导实践
6d：整合幼儿教育中有见地、反思性和批判性的观点

 拓展学习

回忆一位老师：回忆你童年时的一位老师，从以下几方面描述：

- 他的个人特质
- 你认为你的老师看重什么，为什么
- 他对学生的影响
- 他对你生活的影响
- 你想与这位老师一样还是不同，为什么

写一篇关于一名专业学前教育工作者的新闻稿：采访一名有5年以上工作经验的学前教育工作者。询问以下问题：

- **基本信息**——职称、岗位职责、雇主、岗位培训
- **职业道路**——指引被采访者进入学前教育的教育背景、经验和理念
- **职业乐趣和问题**
- **成就**——职业成就，参加职业社群
- **愿景**——被采访者对学前教育领域发展现状和趋势的看法

比较两个机构：观察两个学前机构，每个至少观察半天。

写一篇论文简要对比这两个机构，并列举每一个机构的主要价值观。考察那些让你得出结论的特定事情。

写书评：选一本下面推荐的有关教师和教学的书阅读。就像写教师简报或教师期刊上的文章一样，写一篇简短的书评。不要介绍全部内容；突出重点，分享本书对你个人的意义，激发你的读者亲自阅读本书。

Ashton-Warner, Sylvia. 1963/1986. *Teacher.*

Ayers, William. 1989. *The Good Preschool Teacher: Six Teachers Reflect on Their Lives.*

Glover, Mary Kenner. 1993. *Two Years: A Teacher's Memoir.*

Hillman, Carol B. 2011. *Teaching Four-Year-Olds: A Personal Journey.* Updated and revised edition.

Kane, Pearl Rock. 1991. *My First Year as a Teacher.*

Kidder, Tracy. 1989. *Among Schoolchildren.*

Kohl, Herbert. 1968. *Thirty-six Children.*

Nieto, Sonia. 2003. *What Keeps Teachers Going?*

Paley, Vivian. 1979. *White Teacher.*

———. 1981. *Wally's Stories—Conversations in the Kindergarten.*

———. 1988. *Mollie Is Three—Growing Up in School.*

———. 1990. *Boy Who Would Be a Helicopter.*

———. 1991. *Bad Guys Don't Have Birthdays: Fantasy Play at Four.*

———. 1992. *You Can't Say You Can't Play.*

———. 1995. *Kwanzaa and Me.*

———. 1997. *The Girl with the Brown Crayon.*

———. 1999. *The Kindness of Children.*

Pappas, Sophia. 2009. *Good Morning Children: My First Years in Early Childhood Education.*

Pratt, Caroline. 1948/1970. *I Learn from Children.*

Van Cleave, Mary. 1994. *The Least of These: Stories of Schoolchildren.*

写自传：参照本章描述的优秀教师的特征，托马斯和切斯划分的气质的9个维度以及加德纳的多元智能理论，描述你自己。你也可以运用你对本章"反思专栏"问题的思考。评论让你选择学前教育作为职业的那些家庭或外界的经历和关系。

写下你的价值观：讨论你的价值观是如何影响你的工作方式或工作意愿的。讨论你作为专业人士获取的价值观。它们源自何处？你如何看待 NAEYC 道德行为准则中提出的学前教育领域的核心价值？你如何看待成为一名学前教育工作者的前景（或继续你的职业生涯）？

 你的专业档案袋

从"拓展学习"部分选一份作业放进你的档案袋中，这份作业能反映你对学前教育领域的理解。

我的教育实验室

访问本书"我的教育实验室"（myeducationlab.com），找到话题12：专业化和职业道德。你可以：

- 找到关于专业化和职业道德的学习成果以及与之相关的国家标准。
- 完成有助于你更深刻理解本章内容的"作业和活动"。
- 通过"建构教学技能和性情"学习单元，运用并实践你对本章列出的核心教学技能的理解。
- 在"教师讲坛"部分观看CCSSO美国国家优秀教师年度奖项得主关于"我为什么当教师"的视频片段。
- 在"专业视角"部分听学前教育领域专家的讲座。
- 使用"学习计划"检查你对本章内容的掌握程度。你可以做一个章节测验，获取反馈，然后通过"复习、实践和丰富活动"来提高你对本章内容的理解。

抚养一个孩子,需要全村的力量。

——**非洲谚语**

2 学前教育机构及领域

学前教育与我们中许多人的生活息息相关，受其影响最深的是儿童及其参与其中的家长和幼教工作者。它也会影响雇主、教育系统，以及所有与幼教机构中的儿童和家长打交道的人。家长希望学前教育机构能为他们的孩子提供有价值的经验，帮助孩子发展潜能以及在未来的学业中取得成功。家长会得益于支持性的教师，这类教师与他们交流孩子的情况，指导他们如何支持孩子参与学校活动，并进而成长为有所作为的公民。

本章将介绍当今美国学前教育领域的梗概，重点强调那些新手教师可能感兴趣且能在此领域寻得一席之地的项目。其中我们描述了可以用哪些方式对幼教机构进行分类，着眼于面向0~5岁和5~8岁儿童的保育和教育机构，以及针对这两个年龄段特殊儿童的教育机构。我们将讨论机构管理的方法、识别教师能力的方式、当前对幼教机构质量重要性的观点，以及制定学生学业成绩标准运动对美国教育的影响。最后，我们将关注学前教育领域中反复出现的问题、争论以及当前的发展趋势。

当你学习成为一名学前教育工作者时，你将了解各种不同的幼教机构，并在这些机构中任职。我们建议你尽可能多地参观并在这些幼教机构工作，以便获取当今学前教育中所使用的各种方法的直接经验。随着你对学前教育领域许多方面及其重要社会贡献理解的不断深化，必将有助于你成长为一名支持幼儿积极发展的教育工作者。

幼教机构概述

第2章

我的教育实验室

访问"我的教育实验室",利用"个性化学习计划",提高你对本章概念的理解。你也可以通过基于视频的"任务和活动"以及"建构教学技能和性情"课程来磨炼教学技能。

依据机构服务对象的年龄及其他特征、机构开办的目的、机构位置及其赞助和筹款方式,当今的幼教机构可划分为不同类型。

儿 童

儿童早期(early childhood)一般指生命周期中的0~8岁。这一阶段又可以细分为4个不同的年龄组:[1]

- 婴儿和学步儿(infants and toddlers):0~36月龄
- 学龄前或幼儿园儿童(preschoolers 或 prekindergarten):3~4岁
- 学前班儿童(kindergartners):5~6岁
- 小学低年级儿童(primary grade children):1~3年级,即6~8岁

幼教机构的服务对象既包括正常发展的儿童,也包括有特殊需要的儿童。

目 标

幼教机构的两个主要目标是:(1)支持儿童的学习和发展;(2)为在职或还在求学的家长提供儿童托管服务。对儿童生理和心理需要的保育与早期教育密不可分:保育中心、早期干预、托儿所、幼儿园、学前班以及小学低年级是这些机构的主要模式。一些幼教机构还有次级目标,诸如为父母提供支持或教育,为儿童和家庭提供健康、营养和社会服务。另一些以社区为基础的幼教机构,其目标是振兴本土语言。这类机构主要由那些希望保护自己的语言和文化并使之世代相传的人们来领导。

设 施

学前教育和保育机构存在于那些致力于儿童保育的场所(中心和学校)或者家庭中。针对0~5岁儿童的中心式机构可以设在专门为照料婴幼儿设计的场所中,设在诸如教堂、清真寺、会堂等宗教设施中,设在诸如基督教女青年会、基督教青年会等社区和娱乐休闲设施中,也可以设在公共住房的综合区和工作场所。家庭式保

---

1 编者注:中国和美国对学前和基础教育的学段划分略有不同。美国的学前教育分为托儿所(Daycare)和幼儿园(Preschool):托儿所针对3岁前的婴儿(infant)和学步儿(toddler);幼儿园针对3~5岁的儿童。学前班(Kindergarten)是美国义务教育的起点,义务教育从K到12共13级。通常小学(Elementary School)是针对5~11岁的儿童,从K—5共6个年级。在美国,孩子5岁就可以进入小学K年级学习;中国的幼儿园针对3~6岁儿童,6岁起进入小学1年级学习。

育可以设在儿童自己家中，或者设在照料者家中。大多数针对5岁及5岁以上儿童（以及越来越多针对幼儿园3~4岁儿童）的幼教机构，通常安置在公立和私立的学校设施中。

赞助费和经费

幼教机构的赞助费和经费源自公共（联邦、州或县）和私人两种途径。多年以来，时至今日，针对5岁以下儿童的幼教机构主要资金来源是私人赞助和学费。私立的幼教机构可以是非营利性的，目的是为儿童及其家庭提供服务。许多这类机构设在宗教设施中，可能会得到教堂、清真寺和会堂的部分资助。当然也有一些机构是营利性的，它们是服务性的商业机构。一些这类营利性机构以全国连锁的形式被持有或经营，尝试运用标准化建筑设计、大量采购设备和用品以及标准化课程等方式，使得人们能负担得起儿童保育这一服务，机构从而能从中营利。这种营利性连锁机构越来越多地成为私立儿童保育机构的普遍模式。

一些大公司、医院和政府机构的雇主会对为其雇员提供儿童保育的机构进行赞助，因为他们发现这种服务有助于员工稳定且高效地工作。美国国防部——儿童保育服务最大的雇主赞助商——为军队中服役人员的孩子提供保育服务。高等院校会为教职工和学生的孩子提供幼教资助和补贴，同时也提供教师教育和研究服务。一些高中也设有幼教机构，这样既可以为在读学生的子女提供服务，也可作为学生学习儿童发展知识的实验基地。

5~8岁的儿童通常在学前班到小学三年级的机构中接受教育。这些幼教项目由国家资助的公立学校和由家庭支付学费来支撑的私立学校提供。针对残障儿童的教育机构一般设在公立学校中，接受州和联邦政府资金的联合资助。

针对0~5岁儿童的幼教机构

有许多种0~5岁儿童的保育和教育机构，这些机构设在家庭、儿童保育中心和学校中。大多数机构都会为在职家长的孩子提供保育的同时，也提供计划性教育。有些机构是由州和联邦政府拨款，旨在解决低收入家庭儿童和残障儿童的教育需求。另一类机构为家长们提供关于教养和儿童发展的教育，这些机构也会为儿童提供教育。

儿童保育

在美国，大部分儿童和家庭都需要儿童保育服务，这是无法改变的现实。美国国家儿童保育资源和转介机构协会2011年的报告指出，约有1 480万6岁以下的儿童存在儿童保育潜在需求，约占所有 6 岁以下儿童总数（2 380 万）的 62%（NACCRRA, 2011）。

在需要保育服务的儿童中，约有 60% 是在中心式保育机构托管，35% 是由亲属照料，还有 22% 是由非亲属的家庭来照料。许多儿童托管给不止一家家庭式保育机构，或者参加由中心式保育机构提供的多种托管活动，同时再辅以亲属的照料（NACCRRA, 2008; U.S. Census Bureau, 2005）。

全日制或半日制的中心式保育机构、家庭式保育机构和非正式安排（如由亲属或朋友提供的照料，有时也称为亲友保育）都可为在职家长的孩子提供保育和教育。因为没有统一的制度来规范和资助这些机构，所以它们的可获得性及质量在不同的州和不同的社区之间差异很大。

中心式儿童保育

从事幼儿保育和教育的机构称为儿童保育中心、儿童发展中心或幼儿园，也可以称为日托（day care）——这是从 20 世纪初流传下来的术语，用来区分白天提供的保育服务和寄宿式的保育服务。我们偏向于用儿童保育（child care）这一术语，因为它能更为准确地表达这些机构的具体作用。

针对 5 岁以下儿童的托管机构面临的挑战主要是，为幼儿提供安全、养护的环境以及促进儿童发展的教育经验，每日的开放时间通常比较长。目前大部分保育中心都是全日制的，在儿童父母工作或参加就业培训的时间可以帮其代为托管孩子。

20 世纪 80 年代之前，多数学前教育机构只招收 2 岁半到 5 岁的儿童。后来随着越来越多女性进入劳动力市场，对婴儿和学步儿的托管需求也越来越大。为了满足儿童的需要并保障他们的安全，专家认为（大多数州也作出规定）婴儿托管中心的师幼比需达到 1:3 或 1:4。因此，婴儿保育中心的费用比年龄稍大的学前儿童要高很多。2007 年，美国 0~2 岁幼儿的保育费用为平均每人每年 8 150 美元，3~5 岁儿童的保育费用则为平均每人每年 6 420 美元。这意味着，尽管大多数地区都能提供婴儿和学步儿的保育服务，但昂贵的费用会让许多家长望而却步（Ackerman & Barnett, 2009）。

曾经有一些家长对于将孩子送入婴儿和学步儿保育中心是犹豫的，因为研究表明，家庭之外的保育会对婴幼儿与父母的依恋产生消极影响（Belsky, 2001）。但后续的研究发现，儿童保育不一定会影响亲子依恋，但低质量的保育加上不敏感的教养方式确实对亲子依恋有负面作用（NICHD, 1997）。

一些社区也提供其他类型的保育机构来满足工作家庭的需要。比如有些机构为了方便在酒店或工厂工作的父母，会开放到很晚；还有一些，主要是医院的附属机构，它们会照顾患有轻度、非接触传染性疾病的儿童。

家庭式儿童保育

在美国，家庭式保育是最不引人注目，但却又是最普遍的私人资助的儿童保育形式。历史上,父母在自己家照看孩子,或将孩子送到亲戚、朋友家里,或付费请照料者照看。家庭式保育主要有四种形式:家庭托管——由照料者在家照看3~8个孩子;家庭保育班——一般接收12~15个孩子;亲友保育——将幼儿送到亲戚朋友家里,请之代为照看;家庭保姆——由经过培训或未经培训的照料者到儿童家里提供保育服务。

最近的调查发现,儿童非亲属保育的时间(每周26.7小时)高于亲属保育(每周24.3小时)或在中心式保育机构的时间(每周24.8小时);另外在1 900多万的学龄前儿童中,有超过半数的儿童定期接受亲戚的照料(Iruka & Carver, 2006; U.S. Census Bureau 2005)。

家庭式保育一般从早上到傍晚提供服务,晚上和周末也有可能提供服务。家庭式保育的费用通常低于中心式保育,时间安排上也更为灵活,并且还会接收有轻度疾病的儿童。一些婴儿和学步儿家长更希望自己的孩子在小规模、亲密的家庭氛围中得到照料,因此会选择家庭式保育。同时,家庭式保育也可以作为中心式保育的替代选项,供偏好这种方式的学龄前儿童家长选择。

家庭式保育的费用一直是由儿童家长承担,直到20世纪90年代初,福利改革以后,一些不再接受救济转而走向工作岗位的母亲可以领到一部分儿童保育的政府补贴。这些母亲,尤其是婴儿和学步儿的母亲,多半会选择亲友保育,因为在低收入社区,亲友保育比获得许可的保育服务更具可行性。意识到许多家长更喜欢孩子在家庭环境中接受照料,美国国防部也开始为军人的孩子提供家庭式保育服务。2008年,有9 000多位受过培训的家庭保育员为军人家庭提供儿童保育服务。

开端计划和早期开端计划

开端计划(Head Start)是一个由美国联邦政府资助的项目,其初衷是为了减少贫困对幼儿的影响,帮助他们做好入学准备。开端计划是一个为儿童提供教育和支持服务的综合性儿童发展项目,符合低收入标准的家庭儿童可以被纳入开端计划。

"开端计划为儿童及其家庭提供教育、健康、营养、社会和其他方面的服务,以此促进儿童的社会性和认知发展,帮助他们做好入学准备。开端计划帮助家长参与到儿童的学习中来,并帮助他们提高教育水平、读写能力以及就业状况。地方开端计划在管理上特别重视家长的参与"(ACF/OHS, 2004)。

从1965年实施以来,开端计划在全美范围内服务的儿童数量已经超过了2 700万(ACF/OHS, 2010)。2009年服务的儿童数量超过100万:其中92%的儿童接受中心式保育服务,5%的儿童接受家庭式保育服务,还有1%是家庭托管(CLASP,

2010a）。

由于研究表明0~3岁期间的发展很重要，1995年早期开端计划（Early Head Strat）开始实行，主要是为低收入的孕妇和婴儿及学步儿家庭提供服务。早期开端计划的目标是促进儿童发展，帮助父母成为孩子更好的照料者及教育者，帮助父母实现经济独立。项目内容包括教育经验；家访，尤其是针对婴儿家庭的家访；亲职教育，包括亲子活动；综合健康服务；营养；通过个案管理和小组互助的形式为父母提供持续的支持。2009年，早期开端计划服务的儿童数量还不到84 000人，不足低收入家庭婴幼儿总数的3%（CLASP, 2010b）。

学前教育项目对低收入家庭儿童的影响研究

从施行之初到今天，人们对开端计划是否有效一直存在争议（Klein, 2011）。衡量开端计划是否成功，关键在于如何测量成功。对参加过高质量学前教育项目（主要是开端计划）的低收入家庭儿童的追踪研究发现，学前教育项目对儿童的认知发展、社会行为、健康等都有重要且长远的影响，这些儿童的家庭也同时受益。虽然开端计划需要资金投入，但如果没有开端计划，后续补偿教育和矫正机构的投资将会更多。研究发现，开端计划每花掉1美元，就等于节省7美元（Lazar & Darlington, 1983; McKey, 1985; Schweinhardt & Weikart, 1997）。弗兰克·波特·格雷厄姆儿童发展中心的一项初步研究发现，针对低收入家庭0~5岁儿童的实验项目对儿童有长远的影响。研究者发现实验组儿童与控制组儿童在能力和成就方面都有显著差异。与控制组儿童相比，实验组儿童21岁时在智力测验、阅读和数学测验上得分更高，有更多人在读或已经大学毕业，生育年龄更晚，领薪受雇的可能性更高（Frank Porter Graham Center, 1999）。

这些积极结果和项目的高质量是密切相关的——包括高师幼比、持续的专业发展、教师的高薪以及基于学习游戏的个性化儿童课程。1997年，在全美范围内开展了一项关于开端计划儿童发展的追踪研究，使用一组"家庭与儿童经历调查"（Family and Child Experiences Survey, FACES）作为研究工具。研究发现，参与开端计划的儿童在词汇量、写作技能和社会技能方面都有显著提高。开端计划还对儿童健康和入学准备及其家庭有积极作用。参与开端计划的家长报告说，他们每周会给孩子读3~5次书。2000年和2003年的后续研究表明，开端计划对儿童词汇量、早期数学能力和写作技能都有显著的促进作用（Administration for Children and Families, 2001, 2003, 2006）。

学前家庭教育

另一类型的幼教项目基于一个假设，即父母是孩子的第一任也是最重要的老师。研究表明，如果把家长纳入项目中，尤其是再结合一个高质量的儿童教育项目，那么儿童及其家长都会因此受益（Barnett, 1995）。项目鼓励家长参与儿童的班级活动，或

反思并记录：0~5岁的学前教育项目

思考一下你知道的一个5岁以下的儿童保教机构。它的目标是什么？由谁经营？由谁出资？你认为它是高质量的吗？你是如何分辨的？你愿意在这个机构工作吗？为什么？

者向家长提供相关信息，帮助他们支持孩子的学习，或者处理一些教养问题。一些婴儿和学步儿项目由受过训练的专业人士提供，他们到家里为父母和儿童提供服务。

家庭读写项目是另外一种亲职教育方式，旨在打破贫困和文盲的恶性循环，为低收入家庭创造机会。这种方式在为儿童提供文化教育的同时也为家长提供亲职教育。一篇综述报告了这类项目对儿童和家庭的积极作用（Padak & Rasinski, 2003）。

家庭教育项目的对象可以是那些孩子发展正常，但想要了解更多教养知识的家长。这些项目也关注特定教养问题，如预防物质滥用、适当约束以及应对反社会行为。一些项目针对特定的父母群体，如孩子处于发展关键期的父母、单亲父母或低收入父母；另一些项目针对特定儿童群体，如残障儿童。

0~5岁残障儿童项目

1975年通过的《残障儿童教育联邦法案》标志着残障儿童家庭、特殊教育领域的专业工作者和其他特殊的倡导者开始形成同盟。1990年颁布了新的《残障人教育法案》（Individuals with Disabilities Education Act，IDEA），它自此成为之后学前特殊教育的指导性文件。IDEA的目标是确保每个残障儿童都能够接受免费、合适的公共教育（free appropriate public education, FAPE）。《美国残疾人法案》（Americans with Disabilities Act, ADA）也规定所有人，包括残障人群都有权享受公共设施。学前教育的公共设施包括儿童保育中心和家庭托管项目（Haring, McCormick, & Haring, 1994）。

今天每个州都有针对残障幼儿的项目和服务，由联邦和州政府财政共同资助。0~3岁儿童可以参加早期干预项目，享受各种社区机构为残障或有残障风险的儿童提供的服务。3~5岁儿童的学前项目常常设在公立学校中，有些也可能设在社区幼儿园和开端计划中心。

公立幼儿园

在为0~5岁儿童提供的托管服务中，一支快速发展的新生力量是州财政支持的3~4岁儿童的幼儿园（prekindergarten, pre-K）。幼儿园的目标是帮助幼儿做好进入学前班的学业准备。幼儿园可能设在公立学校、儿童保育中心。也有一些社区在学校和保育中心都设有幼儿园。关于幼儿园的普及程度和招生要求，各州之间有很大差别。在一些州，此类项目是专门为低收入家庭儿童提供的，这些儿童有学业失败的风险；在另一些州，只要年龄合适就可以参加。让所有4岁儿童在进入学前班之前都有机会参加幼儿园的教育运动称为幼儿园普及运动（universal pre-K）。

幼儿园数量剧增的主要原因是，研究发现，早期教育项目对儿童后续的学业表现有积极作用。这些研究的结果让教育工作者和政策制定者相信，上幼儿园能让儿童在以后的学校中有更好的表现，最终在美国学校日益重视的测验上得到更好的分数。这些有关学前教育项目益处的信息也让家长对幼儿园的需求有所增长，因此这也是导致幼儿园数目增多的一个因素。

一份公立学校入学报告（NACCRRA，2008）显示，1985~2005年之间公立学校初等教育阶段（从幼儿园到8年级）的入学人数增长最快，而其中幼儿园的入学人数又是增长最为迅速的。目前这一数目还在持续增长，2005年17%的4岁儿童上了幼儿园，到2010年增长为27%（Barnett et al., 2010）。

2009~2010学年有40个州（之前几年只有38个州）对幼儿园进行财政投入；其中23个州的入学数量有增长；27%的4岁儿童上了幼儿园；有6个州为超过50%的4岁儿童提供了服务；尽管约半数的州没有为3岁儿童提供入园服务，但仍有4%的3岁儿童上了幼儿园（Barnett et al., 2010）。

对幼儿园财政投入的资金数量和稳定程度在各州之间均有差异。当州财政预算充足时，幼儿园增长较快；当州财政吃紧时，就会减少或削减幼儿园。此外，"与其他州相比，所在州财政不支持幼儿园的儿童和家庭会处于更为不利的境地"（Barnett et al., 2007, p.10）。

项目管制与质量提升

因为幼儿是脆弱的，依赖成人，所以家长和社会要确保学前教育项目可以为儿童争取福祉，保护他们免受伤害。项目资格认证（licensing of programs），是保证为5岁以下儿童服务的学前教育项目质量达到最低标准的有效方法。"政府可以对那些运营的私立学前教育机构进行管制。政府可以制定一些监管政策，设定私立机构最低标准，以保护公众的利益"（Morgan, 2003, p. 65）。一些机构也可能主动力争达到更高的质量标准。

州财政支持项目的管理条例是由项目所在州政府制定的。如果服务项目设在社区幼儿园，那么要符合州政府的认证规定。如果像大多数特殊教育和幼儿园一样设在公立学校中，那么就要按照年长儿童教育项目管理条例来执行。

认　证

5岁以下儿童的学前教育项目认证标准是由每个州自行制定的。在一些州，所有的项目都需要认证；而在另一些州，有一些类型的项目不需要认证。学前教育项目一直被认为是为家庭提供的社会服务，所以认证主要是由卫生与公众服务部而不是由教育部负责。最初的认证主要是针对学龄前儿童的项目，但是现在也包括婴儿和学步

儿以及课外班的托管服务项目。多数州也提供家庭托管的认证，但很难实行，因为如果不是家庭托管机构自己主动申请认证，州政府很难知道谁在提供家庭托管服务。

在大多数州，认证提供了一种"安全保障"，以确保机构有安全、健康的物理环境，有足够的成人照管幼儿。一些州的认证标准可能更高，项目要求中包括促进儿童发展。州与州之间的认证标准和执行力度差别很大，获得资格证并不能保证服务质量。与其他西方国家不同，美国没有全国统一的儿童保育强制性标准，即使是联邦财政支持的儿童保育项目也是如此。

美国幼儿教育协会（NAEYC, 1997）对学前教育项目的认证和公共管制的立场声明都强调儿童的保育权利，托管服务要保护儿童免受伤害，要促进儿童的健康发展。条例指出：（1）包括保育中心和家庭托管在内的所有服务机构都需要认证；（2）认证标准应该基于最新的研究成果，要清晰合理；（3）认证标准应该得到严格、公正的执行；（4）认证机构应该有足够的人力和资源来做好认证工作。

质量标准

一些机构力求服务质量高于州规定的认证标准。这种情况下可以自愿申请鉴定（accreditation），按照美国国家设定的标准进行质量检验，鉴定也能帮助家长为孩子选择高质量的服务机构。鉴定过程需要进行大量的机构内部审核工作和外部专家的评审工作。

1985年，NAEYC制定了鉴定体系来为符合高质量标准的机构提供认证服务。2006年他们对这些标准作了修订，使其更可信、更合理。修改的内容包括要求机构提供年度报告、课程和课堂档案袋，对机构表现有更严格的要求，对教师资格也有更高的要求。截至2011年6月，全美有大约7 000家机构通过了NAEYC的鉴定，包括儿童保育中心、军队托育项目、开端计划和公立学校项目等（NAEYC Academy）。

越来越多的学前教育机构把鉴定作为改善服务质量的重要途径，这也导致了NAEYC标准之外许多国家性鉴定体系的出台。出台鉴定体系的机构有美国国家家庭儿童保育协会（NAFCC）、美国国家学前教育项目鉴定委员会（NECPA）、美国蒙台梭利学会（AMS）、国际基督教学校协会（ACSI）和美国国家路德教会学校协会（NLSA）。

某些由政府财政支持的学前教育项目需要达到的标准不同于或高于州认证标准。军事部门为军事人员子女开办的儿童保育机构的质量标准，比多数州设定的标准高。目前，军队下设的儿童保育机构有93%可以达到NAEYC的鉴定标准。家庭托管服务供应者被要求按照军队下设机构的标准来执行，也鼓励它们取得NAEYC的鉴定证书（Hruska, 2009）。开端计划中的学前教育机构需要同时满足州认证标准和美国开端计划绩效标准。这些认证标准涵盖了早期儿童发展和健康服务、家庭和社区合作、项目设计和管理等方面的内容（Administration for Children, Youth & Families, 2008）。

州政府改善学前教育项目质量的另一种措施是发展质量评定和改善制度

（QRIS），旨在对那些质量高于一般认证标准的机构的质量水平进行评定，本章之后还会详细介绍这一制度。

针对 5~8 岁儿童的教育机构

虽然为 5 岁以下儿童提供保教服务的机构多种多样，但大部分 5~8 岁儿童，包括残障儿童，都是在学前班和州财政支持的小学（公立小学）低年级（1~3 年级）接受教育的。有些家长（2008 年的数据为 12%）（NCES, 2011）倾向于把孩子送到教会学校或非教会的私立学校，还有很少一部分这个年龄段的儿童在家接受教育。许多学区有课外班，为有需要的家庭提供课外的儿童照料。

学前班到小学低年级（K—3）

传统意义上，学前班的目的在于帮助 5 岁儿童从家或其他学前教育项目更好地过渡到对学业要求更高的小学。美国国家教育统计中心的数据显示，近几十年 5~6 岁儿童的入学率大约为 96%（NCES, 2011）。

最初的学前班是半日制的，从 20 世纪 70 年代开始，全日制学前班的数量大大增加。到 2009 年，全美大约 61% 的学前班是全日制的（NCES, 2011）。但是，很难确切地说"全日制"到底是什么含义，因为各个州之间的界定不太一样。在大多数州，家长可以根据自己的意愿选择是否送幼儿上学前班，而从小学一年级开始的教育才具有强制性。

尽管从 19 世纪中叶开始，美国就已经开办学前班，但是，关于学前班的目标或者它们应该提供给儿童什么样的教育经验，一直没有达成一致意见。政策专家克里斯蒂·卡尔兹（Kauerz, 2005）写道，"学前班在 K—12 系统中并没有固定的位置，在各州逐渐形成的早期保教体系中也没有自己稳固的地位。美国的学前班可以说是脚踩着这两个世界"（p.1）。卡尔兹认为，从学前班的发展历史来看，学前班处于今天这样的地位并不奇怪，因为最初引进美国时，学前班的目的是提供养育性的、基于游戏的课程，以帮助儿童做好进入正式学校的准备，但是现在却更多被看作是学校教育的开始。之前在美国，儿童到小学一年级才开始学习阅读，因为人们认为 6 岁之前的儿童还没有做好阅读的准备。这种情况已经发生了改变，今天几乎所有的学前班都教孩子阅读。

小学一年级一直被认为是正规学校教育的开始，美国的义务教育从 6 岁或 7 岁开始。小学 1—3 年级是公共教育系统的一部分，尽管这个阶段的儿童从年龄上来说仍属于童年早期。与幼儿园或学前班的课程相比，小学低年级的课程总是有更多的学业内容。

特许学校

对于公立学校能否满足所有儿童的需求一直是人们关心的问题,特许学校(charter schools)就是在这种担忧下应运而生的。特许学校由公共财政支持,但在管理上比公立学校有更大的自由度,运行机制也独立于公立学校体系。特许证实际上是一种绩效合约,它规定了学校的任务、教育方案以及评估学生表现及课程有效性的方法。如果某个教育项目能证明其表现成功,其特许证可以续签。从1995年开始,特许学校就得到美国教育部的认可,并且一直是教育改革努力的焦点。其基本概念是:既然特许学校比其他学校有更多自主权,那么作为交换,特许学校也应该证明自己的教学效果更好(U.S.Charter Schools, n.d.)。

许多立法者和政策制定者认为公立学校系统反应太慢,跟不上时代的变化。他们认为在特许学校中可以加快步伐,并将改善公共教育。特许学校的拥护者认为,特许学校可以让家长有更多选择,提供更多学习机会,鼓励教学创新并改善教育质量。反对者则认为,特许学校吸引了最好的生源,把最需要帮助的学生留给了公立学校;而另一方面,它们又从本来已经不堪重负的公立学校中抢走了所需资源。

5~8岁特殊儿童教育项目

大部分5~8岁残障儿童都是在公立学校中接受教育。越来越多的儿童至少每天有一段时间可以在普通班级上课。许多学区实行全纳教育,即所有残障儿童都可以全天在普通班级上课。当前大多数教育工作者认为这种方式对残障儿童和正常儿童都有好处。当实行全纳教育时,学区一定要为教师提供足够的支持。否则,全纳教育就会为本身工作量超负荷的教师增加额外的负担。

家庭教育

在普遍的公共教育出现之前,对于那些住在偏远地区或者负担不起私立学校费用的家庭来说,在家教育孩子是唯一的选择。今天美国仍有一些家庭出于这样或那样的原因选择在家教育儿童。美国国家教育统计中心(NCES, 2011)报告:所有学龄学生中有2.9%、学前班儿童中有3.1%的孩子在家接受教育。

选择在家教育儿童最常见的原因有五点:(1)想要教给儿童特定的价值和信念体系;(2)提高学业成绩;(3)个性化课程;(4)增进家庭关系;(5)保证有一个

反思并记录:5~8岁儿童的教育项目

回忆一个你知道的学前班或小学低年级教育项目。这个项目是什么样的?你认为它为儿童提供了好的经历了吗?你想在这个项目中工作吗?为什么?

安全的环境。一些研究发现，在家接受教育的儿童的标准化测验成绩要稍好于接受学校教育的儿童，目前还没有研究发现家庭教育有何负面作用（Ray, 2006）。

许多州制定了针对家庭教育的标准和要求，各州之间不尽相同。有一些州和学区要求家庭使用特定的课程或者遵照经批准的教学指导。

教育标准运动

自从30多年前《危机中的国家》的报告出版以来，美国的学校改革运动对整个教育系统产生了深刻的影响（National Commission on Excellence in Education, 1983）。这份报告调查了美国的教育状况并指出，"教育平庸化的潮流"将威胁到整个国家。报告的作者指出美国学生的测验分数在下降，学业要求太低，与其他国家的学生相比没有竞争力。作者建议要制定更高的、可测量的学业成绩标准和教师教育标准。

自从《危机中的国家》报告问世以来，学生在校表现的责任已经成为整个国家优先要解决的问题。美国联邦政府越来越多地参与教育政策制定，20世纪80年代以前，制定教育政策一直是州和地方政府的职责。1989年，两党的政治领导人组成了美国国家教育目标小组（NEGP），小组开始关注教育改革的原因，并发起国家教育八大目标的制定。1994年，小组开始负责监督并促进八大目标的达成（National Education Goal Panel, 1997），这促成了目前教育质量标准、评估和责任一体化的国家制度的形成。

国家教育目标小组促进了内容标准的形成，以帮助州和学区确保学生学的学科内容都是有价值的。内容标准具体规定了每个年级每个学科的总目标和分目标。标准最初是由一些专业协会制定的，包括美国国家社会研究委员会、美国国家数学教师委员会、国际阅读协会等。之后各州参照国家标准，又同时考虑自己的教育特色制定了各州的标准。各州又陆续制定了表现（或成就）标准和评估，通常是以测验的形式测查学生对规定内容的掌握程度。现在各种标准已经成为美国各个公立学校体系的特色。

普适核心标准

普适核心标准（Common Core Standards）倡议是由美国州长协会最佳实践中心（National Governors Association Center for Best Practices, NGA Center）和全美州首席教育官理事会（Council of Chief State School Officers, CCSSO）协调各州的相关部门共同制定的，旨在发展一套从学前班到12年级普遍适用的标准。由教师和管理人员组成的小组参与了这些标准的制定，以期它在全美范围内适用（Common Core Standards Initiative, n.d.）。

儿童联盟是一个为年幼儿童争取权益的组织，它支持制定核心标准，但对当前其中与幼儿相关的一些标准的内容持保留态度。联盟担心这套标准会导致大众对学前班和小学低年级儿童产生不切实际的期望，会在学业成绩方面给儿童不必要的压力，也会让早期教育更偏离最适合儿童发展的亲身体验式主动学习的轨迹（Alliance for Childhood, 2011）。

早期学习标准

当小学管理者和其他人意识到幼儿园经验对儿童进入学前班学习能力的重要作用时，他们开始呼吁学前教育工作者制定自己的标准。早期学习标准（early learning standards，也称为内容标准或早期学习指南）规定了学前教育项目要为儿童提供全面的教育经验，帮助他们做好入学准备。这些标准的目的是帮助幼儿教育工作者设计有价值的幼儿园教育课程。标准中还给出了一些例子，指出当接受适宜的学习经验时，大部分儿童在特定年龄段能达到什么水平。

美国幼儿教育协会（NAEYC, 2003）发布了一份立场声明，其中指出了一些制定、采纳和使用早期学习标准的原则或标准。其中写道："标准能够帮助从业者和政策制定者清楚地聚焦在对早期教育真正重要的内容上"（Hyson, 2003, p. 66）。

在过去十年里，美国早期学习标准的制定和实施取得了极大的发展。1999年只有10个州出台了儿童进入学前班之前的学习标准；到了2005年，大约有39个州制定了标准（Kagan, Scott-Little, & Stebbins Frelow, 2003）；到2007年，有49个州外加哥伦比亚特区都有了相应的标准（Scott-Little, Lesko, Martella, & Milburn, 2007）。这些标准的大多数主要适用于州财政支持的学前教育项目。各州制定的标准各有侧重点（一些只强调语言和读写能力，另一些则强调所有领域的发展），执行的强制程度也有差别。但在所有州，早期学习标准都是和K—12标准紧密相扣的。

一些州还制定了针对婴儿—学步儿的学习标准，称为早期学习指南。"零到三"是一个非营利性组织，致力于促进婴儿和学步儿的健康发展。他们提议制定对幼儿发展有益的标准，而不是过早地增加这些年幼孩子的学业压力。他们的建议包括：标准应该（1）关注不同的发展领域，（2）接纳儿童家庭的文化和语言，（3）要涉及婴儿和学步儿发展中关键的本质关系。"零到三"组织还强调婴儿和学步儿的早期学习指南应该向pre—K和K—12标准看齐，这在某种程度上阐释了在生命的最初几年应该如何打好学习的基础（Zero to Three, 2008）。

如果标准强调课程要覆盖有价值的内容，那么它对儿童的发展是有益的。但很遗憾，标准也可能会造成成人对儿童产生过高的期望以及过于偏重教学。日益重要的是，学前教育工作者和政策制定者需要齐心协力，保证标准的有效制定和使用，惟如此，方可为儿童和学前教育领域带来积极的影响（Kagan et al., 2003）。

反思并记录：
你的教育标准经验

当你还是一名学生时，或当你参观或在学前教育机构工作时，你是否接触过内容标准？你还记得有关标准的哪些内容？你还记得它们对学生和教师都有哪些影响吗？

第 2 章　学前教育的争论和发展趋势

我们在本章中已经介绍了学前教育领域、学前教育工作者的角色和职责，以及指导学前教育课程与教学的教育标准。在本章的最后这一部分，我们要和你分享一些信息，这些信息能帮助你理解和指导学前教育项目中的实践工作。我们将介绍，在你开启学前教育职业生涯时，你将会面对的一些关键争论以及当前的发展趋势。

争　论

学前教育工作者之间并不总是意见一致的。像其他对公众有影响的专业领域一样，也不是每个人都同意学前教育工作者的观点。争论是指那些存在争议或没有达成一致意见的问题、讨论的话题或关注的焦点。我们这里讲到的大多数争论都是在学前教育领域长期存在并将继续存在一段时间的热点话题。我们对这些问题依次做简要的概述，以便给你一些提醒，在将来工作中遇到时不至于感到意外。

反思并记录：
学前教育机构的目标

想一想你童年时的学前教育机构和你参观或工作过的学前教育机构。它们的目标是什么？你如何评价这些目标？

学前教育的目标

你很有可能遇到的一个争论是本领域的一个基本问题，即学前教育的目标到底应该是什么。在幼儿项目的广泛目标上，人们已经达成了一致，即为儿童提供保育和教育服务。保育包括满足儿童对安全环境的需求以及对活动、营养和休息的需求，这也是所有项目的必备成分。争论主要集中在学前教育机构的教育目标上。

教育是社会价值观的体现，是达成许多社会目标的手段。学前教育的目标应该是什么呢？学前项目应该使用何种适宜的课程和方法？人们对此问题的激烈争论通常是由学前教育目标的不同导致的。

受过学前教育训练的教育工作者认为，最适合学前教育项目的目标是"完整儿童的发展"，即关注社会性、情绪、身体和智力的发展。这些教育工作者关切的是实现儿童的潜能；他们相信，健康、快乐的儿童会成长为健康、快乐、富有成效的成人；他们同意哲学家杜威的观点，即学校教育不是为生活做准备，它本身就是儿童的生活。这与历史上托育学校的教育目标一致，托育学校经过演变，如今成为接收0~5岁孩子的儿童发展中心。今天的许多学前教育工作者（包括本书的作者）也持有这种观点。

学前教育的第二个目标是学业学习——为儿童提供在未来的学校教育中取得成功所需的技能。一些家庭希望自己的孩子能够进入私立学校和大

学，为这类家庭服务的学前教育机构倾向于为儿童设置学习目标。今天，学业成绩是美国大多数公立 K—6 项目和许多私立学校的教育目标。许多接受以及关注初等教育培训的教育工作者倾向于持有这一观点。

学前教育的第三个目标是改善贫困和匮乏对儿童的影响。与关注学业的机构相似，这些机构通常也致力于为儿童未来的学业成功做准备。他们还强调在学前班帮助儿童发展行为和技能，为其以后进入学校打好基础。其中一些项目，如开端计划，也会提供综合服务，包括儿童健康和营养以及亲职教育。关心处于学业失败风险的儿童，想为其提供公平的受教育机会的教育工作者及政策制定者一般持这一观点。

学前教育项目的第四个目标与传授文化或价值观有关。有特定宗教信仰的学校和想要传授与保留某种语言或文化的学校就属于这一类。这一观点多半为特定群体，如宗教或文化群体的成员所持有。

了解这些不同的教育目标，能帮助你在进入学前教育行业的过程中，更好地理解有可能会遇到的自相矛盾的要求和不同的观点。关于适合学前教育的目标究竟应该是什么的争论一直存在，并且可能长期存在下去。

学前教育课程的性质

自第一所幼儿园和学前班在美国成立以来，关于学前课程的性质就一直争伦不休。对学前教育该用什么样的课程和教学方法的争论，通常是因为人们对学前教育目标的看法不同所致。

反思并记录：课程

你是否还记得童年时期接受的学前教育课程？你认为它是以儿童为中心的还是以学业为中心的？你认为该课程怎么样？

5 岁及 5 岁以下儿童机构的幼教工作者接受的通常是以儿童为中心的思想，强调儿童应该在游戏中学习，帮助儿童学会与他人共同生活和工作。他们实践的理论基础是埃里克森、皮亚杰、维果斯基以及其他一些强调儿童社会性、生理和心理活动的儿童发展理论。传统上，幼儿教师根据对儿童兴趣和发展能力的观察，结合学前教育教学法来设计课程。今天，学前教育机构的做法是：一方面保留传统的以儿童为中心、基于游戏的课程，另一方面又按照教育标准的要求，帮助儿童获得一些基本的知识和技能。林恩·卡根和克里斯蒂·卡尔兹（Kagan & Kauerz, 2007, p.21）把这种改变描述为"明确儿童应该知道和能够做什么"，而不是从儿童自身"激发"什么课程。

学前教育课程强调以儿童为中心的取向与小学教育和特殊教育中流行的观点是相反的，后者认为课程应该基于明确的目标并且关注知识和技能的习得。许多年长儿童的教师和学校管理者认为，学前班和小学低年级课程的目标应该是帮助儿童为后面的学习做准备。

学前教育的责任

你进入学前教育领域时很有可能遇到的另一个问题（尤其是以学费为资金来源的学前教育机构中）是谁应该承担儿童保育和教育的责任。在美国人们一直认为，

第 2 章

反思学前教育的职责

你认为谁应该为幼儿保教负责？是家庭还是社会的责任？为什么？你的家人、朋友和邻里是否认同你的观点？你认为政策制定者应该如何做来满足我们社会中幼儿的需要？

儿童进入公立学校前应该主要由家庭负责照管。政府只在极端情况下才会介入：如对孤儿的照管，在国家危难时期的儿童保育，对受虐儿童的保护，以及为社会上最贫困的儿童提供食物和住所。

今天，政府对所有学龄儿童的教育负有责任是全社会的共识。一般认为5岁及以上儿童的公共教育是州政府的责任。明确的法律架构概述了美国联邦、州和地方政府在学龄儿童教育方面的权力和责任。因为5岁及以下儿童的保育和教育被视为家庭而不是社会的问题，所以这些儿童受到的关注较少，面向他们的项目得到的资助自然也没有学龄儿童项目多。

20世纪60年代以前，政府在针对学前班年龄以下儿童的教育项目中起的作用很小。只有当为了解决具体问题时，联邦政府才制定一些公共政策并创建和资助了一些为面临学业失败危机的贫困儿童和残障儿童争取权益的项目。例如，联邦政府资助的针对低收入家庭儿童的开端计划和其他一些示范项目就是在20世纪60年代到70年代之间创建的。

现在，人们比以往任何时候都更加认识到早期经验的重要性以及学前教育对儿童的价值。在过去的十年间，这种意识已经让地方和州政府加大了对学前教育的支持。在这段时期，许多州开始资助4岁儿童的学前教育项目，一些项目甚至涵盖了3岁儿童。尽管如此，家长交的学费依然是多数婴幼儿和学龄前儿童教育机构的主要资金来源。

社会上对学前教育责任的看法经历了巨大的转变，民众越来越认识到早期发展的重要性，也认识到学前教育项目对儿童发展的积极作用，这也成为国家最关心的问题之一。当你开始你的职业生涯时，你可以预期，随着社会对这个问题的重视，关于它会有更多的讨论和变化。

质量、薪酬和负担能力

接下来的三个问题是相互关联的，与5岁及5岁以下儿童的学前教育项目有关。

在这个快节奏的社会，许多父母都有两份或更多的工作，他们通常很难找到满意的或能支付得起的儿童托管机构。5岁及5岁以下儿童的学前教育项目通常会面临儿童保育的三难困境，即要处理三种不同需求之间的关系：(1)需要高质量的项目以支持儿童发展，(2)需要给员工支付足够的薪酬，(3)需要家长可接受和负担得起的儿童托管项目。这些问题有时缩写为QCA，分别代表质量（Quality）、薪酬（Compensation）和费用（Affordability）。

质量。一些大规模研究证实了高质量学前教育项目对儿童和家庭会产生积极、长期的影响。研究表明，精心设计的课程能促进儿童的社会性、情绪和认知发展，并且对儿童将来的学业成功以及未来生活都有长期积极影响。促进认知发展，表现在接受高质量学前教育的儿童在入学准备和语言发展的评估中得分更高，智商获得增长，更少需要接受特殊教育或留级。促进社会性发展，表现在这些儿童更少表现出问题行为和犯罪行为。其他方面的效果还包括父母能够经济自足、降低犯罪率、改善儿童的健康水平（Barnett, 1995; Cryer, 2003; Gomby, Larner, Stevenson, Lewit, & Behrman, 1995; Karoly et al., 1998; NICHD, 1999）。

在职父母的需求，入学准备的压力，以及对高质量学前教育促进儿童发展的普遍认可，共同引起了社会对学前教育质量的关注。符合质量标准的学前教育项目应该是有组织的，能满足儿童和家庭需求，有经过专业培训的教职工和关心儿童的教育工作者，能为儿童提供安全、健康、发展适宜性的经验。

令人遗憾的是，研究也发现当今许多学前教育项目并不能提供高质量照料。美国国家儿童健康和人类发展研究所（NICHD, 1999）的一项很有影响力的研究发现，抽样观察的许多课堂教学都达不到质量标准的要求。他们的研究还发现，如果课程达不到质量标准，学生在语言理解测验上的得分就会低于平均水平；如果课程达到了标准，那么学生的分数则会高于平均水平。众所周知，学前教育质量会对儿童生活产生深刻影响，相关部门也正在采取措施（本章后面还有详细介绍）提高学前教育质量。

薪酬。5 岁以下儿童的私立中心式学前教育机构的教师，其薪酬总是要比公立机构相应位置的教师低，因为他们的收入主要来自家长支付的学费。低薪水、福利差、缺少晋升机会，这让许多私立学前机构很难招聘到或留住有能力的教师。薪酬过低带来的其他影响还包括项目质量低、员工流动率高。后者所产生的不良影响尤为严重，因为每一次的教师离职都会扰乱儿童的生活。频繁的员工流动会一次次地破坏关系的稳定性，而稳定的关系对年幼儿童在儿童保育机构中的健康发展是至关重要的。

20 世纪 80 年代末，美国国家学前教育师资研究（Whitebook, Howes, & Phillips, 1990）发现，教职工教育程度和薪资水平会对学前教育课程质量产生影响。研究结果指出，在过去的十年里，儿童保育的资金投入有所减少，而同一时期员工的流动率却几乎是原来的三倍。追踪研究（Whitebook, Howes, & Phillips, 1998）发现，在随后的十年里儿童保育员的工资几乎没有变化。作者报告教职工的工资一直很低，即使在高质量的学前机构中也是如此。尽管健康福利方面有些改善，但员工流动率依然持高不下。2008 年的一份报告指出，幼师工资依然没有提高，家庭式儿童保育教师的平均工资为每小时 9.05 美元（每年 18 820 美元），中心式儿童保育教师的平均工资为每小时 12.45 美元（每年 25 900 美元）（NACCRRA, 2008）。学前教育机构教师的低工资主要是女性的问题，99% 的家庭式儿童保育的照料者和 97% 的幼儿教师均是女性（NACCRRA, 2008）。这也是很少有男性选择从事幼教工作的主要原因，即使他们可能认为这份职业是有益的。

负担能力。5岁及5岁以下儿童照料提供的第三个问题是家庭的负担能力。父母需要在工作时间为孩子找到保育服务，他们希望保育机构能够促进儿童的健康发展和学习。"但是找到并能负担得起高质量的儿童保育服务对每个家庭来讲都是个挑战，尤其对低收入在职父母来讲，高质量儿童保育的费用是每天都要面对的、实实在在的问题"（Schulman, 2000, p.1）。

美国国家托儿资源及转介机构协会（NACCRRA, 2007, p.1）的一份报告指出，儿童保育的费用一直很高，这对很多家庭来讲都是一个负担。报告中写道，"过高的儿童保育费用紧缩了家庭预算并迫使父母做出一些牺牲——经常是牺牲了保育服务的质量"。对许多家庭来讲，儿童保育费用超过了食物的花销。如果有两个孩子需要保育服务，那么费用可能超过房租的一半，有时甚至会超过房屋贷款的金额。此外，在很多州，婴儿保育的费用比公立大学一年的学费还要高。在每一个州，两个孩子保育服务的平均年花销都要高于中等收入水平的单亲父母年收入的一半。

高昂的保育费用导致许多贫困的儿童根本无法接受学前教育，或只能接受费用最低、质量也最差的保育服务（通常没有认证也不受监管）。"太多的儿童在无刺激甚至不安全的环境中接受保育……这是个值得警惕的现象，因为低收入家庭儿童本来就更容易面临学业失败的风险，他们更需要在起点上接受高质量的保育"（Schulman, 2000, p.1）。学前教育和保育费用过高，就连一些中等收入的家庭也倾向于将儿童送入没有质量保证的不正规的保教机构。

入学准备

入学准备是经常被讨论的话题，包括幼儿园和学前班的衔接。入学准备是指即将进入学前班的儿童是否能达到学校的要求。在今天，5岁儿童在学前班里一般被期待会学习、会阅读，会做一些纸笔任务，这在过去是小学一年级才会的事情。

小学管理者注意到一些儿童很难达到学前班越来越高的学业要求，他们开始忧虑并呼吁制定政策保证那些进入学前班的儿童都做好"准备"。一些学区提高了学前班的入学年龄，因为他们认为年长的幼儿更能达到较高的学业要求。在另一些地方，学前班通过评估测验来筛除那些他们认为没有做好准备的儿童。另外有越来越多儿童在学前班留级，因为他们没有准备好迎接一年级越来越严格的教育要求。

这些现象让教育工作者开始讨论"到底应该怎么界定入学准备"（Lewit & Baker, 1995）。怎么界定入学准备，在很大程度上决定了谁该为提高儿童的入学准备负责任，是儿童、学校还是他们各自接受的支持。对入学准备的界定会对教育实践工作产生影响，它会影响评估决策、社区和州的投资类型以及如何评价学业进步。

在国家层面，关于入学准备的要素基本上有一个普遍的共识。美国国家教育目标小组（National Educational Goals Panel, 1997）建议要考虑三个要素：（1）儿童的

反思并记录：入学准备

反思你进入学前班和小学一年级的头几天。你当时做好准备了吗？你如何知道自己做好准备了？当你开始上学时，什么让你感到更轻松或更困难？学校或教师做了什么来帮助或阻碍你顺利渡过适应期？你还有其他关于入学准备的经历吗？

准备，（2）学校的准备，（3）家庭和社区的支持。美国幼儿教育协会关于入学准备的立场声明（NAEYC, 1993, p.2）指出："学校应该有能力应对不同能力水平的儿童群体，低年级的课程应该为儿童的学习设置有意义的环境，而不是只关注个别技能的获得。"换句话讲，学校应该满足所有适龄儿童的需要，而不管他们是否有能力完成学业任务。

多年以来，各州政府一直致力于界定入学准备的要素，并进而决定如何评估每一个要素的进步。美国的入学准备倡议包括为更多儿童（尤其是有学业失败风险的儿童）提供高质量幼儿园服务，学前班课程应该是发展适宜性的，通过亲职教育让父母帮助儿童在学业上取得成功，对教师和校长进行儿童发展方面的培训（包括对年幼儿童的现实的学业期待），以及创设程序，以帮助儿童更顺利地从家或幼儿园过渡到学前阶段。

趋　势

趋势是指事物发展或变化的大方向。纵观21世纪初期的学前教育领域，我们能够看到一些可能持续到未来的相互连接的趋势，并且这些趋势将给学前教育领域带来重大影响。这些趋势包括我们社会中的家庭趋于多样化，协调的学前教育系统的发展，表现为儿童保育质量评价与改善系统（Quality Rating and Improvement Systems, QRIS），学前班和小学低年级的衔接，提高教师任职资格的持续压力，以及对受公共财政支持的项目结果的负责制。

家庭压力和多样化

学前教育领域的一个趋势是，近几年来，教师在解决几乎每一个与幼儿家庭相关的问题时，都面临越来越大的压力，这将会影响作为教师的你。事实上，几乎所有年幼儿童家长都有工作，都需要儿童保育服务。许多人生活贫困，没有健康保险，越来越多的人无家可归，甚至在社区中遭受暴力对待，我们的社会也有越来越多的冲突和不确定性。作为幼儿教师，你也会感受到这些趋势的影响，因为你班里的儿童及其家庭也生活在这些趋势之中。

当今社会的文化、语言以及生活方式的多样化程度已经远超从前。学前教育工作者要面对能力不同、文化背景不同、社会经济地位不同、语言不同的儿童群体。作为教师，你需要理解并接纳这种多样性，在这个急剧变化、快节奏、相互连接越来越紧密的社会，做好准备为年幼儿童争取最大的利益。

体系的发展

在21世纪的头十年，公众对早期大脑发展的重要性有了新认识，通过研究了解到高质量的学前教育有积极作用，并且对早期学习的投资可以带来经济回报，因此对学前教育的支持力度显著增加。为了回应这一新的兴趣和需求，学前教育领域需要下决心克服当前"无体系"的分裂状态，改变机构这种东拼西凑式的不协调服务，因为这一方面让家长感到困惑，另一方面也没有效率。

现在的学前教育工作者需要学习综合考虑我们所服务的儿童和家庭的需要。各州正在努力进行体系的建设和维护，以此来促进各学前教育机构之间的协调。联邦政府通过2007年对开端计划的再授权支持各州的体系建设工作。改良后的《开端计划法案》要求各州成立学前教育和保育顾问委员会，但直到2010年《美国复苏与再投资法案》（American Recovery and Reinvestment Act, ARRA）保障启动资金的投入之前，这还只是个"不拨款的条款"（法案中提到的顾问委员会并没有财政支持）。45个州和5个地区得到了资金支持，州政府需要正式任命委员会并指定负责人。

慈善组织在推动州政府工作方面也起到了很大作用，如儿童早期投资者同盟会2002年制定的BUILD倡议书，帮助州政府制定综合的学前教育体系。由学前教育领域的一些管理者组成的学前教育体系工作小组在BUILD倡议书的帮助下，设计了一种综合的学前教育制度模式，该模式建立在一组已达成共识的价值观和原则之上，这些价值观和原则集中反映了早期学习与发展、健康、家庭领导和支持等问题（BUILD Initiative, n.d.）。

在早期学习与发展体系内有两个体系建设的例子，分别是儿童保育质量评定与改善体系以及P—3或Pre-K—3体系，这两个体系的目的意在将幼儿园到小学3年级阶段的教育整合到公共教育体系之中。

质量评定与改善体系

质量评定与改善体系（Quality Rating and Improvement Systems, QRIS）旨在通过提高学前教育项目的保教质量来促进儿童发展。QRIS创建、整合和加强了早期保育和教育的各环节以改善儿童的经验。这些环节包括质量标准、标准监管程序、质量改善程序、幼儿教师的专业发展体系、数据管理和报告体系、为达到更高标准的经济奖励措施和其他支持，以及面向家长和公众的项目质量宣传工作。参与质量评定

与改善是自愿的，各种不同类型的学前教育项目都可以参加，包括中心式儿童保育、家庭式儿童保育、学龄儿童教育机构、幼儿园和开端计划（QRIS National Learning Network, n.d.）。

截至2011年，各州或已经在执行QRIS或正在开发过程中。儿童保育办公室（联邦健康和公共事业部、儿童和家庭管理部门）现在要求各州在每年的"儿童保育和发展项目拨款计划"中报告他们在发展或实施QRIS方面的工作进展。为了让州政府获得联邦儿童保育的财政支持，这些计划是强制执行的（Administration for Children and Families, n.d.）。尽管当前的经济状况并不稳定，推行新的学前教育体系仍将是不变的趋势，但如果国家的经济发展良好，推进的速度应该会更快。

幼儿园到3年级的项目协调和衔接

学前教育史上的大部分时期，0~5岁儿童项目和5~8岁儿童（学前班至小学3年级）的项目是相对独立的。近来，慈善家们正努力将这两部分有组织地衔接起来。儿童发展基金会可以说是建立 pre-K—3rd 或 P 3 体系的领头羊，它最先通过连贯学前教育项目和公立小学，尝试在儿童早期教育项目间架起桥梁（Foundation for Child Development, 2008; Thorman & Kauerz, 2011）。这些尝试旨在保证儿童在幼儿园学到的内容可以为后续的学习打好基础，使儿童从幼儿园到学前班的过渡更加顺畅。

慈善家还致力于将 QRIS 和 P 3 运动整合和对接起来（Thorman & Karerz, 2011）。并且，2010年，监管儿童保育和开端计划的美国健康和公共事业部以及美国教育部共同宣布成立早期学习跨机构联合政策委员会，这是一项空前的举措。委员会的目标是要制定更加连贯的政策，"改善学前教育项目的质量和幼儿的发展成果；增进研究、技术支持和数据系统的协调；提升跨两个部门重要的联邦财政支持的学前教育项目的早教员工的效力"（U.S. Department of Health and Human Services, 2010）。后来这两个机构发起了"力争上游：早期学习挑战津贴"，以"奖励那些制定综合方案来改善学前教育体系间的协调，制定更清晰的学习标准以及有意义的员工发展方案的州"（U.S. Department of Health and Human Services, 2010）。我们写这本书的时候还没有宣布哪个州获得了该津贴的支持，但有35个州和哥伦比亚特区都表示了申请的意愿。

提高教师学历要求

一般来讲，对5岁及5岁以下幼儿师资的学历要求都要低于公立学校的教师。这是因为直到最近，学前教育还一直被看作是为在职父母提供的服务而不是儿童教育项目。近期的研究发现，教师的学历水平越高，则课堂质量越高，儿童的认知和社会性发展也越好（Barnett, 2004; Burchinal, Cryer, Clifford, & Howes, 2002; Early et al., 2007）。这些研究提高了社会对幼儿教师学历的要求，尤其是对开端计划、州财政支持的幼儿园项目以及一些质量评定和改善体系中的项目。

NAEYC 项目认证标准要求提高私立学前教育机构中幼儿教师的学历。到2015年，NAEYC 认证标准要求，这些机构中至少50%的教师要有学士学位，剩下的至少要有副学位（NAEYC, 2009）。

教师学历的提高有助于提升项目质量，儿童也更可能从学前教育经验中受益。遗憾的是，这种趋势也可能会产生一些负面效果。如果幼儿教师的薪酬没有得到相应的提升，那么这个低收入的职位将很难吸引到高水平的教师。另外，一些已经在学前教育领域工作多年的教师可能会因为没有高学历而被拒之门外。这对学前教育领域长期存在的对员工包容的价值观也是一种挑战。

责　任

政策制定者将公共财政投资到教育领域后，希望能确保接受资助的项目展现出效果。自从20世纪80年代教育标准运动以来，对责任的关注一直是教育领域的焦点。2001年联邦政府出台的《不让一个孩子掉队法案》（No Child Left Behind, NCLB）扩大了先前与学校责任相关的政策，使评估工作在美国公立学校中占据了前所未有的重要位置。这项立法要求州政府对公立学校3~12年级的每一个学生进行阅读和数学能力评估，每年以成绩单的形式报告一次。尽管大多数教育工作者和政策制定者认为确保所有儿童都能在学校取得长足的进步很重要，但也有许多人担心NCLB法案会让教学变成"为测验而教"，教师在教学中会因为过于关注容易测量的独立的事实性知识而忽略难以测量的思维技能，同时也可能会造成学校轻视艺术、社会研究、体育教育以及社会性发展（Graves, 2002; Kohn, 2000）。

为了向公立学前教育项目告知与责任相关的政策进展，全美儿童发展、学前教育和评估方面的领导者组成了美国国家学前教育责任制专门工作组，工作组建议学前教育应该有一套统一的体系，包括适用于所有项目的单一和一致的标准体系、评估、数据和专业发展体系；高质量的对接和综合标准；从幼儿园到3年级的课程和评估的连贯性；所有儿童和项目评估工具要求具有效度、信度和目标适用度。希望这些专家的智慧能够在各州申请早期学习挑战津贴的过程中发挥作用。

经济问题

在我们编写本书的第9版时，社会对学前教育的重视和支持力度是前所未有的。虽然美国经济复苏缓慢，州和联邦政府预算赤字，但在过去十年间启动的一些计划依然有希望缓慢地推动下去。

就业、财政紧缩和财政赤字是每一个立法者最为关注的问题。在本书的编写过程中，州儿童保育的补贴已经大幅缩减。一直得到大力支持的幼儿园项目也面临预算紧缩的问题或面临淘汰，对于开端计划和其他一些儿童项目，尤其是服务于贫困儿童的项目，持续的财政支持遭到了一些反对。拥护者如儿童保护基金会和美国幼儿教育协会正努力减少财政紧缩给学前教育项目和服务带来的影响。我们希望政策制定者在努力克服经济问题时，心中铭记投资未来的价值，为幼儿教育项目提供更多支持。

总　结

回首上个世纪，我们对幼儿需要的理解发生了翻天覆地的变化。在20世纪初，多数人认为在6岁入学之前，他们没有做好准备去学习任何重要的东西。很少有人意识到早期经验对儿童发展的影响。学前教育工作者的工作既不被大众理解也不被欣赏。今天人们对学前教育的认识进入了一个新纪元，深刻意识到早期经验对个体发展的价值。新的儿童发展研究，尤其是脑发育研究表明，幼儿期在人的发展中极其重要。引人注目的研究表明，学前教育项目对面临学业失败风险的儿童有积极影响。政策制定者已经开始关注童年早期，并认识到对学前教育项目的投资会带来丰厚的社会效益。

通过学习本章内容你能发现，学前教育是一个多样化的领域，对社会有很大贡献。它在今天受到的重视超过以往，但也受到当今社会经济因素的影响。在编写本书的过程中我们看到了学前教育领域一些好的发展势头：州政府正在资助和实施更多的幼儿园项目；学前教育领域的一些基础设施正在兴建中；服务儿童和家庭的相关组织有越来越多的配合与合作；0~8岁的项目正在形成一个连贯的系统。而我们同时也面临着有限资源的竞争以及党派之间的斗争，到底哪些项目可以获得资助，哪些预算要紧缩，哪些要被淘汰。

关注儿童需要，帮助他们成长为充分发展的人，在这方面，学前教育工作者的责任大于其他任何群体。有学识、有爱心的学前教育工作者可以为此做很多事，能够起决定性作用。学前教育领域正在迈进一个新时代。正在进入这个领域的你将来一定会见证更多的发展变化。新的机遇、新的挑战在等待着你，你将会为这个领域做出重要贡献。

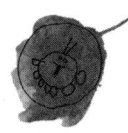

学习成果

阅读完本章后，请你认真完成"拓展学习"部分的选读任务，准备"你的专业档案袋"部分的条目，你将会在满足NAEYC的标准6：成为专业工作者（NAEYC，2009）上又有进步。

核心内容：

6a：认同并投身学前教育领域

拓展学习

参观一所机构：选你所在社区中的一所幼儿机构，观察并记录。了解它的历史、理念、资金来源、学费、师幼比、师资力量和薪酬。它是如何管理的？它是否经过认证？如果经过认证，那么认证部门和认证过程是怎样的？

它如何与儿童家长合作？它面临的最大挑战是什么？反思并写下你学到了什么。

调查机构管理：走访社区居民，看看社区中有哪些 0~8 岁儿童的服务机构（学前机构、儿童保育、服务低收入家庭的机构、公立及私立学校）。了解一下每一种机构由谁负责管理？管理的标准有什么区别？其中是否有经过 NAEYC 认证的？反思并写下你学到了什么。

调查一个机构：选以下题目之一做研究并写一份报告：

- 你所在社区中开端计划的历史（机构数量、招收儿童数目、教师学历要求、现状和存在的问题）；
- 你所在社区中的亲职教育项目；
- 你所在社区中对家庭托管的资格要求；
- 其他国家的学前教育和保育管理体制。

调查培训机会：对你所在社区中幼儿教师的培训项目和不同机构中教师的薪酬做调查，并写一份调查报告。结果对你有什么启发或让你发现了什么问题？

调查政策：在下面的方案中选择一个或多个，研究你所在的州在这方面做了哪些工作并写一份研究报告：州财政支持的 3 岁和 4 岁儿童项目，质量评定和改善体系，协调学前教育项目和服务的基础设施建设，入学准备方案，早期学习标准。

 你的专业档案袋

选一个能代表你对学前教育和保育领域理解的"拓展学习"的作业放进档案袋，并写出你选择该作品的理由，以及它对你的专业发展有何帮助。

我的教育实验室

访问本书"我的教育实验室"（myeducationlab.com），找到专题 1：历史。你可以：

- 找到关于历史的学习成果以及与之相关的国家标准。
- 完成有助于你更好理解本章的内容的"任务和活动"。
- 通过"建构教学技能和性情"学习单元，运用你对本章关键概念的理解。
- 对照"学习计划"检查你对本章内容的掌握程度。你可以做章节测验，获取反馈，然后通过"复习、练习和拓展"来提高你对本章内容的理解。

过去只是序幕。

——威廉·莎士比亚

3

历史与教育模式

　　了解早期教育的历史才能找到根，才能明白今天我们所倡导的幼教工作方法，乃是从前人的思想和实践中得来的；了解历史你会发现，其实大部分在今天我们认为是"创新"的东西，实则前人已经想到、写过并且尝试过了；了解历史还能帮助你面对挑战，因为当下的一些哲学争论，其实已经存在很长时间了，并将持续存在。了解历史，可以将你与过去以及即将踏入的学前教育领域联系起来；了解历史，也能让你在幼教工作之初，看待你将遇到的许多事情时占据优势。

　　尽管有着古老的根基和悠久的历史，但学前教育依然是一个新兴领域。在这一章，我们主要探讨对当今学前教育领域有重要贡献的观点和趋势，看看它们的历史沿革。具体内容包括：

- 不同历史时期，教育家和哲学家的儿童学习观及其对学前教育领域的影响，这些观念又如何持续影响当今的学前教育领域。
- 三次对学前教育的性质有深远影响的教育运动：幼儿园运动，托儿所运动以及进步教育运动。
- 三种起源于欧洲，沿用至今，并对世界各地的幼教工作有广泛影响的学前教育取向和方法。
- 美国学前教育中两个重要组成部分（儿童托管和开端计划）的历史和影响。

第 3 章

我的教育实验室

访问"我的教育实验室",利用"个性化学习计划",提高你对本章概念的理解。你也可以通过基于视频的"任务和活动"以及"建构教学技能和性情"课程来磨炼教学技能。

当今许多学前教育观点是由西方——主要是欧洲——的儿童观和有价值的教育方法形成的。我们主要介绍这些观点是如何发展,并对当今西方尤其是美国的学前教育领域产生持久影响的。然而,每个国家都有自己独特的儿童教育和保育历史。即使是同一个国家,在不同地区和文化下,也有不同的教育历史和价值观。不妨问问家中的长辈或者读一些当年的文献,了解自己家庭或当地的教育传统,比较一下,它们和本书中介绍的有什么异同。想一想这些教育传统和本章提到的教育思想家的观点有哪些一致和不一致的地方。

请记住,历史事实是记录历史的人用自己的声音和观点传达给我们的。在学前教育领域,绝大多数儿童保育工作都是女人做的,但历史多数是男人写的。当你阅读时,想想那些被遗忘的人和被遗忘的声音,这能拓宽你的视野和思路,想一想他们会如何讲述自己的故事。

人本主义传统

一般认为,在西方国家,学前教育作为一个专业领域起源于 19 世纪初的欧洲。但是,当今幼教机构中的很多价值观和实践,均是由一些儿童观和育儿观发展而来的,这些观念代代相传,也受到历史上宗教领袖、哲学家、学者、社会改革家和教育家观点的影响。

当今许多教育机构都植根于人本主义教育取向,人本主义是一种思想体系,关注人类的价值、潜能、幸福和利益。秉承人本主义传统的人会关注诸如尊重人的尊严、教育在儿童全面发展中的作用、心灵和身体的关系、观察儿童的价值、游戏在发展中的重要性、支持个人自由以及家庭在儿童发展中的重要作用等问题。一些教育改革家主张,应普及全民教育,而不只为男性或富人提供教育机会。一些人认为儿童期本身就是一个宝贵的阶段,而不只是为成年期做准备。所有这些观点都能从古希腊和罗马的思想中找到源头,并且在后来的许多历史阶段(尤其是 19 世纪和 20 世纪)得以复兴并丰富,至今仍有影响。

人本主义思想被接受得十分缓慢,尤其在其萌芽阶段。这些人本主义的创始人往往被认为是激进的,受到了人们的怀疑和抵制。历史上,人本主义思想只有有限的几次占据幼儿教育的主导地位。现在,正如本章将要描述的,在美国以及世界上很多其他地区,人本主义传统依然还有影响力。

为了全面公正地看待历史,我们有必要明确,今天的儿童观是几个世纪以来社会和经济变迁的产物。关于儿童在社会中的地位以及该如何教育儿童,过去曾经盛行许多不同甚至相互矛盾的观点。在西方历史上很长一段时间里,一个曾经流行的观点认为:儿童是小大人,童年只不过是到达作为一个成人才有的那种更令人满意的状态必须要经历的阶段而已。

在本章所描述的历史时期中，欧洲和北美对待儿童十分严格，教育方法主要是机械学习，体罚一度作为成人规范儿童行为的一种手段。在不同时期和不同地方，哲学家和教育改革家都意识到了这种主流教育方式的缺点，并倡导用人本的方式对待儿童。尽管人本思想影响了一些教育家和哲学家，但日常教育和对待大多数幼儿的方式并没有发生根本的改变。然而，更加人本和更有意义的教育方式已经反复被重新改造和提出。我们将要介绍的每一位教育哲学家都非常有影响力，可以说是他们一起创造了人本的、以儿童为中心的教育方法，今天这种方法深受幼儿的喜爱。

学前教育起源

不同时代的一些关键历史人物塑造了学前教育领域。尽管这些人大部分是从总体上讨论教育，而没有特别地对幼儿教育做探讨，但这些哲学家、宗教领袖、学者、医学家和教育家都具有影响力。

古希腊和罗马（公元前400—公元200）

西方的教育传统可以追溯到古希腊时期。在古代地中海社会，儿童在7岁以前主要由母亲或大家庭中的其他成员照料。很多儿童能得到喜爱和关爱，可以自由游戏或者在家附近做一些简单的任务。到了7岁，就要开始接受一种专门的职业训练。针对不同社会阶层以及不同性别群体的职业训练有很大差别。

全面教育的理想最早在古希腊被明确提出，希腊语中的 *paideia*（是 pedagogy[教育学]和 *encyclopedia*[百科全书]的词源）就是这个意思。希腊人认为，自由的人类应该努力追求身体、心智和精神的卓越。

柏拉图

哲学家柏拉图（公元前428—公元前348）在雅典的树林中成立了一所学校，命名为学院。作为第一个学者，柏拉图认为儿童早期为塑造儿童未来的社会、文化和精神生活提供了极好的机会。在《理想国》（柏拉图描述理想社会的一本书）中，柏拉图谈到国家幼儿教育应该立足于培养一种社会精神。柏拉图意识到儿童期分为几个阶段（Lascarides & Hinitz, 2000），并提出课程中应该包括游戏、音乐、故事和戏剧，这些活动应该传递一种价值观念——所有好公民需要具有的价值观念。观察儿童发展的过程以鉴识出天才儿童，然后为他们提供更为丰富的教育活动。柏拉图认为儿童天生具备所有的基本知识，这些知识潜藏在儿童内部。教育就是要帮助儿童"回忆"起这些知识，然后将其应用到日常生活中。

柏拉图打破了当时的传统，他坚持认为女孩也应该受教育，反对将体罚作为规

历史与教育模式

反思为什么历史很重要

想一想，你的家族、社区、文化或国家的历史如何影响你的生活。反思为什么了解历史很重要，包括个人历史和一般性历史。

范儿童的手段。柏拉图意识到，儿童早期的教育对未来社会观和政治观的形成有重要作用，这一观点影响了后来的许多思想家，包括让·雅克·卢梭，罗伯特·欧文和约翰·杜威等。柏拉图还认为，几何图形知识和几何学对于理解宇宙秩序非常关键，弗里德里克·福禄贝尔为他创办的第一所幼儿园设计的小球体、圆柱体、长方形和正方形积木就受到了柏拉图这一观点的影响。

在古希腊，游戏被认为是非常有价值的活动。运动会和体操是有组织的身体游戏，希腊人从儿童期就开始参与，成人也将它们作为重要的休闲项目。幼儿的自由游戏被认为是必要的，并且是学习的一种方式。柏拉图建议将村庄内所有3~6岁的儿童召集起来，在成人的监督下做集体游戏。

亚里士多德

柏拉图的学生**亚里士多德**（公元前384—公元前322）也对教育的本质和目标提出了自己的见解。和他的老师一样，亚里士多德也认同从幼儿开始受教育的重要性，认为人是有优秀潜质的，强调身体和心智的发展，重视儿童的游戏。但是柏拉图主要关注引导学生和社会去沉思"善"、"真"和"美"，而亚里士多德则对世界可见的感知经验和思维的逻辑结构更感兴趣。他把人定义为"理性的动物"。亚里士多德重视幼儿教育，因为他认为好的习惯一定是在生命早期形成的。亚里士多德最有名的学生是亚历山大大帝，随着帝国扩张到印度，他广泛传播了古希腊的教育思想。

亚历山大的帝国没落后，罗马人统治了整个地中海和西欧地区。罗马人沿袭了大部分希腊的传统。到公元2世纪，罗马帝国资助了一个针对全帝国城市男孩的教育系统。

昆体良

在古罗马，昆体良（Quintilian，公元35—95）是当时最重要的教育家。他的教育思想和古希腊教育哲学家有相似之处。通过观察，他发现7岁以下幼儿从惯常的教育方式中很难学到东西。因此，他鼓励父母让幼儿游戏。他认为为儿童选择优秀

图3.1 柏拉图、亚里士多德和昆体良的观点及影响

柏拉图、亚里士多德和昆体良的观点
- 教育应该从幼儿开始。
- 人性本善。
- 男孩和女孩都应该受教育。
- 心智和身体发展同等重要。
- 游戏是一种有价值的学习方式。

柏拉图、亚里士多德和昆体良对学前教育的影响
- 后来的教育哲学家在他们的著作中吸收了这些思想。

的保姆和家庭教师很重要，这样幼儿便可以通过模仿而不是胁迫习得正确的言语和行为。图3.1对柏拉图、亚里士多德和昆体良的观点及影响做了一个简要的总结。

尽管这些古希腊和罗马的哲学家对提倡一些新的、人本的学前教育方式产生了一定影响，但他们的观点并没有反映出古希腊和罗马社会的全景。古希腊和罗马都是奴隶制社会，也容许溺婴行为。

中世纪（500—1450）

中世纪一般指从罗马帝国到文艺复兴这段时期，也叫中古时期。中世纪以封建经济体制为特征——允许用兵役来交换土地，并且教会有很强的影响力。

在4世纪，罗马皇帝君士坦丁成为一名基督教徒，并实行了一系列改革措施，使得基督教领袖和他们的价值观开始在道德和法律上占据权威地位。基督徒们应该记得，圣经上记载耶稣曾有一次斥责他的信徒阻止小孩来他身边。尽管大多数基督徒都认为儿童生来就带有原罪，但洗礼仪式能够恢复孩子们善良的本性，于是信仰基督教的皇帝规定任何形式的杀婴都是违法的。罗马帝国的各辖区都对教会提供土地和资金上的支持，这样教会就能为穷人提供社会服务。

西罗马帝国在5世纪末解体。在教皇（罗马主教）的领导下，教会一直致力于教化那些已占领了西部的野蛮部落。在中世纪的近千年里，天主教会努力在这个黑暗的时代保持注重读写和学习的传统。

修道院的修道士和修女们花了大量时间和精力整理抄写那些在远古世纪破坏中幸存下来的经文，并将他们的知识传授给那些被选定为宗教献身的幼儿。这些儿童，被称为"献身者"，是修道院的未来，对他们进行教育是非常重要的团体活动。男孩和女孩分开接受教育，但语法和人文科学的教育内容是一样的。修道院教师（多半是曾经的献身者）对幼儿的心理有了一定程度的重视，他们有时候抛弃体罚而采取更温和的教育方式以使幼儿喜欢学习，愿意服侍上帝。唱歌、欢笑和游戏是修道院学校日常生活的一部分。修道院经文的手稿是经过各种明亮颜色装饰的，接触它们可以培养孩子们的美感。这些年轻人大多选择继续留在修道院当修道士或修女。

中世纪后期，新的教徒诸如方济会修士不再住在修道院内，而是到社区中去为穷苦人工作。他们经常为被遗弃的幼儿和孤儿提供照料和初等教育。13世纪初，圣弗朗西斯强调对圣婴的奉献，鼓励了社会对贫困儿童的关注。

在中世纪的贵族家庭中，男孩在很小的年纪就被送到其他贵族家庭作为青年侍从（儿童仆人）去学习。女孩们留在家中的时间更长，学习唱歌、弹奏乐器、编织挂毯，有一些也在修女学校学习读写。男孩和女孩都要以成人为榜样学习宫廷礼仪。

那一时期的大多数人都是农民，他们在富人和权贵的土地上工作。农民和贫困市民家庭的幼儿通常要帮助家里做事，男孩和女孩到3岁左右就要帮忙喂养动物，在家庭菜园干活。城镇儿童很早便学习父母的活计，到了7岁，就要正式选一门手艺成为学徒。尽管如此，中世纪儿童的生活和消遣方式还是与成人截然不同，玩具和艺术作品中所描绘的玩耍的孩子们便是铁证。

文艺复兴和宗教改革（1300—1600）

玩木马游戏的儿童
作者：彼得·勃鲁盖尔，1560年

欧洲文艺复兴和宗教改革时期（14世纪从意大利开始向西蔓延，直到17世纪初），城市规模继续扩大，逐渐成为重要的贸易和艺术中心。人们的关注点从教会转移到了个人和艺术，古希腊和罗马时期的文学又开始重新焕发生机（Gutek, 1972）。文艺复兴时期，男人和女人都对教育高度重视。大约1485年，印刷术的发明让书籍的大规模出版成为可能，知识不再为教会所垄断。掌握古代语言（拉丁语、希腊语和希伯来语）是获得古典知识的关键。为了使儿童的拉丁语（受过教育的欧洲人的通用语言）学习有一个良好的开端，英国的托马斯·莫尔爵士（1478—1535）和他的朋友德西迪里厄斯·伊拉斯谟（1466—1536）建议父母和老师避免用严厉的体罚来激发儿童。他们认为，如果努力使学习内容变得有趣，那么孩子们就愿意学。比如，莫尔把射箭用的靶子做成了字母的形状，让孩子们射击，后来他的女儿玛格丽特能够使用拉丁语和希腊语交谈。这让伊拉斯谟深受触动，他后来成为了主张女性接受高等教育的先驱。

马丁·路德

在16世纪的欧洲，新教育观念的产生与宗教改革有着紧密的联系。马丁·路德（1483—1546）曾经也是一名修道士，他对圣经的研究促使他脱离了天主教会，开展了宗教改革运动，最终建立新教。路德是全民教育的积极倡导者，他认为男孩和女孩都应该学习阅读，这样他们就可以自己读圣经。路德认为，学校教育应该促进儿童的智力、宗教、身体、情绪和社会性等方面的发展。受路德观点的影响，德国开始大规模兴建学校，但是直到19世纪，路德全民教育的目标才在美国得以实现。图3.2对马丁·路德的观点和影响做了一个简要总结。

图3.2 马丁·路德的观点及影响

马丁·路德的观点
● 所有儿童都应该接受教育。
● 个人的读写能力很重要。
● 应该重视发展的各个方面。
马丁·路德对学前教育的影响
● 后来的教育哲学家，尤其是夸美纽斯吸收了这些观点。

16、17世纪期间，天主教会对抗新教徒的努力导致了天主教文化的复兴，历史学家称之为反宗教改革。这场运动对现代社会早期的教育历史产生了很大影响，因为它导致了许多新宗教团体的创建，这些宗教团体主张多行善举，包括对孤儿、贫困儿童和新世界中的非基督徒开展教育。这个时期的新教和天主教学校都强调儿童生来带有原罪。天主教传教士创办的学校对原住民的文化麻木不仁，试图改变原住民原有的文化习俗和信仰。在17世纪这种严格的宗教教育体制下也有例外，那就是温和又博学的夸美纽斯。

约翰·阿摩司·夸美纽斯——学前教育之父

约翰·阿摩司·夸美纽斯（John Amos Comenius, 1592—1670），出生和成长于今天的捷克共和国，他是新教摩拉维亚教会（又称为弟兄合一会；捷克或波西米亚弟兄会）的主教。因为三十年战争（1618—1648），夸美纽斯和许多其他新教徒被迫终生流亡。怀着帮助教师实行有效、人本的教育的希望，夸美纽斯开始撰写教育著作，他认为教育是改善社会的重要工具。他提出的教学方法在现代学前教育中仍有影响，他也是最早开始制作学前教育教具的人之一。

夸美纽斯的工作在欧洲深受欢迎，他的著作被翻译成多种语言。和路德一样，他提倡全民教育。他认为所有人在上帝面前都是平等的，因此，无论富有还是贫困，贵族还是普通人，男人还是女人，都有接受同等教育的权利。夸美纽斯主张6岁以前儿童都不应该离开家，应该接受母语教育而不是拉丁语。在他的著作《母育学校》中，夸美纽斯主张除了教幼儿虔诚和善良之外，幼儿还应该学习一些简单的实用知识，譬如身体各部分的名称，家乡的地理知识（如山、河、峡谷），简单的算术（如多少的概念，知道3比2多）和一些简短的歌曲，这和今天优秀的学前教育课程是一致的。他认为学校应该为儿童将来的生活和更进一步的教育做准备，教育应该是一个逐级递进的体系，每一个阶段接触到的知识面要比上一个阶段更广。他希望通过提出全民教育带来世界和平，让不同信仰的人之间能友好相处。

夸美纽斯关于幼儿如何学习的著作远在现代儿童发展理论提出之前。他对儿童进行细致观察后发现，0~6岁是人类发展最重要的阶段。夸美纽斯写道："所有艺术和科学的根源都始于这一年龄段，尽管我们很少为它做些什么"（Deasey, 1978, p.35）。他认为语言是后续学习的基础，因此设计了一套从婴儿开始持续到童年晚期的语言和概念习得的教学方案（Gutek, 1994）。幼儿的学校教育在母亲学校中进行，即"母

《世界图绘》——儿童的游戏

亲膝下的学校"。母亲要照顾孩子的身体需要并鼓励孩子做游戏。母亲可以给孩子展示夸美纽斯设计的图书，其中有一些解释词语和概念的木刻画。夸美纽斯的《世界图绘》被认为是第一本图画书。

夸美纽斯观察到儿童的学习似乎是在游戏中自然发生的。他提倡把智力游戏、建筑材料和其他一些实物作为课堂教具。所学内容与个人经验相关时儿童学得最好，在抽象任务之前要提供具体体验，当代的这些教育观都是从夸美纽斯的观点中发展而来的，这些观点对我们今天提倡的发展适宜性教育实践也有重要影响。图3.3简要总结了夸美纽斯的观点及影响。

宗教改革以后，在民法或教会的支持下，儿童在开始接受专门职业训练之前会接受基础的学校教育，教育内容包括读写和算术。教会还为5~11岁儿童开办慈善学校，用当地语言教他们读写和算术。

启蒙运动时期（18世纪）

18世纪的科学革命让人们开始重新重视人类在理解宇宙和改造社会方面的潜能。启蒙运动时期，男人和女人都开始强调人类理性，而不再一味迷信传统权威。启蒙运动时期，人们开始摆脱宗教影响，建立更为人本（以人为中心）的人生观。启蒙运动时期的教育更注重实用性和科学性，此时产生了一个新颖而有影响力的观点，即幼儿教育是一个需要成人支持的、自然展开的过程。

图3.3 夸美纽斯的观点及影响

夸美纽斯的观点
- 0~6岁是人毕生发展最重要的阶段。
- 语言是后续学习的基础。
- 教育从"母亲膝下的学校"的教养开始。
- 学习应该与个体经验相关且是有意义的。

夸美纽斯对学前教育的影响
- 使用图画书。
- 在教学中使用教具（智力游戏、积木等）。
- 后来的教育哲学家，尤其是裴斯泰洛齐吸收了这些观点。

图 3.4 洛克的观点及影响

洛克的观点
- 儿童最初来到世界上时是一块白板。
- 知识是通过感觉获得的。

教养比天性更重要
- 长时间包在襁褓中对儿童并无益处。
- 应该给予儿童尊重式关爱,而不是体罚。

洛克对学前教育的影响
- 游戏式教学。
- 关注接受教育的儿童。

约翰·洛克——白板说

约翰·洛克(1632—1704),是一名学者、医生、哲学家和政治理论家,是启蒙运动时期非常有影响力的思想家。基于医学知识、生活经验以及有关人类理解的新兴哲学思想,他创建了自己的教育理论。他认为在出生时,儿童的心智就像一块白板,感觉获得的知识通过理性的应用转变为理解力。当时流行的观点认为,人们在来到这个世界时,某些方面的品质早已形成,而洛克的观点显然与此有着直接冲突。洛克认为在决定人类发展方向时,"教养"比"天性"更重要,因此他强调早期训练和教育的重要影响,主张父母对孩子的养育和教育方式应该有所改变。他认为不应该像惯常做法那样将婴儿紧紧包裹在襁褓里,应该允许他们用身体去探索世界;应该用更为温和的方式进行训导而不是使用体罚。洛克认为尊重、关爱的关系是父母和教师激励儿童模仿榜样的最好方法,学习从来不应该是强加给儿童的任务。图 3.4 简要总结了洛克的主要观点。可以说,现代关于教育在发展人类潜能中的作用的观点,在洛克当年的观点中就有所体现(Cleverley & Philips, 1986; Weber, 1984)。

让·雅克·卢梭——人性本善

让·雅克·卢梭(1712—1778)是法国哲学家、作家、社会理论家,他对教育思想的影响深远。当时流行的观点认为,儿童生来就带有原罪,哪怕是要严厉地对待儿童,也要让他们养成服从的习惯。卢梭通过他的雄辩对这种主流观点直接进行了挑战。他反对启蒙运动中提出的理性比情感更重要、教养比天性更重要的观点,他不同意洛克提出的要始终与儿童讲道理的观点。卢梭不认为人生来是恶的,相反,他认为教养破坏了人与生俱来的善。卢梭在他著名的小说《爱弥儿》中表达了自己的这一观点,他认为如果人们不接触这个腐朽的社会,那么善良的本性就会健康发展。卢梭提出了发展阶段论,并认为教育应该从出生就开始,直到成年期。他认为儿童的学习方式和成人的不同,教育实践要顺从儿童的天性。卢梭认为,儿童通过对环境的探索来获得直接经验的学习方式是最有效的,教育实践是建立在对此的理

图 3.5 卢梭的观点及影响

> **卢梭的观点**
> - 儿童的本性是善的。
> - 教育应该从出生开始直到成年期。
> - 通过探索环境获得直接经验的学习方式对儿童最有效。
> - 儿童通过他们自己的那种自然的、不受指导的游戏学习。
> - 发展是分阶段的。
>
> **卢梭对学前教育的影响**
> - 重视直接经验。
> - 相信自由游戏的价值。

解上。今天的学前教育界仍然认可这种观点。他设想儿童通过他们自己的那种自然的、不受指导的游戏就能学习，不需成人的干预和引导。他鼓励父母和教育工作者相信儿童的自然成长过程，允许儿童按照自己的兴趣自发活动。卢梭有着进步的教育思想，但奇怪的是，他却把自己的私生子送到了孤儿院。尽管他也难免有人类的局限性，并且对不受约束的自由对儿童的影响持有毫无根据的乐观态度，但是卢梭的观点（在当时是激进的，现在也有许多人这样认为）对后来的教育工作者还是有着深远的影响，也是发展阶段论的先驱。图 3.5 简要总结了卢梭的观点及影响。

工业革命（19 世纪）

19 世纪欧洲开始建立国家教育系统，美国也出现了公共教育的萌芽。新的教育理论产生了广泛影响，这期间有两个关键的人物，分别是约翰·裴斯泰洛奇和罗伯特·欧文。

约翰·裴斯泰洛奇——学前教育的开端

学前教育作为一个专门的学科是从约翰·裴斯泰洛奇（Johann Pestalozzi，1746—1827）开始的。裴斯泰洛奇是瑞士教育家，他深受卢梭观点和浪漫主义运动的影响，而他的思想又推动了浪漫主义运动的进一步发展。裴斯泰洛奇在教育自己儿子的过程中实践了卢梭的教育观。然而，当他的儿子直到 11 岁还不会阅读时，裴斯泰洛奇意识到卢梭的教育思想无效，于是开始提出自己的教学方法。他的思想为 19 世纪的教育改革奠定了基础，并对美国和欧洲进步教育的发展产生了很

裴斯泰洛奇，1746—1827

图 3.6 裴斯泰洛奇的观点及影响

裴斯泰洛奇的观点
- 所有儿童都有受教育的权利并且都能从教育中受益。
- 教育有助于激发每个儿童的潜能。
- 出生后第一年是儿童发展最重要的阶段。
- 教育应该顺应每个儿童的兴趣、能力和发展阶段。

裴斯泰洛奇对学前教育的影响
- 关注感知觉探索。
- 让儿童自己掌握学习的节奏。

大影响。就像路德和夸美纽斯一样,裴斯泰洛奇也认为所有儿童都有受教育的权利并都能从教育中受益。他毕生都奉献给了教育事业,尤其是对孤儿和贫困儿童的教育,他创办了多所学校来实践自己的教育思想。他认为教育能帮助激发每个儿童的潜能,从而达到社会改革的目标。他曾提到生命的第一年是儿童发展最重要的阶段。他主张教育应该顺应每个儿童的兴趣、能力和发展阶段。他反对死记硬背的方式,主张感知觉探索和观察是学习的基础。他设计的学习内容先从具体开始,逐步过渡到抽象。他相信儿童能够通过自我发现来学习,能够掌握自己的学习节奏。裴斯泰洛奇还关注人际关系的教育。他写道:"我的教育目标之一是……激发手足情谊……使他们成为有感情的、公正的和体贴的人"(Braun & Edwards, 1972, p.52)。图 3.6 简要总结了裴斯泰洛奇的观点及影响。

罗伯特·欧文

罗伯特·欧文(Robert Owen,1771—1858)是威尔士的实业家和社会改革家,他是裴斯泰洛奇的弟子,在工业革命时期他对纺织厂工人家庭的生活状况非常关心。欧文致力于改革劳工待遇,并创办学校以改善工厂中儿童的生活状况,这些孩子从 6 岁开始就要在工厂里长时间做童工。他为这些孩子提供人道的生活条件,取消了自家在威尔士纺织厂里的童工制度。

欧文认为,对幼儿进行教育,再加上提供能让人们相互理解的生活环境,就能转变社会和人们的本性。他在英格兰创办了第一所幼儿学校,招收 3~10 岁儿童,为他们提供养育和有安全感的环境。欧文认为不应该强制孩子们去学习或惩罚他们。相反,他认为行为的自然效果就可以让孩子们分辨出对错。欧文幼儿学校的课程包括感知觉练习、讲故事、唱歌、跳舞、探究自然和体育锻炼。

欧文的想法在当时看来是很极端的,他的学校也没能在英格兰长期办下去。晚年时,欧文移居到美国,并希望在那里能够获得支持以实现他的社会理想和办学理想。他是印第安纳州的新哈莫尼(New Harmony)的创办人之一,这是一个乌托邦式社区。尽管他的学校没能存活下来,但是今天的学前教育机构中仍然能看到欧文当时的思

图 3.7 欧文的观点及影响

欧文的观点
- 应该创建"幼儿"学校接收 5 岁以下儿童。
- 幼儿教育（与其他因素一起）可以转变社会和人们的本性。
- 行为的自然结果就可以让儿童学会分辨对错。
- 不要强迫儿童学习。

欧文对学前教育的影响
- 感知觉练习、讲故事、唱歌、跳舞、探究自然和体育锻炼。
- 给儿童一段可以自由选择活动的时间。
- 游戏是有价值的学习方式。
- 教师应该关心儿童，不惩罚儿童。
- 对后来的教育系统有深刻影响，尤其是美国的幼儿园，兰哈姆法学校和英国幼儿学校。

想。比如说在一定的时间段内儿童可以自己选择活动，强调教师要关心儿童而不能惩罚儿童，以及将自发游戏作为学习的一种方式。

裴斯泰洛奇和欧文都直接参与了幼儿教育，他们对后来的教育实践都有深刻的影响。他们都是理想主义者、人道主义者，都关注直接影响穷人生活的社会改革。欧文对自家工厂劳工子女教育问题的关心，促成了 1825 年英国幼儿学校协会（Infant School Society, ISS）的成立。后来在美国，这一协会成为了致力于对在职母亲子女进行教育的一个模板。图 3.7 简要总结了欧文的观点及影响。

促使学前教育领域形成的教育运动

二十世纪初的一些教育运动和观点对美国及世界其他地方的学前教育领域有着深刻而长远的影响。这些运动包括德国福禄贝尔创办的幼儿园、英国麦克米伦姐妹创立的托育学校，以及在美国受进步政治运动和杜威哲学思想影响而兴起的进步教育运动。尽管这些运动发生在不同地方，目的分别是要解决不同的社会和教育需求，但这三者有一些共性——也是前面提到的很多教育改革的共同特点——都强调对儿童关怀和尊重的态度。

福禄贝尔和幼儿园

1837 年，弗里德里克·威廉·福禄贝尔（Friedrich Wilhelm Froebel, 1782—1852）在德国创办了世界上第一所幼儿园。福禄贝尔的母亲在他不到 1 岁时就去世了，作为牧师家里唯一的孩子，福禄贝尔渡过了一个孤独的童年。在投身教育之前，他曾经学习过数学、哲学和自然科学，并且接受过成为一名建筑师的训练。从事过一些不同的职业后，福禄贝尔发现自己在教学方面很有天赋，于是他进入裴斯泰洛齐的培训机构，学习并吸收了很多他的教育思想。完成了自然科学和语言学的深造后，福禄贝尔投身于教育事业。他的很多教育主张都受到夸美纽斯的启发，如他强调儿童智力、社会性以及心智发展中游戏、玩具和活动的重要性（Deasey, 1978）。他创办了一些新型学校并经营了一家孤儿院。工作的数年中，他逐渐形成了自己的教育理念，创办了接收4~6岁儿童的教育机构。福禄贝尔认为，4~6岁是儿童从家庭到学校、从婴儿到儿童的过渡时期。在这种教育机构中，儿童得到教养和保护，不受外在影响，就像植物在花园中一样，因此他把这种机构称为 Kindergarten（幼儿园）——Kinder（"儿童"）garten（"花园"），这个名称直到今天还被世界上许多地方的幼儿教育机构沿用。美国面向5岁儿童的教育机构也称为幼儿园。

福禄贝尔，1782—1852

同夸美纽斯、卢梭、裴斯泰洛齐一样，福禄贝尔也认为儿童是一种社会存在，活动是认识的基础，游戏是学习的基础。作为一个虔诚的宗教信徒，福禄贝尔认为幼儿教育的内容和方法都应该有别于更年长的儿童，儿童应该有机会发展积极的内部冲动。他还认为母亲和婴幼儿之间的良好关系对儿童发展非常重要。

福禄贝尔幼儿园

福禄贝尔认为有三种知识是一切学习的基础：关于生活的知识，如种植花木、照看动物、家务劳动等；关于数学的知识，如几何形状及相互之间的关系等；关于美的知识，如颜色和形状的设计、和谐以及运动等。

儿童游戏要有教师的指导，教师要仔细向儿童展示福禄贝尔设计的特殊教具和活动，以促进儿童的感觉与精神的发展。这些教具被称为恩物，包括六色球、积木、木片、几何形状和一些自然物体（见图3.8）。在这些恩物中，木制积木首次作为儿童学习的工具。这些物件旨在鼓励儿童进行探索和操作，最终达到理解人与上帝同在的教育目标。福禄贝尔认为，每个儿童本性都是好的，并且他们出生时已经具备了一些内隐知识，而如果后天经验能让儿童了解自然的基本法则，就能唤醒他们的那些内隐知识。自然物的象征符号是基本的几何形状。福禄贝尔设计的积木和其他恩物，目的就在于让儿童接触到这些形状并允许儿童探索其象征意义。

手工活动，又叫作业，包括制模、剪贴、折纸、穿珠和刺绣等。作业旨在培养儿童的发现能力、创造性和技能。一些经过筛选的音乐和手指游戏（很多由福禄贝尔创作）、故事和比赛，旨在鼓励儿童学习课程背后的精神价值。福禄贝尔认为教育

图 3.8 福禄贝尔的恩物

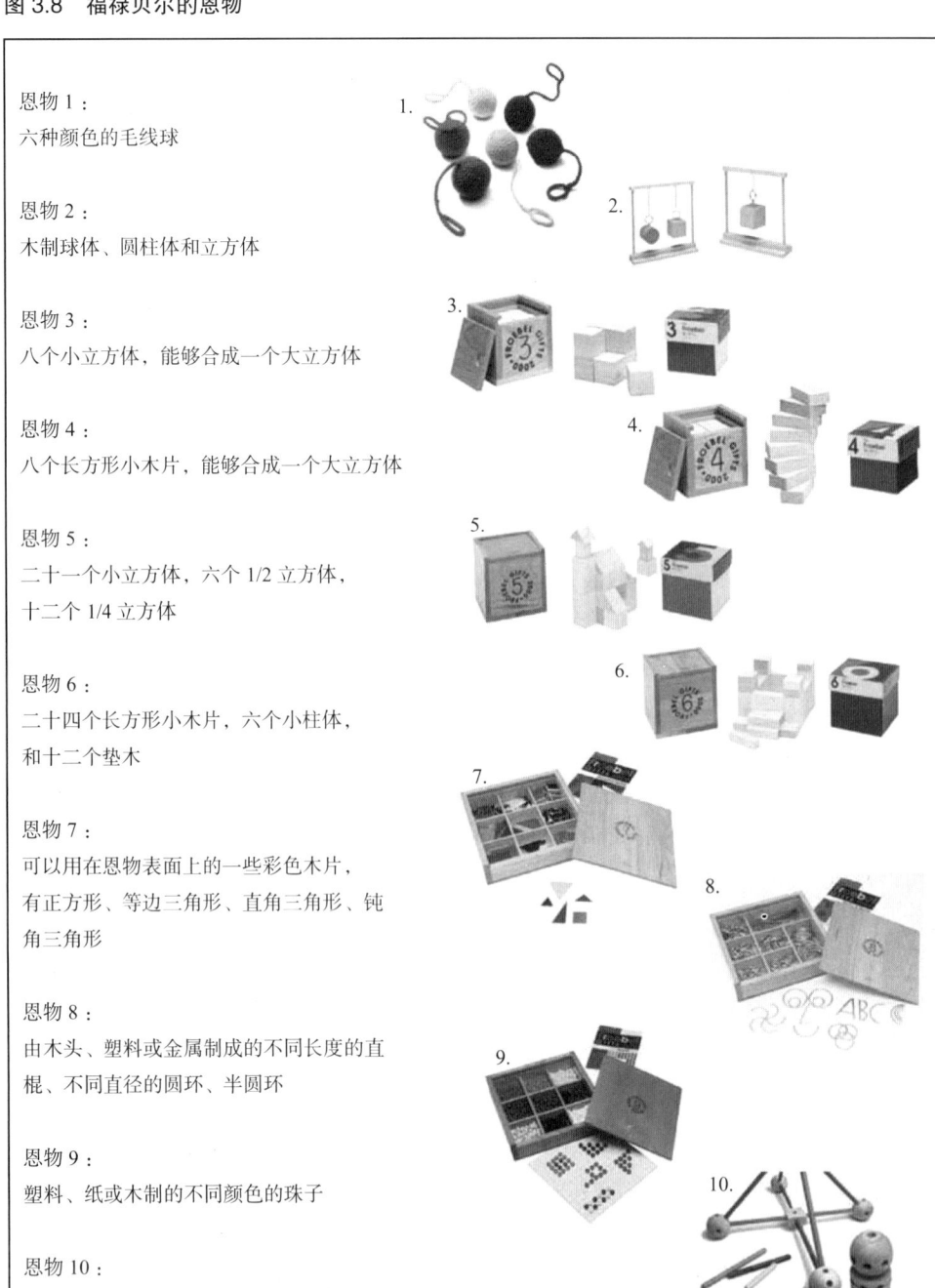

恩物 1：
六种颜色的毛线球

恩物 2：
木制球体、圆柱体和立方体

恩物 3：
八个小立方体，能够合成一个大立方体

恩物 4：
八个长方形小木片，能够合成一个大立方体

恩物 5：
二十一个小立方体，六个 1/2 立方体，
十二个 1/4 立方体

恩物 6：
二十四个长方形小木片，六个小柱体，
和十二个垫木

恩物 7：
可以用在恩物表面上的一些彩色木片，
有正方形、等边三角形、直角三角形、钝角三角形

恩物 8：
由木头、塑料或金属制成的不同长度的直棍、不同直径的圆环、半圆环

恩物 9：
塑料、纸或木制的不同颜色的珠子

恩物 10：
用木杆和连接器做成的小玩具，类似万能工匠

资料来源：Used by permission of Scott Bultman, Froebel USA, froebelusa.org.

必须始于具体，后至更抽象的概念，知觉的发展先于思维技能发展。

早期的幼儿园强调儿童生活整洁、举止礼貌，强调手工技能的发展、体育活动以及为后续的教育做准备。儿童在幼儿园里并不像更年长的孩子那样需要安静地坐着，记忆和背诵。更多时候，教师的角色是一位充满感情的指挥家而不是监督者。

幼儿园运动

正是因为将幼儿园看作培养儿童与生俱来的好品德的地方以及家庭的延伸，福禄贝尔主张培养年轻女性担任幼儿园教师。欧洲一些国家和美国的教育工作者学习了他的教育方法后回到自己的祖国，开始创办本国的幼儿园。福禄贝尔教师培训机构毕业的学生把他的幼儿园教育思想和方法带到了美国和其他一些国家。

伯沙·迈耶·龙格（Bertha Meyer Ronge）和**玛格丽特·迈耶·舒尔茨**（Margarethe Meyer Shurz）两姐妹在英语国家创办了幼儿园。1851年，伯沙创建了英格兰的第一所幼儿园。1856年，玛格丽特在威斯康星州的沃特敦创建了美国历史上第一所幼儿园（Lascarides & Hinitz, 2000）。美国的幼儿园最初都是私立的，通常设在家庭里，由师从福禄贝尔的幼儿教师用德语授课（Beatty, 1995, pp.53-54）。

1860年，**伊丽莎白·皮博迪**（Elizabeth Peabody）在波士顿开办了第一所英语授课的幼儿园。后来，在德国与福禄贝尔的弟子们一同学习后，她在美国创办了第一所幼儿教师培训机构，为幼儿园赢得公众支持作出了很大的贡献。1873年第一所公立幼儿园在圣路易斯成立，随后1873至1900年间幼儿园在美国得到了快速扩张。皮博迪还是一位教育改革家，她积极向美国南部奴隶的孩子以及北美印第安儿童提供教育（Lascarides & Hinitz, 2000）。

19世纪后期，当时社会上有两股力量促进了幼儿园的快速发展。第一股力量是当时的人们普遍接受了儿童天性本善这一观点。当人们积极地看待儿童，便会意识到在儿童成长早期需要为他们提供养育性的、仁慈的环境。而第二股力量则是对大批贫穷移民所带来的社会问题的担忧，这也推动了社会慈善事业的发展。社会工作者为穷困儿童创办了教会幼儿园，期望通过传递合适的价值观和行为来帮助他们及其家庭成功融入美国社会。

帕蒂·史密斯·希尔（Patty Smith Hill，1868—1946）是哥伦比亚大学教育学院儿童福利研究所的创建者之一，当福禄贝尔幼儿园因为方法死板和教师占支配地位而遭到各方质疑时，她开始致力于研究如何改进福禄贝尔幼儿园。她对一些教学方法进行整合，使幼儿园教学更符合当时的进步思想。希尔的重要贡献之一是她在1926年创建了美国托幼教育协会（National Association for Nursery Education，NANE），这是一个托儿所教育工作者的专业组织。这个组织后来发展成为一个有规模影响力的美国幼儿教育协会（National Association for the Education for Young Children, NAEYC）。她的另一个重要且持久的贡献是和妹妹共同创作了歌曲《大家早上好》，这个曲子后来演化成了家喻户晓的《生日快乐歌》。

第 3 章

20 世纪 20 年代的美国幼儿园。

美国的幼儿园对其他国家幼儿园的发展产生了一定影响。受到美国幼儿园的启发，詹姆斯·劳克林·休斯于 1883 年在多伦多建立了加拿大的第一所幼儿园。同样，在参观了旧金山的幼儿园之后，玛格丽特·温德耶于 1895 年开办了澳大利亚的第一所幼儿园。新西兰 19 世纪 80 年代的第一所免费幼儿园也是一些教育工作者在参观了美国的幼儿园后创办的（Prochner, 2009）。

关于幼儿园运动的争论。福禄贝尔的教育观点在美国幼儿园运动中一直占主导地位，直到 20 世纪初，才受到进步教育运动（在本章的后面会讲到）的挑战。福禄贝尔的幼儿园教学模式是对他所处时代盛行的教学模式的根本变革。尽管允许儿童通过游戏进行学习，但是福禄贝尔的教学模式仍然是高度结构化的，这与后来进步主义教育者强调的个体化、自由游戏的方法有很大区别，也不同于我们今天倡导的发展适宜性教学。然而，这种教学模式是世界上大多数国家现代学前教育的开端，具有深远的影响（Weber, 1969; Williams, 1993）。

哲学思想的冲突带来了幼儿园运动的动荡时期，从 19 世纪 90 年代开始，一直持续了 20 多年。进步教育的支持者批评福禄贝尔教学法的支持者，认为那种幼儿园实践太死板，未能反映出他们关于儿童如何发展与学习的思想。到了 1920 年，进步教育的观点开始占据主导地位。改革后的幼儿园课程反映出了很多福禄贝尔最初的主张，但更加强调自由游戏、社会交往、绘画、音乐、观察自然和户外教学。并且开始使用一些新的、非结构化的教具，如一些大块的积木和玩具屋，鼓励儿童的想象游戏。选用的图书和歌曲也更多地反映儿童的兴趣，而不是为传递宗教信息，活动的设计也多来源于儿童的日常生活。

图 3.9 福禄贝尔幼儿园的目标、原则和影响

由福禄贝尔 1837 年在德国创建

福禄贝尔幼儿园的目标
- 唤醒幼儿对自然万物背后上帝赋予的完美结构的感知；
- 为所有人提供同等的教育条件，改善每个个体进而推动整个社会的进步[*]。

沿袭至今的福禄贝尔幼儿园的教育原则
- 活动是认识的基础；
- 游戏是教育过程的基本部分；
- 教师的角色是帮助儿童发展积极冲动；
- 对幼儿与较年长儿童的教育应该在内容和过程上有所区别；
- 教师是充满感情的引导者。

至今仍适用的福禄贝尔幼儿园教学实践
- 教具和活动（福禄贝尔称为恩物和作业），包括捏黏土、剪纸、搭积木、手指游戏、唱歌和绘画；
- 教师的职前培训。
---

[*] Brosterman, 1997, 12-13.

幼儿园的影响

福禄贝尔的幼儿园以及幼儿园运动影响深远。虽然自 1873 年开始，美国就已经有了公立幼儿园，但并没有得到普及。幼儿园逐渐并入公立学校后，民众的接受度还是比较低。现在，接收 5 岁儿童的学校在美国和其他大多数国家已经普及，尽管在一些国家尚不属于义务教育范畴。在很多国家，幼儿园这个词的含义就等同于学前教育（Education Commission of the States, 2011）。

幼儿园以儿童为中心的教学模式，对小学低年级教育和学前教育都产生了影响。传统小学教育中强调学业技能的训练和练习，僵化的氛围与幼儿园的方法形成了强烈的反差，但这种差距正在逐渐缩小。很多幼儿园的活动进入了小学低年级课堂，而小学的一些经过筛选的活动也进入了幼儿园。当前幼儿园课程和小学一年级课程在很大程度上相类似。

学前班也受到了福禄贝尔幼儿园的影响。游戏、手工、歌曲和韵律等学前班课程很明显是来源于福禄贝尔的恩物和作业。图 3.9 中对福禄贝尔幼儿园的目标、原则和影响做了小结。

麦克米伦姐妹与托育学校

玛格丽特·麦克米伦（Margaret McMillan，1860—1931）和她的姐姐**雷切尔**（Rachel McMillan，1859—1917）是英格兰的社会改革家，她们毕生都致力于解决工业革命带给英格兰社会的贫穷问题。她们出生在美国，父母是苏格兰人。在姐妹

二人还很小的时候，父亲去世，母亲带她们回到苏格兰。成年后她们去英格兰谋职。19世纪90年代期间，她们访问了一些贫困家庭，这也是后来她们投身社会改革、致力于改善贫困儿童福利的契机。她们发起免费学校餐运动，还开办了英国第一所学校健康诊所。

1911年，姐妹二人在伦敦创办了户外托育学校和培训中心，有30名儿童参加，年龄从18个月到7岁不等。建这所户外、以游戏为导向的托育学校的初衷是解决她们在贫困社区目睹的儿童健康问题，并希望能够培训一些幼儿教师同时成为其他学校的榜样。她们之所以将这种机构命名为托育学校（nursery school），就是为了表明她们关心儿童的保育、教养和学习。麦克米伦姐妹认识到，许多贫困的英格兰儿童在最初几年里同时需要保育和教育，以便为将来的生活打下好的基础。（有趣的是，20世纪80年代，美国将保育（care）纳入了学前教育概念，麦克米伦姐妹的观点重新焕发生机。）托育学校的主张能从达尔文、柏拉图、卢梭、福禄贝尔和欧文的思想中找到理论基础。托育学校的理念是要在儿童进入正式教育体系前鉴别并预防健康问题，并提高儿童的身心发展。麦克米伦姐妹认为教育要从儿童的好奇心出发，教师必须知道儿童对什么感兴趣、愿意参与什么活动（Williams, 1993）。同时他们希望帮助父母更积极地与子女交流。

一直是雷切尔主要负责学校的管理，直到她在1917年去世。姐姐的去世让玛格丽特陷入巨大的悲痛中，但她仍继续运营托育学校。同时，她也是伦敦郡议会的成员并撰写了一系列有影响的著作，如《托育学校》（*The Nursery School*, 1919）和《托育学校：实践手册》（*Nursery School: A Practical Handbook*, 1920）。1930年，玛格丽特成立了雷切尔·麦克米伦学院，培训保育人员和幼儿教师。

为了满足儿童身体发展的需求，麦克米伦姐妹非常重视户外活动和游戏的价值。她们还强调健康和营养、知觉运动技能、审美和想象力的发展。教师在做好养育的同时也向儿童提供非正式教学。设计一个好的学习环境，以便儿童自由探索是非常重要的学习模式（McMillan, 1919）。托育学校要包括促进感知觉发展、创造性表达、园艺、自然研究和沙盘游戏的教具。

美国早期的托儿所

幼儿园在美国逐渐普及的同时，为满足更小孩子需求的托儿所运动也悄然兴起。美国的托儿所一方面是受到英国托育学校的启发，另一方面也受到弗洛伊德学派的心理社会发展理论和进步教育哲学思潮的影响。

美国最早的托儿所之一是**卡罗琳·普拉特**（Caroline Pratt）1913年在纽约创建的城乡学校。1916年，美国教育实验局开办了实验托儿所，**哈丽雅特·约翰逊**（Harriet Johnson）任所长。20世纪20年代，一些其他的实验托儿所成立，如帕蒂·史密斯·希尔在纽约市哥伦比亚大学教育学院创办的托儿所，还有**阿比盖尔·埃利奥特**（Abigail Eliot）在马萨诸塞州的罗克斯伯里创办的拉格尔斯街托儿所和培训中心。

阿比盖尔·埃利奥特曾师从玛格丽特·麦克米伦，并考察了她在伦敦贫民区开办的托育学校。1922年初，埃利奥特回到波士顿继续学业，1930年取得哈佛大学博士学位，成为哈佛大学最早的一批女博士之一。埃利奥特创办的拉格尔斯街托儿所融合了福禄贝尔、蒙台梭利（本章后面会讲到）、麦克米伦姐妹和其他一些人的教育元素。埃利奥特强调将剪刀和胶水、橡皮泥、钉子和锤子以及各种积木作为教具（Paciorek & Munro, 1999, p.62）。

与大多数实验托儿所主要招收中产阶级家庭儿童不同，拉格尔斯街托儿所继承了麦克米伦学校的传统，为低收入家庭的儿童提供全天托育服务。但是麦克米伦姐妹更关心儿童的身体健康，而埃利奥特认为更应该重视为儿童创设一个有利于其智力发展的、以儿童为中心的环境。她还积极寻求与家长的合作，一些母亲后来成为了托儿所的老师（Beatty, 1995, pp.143-144）。

家园共育学校（parent cooperative nursery schools）始于1916年芝加哥大学家长合作托儿所的成立。与其他托儿所一样，家园共育学校负责幼儿的学习和社会化经验习得。与其他托儿所不同的是，家园共育学校的日常安排需要教师与家长合作完成。这种学校的优势在于收费较低，母亲可以有更多的自由时间，家长有机会了解和掌握一些与幼儿互动的新观念和技巧，培养社区意识，同时能持续培养新的领导者。这类托儿学校在美国受到欢迎并迅速得到推广（Byers, 1972）。

同一时期成立的还有一些著名的儿童研究机构及其实验学校，如耶鲁大学的儿童发展诊所、爱荷华州的儿童福利研究站、底特律的梅里尔－帕默研究所等。梅里尔－帕默研究所由**埃德娜·诺布尔·怀特**（Edna Noble White）创建，她曾于1921年访问过英格兰的麦克米伦托育学校。她致力于扩展学校的服务对象，不仅服务儿童还提供"母亲培训"。因此，梅里尔－帕默研究所后来以"父母与准父母教育中心而为世人所熟知"（Beatty 1995, p.153）。

20世纪20~30年代，许多大学的家政系都成立了托儿所，既培训未来的主妇，又作为儿童发展研究的中心。这些学校的定位是多学科的，因为最初的创立者来自不同领域，包括护理、社工、医药、心理和教育。最早的托儿所强调儿童的社会性、情绪和身体发展，也就是本书中讲到的全人教育的价值取向。对智力的关注比较少，因为当时盛行的观点是，重要的认知发展始于儿童进入小学（6岁）之后。托儿所的学习环境是专门为学龄前儿童设计的，这样可以让他们在室内外自由游戏。

托儿所的影响

今天的学前教育仍然多多少少带有早期托儿所的影子。不管是早期的托儿所还是当前的学前教育项目都持有同样的观点，即儿童是在与他人以及设计好的学习环境的互动中学习和成长的。学校的作用是打开儿童探索的大门，让他们按照自己的方式自主发展。学校的日程安排分成一些时间段，在每个时间段内儿童能自由选择并持续从事某一活动。教室被划分成不同的活动区，典型的活动区划分有积木区、

图 3.10 托育学校的目标、原则和影响

由麦克米伦姐妹于 1911 年在英国创建

托育学校的目标
- 养育儿童（关爱的照料）；
- 为儿童提供健康、营养和身体发展方面的福利；
- 帮助家长改善他们照顾孩子和与孩子互动的技能；
- 为教师如何与儿童交往提供榜样*。

沿袭至今的托育学校的教育原则
- 激发儿童的好奇心和想象力非常重要；
- 在设计好的学习环境中游戏是重要的教育方法；
- 户外活动和游戏很重要；
- 美育是课程的重要部分；
- 教师的角色是提供非正式的养育和教学；
- 儿童需要的是接受过培训、有资格的教师。

至今仍适用的托育学校教学实践
- 面向低收入家庭儿童的学前项目，如开端计划；
- 感觉活动；
- 户外活动如沙盘和园艺；
- 对儿童健康的关注，如个人卫生和营养；
- 创造性的表达活动。

---

* Lascarides & Hintz, 2000, 121.

戏剧表演区、艺术活动区、玩水游戏区、沙子游戏区、科学区、数学区以及语言和读写区。教师的作用是创设能促进学习的环境，通过给予儿童探索、思考、交流和阅读的机会，支持儿童认知、语言和读写能力的发展。儿童的社会性和情绪发展则需要教师提供一种安全的、养育型的环境，肯定每个儿童的贡献，鼓励儿童开展合作活动和游戏，鼓励儿童用语言表达自己的感受。

从 20 世纪 60 年代开始，传统的托儿所发生了一些改变，因为一方面要为更多处境不利儿童服务，另一方面是教育者认识到了早期经验对于认知发展有重要作用。但不变的是托儿所一直秉承的教育理念，即儿童在精心设计的学习环境中游戏，接受体贴且对儿童敏感的教师的指导，这些能让儿童受益匪浅。

20 世纪 70 年代开始，随着女性就业率的迅速升高，家园共育学校数量有所减少。尽管如此，在今天的美国，家园共育学校仍然存在（在加拿大、澳大利亚、新西兰和英国也还存在）。许多学前教育的领导者，都是作为家园共育学校的家长而进入学前教育这个领域的。

当今美国的托儿所、幼儿园和儿童发展中心都是从麦克米伦托育学校演化而来。一些针对低收入家庭儿童的项目，如开端计划和一些州政府资助的学前班，也秉承

了最初托育学校的目的以及麦克米伦姐妹关注和帮助贫困儿童的理念。在第 2 章和本章结尾部分介绍的开端计划就是对这一理念的最好诠释。开端计划的综合性（包括儿童的健康和营养）服务的思想，切实体现了幼儿保教工作对儿童健康和幸福的关注。图 3.10 中对托育学校的目标、原则和影响进行了小结。

约翰·杜威和进步教育

进步教育是进步运动的一部分，始于 19 世纪晚期，旨在通过社会和政治改革解决美国工业化带来的一些问题。进步主义理论家致力于通过科学和理性促进人类的进步。进步教育则是从卢梭、裴斯泰洛奇、福禄贝尔以及 19 世纪的社会改革运动发展而来的（Williams, 1993）。进步运动的发起人希望建立一个"进步"的社会，在这个社会中，人们都能最大限度地发挥自己的潜能。他们的目标是通过学校教育的根本改变，进而来改善社会。他们尝试去转变那种枯燥的教育环境，即课程以技能训练为基础，通过反复练习和背诵来学习。

约翰·杜威（John Dewey, 1859—1952）虽然不是进步运动的发起人，却成为其最具影响力的代言人。在攻读哲学博士学位之前，杜威在中学做教师。之后他在芝加哥大学任教，在此期间，他推动建立了一所实验学校，在实践中检验一些创新教育观念。后来杜威去了纽约的哥伦比亚大学任教，在余下的职业生涯中继续从事于教育和哲学方面的写作。

约翰·杜威，1859—1952

杜威认为学校应该是儿童获得身体、智力和社会性发展的地方，并且要有挑战，能激发学生的独立思考。他呼吁课堂教学应该让学生能探究自己身处的世界，学习那些有利于发展学生与生俱来好奇心的内容。他坚信学校应该反映真实的社会生活，教育应该被看作是儿童当下的生活，而不只是为未来生活作准备。他还认为，学校除了承担指导的任务，还应该帮助移民更好地适应新文化。

进步教育者倡导以儿童的兴趣为基础的教学技术，包括儿童可以亲身实践的活动，承认个体差异，并且最大限度上做到由儿童而不是由成人启动或发起。

什么是进步教育

在杜威看来，学校为儿童提供了机会，让他们在团体情境下实践民主理想，通过一些有趣又有意义的活动来学习。虽然杜威在他创建的芝加哥大学实验学校的学前项目中也使用了福禄贝尔幼儿园的一些教具，但使用的方法却不相同。杜威更加强调游戏中的自由和自发性，更加强调儿童在课堂上参与社会生活，而不是进行高度结构化的活动。他开创的一个比较重要的教学方法至今仍在使用，即让小学生根据自己的兴趣完成合作项目。

进步教育者关心"全人教育",在关注儿童智力发展的同时,强调儿童身体、社会性和情绪的发展。在基于进步教育的项目中,儿童在做中学——通过操作一些真实的材料以及参与自我引导的活动来体验、实验。在1897年出版的《我的教育信条》一书中,杜威写道:"儿童自身的本能和力量提供了素材,而且为一切教育给出了起点。"这与今天的发展适宜性实践的观点有异曲同工之妙,发展适宜性实践认为,儿童的兴趣和需求是教学设计的关键因素。但是杜威指出,愉悦性不是教育的正当目标,教育活动应该始终有助于儿童的发展和学习。

在以进步教育思想为指导的教学活动中,教师的角色是要精心设计教学环境和课程,帮助儿童为成为民主社会的一员做好准备。课程设计中包括一些"真实体验",如木工、编织、烹饪和当地地理的学习。教师应该观察儿童,根据观察向儿童提问,提供的体验旨在整合不同的学科领域,有助于儿童扩大对周围世界的认识。教师的角色更多的是向导和观察者,而不是知识传授者和纪律执行者。

进步教育的影响

进步教育的思想和一些儿童发展研究引发了大量的教育实验。19世纪末20世纪初,出现了一批基于进步教育思想的学校。如芝加哥大学的实验学校(1896年成立时是一所规模很小的实验学校);1883年在芝加哥成立的弗朗西斯帕克学校;1887年在纽约成立的霍勒斯曼学校;1916年成立的教育实验局(后改名称为银行街学校),以及1917年哥伦比亚大学教育学院成立的林肯学校。

20世纪上半叶,进步教育的思想在美国学校系统得到了普遍认可,对欧洲的学校也产生了一定的影响。然而,从一开始,进步教育就受到了一些批评。最主要的批评之一是:它不强调对学科知识的系统学习。最终,那些认为学生没能充分掌握最基本的学校科目的批评之声让进步教育走入了困境。人们开始将这场运动与放任和纵容联系起来,而不是它所强调的教学原则——课程应该有智力挑战性,帮助儿童发展自我指导能力和责任心。二战后,进步思想对美国教育的影响逐渐衰退,取而代之的是强调以学业和技能为基础的教育教学。1957年进步教育运动在美国公立学校中完全停滞了,因为苏联成功发射的人造卫星,让美国教育的重心转到了如何培养可以和苏联抗衡的科学家上。

进步教育思想对美国教育有深远的影响,尤其是对幼儿园和托儿所。许多幼儿园和托儿所在办学思想上仍与进步哲学保持一致,而不是采纳传统的学业取向。在一些非常知名的私立学校中仍能看到进步教育哲学的影响,如银行街儿童学校、纽约市城乡学校、马萨诸塞州剑桥的Shady Hill学校、檀香山的Hanahau'oli学校。这些学校的办学理念秉承的是进步教育思想,课程设计应该是整合的而不是分不同学科领域;孩子应该是主动的学习者,有大量机会可以追求自己的兴趣;学校应该帮助儿童认识世界;课堂应该让儿童体验和学习民主。

图 3.11　进步教育的目标、原则和影响

19世纪90年代由约翰·杜威、露西·斯普拉格·米切尔、哈丽雅特·约翰逊和卡罗琳·普拉特在美国推动。

目标
- 通过学校教育改善社会。
- 帮助人们发展潜能。
- 为儿童成为民主社会的公民作准备。

沿袭至今的进步教育的教育原则
- 教育是儿童当下的生活，不只是为未来作准备。
- 合作和问题解决是课程中重要的内容。
- 儿童从做中学。
- 发展的方方面面都重要。
- 教师的角色是向导。

至今仍使用的进步教育教学实践
- 课程设置基于儿童的兴趣和需求。
- 项目和主动探索是课程的核心。
- 社区生活是课程的一个来源。
- 用积木组来展示所学内容。

20世纪60年代中期和70年代，美国的一批教育工作者访问了英国幼儿学校（州立的、为5~8岁儿童开办的学校），使得进步教育的方法在美国有复苏之势。这些英国幼儿学校将进步教育思想与瑞士心理学家让·皮亚杰的儿童发展理论相结合。在英国幼儿学校，幼儿可以通过主动参与任务或项目来学习。

在纽约的银行街学校和意大利的瑞吉欧－艾米利亚学前学校（本章稍后的章节会介绍到这两所学校）以及项目教学法（与瑞吉欧教学模式相似，关注儿童对一个主题的延展式探究）中，人们都在尝试实施发展—互动法。当前对发展—互动法的兴趣能够从进步教育思想中找到源头，这表明进步教育思想对当今的学前教育仍有重要影响。图 3.11 对进步教育目标、原则和影响进行了小结。

当代的例子

上面介绍的三种教育模式在今天仍然存在吗？虽然随着时间推移，每一种模式都发生了一些改变，但每一种都还存在。尽管幼儿园最为广泛，影响也很大，美国目前的福禄贝尔幼儿园却很少。然而，我们今天所熟知的两个学前教育项目都是从上面提到的教育运动中演化而来的，它们分别是：(1) 高瞻课程模式，基于皮亚杰的儿童发展理论并采纳了许多麦克米伦托育学校的目标；(2) 发展—互动法，可以视为进步主义教育在当前的一个实例。

第3章 高瞻课程

高瞻课程（High/Scope）模式是20世纪60年代最早的几个学前教育项目之一，旨在减轻贫困对儿童发展的影响。这种方法由戴维·韦卡特及其同事在密歇根的伊普西兰蒂提出，其理论基础是皮亚杰的理论。20世纪60年代后期，美国政府批准了两个研究来评估不同教育方法对低收入家庭儿童发展与学习的效果。第一个是"有计划地改变（Planned Variation）"，主要研究开端计划的效果。另一个是"后续跟进（Follow Through）"，考察从学前班到小学三年级教育效果的持续性。基于之前对低收入、处于风险中的儿童的研究，韦卡特及其同事提出了高瞻课程模式，并以此作为课题研究的一部分。

高瞻课程模式（今天仍在推行）的基础是与概念（如分类、排序、数字、空间关系和时间）习得有关的关键经验。这些关键经验是计划和调整学习环境、决定教师引导的小组活动以及评估儿童进步的基础。

高瞻课堂上，儿童主动参与一些学习活动，如搭建、戏剧表演、艺术、数学、读写、音乐和运动、感官探索、科学以及动作发展等。学习环境是教师有目的地创设的，以便儿童主动操作教具和尝试实验，然后展示他们学到的东西。

教师的角色是仔细创设环境并帮助儿童在这种环境中学习，把注意力放在提供能帮助儿童获得关键经验的材料和活动上。例如，要帮助儿童获得排序的关键经验，教师会提供给儿童3或4个大小不同的同款材料，并在游戏环节将儿童的注意力引到这些材料的相对大小上。模拟区域里放置一些不同尺寸的勺子。材料，比如一些大小不同的瓶瓶罐罐，要按升序从最小到最大排列，这样儿童就可以观察到它们之间的关系。

儿童典型的一日活动包括三个环节"计划－工作－回顾"。活动之前儿童会讨论他们的计划，活动后会回忆并展示活动的成果。早晨，儿童通常会集合在一起，此时教师和所有儿童共同制定活动计划。当儿童在活动中执行他们的计划时，教师要观察、鼓励并拓展儿童的想法。活动结束后，儿童会再次集合，在教师的帮助下对活动做回顾。该模式的提出者认为，这一系列环节能让儿童意识到自己的行为，并有助于儿童建立语言和行为间的联系。最后的展示环节也很重要，儿童的作品会被张贴在教室的墙上。

高瞻课程模式的亮点在于它有与之相关的一些研究。从20世纪70年代初开始，直到今天，关于高瞻课程效果的一些纵向研究结果均表明，高质量的学前教育对贫困儿童的影响会一直持续到他们成年。一项30年的追踪研究发现，与控制组相比，幼儿时期参加过高瞻课程的成年人月薪会更高，拥有房产的人比例也更高，学历更高，而接受社会服务的人比例更低，27岁前有过被拘留记录的人比例更低（Schweinhart, Barnes, & Weikart, 1993）。关于高瞻课程对贫困儿童长期效果的当代研究证实了创办托育学校的初衷是有意义的。

发展—互动法

当前的许多学前学校和小学都接纳了进步教育的哲学观。纽约的银行街儿童学校是一个很有名的例子。银行街学校的教育模式起源于进步教育理论，并在很大程度上吸收了儿童发展理论，包括安娜·弗洛伊德、埃里克·埃里克森、芭芭拉·比伯和让·皮亚杰的理论。银行街儿童学校和银行街教育学院一直在纽约（现在搬到了第112大街）。它们开发的教学方法仍然是现在很多幼儿教师教育课程的内容，在银行街学习的幼儿教师也会将这些方法应用于他们的教学中。

1916年，哈丽雅特·约翰逊、卡罗琳·普拉特和露西·斯普拉格·米切尔（Lucy Sprague Mitchell）在纽约创立了教育实验局，以此作为儿童发展研究的机构，这也是银行街教育学院的前身。米切尔是杜威的朋友，也是进步教育的热烈拥护者，她管理银行街儿童学校并推动它发展成为教师培训机构。米切尔坚定地支持儿童对世界的认识应该通过直接经验获得。在《年轻的地理学家》一书中，她向儿童介绍通过社区生活中的一些直接经验学习地理知识。这种社区学习法仍然是银行街儿童学校课程以及基于此种实践的教育模式的一大特色。普拉特和约翰逊通过对学前儿童游戏的观察，发明了积木组。一直到今天，积木组仍然是学前教育

露西·斯普拉格·米切尔，1878—1967

项目中的标准教具之一。在《搭积木的艺术》中，约翰逊介绍了她对托育学校儿童搭积木技能的发展阶段的观察（Beatty, 1995, pp.140-142）。

该教学法的创始人强调"完整儿童"的发展，注重发展的不同方面的互动，儿童与其他人以及环境之间的互动。20世纪70年代，这种方法由银行街方法更名为发展—互动法（developmental-interaction approach, DIA），突出它强调的是互动而不是地理位置（Goffin & Wilson, 2001, p.67）。发展—互动法是另一个实施且被研究的模式，即20世纪60年代的"有计划地改变"和"后续跟进"研究的一部分。

发展—互动法以进步教育的原则为基础，认为课堂应该为儿童提供在民主社会中生活的社会经验。它的创始人认为，儿童需要主动对真实经验进行思考、推理，可以从社区生活中的直接经验开始，并延伸到其他更大的情境中去。

发展—互动法的课堂被视为社会的缩影，社会研究和户外实践学习是课程的核心。儿童的探究主题都来自于直接的生活经验，如面包店、食品杂货店、港口和公共设施等，其他学科领域的学习常会整合到社会研究中去。例如，在发展—互动法的课堂上，儿童如果要研究附近的港口，他们首先会来一趟学习之旅，并在课堂上用不同方法展示他们观察到的和学到的东西。后续的活动可能包括读一些关于港口的书，写作、绘画、角色扮演和搭积木等。

发展—互动法的课堂允许儿童对自己的学习做决定。课堂上有一些在教师帮助下进行的班会或小组活动，也有很多独立的、有创造性的游戏。游戏是课程中的关

键部分，尤其是搭积木和表演游戏。通过这些游戏，儿童能用不同的象征形式去表达他们逐渐增长的关于世界的知识。游戏同时能给教师一些机会，使他们去洞察儿童是如何解释其经验的。

发展—互动法的支持者强调，作为小组成员，儿童要明确履行自身职责的重要性。教师要给儿童提供一些在民主社会中生活的经验，同时需要对每个儿童的兴趣和需求保持敏感并提供相应的解释和帮助。除了知道教什么、怎么教之外，教师还应该了解并能反思每个决定背后的原因（Cuffaro, 1995）。

银行街学院主张的完整儿童和真实世界课程在很长一段时期内对美国的学前教育都有重要影响，并且这种影响至今仍存在。本书中使用的很多课程的例子反映了发展—互动法的思想。在银行街儿童学校，在受过银行街学院训练的教师的课堂上，以及在其他一些受进步教育哲学影响的学校，我们都还能看到发展—互动法的应用。

反思你的经历

反思你在幼儿园和学前班的经历。你儿时参加的，以及长大后所观察或执教的机构是如何反思其发展历史的？这些机构像什么？你对它们的反应是什么？

欧洲的三种有影响的教育模式

20 世纪在欧洲兴起的三种教育模式与幼儿园运动、托育学校以及进步教育的思想和价值观有异曲同工之处。每一种模式都是由有思想、有创造性的思想家提出的，并且都为已有的教育模式增加了一些重要的新元素。这三种教育模式分别是意大利的玛利亚·蒙台梭利提出的蒙台梭利教学法，德国鲁道夫·斯坦纳开创的华德福教育法以及意大利的洛里斯·马拉古兹创立的瑞吉欧教育法。每一种模式都对教育观念和实践有深刻的影响，今天有很多学前教育方案都是借鉴甚至直接套用这几种教育模式的。每一种教育模式都有自己的教育哲学，包括儿童观、课程内容、教学法、环境创设以及教师角色。你在专业学习或者观摩早教机构的过程中可能会听到有人说，"我们的课程是以瑞吉欧教学法为基础的"、"我在蒙台梭利幼儿园工作"，或者"我的孩子在华德福学校上学"。我们希望你有机会能到这几种教育模式的幼儿园去参观或工作，亲身感受一下。

蒙台梭利教育法

玛利亚·蒙台梭利（Maria Montessori, 1870—1952）不顾当时家庭和社会的反对，在 1896 年成为了意大利第一个拿到医学学位的女性。在开始从事医疗职业之初，她设计出了一种针对严重认知发育迟滞儿童的有效教学方法，在这之前这些孩子都被诊断为学习困难。1907 年，她在罗马开办了儿童之家（Casa dei Bambini），在这里她把自己的教育法应用于发展正常的儿童。她

玛利亚·蒙台梭利，1870—1952

设计的课程是基于对幼儿及其如何学习的观察，她总结出个体的智力不是固定不变的，儿童的经验能够激发或阻碍智力的发展。而且她认为通过自身对世界的直接感知来学习，对儿童来说是最好的。她对教育的兴趣，源于她对法国医生塞金和伊塔德有关心理发育迟滞儿童人本教育方面著作的研读。尽管蒙台梭利接受的是医学训练，她却给教育界留下了永久的遗产。

蒙台梭利对生命最初几年的教育感兴趣，她认为幼儿的发展会经历敏感期，在每段敏感期内，幼儿会对特定的知识和技能感兴趣，也能够掌握这些内容。她认为儿童对其所生活的世界有探索和理解的内在渴望。她认为这些年幼的探索者是自我驱动的，而且有能力找到最适合自己发展阶段的经验和知识。她重视保护儿童的尊严，认为独立性和创造性的发展是十分重要的。

蒙台梭利教育方案

蒙台梭利教育法的特色在于提供儿童专用的学习环境，精心设计的系列学习材料，儿童可以主动参与的学习经验，以及一位通过观察引导儿童而不是直接讲授的教师。因为教师的角色是观察和引导儿童而不是讲授，所以蒙台梭利机构的教师又叫做导师。

在蒙台梭利课程中，按照不同年龄和不同能力组合的原则把儿童分成0~3，3~6和6~12岁小组。儿童通过观察和操作获得直接经验来学习。诸如系扣子、拉拉链、用剪刀和园艺等日常生活练习，使得儿童能够照料自己和周围环境，同时发展受用一生的技能。蒙台梭利课程中的学习都是循序渐进的，每一次活动都是为下一次更复杂的活动打基础。活动设计主要是个体活动而不是集体活动，孩子们可以在教室里自由走动，选择自己的活动。

蒙台梭利教育法指导下的班级学习环境是有趣的，有各种各样为儿童量身定做、可以自由移动的器材和教具。蒙台梭利强调有序的环境能帮助儿童专注于自己的学习并锻炼注意力。她设计了专门的蒙氏教具对儿童进行感官训练，帮助儿童学习概念。这些精心设计的教具一直是蒙氏课程的基础。教师都细心且尊重地对待这些教具，把它们放在开放的架子上，以便儿童自主选择。这些教具有不同的难度水平，从熟悉到不熟悉，从具体到抽象排序。每次只关注一个概念，并尽量排除其他相关概念的干扰和混淆。例如，如果儿童要学习形状这个概念，那教具的大小和颜色就应该保持一致，这样儿童就能清楚地感知到形状这个概念的本质特征。材料的设计使得儿童能获得及时的、自我修正的反馈，以便知道自己是否成功完成了一个任务。

有准备的活动是蒙氏教学法的一个特征。孩子们的工作是件严肃的事，而不是游戏。儿童可以选择在任何时间操作自己会操作的任何教具。教师不会分配作业或要求儿童参与哪些活动，也不会限制儿童在多大程度上可以按照自己的兴趣去活动。成人和儿童都应该尊重其他人的工作，不要去打扰专注于工作的人。儿童可以在教室中自由走动。孩子们在某个活动上投入的时间是不受限制的，但最好能按照一定的顺序去操作教具。

蒙台梭利教育法的影响

蒙氏学校在意大利和荷兰（多年来，学校总部都设立在这里）非常成功，最终传播到了世界各地。二战期间，蒙台梭利居住在印度，她深入课堂并按照自己的方法培训教师。尽管自1915年开始，美国就成立了私立蒙氏学校，但至今蒙氏教育法仍然是相对独立的，没有和其他教育方法整合。

从历史上来看，蒙氏教育法在美国尚存在很多争议，可能的原因是它与托育学校和进步教育的一些基本宗旨不符。大多数蒙氏学校不允许儿童进行大量的社会互动，课堂活动很少或不鼓励在艺术方面和教具使用方法上的创造性的发展。蒙氏学校和托育学校以及进步教育观相同的地方在于他们都认为儿童具有好奇心，有内部学习动机，有能力选择适合自己当前需要和发展阶段的活动。蒙台梭利是一位有影响的教育改革家，她的许多观点（诸如提供儿童专用的环境和使用感官训练材料）被许多现代学前教育机构所采纳。

蒙台梭利对教学法和教具都有详细的规定，蒙氏学校的教师需要经过专门的蒙氏教育法培训。培训期间，他们要学习蒙台梭利的儿童观，学习如何操作专业的蒙氏教具。

有两个主要的专业机构提供蒙氏教师培训以及学校和教师的资格认证。一个是最开始成立的国际蒙台梭利委员会（Association Montessori Internationale, AMI），总部设在荷兰。另一个是美国蒙台梭利协会（Association Montessori Society, AMS），于1956年成立，主要职责是推行蒙氏教育法的美国本土化。现在美国不管是公立还是私立学前机构都有采用蒙氏教育法的，其他国家也是如此。全世界大约有2万所蒙氏学校，美国大约有4500所（North American Montessori Teachers Association, n.d.）。

华德福教育法

鲁道夫·施泰纳（Rudolf Steiner, 1861—1925）是德国哲学家、科学家和教育家，他的教育法如今被称为华德福教育法（Waldorf education）。年轻时的施泰纳学习数学、物理和化学，后来取得哲学博士学位。他对科学和灵性之间的交集很感兴趣。施泰纳是一位多产的思想家、演讲者和作家，他对哲学和教育都作出了贡献。他成立了一所哲学学校，教授人智学，主要探讨灵性在现代社会中的角色。他对个体寻找自我以及人类潜能的发展有很深厚的兴趣。

第一次世界大战后，德国华德福阿斯托利亚烟厂的主人请施泰纳去为工人子女办一所学校。第一所华德福学校成立于1919年，目标是通过教育建立一个自由、公正、合作的社会。

施泰纳认为童年期本身就是一个重要的阶段。他的人类发展阶段论结合了人的身体、心理和精神的发展，以每7年为一个周期。施泰纳的理论强调均衡发展、想象力和创造力。华德福学校旨在促进儿童健康发展，根据儿童的发展阶段，为儿童提供从容不迫的学习经验。

华德福教育方案

施泰纳创办的学校强调儿童身体、心理和精神的全面发展。教育的目标是培养"完整儿童"，因为施泰纳认为，让儿童持续地参与多种多样的活动，如学术的、艺术的和手工的，最终能促进个体思维、情感和意志等方面的均衡发展。

施泰纳认为生命的第一个7年是儿童身体和意志（活动倾向性）发展的关键期，因此这个阶段的教育活动应该是实际和具体的、模仿的，以及在自然中的亲身体验。施泰纳幼儿园是不分年级的，3~6岁的孩子都在一起。课程包括讲故事、玩木偶、艺术活动（绘画、素描和建模）、想象游戏以及实操活动（如手工编织、烤面包、园艺等）。

施泰纳认为儿童期安全感和温暖感的体验非常重要。因此幼儿的教室环境要像家的延伸，教室的布置要多用一些柔和的色调、天然的材料以及一些简单的学习材料，比如自制的布娃娃，以鼓励富有想象的使用。幼儿教室布置得很漂亮也很有美感，不放置塑料玩具、学术材料或电脑和VCD等现代科技产品。

在华德福教育系统中，孩子们可以保持他们的童真。施泰纳认为每一方面的发展都有自己的时间，孩子7岁以前不需要接受正式的学业教学。与其他教育环境下的同伴相比，华德福学校的孩子学习读写的时间都很晚。但是华德福的教师坚持认为，这些儿童在二三年级的时候完全能在这些科目上赶上其他的孩子（Williams & Johnson, 2005）。

华德福学校的教师会在3年的时间内带同一组孩子。这样教师就能建立一个学习者的社区，而且能保证经验的连贯性。年龄大的儿童有机会承担照料者的角色，并成为年龄较小儿童的榜样。教师的任务是设计学习环境、建立日常活动惯例、支持和鼓励每个儿童的成长。基于培养孩子的责任心和自我行为管理的能力，教育的途径是儿童的自我发现和感官体验，而不是教师直接讲授。华德福学校的教师被视为孩子们的一个重要角色榜样。

华德福教育方案的影响

今天的华德福教育发生在基于鲁道夫·施泰纳的观点开办的那些独立、自治的学校（从幼儿园到12年级）之中。现在世界上超过60个国家共有大约1 000所华德福学校，其中在美国有200多所，44所公立的（Association of Waldorf Schools International, 2011），其在全世界的教师培训机构大概有60多家。华德福教育对教师很有吸引力，家长选择它主要是因为它的儿童发展观以及对童年期的充分尊重。在当今的美国，华德福教育是发展最快的教育运动之一（Williams & Johnson, 2005）。

华德福教育也受到了一些批评，因为它强调灵性的教育观（尽管它不是宗教学校），在低年级时过于忽视技能训练，缺少正式的评价程序，不关注技术在现代生活中的应用；一些批评者认为人智学是一门危险的伪科学。另外也有一些人认为，华德福的某些课程是基于欧洲中心论（如土地神、巨人等神话故事），在今天这个多元文化的社会已经过时了，是不合适的。

关于华德福教育法是否可以被当代的公立学校采用还存在争议。人们担心，只把其中一部分内容从其整套方案中拿出来是否合适；另外也担心，它强调灵性的理论基础是否会与学校要独立于教会和政治的要求相冲突。

瑞吉欧教育法

从 20 世纪 80 年代开始，世界各地的教育工作者陆续来到意大利北部的城市瑞吉欧艾米利亚，参观当地公立的托幼和学前教育机构。美国的教育工作者深受瑞吉欧教育模式的鼓舞和启发，这也让进步教育运动中的儿童教育观在美国学前教育工作中重新焕发生机。

二战后，作为城市重建工作的一部分，瑞吉欧艾米利亚城为幼儿建立了完善的教育系统。1948 年，幼儿家长建了一所学校，雇了一位具有创新精神的教育家作为学校的校长，这位教育家就是**洛里斯·马拉古兹**（Loris Malaguzzi, 1920—1994）。在马拉古兹的领导下，到 1963 年，这所学校已经成为市财政支持的学前教育项目。到 20 世纪 80 年代，世界各地的教育工作者都来瑞吉欧参观他们的幼儿学校。

瑞吉欧学校的特色是它实践了一系列建构主义理论和进步教育运动中的价值观和哲学思想，另外它充分尊重儿童、家长和教师的权利。这些关键的理论观点包括：（1）儿童是强大的、有能力的个体，有权利接受社会所能提供的最好的保教服务；（2）教育的基础是关系，尤其是儿童、教师和家长之间的相互关系；（3）幼儿在小组工作和游戏中的互动是教育的基础。

瑞吉欧教育方案

瑞吉欧学校就像一个和谐的小社区，教师与儿童、与其他教师、与社区、与家长的对话是教育过程的基本成分。课程不是预先设计好的，而是从儿童的求知欲、社会交往和兴趣中生成的，方案和课程目标的设置基于教师对儿童的观察。教师将自己视为儿童的学习伙伴，他们与儿童"共同建构"对世界的理解，享受一起发现的过程。

瑞吉欧教育法通过系统地关注符号表征来促进幼儿的智力发展。课程的重点是对从儿童兴趣出发的方案进行深度探索。瑞吉欧教育法鼓励儿童用"自然语言"或其他表达方式去表征周围的环境，这通常被称为"儿童的一百种语言"（Edwards, Gandini, & Forman, 1998）。这些表达方式可能包括绘画、泥塑、雕塑、建筑、会话或戏剧表演。瑞吉欧教育工作者认为应该珍惜、培育、赞美和记录这些语言，他们积极鼓励儿童尝试各种材料的多种操作方法。

瑞吉欧学校的教育工作者经常把环境称为儿童的"第三任教师"，因为儿童是在与环境的互动中构建知识的。所以环境创设的目标是促进儿童的伙伴关系、社会交往和建构性学习。瑞吉欧学校环境设计的两个重要部分是艺术工作室，称为画室（atelier）和一个大的集合中心区域，称为广场（piazza），在这里儿童可以聚集在一起也可以独立游戏。瑞吉欧学校的教室装有天窗和落地窗，这样教室里就可以充满自然光。学校设计的理念之一就是"透明度"，即儿童可以从学校的一个区域看到另一个区域。用镜子和各种植物一起创设一个明亮的、令人愉快的环境。提供高质量的艺术材料，如绘画颜料、黏土、可回收材料和自然物体等都被漂亮地摆放（通常按颜色）在开放的架子上，以便孩子们能够得到。孩子们的作品被放在显眼的位置展示。瑞吉欧学校的物理环境创设尊重孩子的权利，让孩子们有一个漂亮、实用的空间，可以工作和游戏。

瑞吉欧学校的教师在教育协调员团队或教研员（pedagogistas）的帮助下负责班级的日常管理。教研员主要负责教师、家庭和儿童之间持续的信息共享，这些协调者也与政策制定者交流，为儿童、家长和教师争取权益。每所学校还有一名艺术教师（atelierista），帮助教师支持儿童用符号表征来表达自己的知识。艺术教师常和一小组儿童一起工作，在儿童通过多种媒介进行主题探索和调查时提供帮助。

瑞吉欧项目的教师和社区、儿童以及其他教师一起合作开发课程。他们把自己定位为研究者，在课堂上收集、记录儿童的作品，进行系统的研究，以便更好地理解儿童，设计课程，促进教师发展，与家长和社区沟通。儿童工作过程的照片、儿童提问和发表评论的录音都得到了收集和整理，也展示了他们真实的工作，有了这些资料儿童和家长便可以检查工作。教师们也要收集儿童工作的档案，与儿童一起回顾他们工作和游戏时的录音、录像。

瑞吉欧教育法的影响

瑞吉欧学前教育项目反映了与儿童、家庭和社区的一种清晰合作取向。这一取向和瑞吉欧艾米利亚市及其所在的艾米利亚罗马涅省的社会政治体系完全一致，该省是意大利最为进步和繁荣的省份之一。

同前面提到的蒙台梭利和华德福教育法不同，在意大利的瑞吉欧艾米利亚市以外的地方没有瑞吉欧学校，但是有许多学校和教师都受到了瑞吉欧教育法的启发。

第 3 章

反思历史的影响

想一想这里提到的蒙台梭利、华德福和瑞吉欧教育法。你怎么看这些教育法？你工作或参观过的机构所用的教育法与它们相似吗？你有这三种教育法的相关工作经验吗？你愿意在这样的学前机构工作或把自己的孩子送到这样的机构中去吗？

正如前文所说，美国和许多其他国家的教育工作者代表团从20世纪80年代开始陆续到瑞吉欧参观和研究其教育系统。瑞吉欧学校的负责人提醒不要在不加质疑的情况下复制该教育体系或遵从其规定［事实上，质疑，或称挑衅（provocation）是瑞吉欧教育法关键的组成部分］。他们有意不出版瑞吉欧的课程或教师手册，他们坚持认为，瑞吉欧教育以及其任何社区的教育，都需要在当地社区独特特征基础上，不断进化和发展。美国社会对瑞吉欧的兴趣引起了相关的争论，如一个国家的教育实践移植到另一个教育历史、传统和目标都不同的国家时是否能保持生机。尽管有这些告诫，美国人对瑞吉欧教育法的热情却持续高涨。

瑞吉欧教育法可以看作美国学前教育进步思想的例证，它也提醒了教育工作者：不断检验和讨论自己的工作实践有多么重要。当地市政府对儿童福祉的承诺让瑞吉欧教育法不只是一种教育创新，更是一种关心和培养幼儿潜能的社会榜样。

对三种教育法的反思

这三种学前教育取向都是在西欧特定的历史条件下产生的，但每一种都以其独特的价值持续吸引着世界各地教育者的目光和兴趣。

卡罗琳·爱德华兹在一篇文章中谈到了这三种方法的共同点：

> 这三种方法都代表了明显的理想主义、远离战争和暴力、转向和平与重建。他们都持有一致的愿景，那就是通过帮助儿童实现其全部潜能，将他们培养成为有智慧的、有创造性的和完整的人，带来人类社会的进步。每一种教育法都把儿童看作主动发展的个体，受到他们自身内部自然、动态、自我修正力量的强烈影响，开启成长和学习之路。教师要精心设计富有美感、令人愉悦的环境，既可以作为教学工具，也可以传递课程信息，另一方面也表达了对儿童的尊重。三种方法都高度重视与家长的合作，通过各种方法而不是用传统的测验和等级法来评价儿童。（2002，p.1）

这三种取向此时会在美国社会受到重视是不奇怪的。因为每一种方法都集中体现了对儿童及童年期本身的尊重和重视，塑造了几个世纪以来的学前教育。每一种方法都在许多方面和我们今天强调的发展适宜性实践理念相一致。

表3.1中对本章概述的这三种方法进行了比较。

美国学前教育史上两个重要的项目

在研习学前教育之前，你可能已经听过儿童保育（你可能理解为日托）和开端计划。你可能也已经对这两个项目有些初步的认识。如果讲美国学前教育史却没有提到这两个项目，那么这个历史一定是不完整的。

表 3.1 三种教育取向的比较

方法	蒙台梭利教育法	华德福教育法	瑞吉欧教育法
创始人	玛利亚·蒙台梭利（医生）	鲁道夫·施泰纳（哲学家和建筑师）	洛里斯·马拉古兹（教育家和哲学家）
时间、地点	意大利，1907	德国，1919	意大利，1948
第一所学校	儿童之家	华德福阿斯托利亚烟厂工人子女学校	由意大利北部城市瑞吉欧艾米利亚的家长创办
目标	保护儿童的尊严； 发展儿童的独立性和创造性； 儿童的心理健康。	建立自由、平等、合作的社会； 培养对生活有目标有方向的自由人； 幼儿身体、心理和精神的平衡发展。	与社区合作； 开发幼儿潜能； 发展儿童的符号语言； 确保社区和社会共同关注儿童。
主要观点	教育要从出生开始，0~6岁非常重要。 技能的发展存在敏感期； 经验能够刺激智力发展； 感知觉探索是儿童学习的最佳方式； 儿童有内部动机并能寻找适合的学习经验； 学习是按一定顺序发生的。	童年期本身就很重要； 0~7岁儿童通过运动做出回应，对环境很敏感； 温暖和安全很重要； 强调内在力量的发展； 模仿和榜样是重要的学习策略； 教师要保护儿童早期。	儿童是"强大、丰富、有能力的"； 尊重儿童很重要； 系统关注儿童的符号表征； 学习环境也是教师； 教师是学习者、研究者和共同合作者。
独特之处	有序、为儿童量身打造的学习环境； 自我修正、有顺序的材料，用于教授概念或技能； 儿童独立工作，按照复杂性水平选择活动； 垫子或架子分隔的空间； 混龄编组； 教师（导师）的角色是观察和引导。	温暖的、像家一样的、富有美感的环境； 用于儿童感官训练和创造性操作的自然材料； 讲故事、玩木偶、艺术活动、想象游戏和家庭活动； 生命的仪式、节奏和季节很重要； 混龄编组（在托儿所或幼儿园与同一名教师相处3年）； 教师是课程中温暖的、稳定的焦点。	富有美感的学习环境（光和透明度）； 多种开放性材料用作工具和资源； 基于儿童兴趣的深度主题探索； 强调使用艺术来表达观点； 大循环或跟班走（3年与同一名教师在一起）； 在学校中收集、展示儿童作品； 普通教师之外还有受过专门训练的艺术教师。

儿童保育

学前教育领域的历史不仅仅是一些开创了教育项目的创造性思想家，它还有另外一部历史——为我们社会中工作家庭的儿童、贫困家庭的儿童、残障儿童、非英语母语儿童或其他处于不利境地的儿童争取权益而付出努力的编年史。

美国儿童保育的起源

工业革命带来了商品的大规模生产，并把生产从家庭作坊转移到了工厂中。在工业革命之前，殖民时期的美国同欧洲一样，大部分女性都可以在家一边从事家庭商品生产、为农活或家庭手工艺生产或贸易提供帮助，一边照管孩子。有时候，家长会把孩子送到"老妇人办的家庭小学"，在这里，一位年长妇女同时照看多个2~6岁的幼儿，教他们一些读写和算术方面的技能（即"3R"）。

18世纪后期的工业生产和商业资本主义的兴起，致使贫困和孤寡家庭幼儿保育的需求急剧增加。虽然美国人在独立战争之后的一段时期开始将母亲角色理想化，但随着经济生活的变化，母亲已经很难靠在家做工维持生计。许多贫困女性不得不选择把孩子单独留在家里，或寻求社会慈善机构的帮助。因为贫困人口数量的激增，很多社区不能再为这些母亲提供经济和食物救助，而是让她们去济贫院维持生计。但济贫院不允许带小孩子进来，所以许多母亲不得不放弃孩子，把他们送到其他家庭去当契约佣工（一种有时限的奴隶）。也有一些母亲试图雇用家庭护工，但当时女工的待遇很差，根本支付不起护工的薪水。一些贫困母亲只能想尽各种办法支付护工薪水，或让年长的孩子照顾年幼的弟弟妹妹。也有一些不得不让孩子去街头乞讨，或干脆在母亲工作时把孩子锁在家里。

费城贵格会的女性教徒成立了社会救济和贫困就业协会，试图帮助这些贫困女工解决照顾子女的问题。1798年，协会修建了一处场所，为儿童提供宗教教育，而他们的母亲可以在该场所的别处从事纺织工作。

1828年成立的波士顿幼儿学校是美国儿童保教新思想积极影响的一个早期实例。波士顿的慈善家仿照罗伯特·欧文的幼儿学校，在当地创办了一所这样的学校，希望为女工的子女提供良好的照料。19世纪30年代，美国的几所城市陆续建立了一些其他的幼儿学校，有两个城市还专门为非裔美国儿童成立了单独的幼儿学校。但到了1850年，这些幼儿学校没能继续开办下去。当时的大多数中产阶级认为幼儿应该在家中由母亲照料，他们不能理解对很多女工来讲外出工作有多重要。

虽然幼儿学校没能持续发展下去，但19世纪中叶的日托机构解决了当时大批流动到美国的移民家庭子女的照料问题。第一个例子就是1854年成立的纽约贫困妇女子女托儿所，它的职责是为那些为了生计而不得不外出工作的女工提供子女保育服务（Michel, 1999）。这些私人经营的机构让那些在城市工厂里工作的移民父母不至于和子女分离。日托机构的工作人员多半没有经过专门培训，工作时间很长，而且幼-师比很高，对儿童的照顾很有限。在当时的社会看来，日托机构最重要的功能就是收容这些孩子，不至于让他们在更糟糕的环境中生存。保证儿童的健康是这

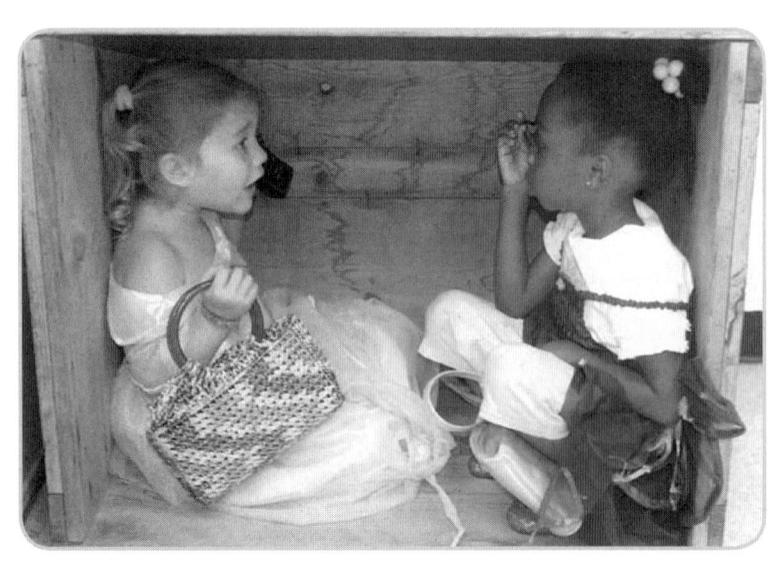

些日托机构的首要目标，教育并不在其服务范围之内。

1878年，受到美国幼儿园运动成功的影响，一位富有的波士顿女性**保利娜·阿加西斯·肖**（Pauline Agassiz Shaw）创办了一所为不同年龄幼儿提供教育课程的日托中心（Michel, 1999）。一些日托机构也开始跟随肖朝着这个方向发展，努力为儿童提供更为综合的服务，延长开放时间，提供婴儿保育、亲职教育和培训，甚至还有咨询服务。

很遗憾，日托机构很少关注3~6岁以外的幼儿。19世纪80年代，**弗朗西斯·威拉德**（Frances Willard）通过在天主教女性禁酒联合会的工作试图满足这一需求。威拉德的日托机构对贫困家庭是免费开放的。但是，日托服务的服务对象并不是不分种族和民族的，未婚母亲也不可以把孩子送来。这种区别对待让许多女工别无选择，只能把孩子送去孤儿院，或不得已寄养在陌生人的家庭（Michel, 1999）。

美国国家有色人种女性协会（The National Association of Colored Women, NACW）在19世纪90年代变得十分活跃，开始为城市里的非裔美国儿童建立一些日托机构。许多非裔美国女性都有过做家奴的经历，美国内战前作为奴隶，之后又作为家政佣工。她们大多数都是在雇主家里照顾白人儿童，而自己的孩子只能留给家中稍微年长一点的儿童照顾（Michel, 1999）。

19世纪见证了许多儿童保育机构的兴衰，有了这些机构，很多女性可以外出工作，避免了贫穷带来的最坏后果。美国社会的普遍观点认为，儿童保育是体面的母亲在极其艰难的情况下才会选择的权宜之计。在接受公立学校教育日益被视为公民权利的一个必要条件的同时，提供幼儿保育服务却依旧沦落为与社会福利联系在一起（Michel, 1999）。

国家危机时期的儿童保育

在美国，儿童保育从不被视为政府应该提供的基础服务，只是把它看作对需要帮助的家庭的一种临时回应，或在国家政治、经济危机时期的一种特别措施。20世纪30年代的大萧条期间，联邦政府成立了一些儿童保育中心，叫做应急托育学校，解决一些教师、保管员、厨师、护士和其他一些人的就业问题。大萧条结束以后，这些学校也随之关闭。

二战期间，美国政府又一次开始资助儿童保育机构。这次的目标主要是要解决大量国防工厂女工的子女照料问题。根据兰哈姆法案（1942—1946），联邦政府共在41个州投资兴建了儿童保育中心。

企业雇主投资的儿童保育机构在欧洲很常见，也是战争时期满足女工需求的产物。其中最有名的是凯泽造船厂在1943年到1945年在俄勒冈州的波特兰市开办的两所儿童保育中心。凯泽托儿所最突出的成绩是他们为女工18个月到6岁的子女提供综合的、高质量的保教服务。

凯泽公司承诺为儿童和员工家庭提供最好的服务。他们聘用了**洛伊丝·米克·斯**

托尔兹（Lois Meek Stolz）作为保育中心的所长，**詹姆斯·海姆斯**（James L. Hymes Jr.）作为负责人。斯托尔兹是学前教育的专家，曾是哥伦比亚大学儿童发展研究所的所长和斯坦福大学心理学教授。海姆斯是儿童发展研究所的研究生，是一位深受尊敬的幼教工作者。凯泽保育中心的教师都受过学前教育专业训练，中心也是请来专门的建筑师为幼儿设计的。保育中心全年开放（圣诞节除外），每天开放24小时。中心还设有医务室，外带食物（家长来接孩子回家的时候可以把热的食物带回家），另外还有其他一些服务项目，让家长在国防工厂工作的同时还能兼顾子女的照管。在开办的短短几年内，凯泽保育中心共接纳了近4 000名儿童（Hymes, 1996）。战后工厂不再需要女工，中心也随之关闭了。但是它的存在一直提醒着美国民众，美国政府在需要的时候能够为儿童和家庭提供高质量、综合的保教服务。

政府或企业资助的儿童保育都是暂时性的措施，只是为了支持战备力量。和平年代许多母亲又回归"传统家庭"，自己在家照管儿童，这些托育机构也就逐渐退出了历史舞台。当然，也有许多母亲选择继续就业。随着托育机构或者关闭或者缩减到了战前的水平，这些在职母亲在儿童保育上也没有了什么选择余地。托育机构及时补充的私营保教机构是一种普遍的解决方案，加利福尼亚儿童中心就是兰哈姆法案后开办的托育机构中的少数幸存者之一，最后并入了加利福尼亚州儿童保育系统。

二战后的儿童保育

战后人们普遍认为女性的恰当角色应该是家庭主妇，同时认为在职母亲的孩子缺少母亲的关怀。受以上两种观念的影响，人们对儿童保育的态度，客气一点来讲认为它没有必要，悲观一点来讲认为它对儿童有害。因此，1950到1965年间，社会对学前教育的关注和支持都很少。与此同时，美国人的家庭生活也发生了巨大改变。随着家庭流动性的提高和离婚率的飙升，大家庭系统开始瓦解。越来越多女性进入职场，或者是出于经济需要，或者渴望在家庭之外寻找有意义的工作。单亲家长如果开始工作，就不可能有时间照顾年幼的孩子，他们不得不与其他照料者（通常不是亲属）共同承担照料儿童的责任。

儿童保育的演变

今天的儿童保育项目起源于我们刚刚讨论过的历史潮流：关注儿童健康和发展的托育学校以及为在职家长解决照料子女问题的日托机构。今天，学前教育领域的定义并用教育和保育这两个术语，这意味着将来的发展趋势是要把教育和保育融合到一个综合的体系之内，以满足幼儿及其家庭的需要。

开端计划

美国学前教育史上一个标志性的事件就是开端计划的创立。开端计划是为低收入家庭符合条件的儿童提供教育和支持服务的综合性儿童发展项目。为了实现全面发展的目标，开端计划中包含教育项目、社会性情绪发展支持、身体和心理健康服务以及营养保障。它还强调要强化家庭以及与社区合作。

开端计划的历史

1964 年 1 月，林顿·约翰逊总统宣称"向贫困开战"。该提议源于民权运动，主张政府应该帮助处境不利群体，弥补社会或经济条件的差距。其基本信念是：教育能改变贫困。1965 年 1 月，与儿童相关的各领域组成了一个专家委员会，共同制定项目计划，期望能帮助儿童克服贫困带来的挫折或阻碍。该项目的名称定为"开端计划"，1965 年夏天，开端计划正式施行。当时只是一个为期 8 周的半日暑期方案，在低收入社区招收了 560 000 名 4 岁和 5 岁幼儿，随后它迅速扩展成了一个全年的教育方案，因为很明显一个夏季不足以达到它的目标。

开端计划提出了一种新的儿童发展观，它认为发展过程本身就是有价值的目标，它为争取儿童利益而整合各种资源的力度是前所未有的。它为低收入家庭学龄前儿童提供综合服务，满足儿童的情感、社会、健康、营养和心理需要。它也提出了一种新的理念，即低收入家庭要参与制定和执行他们自己的项目。

开端计划处在不断的变化和发展之中。原计划开展后不久，又增加了为印第安人和农业移民提供保教服务。20 世纪 90 年代，开端计划的课程从半天改成全天，因为国家福利改革要求接受福利救助的家长积极参加职业培训，寻找工作机会。1994 年，研究结果让决策者意识到 0~3 岁也是一个重要的发展阶段，于是政府又建立了早期开端计划（Early Head Start），服务对象是低收入的待产母亲和有婴幼儿的家庭。

开端计划的影响

20 世纪 60 年代以来，数百万儿童受益于开端计划提供的高质量、综合性服务。开端计划证明了提供大范围综合服务的实效，也为其他项目树立了榜样。今天，许多高质量学前项目提供营养餐，重视家庭参与，这些都可以说是受到开端计划的影响。正如幼儿园成为世界上许多学前教育机构的代名词一样，开端计划在很多地方也等同于低收入家庭儿童的学前项目。

开端计划可以说是很多主题的 20 世纪的表达，这些主题概括了学前教育领域的历史。它们包括关注儿童健康，家庭参与子女的教育，注重全面发展的课程，尤其是通过减少贫困对幼儿的影响，学前教育因此成为一条改善社会的途径。

总　结

你选择的这个领域有着悠久的历史，也有关注儿童及其家庭需要的传统。前人的许多工作都是超越时代的，他们很早就提出教育要培养"完整儿童"，而不是只关注儿童的智力；他们的教育方法尊重儿童，并且建立在儿童发展知识的基础之上。你可能会发现学前教育和其他阶段的教育有一些区别，原因是对学前教育发展做出过重要贡献的人均来自于不同领域，如医学、健康和哲学。本章提到的很多开创者都看重游戏在学习中的作用。他们也主张全民教育，认为对幼儿的教育是克服贫困背景影响的有效措施。他们致力于改善社会，认为要建立一个友爱人本的社会必须从儿童开始。学前教育领域发展之初就强调尊重儿童、尊重儿童的发展规律，以及建立一个更好、更人本的社会的愿景，今天的许多学前机构依然持有这样的价值观。本章介绍的一些学前项目可以说就是历史留给我们的财富。

多年来，学前教育正在朝着更人本、平等对待儿童的方向缓慢进步。我们更加了解儿童的需要，并且认识到在童年早期尽可能满足这些需要的重要性。我们掌握了更多有关儿童发展和学习的知识，知道怎么用这些知识去指导教育实践，我们知道了家庭需要哪些方面的支持，以便做一些重要的工作，帮助他们给孩子一个好的生命开端。

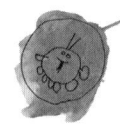

学习成果

阅读完本章后，请你认真完成"拓展学习"部分的选读任务，准备"你的专业档案袋"部分的条目，你将会在满足 NAEYC 标准 6：成为专业工作者（NAEYC，2009）上又有进步。

核心内容：

6a：认同并投身学前教育领域

6c：通过参加继续教育和合作学习指导实践

拓展学习

探究一种教育方法：选一种本章介绍过的教育法，读更多相关资料。可能的话参观一个应用这种教育法的学前项目。反思并写下你了解到的该项目的主要特征，及其对儿童的益处。写下你对体验到的或所学内容有什么想法和反应，这些对作为学前教育工作者的你有何启发。

研究一位历史人物：选一位本章中提到的历史人物进行研究。写一篇论文介绍一下这位人物以及他对学前教育领域的影响。写下你对所学内容有什么想法和反应，这些对作为幼儿教育工作者的你有何启发。

调查非欧洲国家的学前教育：调查一个非欧洲文化国家或非欧裔民族（如非洲裔美国人、印第安人、亚洲人、西班牙裔、夏威夷土著或其他民族）的学前教育历史，写一篇论文。写下你对所学内容有什么想法和反应，这些对作为幼儿教育工作者的你有何启示。

调查另一个国家的早期照料和学前教育：调查一个你感兴趣的国家学前教育的历史和特点。写下你对所学内容有什么想法和反应，这些对作为幼儿教育工作者的你有何启发。

读一本人物传记：读一本本章中提到的历史人物的传记。写一篇书评，其中包括你对所学内容有什么想法，这些对作为幼儿教育工作者的你有何启示。

读一本书：读一本关于本章中提到的三种教育模式的书。写一篇书评，其中包括你对所学内容有什么想法和反应，这些对作为幼儿教育工作者的你有何启示。

课堂观察：参观下面提到的机构或项目中的一个：

- 基于进步教育思想的一所托儿所或幼儿园。
- 基于本章提到的下列教育方法的一个项目：华德福、蒙台梭利、瑞吉欧、高瞻、发展–互动法。

观察并描述课堂实践，分析观察到的内容如何反映本章提到的学前教育历史。你对所学内容有什么想法和反应，这些对作为幼儿教育工作者的你有何启发。

 你的专业档案袋

选一项能代表你对学前教育和保育历史理解的"拓展学习"作业放进档案袋。

我的教育实验室

访问本书"我的教育实验室"（myeducationlab.com），找到专题1：历史和专题5：教育模式。你可以：

- 找到关于历史和教育模式的学习成果以及与之相关的国家标准。
- 完成有助于你更好理解本章内容的"任务和活动"。
- 通过"构建教学技能和性情"学习单元，运用你对本章关键概念的理解。
- 对照"学习计划"检查你对本章内容的掌握程度。你可以做章节测验，获得反馈，然后进入"复习、练习和拓展"来提高你对本章内容的理解。

在这个世界上,没有任何一个孩子与你完全相同;
在浩瀚的历史中,也从没有一个孩子与你相像;
你是古往今来独一无二的一个。

——帕布罗·卡萨尔斯

4

儿童发展

热爱儿童、对幼儿着迷，这是学前教育工作者的定义性特征。观看学步儿有意识地拔出小草并探索，聆听孩子们在表演区商量由谁扮演爸爸，或者观察一名7岁的儿童正专注地做泥塑，每当这些时刻，学前教育工作者都会被迷住，都会充满好奇。你见证儿童的学习与成长，其中的乐趣使得你的工作不只是一份职业，更是一种使命；同时它也是学前教育工作者磨炼教学技能的一种途径。

你将会成为一名儿童发展与教育方面的专家。对相关知识的学习并不仅限于此时此地，而是持续于你未来的整个职业生涯。儿童发展的相关知识与你在学前教育工作中积累的经验相结合，会为你的职业发展奠定坚实的基础，有助于你能更好地理解儿童，投入教学实践。在与儿童及其家庭打交道的过程中，你需要做出专业的决策，这些知识也会帮到你。

正因为有关儿童发展的知识是成为优秀的学前教育工作者必不可少的，所以大部分职前培训项目中都会有至少一门与之相关的课程。如果你已经学过类似课程，那么本章内容可以当作一次复习；如果还没有学过，那么本章的内容可以作为你学习的一个参考。

儿童发展研究

第 4 章

我的教育实验室

访问"我的教育实验室",利用"个性化学习计划",提高你对本章概念的理解。你也可以通过基于视频的"任务和活动"以及"建构教学技能和性情"课程来磨炼教学技能。

有关儿童的研究已历经几个世纪的发展。在过去 75 年中,关于儿童发展的研究越来越多,教育工作者也因此对儿童有了更多的了解,理解儿童是如何成长和学习的,了解儿童发展的模式和顺序。这些研究也让我们懂得了儿童发展的普遍规律和个体独特性,帮助我们识别那些促进或阻碍儿童发展的环境因素。儿童发展研究表明,每个儿童都是独特的,这激励我们去研究影响儿童个体发展的环境因素。

学习儿童发展理论是件令人兴奋的事!随着相关知识的增多,你会发现,身边的儿童所表现出的特性和各阶段的发展特征都与你的知识相对应。你会发现自己越来越喜欢观察儿童。学习和掌握儿童发展的理论知识,有助于你更好地理解和组织所观察到的信息,也有助于你设计合适的教学活动以促进儿童发展。

了解不同年龄阶段儿童的发展特征是儿童发展研究的一部分。这方面的知识是发展适宜性实践(DAP)的基础之一。作为一名学前教育工作者,要力求让教学实践符合儿童的发展阶段。如果你掌握了儿童各发展阶段具有里程碑意义的关键信息,注意到每个孩子的特征,了解他们的家庭和文化背景,那么你就能设计出尊重儿童、与儿童生活紧密相关的、有意义的教学活动(Copple & Bredekamp, 2009)。

反思你为什么对儿童发展感兴趣

你是如何对儿童发展感兴趣的?你何时开始关注儿童?是什么激发了你的兴趣?现在幼儿的哪些方面会吸引你?

儿童发展的基本原则

关于儿童的发展,有六条基本原则或者说主流观点,它们是当代儿童发展研究的框架。

发展的整体性

在学前教育领域,我们经常提到"完整儿童"(the whole child)的发展,意思是指在儿童发展和教育中要考虑发展的所有维度或领域。

3 岁的斯特林正在玩沙子。他在挖沙坑、倒沙子的过程中,表现的是他的**身体**(physical)能力。他伸直胳膊用双手去掏沙子,模仿挖土机的呜呜声,这表明他对这件工作的理解和他的**认知**(cognitive)能力。他召唤小伙伴加入自己的游戏,这反映的是他的**社会性**(social)能力。在游戏过程中,斯特林还表达了自己的**情绪**(emotional)状态:他的眼神流露出满足感。同时,他还用**语言**(language)告诉你:"我是一名挖沙工。"

儿童的发展是多方面的:通过肢体运动和感知觉来探索世界(生理发育);获取并组织信息,学习推理和问题解决(认知发展);学习如何用语言同他人分享他们的所思、所想、所感和所做(语言发展);学习怎样与其他人建立关系,以及如何做道德决策(社会性发展);学习信任、识别并表达自己的情感,自我接纳(情绪发展)。

学前教育工作者需要明白：儿童发展的每一领域都非常重要，并且这些领域的发展是互相关联、互相影响的；各领域的发展不能彼此割裂，也没有哪个领域比其他领域更重要。

发展的预定模式

儿童技能的获得以及关键特征的出现均是按照预定顺序发生的。

> 今天，32个月大的西德尼第一次拿起了剪刀。他小心翼翼地握着剪刀，努力尝试张开、合上，他还不能很好地剪纸，试了几次后他放弃了。老师去柜子里拿了一些棉球和小镊子。她请西德尼用镊子把棉球夹起来，这次西德尼很成功了。接下来的几周里，老师给西德尼提供了其他的镊子活动，并拿来了各种各样结实的漆面卡片，西德尼很热衷于剪这些卡片。尽管西德尼现在还不能熟练地剪纸，但他每天都有进步，使用剪刀也越来越自信了。

发展是循序渐进的。举例来说，在学习跳绳之前，儿童必须先具备跳和跑所需的大肌肉的协调性。如果没有原有经验作为基础，新经验就会毫无意义或对于孩子来说难度过大。但是，不具挑战性或没有吸引力的新经验也会让儿童感到无趣和焦躁不安。麦克维克·亨特（Hunt, 1961）提出了最优匹配（optimal match）的概念，即儿童现有的知识和技能水平须与要习得的新知识或新技能相匹配。新经验要具有恰到好处的新奇性或挑战性，这样才能更好地吸引儿童。

通过制订教学计划，设计出对儿童具有一定挑战性但又不至于令人沮丧（难度太大）或感到无趣（难度太小）的活动，来支持和促进儿童的发展。制订这样的教学计划就需要了解和运用儿童一般发展顺序方面的知识。

发展的差异性

儿童的生理年龄和发展阶段之间只是近似一致。虽然每个孩子都遵循相似的发展方向和发展顺序，但在发展步调上存在着个体差异。

> 埃拉比沙恩小两周。两个孩子都在6个月大时被送到社区学院的儿童发展中心。沙恩出牙比埃拉早3个月，除此之外，他各个阶段的身体发育都比埃拉早很多。埃拉对语音敏感，1岁生日时，她就能在交谈中熟练使用大约25个词和音节；但沙恩到1岁半时还几乎不会说话。现在他们2岁半了，都是健康、健谈、活泼的孩子。

每个孩子都是带着独特的生物遗传特质来到这个世界上的，加之身体发育和生长环境各不相同，因此不可能找到两个一模一样的儿童（即使是生活在同一家庭中的同卵双胞胎）。

孩子今天掌握的知识和技能是其将来发展的基础。在学习儿童发展知识的过程中，你将会了解儿童发展所经历的一些里程碑（发展成就）。这些知识有助于你在制订课程计划时考虑儿童发展的多样性，即使是一组年龄相仿的孩子，他们的能力也会存在很大差异。观察并了解每个孩子的能力，再结合儿童发展的一般规律，这样你的教学计划就会获得良好的效果。

成熟和经验影响发展

发展是个体成熟和经验交互作用的结果。

22个月大的加布里埃拉最近在玩一款家禽拼图游戏。她把图块拆开已经有好几周了，现在她开始向照料者求助。照料者耐心地和她一起把图块拼到原来的位置。之后几天，她一直在重复这个游戏，直到今天她可以自己独立完成拼图。"我做到了！"她高兴地大声宣布。

成熟是指随着儿童的成长，遗传潜能逐渐表现出来。经验是个体在与环境、他人和物体互动的过程中获得的。儿童发展的早期，身体发育很快，他们对外部世界会做出越来越复杂的反应，也掌握了越来越多的技能。通过专门训练是否能促进这样的发展目前还不清楚，但很显然一些因素会阻碍儿童的发展，比如营养不良、严重的疾病、被剥夺探索世界的机会等。

成熟和经验会影响个体的认知发展。例如，婴儿期的儿童还未形成客体永久性（知道一个物体即使不在视野内它依然存在）的概念。随着儿童的成熟，他们会逐渐形成客体永久性这一概念，但是似乎没有什么训练能够加速其发展。相反，缺少观察、操作和移动物体的经验，却会延迟这一概念的习得。前面提到的加布里埃拉学习拼图游戏的例子：一方面是她已经具有许多关于拼图的直接经验；另一方面也是因为她已经做好了身体和认知上的准备。

学前教育工作者明白，必须为幼儿创设安全、健康和刺激丰富的环境，并且相信儿童能自己选择成长所需的内容。随着你观察儿童技能的提高以及相关儿童发展理论知识的累积，你就能为儿童设计出更有效的具有发展适宜性的教学环境及内容。

发展遵循自上而下、从中心到外周的原则

身体发育遵循从上到下（又称首尾模式）的原则，这一点在胎儿期尤其明显。在胎儿发育早期，头部约占整个胚胎长度的一半，出生时约占身高的四分之一。动作发展也是自上而下的，婴儿在能坐立和走路之前先掌握的是如何控制头部活动。

身体发育和动作控制同时遵循从中心到外周的原则（又称近远模式），躯体中心

的大肌肉协调性发展先于手和手指等小肌肉精细动作的发展。

莫妮卡 3 岁时就喜欢绘画。每次她走到画板前，都把自己的双手沾满颜料，然后用手掌把颜料涂满画纸。现在莫妮卡 5 岁了，她已经可以用马克笔画出人物、动物、房屋和其他物体的细节了。

莫妮卡绘画能力的发展反映了从中心到外周的原则。幼儿绘画时用整个手臂做圆周运动，当他们长大一点后，就可以很好地控制画笔或刷子，用手腕和手指的力量来做一些更精细的动作。

随着成熟和不断地进行运动，儿童的动作协调性得到了发展。了解儿童的身体发育水平很重要，这样在设计教学时就可以选择适当的难度，既可以提供儿童成长所需的挑战，同时也要避免因任务过难而使儿童产生挫折感。

家园联系

理解个体发展

家长都希望自己的孩子表现得好！他们想知道自己的孩子是否及时达到了各发展阶段的里程碑，在任务完成中是否和同龄孩子保持同步（或超前）。家长可能也会把自己孩子的发展与其他孩子做比较，比如说兄弟姐妹，堂（表）兄弟姐妹、同班或同小区的其他孩子。你可以帮助家长建立对孩子发展的合理预期。这里有一些建议：

- 和家长分享孩子的成就。"康纳今天下午很高兴，他已经可以用 12 块积木搭建一座塔了。"
- 解释儿童行为的重要性。"康纳的精细动作和手眼协调性发展很快，这对他将来学习写字很重要。"
- 通过图片和文字记录你对儿童工作的观察结果，并与家长分享。这有助于家长了解儿童的进步。当塞丽娜爬到攀援架顶端时为她照一张照片，在接送时与其父亲分享。
- 注意发展中的个体特征；提醒家长，当儿童专注于某一领域的发展（例如攀爬或社会化）时，他们可能会暂时对其他领域（比如语言或精细动作）失去兴趣。"玛利娅正在专注地学习站立！当学会走路之后她就会再次开始咿呀学语。"
- 提醒家长儿童发展的步调并不一致，大多数个体差异并不意味着发育迟滞或将来的失败。"布莱森可能还没开始发展阅读能力，但他已经对故事感兴趣。阅读技能的发展需要很多学习词语的机会，是一个逐渐掌握的过程。"
- 让家长知道每个孩子都有自己的长处，帮他们学会欣赏自己的孩子与众不同的才能。"亚历克斯非常会关心他人。他总是能知道谁的心情不好，并对他们表示关心和友好。"

第4章

文化影响发展

莉安娜所在的学前教育机构里有很多萨摩亚人。莉安娜用一根长绳子划分出了室外活动区。她发现4岁的米尔、席欧娜和特蕾莎拿起这根绳子开始熟练地跳绳,莉安娜新奇地看着。然后她告诉了席欧娜的爸爸,她从没见过学龄前的幼儿会跳绳。席欧娜的爸爸自豪地笑了,他告诉莉安娜,他一直都知道幼儿可以跳绳,但让他更惊喜的是,席欧娜才上了几个月的幼儿园,居然会说这么多的话。他之前一直以为8岁前的儿童不会讲那么多话。

儿童的发展受到他们生活和成长的文化环境的影响。每种文化中的价值观和信念都会影响儿童的经验和发展机会,成人对儿童的期望也会受文化的影响。

理论联系实践

反思你自己的教育经历中的最优匹配

回想一下你的老师曾为你提供的既有挑战又有趣的学习经验。当时为何这次学习经验对你来讲是"最优匹配"?它和其他的学习经验有何不同?

掌握儿童的发展特征和原则可以指导学前教育工作者的实践工作。最重要的是,这些知识为学前教育工作者提供了一种新的审视教学实践的视角。在选择材料和设计教学活动时,你会结合儿童发展阶段的相关知识,为儿童提供具有挑战性的活动,以及能够促进每个儿童成长与发展的经验。随着经验的积累,你就能够说出每种行为决策背后的原因和依据。

发展的基础

我们知道,若想儿童健康发展,从胎儿期就应该开始打基础做准备。研究表明,孕期母亲和其他家庭成员的身心健康状况与胎儿的发展,以及后来个体在婴儿期、幼儿期甚至成年期的发展都有很大关系(Berk, 2008)。当婴幼儿的基本需求得以满足,周围的成人给予他们精心养育,并为他们提供足够的机会去探索外面的世界时,儿童才有可能最大限度地发展自身的潜能。近期研究证明,成人的精心养育以及有机会经常与人和物互动,可以促进婴儿大脑的发育(Lurie-Hurvitz, 2009,转引自 Woolfolk & Perry, 2012)。

关于影响个体发展的因素,一直有遗传和环境之争,即生物(内在的/先天的)因素和环境(外在的/后天的)因素对人格和行为的影响孰大孰小。发展的生物因素(又称天性)是指影响个体成长与成熟的遗传或先天特质。例如,一个人成年后的身高主要是由遗传决定的。发展的环境因素(又称教养)是指个体在与环境的互动中获得的经验会促进或限制生物潜能的发展。例如,儿童出生时都具备习得任何一种语言的潜能,但事实上他们只能学会生活中所听到的那些语言。

生物因素和环境因素哪一个是塑造个体行为的主要因素历来都是争论热点(称

为天性与教养之争）。现在我们知道，遗传和环境对个体发展都具有非常大的作用，个体在特定环境中的行为表现以及他们理解世界的方式，皆由遗传特性、发展阶段和已有经验共同决定。

发展的生物基础

乔纳和梅甘是一对双胞胎，出生在一个充满爱的混血大家庭中。他们的爷爷奶奶、外公外婆、叔叔阿姨，以及表（堂）兄弟姐妹和朋友们都想看看这对双胞胎长得像谁。梅甘的脸型像爸爸，鼻子像妈妈。乔纳的眼睛像妈妈，鼻子像爸爸。但是人们惊奇地发现，这一对双胞胎都跟爸爸小时候的照片有些相像。出生一周后，妈妈发现梅甘是一个更加安静、阳光的宝宝，乔纳却是一个更加敏感、爱动的宝宝。梅甘更容易照料，乔纳却需要更多的时间来安抚。

婴儿是带着各种遗传特质的复杂组合模式来到这个世界上的。每个婴儿既有一些普遍的特征和需求，又各自具有独特之处。

遗传特性

没有人质疑生物因素在个体发展中的重要作用。一些生理特征是由遗传决定的，例如眼睛、头发和肤色等。另一些特征尽管受遗传影响很大，但同时也会受环境因素的影响，例如身高、体重、气质以及某些疾病的易感体质。对在职业和生活方式都相似的家庭中分开抚养的同卵双生子进行的研究，引发了人们关于遗传因素作用大小的争论（Santrock, 2009）。

尽管目前我们还不清楚遗传到底会在多大程度上影响个体的行为与发展，但是我们都知道，个体出生时都具有独特的遗传特性，并且没有两个人的遗传特性是一样的。因此，采用发展适宜性课程的学前教育机构不会按同一标准要求所有孩子。个体差异会得到尊重，教师会设计不同的教学活动以满足儿童的兴趣和学习偏好，也会不断调整课程去适应个体的需求。这些机构对不同能力和特质的儿童都持开放和接纳的态度。通过对计划、一日常规和课程活动的调整，一般儿童、残障儿童和天才儿童都可以在同一所机构中健康成长。

基本需求

出生后的第一周，乔纳和梅甘表达了多种需求并得到了满足。他们需要喂养、睡眠、怀抱、换衣服和洗澡。妈妈负责喂养，她几乎把所有的时间都用来喂养和满足两个孩子的需求。爸爸也很乐意参与，他喜欢抱着他们摇来晃去，唱歌给他们听，为他们换衣服和洗澡。

毫无疑问，要发展就必须满足个体的生理需要。每个人都有一些基本的生理需要，

第 4 章

反思你的基本需求

回忆一段你不开心又倍感压力的灰色时光，再回忆一段非常愉快又高效的时光。在这两段时间里，你的基本需要得到满足了吗？你愉快又高效的可能原因是什么？这对你将来的幼教工作有何启发？

比如空气、水、食物和安全的居所。如果这些基本的需要得不到满足，个体就无法生存。

婴儿的健康成长还需要一个先决条件：与照料者温暖的身体接触（我们将在第110~111页对此展开详细的讨论）。闲置实验动物（unhandled research animals）的高死亡率引起了人们的关注，由此引发的研究第一次提出，舒适的触觉经验在所有哺乳动物的早期发展中都至关重要。20世纪50年代，哈里·哈洛的经典恒河猴实验发现，与铁丝做成的代理母猴相比，幼猴明显更喜欢接触有毛织物包裹的代理母猴，虽然幼猴从前者身上能喝到奶而后者却只能给予其亲密的接触安慰（Santrock, 2009）。

学前教育机构的首要任务是保证儿童的基本需要得以满足。尽管对不同年龄段的幼儿在这一任务上强调的程度有所不同，但所有学前教育工作者都明白其重要性，并且投入相当多的时间和精力来满足幼儿的基本需要。如果幼教机构能提供安全的环境、规律的就餐时间、有营养的食物、合理的活动和休息时间以及温暖的身体接触，那么不管哪个年龄段的幼儿都可以茁壮成长。

气　质

到了第10周，乔纳和梅甘已经表现出明显的差异。梅甘睡觉、吃饭和排便都很规律。她可以舒服地躺在悬挂在院子大树上的摇篮中。只要她能听到大人的声音，她就可以安静地在摇篮里盯着摇摆的风铃。乔纳睡觉、吃饭和排便没有规律性。他需要待在一个摆动幅度和节奏都不变的机械摇篮里才能安静下来。如果听不到大人的声音，他的喂养和睡觉都要好一些。

发展中具有生物基础的方面称为气质。气质是"一种可观察到的行为和情绪模式，有其生物基础，是人们体验和探索世界的特有方式"（Kaiser & Rasminsky, 2012）。许多研究者提出了不同的气质类型，其中影响最广且最实用的是医生亚历山大·托马斯和斯特拉·切斯（Thomas & Chess, 1970, 1977, 1996）在纽约的追踪研究基础上提出的气质类型划分。托马斯和切斯提出，婴儿出生时就是各不相同的（父母们一直都知道这个事实），这种气质上的显著差异在新生儿的头几天或几周内就能够观察到。托马斯和切斯认为，婴儿在九个性格特征维度上存在差异，详见图4.1。

九个维度可组合成三种气质类型，托马斯和切斯将它们命名为：

- 容易型（约占40%）儿童在婴儿期能很快形成规律的作息，通常心情愉快、容易适应。
- 困难型（约占10%）儿童的作息不规律，接受新经验较慢，容易出现强烈的消极反应。
- 慢热型（约占15%）儿童的活动水平较低，对刺激的反应较温和或低调，心境消极，适应缓慢。

图 4.1　托马斯和切斯划分的气质维度

- **活动水平**：不活跃时间与活跃时间的比例
- **节律性**：饥饿、排泄、睡眠和清醒的规律性
- **分心性**：行为在多大程度上为新刺激所改变
- **接近—退缩**：对陌生物或人的反应
- **适应性**：适应新环境的难易程度
- **注意广度和持久性**：能投入某项活动的时间长度以及受外界干扰影响的程度
- **反应强度**：积极或消极反应的力量水平
- **反应阈限**：需要多大强度的刺激可以引起反应
- **心境质量**：表现出友好、愉悦的行为与不友好、不愉快行为的比例

资料来源：Information from L. E. Berk, *Child Development* (8th ed.), 2009.

另外，35%的儿童不符合上面划分的任何一种气质类型，他们在九个维度上有自己独特的组合方式。上面例子中提到的梅甘似乎属于容易型的儿童，乔纳表现的大多数特征则与困难型儿童的气质类型相符合。

研究结果证明，气质是受遗传因素影响的。例如，一项研究对比了来自亚洲和高加索的婴儿，结果发现，与同龄的高加索婴儿相比，亚洲婴儿更容易安抚，能让自己平静下来；而高加索婴儿则更活跃、易怒，更爱发出各种声音（Kagan et al., 1994; Lewis, Ramsay, & Kawakami, 1993）。男婴比女婴的活动水平更高，不容易害怕（Berk, 2008）。这些研究表明，某些气质特征是先天的。

托马斯和切斯通过追踪（长期的）研究发现，气质特征在整个童年期具有中等程度的稳定性，直到成年期仍继续保持稳定。但是新近研究发现，早期行为会随着时间略有改变，到2岁左右稳定下来（Rothbart, Ahadi, & Evans, 2000）。这表明气质类型也会受环境因素的影响。经过多次重复，特定的气质特质和风格趋向更加稳定。

气质这一概念有助于我们在教学过程中理解幼儿的不同人格特征，而"适配性"的概念（Thomas & Chess, 1977）则有助于我们考虑气质的作用。适配性（goodness of fit）是指儿童的特征与周围成人的期望之间的交互作用。当教师了解并对儿童的气质有一定敏感度，接受儿童的独特的气质行为并帮助他们适应环境时，儿童就会获得"最佳适配"的体验。尊重气质差异的学前教育工作者会在创设环境和设计教学时考虑每个儿童的不同需求。例如，如果教师意识到有些孩子的活动水平较高，就会在日程安排上确保这些孩子经常做一些消耗体力的游戏，而不是期望他们长时间安静地坐着。

马克斯曾是一名"困难型"儿童。他充沛的精力和强烈的个性常让家长和老师感到头疼。马克斯的父母很细心，他们尽可能地让马克斯用合适的方式去消耗体力。他们与马克斯的幼儿园和小学老师密切联系，鼓励老师们既要严格要求马克斯，同时也要为马克斯提供符合其自身个性和学习风格的成功之道。

反思你认识的一名儿童

反思一名你熟悉的儿童。你认为他/她属于容易型、困难型还是慢热型？他/她的气质与其父母或其他照料者的期望适配性如何？你如何回应该儿童的气质？如果你是他/她的老师或照料者，你会如何给予支持？

现在马克斯17岁了,是一位神态自若的年轻人,对即将到来的大学生活充满热情,与朋友和家人相处融洽。精力、动力和热情都是他的宝贵财富。

在这个例子中,马克斯的家人和老师都积极地看待他的个人特质,帮助他用合理的方式宣泄精力。理解儿童的气质可以让学前教育工作者更加尊重个体差异,并进行差异化教学;能够灵活地对待每位儿童,并调整环境和自身行为来适应每个儿童的不同气质。

环境的作用

父母给予了乔纳和梅甘足够的关注、时间以及安全健康的家庭。当他们3个月大时,梅甘自己在儿童床里睡得很好,而乔纳则要睡在家里的大床上。两个宝宝都喜欢大人给他们唱歌或讲故事。细心周到的父母为满足两个孩子的需求而改变了自己的生活。除此之外,母亲来自亚洲,受亚洲文化的熏陶,她更倾向于把孩子看作家庭的核心。

每个儿童都出生并成长于特定的家庭、文化和环境中。从生命的第一天开始,儿童就受周围环境的塑造,并将用自己的行为去影响环境。

养育关系

婴儿与主要照料者之间温暖、亲密、持续的关系是其健康发展的先决条件。充满爱的照料是儿童身体、认知、社会性和情绪正常发展不可或缺的,也能让儿童对

世界产生安全感和信任感。在罗马尼亚孤儿院开展的一项经典研究发现,温暖的养育关系至关重要。尽管孤儿院为儿童提供规律的喂养和换洗服务,但是儿童和成人的交流有限,提供的玩具和参与的活动也很少。研究者发现,在这样的养育环境下,儿童各个方面的发展都明显滞后(Dennis, 1973)。

约翰·鲍尔比(Bowlby, 1969)认为,与主要照料者(通常是母亲)之间形成的依恋是社会性和情绪健康发展的基础。他把依恋(attachment)定义为两个人之间紧密的情感纽带,并把婴儿的依恋划分为几个阶段。鲍尔比提出,婴儿生来就会做出某些行为,这些行为可以吸引成人,并促进依恋关系的形成。婴儿的哭、凝视和微笑等行为能吸引照料者,从而有利于形成紧密的联系。玛丽·安斯沃斯(Ainsworth, 1979)把母婴依恋按照安全程度进行了区分,发现与不安全型依恋的婴儿相比,安全型依恋的婴儿更可能去独立探索、表现出积极的交往方式。近期的研究表明,安全型依恋与儿童发展的各个方面都有很强的相关性,母亲也不是唯一的依恋对象。除母

亲以外，安全型依恋的儿童与父亲和其他重要的照料者都可以形成紧密的多重依恋关系。

《从神经细胞到左邻右舍》(*From Neurons to Neighborhood*)（Shonkoff & Phillips, 2000）是一部具有里程碑式意义的著作，其核心结论是：人与人之间的关系是"健康发展的基础"。作者强调积极回应式的亲子互动非常重要，认为儿童的成长是在与他人的紧密联系中完成的，关怀体贴的成人对儿童的健康发展很关键。

对任何年龄的儿童来说，建立积极的师生关系都很重要；但在婴幼儿阶段依恋尤为重要。玛格达·格伯（Magda Gerber）、婴儿教育资源（RIE）研究所、儿童家庭研究中心的罗纳德·拉利（Ronald Lally）和西部教育实验室的研究都证实，对婴儿和学步儿而言，不管是家庭内的还是托育机构中的依恋关系都至关重要。在良好的依恋关系中，儿童能够体验到回应式的互动，这些经验有助于儿童大脑内神经通路的发展，同时为各领域的发展奠定基础。一些招收低龄幼儿的托幼机构通过主要照料者计划来培养依恋关系，这是一种员工安排计划，由一名员工主要照料几个婴儿或学步儿。主要照料者可以了解这几名幼儿的特殊需求和个性特征。儿童可以和主要照料者之间形成紧密的联结，学习彼此的交往方式。儿童和主要照料者之间形成的这种温暖的关系是幼儿保育质量的保证。有人担心这种计划会造成儿童对托幼机构中的照料者过于依恋，进而影响儿童与家庭成员之间的联结。但研究表明，高质量的托幼服务并不会影响儿童与父母的依恋关系，幼儿与教师的安全依恋反而可以促进婴儿与父母的关系（McDevitt & Ormrod, 2010）。美国国家儿童健康与个体发展研究所（NICHD, 2006）开展的一项关于早期保育及其对儿童发展影响的纵向研究发现，高质量的儿童保育项目与良好的母子关系呈正相关。

早期经验

20世纪中叶以前，关于发展的主流观点一直认为，成熟是执行生物学预定计划的过程。麦克维克·亨特（J. McVicker Hunt）1961年在其经典著作《智力与经验》(*Intelligence and Experience*)中对此提出了质疑和反对，他引用了许多研究来说明早期经验对儿童发展的重要意义。过去的60年间，研究已经证实了这一结论，并明确提出5~6岁前的经验对儿童后期发展的各个方面都很关键（Shonkoff & Phillips, 2000）。

大量研究特别表明，婴幼儿正常发展需要具有一定新异刺激的环境，且婴幼儿要有机会通过感知觉去探索环境。婴幼儿期重要的活动是游戏，在游戏中与环境和他人进行互动，对婴幼儿的发展有积极作用（Berk, 2008）。

关键期和敏感期。动物一般都会表现出关键期（critical periods），在这段时期，某器官或功能系统必须得到正常发展，否则就会造成永久性伤害或发育迟滞。例如，对猫和猴子的研究发现，如果在出生的头几个月内遮住它们的眼睛或者将其放在黑暗的环境中，那么它们的视觉发展就会受限，即使后来去掉对眼睛的遮挡或者把它们

放到明亮的环境中，其视力也不能恢复。人类发展也有关键期。例如，在孕期的特定阶段，如果胚胎或胎儿接触到致畸物质（造成胎儿损伤的环境因素），或者孕妇患上某种疾病，就有可能给胎儿造成严重的身体和（或）心理损伤。虽然关键期如此重要，但人类发展的关键期并不多，而更为常见的是敏感期（sensitive periods），即儿童在特定时期内对特定类型的环境影响和经验尤为敏感。早期发展的主要敏感期包括依恋敏感期（0~3岁）、大脑发育敏感期（0~3岁）以及语言发展敏感期（0~5岁）（Berk, 2009; McDevitt & Ormrod, 2010; Shore, 1997）。

近期关于人类神经系统发育的研究表明，敏感期可以说是"机遇之窗"，个体在这段时期内更容易习得某种技能或心理功能。例如，在出生的头几年学习语言是最容易的。当然5~6岁后，通过学习也可以熟练掌握某些语言，但比在此之前学习语言要花费更多的精力。敏感期似乎比我们预想的要长。麦考尔和普莱蒙斯（McCall & Plemons, 2011）指出，尽管这扇窗的开启时间比较长，可能持续数年之久，但一定要在它开启之时就不失时机地为儿童提供发展适宜性的经验。

心理韧性。个体的内在力量和应对困境的能力被称为心理韧性（resiliency）。心理韧性能够帮助儿童从逆境中"复原"，应对具有挑战性的生活情境。

> 莫琳家共有6个孩子，她是长女。在她很小的时候，父母就酗酒和吸毒，她承担了照顾弟妹的任务。父母经常对她发脾气，丝毫不关心她的生活。然而，莫琳和外祖父母很亲近，他们经常来看望莫琳和她的弟弟妹妹们，让他们多少体验到一些正常的家庭生活。莫琳长大后，成了一家大型公司的经理。她的员工、朋友和合作伙伴都很喜欢她。她是一个贤淑的妻子，而且和两个处于青春期的孩子也相处融洽。

研究表明，早期养育关系或环境刺激的缺失并不一定会导致个体成年后不可弥补的缺陷（Kagan, 1984）。来自夏威夷群岛和考艾岛的一项追踪研究发现，面对困境时，心理韧性强的儿童拥有一些共同特征（Werner, Bierman, & French, 1971; Werner & Smith, 1992）。这些共同特征既包括遗传特质，如积极的性格；也包括重要的环境因素，其中最重要的是与某位体贴的成人建立并保持长期信任的关系。如前例所述，在遭遇了诸多挑战的情况下，莫琳仍能健康成长并在成年后取得成功，这要归功于两方面：她与外祖父母的关系以及她与生俱来的温和气质。尽管反复发生的极端体验和早期经验的剥夺会对儿童发展产生严重影响，但研究表明，个体的心理韧性很强大，早期剥夺并不一定会导致终生的缺陷。

现代观点认为，心理韧性的发展是一个动态的过程，多数儿童都能承受一定程度的压力。心理韧性强的儿童对事情有控制感，即使面临挑战也仍然愿意坚持。他们知道自己的长处，而且能发挥这些长处来获得积极的结果。他们一般具有幽默感并能保持童心（Breslin, 2005; Kersey & Malley, 2005）。具有心理韧性的儿童能够理解事物之间的因果关系，用积极的眼光看待世界，认为每件事情都有其原因和意义。作为学前教育工作者，与每个儿童建立有意义的人际关系，帮助他们认清自己的长处，反过来又有助于儿童心理韧性的发展。另外，学前教育工作者也可以运用相关知识为儿童提供一些早期经验，鼓励其相信自己的能力，相信世界充满乐趣（Gonzalez-Mena & Eyer, 2009）。

脑研究及其对学前教育的意义

在过去20年中，涌现出大量关于大脑发育的研究。曾经人们认为大脑的结构是由遗传决定的，在个体出生时就已经固定下来了。现在我们知道，只有主要的神经回路在出生时是固定的，新生儿的大脑重量只有成人的四分之一。出生时，婴儿的脑就已经具备了一生所有的神经元（脑细胞），发育过程中不会产生新的脑细胞；但是，每个神经元都会发育成熟并与其他神经元建立更多的联结，这些联结，我们称之为神经突触（synapses）。突触联结是我们思考和学习的基础。在发展早期（及以后），随着经验的累积，大脑将持续表现出显著的发展和改变。

脑研究让我们对幼儿的学习与发展规律有了更多的了解，很多研究发现对你将来的幼教工作都大有裨益，以下是一些要点。

- **先天的生物特质（天性）与后天经验（教养）之间复杂的相互作用，对个体发展，包括大脑发育，都能产生深刻影响。** 这种交互作用在个体出生前就已经开始了，并且会贯穿一生。杰克和肖恩考夫（Jack & Shonkoff, 2000）提出，"是遗传和环境的持续交互作用塑造了我们"（Galinsky, 2010）。这种复杂的交互作用对大脑发育尤为重要，因为随着儿童与环境中的人和物之间的互动，神经元会产生新的突触，神经联结变得更加紧密，这样儿童才能更好地思考和学习。3岁左右突触数量达到最高值，并一直保持到约10岁，此后大脑会对多余的神经突触进行"修剪"。有意义的联结（使用的）得以保留，而未被使用的联结会逐渐消失。突触的这种修剪可以提高大脑的工作效率，大脑在个体经验的作用下完成了自我塑造。因为大脑要修剪掉不用的神经突触，所以当儿童的早期交往和直接经验被剥夺时，神经突触就有可能会被过度修剪（Hawley, 2000）。

- **早期经验对大脑结构会产生决定性的长远影响，它会直接影响脑神经通路、学习能力和情绪管理能力（Shore, 1997）。** 儿童与重要他人的关系对神经通路的形成有直接作用。换句话说，一个精心的、一贯的且能提供丰富经验的照料者，其与儿童形成的安全依恋关系，对儿童的发展有保护作用。它有助于儿童的大脑发育，帮助儿童学会控制冲动和应对压力。

- **现有的脑研究结果支持完整儿童的教育观。** 脑成像研究发现，完成特定任务会激活很多脑区。例如，当儿童解决认知任务时，与情绪相关的脑区也会被激活（Galinsky, 2010）。重要的是，学前教育工作者需要意识到认知和情绪学习之间存在

图 4.2 大脑执行功能的重要性

> 下列行为需要大脑执行功能的参与：
> - 注意并集中精力完成某项任务
> - 掌握工作进度并按时完成任务
> - 同时关注多项任务
> - 规则记忆
> - 为了达成长远目标而抑制第一反应
> - 明白其他人的观点
> - 看到已有经验和新经验之间的联系，用新的方式组织信息
> - 评价观点，反思过去

资料来源：Information from E. Galinsky, *Mind in the Making*, 2010; National Center for Learning Disabilities (NCLD), 2010.

着这种相互作用，理解儿童的情感与其认知技能和能力之间存在着怎样的关系。

- 脑研究有助于我们理解大脑执行功能的重要性。执行功能是帮助人们在已有经验和当前行为之间建立联系的一系列心理加工过程。执行功能主要位于大脑的前额叶皮层，是负责许多重要活动的神经回路，具体包括计划、组织、策略运用、注意、细节记忆以及时间和空间管理。执行功能从幼儿期开始发育，直到成年早期才成熟。个体对自身注意、情绪和行为的管理都需要执行功能的参与。执行功能并不只是认知技能，它还包括社会、情绪和认知三种能力的交互作用。执行功能帮助个体根据目标进行情绪和行为管理。在《塑造中的心智：每个孩子都需要的七种基本生活技能》（*Mind in the Making: The Seven Essential Life Skills Every Child Needs*）中，埃伦·加林斯凯对儿童学习和脑发育的现代研究做了易读有趣的广泛综述。她在综述中强调，研究一致表明，执行功能与儿童在学业和人际交往方面的能力都密切相关（Galinsky, 2010年）。图4.2中总结了一些需要执行功能参与的任务和行为。

- 越来越多的研究表明，教师和家长能通过提供丰富的早期经验来促进儿童执行功能的发展，尤其是观点采择、注意、批判性思维和自我控制能力的发展。与同龄人相比，获得这些能力的学龄前儿童在人际交往、读写和数学学习方面成绩更好（Galinsky, 2010）。

- 在童年的某些阶段，消极经验或缺乏适当的刺激可能比其他阶段更易对发展造成严重且持久的损害。发展中的大脑是脆弱的，创伤或忽视会造成脑功能的损伤。当压力水平增高时，脑内会产生一种激素——皮质醇，过量的皮质醇会破坏脑细胞，造成脑密度降低。孕期抑郁、创伤、虐待和（或）孕期接触诸如可卡因、尼古丁和酒精等物质都可能对大脑发育造成持久的损害（Shore, 1997）。研究表明，如果儿童长时间处于高压力环境中，他们的注意、记忆和自我管理能力都较差（Galinsky, 2010）。

- 过去20年积累的证据表明，早期干预可以促进大脑发育，提高认知能力，

图 4.3　脑研究对学前教育实践的启示

1. 为儿童提供安全、健康、刺激丰富的环境和良好的营养。
2. 建立温暖、关爱的师幼关系，支持儿童与家人形成紧密的依恋。
3. 保证每一小组的婴儿和年幼的学步儿有一个稳定的主要照料者。
4. 经常与幼儿进行温暖的语言交流，给他们读故事。
5. 采用培养完整儿童的方法，关注儿童早期经验以及身体、社会性、情绪、交往和认知技能的学习。
6. 设计活动、环境和常规时考虑儿童的个体差异，让不同能力、背景、兴趣和气质的儿童都能感到被接纳并体验到成功。
7. 鼓励探索和游戏。
8. 让家长以有意义的方式参与到幼儿教育项目之中。
9. 控制儿童看电视的时间（即使是教育节目），鼓励家长也少看电视。
10. 鉴别发展迟滞或有特殊需求的儿童；帮助家庭合理配置资源，给予儿童支持并进行早期干预。

进而获得积极的学业表现。对易感儿童给予集中、及时、设计合理的早期干预，可以获得显著的长期效果。

举个例子，北加利福尼亚大学的"初学者项目"是一项纵向研究，该研究有力地证实了早期干预对母亲收入和教育水平低的儿童所产生的积极作用。实验组儿童参与了一个为期五年的集中保育项目，该项目是全日制全年施行的，家长也是从儿童出生几个月后就参与到项目中；控制组儿童只领到免费的婴儿食品和尿布。结果发现，实验组儿童的智商显著高于控制组儿童。在整个小学到高中阶段，接受早期干预的儿童，其学习成绩都显著优于控制组儿童。很显然，这种高强度的早期干预对这些孩子的生活产生了长远的影响（Ramey, Campbell, & Blair, 1998）。包括芝加哥亲子中心新近研究在内的其他一些纵向研究也有类似发现，高质量的早期保育和教育项目对儿童的发展有积极效果（Reynolds & Ou, 2011）。

脑发育研究的实践意义受到越来越多的关注，这也进一步鼓励了神经科学家、心理学家和语言学家开展相关的研究和综述。一些研究者也提出，脑发育研究的结果过度影响了学前教育财政投入方面的决策（Bruer & Greenough, 2001）。尽管在大脑如何根据经验来建立和削减神经突触方面还存在细节上的争议，但"过去半个世纪的大量研究都表明，在出生后头几年对儿童及其家庭进行教育强化，可以促进儿童从入学到成人期许多领域的健康发展"（Reynolds & Ou, 2011）（见图 4.3，脑研究对学前教育实践的启示）。

发展理论

儿童发展领域的研究者和学者提出了一些理论，即对儿童如何学习和发展进行描述和解释的一组相关的观点或原则。理论能够告诉我们现象（通过经验观察得到的）之间的联系以及现象背后的意义。理论还能够帮助我们理解过去，预测未来。儿童发展理论是我们理解儿童发展和学习的框架。

学习这些发展理论时要谨记，所有研究和结论都受其提出者所处环境的影响，包括时代、地域、文化和自身价值观等。作为一名学生，你马上就要开始学习儿童发展理论了。学习时要认真反思，想想这些理论是否支持你现有的关于儿童和家庭的观点，它们与你观察到的现象是否一致。一边学习一边反思，你会发现自己的教育和教学哲学以及工作实践都会因此而发生改变。

格塞尔及其成熟论

阿诺德·格塞尔（Arnold Gesell, 1896—1961）及其助手弗朗西斯·伊尔克（Frances L. Ilg）、路易斯·埃姆斯（Louise B. Ames）是20世纪30年代儿童发展科学研究的先驱人物。基于对大量不同年龄儿童的观察，他们制定了从出生到青春期各年龄段

的发育和行为特征（发展常模），由此得出对不同年龄、不同发展阶段儿童的预期性参考，这成为目前我们使用的许多儿童发展测查表（包括本章提到的这些测查表）和甄选工具的基础（Gesell, 1940; Gesell & Ilg, 1974）。

格塞尔主张，发展主要是遗传因素和成熟的产物。这种观点有时被称为成熟论（maturational theory），主张学习技能和概念的前提条件是成熟，而发育和成熟的速率是由基因决定的。只有在作为先决条件的发育和成熟完成了，个体发展才可能发生，"揠苗助长"是无效的。持这种观点的人也不否认环境因素对发展有着积极或消极的影响。他们认为日常养育和定期的体检可以保护儿童，让他们远离疾病、伤害和环境危害，从而确保儿童健康和正常的发育模式不被破坏。

准备（readiness）这一概念直接受到了格塞尔工作的影响，准备是指发展的一个特定时期，在这一时期内容易习得特定的技能或发生特定的反应。在儿童学习和发展的许多方面，"准备"这一概念都影响了我们的思想。例如，考虑什么时间让儿童学习如厕、阅读或开车，这些都受到我们认为他们什么时间会做好准备的影响。

成熟论的批评者质疑格塞尔收集数据的方法，认为格塞尔使用的同质的小样本限制了研究结论的可推广性。另外一些批评者则警告说：成熟论可能被理解为环境刺激并不重要。

成熟论的实践意义

了解儿童发展的既定顺序，我们可以制订活动计划来支持儿童正在发展的技能，并在儿童准备好时再开始下一步计划。环境支持儿童锻炼正在形成的技能，避免在儿童还未成熟到有充分准备的情况下，逼迫他们去学习新的技能，达到新的里程碑，这样儿童才能茁壮成长。如果在每个发展阶段都提供适宜的活动，儿童自然会习得顺利进入下一发展阶段所需的技能，这正是发展的神奇之处。例如，婴儿趴在床上踢蹬腿，实际是在锻炼下背肌，为下一步的坐立做准备。

对比发展常模，可以帮助我们观察儿童的发展是否正常，在整体发展或某一特定领域的发展上是否需要加以特别关注。发展常模还可以帮助学前教育工作者决定幼儿在何时学习哪些技能、掌握哪些能力。

作为学前教育工作者，使用发展常模时一定要注意结合儿童的特点，这一点非常重要。你会逐渐了解儿童的家庭环境，了解家长对孩子的成就和表现所持的态度，并理解这些因素对家长为儿童提供成长和发展所需的机会和经验方面有着怎样的影响。在充分考虑个体特征的基础上，我们才能恰当且有效地应用发展常模。

皮亚杰及其建构理论

弱小的新生儿成长为健谈、会推理的儿童，这是一个奇妙、复杂的过程。我们难以观察到这一过程中的某些方面。我们看不见想法是如何产生的，也看不见思维是如何发展的。了解儿童的思维和学习过程一直是儿童发展理论研究的焦点。

> 托马斯（2岁半）和贾内（4岁）坐在桌子旁。老师给了他们每人一块橡皮泥。贾内把自己的橡皮泥分成了三小块。托马斯看着贾内的橡皮泥开始大哭："我也想要和贾内的一样多！"

最著名的认知发展理论家非皮亚杰（Jean Piaget, 1896—1980）莫属。皮亚杰最初是一名心理学家，研究的专长是理解知识的本质（认识论）。他在比奈实验室研究智力测验期间，开始对儿童发展感兴趣。在工作过程中，皮亚杰注意到，在特定的智力测验问题上，孩子们总是会犯一些共性的错误，这促使他把研究重点转移到了儿童思维方面。皮亚杰对自己的三个孩子进行了细致研究，得出了一条重要结论：儿童的思维方式和成人有着根本的区别（Piaget, 1966）。在皮亚杰之前的那些理论，一般对知识观都持与此相反的观点：要么认为知识是内在的（来自儿童的内部——天性），要么认为是外在的（来自外部环境——教养）。皮亚杰认为，这两种观点都不能准确解释儿童实际的思维和学习过程。他指出，知识和认识是儿童的遗传能力（脑发育、反射、动作技能）和经验积累（环境中的人和物）交互作用的产物。皮亚杰理论的基础是：儿童创造或建构他们自己对世界的理解。建构是通过儿童与环境

反思象征性游戏

想一想你观察到的儿童假装游戏。他们是如何学习运用符号的？游戏如何帮助他们建立对世界的理解？

中的人或物的交互作用实现的。随着儿童的成长与发展，他们会不断修正并扩展自己对世界的理解。由于这一核心原则，皮亚杰的理论又被称为建构理论（constructivist theory）。

皮亚杰认为，只有当儿童主动参与到与环境的互动活动中时，知识的建构才有可能发生。建构理论主张，教学应该让儿童自己动手操作，与人和物互动，而不是把重点放在讲授或演示上。皮亚杰认为，儿童必须在活动中发现和建构对世界的理解，而不是通过被动观察获得知识。他的观点支持把游戏作为儿童学习的最主要方式。在游戏中，儿童拥有大量机会与环境进行互动，从而形成对世界的逻辑认识。通过参与假装游戏，儿童开始运用符号——积木代表电话、橡皮泥代表披萨，等等。这些愉快的经验可以为儿童将来的学业成功奠定基础。

知识的类型

皮亚杰提出儿童发展过程中会获得三种类型的知识：物理知识、社会知识和逻辑—数学知识。

物理知识是关于外部现实的知识，是儿童通过对物质世界的动作经验获得的。例如，通过抓球和玩球，儿童获得了关于球的特性的经验和知识：球的材料、形状、重量、软硬度，以及球能滚动、能弹起等。

社会知识是向他人学习的知识，包括语言、规则、符号、价值观、是非观念、仪式和神话等。这些知识是通过观察、听他人讲述获得的，成人和年龄稍大的儿童还可以通过阅读获得社会知识。例如，儿童懂得球可以用于体育比赛，不同的球用于不同的项目，特定类型的球各有不同的名称。

逻辑—数学知识是儿童通过观察、比较和推理，从而建构的关于逻辑关系的知识。当儿童进行分类、排序、观察事物之间的关系时，他们会获得逻辑—数学知识。例如，儿童可以观察到网球和垒球之间的关系（相似的形状、都能滚动、能弹起来，但是大小、颜色、材料和重量都不同）。随着对不同球类的经验的积累，儿童就会发展出球的概念，知道它们是一类有共同特征的物体的总称。逻辑—数学知识的建构需要直接经验，但其基础是对经验的认知加工和思考。

知识建构的过程

皮亚杰的理论认为，儿童在与环境互动的过程中会形成对经验进行理解的特定组织结构，皮亚杰把这些组织结构称为图式（schemata, schema 或 schemes）。早期图式是未来复杂心理结构的基础。婴儿最常使用的行为或动作图式包括吸吮、注视、抓握和摇晃。年龄稍大的儿童从身体或动作图式发展到心理图式，正是这些心理图式的发展，使其能够进行表征性思维和问题解决。皮亚杰区分了两种将新经验纳入已有思维和问题解决结构的过程：同化（assimilation）和顺应（accommodation）。表4.1对这两种过程做了说明。

表 4.1　皮亚杰的认知改变模型

儿童的经验	认知过程/适应	儿童的认知状态
儿童有很多关于狗的经验。	儿童生成一个心理图式：狗的图式，其中包括狗用四条腿走路。	平衡： 定义：一种平衡的、舒服的状态。
儿童第一次看到了一只羊，把它称为狗。	同化： 定义：将新信息纳入已有图式或行为模式中，但不改变已有的心理结构或模式。 儿童把羊纳入已有的"狗的图式"中。	平衡： 通过将新信息纳入已有心理结构中，儿童成功地完成了适应过程。
儿童发现羊有一些不同于狗的特征。于是他们获得了更多有四条腿的动物的经验。		失衡： 定义：当新的信息与已有心理结构不匹配时产生的一种不平衡的状态。
儿童把羊称为"咩"。	顺应： 定义：生成一个新的图式，或对一个或多个已有图式进行重组，以便新的信息可以准确适应这一心理结构。 儿童生成一个新的关于四条腿的动物的认知结构，一种"不会发出犬吠声、也不会摇尾巴"的四条腿动物。	平衡： 通过生成一个新的图式，儿童成功地调整了自己的认知结构以适应新信息。

皮亚杰的认知发展阶段

皮亚杰指出儿童发展具有阶段性，每个阶段都是三种元素交互作用的产物：已有心理结构、成熟和经验。每个人的发展阶段遵循相同的既定顺序，但进入某一阶段的确切年龄存在个体和文化差异，表 4.2 对每一阶段的发展特征做了总结。

学前教育机构中的儿童，其认知发展大多处于感知运动和前运算阶段。在感知运动阶段，儿童通过摸、尝、看、听等感觉，从而建构其对周围众多物和人的理解。他们用正在形成的动作技能来操控物体，认识物体的特性。儿童最初的反应多半是反射动作的结果。但是很快，他们就会注意到自己的动作与一些有趣的事情存在联系。躺着的婴儿会注意到，当自己踢上方悬挂的物体时，物体会动并发出响声。随着对因果关系认识的积累以及动作控制能力的发展，婴儿会主动尝试重复一些能带来有趣结果或愉悦体验的动作。经验教会幼儿知道即使一个物体或人不在视野范围内，他们仍然存在（客体永久性）。进入前运算阶段后，幼儿开始运用符号（语言）来表征经验。但是皮亚杰认为，他们依然在很大程度上依赖感知觉，并且这一阶段的幼儿是自我中心的（egocentric），即他们只能从自己的角度来看待事物。在前运算阶

表 4.2　皮亚杰的认知发展阶段

阶段	发展标志/特点	儿童的特征
感知运动阶段（0~2 岁）	客体永久性——知道不在视野中的物体依然存在。	• 从一个反射性的生物体，发展成为能思考、能使用语言的个体； • 主要的动作已经形成； • 通过实物操作获得关于世界的信息； • 不能对听不到、感觉不到、看不到、闻不到或尝不到的物体形成心理表征； • 学习区分自我和外界； • 学习主动寻找刺激； • 开始形成因果的概念。
前运算阶段（2~7 岁） 　前概念阶段（2~4 岁） 　直觉思维阶段（4~7 岁）	守恒——知道在形状或方位改变时物体的数量或质量保持恒定。	• 自我中心——不具备观点采择能力； • 从依赖动作进行思维发展到可以进行概念化思考； • 学习对经验命名； • 形成使用符号（语言、手势或其他物体）代替未呈现的物体或事件的能力； • 依据事物的表象而不是逻辑推理进行思考； • 倾向于按照事物的单一属性分类； • 开始发展道德感和道德推理。
具体运算阶段（7~11 岁）	转换推理——能够通过心理操作给物体排序。	• 能够用逻辑思维解决具体问题； • 更稳定、理性的形式思维处于发展中； • 想清楚一些事情之后仍需要实物操作来验证自己的想法。
形式运算阶段（11~15 岁）	假设—演绎推理——根据普遍理论进行系统分析、推演结果。	• 能够在各类问题中应用逻辑思维； • 能够对情境进行心理评估，不借助实物操作进行演绎推理。

段，幼儿学习的主要方式是通过直接经验，包括进行感知觉探索和操控。在这一阶段，幼儿往往只能关注事物或经验某一维度的特征，所以他们很容易为表象所蒙骗。例如，前面提到的托马斯，他还不具备"守恒"的能力，所以会被橡皮泥个数的表象所蒙骗。关于守恒的概念有四则经典故事，故事之一是，有一个小男孩第一次乘坐飞机，在飞机升到高空后他问妈妈："我们什么时候开始变小呢？"

杰里米（7 岁）从学龄前就开始收集岩石和鹅卵石。在一次家庭度假中，他在山上收集了好多岩石，小心翼翼地包好并带回了家，这些新岩石增加了他的收藏量。现在他特别喜欢给越来越多的收藏品分类、排序。他可以用越来越复杂的方式来分类排序：根据颜色和外形、从小到大或者根据他捡到这些岩石的地点。在爸爸的帮助下，杰里米开始阅读一本地理入门书，并开始根据一些地理概念来给这些岩石分类。

当儿童 7 岁时，他们的思维变得比学龄前更具逻辑性、灵活性、组织性。他们可以对某些概念和表象进行心理操作，因此能通过思维来解决更复杂的问题，而不必借助对具体实物的操控。但是，他们的思维仍然离不开建立在直接经验基础上的具体概念。皮亚杰称这一认知发展阶段为具体运算阶段（concrete operations），这一阶段的儿童对空间概念有了更准确的理解，比年幼儿童能用更复杂的方式进行排序。

皮亚杰也很关注语言对思维发展的影响。他注意到学龄前儿童的语言往往都是自我中心的（自言自语），不具有社会性（与其他人的对话）。他指出，这种自我中心的语言伴随活动产生，反映了儿童的思维过程。也就是说，只有在概念发展的过程中，儿童才能掌握和使用语言。社会情境中的语言习得是在概念习得之后发生的。按照这种观点，经验很关键，语言是认知发展的产物。

皮亚杰对理解儿童社会性和道德发展的贡献

建构理论也可以解释儿童是如何建构社会知识的（Edwards, 1986）。社会认知（social cognition）是指对社会行为和关系的认识与理解。当儿童从自我中心开始慢慢地理解他人的观点和感受时，社会认知就得到了发展。儿童开始能够看到自身行为和他人反应之间的联系，他们开始能够预见人际关系在一段时间内是相对稳定的。

建构理论也有助于理解儿童的道德发展。道德发展（moral development）是个体用以判断是非的一系列标准的发展。皮亚杰（Piaget, 1965）提出，儿童是在与同伴交往的过程中建构公平和公正的概念的。他认为，道德发展与儿童理解规则能力的发展密不可分，他还描述了儿童道德发展阶段的顺序。

> 杰里克是午餐分餐的小助手，他正拿着一大罐牛奶小心翼翼地走向桌子。另一个儿童从杰里克的背后跑过来，撞了他一下，牛奶洒了。另一名小朋友泰勒目睹了这一幕，他说："我要去告诉老师，杰里弄克洒了牛奶。"

皮亚杰认为，6岁以下的儿童做出是非判断的依据是，造成损害的大小而不是行为意图，因为他们更关注具体可见的结果。到童年中期，儿童做出判断时才会考虑行为意图。皮亚杰认为，儿童的认知发展阶段和已有社会经验都会影响其道德发展。他的研究证明，最初儿童认为规则是不可变的，是由权威制定的；发展到更成熟的阶段后，儿童认为规则是由人制定的，是可变的。其他一些学者也做了相关研究，探讨儿童如何看待权威和公正，成人如何在生活中促进儿童的道德发展（Damon, 1988; Edwards, 1986; Eisenberg, 1992; Lickona, Geis & Kohlberg, 1976）。其他研究详见本章后面部分对柯尔伯格理论的介绍。

图 4.4 建构理论的实践意义

1. 提供感知觉游戏和探索所需的材料。
2. 提供开放性材料供儿童以不同方式来组织和分类。
3. 一日常规中应安排大量时间供儿童游戏。
4. 提问并鼓励儿童自己解决问题。
5. 从儿童对客观世界的直接经验出发，提供有意义的新经验和学习机会。

建构理论的实践意义

皮亚杰的理论让家长和教育工作者意识到，儿童的思维与成人的思维有本质区别，儿童更依赖经验的支持。儿童需要在直接重复的感知觉的经验基础上建构对世界的理解。建构理论让教育工作者了解到，正如身体发育一样，儿童的认知发展也具有阶段性。仓促地让儿童像成人一样思考，就如同让一个刚会爬的婴儿去学跳高一样愚蠢。这一观点有助于教育工作者更好地理解准备的概念。尽管认知发展的过程不能被加速，但研究发现，这一过程却有可能被阻碍。儿童需要认知刺激来学习思考和推理（Healy, 1990）。

皮亚杰强调，幼儿会一直尝试通过经验来建构对世界更一致的认识。这一观点让许多教育工作者都相信，在教育实践中应该为儿童提供大量探索、实验和操作材料的机会。皮亚杰反对把下一个发展阶段的概念直接教给儿童，他强调这些概念的习得一定要通过经验、成熟以及成人的支持之间复杂的交互作用来实现。

作为一名教育工作者，在学习建构理论后，你就会懂得不能将知识灌输给儿童。你会发现，在教学过程中对某一概念进行"直接讲授"的效果并不理想。相反，你应该选择合适的材料，通过体验让每位儿童形成自己对重要概念的理解。皮亚杰强调，儿童具有与生俱来的好奇心，你只需要给他们提供解决问题和探寻自身意义的机会，这就是对他们建构知识的支持。

皮亚杰对儿童发展、知识及思维结构进行了研究，这为认知发展研究贡献了新的方法。他对儿童在思维过程中的策略使用进行了细致观察，对发展过程和阶段做了详尽描述，为我们理解儿童的学习过程作出了巨大贡献，同时也带动了许多认知发展方面颇有价值的思考和研究。

对皮亚杰理论的兴趣和争议恰恰证明了其重要性。他的研究在许多情境下被重复，同时也受到颇多质疑。后来的研究发现，某些或者说所有的认知发展特征都早于皮亚杰提出的年龄段。另外，也有人质疑他所提出的认知发展的阶段划分，质疑者认为技能发展是一个对特定材料和内容不断熟悉的连续过程。尽管如此，皮亚杰的理论对现代关于人类智力和学习的观点仍然有着重要的影响（见图 4.4）。

柯尔伯格及其道德发展理论

劳伦斯·柯尔伯格（Laurence Kohlberg, 1927—1987）关于道德推理的研究是对皮亚杰儿童道德发展理论的精细化和丰富（Kohlberg, 1984）。柯尔伯格的工作聚焦于人们在整个生命周期内如何做道德决策。他按照个体道德习俗（判断是非的规则）观念的发展把道德发展划分为三个阶段。从一个阶段到另一个阶段的发展是儿童推理能力发展的结果，而推理能力受经验增长的影响。随着个体不断成熟，他们能注意到自身的一些观念之间是相互矛盾的。与皮亚杰的理论类似，柯尔伯格的道德模型也是分层次的，每个人都必须按序经历各个发展阶段，每一阶段的发展都有赖于前一阶段的发展（见图 4.5）。按照柯尔伯格的理论，个体对行为的判断最初依据外界标准（如惩罚和消极结果），然后逐步发展到依据内在标准和原则来选择行为。

卡罗尔·吉利根（Carole Gilligan）及其他人对柯尔伯格的理论进行了批判，认为他选择的被试主要是男性，且研究是基于假设的而非真实生活中的情境。吉利根的后续研究发现，男性在做道德判断时更多依据公平和公正的原则，而女性则更多秉持关怀和责任的原则（Gilligan, 1982）。后来也有研究给出了令人信服的证据，无论男性还是女性，在做道德判断时都会持关怀和公正这两种取向（Smetana, Killen, & Turiel, 1991; Walker, 1995）。另一些人质疑柯尔伯格的理论，因为他强调西方的个人主义价值观，从而忽视了其他文化背景下的集体主义价值观（Berk, 2009）。

图 4.5 柯尔伯格的道德发展阶段

> **阶段一**：前习俗道德水平（preconventional morality）（2~7 岁）——道德判断依据个人兴趣（情绪和喜好）。这个阶段的儿童认为规则是外在的，对规则没有任何个人承诺。他们会因为自己想做而去做一件事，也会为了避免惩罚而不去做一件事。到 4 岁左右，儿童开始理解交换，即如果我对你好，你可能也会对我好。
>
> **阶段二**：习俗道德水平（conventional morality）（7~12 岁）——人们选择遵守或维护已有的规则和社会习俗。这个阶段的个体会关注群体认同，与他人保持一致。他们关注共同利益，并希望尽一己之力来维持社会秩序，这些观念主导他们的行为。
>
> **阶段三**：后习俗道德水平（postconventional morality）（青少年及以后，并不是所有人都能达到这一水平）——人们接受社会契约及普遍的道德标准。达到了最高水平的个体可能依据内在的道德心做道德判断，认为普遍的道德标准要高于法律或习俗。

资料来源：Information from L. Kohlberg (ed.), *The Philosophy of Moral Development: Moral Stages and the Idea of Justice*, 1981.

第4章 维果斯基及其社会文化理论

列夫·维果斯基（Lev Vygotsky, 1896—1934）是俄国心理学家，主要研究儿童思维和语言发展的模式。他的社会文化理论阐述了儿童发展是如何受文化影响的。该理论的基本原则是：社会性发展和认知发展是相互作用的，语言的发展会影响儿童的学习（Vygotsky, 1962）。

> 3岁的斯凯正在搭积木。她搭建了一座带有屋顶的平房。老师瓦尔坐在她旁边，也搭了一座类似的房子。瓦尔说："我想让我的房子有更多空间。"他在屋顶的四角分别放了一块积木，又放了一块顶棚开始搭建第二层。斯凯饶有兴趣地看着，试着用三个整块积木和一个半块积木放在四角搭建第二层。可惜，她搭的第二层倒了。瓦尔老师对她说："能帮我找四块大小一样的积木吗？我想再搭建一层。"

和皮亚杰一样，维果斯基也认为儿童是学习的主动参与者，自主建构知识和对世界的理解。但皮亚杰认为儿童的发展与其成熟密不可分；而维果斯基则强调社会经验、儿童与同伴、年长儿童和成人的互动以及他人对儿童的期望在儿童学习中的作用。

维果斯基认为，社会背景（家庭环境、学校的价值体系、社区的地理位置等）不仅会影响儿童思维的内容，也会影响其思维方式和认知结构（Bodrova & Leong, 2007）。例如，农村儿童关于时间的概念可能是建立在农作物的生长周期上的，而城市儿童可能更多是从四季变换的角度来理解时间的。有的家庭鼓励孩子将口语作为首要的交流方式，而有的家庭则习惯使用非言语的交流。生活在这两类家庭中的儿童，他们在理解、组织经验和信息的方式上也会有所不同。

维果斯基认为，语言的发展是儿童组织和整合经验、发展概念的基础，这就把语言提到了思维发展的核心地位。与他人的交流至关重要，因为儿童的语言是在其与成人和年长儿童的交往过程中发展起来的。皮亚杰认为语言是认知发展的产物，而维果斯基则提出语言是思维发展和认识发生的工具。和皮亚杰一样，维果斯基也注意到了儿童的自我中心语言，但他和皮亚杰的解释完全不同。他认为这是儿童发展概念和计划行动的工具。大多数成人能意识到自己的内部言语，偶尔还会有"出声思维"，尤其是面临新的或有挑战性的任务时。对儿童来讲，自言自语（private speech）应该是听得见的，这是他们管理自己动作和行为的工具（Bodrova & Leong, 2007）。随着年龄的增长，这种出声语言会逐渐消失，取而代之的是内化了的不出声语言。

维果斯基认为，每一项功能的发展都是先在社会层面发生，之后才在个体层面发生。儿童发展是通过最近发展区（zone of proximal development）实现的，最近发展区是指儿童能独立达到的行为水平和需要帮助所能达到的水平之间的距离。在

《思维和语言》(Thought and Language)这本书中，维果斯基写道，"今天儿童在合作情境中能完成的，明天他就可以独自完成"(Vygotsky, 1962)。根据这一观点，成人应该提供一点支持以帮助儿童成功完成一项任务，成人的支持就被称为脚手架(scaffold)，通过这种方式来促进儿童学习，就像前面例子中提到的斯凯。随着儿童完成任务能力的提高，应该逐步撤走这些脚手架，直到儿童能独立完成任务。例如，当儿童第一次学习骑自行车时，他们可能需要安装离地面很近的辅助轮。随着儿童的技术和自信心的增强，成人会逐渐调高辅助轮与地面的距离。经过一段时间的练习，成人会撤掉辅助轮，在儿童骑车时稍微扶着车，直到儿童能够把握好平衡自己骑车。

社会文化理论的实践意义

维果斯基的理论让我们明白，成人在儿童的学习和发展中有着至关重要的作用，成人实际上是在帮助儿童建构对世界的意义。通过相应的对话，成人帮助每位儿童在活动中寻找个人意义。维果斯基的理论在今天仍然很有影响，它让我们更重视儿童学习的社会背景，在机构教育之外，家庭和文化的作用也不容忽视。

维果斯基提出的最近发展区概念对学前教育工作者尤为有用。了解这一概念后，教师就会知道如何在具体任务中为儿童的发展提供支持，就像前面例子中的瓦尔老师一样。社会文化理论有助于教师"关注儿童的身体、情绪、社会性和认知发展的各个方面……设置既有挑战性又能够达到的目标"(Copple & Bredekamp, 2006)。社会文化理论也是发展适宜性实践的基础。

维果斯基提出，应该从质性和量化两个方面分析儿童的能力，这一观点支持将观察法作为评价儿童技能和能力的有效手段。教师将先了解幼儿现有的技能水平，然后用各种不同方法来引导儿童学习。将能力不同的儿童分到同一小组，通过合作交流共同完成任务，这种合作学习也是社会文化理论提倡的教学方法之一(Berk, 2009)。另外，该理论还强调，在课堂教学中教师要在想象和假装游戏中及时提供必要的支持，要给孩子安排足够多的游戏时间，要准备游戏所需的材料，等等。

布朗芬布伦纳及其生态系统理论

尤里·布朗芬布伦纳(Urie Bronfenbrenner, 1917—2005)是一位心理学家，也是美国"开端计划"的创始人之一。他的生态系统理论(ecological systems theory)介绍了影响个体发展的社会和文化系统。布朗芬布伦纳认为，必须在儿童所处的社会、政治、法律和经济系统中理解儿童的发展，儿童生活在这些嵌

套的体系中。每一层系统既相互影响，也同时影响儿童的发展（见图4.6）。

在布朗芬布伦纳的理论模型中，图的中央是微系统（microsystem），它与儿童发生的相互作用最多。微系统包括家庭、学校和同伴，他们与儿童相互影响。微系统外面一层是中系统（mesosystem），包括微系统与更广泛的环境的关系，如家庭和学校，或者家庭和儿童的同伴之间的关系。例如，家庭和学校的积极关系有利于儿童的学业成绩。中系统外面一层是外系统（exosystem），是指对儿童发展有间接影响的社会环境因素，如父母的工作场所或者提供家庭服务的机构。父母工作环境的改变，例如从白班变成晚班，或者遇到一个要求更高的新老板等，这些都会影响家庭中的亲子关系。再外面一层是宏系统（macrosystem），指儿童生活的文化背景，如行为模式、观念和价值体系、法律和习俗，等等。例如，家里的规则制定会受到所在文化中观念和价值观的影响。最外面一层是时序系统（chronosystem），指事件和环境所

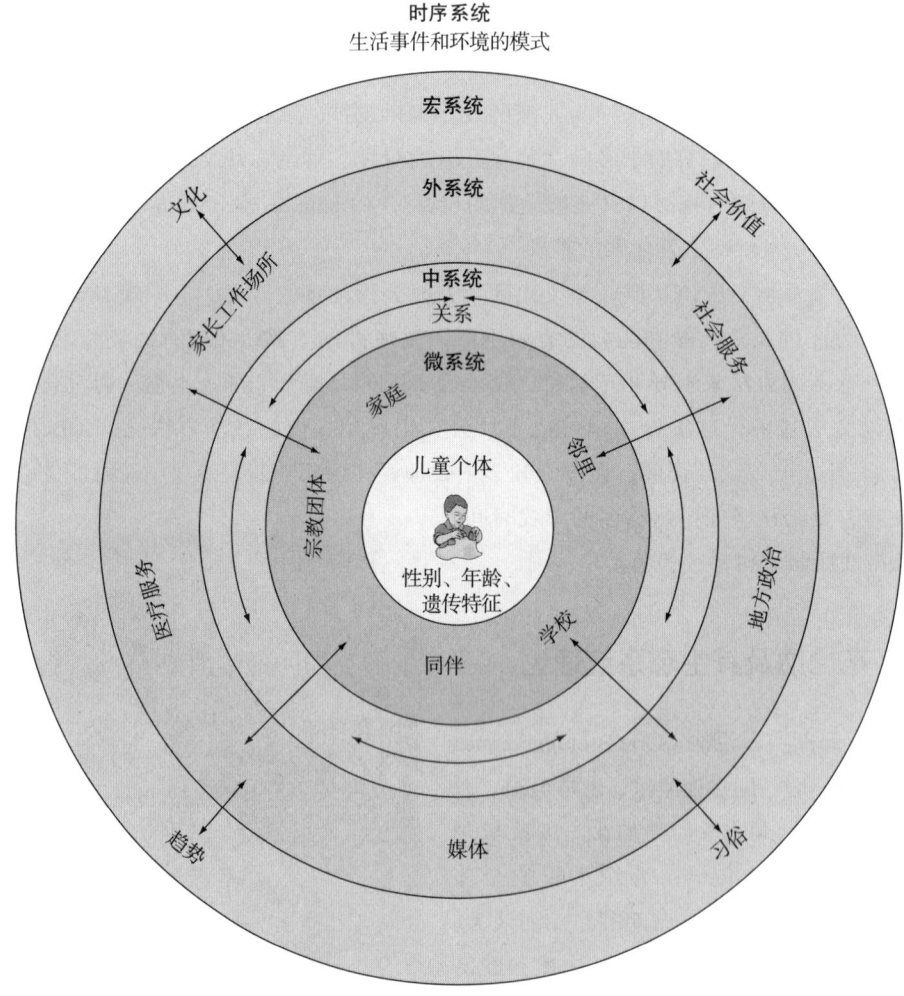

图4.6 布朗芬布伦纳的生态系统理论

发生的时间及其对儿童发展的影响。例如，父母的离世或离婚对年幼的孩子和年长的孩子产生的影响可能不同。

生态系统理论的实践意义

生态系统理论提醒我们，要了解儿童的发展必须要考虑家庭、同伴、社区、文化、社会和生活的时代等背景因素。家庭环境的变化会对儿童产生影响；同时，儿童的行为和发展也会反作用于家庭，了解这一点有助于教师为儿童的健康发展和学习提供支持。生态系统理论支持在设计课程时，要以儿童的家庭、社区和文化中的重点方面为基础。

加德纳及其多元智能理论

基于认知发展和神经科学研究，霍华德·加德纳（Howard Gardner）提出了多元智能理论（multiple intelligences theory）。多元智能理论认为，不存在单一维度的一般智能，每个人的智能实际上是由各种不同的能力组合而成，它们既可以单独起作用，也可以同其他能力一起发挥作用。

> 菲丽丝开车去一个几年前她曾简单游览过的小镇。油箱中没有多少油了，她记得几个街区之外的街角处有个加油站。她没有走错一点路，将车顺利开到了加油站。她回家一周后，安答应在去开会的路上顺便接她。安是她从小的邻居，非常有创造力又很聪明。结果安迟到了20分钟。她道歉说："我在商店停了一下，然后就不知道去你家的路线了。"

加德纳提出了八种"智能"（Gardner, 1983, 1991, 1993），并认为将来还可能会发现更多的智能（见图4.7）。前面例子中的安和菲丽丝在空间智能上就存在很大差异。

智力是由文化来界定的，不同社会所需并看重的能力各不相同。想象一下不同文化中的人们会如何看待不同类型的智力。例如，古代的波利尼西亚人靠星星来导航，他们赋予空间智能很高的价值；靠狩猎为生的文化则可能很重视身体运动智能，因为这是成功狩猎的前提条件；欧美社会通常重视语言和逻辑—数学智能，因此美国教师花很大精力来提升学生的语言和数学能力。

多元智能理论的实践意义

多元智能理论强调每个个体都有自己独特的天赋，应该承认并挖掘这些天赋，使之得到充分发挥。此外，即使教授同样的技能和概念，也需要针对不同个体采用不同方法。它鼓励学校和教师从更广义的层面来定义成功，而不只局限于传统意义上的学业成就。当发现儿童的特长时，我们应该通过多种有效途径来开发儿童这方面的潜能。

反思你的智力领域

想一想加德纳提出的八种智能领域。哪种是你的优势，哪种又是你的劣势？上学时你的哪科成绩最好，哪科最差？学习了多元智能理论对你的教学有何影响？

图 4.7 加德纳的多元智能

- **音乐智能**：感受和创作音乐的能力。具有音乐智能的儿童对声音尤其敏感，经常玩乐器。
- **身体运动智能**：运用身体来解决问题的能力（比如在体育比赛或跳舞时）。具有较高身体运动智能的儿童，在小时候就表现出良好的身体协调性，愿意用肢体语言去表达自己，很难安静地坐着。
- **逻辑—数学智能**：理解数的基本性质和因果关系的能力。喜欢猜谜游戏或者对数字感兴趣的儿童表现的就是逻辑—数学智能。
- **语言智能**：运用语言表达思想以及学习语言、外语的能力。语言智能较高的儿童喜欢说话，能较早开口说话，喜欢阅读和韵律，有想象力，擅长讲故事。
- **空间智能**：对空间关系进行心理表征的能力。空间智能较好的儿童很小可以看地图、画图，擅长富有想象力的搭积木游戏，对房间中物体的摆放很敏感。
- **人际智能**：理解他人并与他人合作的能力。善于观察人际关系，社会交往能力和领导力较强的儿童表现出较高的人际智能。
- **内省智能**：认识自己的能力。内省智能突出的儿童有强烈的兴趣和目标，非常了解自己，乐于反省自己，有很强的自信心。
- **自然智能**：加德纳新近识别出的一种智能形式，指认识环境中各种动物和植物的能力。自然智能高的儿童喜欢户外活动、收集动植物，能很好地区分不同的动植物。他们可能在识别不同的汽车、飞机和恐龙等方面也发展得很好。

资料来源：Information from H. Gardner, *Multiple Intelligences: Theory and Practice*, 1993.

多元智能理论对小学及以后的教学设计方法影响尤其大。持有多元智能观点的教师会为儿童提供多种学习机会，以促进其各领域智能的发展；也会加大对艺术和体育课程的关注与投入。

埃里克森及其心理社会发展理论

反思信任的作用

你能回忆起童年时哪些经验让你学会信任或不信任他人吗？和信任的人在一起有什么感觉？哪些事情你只有和信任的人在一起时才会做？如果你不信任他人，你的生活会是什么样子的呢？

精神分析学家艾瑞克·埃里克森（Erik Erikson, 1902—1994）是儿童情绪发展研究领域的先驱，他的著作《儿童期与社会》（*Childhood and Society*, 1963）至今仍然影响着许多教育工作者。埃里克森的心理社会理论（psychosocial theory）描述了个体一生中社会性与情绪发展的八个阶段，图 4.8 中介绍了前四个阶段。埃里克森认为，在这八个阶段的发展过程中，个体形成了基本的态度，每个发展阶段都有一个主要任务或要解决的冲突，任何一个阶段若存在严重问题，都会导致下一阶段的发展困难。婴儿期的主要任务是发展基本信任；学步儿期的主要任务是发展自主；3~6 岁儿童则需要发展主动；学龄儿童的主要任务是发展勤奋（Erikson, 1963）。

每个阶段，埃里克森都描述存在一个连续体，一端是健康发展的潜能，另一端是消极和自我挫败的发展潜能。埃里克森把发展看作两极力量相互较量的产物，积极经验多于消极经验才会带来健康发展。他认为一个阶段的顺利发展会帮助个体成功进入下一阶段；而如果发展不顺利，个体则可能会重新退回到之前的发展阶段，

图 4.8　埃里克森提出的儿童心理社会发展阶段

> **信任对不信任**（婴儿期）：发展的第一阶段。婴儿习得（或没能习得）信任他人的能力，也知道自己的一些行为表现能够激发他人对自己的照料。出生后第一年敏感的养育关系对发展基本的信任感至关重要。如果婴儿得到爱护、照料和接纳，他们会认为世界是美好的、安全的；反之，可能会失去希望以及信任他人或自己的能力。
>
> **自主对羞怯和怀疑**（学步期）：发展的第二阶段，从 12~15 月龄开始，这一阶段的儿童主要发展基本的自主感，即自我控制和独立完成动作。迅速发育的学步儿开始学习协调各种新的动作模式，坚定地维护自己作为人的权利。这个阶段的主要任务是如厕训练和自理技能。如果父母和照料者温和、接纳，了解儿童发展自主性的需要，那么儿童就可以顺利完成这个阶段的发展。如果成人严厉苛刻，或者儿童的自主行为受到了惩罚，羞怯和怀疑就会在儿童生活中占据主导。
>
> **主动对内疚**（3~6 岁的学前期）：第三阶段。这一阶段的儿童主要是发展兴趣、主动探索和为入学做准备。儿童需要主动探索环境，表达自己天生的好奇心和创造力。如果这种探索被看成淘气，或者父母、教师过度担心儿童弄脏自己或破坏东西，儿童可能会更多感到内疚，无法顺利获得主动感。
>
> **勤奋对自卑**（学龄期）：这个阶段的儿童已经准备好了迎接新异刺激的挑战和建构新知识。他们需要身体、智力和社会性等各领域的活动机会。他们需要经常操作不同材料，体验成功和感到"我能行"所带来的自信。如果儿童在尝试学习新技能和应对新情况时反复失败，他们会产生自卑感。

资料来源：Information from E. Erikson, Childhood and Society (rev. ed.), 1963.

再次经历并设法解决那些冲突。

心理社会理论的实践意义

心理社会理论的观点对学前教育工作者有重要意义。该理论提出，一些关键的发展是在 8 岁以前完成的，这个年龄段的儿童对成人有很强的依赖性，因此，这一阶段儿童与生活中重要他人的关系极其重要。幼儿正在逐渐成长为独特的个体，了解这一点有助于学前教育工作者理解并支持儿童的这样一种矛盾的需要：他既寻求与他人建立联系，又要求自我独立。

在许多高质量的学前教育机构中，课程活动都非常注重帮助儿童顺利完成埃里克森所提出的各阶段的主要发展任务。提高师幼比，为婴儿和学步儿安排一个主要的照料者，这些措施很重要，因为与少数几名照料者建立温暖、细致的养育关系是儿童发展**信任感**的必要条件。照料者给予婴儿积极、尊重的回应，有助于婴儿获得安全感，从而使其顺利进入下一阶段的发展。为学步儿和低年龄的学前儿童提供大量机会，使其得以自主选择游戏、材料和伙伴并自理日常活动，这样有助于发展儿童的自主感。有经验的学前教育工作者会在清晰、一致的规定范围内留给学步期幼儿拒绝的机会。教师鼓励学步儿越来越**自主**，却又在需要时及时为他们提供生理和情感支持。在学前和小学低年级阶段，教师必须提供足够的时间和资源，鼓励儿童去探索、制订计划、执行计划以发展儿童的**主动性**。在课程中允许儿童练习习得的技能，提供材料和工具让儿童体验成功，儿童的主动性将会蓬勃发展。在学龄期，让儿童有机会参与一些创造性的项目，这有助于其**勤奋感**的发展。如果小学教师能允许儿童犯错误，多肯定儿童的成功，鼓励儿童尝试新事物，儿童在这一阶段将会获得积极的发展。

当你能够越来越熟练地帮助儿童完成这些发展阶段任务时，不要忘记在许多文化中，家庭赋予集体意识和集体关系很高的价值。这些家长可能不支持年幼儿童发展自主和主动，他们可能更偏向鼓励儿童融入集体的活动。保持敏感和开放的态度，与家庭成员及时沟通，这样你就能够更好地了解家长的价值观，并为儿童选择一些符合其家长文化和价值观的活动。

马斯洛及其自我实现理论

心理学家亚伯拉罕·马斯洛（Abraham Maslow, 1908—1970）提出了关于人类动机和潜能发展的理论，称为自我实现理论（self-actualization theory），其基本观点是，人的基本需要是一个层级结构（Maslow, 1968, 1970）（见图 4.9，马斯洛的需要

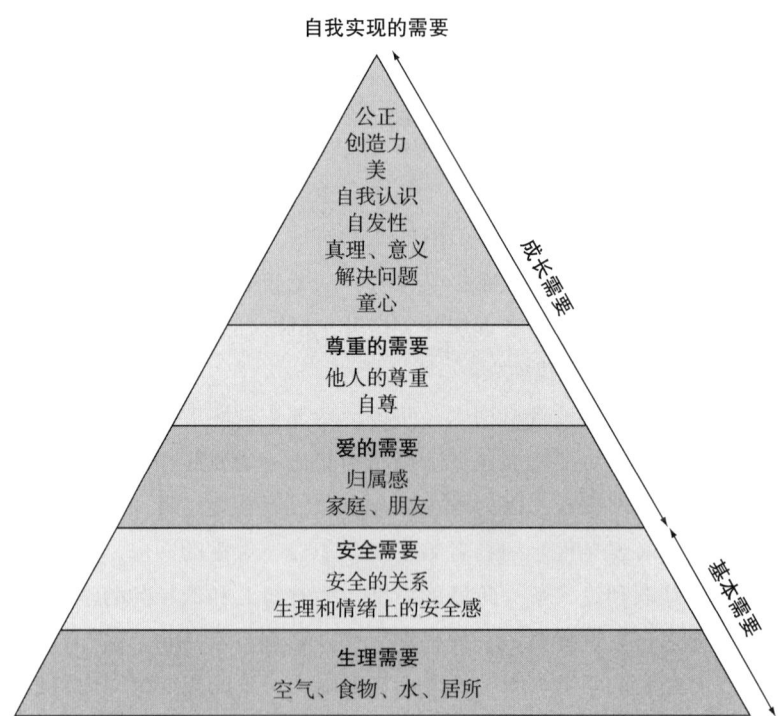

图 4.9　马斯洛的需要层次模型

资料来源：Diagram based on *The Hierarchy of Needs* from Maslow, Abraham H. Frager, Robert D. (Ed.), & Fadiman, James (Ed.), *Motivation and Personality* (3rd ed.), 1987. Reprinted by permission of Pearson Education, Inc., Upper Saddle River, NJ.

层次模型）。模型的最底层是生理需要，诸如空气、水、食物和居所。如果这些需要未被满足或者只是部分得到了满足，个体可能无法生存下去，或者需要把全部精力用于满足这些需要。当基本生理需要得到了满足，安全需要就成为一个待解决的问题。按照马斯洛的观点，人类最高级的需要是自我实现的需要。当生活环境中没有威胁、与周围的人有稳定友爱的关系时，人们会感到安全，并开始追求自我实现———一种付出爱与接受被爱的能力，追求对世界和对自我的认识。马斯洛认为，自我实现的人能够认清现实，对新经验保持开放，会做出有益于自身潜能发展的选择。他们具有自发性和创造性，能与他人建立并维持积极的关系。

马斯洛的理论已经在世界范围内得到广泛认可和应用，但是它的哲学基础是西方的个人主义。集体主义文化可能会认为，家庭或集体的需要应该优先于个人的潜能发展和个人成长的需要。

自我实现理论的实践意义

你是否有过疲惫、感觉不良或者为一段重要关系而焦虑，却又不得不备考或学习一种新任务的经历？如果有，你就已经体验了马斯洛理论的实用性了。自我实现理论有助于学前教育工作者对儿童的生理需要更细心，定时为儿童提供营养丰富的餐点；有助于你时刻注意创设并保持安全健康的环境。另外，你也能更好地理解，那些缺乏爱和接纳的儿童在学习上也会遇到困难。当幼儿孤立无援时，你要采取措施帮助他们体验社会接纳；你要让他们体验成功以获得自尊和他人的肯定；你也可以示范好奇心、对美的欣赏以及对学习的热情，在通往成为自我实现之人的道路上为其提供支持。

儿童的全面发展

不同年龄段的儿童具有不同的发展特征。格塞尔及其他研究者在对儿童发展进行研究时，都对不同年龄段儿童的典型行为和特征做了区分。

发展阶段

本书将童年早期划分为四个阶段：

- 婴儿指从出生到大约12月龄。
- 学步儿指从12月龄到36月龄（1~3岁）。
- 学龄前/幼儿园儿童指3~6岁期间。
- 学龄儿童指6~8岁期间。

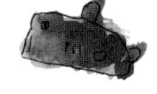

反思发展常模

回忆自己的发展经历或者去问问你的家人，你什么时候开始走路？说话？骑自行车？能阅读？你的发展是"典型"的，还是"正常"的？你觉得如果一个儿童的发展没有遵照常模，家人会有什么样的感觉？

每个发展阶段都有一个独特的发展里程碑（标志着迈向下一个阶段的重要发展任务）。发展时间表具有很大的个体差异，谨记这一点非常重要。儿童达到发展里程碑的时间取决于个体的遗传因素和获取经验练习的机会。残障儿童在某些方面能与同龄人保持一致的发展速度，而在别的一些方面则相对滞后。

发展领域

划分发展的方面或"领域"——生理、社会性/情绪、认知（包括语言），有助于明晰和界定儿童的发展状况。这种划分法并不是通用的，社会性和情绪发展经常被划分为两个独立的领域；语言也常被看作独立于认知发展的领域；有时创造性发展也会被作为一个单独领域。不管人们从理论和实践角度如何划分，在真实情境中，儿童的发展则是一个整体，这些领域都是其中的一部分，并且各领域间相互影响。

> 吉尼5岁了，以前经常患中耳炎，这影响了她在婴儿早期的听觉发展，她的口语发展也因此落后于同龄儿童。她的词汇量比大多数同龄人都少，有时很难听懂她在说什么。这也限制了她和伙伴们一起游戏，社会技能的发展也比同龄儿童滞后。语言发展的迟滞也意味着她接收并理解口语信息的速度要比其他小朋友慢。

从上面的例子我们可以看出，中耳炎影响了吉尼许多领域的发展。

下面有关发展里程碑的表格对幼儿各阶段的发展任务做了简要介绍。在参考这些具有里程碑意义的发展任务时，不要忘记本章之初介绍的发展原则，谨记发展具有个体差异，发展会受个体生活环境的影响。

婴儿的发展

出生后的第一年是各领域发展最为迅速的时期。刚出生时，婴儿各方面的发展都完全依赖成人；1岁左右，婴儿已经能独立移动、交流，与他人建立联系。在头一年，婴儿开始掌握因果关系等基本规则，并学习组织信息，理解周围的世界。他们从最初只能依赖成人发展成为一个学步儿，开始迈出了走向独立的第一步。

婴儿的生理发育

出生后第一年，婴儿的身体发育比此后任何一个阶段都要快。他们的身高会增加约50%，体重增加3倍左右，头围增长约2倍（Berk, 2008），会长出几颗乳牙。婴儿坐、爬、站的能力都有所发展，有些还可能已经迈出了人生第一步。

婴儿的认知和语言发展

婴儿用自己全部的感官来探索世界，并开始将经验组织成为有意义的结构。随着对外部世界探索的不断深入，婴儿开始识别特征并形成概念，这些心理表象有助于婴儿理解自身经验的意义。最初他们会注视照料者，观察他们的面部表情和言语。然后婴儿开始尝试发声，并试图与他们信任的成人用声音交流。在约1岁时，婴儿能理解许多口语词语，并能给熟悉的人和物命名。

婴儿的社会性和情绪发展

在出生后的第一年，婴儿形成对重要他人的依恋。如果需求能被及时满足，有人照顾、陪同游戏，以及反应能得到积极回应，婴儿就会形成信任感，这是健康情绪和良好社会性发展的基础。从出生开始，婴儿就会仔细观察周围人的动作。他们渐渐能区分出自我和客体；能识别自己的不同情绪，也开始能敏感察觉他人的情绪。表4.3中列举了婴儿期发展的里程碑。

表4.3 婴儿发展的里程碑

年　龄	领　域		
	身体和动作	认知和语言	社会性和情绪
出生～5月龄	• 身高和体重迅速增长 **大动作** • 抬头 • 扶坐 • 翻身 **精细动作** • 注视并伸手够东西 • 控制手部和手指 • 抓握物体 • 传递（倒手）	• 注视人脸和物体 • 重复有趣的动作（如踢摆动的风铃） • 能识别熟悉的人脸、地方和物体 • 对语言做出反应，哭或者发出咿呀声 • 能够发出带有元音和辅音的一串声音 • 开始模仿发声	• 微笑；用笑来回应或诱发回应 • 模仿成人的表情 • 对熟悉的人更主动回应 • 对人的回应比对物体多 • 开始逗笑 • 不高兴时会哭 • 有情绪表现，如惊奇、害怕和愤怒
6~12月龄	**大动作** • 独立坐 • 爬 • 扶站 • 独站，缓走 • 走几步 **精细动作** • 指尖抓握 • 双手协调	• 表现出因果意识，会重复某一动作去诱发结果 • 模仿简单的动作，如摆手再见 • 表现出客体永久性；寻找物体或人；当他们消失时会表现出不满；玩具滚到某些物体后面时知道移开物体寻找玩具 • 理解熟悉的词语；听到某一物体的名称时会用目光去寻找这一物体 • 对简单的要求能正确回应（如"亲亲妈妈"） • 能说出第一个词	• 参与互动游戏，如躲猫猫 • 区分熟悉的人和陌生人，产生陌生人焦虑 • 能意识到照料者的不同情绪 • 与照料者形成依恋 • 把照料者作为保障安全的"本垒" • 与熟悉的照料者分开时表现出焦虑 • 与其他儿童互动；可能去触摸他们，有声音交流、递给或接过玩具 • 对他人的痛苦有回应

学步儿的发展

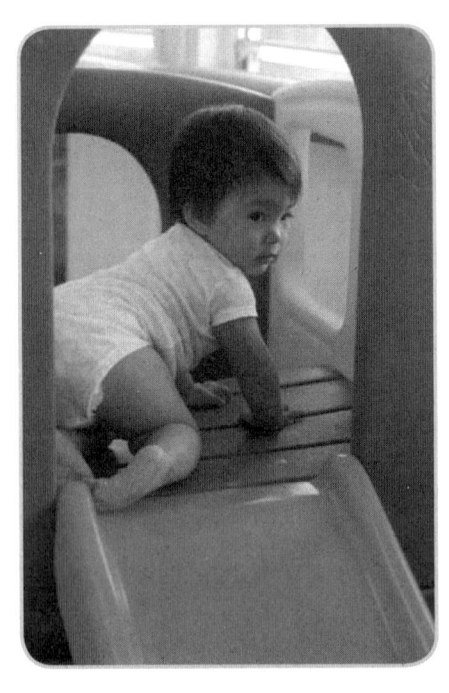

学步儿有着强烈的好奇心,以及探索并学习外部世界的意愿。在这一短暂的时期,幼儿会获得许多技能,接收并组织大量的信息,同时精力旺盛!这个阶段的幼儿总是忙个不停,且表现出独立或自主需要,这些特征使得他们获得了"可怕的两岁"(terrible twos)这一标签。如果你观察学步儿,意识到他们的发展和学习有多么快,你就会像大多数学步儿教师一样,认为"可怕的两岁"比学步儿更能贴切地代表这一阶段的儿童。

学步儿的生理发育

尽管学步儿的发育速度比婴儿期有所减缓,但他们的身高和体重都有明显增长,并且掌握了很多大动作技能。他们从蹒跚学步发展到能够快速跑动。学步儿经常一跑起来就很难停下或转弯,所以他们在跑动中经常会撞到物体或其他人。当学步儿能够控制手和手指的小肌肉动作时,他们就可以自己吃饭了。他们可以很熟练地脱衣服,但有时穿衣服和穿鞋还有点困难。正如他们的生长速度慢了下来一样,他们的胃口也开始变小,这一阶段的儿童很容易挑食。到3周岁时,大多数幼儿白天已经能够自己如厕,但也常常会出现一些状况。因为学步儿要练习许多新的动作技能,并且要依赖感知觉去探索世界,他们对什么都很好奇。这意味着照料者尤其要注意为学步儿的积极探索创设一个安全的环境。

学步儿的认知和语言发展

和婴儿一样,学步儿也是通过感觉经验进行学习的。他们探索外界时要用到全部的五种感官。他们对客体和事件的记忆能力以令人惊异的速度增长。年幼的学步儿喜欢模仿他人的动作,他们会拿着玩具电话发出咿呀声,或者假装像成人一样喝咖啡。随着记忆能力和认知技能的提高,学步儿会在假装游戏中加入自己的想法和计划。比如说,一个学步儿可能会把积木当作食物并邀请成人来吃晚餐。在与成人和其他儿童的互动过程中,学步儿的语言发展也很快。他们经常使用过度泛化的语言,即用一个词代表一些相似的物体。例如,我认识的一个学步儿把家里养的猫称为猫,同时也会把邻居家的狗、一个毛绒玩具和一位领着三只猫穿过街道的女士都称为猫。

学步儿的社会性和情绪发展

在学步期,儿童的独立性开始发展。随着身体和认知技能的发展和成熟,曾经顺从的婴儿到学步期开始宣布自主权。学步儿身边的成人会经常听到他们大喊"不!"和"我自己做!"。有自主选择的机会以及能成功完成任务的体验都对学步儿的发展

表 4.4　学步儿发展的里程碑

年　龄	领　域		
	身体和动作	认知和语言	社会性和情绪
12~24月龄	- 身高和体重增长迅速，但比婴儿期要慢 **大动作** - 走路越来越稳 - 站立时双脚打开，站不太稳 - 爬到家具上 - 蹲下捡东西 - 开始会跑，但步态僵硬 - 扶着上楼梯，一次一阶 - 可以用脚蹬地玩骑行的玩具 **精细动作** - 从容器中取放小物体 - 涂写、涂画 - 翻书，但一次翻两三页 - 可以用手或用勺子自己吃饭 - 能堆 2~3 块小积木	- 在成人示范下可以模仿一些简单动作 - 通过感觉试误解决问题 - 在故事绘本中指出人或物 - 执行包含一步的指令 - 模仿曾见过的行为 - 15 月龄时掌握 4~5 个词；18 月龄时 15~20 个词；24 月龄时 200 个词 - 双词词组；24 月龄能用简单的句子 - 用泛化的词（如把所有饮料都叫牛奶） - 在熟悉的故事中填词	- 对熟悉的照料者表现出很强的依恋，并与其保持肢体亲密接触 - 继续将主要依恋对象作为"安全保障"，并在其周围进行探索 - 喜欢独自游戏（单独游戏） - 在其他人旁边玩（平行游戏） - 用名字称呼自己 - 理解个人所有权，"我的" - 可能试着安慰处于痛苦中的人；拥抱、轻拍，或拿一个喜欢的玩具给他们
24~36 个月	**大动作** - 能踮着脚尖走路 - 跑步时前倾 - 踢比较大的球 - 攀爬 - 双手掷球 - 原地跳 - 开始蹬小三轮车 **精细动作** - 表现出左手/右手优势，但不稳定 - 堆 6 块以上积木 - 穿大珠 - 使用刀叉 - 用拇指和食指握着蜡笔或马克笔画画 - 用剪刀剪东西	- 在一幅画中识别出多个人或物 - 从许多人或物中挑出目标物 - 开始理解时间和空间概念的某些方面（如公园近，外婆家远；我们明天去公园） - 用过度泛化的概念，如把所有动物都叫狗 - 开始根据相似特征来匹配物体 - 在假装游戏中用一个物体代替另一个（如用积木代替电话） - 电报语言（如爸爸—拜拜） - 唱出熟悉的歌曲的一部分 - 理解介词（在上方、在上面、在后面）和代词（我的、他的、你的） - 用 3~5 个词的短句 - 用疑问词（谁、什么、为什么） - 开始用过去时和复数 - 能识别和重复简单韵律 - 能认识并命名几种颜色	- 喜欢在其他儿童旁边玩；仔细观察其他儿童 - 做一些动作来诱发他人的反应（如从成人身边跑开吸引他们玩追逐游戏） - 坚持要独立做一些事 - 知道自己是男孩还是女孩 - 玩简单的角色扮演游戏（如假装开车去商店） - 开始喜欢和特定的儿童做朋友

至关重要。他们经常会感到受挫，因为，虽然他们的技能得到了发展，但是并不成熟，许多事想做却做不到。与婴儿相比，成人对学步儿的期望更高，限制也更多，使得学步儿经常产生挫折感。因此，在学步儿努力学习控制自己的身体和情绪的一两年里，发脾气是常有的事。表 4.4 简要总结了学步儿发展的里程碑。

学龄前 / 幼儿园儿童的发展

3~5 岁时，幼儿生理和认知技能快速发展，使得他们比学步儿更加独立。他们对同伴交往的兴趣越来越广，也开始理解社会的运行秩序。学前儿童对外部世界和社会生活都有无穷无尽的好奇心，他们有太多的问题开始让成人头疼。他们的幽默感也发展迅速，和这个阶段的儿童交流会很生动并充满乐趣。

学龄前 / 幼儿园儿童的生理发育

在学龄前期，儿童的体重大概每年增加 1.8~2.7 千克，身高每年增长 5~7 厘米。他们的双腿和身体比例更接近成人。学龄前儿童的大脑继续生长，5 岁儿童的头围达到成人的 90%。大多数学龄前儿童喜欢练习他们快速发展的大动作技能。投掷、蹦跳、单腿跳、跑和跳绳是这个年龄段大多数儿童喜欢的活动。学龄前儿童的手和手指都变得灵巧，多数 5 岁儿童能熟练运用剪刀和画具。许多 4 岁儿童开始涂写字母和数字，在绘画和涂色时能体现一些细节，本书中展示的许多都是 3~5 岁儿童的作品。大部分 5 岁儿童都已经确定了自己的"优势手"。

学龄前 / 幼儿园儿童的认知和语言发展

学前儿童通过直接经验认识世界；他们常被称为具体的学习者（concrete learners），这意味着他们通过与人或物的真实互动来获得知识。只有亲眼所见、亲耳所听和亲身经历的事物，儿童才能理解（建立在感知觉上的思维）；只有在积累许多直接经验之后，儿童的逻辑和抽象思维才开始发展。3 岁儿童可能坚持认为朋友盘子里的面条比自己的多，因为她看到朋友把堆在一起的面条摊开在盘子里了，这就是一种建立在感知觉上的思维。儿童通过对物体、人及事件进行分类和排序来组织自己的经验。约 5 岁时，儿童开始能根据两个或更多维度的特征进行分类和排序。

在这一阶段，儿童的口语（表达）和理解（接受）词语的能力快速增长，他们用词语来传递和接收信息。他们掌握了一些语法规则，但使用时会有过度泛化的倾向。比如，一名儿童告诉你"坐下"（sitted）或"跑"（runned），说明他 / 她正在练习过去时态的应用。但是，由于语言和文化紧密相关，有的家庭重视非口语的学习和表达，而有的家庭则重视口语交流，来自这两类家庭的儿童在语言表达的类型和数量上可能会有所不同，谨记这一点非常重要。英语为第二语言的儿童可能不如母语为英语的儿童掌握的词汇量多，但如果有机会同时使用两种语言，则他们的语言发展与只讲英语的儿童不会有很大差别（Tabors, 2008; Youngquist & Martinez-Griego, 2009）。

学龄前/幼儿园儿童的社会性和情绪发展

学龄前儿童的主动性得到了发展。他们非常喜欢制订和执行计划，尤其是在想象游戏中。细心的教师会给儿童足够的时间和支持去制订计划；他们会准备一些有趣且有用的材料来支持儿童的计划及假装游戏。学龄前儿童对同伴交往感兴趣，但他们的具体思维经常让这第一份友谊备受考验。对于年龄小的学龄前儿童来讲，朋友就是和他们一起玩，给他们喜欢的玩具，或者午餐时坐在他们旁边的小朋友。大一点的学龄前儿童会有自己喜欢做朋友的特定的人，但是同伴之间经常会闹矛盾。3~5岁的儿童越来越能体察他人的情绪和需要，有更多的同理心，并且在游戏中表现出更多的合作性。学龄前儿童正在学习如何管理自己的行为，但是他们仍然需要在成人的支持下用语言表达情感，做到延迟满足。表4.5对学龄前儿童发展的里程碑做了小结。

低年级学龄儿童的发展

6~8岁儿童的社会化程度不断提高，逻辑和推理能力也迅速发展。同伴关系在这一阶段变得更为重要，而且对儿童的自我概念也有着越来越大的影响。多数低年级学龄儿童喜欢体育活动，参加有组织的体育运动和竞技比赛对这个年龄段的大多数儿童而言都非常重要。在正规学校获得的早期经验会让他们对自己是什么样的学生有个初步的概念。明智的教师会想办法让所有孩子在早期学习活动中都能体验成功，这需要教师了解儿童的不同学习风格、优势和兴趣。

学龄儿童的生理发育

6~8岁的健康儿童身高每年大约增长5~8厘米，体重大约增加2.3千克。他们的双腿继续变长，给人一种又细又长的感觉。他们的肌肉越来越有力量，由于发育中的韧带还没有与骨头形成紧密联结，所以身体格外灵活。这个年龄段的儿童普遍都非常喜欢体育活动，让他们长时间安静地坐着很难。除了大肌肉力量和技能有所加强外，他们对手部及手指肌肉的控制也越来越好。他们的书写能力得到发展，绘画和涂色时也会注意到更多的细节。灵巧敏捷的双手让学龄儿童越来越喜欢各种手工和建筑游戏。

学龄儿童的认知和语言发展

学龄儿童普遍热衷于学习新东西。与幼儿相比，学龄儿童的注意广度和记忆力更强，因此有能力掌握更复杂的概念。他们开始用

表 4.5　学龄前儿童发展的里程碑（3~5 岁）

年龄	领域		
	身体和动作	认知和语言	社会性和情绪
3~4 岁	• 生长速度慢，身高有增长 **大动作** • 摆动双臂走路 • 单脚平衡 • 骑小三轮车并能掌握方向 • 快跑 • 快速灵活地双脚交替爬楼梯 • 过肩投球有精准度 • 跳起来接球 **精细动作** • 自己穿衣服，偶尔需要帮助 • 用剪刀 • 能按照示例画直线和圆 • 画简单的人物像	• 按照单一维度对物体归类（如颜色、大小、形状） • 按表象来判断数量 • 一一对应 • 顺序数到 10 • 理解数字代表特定的数量 • 注意广度增大；能注意到更多细节 • 能执行包含 3 步的指令 • 区分白天和黑夜 • 喜欢并愿意参与读书和讲故事 • 自言自语 • 词汇量快速扩充 • 用"s"表示复数，"ed"表示过去式，但有时会泛化（如"I putted on my shoes"） • 说 4~5 个词的句子 • 理解关系词（在上面、里面、下面）	• 分享、轮流（或排队） • 参与小组与合作游戏 • 取悦成人 • 理解他人也会有想法、观点和记忆 • 可能认为自己的想法、感觉和其他人的一样 • 表现出性别刻板印象相关的看法和行为 • 常用肢体表达强烈的情绪（如愤怒时会去撞击）
4~5 岁	• 双腿长长；身体比例接近成人 **大动作** • 大动作更迅速敏捷 • 独自上下楼，倒脚 • 倒脚跳 • 爬和跑的动作更成熟 • 只用手和手指投球、接球 • 拍球和运球	• 从他人的角度对空间进行表征 • 更加擅长制订计划和预期行为的结果 • 开始根据功能分类 • 根据不止一个维度排序（如颜色、大小、形状、重量） • 开始能够理解现实和想象的差别 • 理解时间概念，如昨天、今天和明天；开始使用钟表和日历 • 顺序数到 20；点数到 10	• 与成人相比，更喜欢同龄儿童 • 可能有特别的或最好的朋友 • 可以用语言表达强烈的情绪 • 情绪变化很快 • 意识到自己的行为会对他人造成什么样的影响 • 在游戏和活动中更具合作性 • 为了避免消极结果而遵守规则
	精细动作 • 用剪刀沿着直线裁剪 • 按示例画三角形和十字 • 握笔更熟练 • 有优势手	• 知道字母和数字不同 • 记住一些字母和数字序列 • 认识一些印刷文字 • 讲出熟悉的故事 • 对一些词下定义 • 问问题并期望得到有信息量的答案 • 词汇量增加到约 10000 个	

逻辑和推理能力来解决问题，并且能够理解更多抽象的概念，但他们的学习仍需要与已有经验相联系。他们喜欢探讨观点，设计一些复杂的活动。他们可能会收集贝壳、石子或明星卡片之类的东西，并用越来越熟练的分类和排序技能来整理自己的收藏品。他们的词汇量增长速度比幼儿更快，很多儿童每天能掌握 20 个新词（Berk, 2008）。他们知道一个词可能会有多个意思，并且喜欢讲一些双关语、谜语和笑话。他们的书面表达能力也越来越强，在开始掌握发音规则时经常会自己创造一些词。

学龄儿童的社会性和情绪发展

6~8 岁期间，儿童的社会交往能力迅速提高。社交能力发展良好的儿童往往在学校也会有好的表现（Lin, Lawrence, & Gorrell, 2003）。同伴关系非常关键，儿童开始根据自己接收到的他人对自己的评价形成自我概念。有融入感、归属感，能为集体作贡献，这对于儿童来说非常重要，尤其是特殊儿童。

低年级时，学龄儿童对公平概念的理解是：小组内的每个人应该拥有同样多的资源和权利。随后，他们会拓展公平的概念，认为工作努力或有特殊成就的人应该获得更多回报。当这一阶段发展完成时，他们会从更广泛的意义上来理解社会公正，他们解决社会问题的能力也有所增强。他们明白给处境不利、遭受损失或残疾人提供机会是件很有价值的事。面对这一年龄段儿童的教师可以帮助他们理解并重视利他主义——无私地关注他人权益。学龄儿童能很好地计划并参与一些社区服务项目，

表 4.6 学龄儿童发展的里程碑（6~8 岁）

领 域		
身体和动作	认知和语言	社会性和情绪
• 身高和体重稳定增长 • 精力旺盛；热衷体育活动 **大动作** • 大动作控制的力量、灵活性和敏捷度都有增强 • 平衡感增强；骑自行车，走平衡木，轮滑 • 喜欢体育活动和需要身体技能的活动 • 玩打斗游戏 • 动作协调，运动技能增强 **精细动作** • 书写清晰；很少出现反向书写 • 绘画中有更多细节 • 绘画中开始出现一些深度线索 • 手眼协调熟练；开始写连笔字	• 以符号为工具进行思维和读写 • 数量守恒（如，知道形状的改变不影响数量） • 表现出逻辑思维 • 喜欢收集东西，并按照越来越复杂的方法来分类、排序、整理东西 • 阅读能力提高 • 开始学习数概念 • 通过阅读获取信息 • 词汇量迅速增大 • 掌握多义词；喜欢用双关语、谜语、笑话和比喻 • 改变讲话方式使之适合不同对象 • 喜欢讲故事、写故事	• 同伴关系的作用越来越大；同伴压力和归属需要很常见 • 更加关注公平、平等和公正 • 根据他人观点做出自我评价 • 认为自身能力也是自我概念的一部分 • 理解人们同一时间会有多种情绪体验 • 更好地意识到行为的细微差别；知道行为不一定是思想和情感的直接表达 • 理解一些社会概念，如法律和公正 • 仍需要成人的赞许，但又可能有些排斥

第 4 章

反思你将如何应用儿童发展知识

在本章学到的理论中，有没有哪个概念帮助你理解了儿童的某一重要方面？你会在工作中如何应用这些知识呢？你认为儿童发展知识会对你的课堂实践行为有哪些影响？

以及为有需要的人提供帮助的一些其他活动，如果受到鼓励，儿童也会觉得自己很有收获。表 4.6 对学龄儿童发展的里程碑做了总结。

总　结

了解儿童成长和学习方面的相关知识，无疑有助于学前教育工作者专业技能的提高。在专业发展的道路上，有两点一定要牢记。

第一，在大学学到的知识只是一个开始，在职业发展过程中还需要不断学习。就如儿童一样，有关儿童发展的知识也是不断发展变化的。新的研究在进行，旧的理论被修订，新的理论被提出。要保持开放的态度，接触新信息。有时候你会发现一些非常有用的信息，而有时一种流行的观点可能不过是新瓶装旧酒。我们认为秉持一种探究而谨慎的态度最适合于学前教育工作者和儿童。

第二，记住你正处在不断的自我发展和专业发展的过程中。在学习和实践工作中，你的知识会不断增长。日常经验和观察加上自身的知识基础会让你对儿童有更深刻、更全面的认识。学前教育工作是一个动态发展的过程，在这期间你要不断地整合他人的思想和自己的认识。坚持观察和倾听幼儿，你从经验中不断获得的知识和认识能够补充专家的结论。

学习成果

阅读完本章后，请你认真完成"拓展学习"部分的选读任务，准备"你的专业档案袋"部分的条目，你将会在满足 NAEYC 的标准 1：促进儿童的发展与学习（NAEYC，2009）上又有进步。

核心内容：

1a：了解并理解幼儿的特征和需求

1b：了解并理解影响幼儿发展和学习的多种因素

1c：运用发展方面的知识创设健康、尊重、支持以及富有挑战性的学习环境

拓展学习

观察一名幼儿：选一名幼儿观察45分钟到一个小时。记录观察结果，用一个或多个本章中提到的理论来分析并报告该儿童的行为。

观察另一名年龄段不同的幼儿：观察45分钟到一个小时并记录观察结果。比较并报告这两名儿童在各个发展领域中的区别。

你的专业档案袋

设计一个针对不同年龄段幼儿的活动计划：为一名学前儿童设计一次活动方案并实施。指出如果活动是针对学步儿或学龄儿童的要做出哪些调整，选一名学步儿或学龄儿童再次实施该活动方案。用照片、活动片段或轶事的方法记录这两名儿童在活动中的反应和表现。

为家长做一张海报：介绍一个年龄段（婴儿、学步儿、学前儿童和学龄儿童）儿童在某一个领域（社会性/情绪、身体或认知/语言）的发展里程碑。在教室中展示海报。拍照片并做简短总结。

我的教育实验室

访问本书"我的教育实验室"（myeducationlab.com），找到专题2：儿童发展/理论和专题8：DAP/教学策略。你可以：

- 找到关于儿童发展/理论和DAP/教学策略的学习成果以及与之相关的国家标准。
- 完成有助于你更好地理解本章内容的"任务和活动"。
- 通过"建构教学技能和性情"学习单元，运用并实践你对本章核心教学技能的理解。
- 在"专业视角"部分听学前教育该领域专家的讲座。
- 对照"学习计划"检查你对本章内容的掌握程度。你可以做章节测验，获得反馈，然后通过"复习、练习和拓展"来提高你对本章内容的理解。

用心观察,真诚接纳。
——威廉·沃兹沃思

5

观察、记录和评估儿童

因为你关心孩子,所以你研究他们。你已经开始了解了一些儿童的成长、发育和学习情况。本章,我们要审视当前学前教育机构中所采用的评估的性质,了解观察和记录在评估中的应用,考察学前教育工作者在评估过程中的角色。

评估是生活的一部分。从儿童出生起,我们就以各种正式或非正式的方式对其进行评估。在生命的第一分钟,我们就开始了观察和评价:婴儿的手指和脚趾是否长全了?生活中,我们无时无刻不在接收信息、进行对比、评估现状,并据此进行决策。例如,你会根据对天气和活动类型的评估来选择合适的着装。

观察（observation）是基本的评估技能,也是教师在实践过程中常用的技能之一。通过细致和敏锐的观察,学前教育工作者得以更好地理解儿童,对儿童进行评估,并制订合适的保教计划。老一辈的学前教育工作者一致认为,在教室内对幼儿的日常活动进行观察是获得信息、理解幼儿并制订恰当课程计划的最好方式。出于对历史的尊重以及对观察价值的认可,在本章的标题中,我们把观察放在了第一位。

记录（documentation）是指做记录的过程。在学前教育领域,一份记录是教师收集关于工作、学习和活动有形可见的证据。评估最重要的目的之一就是让家长、政策制定者和社区成员看到幼儿的发展以及能力的提高,它也表明了学前教育工作的成效,而记录有助于实现这一目的。记录的方式包括写观察笔记、照相、录像或录音以及收集儿童作品,等等。教师还可以记录幼儿的小组活动以及包括家长参与

第 5 章

我的教育实验室

访问"我的教育实验室",利用"个性化学习计划",提高你对本章概念的理解。你也可以通过基于视频的"任务和活动"以及"建构教学技能和性情"课程来磨炼教学技能。

的班集体生活。

提到评估,人们最常想到的是标准化评估,即运用测验等标准化的工具对儿童的发展和学习状况进行测量和量化。标准化评估经常以测验的形式进行,关注的是清晰界定的目标行为或对某一具体领域的知识和技能的掌握情况。

什么是评估

在教育领域,评估过程是由多部分组成的,旨在测量并评估儿童的发展和学习状况。它有三个交叉的组成部分(Jones, 2004; McAfee & Leong, 2010; McAfee, Leong, & Bodrova, 2004; Wortham, 2011)。第一个组成部分是**收集并记录**儿童学习和发展方面的信息,信息来源可以是观察、访谈、儿童作品样本、测验、核查表、照片和录音等;第二个组成部分是对收集的信息进行**解释和评价**;评估过程的第三个部分与**使用**从评估中获得的信息有关。评估的用途包括指导教学实践,与家长分享信息,判断个别儿童是否需要特殊辅导或转诊,以及制定安置决策;另外也可用于对保教机构进行评价。

有两种评估方法使用比较广泛。第一种是真实性评估(authentic assessment,也称为**课堂评估**、**替代性评估**、**基于表现的评估**),这种评估是在儿童的日常学习活动中进行的。第二种方法称为标准化评估(standardized assessment,又称为**正式评估**),用工具(测验或其他工具)测量儿童的发展与学习。

因为评估是学前教育课程的一部分,也是州和国家政策所要求的,所以对准教师而言,这部分内容的学习很重要。事实上,恰当的评估也是教师专业道德所要求的。NAEYC 伦理行为准则(见附录 A)指出:

> P-1.5——我们会使用恰当的评估系统,包括多种信息来源,并提供关于儿童学习和发展的信息。

为什么要评估儿童——评估的目的

教师越理解儿童,设计的课程就越能满足儿童的需要,让所有儿童受益。这也是所有评估工作的最终目标——更好地理解儿童,更好地为儿童服务。铭记这一目标,它将有助于你更好地了解和使用评估技术。

当你注意到一个第一天入园的小女孩看起来有些胆怯,于是走过去安慰她,此时你已经在使用评估手段去**理解**儿童;当你观察教室中一组儿童如何游戏和互动,并根据记录的信息来调整学习环境时,你已经在运用评估来**指导教学实践**;当你使用核查表来评价一名儿童的能力，并将所得数据用于制订教学计划以促进儿童的优势发展时，你已经在使用评估来制订**课程计划**。在教学过程中实施评估，并依据评估结果来改善教学，这种评估方法称为形成性评估（formative assessment）。在教学完成后对学生的知识或技能的掌握情况进行评估称为终结性评估（summative assessment）。

当你参考甄别测验的结果，筛查出需要进一步评估的儿童时，你已经在使用评估来**鉴别**可能需要特殊服务的儿童。在上述各种情况中，评估都有助于你促进儿童的学习与发展，并确保满足儿童的需求。

此外，评估还有其他作用。评估信息可以用来向家长**报告**儿童的在校表现以及是否达成学习目标。与家庭分享儿童学习、成长和发展的信息，有助于家长在家里更好地辅导儿童。

管理者和政策制定者经常需要使用评估信息，并把它作为**项目和课程评价**的依据。这些信息有助于他们确定发展的目标、决定资源的分配。这些目标和资源有助于提升学前教育机构的服务质量，更好地促进儿童发展。衡量项目质量的其中一个指标就是由教师实施的儿童评估的质量。从教育历史来看，当前这段时期，标准化评估（以测验分数的形式呈现）仍是衡量教师和学校完成义务教育教学目标效果的主要方式。

真实性评估

真实意味着名副其实。真实性评估（authentic assessment）是指在儿童日常生活的真实情境中评价儿童的发展或表现。采用自然或真实的方法，教师观察和记录现实生活中的实例，技能和知识则展现在那些对儿童有意义的任务之中。真实性评估不是一次性评价；相反，它是一个持续的过程。它需要参考来自教师、父母和儿童等多方面的信息，通过儿童的真实表现，而非测验中对那些人为的、非自然的任务的反应，来评价儿童掌握知识和技能的水平。

真实性评估包括在日常活动中收集的多种来源的信息，如自主选择的游戏、教师主导的活动、一日常规及过渡时间的情况。在真实性评估中，教师可以用许多方法来记录儿童的行为，但最重要的是观察儿童参与有意义的活动时的表现。照片、录像、录音、对儿童及其家庭成员访谈以及儿童作品样本等，都可以作为儿童知识和能力的真实例证。

反思真实性评估

回忆一项你的技能或成就。你如何向他人展示这项成就或技能？这种展示方法是否比测验更真实？展示你知道什么和你能做什么的最佳方式。

观　察

你在看，但是没有在观察。

——亚瑟·柯南·道尔

第 5 章

作为学前教育专业的学生，学会观察是课程的一部分。运用观察技能来理解儿童，让所学的理论知识更具生命力。通过观察教师、学习环境和活动，你可以学到教学策略，并且知道这些策略在真实情境下是否适用及其原因。

作为一名教师，通过观察，你不仅可以评估儿童，也可以评价自己的教学。所以，观察是学前教育工作者最重要的任务之一。然而，观察又不仅仅只是一项任务，它还是学前教育工作者应该培养的思维习惯。一旦养成观察的习惯，你就向成为更优秀的教师迈进了一步，同时也会体会到工作的乐趣，对自己的工作也会更加满意。

你是如何发现自己想要从事学前教育工作的呢？或许是因为你发现儿童很有趣，也或许是你在儿童身上看到了你的朋友们没有关注到的方面。如果是这样，那么你已经是一名业余的儿童观察者了。观察（指系统地观察和记录儿童的行为）是幼儿教师了解儿童最有效的方法，它是所有方法的基础。它之所以如此重要，原因之一就是许多信息儿童无法用语言表达，教师只能通过自然情境下的观察来推断。

> 保罗刚刚 3 岁，一头卷发，看上去很脆弱。他把一个洗衣篮拖到树荫下，坐在里面把腿伸出来。"刚刚合适，我 3 岁了！"他一边说一边伸出三根手指头。保罗在篮子里前后摇晃："我在摇摇篮，我在摇摇篮。"直到篮子翻倒了，他带着难以置信的表情滚到了地上。保罗笑着站起来，把篮子反扣过来在底面上敲了几下，听着篮子像鼓一样发出"咚咚"的声音。然后他抬起篮子爬了进去，蹲在篮子下面，透过篮子的小孔向外看，宣布道："我要从摇篮里孵出来了。"他站了起来，身上套着的篮子看起来像龟壳一样。"我孵出来了！"

观察能力——读懂并理解儿童——是你需要发展的最重要也是最满意的技能之一。它有助于你了解并理解儿童，更有效地制订课程计划并评价自己的教学效果。更重要的是，观察是了解儿童世界的窗口。如果持开放的态度观察保罗和洗衣篮，你会发现很多东西。你会发现保罗和大多数 3 岁儿童一样喜欢单独游戏；你会发现其语言运用能力要略微高于 3 岁儿童发展的平均水平；你会发现他知道摇篮、鼓、鸡蛋等物品，也了解 "3" "适合" 和 "孵化" 等概念；你会发现他可以用一些新异的方法来操纵材料；你会发现他和大多数 3 岁儿童一样能控制自己的手臂、腿和躯干等大肌肉动作；你还会发现他可以独立处理一些简单的问题。基于这些信息，你可以评估自己的教学（"睡吧，小宝贝"的活动可以教会儿童一些概念），并计划让保罗掌握新的经验（或许可以让保罗多参加一些韵律和语言游戏，因为他正处于词汇发展阶段）。现在你对保罗有了同理心，这有助于你成为保罗的支持者和朋友。你可能也形成了关于保罗（以及许多其他 3 岁儿童）如何感受和理解这个世界的看法，你可以将这些看法与其他没有机会直接观察保罗的成人分享。

通过观察所获得的信息，有助于你恰当有效地回应受到惊吓或正在发怒的儿童，干预和调解儿童之间经常发生的问题，以及了解儿童的家庭经历（见图 5.1）。观察让你得以了解儿童现在的学习情况和已有经验，有助于你制订下一步的计划。观察

图 5.1 你能从观察中获得什么

通过观察你可以：

- 从总体上提高对儿童的敏感度——提高对儿童发展阶段的特点和独特性的意识，走进儿童的世界有助于**你更加理解儿童并产生同理心**
- 对个体儿童的深度理解——他们思考、感知和看待世界的方式，他们的兴趣、技能、典型反应，以及长处和不足——这些有助于你**设置能满足儿童需要的课程**，并**与他人分享儿童的进步**
- 理解社会关系——儿童之间的以及儿童与成人之间的——有助于你在课堂中更好地**促进人际关系的形成**
- 对用于儿童及其家庭和员工的环境方式更有意识、更加敏感，以便你**改善环境**
- 提高你与他人分享儿童发展有意义的方面以及展现儿童学习力的能力，这**有助于你成为一位更好的儿童支持者**

也有助于你鉴别有特殊需求的儿童，例如需要更丰富环境的儿童、身处困境的儿童、受虐待或被忽视需要帮助的儿童。观察还有助于你同其他关心儿童福祉的人进行信息交流和共享。

观察是你对幼儿及其家庭做出诸多决策的基础。本书中的每个章节几乎都会运用到不同形式的观察法。你将观察到许多不同的儿童，通过观察你能更好地理解所学的儿童发展理论。你会观察到儿童的特征、能力和兴趣，并依据观察得来的信息设计课程，以促进儿童发展。你会在教学过程中观察儿童，并根据观察结果调整自己的教学和后续计划；你会观察到儿童与他人的互动模式，然后调整你的行为来帮助儿童建立良好的人际关系；你会观察到儿童与家人在一起时的表现，并借助这些信息帮助儿童与重要他人建立紧密的情感纽带。当你观察到某些儿童的需求明显不同于其他儿童时，你需要与他人分享观察到的信息，以确定这些儿童是否需要特殊服务。

观察过程

观察是注视，是聚精会神地观看，是关注复杂全局中的某些特别的方面。这意味着你既要关注全局也要注意重要的细节。学会观察并非随便看看，它没有想象的那么简单。为了更有效地观察儿童，观察儿童重要的人际关系以及所处的环境，这些都需要训练和实践。你必须清楚你观察的目的，并愿意以接纳的眼光和态度来收集信息和印象。

持续的观察训练有助于你找到一种孩子般的感受，即一种对儿童个体或群体如何感

第 5 章

反思观察

回忆一次你用"新眼光"去观察某一事物,例如一个新家、一座陌生的城市或者一个新生儿。你注意到了什么?它和平常所见的有何不同?观察你现在所处的环境,集中注意力去寻找新鲜的颜色和声音。你发现了什么?集中注意观察时会有何不同?如果你用这种方式观察儿童,会有何收获?

知及活动的感受。这种深度的理解需要你长期观察儿童个体或群体,从而积累大量的经验。观察能让你对儿童产生连接感,更好地理解他们,因此对儿童产生同理心,照料和关心他们。

为了让观察更客观,对亲眼所见内容不掺杂个人情感和反应,把观察过程分为三部分通常很有效:

- **观察**:有目的地收集信息
- **记录**:用不同的方式记录你所观察到的内容
- **解释**:反思观察到的信息的含义

观察。观察过程的第一步也是最关键的一步,就是尽可能完全地去体验。这一过程要求有意识地集中注意去听和看,但避免加入解释和评价的内部声音。有时也称之为观察儿童或观察孩子,它有别于日常查看,以及教师有目的地巡视课堂以发现问题。它更像是你去旅行或者去一个陌生的地方,带着"新眼光"去观察,产生一种新体验的强烈感觉。

一名优秀的儿童观察者会耐心地去观察或聆听真实发生的事情,而不是急于下结论。若想做到这一点,你需要暂时忘记自己的期望,并做到善于倾听,乐于接受——把实际看到和听到的与自己想要的、期望的或害怕看到、听到的区分开来。

你需要暂时放弃评断,尽量减少因偏见、防御和先入为主的观点而导致的对事实的扭曲。保持客观之所以困难,一方面是因为你参与到了所要观察的儿童、家庭和环境中,你和观察对象之间存在相互影响;另一方面则是我们终其一生不断地对外界做出评断。只有意识到你和情境之间的相互影响,你才有可能成为更客观的观察者,但同时也要明白绝对的客观是不可能的。

了解自己作为观察者的某些特征也很有益。当知道了自己倾向于注意什么,你就有可能了解自己习惯性地忽视了什么。我们曾让学生观察一缸金鱼,并说说自己看到了什么。一些学生像生物学家一样关注了很多细致的解剖学特征;一些学生观察到了鱼和环境的关系;而另一些则注意到了鱼和鱼之间的互动。学生们既了解了自己观察时的关注点,又惊讶于观察同一缸金鱼竟有这么多不同的结果。通过这种观察练习,你可以扩大自己关注的范围,也会成为更富技巧的观察者。

越了解儿童,观察就会越细致、准确。你将会看到显性行为之外的更多东西。有经验的观察者清楚,儿童在交流中除了运用语言和明显的大动作之外,还伴有大量的肢体语言——面部表情、身体张力、手、手指、眉毛的动作,歪头或耸肩以及轻吐舌头等。你还要学会观察儿童的身体、体型、姿势、声调、外貌、移动和操作物体的方式、心境、与他人的互动以及许多其他特征。

在观察的过程中,你可能也会发现自己存有偏见。你会偏爱整洁干净的儿童吗?安静顺从的儿童会让你感到无聊吗?你对某一种族或性别的儿童有偏向吗?在练习观察的过程中,你可能会发现,你观察的每个儿童身上都有你喜欢之处,这也是你练习观察法的重要收获之一。它有助于你学会欣赏不同类型的儿童，从而成为更加合格的教师。

技能娴熟的学前教育工作者每时每刻都在观察，并根据他们的观察结果，调整自己的行为。

> 卡伦在观察4岁的亚丽莎，这是亚丽莎入学的第三天上午。亚丽莎不跟任何人讲话，但目光始终追随着在戏剧表演区玩游戏的4岁的姗。长叹一口气后，亚丽莎躺在图书角的地板上，眼睛向上望着发呆。"嘿，过来玩kitty猫拼图吧。"卡伦向亚丽莎发出邀请，因为她记起昨天姗和亚丽莎在不同时间都玩过这个拼图。姗也跑到桌子旁边，很快，姗和亚丽莎一起玩了起来。

观察可以获得许多有用的信息，从而帮助教育工作者了解儿童或情境。有时可把观察到的信息直接用作对儿童的反馈，比如上例中的卡伦。也有些时候，我们需要有意地、有目的地针对特定对象（如一名儿童、一种行为、学习类型、互动、练习或情境）进行观察，系统观察收集到的信息也是为特定目标（如掌握儿童能做什么和不能做什么、制订课程计划或进行环境评估）服务的。

记录。我们的记忆力难以做到准确地记住所有观察到的细节，因此我们还需要具备做记录的技能。记录能帮我们记住、分享和解释观察到的信息。记录你所观察到的，整理存档你所记录的，然后用这些信息来指导教学，这样才能真正有助于让观察成为一种促进儿童发展的有效途径。

做观察记录的方法多种多样。在下一节中我们将介绍其中三种：叙事性记录、简单的结构化记录和电子记录。叙事性观察记录是开放式的文档。它能提供丰富的细节信息，有生动的画面感，要求一定的写作能力。结构化观察记录是封闭式的文档，很少或者不需要写作技巧。它是对特定行为是否发生、发生频率或持续时间的记录。结构化观察记录能够帮助观察者理解行为模式，但通常关注面很窄、细节信息相对较少。电子观察记录是指视频或音频文件。电子观察记录准确、生动，但需要有设备、技术和时间来整理文件。

解释。观察过程的第三步是对观察中的所见所闻进行解释（有时称为结论、推论或评论）。虽然行为是外显的，但行为的原因是看不见的，只能进行推测。你需要细致的观察，然后寻找外显行为和内隐行为原因之间的关系。你永远无法知道儿童行为背后真正的原因，但可以基于对儿童发展及其日常行为的观察来推测原因。解读实际观察到的行为是一项重要的技能。

理解儿童的行为不易，因为儿童在特定情境下的表现受多种因素的影响：发展阶段、健康、文化和个人经验等。解释观察结果时首要考虑的就是儿童发展的一般规律。随着学习和经验的积累，你会越来越了解儿童发展的规律，这有助于你区分和解释儿童的行为。例如，对学步儿来讲是典型的行为，发生在4岁儿童身上就是

反常的（如咬其他儿童），反之亦然（如按 ABA 模式穿珠）。儿童发展的知识对解释观察结果很有帮助。

同样的行为发生在不同的儿童身上，其意义可能不同。埃德温低垂双眼，这可能是因为有人教他和大人说话时要避免眼神接触，这是一种表达尊重的方式；乔安娜同样也低垂双眼，却是因为她不赞同对方说的话。受知识和文化背景的影响，不同观察者对同一行为或事件的解释也可能不同。如果你的文化背景与埃德温相似，那么你可能就会理解其行为；但如果你的文化背景与乔安娜的更相似，你可能就会错误地认为埃德温不愿意听或不认可对方的观点。

解释最好是假设性的或尝试性的。我们曾见过几个人对同一事件做出了大相径庭的解释。有一次我们带着学生去观摩课程，看到一个小女孩躺在玩具器材的阴影里。其中一名学生认为这个小女孩的性格有些孤僻、反社会性；另一名学生则认为这个小女孩孤独、不开心，需要安慰；第三名学生觉得她累了，需要休息一会儿；还有一名学生觉得她在看虫子。他们的解释就像"盲人摸象"故事中的盲人一样，其实他们需要更多关于这名儿童的信息以及之前发生的事情，才能对此做出更为准确和有用的解释。

叙事性观察记录

观察记录是在讲述一个故事，有时也称为叙事记录。与讲故事一样，叙事性记录开始要介绍背景信息，即观察的时间、地点。叙事性记录也有角色，即儿童个体或群体以及与之互动的成人和材料；此外还有行为，即儿童的活动和互动。

专业的学前教育工作者会运用叙事性记录的方法与家长和其他专业人员进行沟通。清楚、简洁、有意义的叙事是一种能力，与教学能力一样，是通过许多练习和反馈而习得的。好的叙事性观察记录，能够用清晰的语言表明儿童及其活动的特点。

第一次写叙事性记录时可能会不顺手，你或许难以确定观察到的内容到底有多少是需要记录的。清楚地区分观察到的内容（客观描述）和你的想法（主观解释）可能也有困难。图 5.2 中的三个例子包含了上述几种情况：第一个记录过于主观，包含了很多个人观点和解释；第二个缺少细节；第三个客观丰富。

好的记录是具体的。宽泛的一般性描述难以捕捉到儿童或儿童之间互动的某些重要特征。例如"萨沙在玩沙"这样的记录并没有向读者传递多少有用的信息。如果观察者记录"她正在把沙往桶里装，每装一铲，就伸手去桶里拍一拍"，我们就会对这名儿童和当时的情境有更多的了解。一些关于萨沙在沙区活动的细节信息，如她玩了多长时间，和谁一起玩的以及玩的方法等，也会让读者更详细地了解被观察的儿童及当时的情况。

图 5.2　三个叙事性记录的比较

主观的记录
萨沙是一个可爱的小女孩，一头漂亮的卷发。她很高兴，因为她正在沙区玩。她在做生日蛋糕。她唱着"生日快乐"歌。她希望这是她的生日。卡森很生气，他走过来对萨沙说："嘿，今天不是你的生日！是我的生日！"他吓坏了萨沙，并且踢翻了她做的生日蛋糕。萨沙很生气，她向卡森扬了一把沙子。卡森和萨沙不知道如何友好相处。

缺少细节的记录
萨沙在沙区玩。卡森走过去朝她大声叫喊。萨沙向他扬了一把沙子。卡森和萨沙都哭了。

客观的记录
萨沙坐在沙区玩，拿着小桶和小铲子。她慢慢地把沙子装进桶里，每装一铲，她就把手伸进去拍拍桶里的沙。当桶装满时，她在上面拍了几下。她从地上找了三根小棍，把它们插到这桶沙的上面。她唱着"祝你生日快乐，萨沙"。萨沙四处看了看，然后欣慰地露出了微笑。卡森是萨沙的同学，刚满4岁，他踮着脚站起来说："嘿，今天不是你的生日，是我的生日！"他踢翻了萨沙的小桶。萨沙睁大了眼睛，里面充满泪水。她抓起一把沙子向卡森扬去。卡森喊道："老师！"他和萨沙都哭了。

记住！你不仅要记录看到的东西，还要记录通过其他感觉通道所获取的信息。记录儿童使用的词语尤为重要，如果缺少了儿童的语言，那么这个故事就只讲了一半。加入一些富有表现力的细节可以传递更丰富的信息，但如何做到叙事生动又不失客观，这需要大量的练习。记录的语言应该充分表达儿童行为的细微和复杂。恰当的措辞能够表达出所观察的人物和情境的关键特征，这是生动的叙事性记录中重要的组成部分，同时也能够提升我们生动呈现观察对象的能力。

> 萨沙睁大了眼睛，里面充满泪水。她抓起一把沙子向卡森扬去。

和下面这段描述相比，看看上面的描述是不是更容易让读者形成画面感。

> 萨沙向卡森扬了一把沙子。

尽量避免使用感情色彩强烈或者有偏见的修饰语（如萨沙是一个可爱的小女孩）。描述儿童在做什么（萨沙坐在沙区玩，拿着小桶和小铲子），而不是记录你认为他/她的状态、情感、希望或意图是什么（她很高兴，因为她正在沙区玩），因为这些都无法观察到。避免在观察记录中加入你的观念，如漂亮、可爱、活泼、有吸引力、善良、脏乱、缓慢、冷漠或淘气等，因为这些词语都是价值判断，其中更多地反映了观察者的评价而非儿童的本性。因为记录可能要与其他人分享，所以记录者有责任传递一些有价值的信息，而不掺杂个人偏见以及一些无根据的评价。

如果你在大学课堂上学习观察技能，可能还需要练习描述儿童的体貌特征。这样的练习可以增加你对每个儿童独特之处的敏感度，也会锻炼你客观、生动记录的能力。描述时需要记录儿童最基本的体貌特征，帮助读者形成对儿童的印象，具体可包括年龄、性别、身高、体重、体型、面部特征、肤色以及其他突出特征。苍白的外形描述很难让人了解儿童的独特之处，如"她是一名4岁的亚洲女孩，比同龄人稍矮"。如果在基本外形描述中加入儿童的一些独特点，如站姿、动态、面部表情、手势、声调等，就更容易让人形成关于这名儿童的形象化的概念。下面的例子中补充的信息可以让人更形象、具体地认识这名儿童：

> K是一名4岁的亚洲女孩，比同龄人稍矮。她的眉毛、眼睫毛和头发都是黑色的，杏仁眼，皮肤很光滑，有薄薄的嘴唇和向上翘的小鼻子。她体型瘦小柔弱。她步伐轻快地从一个活动区逛到另一个活动区，走动时她的胳膊会稍稍离开身体并有节奏地摆动着。

过多描述衣着的细节不必要也不可取，因为下次观察时儿童的衣着可能完全不同！

动态记录和轶事记录是学前教育工作者常用的叙事性记录方法。当你听到其他同行提到观察记录时，他们通常指的就是这两种记录方式。

动态记录。当你看到教师或实习教师拿着一块有纸夹的写字板记录某儿童说了什么、做了什么时，其实这名教师做的就是动态记录，有时也称范例记录。刚开始学习观察时，学习做动态记录是必经的过程。

动态记录就是在观察过程中做的记录。这种记录是开放式的，是围绕行为和事件的详细叙述。当你坐下来做动态记录时，观察的内容应该是特定儿童在特定时间内参与的特定活动。在观察时间内儿童说的所有话、做的所有事都应该被记录下来。

作为学生和作为教师的观察的主要区别

作为学生和作为教师所进行的观察有所不同。作为学生，你是在学习观察，并通过观察来了解儿童、课程和教学。那么你的观察并不是一种职责。教师通过观察获得儿童的相关信息、课程的效果，并指导下一步课程计划，他们在观察时对学生的健康和教育负有责任。作为学生进行观察时，请你记住下面几条原则：

- 不要过分引起注意。安静地走进来，坐下并和孩子们的视线高度保持一致，坐的位置要近，确保看清楚、听清楚；但是不能距离太近以免你的出现干扰了孩子。
- 简要地回答孩子们的问题（我在学习你们的活动），但不要过多交谈。
- 观察时不要介入，除非是儿童需要保护时。
- 让老师知道你在练习观察，并且会对与儿童、家庭、专业人员和课程有关的信息保密。
- 观察后，运用儿童发展的相关知识，如发展里程碑的表格，来解释观察所得到信息。这样有助于巩固你所学的关于儿童发展的相关知识，这正是你需要练习观察的主要原因之一！

我们经常把动态记录比作录像，你需要在事件发生的同时做记录，并且尽量保证记录真实。因为是在观察过程中做的记录，所以动态记录的语言通常使用现在时。你需要掌握的技能是快速记录、描述生动，同时避免解释和评断。做动态记录需要进行大量的练习。

做动态记录时，记录者几乎不能做其他事情。因此，实践工作者很少使用这种方法，因为他们要同时负责一群儿童。作为学生，你可以练习并掌握动态记录的技能，这有助于培养你对儿童的敏感性以及积累相关知识。作为实践工作者，只有在需要对特定儿童做深度研究并且有助手协助的情况下，你才可能采用这种方法。一般情况下，实践工作者通常会选择更有效、更省时的方法。

图 5.3 给出的就是动态记录的标准格式。在实际观察过程中，中间一栏用来记录你看到的内容。观察后尽快在右边一栏写下你的评论、感受或其他印象。这种记录格式有助于你回顾自己的记录，添加一些评论，看看是否已经获得了足够的信息。如果没有，你可以在其他情境下继续观察儿童，以便确定观察到的行为是重复的、典型的还是特定情境之下的结果。

轶事记录。观察很重要，但教育实践者又很少用动态记录法，你可能要问：那么他们用什么方法记录呢？教育实践者最常用的记录方法就是轶事记录。如果说动态记录法是文字版的录像，那么轶事记录的就是文字版的照片。与动态记录一样，轶事记录也是开放式的，是对事件、行为和互动过程的细致描述。但轶事记录更简洁，它抓住某个特定事件，就好像照片记录某个特定瞬间一样（轶事的意思就是指"简短的故事"）。轶事记录是在事件发生后的记录。换言之，只有在注意到了值得记录的事件之后才开始做轶事记录。因此，轶事记录的语言多用过去时。

对学前教育工作者而言，轶事记录有助于记录事件和儿童的变化。学习做轶事记录很有价值，要努力让它变成你将来日常工作中的一种习惯。

轶事记录都要记些什么呢？像其他观察记录一样，轶事记录需要有聚焦的特定事件、日期、儿童和观察者的姓名以及其他一些背景信息（时间、地点）。另外它也需要像其他观察记录一样尽可能客观，避免偏见和评断。因为轶事记录很简短，而且记录者通常已经对儿童有所了解，所以不必给予太多的背景信息。需要简洁但全面地告知发生了什么。我们还建议你写下进行观察的原因，参见下面的例子。

儿童典型的行为或互动：
9/5——在户外活动时布莱斯（4 岁）快速走到一块木板上，然后跳过一个轮胎踏上另一块木板。他穿过那块木板来到了最后一块木板。"Ta-da！"他伸出胳膊说，"就是这么玩的！"
评论：表现出很好的平衡感，喜欢有挑战性的大肌肉动作。

图 5.3 动态记录的范例

儿童：约翰（J.）	日期：10/10	观察者：丽萨
时间/情境	观察记录	评论
10:30 艺术区 新的游戏面团放在桌上。每把椅子旁边都有塑料餐具垫，上面放着面团，椅背上挂着围裙。教师告诉孩子们有新的面团可以玩。	J. 跑到桌子旁边坐下来，没有系围裙，开始把面团捏开。老师对他说："嘿，J.，我觉得你忘了什么事情。"J. 笑着回答："是的。"站起身拿了件黄色塑料围裙从头上套下来——穿反了（把带系在了前面）。老师没有再说话。J. 坐下来拿起了面团。 J. 拽下了茶匙大小的一块面团，并把它揉成小团。揉的时候眼睛注视着面团和手。他用右手在餐具垫上揉。他揉啊揉，直到面团接近逼真的球形。微微笑了笑，他拿起小面团放在餐具垫的边缘，看了其他小朋友一眼。	顺从合理的要求。 表现出了良好的小肌肉动作的协调性以及坚持性。
10:35	J. 继续捏、揉小面团，把它们放在餐具垫边缘。他一直注视着面团。每当 J. 揉完一个小面团就看看其他在聊天的小朋友，但是他没有和任何人交谈。	看起来对其他小朋友不感兴趣。
10:45	当大面团都被揉成了小面之后，J. 站起来向架子走去。他在上面拿起了一个装吸管和牙签的容器，回到桌子旁。 J. 把牙签插到第一个小面团上。然后在牙签的另一端插上第二个小面团。他拿起第二根牙签，继续在两端插上小面团。 他拿起第四个小面团时面团散了。J. 对老师说："帮帮我。" 老师问他："你想要做什么呢？"	好像有一个计划。 想要把它作为一种符号？ 把成人作为资源。

儿童反常的行为或互动：

9/4—小朋友们围成一圈做游戏，老师一边挥动手偶一边唱"老麦当劳"。老师拿起一个手偶唱道："他在农场上有一头牛。"艾米丽（3岁半）反对说："那不是一头牛！是头驴子。"其他小朋友都开始唱歌，她却躺在地毯上大哭起来。

评论：非正常行为——发怒/不开心和难过。艾米丽在圆圈游戏中通常很投入。

发展里程碑的成绩：

8/23—上午 10 点，特文（10 月龄）手膝着地趴在一张矮桌旁。他跪坐在脚后跟上，身体向上伸，够到桌子的边缘。他扶着桌子站了起来，他的眼睛睁得大大的，裂开嘴笑了笑，然后他的膝盖弯曲，很快又重新坐了下来。在接下来的半个小时里，他又不断地尝试了五次。

评论：这是特文在托幼中心的第一次扶站。

表现儿童优势、兴趣和需求的事件与互动：

9/20—午饭后，伊桑（5岁半）在桌子上画了一辆很形象的小汽车，画的汽车有排气管、气流偏导器、门把手、前灯和有轮毂罩的轮胎。伊桑在这辆小汽车上写了"RASG CR"几个字符。

评论：表现出关于汽车的相关知识及对车的兴趣，绘画时能够表现细节，自创式的拼写。

表现儿童社会关系本质及情绪反应的事件和互动：

11/14—下午的户外活动时间，布莱恩（4岁）在骑儿童三轮脚踏车。他从正在拿着铲子和小桶玩沙子的健吾（4岁）身边疾驰而过。他停下来并问健吾："垃圾车正在收垃圾，你愿意做清洁工吗？"健吾拿起小桶，坐在脚踏车后座上，喊道："我们出发吧！"两个小男孩骑车来到操场的一边，用小桶装满树叶然后运到操场的另一边。他们一直在玩清洁工的游戏，持续了大概20分钟，直到布莱恩的母亲来接他。

评论：合作式的友谊。

与特别关注的领域相关的事件或互动：

3/3—在做课堂练习时，斯坦利（6岁）低头趴在了桌子上。我问他："怎么了，斯坦利？"他说："我真是太笨了。"

评论：这已经是斯坦利在最近两周内第二次或第三次说这样的话了，并且每次都和课堂作业有关。

轶事记录法也可以用于重点观察那些教师觉得有疑问或需要特别关注的儿童，以及那些不引人注意、容易被遗忘的儿童。

让轶事记录成为日常工作的一部分。在工作中坚持做轶事记录，有助于你了解儿童及其发展。为了达到这一效果，最好定期进行观察并做轶事记录，如果可能的话，每天坚持。作为教师，你每天有很多其他事情需要做，你可能担心怎样才能保证每天有时间做轶事记录。有些教师利用午休或其他休息时间，一边照看儿童一边做轶事记录；也有一些机构会给教师特定的时间做轶事记录。但如果你不把它视为自己的责任，那么你永远都会觉得没有时间去做这件事情。一旦你把它作为了一种责任，你就会坚持做记录直到它成为一种习惯，就像洗脸刷牙一样成为日常生活的一部分。要成为日常习惯，你需要找到便捷、系统的记录和整理方式（见"做轶事记录的黄金法则"）。下面给出的这些方法在实践中被广泛使用，有助于教师养成在日常工作中做轶事记录的习惯。

- **在教室的不同地方挂上有纸夹的写字板**。可以在教室的不同地方挂一些有纸夹的写字板，上面夹着每个儿童的轶事记录单和铅笔。教师在观察到一些重要事件后可以利用就近的写字板做简要记录。轶事记录单可以用图5.4呈现的格式。记录单可每周整理归档，或存入文件夹和笔记本以备整理。记录单务必加封皮，做好保密工作。
- **笔记本**。每个儿童都有自己的笔记本，教师可以在上面做轶事记录。笔记本平时放在教室里。笔记本作为基础资料有时放进档案袋，有时就放在家长可以方

图 5.4 轶事记录单的范例

对 N.L. 的观察记录	
领域Ⅰ：生理发育 二级领域：个性/社会性 日期：*01/30* 在木工坊，N.L. 双手握着锤子，她反复敲打，直到钉子完全钉到了木头里。 **评语**：表现出身体力量性和协调性，以及在完成任务时的坚持性。	领域Ⅱ：个性/社会性发展 二级领域：认知 日期：*01/31* N.L. 和 V. 在玩一个大纸箱。他们轮流钻进箱子里面。当 V. 在箱子里盖好箱盖后，N.L. 告诉 V.，她要去告诉其他小朋友箱子里没有人。她告诉 V. 不要出声，然后对其他小朋友说："箱子里没有人，只有空气。" **评语**：有计划的游戏，合作游戏，能进行观点采择。
领域Ⅲ：交流（语言/读写） 二级领域：认知 日期：*01/30* 老师和孩子们一起观察黑脉金斑蝶的幼虫。教师问"为什么幼虫看起来好像有两对触角"。N.L. 回答说："有可能是两只幼虫。"老师说她也不知道，她想要找到答案。N.L. 建议说："去电脑上查查。" **评语**：读写：能意识到信息的不同来源。 科学：假设。	领域Ⅳ：认知发展 二级领域：个性/社会性 日期：*02/01* N.L. 说："我想要个助推器，但是你知道，妈妈是不会允许的。她说我得坐在车上。但是 V. 才4岁，她就有一个助推器了。" **评语**：似乎理解规则需要逻辑基础，可以做逻辑论证，为自己辩护，有公平的概念。
领域Ⅴ：创造性发展 二级领域：个性/社会性 日期：*02/05* N.L. 在调色板上调色。她用自己调的颜色画了一幅风景画，里面有彩虹、太阳、草和雨。画好后，她拿着自己的画给每一位老师看。然后她把画挂在了晾干架上。 **评语**：有意识地通过艺术作品表达想法，通过作品与他人交流，对自己的作品负责任。	

- **班级笔记本电脑**。用班级的笔记本电脑（仅供教师使用）为每一名儿童建立一个文件夹，教师可以在方便时或找合适的时间把轶事记录输入进去。教室里要有位置来放置笔记本电脑，保证安全、方便使用。
- **便笺纸、索引卡或记事本**。教师可以把笔、便笺纸、索引卡或小记事本放在围裙口袋或腰包里。做轶事记录时别忘了写上儿童的名字和日期。每天或每周结束时，可以按时间顺序或发展领域来整理笔记。也有些教师会把一些经过挑选的便笺条直接放进学生的档案袋（本章节的后面有关于档案袋的内容）。
- **数字录音**。口袋里可以装着便携经济的数字录音设备来进行观察记录。你可以用它来描述观察到的事件，也可以一字不差地记录儿童的语言。但因为音频文件需要转录和整理，这可能比现场的文字记录更费时间。
- **掌上电脑**、智能手机或PDAs可以放在衣袋、围裙或腰包里，在地板游戏时方便做观察记录。在掌上电脑上制作电子观察记录表。这可以节省数字录音后期转录的时间，但是输入信息的过程也可能会影响教师与幼儿的互动。

在日常工作中做的轶事记录可能只有几个词或一些信息片段，细节可以之后再补充（有时也叫略记），但最好在当天做细节补充，否则可能会忘记一些有用的细节信息，这一点非常重要。轶事记录与其他观察记录一样，都是收集儿童信息的一部分。轶事记录需要精心管理，并与其他保密文件一起存档。

叙事记录的解释。观察记录连同对记录的解释可以让其他人了解你观察到了什么，也可以对你得出的结论进行评议。对于同一事件，如果有两个及其以上的观察者的记录会更有效，因为不同的观察者倾向于关注事件的不同方面。如果两个人看同一份观察记录也常常会有不同的看法。与其他人讨论你对观察结果的解释也大有裨益。了解了不同的人会持有不同的观点，你就会明白做出准确的解释有多么困难。我们鼓励你在解释时使用可能和看起来之类的词，这样似乎不是在对儿童的需求、情感和动机下结论。

解释应该建立在多次观察的基础上，简要陈述你的结论并给出描述性的数据作为支持。对N.L.（图5.4轶事记录单范例中的儿童）做了多次观察的教师可能会做出如下结论：

> 正如1/30、1/31、2/1和2/5的观察记录所示，N.L.看起来有很强的自我意识。她与小伙伴一起游戏，但也可以自如地独处。她经常向成人表达自己的想法和观点。如果有看起来不公平的事情发生，她也会维护自己的权利。

叙事记录的应用。叙事记录（包括动态记录和轶事记录）的目的是提高幼儿教育质量。它有助于学前教育工作者更好地理解儿童，给予儿童积极回应，同时也是指导课程计划和评估课程能否满足儿童需求的最有效的观察记录方式。将叙事记录用于课程

> **轶事记录的黄金法则**
>
> 1. 在观察到典型行为或互动之后做记录。
> 2. 在看到新的行为或互动之后做记录。
> 3. 在看到异常的行为或互动之后做记录。
> 4. 描述事件。如实记录你所看到的、听到的或其他的感觉经验。避免概化(总是、通常、从不)。
> 5. 除非是儿童说过,其他情况下尽量不用"我"这个词(谨记:记录对象是儿童而不是观察者)。
> 6. 避免对儿童的行为或互动方式的原因做主观推断。
> 7. 不包括你对儿童、行为或互动的观点(记住是观察儿童而不是你)。
> 8. 排除你对事件的感受。
> 9. 单设一栏给出你的评论,说明你为什么认为该行为或互动很重要、需要记录,以及你认为这对儿童发展和机构设置的儿童发展目标有何意义。
> 10. 重视轶事记录的保密性。

计划时,你需要整理并通读针对某一儿童的叙事记录,从而了解儿童的优势、兴趣和需求。基于儿童的优势和兴趣设计活动,使活动能够解决儿童的发展需要。在选择综合课程的研究主题时,可以在课堂上对全班儿童进行观察。

叙事记录也是本章后面要介绍的儿童档案袋的基础。在档案袋中需要收集、整理观察记录,总结观察结果,以便了解儿童在校的整体表现。上面给出的对 N.L. 观察的解释就是教师在档案袋中如何呈现观察结果的例子。

结构化观察记录

叙事记录有助于对儿童的发展有一个概括的了解。随着对儿童各发展领域的观察,我们对儿童的了解也在逐步深化。但有时我们可能需要快速了解更多关于儿童的信息,用以参考或解决特定的问题。在这种情况下,一些结构化的数据收集方法可能更有效或更必要。通过结构化观察(structured observation)能够了解儿童行为的趋势与模式。如果设计得好,结构化观察会更客观,能够减少误解和偏见的影响。

时间抽样、事件抽样、核查表、等级评定量表、评价指标体系和访谈法是最常用的结构化信息收集方法。这些方法各有利弊,系统化程度和适用范围也各不相同。选择哪种方法取决于你想了解哪些信息,以及你认为如何获取信息是最恰当的。了解每种方法可提供的信息,再结合观察的目的,你就可以选择合适的方法来获取所需的信息。

时间抽样。时间抽样法（也叫频次统计法）适用于记录那些按一定时间间隔发生的行为或快速出现的一连串行为（见图5.5）。它并不是对发生的所有事件进行记录，而是针对某一个体或群体预先界定的某一种或一组行为进行系统的信息收集。举例来说，时间抽样法可以用于了解特定行为（如骑儿童三轮车、专注工作、打人、想象游戏、吸吮手指）的发生频率。

使用时间抽样法时，在一小段时间内，你可以在格子纸上对观察的目标行为做频次统计。制作简单的核查表或编码表有助于观察者更快捷地记录出现的行为。例如，用"✓"表示积极的人际互动，"✗"表示消极的人际互动。用时间抽样法必须观察足够多的次数以获得相对稳定的行为频率——至少需要三个观察日的记录才可以对行为做解释。也可以进行几周或几个月的后续观察记录以便了解行为的变化。

时间抽样是一种很有效的信息收集方法，可以同时观察多个儿童。时间抽样法获得的信息可用于推论行为频率及特定行为的相对重要性，但是目标行为发生的频率必须足够高。另外，由于时间抽样法并不能收集到有关行为原因的信息，所以不能推断出行为发生的理由。

我们曾设计了时间抽样法来验证一个假设：4岁的迈克尔激起了太多与他人的冲突。几位教师觉得他们每天需要花大量的时间来解决迈克尔发起的冲突；但有一位教师难以理解其他教师的困扰，因为她觉得迈克尔是一名能积极合作的儿童。用时间抽样法很容易解决这个问题。我们设计了记录表来记录迈克尔发起的与两个朋友间的人际互动的频率，并记录互动是积极的（与其他儿童游戏或交谈）还是消极的（身体或语言的冲突）。三次15分钟时间抽样的结果显示，迈克尔与他的小伙伴一样，积极互动多于消极互动；但我们发现，迈克尔发起互动的频率比两名小伙伴高三倍。时间抽样解释了教师之间的不同观点，也帮助我们理解了一些教师会觉得解决迈克尔发起的冲突是一种负担的原因。这些信息让教师们更信任迈克尔，也给他创设更多机会去处理人际问题。

图5.5 时间抽样的范例

儿童：迈克尔、特迪、菲利普
目标行为：✓= 参与积极互动　　✗= 参与消极互动
　　　　　0 = 没有互动　　　　* = 发起互动
日期：3/3

15分钟时间抽样	迈克尔	特迪	菲利普
0~3 分钟	✓*✓	0✓	✓
3~6 分钟	✓✗✓	✓*✓	✓✓
6~9 分钟	✗*✓✓*	✗✓*	0✓*
9~12 分钟	✓*✗	0	✗*✓
12~15 分钟	✓✓*✗	✗*✓	✗✓✓*

事件抽样。事件抽样法用于深度理解特定行为（见图5.6）。用事件抽样法观察特定行为或互动时，要记录事件发生之前、发生过程中以及事件发生之后（行为结果）各发生了什么。在事件发生过程中或结束之后立即进行抽样，目的是收集行为及其背景之间关系的信息，以便于了解事件的原因并寻找可能的改变事件过程的方法。

和动态记录一样，事件抽样法对观察者的细节观察能力要求较高。例如，如果你认为某个儿童表现出太多攻击行为，你可能想知道每次攻击行为出现之前发生了什么，攻击行为具体是怎样的，教师、其他儿童和目标儿童在事后的反应如何。你可能会发现目标行为只出现在午餐时、午睡时或一天结束时。行为可能由目标儿童与某一名或一群儿童的互动引发，无意识的行为结果可能强化了儿童继续表现出攻击行为。事件抽样法比较省时，又可以提供能够推断行为原因的有价值的信息。在制定针对儿童或雇员的行为改变计划时可将事件抽样法作为基础。

核查表、等级评定量表和评价指标体系。核查表是特质、行为、概念和技能的列表，观察者在每一项旁边填写日期或做标记，注明是否观察到以及观察到的时间（见图5.7）。这种方法能相对便捷有效地记录儿童在课堂上表现出来的技能和知识。如果核查表中的项目包含了按序呈现的各个发展领域，那么就可以描绘出班级里所有儿童的发展轮廓。你也可以自己设计核查表，以便记录个别儿童的发展过程。设计巧妙的核查表是记录发展里程碑的有效策略，可以系统指导观察者观察和记录课程目标所强调的发展的各个方面，也可以用于评估课程的效果。

图 5.6　事件抽样的范例

儿童姓名：玛丽（M.）		年龄：4.5	日期：9~10月
日期/时间	事件之前	行为	行为结果
9.24/7:48	M.拿着一罐果汁往餐桌上的纸杯里倒。她弄翻了纸杯，洒出了一点儿果汁。	M.放下果汁罐，打翻了桌上的一摞纸杯。	J老师飞快地抓住M.的胳膊安慰说："没关系，只洒了一点儿。"
9.26/8:07	M.走到建筑区，从架子上拿了好多小货车，把它们放在建筑物上。P.和J.正在搭积木，P.说："你不可以玩。"	M.从建筑区跑开了，穿过艺术区从后门跑出去。在经过艺术区时，她用胳膊在水彩桌上扫了一下，弄翻了一杯水。	G老师看到了建筑区发生的一幕，她跟着M.走出去，抱着她说："我理解当P.告诉你不可以和他们一起玩时，你一定气疯了。"
10.6/7:51	M.把她的毯子放在储物架中的塑料盒上。她转身离开时毯子掉了下来。	M.把毯子重新捡起放回架子上，她把架子上的所有东西都扔到了地上，然后跑出去。	J老师正在和小朋友们打招呼，他跟着M.走出来说："我来帮你把毯子整理好吧。"
10.8/8:15	M.在玩组装玩具。J.过来和她一起玩，不小心撞倒了组装好的玩具，有几片掉了下来。	M.朝J.大叫，说她笨。挥了一下胳膊，把碎片都弄到地上，然后自己躺在地毯上。	G老师温柔地抚摸M.的后背，直到她平静下来。

图 5.7 核查表的范例

儿童姓名：_____ 年龄：_____
观察者：_____

指导语：记录第一次观察到下列行为的日期。
____/____/____ 乱涂乱画
____/____/____ 依靠整个胳膊的动作画画
____/____/____ 用手指握蜡笔
____/____/____ 依靠手腕的动作画画
____/____/____ 用剪刀剪东西
____/____/____ 用一只手拿杯子

图 5.8 等级评定量表的范例

儿童姓名：_____ 年龄：_____
观察者：_____ 日期：_____

选择最能代表儿童在下列各项功能上发展水平的描述并标记在量表上。

乱涂乱画：

很容易　　　较容易　　　有难度　　　做不到

依靠整个胳膊的动作画画：

很容易　　　较容易　　　有难度　　　做不到

用手指握蜡笔：

很容易　　　较容易　　　有难度　　　做不到

依靠手腕的动作画画：

很容易　　　较容易　　　有难度　　　做不到

用剪刀剪东西：

很容易　　　较容易　　　有难度　　　做不到

用一只手拿杯子：

很容易　　　较容易　　　有难度　　　做不到

等级评定量表的目的和使用方法与核查表基本一致（见图5.8）。唯一的重要区别是，等级评定量表可以测查一种行为或特征表现的程度。

你可能对评价指标体系并不陌生，因为大学里也在用这种方法。在学前教育领域，评价指标体系和等级评定量表相似（见表5.1）。一般来说，评价指标体系包括评估技能的一些指标以及各项指标的不同水平。评价指标体系和等级评定的区别在于，指标体系中对各项指标的不同水平都有具体的标准。在初等教育阶段，评价指标体系常常被用作评分工具，它们也可以用来评估学龄前儿童的各项能力。与其他

表 5.1　学龄前儿童数学评价指标体系

	掌握程度较高	熟练掌握	基本掌握	没有掌握
对应	成组相同物体的对应（如一组盘子对一组杯子）	相关物体的对应（如刀和叉对应）	相同物体的对应	不能对应
排序和分类	独立地根据一个以上的维度进行分类和排序（如说出这些是圆的、红色的）	根据事物的共有特征分类（如把所有圆形的物体放在一起）且具有稳定性	把相似物体归类但不稳定（如把圆形的物体放在一起之后又放了一些红色但不是圆形的物体进来）	不能把相似物体归类
数数	能数到 10 以上	数到 10，且具有稳定性	数到 5，且具有稳定性	不会数数
数量（多/少）	口头表达对物体的比较（如多和少，大和小），有稳定性	用词汇表达对物体的比较，但不稳定	根据要求指出大或小的物体	不能进行比较
模式	注意到并再造出一些较复杂的模式（abcabc）	注意到并再造出一些简单模式，需要实物操作（abab）	注意到并再造出一些简单模式，需要实物操作，但不稳定	即使有实物支持，也不能识别或再造出简单模式

评估工具一样，合理地使用评价指标体系可以改善教学质量。

访谈。与儿童的非正式谈话常常可以了解他们的想法和学习情况。访谈过程可以用轶事记录法记录。如果你请一个儿童跟你说说搭积木、画画的故事，或者向你展示一项具体的技能，那么你所做的实际上就是非正式访谈。

另一种访谈法是对儿童进行的正式访谈，它是一种有计划地收集信息的方法。儿童的回答可以让访谈者了解他们的语言、社会性和情绪发展、概念的理解以及对世界的认识。在一段时间后可以进行再访谈，以便了解和记录儿童的发展变化。

正式访谈需要先确定主题（数学概念、对朋友的感觉、语言发展），然后设计一系列问题来问班级里所有的儿童。这样老师可以比较儿童的回答，了解在概念理解方面的个体差异。如果要进行正式访谈，关键是要界定清楚你想得到的信息是什么，如何和儿童交流更有效。例如，如果你想评估在鸟类研究期间其中一次参观动物园的活动效果，你可能会让儿童集体回答一个开放式的问题（"你们对这次在动物园看到的鸟有什么印象呢？"），看看儿童是否掌握了目标概念：有许多不同种类的鸟，它们的颜色、形状和大小各不相同。儿童的回答可以记录在小组记录表的副本上（例如，在信纸大小的纸上可以重复擦写的记录表），或者用照片记录。我们也可以对儿童进行个体访谈，针对具体技能获得更具体的回答。例如，要了解儿童的观察和描写能力，可以问："能跟我说说你注意到了犀鸟的什么特征吗？"像其他真实性评价一样，访谈也有双重作用：评估和促进儿童学习。后面的"以评估为目的的儿童访谈黄金法则"栏目介绍了一些如何成功进行儿童访谈的方法。

电子记录

从照相机问世以来,人们就开始在学校里使用照相机为儿童拍照。今天可以运用许多技术手段(如照相、录像、录音、扫描和电脑)记录儿童的活动和工作。以照片、录像或录音等形式进行的记录和其他形式的观察记录没有什么差异,它们的目的相同,也同样需要记录者了解记录的目的。同文字记录一样,电子记录需要记录者拥有一定技能和自己的判断。使用这些设备的技能是对学前教育工作者的新要求,购置必需的新设备并培训教师学会使用,都是如今的学前教育机构在做财政预算时应该考虑的。

照片。人们常说"一图胜千言",但是真是这样吗?展示发生的事件或记录儿童工作的照片是有价值的,照片可以快捷准确地展示难以描述清楚的事情,如儿童精心搭建的积木建筑。

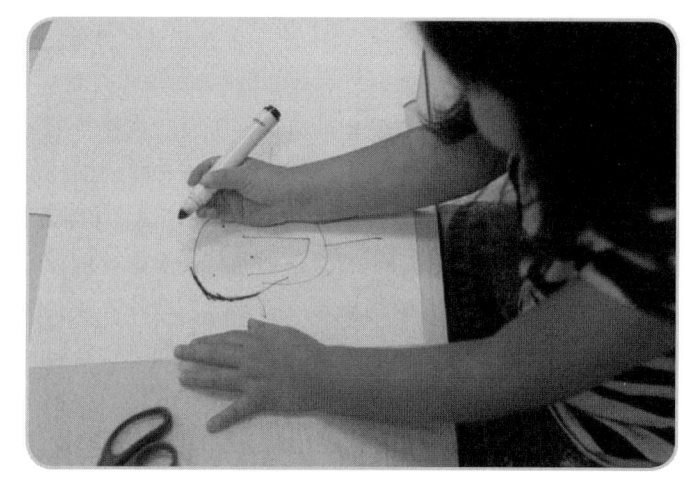

有价值的照片是对儿童活动的真实反映,而不是在成人面前摆出的可爱造型照片。如果照片的内容不能反映儿童有意义的发展,那么它就不如观察有价值。比如,全班盛装迎万圣节,或者2岁的幼儿在吃蛋糕时脸上沾满了糖霜的照片,价值就不是很大。用照片做记录应该和做轶事记录采用同样的标准,照片应该记录儿童参与的一些典型的、体现新的发展里程

以评估为目的的儿童访谈的黄金法则

1. 不要打断正在和伙伴玩耍或正在做游戏的儿童;在活动之后的休息时间邀请儿童参与访谈。
2. 选一个安静的角落来访谈,坐在与儿童平齐的地方。
3. 事先准备好访谈问题,问题要与目标一致——记住你是要了解儿童知道什么、能做什么,而不是他们是否喜欢一次活动或喜欢你的教学方式。
4. 采用有多种答案的开放式问题,避免让儿童感觉到有一个"正确"答案。可以用这样的开场白来提出你的问题,如"跟我说说……",或"你认为……?"
5. 使用儿童容易懂的语言。
6. 如果一个问题没有得到儿童的回答,试着换一种方式再提问一次。
7. 用儿童的回答和兴趣来引导访谈。
8. 记录儿童的行为和语言。

碑或需要特别关注的事件。

注释照片（McAfee, Leong, & Bodrova, 2004）是指用轶事记录作为对照片的补充说明，具体可见图5.9。注释应该包括儿童的姓名和拍照的日期、当时的情境或事件的背景信息（如在戏剧表演区）、当时发生了什么（如拍照时你观察到了什么），以及照片告诉我们哪些关于儿童的信息。如果没有注释，看照片的人可能很难了解该照片的意义。当儿童参加活动或完成作品时，你有必要多拍几张照片以反映整个过程。

02/13 N.骑着儿童三轮车，车后面坐着两个小伙伴，展示了大肌肉动作的力量。

图5.9 注释照片的范例

录音和录像。同照片一样，录音和录像是展示发生的事件或记录儿童能力的有价值的记录方法，在展示儿童动作的细微差别、记录儿童语言及互动的微妙之处方面更有价值。通过录音和录像，许多观察者可以听到或看到同一个儿童在同一个活动中的情况。因为它们记录了所有发生的事件，所以对观察者的写作技能没有大的要求，也不会受到观察者偏见的影响。文字记录可能忽略的细节都可以通过录像获得。以记录为目的的录音不同于用录音设备代替文字所做的观察记录。

然而，录音和录像也有自身的不足。设备可能会让儿童分心，尤其是使用大型的相机和三脚架时。编辑视频文件需要一定的技术，几分钟甚至几秒钟的有用信息可能需要花费很长时间进行剪辑。此外，当教室环境嘈杂时，理解录音和录像的内容就会变得困难。

若想有效地使用录音和录像，教师需要提前确定记录的目标行为或互动是什么。在正式录像之前给儿童一点时间适应录像设备的存在。可能的话，也要记录游离在小组之外的个别儿童的表现。如果在录像的同时还需要上课，最好请另一位老师、志愿者或家长帮忙完成录像工作。最后需要谨记的是，只选择相关的小片段与大家分享。剪辑下来的有意义的录像或录音片段可以存档保留。

观察记录方法的选择

上面介绍的每种记录法都适用于一种或多种观察目的。在不同时间不同情况下，教师可能会用到所有的方法。时刻记住你想要达成的目标，这样有助于你更好地选择恰当的记录方法。图5.10中的内容旨在帮助你做出合适的选择。

作品样本

作品样本（儿童的绘画作品、剪纸、写作、日记、讲的故事、绘制的地图、电脑作品、词汇量，等等）是一种重要的真实性评估手段，它们是儿童学习的真实例证。

定期收集儿童的作品样本，最好收集不同类型的样本。存档之前要确认每件作

图 5.10　选择一种观察记录方法

记录目标	记录方法
生动记录儿童的活动	动态记录；录像
记录行为、互动或发展里程碑的完成	轶事记录；注释照片
证实特定行为的发生频率	时间抽样
理解行为发生的原因、时间	事件抽样
收集关于儿童的游戏偏好、取得的进步、操作材料和设备的方式等方面的信息	核查表
评定儿童达到某一发展里程碑的程度	等级评定
比较不同儿童对同一概念的理解	访谈
快捷、准确地记录一些难以用语言描述的事件	注释照片；录像
记录运动、语言或互动（或相关的能力，如音乐技能）以便与他人分享	动态记录；录像或录音

图 5.11　注释作品样本

一盒画笔放在美术桌中间。J. 拿了一支细马克笔画了一朵花，然后在中间画了一张笑脸。她要了一支黄色的水彩笔细心地把花瓣涂上颜色。"这是朵快乐的花！"她对老师说。

品都有标签、日期和注释。像注释照片一样，注释作品样本也应该包括儿童的姓名、完成作品的日期、当时的背景、文字描述当时的情况（如创作时发生了什么）以及记录者的解释。体积较大的或三维作品（如画板画和木工作品）可以用照片记录。也有一些教师喜欢扫描儿童的作品，这样就可以有一份电子文档了。

档案袋

通过真实性评估获取的丰富数据需要以有意义的方式组织起来，最常用的方法就是放进档案袋。档案袋一词来自艺术领域，因为画家都喜欢把作品放进档案袋里以便向他人展示。正如画家的档案袋可以让人全方位地了解画家的能力一样，儿的档案袋也应该让人全方位地了解儿童，他/她知道什么、能做什么。教育工作者在提到真实性评估时往往都是指档案袋方法，有时也用档案袋评估作为真实性评估的代名词。

有时，教师或其他人也会用档案袋来收集和展示自己的专业学习和能力成果，通常被称为专业档案袋。最近，人们也开始使用项目档案袋和班级档案袋，因为认证标准要求学前教育机构使用这两种档案袋收集课程计划、观察记录和文档作为课程实施的证明材料。但是在本章中，我们只介绍儿童档案袋。在学前教育机构中有时也称为发展档案袋（developmental portfolio），反映的是它们的目标（展示儿童的发展）和归类方式（按各发展领域分类），以便和小学高年级按学科分类并用来表明各学科学业成就的学生档案袋区分开来。

长期对儿童的学习、能力、成长和发展的相关证据（观察、作品样本、照片等）进行收集、整理，由此形成的档案袋就是可变的、系统的和有组织的。它是对学前教育机构用来了解儿童的传统观察法的合理拓展。用档案袋收集的证据可用于评价儿童是否获得了某些技能、知识和性情及其程度，此时就称为档案袋评估。在小学，档案袋可以作为测验、成绩单、等级评分等传统评价方法之外的评估手段，但通常都作为传统方法的补充使用。档案袋更注重展示儿童真正能做什么，相比核查表或测验，它能更全面、更真实地评估儿童。

档案袋可以用来收集儿童在不同时期的作品，这有助于我们评估儿童的社会性、情绪、生理和认知发展。它可以让你更好地理解儿童、指导课程计划。档案袋能够展示儿童的特长和潜力，它可以支持教师与家庭或其他专业工作者实现信息共享，也可以与儿童即将升入的教育机构中的工作人员共享。

创建档案袋

前面介绍了叙事记录、结构化观察、电子记录、作品样本和访谈等，通过这些方法收集到的信息都可以放进档案袋。每个儿童的档案袋具体要放哪些内容，则取决于课程目标和教师创建档案袋的目的。

要确保档案袋收集的内容有意义、有价值，首先要确定儿童的发展目标是什么，用什么材料和信息可以说明儿童达到这些目标的程度。例如，如果某课程的目标是提高儿童的读写能力，那么就可以收集儿童书写的作品样本、给儿童或让儿童讲故事的录音以及儿童用笔来交流的轶事记录。

收集到的内容可能比实际放进档案袋的内容要多。因为放进档案袋的内容要经过选择，每一项都要有意义、有信息量，能够反映儿童的发展、能力和学习的成果。运用档案袋的目的是记录儿童个体的发展，所以为每个儿童收集的作品样本将会各不相同。学龄期儿童可以参与作品的收集和选择，解释他们放进档案袋的作品分别代表什么。

如果事先界定好了要评估的重要发展领域，那么档案袋中收集的作品必须能够全面、真实地反映这些领域内儿童的知识和技能发展。可以简要地列出哪些内容是必须要放进档案袋的，如果在最后准备整理档案袋时，方才发现缺少了一些关键的观察记录、照片或作品样本，这会令人非常沮丧。图 5.12 是我们为某个学龄前儿童的档案袋准备的基本内容。你准备的内容要能够反映儿童的年龄、课程目标和价值。

一份装满了随机收集、未经整理的材料的文件夹并不是档案袋，一本贴着照片和儿童迷人笑靥的剪贴簿也不是档案袋。要想让收集的信息成为档案袋，你需要整理和解释这些信息。许多机构中对档案袋有固定的结构要求。一些招收 5 岁以下儿童的学前教育机构，经常用发展领域来组织档案袋中的内容。在小学，则经常使用学科作为分类标准。如果你工作的机构也有这方面的要求，你可能需要做下列事情：

- 在同一时间收集所有儿童的特定作品，如开学第一周和毕业前一周的绘画作品——有时称作核心内容。

图 5.12　学龄前儿童档案袋收集内容的范例

背景信息		
儿童生日：		入学/到班时间：
家庭使用的语言：		种族/文化认同：
生理发育和健康的证据：观察记录、照片、作品样本用以展示……		
身高/体重与同龄人相比		通常的进餐/偏好
排便习惯/意外		通常的午餐进餐时间
大肌肉动作		精细动作
感知觉活动		优势手和抓握
个性/社会性发展的证据：观察记录、照片、作品样本或录音录像用以展示……		
自我调节和自助	自发活动	伙伴关系（也来自儿童的报告）
做选择	对感情的认识	与他人的互动
与家庭成员分离	合作行为	解决社交问题
假装游戏		正式的小组活动
语言和认知发展的证据：观察记录、照片、作品样本或录音录像用以展示……		
读写	听写	写作样本（每月一次）
听或讲故事	说话或讲故事	与他人对话
认知发展的证据：观察记录、照片、作品样本或录音录像用以展示……		
注意到自然现象	发现或探究	排序、计数或分类
绘制的地图或图解		发现问题
创造力和审美意识的证据：观察记录、照片、作品样本或录音录像用以展示……		
从事音乐活动	绘画作品（每月一次）	歌曲中的音乐表现力
从事运动	有创造力的艺术作品或积木建筑	图画作品（每月一次）

家园联系

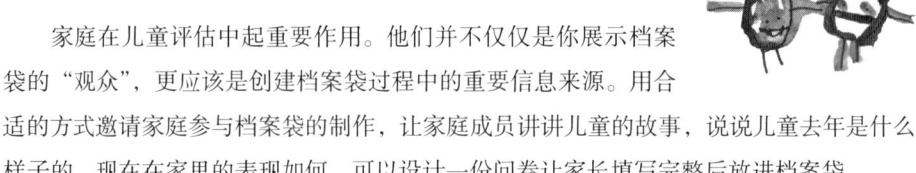

家庭在儿童评估中起重要作用。他们并不仅仅是你展示档案袋的"观众",更应该是创建档案袋过程中的重要信息来源。用合适的方式邀请家庭参与档案袋的制作,让家庭成员讲讲儿童的故事,说说儿童去年是什么样子的,现在在家里的表现如何。可以设计一份问卷让家长填写完整后放进档案袋。

- 收集儿童在特定活动中表现出来的与能力发展相关的证据——如绘画、对社会交往的观察、书面或录音的语言样本、积木建筑的照片或写作样本等。
- 让儿童自己选择喜欢或认为最好的作品放进档案袋。

为全班的儿童创建档案袋的工作量非常大!对要装入档案袋的内容建立汇编体系,这可以让工作更轻松。保存档案袋时可以用一个大的可折叠的文件夹,里面放一些小的文件夹来存放不同类别的材料。有的教师喜欢用文件箱,也有的教师习惯用带有文件袋和口袋的笔记本来整理材料和作品样本。这些方法对整理一定时间段内的内容,如轶事记录、核查表和等级评定等都非常合适。大件的作品要分开保存,同时需要在档案袋里建立索引,以说明在哪里可以找到对应的内容。一些教师还制作了画架大小的纸板箱和木箱,这样就可以把所有的作品都存放在一起。

创建档案袋的下一步是对收集到的内容进行思考,分析其所代表的意义,并最终在作品分析的基础上对儿童的能力和发展特征进行描述。这种描述称作个人侧写、发展描绘或总结陈述。

个人侧写展示的是儿童的独特性。它应该对档案袋中收集的儿童在各领域中的能力、兴趣、进步和行为模式进行概述;它还应该包括教师的评语,评价儿童达成课程目标的程度;注明是否存在需要特别关注的领域。学龄期儿童可以参与这一过程,他们可以总结出自己的优势、兴趣和不足,自己选择作品样本,并在总结陈述中加入自己的观点(见下页的"创建儿童档案袋的黄金法则")。

电子档案袋

在某些教育机构中,教师还会创建电子档案袋。它不需要实体的内容,照片、观察记录、等级评定等都可以扫描或输入电脑。之后把这些电子文档整理到一个文件夹中,以便与他人共享。电子档案袋的好处在于它不需要物理空间进行存储,也不需要借助文件箱、活页夹、保护皮、炭粉或相纸等,其不足在于使用电子档案袋对教师和家长的技术专长都有一定要求。对于一些没有电脑的家庭而言,可能很难使用电子档案袋。另外,像其他数字存储一样,制作电子档案袋的电脑程序终究会过时,导致创建好的电子档案袋使用困难甚至无法再次使用。

图 5.13　小学儿童档案袋收集内容的范例

> 每个学科（主要是阅读、写作和数学）应该包括：
> 1. 陈述该年级儿童在该学科上应该达到的标准、课程目标和要求。
> 2. 代表性的作品样本／学年初、学年中和学年末的正式评估。
> 3. 关键任务和相应的评价指标体系。
> 4. 由儿童或教师选择的一些重要的作品样本。
> 5. 学科相关的观察记录、简短的笔记、注释照片和录像。
> 6. 儿童自己的总结（从一年级开始）；如，"我擅长……"，"我想要做……"。
> 7. 教师的总结陈述。

创建儿童档案袋的黄金法则

1. 按发展领域或学科，确定档案袋的组织结构。
2. 在创建档案袋之初，就要与家长合作，向家长解释你的计划，尽可能让家长参与其中。
3. 档案袋存放在专门的地方。每个儿童要有属于自己的存放档案袋的空间，空间要足够大，可以放得下大件的作品样本。
4. 制订计划，什么时间收集档案内容，什么时间写总结，在什么时间以及以什么方式与他人分享。
5. 识别能见证儿童能力的作品——如绘画、对儿童社会交往的观察、对语言的观察记录或录音、积木建筑的照片或写作样本。
6. 设计一个核查表或其他系统，保证定期收集每个儿童的观察记录及每个领域或学科的作品样本。
7. 在同一时间收集所有儿童的核心内容，如入学第一周和毕业前一周的绘画或写作作品样本。
8. 为收集的每一项内容做注释，包括日期和对内容意义的简要解释。
9. 允许学龄儿童选择自己喜欢或认为最好的作品样本放进自己的档案袋。
10. 和一个同事成立合作小组，分享彼此的工作，相互进行校订和评论。

档案袋博客。 你可以为每个儿童建立一个博客作为创建电子档案袋的平台。博客是一个动态过程，它不像传统档案袋那样是作为"成品"展示给家长的。教师可以每周上传观察记录和照片。教师和家长都可以登录博客，上传他们的观察记录或表达自己的观点。

档案袋的使用

如何使用儿童档案袋中的内容呢？最具价值的用途之一就是，教师可以借助档案袋与家长和其他专业人员分享自己对儿童的认识和理解。档案袋本身就可以生动地展示儿童及其作品，因而可作为教师与家长和其他专业人员开会的焦点。档案袋中的总结描述可作为开会时教师呈现给家长的叙述性报告的一部分。

在制定针对个别儿童或一组儿童的教学计划时，档案袋也可以提供指导。个人档案袋包括儿童的能力、特长、兴趣和挑战。这可以帮助教师制定个性化的辅导计划。而全班的档案袋也可以让教师了解课程内容的整体效果。

档案袋里的内容不是固定不变的，在一定的时间内要更新档案袋的内容。比如说，你可以在学年初始创建档案袋，在学年中期写一次总结，然后继续丰富档案袋的内容，直到学年末期再进行一次总结陈述。最后，作为证明文件的一部分，档案袋可以跟随儿童到更高年级或者放进家庭档案中。

真实性评估系统

相对来讲，完成学龄前儿童的核查表或对某一年级做一次集体标准化测验都不难，但要对全班儿童做真实性评估却是非常繁杂的工作。有些机构采用结构化的方法帮助教师组织收集信息、创建档案袋。教育工作者在创建档案袋时可借助现有的很多商业系统。这些系统的优势在于其有具体的标准和程序，能够系统地指导教师的观察以及对照片、作品样本的收集。这是真实性评估和标准化评估（标准化评估方法得到的结果可以进行比较）的融合。

下面介绍的真实性评估系统都包含一些结构化的数据收集方法，使用这些方法需要经过培训，观察儿童要在自然、非介入的情境下进行。这些评估系统也都可以通过软件或在线程序，提供一些计算机生成的评估报告或课程计划。下面的例子是其中一些比较有影响的评估系统。

高瞻课程的儿童观察记录（COR）。 高瞻课程的儿童观察记录（High/Scope, 2003）

是真实性评估系统的例子，它旨在帮助教师和照料者确定6周到6岁儿童的发展状态。它是基于观察的评估，有六个维度。婴儿和学步儿的发展评估包括：(1)自我意识，(2)社会关系，(3)创造性表现，(4)运动，(5)语言、交流，(6)探究和初级逻辑。学龄前儿童的评估维度略有不同，它们是：(1)主动性，(2)社会关系，(3)创造性表现，(4)音乐和运动，(5)语言和读写，(6)逻辑和数学。评估主要依据儿童的日常活动，教师或照料者在几个月内对儿童的行为进行一系列简要的观察记录，当这段时间结束时，用一份包含 30 个项目的问卷对儿童的行为进行评定。接受过 COR 评价专门培训的施测者才有资格对分数进行解释，同时这一评估系统还可以在线做观察记录、生成报告和课程计划。

作品取样系统。作品取样系统（Dichtelmiller et al., 2001）是一个专为 3~11 岁儿童设计的基于表现的综合评估系统。系统主要包含三部分：(1) 发展原则和核查表，(2) 档案袋，(3) 总结报告。发展原则和核查表有助于教师观察和记录儿童个体的成长与进步，是参考发展适宜性活动与国家、州和地方的课程标准而制定的。每个核查表涉及七个领域的内容：(1) 个性和社会性发展，(2) 语言和读写，(3) 数学思维，(4) 科学思维，(5) 社会学习，(6) 艺术，(7) 生理发育。核查表和发展原则描绘了儿童独特的发展过程。核查表、观察记录和电子作品样本都上传到网络，形成电子档案袋，取代过去的报告卡，实现与家长分享儿童进步的目的。除了原始信息之外，还包括对儿童在各领域的表现和进步的评定，以及教师对儿童发展的评语。

盎司量表。盎司量表（Meisels, Dombro, Marsden, Weston, & Jewkes, 2003）是作品取样系统的婴儿—学步儿版，适用于从出生到三岁半的儿童。它包括三个部分：(1) 教师的观察记录，(2) 家庭相册——收集家长的观察记录、照片和对儿童成长与发展的备忘录，(3) 等级评定——分八个年龄段，在每个年龄段结束时对儿童成长和发展进行评价。家长可以在家尝试使用在线的盎司量表。

盎司量表包括六个发展领域：(1) 人际关系（信任），(2) 自我感觉，(3) 同伴关系，(4) 理解和交流（语言发展），(5) 探究和问题解决，(6) 运动和协调。因为盎司量表的使用主要依赖家庭的配合，所以它比较适用于小组项目、家访项目和家庭支持项目。

教学策略 GOLD 评价体系。教学策略 GOLD 评价体系是与第五版学龄前创造性课程（Dodge, Colker, & Heroman, 2010）以及婴儿、学步儿和 2 岁儿童创造性课程（Dodge, Rudick, & Berke, 2006）配套使用的。它是针对婴儿—学步儿以及学龄前儿童的观察评估体系，评估内容是与发展相关的技能（如理解和执行指令）。该评价体系以包含具体例子（儿童表现出某项技能的方式）的等级评定表为工具，最低级别为预备行为（词语与动作建立联接——看到球被扔出去时说"扔"），最高级别为掌握行为，即儿童掌握了特定技能后会出现的典型行为（能执行两步以上的指令，例如当游戏结束时首先把黏土放进容器中，然后擦桌子，最后洗手）。

使用教学策略 GOLD 评价体系需借助网络评价系统来记录和解释观察结果，并将其用于创建档案袋和制订课程计划。因为该评价体系与课程手册是配套的，所以评估和课程计划之间也是密不可分的。

第 5 章

公开记录

对课程进行真实性评估的另一种方式是创建公开记录。意大利瑞吉欧学龄前课程用的公开记录的形式称为记录嵌板（documentation panel），具体指由照片、儿童作品、观察记录和教师评语共同构成的用来展示课程某一方面的海报。记录嵌板通常（但并不总是）用于展示课程/研究/项目如何促进儿童的成长和学习，它也可以用来展示如何从儿童群体的问题入手开展调查研究，展示儿童如何使用特定设备来学习，或者展示儿童如何从与他人的互动中学习。记录嵌板可以张贴在走廊、教室和入口通道处。

制作精美的记录嵌板绝不仅仅是一种墙饰。它可以很好地展示儿童学习的程度以及课程和教学的程度。它可以传达教师对儿童的尊重，也可以向家长和来访者展示在学前课程中"真实"的教育是如何开展的。其他形式的公开记录包括 PPT、录像、书籍和画廊展。

真实性评估在幼儿园和小学的应用

尽管我们上面介绍的档案袋评价和真实性评估的方法并不新颖，但它们在小学阶段的应用却并不普遍。如果你在公立小学任教，真实性评估可能被无可辩驳地认为是耗时的奢侈品，学校可能会要求你写报告卡。由于学校过于强调教学任务和测验，因此教师不得不更多地使用标准化测验，觉得关注测验的内容和过程是自己的责任。这种情况下究竟该怎么做呢？

请谨记，评估的目的是改善教学。你可以在完成标准测验和报告卡之外进行观察、记录和解释。如果你更广义地理解真实性评估，你也可以将它作为支持发展适宜性教学实践的手段。

休斯和古洛（Hughes & Gullo, 2010）在他们的文章《幼儿园的快乐学习与评估》（*Joyful Learning and Assessment in Kindergarten*）中提出，可以从以下几个角度来看待真实性评估，这样既能保证教学的责任又能保证快乐的学习：

1. 把评估视为一个**持续的过程**——换言之，对儿童活动进行持续的真实性评估可以作为评估儿童成长和指导教师教学的工具。
2. 评估是一个**综合的过程**——真正的评估需要从不同角度了解学生的学习，而不能仅仅依靠测验。
3. 评估是一个**一体化的过程**——真实性评估可以反映教学的有效性。当儿童在课堂上或自主选择的活动中运用所学到的内容时，教师对儿童反应的观察记录既可以评估儿童，也可以评估教学。

虽然上述建议并不能给教师带来更多的时间，但它却为教师实践发展适宜性教学策略和真实性评估提供了理由。正如休斯和古洛所言,"恰当的评估会带来快乐的学习和快乐的教学"(Hughes & Gullo, 2010, p59)。

标准化评估

童年是一段旅程,不是竞赛。

——佚名

标准化评估要求所有儿童都以同样的方式完成同样的任务,评价和评分的标准也是一样的。这是因为标准化测验的目的就是要参照常模,客观地评价儿童的发展和学习。麦卡菲、梁和波德罗瓦指出,"我们用标准化测验,因为我们要尽量保持一致,方法的标准化使测验结果具有可比性。……标准化能够节省时间,同时也可以提高测验的信度和公平"(McAfee, Leong, & Bodrova, 2004, p57)。

学前教育工作者历来将观察和真实性评估作为了解和报告儿童学习发展的主要手段。在这一节中,我们将主要介绍一些当前学前教育机构正在使用的标准化评估工具,讨论每一种工具的作用,并探讨使用标准化评估带来的一些争议。

标准化评估工具的种类

测验是对儿童行为和知识的系统化取样程序,儿童的表现常用分数来表示。标准化测验的目标界定明确,有一些显著特征区别于其他的儿童学习评估方式。标准化测验中的每一个题目都是经过仔细研究的,以保证整个测验的可靠性。测验的可靠性通过两个数据可以说明:(1)效度或准确性,指测验能在多大程度上测到它想要测量的内容;(2)信度或一致性,指同一测验能够得出一致结果的概率。标准化测验可以是常模参照,也可以是标准参照。常模参照是将儿童的测验表现与外在常模相比较,而常模是通过大样本施测获得的(如SAT);标准化参照测验把儿童的表现与完成某项成就的标准相比较(如儿童是否能跳),但不与对照组进行比较。

一套标准化测验应该有界定清楚的目的,有包含标准施测程序的测验手册,有信度和效度的相关数据以及清楚的指导语。选择标

反思测验

想想你学生时期(童年或成年后)的测验经历。参加测验的时候感觉如何?测验对你有益吗?测验有什么负面影响吗?你在学前阶段有过参加测验的经历吗?你注意到了什么?作为学前教育工作者了解测验为什么很重要?

准化测验时要慎重考虑测验的目的是否适合被测儿童，测验所使用的语言（包括特殊用语和词汇水平）儿童是否能够理解。

评估工具是系统化收集和记录儿童信息的方法。核查表、等级评定、表现型评估以及测验都属于工具。值得注意的是，所有的测验都是评估工具，但所有的评估工具并非都是测验。

一些常用的标准化评估工具包括筛查工具、发展性评价、诊断测验、学业准备测验、个体和团体智力测验以及成就测验。标准化评估工具反映的是测验开发者的价值观——他们认为特定年龄的儿童应该知道什么、能做什么以及应该具有哪些经验。如果你被要求使用这些评估工具中的一种，那么你要确定该工具与你的目标是否一致，是否适合要参加测验的儿童。

筛查工具

筛查工具的作用在于把儿童的发展水平与同龄儿童相比较，从而鉴别出需要特殊服务的儿童。筛查是评估儿童发展状况相对便捷有效的方法。从出生开始，每个儿童都在以某种方式被筛查着。例如，人们会观察新生儿以确定是否有明显的缺陷；出生后的头几分钟婴儿就会经历简单的筛查，如观察、心率测试、肌张力和呼吸测试；随着儿童的不断成长与发展，在定期的医疗保健过程中他们也都需要接受其他形式的筛查。

另外一种重要的筛查是发生在学校里的。在这里，筛查是为了鉴别发育迟滞或需要健康矫正（如视力或听力损伤）的儿童。恰当的筛查能改善儿童的生活，接受开端计划服务的几代儿童都是经过筛查的。他们中的许多人有听力缺失、视觉损伤和其他的健康问题，筛查能鉴别出这些问题并给予适当治疗。经过筛查被鉴别为学习困难的儿童能够接受特殊服务，这些服务能够帮助他们在学校有更好的表现。

教育筛查工具相对比较短，只有为数不多的项目，涉及一些发展领域，可以由经过培训的专业人员或志愿者施测并解释结果。筛查能够鉴别出需要格外关注的儿童。绝对不可以根据筛查工具显示的结果给儿童贴标签，因为筛查工具不能预测儿童将来的成功或失败，也不能制定相应的干预或课程或做出诊断。无论是个人发展计划还是课程计划，都不应该建立在筛查的结果上。

好的筛查工具是有效的、可信的，并且能评估儿童的多个发展领域（口语、语言理解、大肌肉和小肌肉运动技能）。筛查工具也应该吸纳来自家长的信息，因为他们最了解儿童，能够贡献重要信息。筛查工具最好用儿童的母语或方言来施测，否则儿童可能不能真实地表现出自己的能力。同样，筛查工具也应该符合儿童的经验和文化背景。

筛查服务在各社区之间和各州之间存在差异。许多社区在儿童进入幼儿园或小学一年级时提供筛查服务。有些社区提供儿童鉴别项目，帮助家长意识到早期鉴别的重要性。作为学前教育工作者，你可能也会参与选择或使用筛查工具以及提供后续服务。如果你所在的学校或社区没有正式的筛查服务，通过观察进行非正式的筛查也能鉴别出需要进一步评估的儿童。

没有哪一种筛查工具是万能的。一些发展迟滞的儿童可能没有被鉴别出来，而另一些没有严重问题的儿童却被鉴别为需要做进一步的评估。因此，一定要慎重选择筛查工具，向家长报告筛查结果时也要十分谨慎。

一些筛查工具是针对特定年龄或发展阶段的，例如，贝利婴儿发展量表和Peabody运动发育量表；也有一些筛查工具覆盖儿童发展的各个领域，即多领域发展筛查测验，这类工具的应用也比较广泛，如早期筛查量表、评估学习的发展指标（DIAI）和早期学习成就量表。

发展性评估

发展性评估工具包括用来评价儿童技能和能力的核查表及等级评定量表。使用发展性评估工具可以发现儿童在许多发展领域的优劣模式，从而了解儿童在校的实际表现。发展性评估是标准参照，也就是说，它反映的是儿童对某种技能或一系列技能的掌握程度，而非与常模的比较。发展性评估的目的不是为了给儿童贴标签，而是为了给教师提供信息，进而为儿童个体或群体设计发展适宜性活动。

发展性评估通常是由机构工作人员施测、解释和使用的。对不同领域进行发展性评估可能需要几周甚至几个月的时间，在一些机构中，整个学年都要持续进行发展性评估。可以在学年初进行评估，了解儿童已经掌握了哪些技能，并据此设计教学活动以帮助学生达到下一个水平，一段时间后再次施测。

发展性评估经常会给出一些针对具体技能发展的课程设计和材料投放的指导原则。尽管这些原则可能会为教师提供一些不错的想法，但绝不应该把测验项目单独拿出来让儿童练习，或者在课程中直接使用这些项目。常用的发展性评估工具有Batelle发展量表和学业成就量表（第3版）。

发展性评估也可以达到筛查的目的，尤其是未做过其他筛查测验，其评估结果可以表明一些问题。如果发现儿童在某一领域发育迟滞，就应该仔细观察该儿童并在该领域给予一些额外的支持。如果问题一直存在，可能就需要做一次专门的诊断评估。

同筛查工具一样，发展性评估测量的也是可以直接观察到的行为，以及测验开发者认为重要的行为，你和同事认为有价值的内容可能并不能测查到。如果你决定使用发展性评估工具，要了解其局限性并坚持用观察法作为补充，以便更全面地了解儿童的发展。

合适的发展性评估工具应该有与课程相匹配或相类似的目标。好的工具应该提供使用指南，方便教师运用和解释结果，即有清晰的标准来界定成功的表现是什么。好的工具应该可以用当地的语言进行施测，并可以根据儿童的典型经验和文化背景做适当调整。好的测验要求的应该是儿童的言语或操作反应而不是书面作答，测验时间不应该太长，且中间要留有休息时间。

诊断测验

诊断测验是对儿童在某一具体发展领域能完成什么的深度测查，旨在鉴别需要特殊服务的儿童，它是为儿童提供特殊指导的决策基础。诊断测验种类繁多，有针对单一发展领域的，也有综合性的。例如，语言专家可能会让儿童做一次诊断测验来了解儿童的语言接受能力，而心理学家可能会用发展量表同时评估十几个甚至更多领域的发展水平。

诊断测验通常作为综合评估的一部分使用，由不同领域的专家小组施测。小组中可能有儿科医生、心理学家、发音听力方面的医生、理疗师、家长和教师等。小组成员会综合评价儿童的发展是否存在严重问题；如果存在，问题是什么（诊断）；什么样的服务和措施最合适（干预）。

学业准备和成就测验

准备和成就测验的作用是测查儿童（个体或群体）的表现，并与相关标准进行比较。这种测验是标准化的，按照预定的程序进行施测和计分，不属于课程的一部分。

准备测验关注儿童现有的技能、表现和知识水平，目的是为制订课程计划提供依据。成就测验是测量儿童学到了什么，即对课程所教知识和技能的掌握程度，目的是了解教学的效果。《不让一个孩子掉队》这一法案要求的测验大部分属于成就测验。

标准化测验的争议

近年来，标准化测验在低龄儿童中的应用剧增，标准化评估已经成为学前教育领域争论的焦点。部分原因是，美国推行的教育问责制已经渗透到了学前教育领域。2001年颁布的《不让一个孩子掉队》法案规定，美国联邦财政支持的项目中的儿童必须接受联邦规定的一些评估测验。虽然这一要求最初只针对3年级以上儿童，但现在开端计划中有成千上万的4岁儿童也在接受各种测验（Meisels & Atkins-Burnett, 2005）。另一部分原因是，来自家长和政策制定者的压力，他们想要确定儿童是否真的学到了东西，与其他社区和国家的同龄人相比，是否更具竞争力。还有一部分原因是，社会越来越意识到早期经验对儿童智力发展的重要性，于是民众产生强烈的意愿要深入了解儿童到底在学什么，并建立标准来衡量儿童的成就。

测验的拥护者认为，可比性的数据和国家参照标准有助于评估教学有效性，也可作为学校管理和安排的决策基础。他们还认为，标准化测验的数据可以作为衡量课程质量的指标，这是对财政拨款机构负责的一种表现。

如果评估的首要目的是鉴别发展问题或用系统方式收集儿童发展的信息，那么标准化测验是值得提倡的。但事实上，标准化测验通常不是用于制订教育计划，使之能够满足所有儿童的需求和发展阶段，而是被用来确定儿童是否适合现有的课程，并排除那些分数不够的学生。

标准化测验的一些批判者（Cryan, 1986; Graves, 2002; Kamii, 1990; Kohn, 2000; Wortham, 2011）提出了大量的问题和担忧，最常提到的如下：

- 对幼儿施测比较困难，因此标准化测验得到的结果可能信效度较低。测验可能超出儿童的发展水平，且儿童的行为会因当时的心境或测验情境而受到较大影响。
- 测验能测查到的教育目标很窄——主要是认知和语言能力。但学前教育更重要的目标，如创造力、问题解决、社会性和情绪发展等领域，则被忽视了。
- 许多测验带有文化偏向。非英语母语的儿童和来自少数群体的儿童在测验上常常表现不佳。
- 测验的施测过程和对结果的解释往往有失偏颇，因为大多数学前教育工作者没有受过关于如何正确使用和解释标准化测验的专门训练。
- 有时教师过于希望儿童在测验上有好的表现，他们会过早地教授儿童那些测验中包含的技能，甚至改变教学目标，"为测验而教"，致使其教学方法和内容并不适合幼儿。
- 测验结果的使用往往违背初衷。有时测验结果未被用来改善课堂教学，反而成为学校拒收学生、让学生留级或进补习班，或以此为理由武断地让学生接受特殊教育。

高风险测验

学前教育工作者坚决反对高风险测验（high-stakes testing），即以测验分数为基础做一些对儿童发展有长期影响的决定，如拒收、留级或分到差班等。学校过度关注测验结果而限制课程内容和教育经验，这对儿童会产生很大的负面影响。有些学校为了让学生在测验中有好的表现，会缩减休息、游戏、讲故事、美术、音乐和体育教育的时间，致使儿童对学习的热爱和真正的教育都成了高风险测验的牺牲品。高风险测验曾受到广泛重视，美国幼儿教育协会关于学前教育工作者的伦理行为准则中也做出了相关规定：

> P-1.6——在做关于招生、留级或安排特殊教育服务等决策时，我们尽力确保以多种信息资源为基础，而不是以某次单一的评估结果，例如某次测验分数或是某次单一的观察结果。

美国幼儿教育协会和教育部下属的国家幼儿专业协会（NAECS/SDE）对相关问题也有明确声明。为了保证恰当地使用各类测验，声明指出：

美国幼儿教育协会和教育部下属的国家幼儿专业协会声明，政策制定者、学前教育工作者和其他相关方均有责任把符合道德标准的、适当的、有信度和效度的评估作为学前教育课程的核心部分。为了评估儿童的优势、进步和需要，应该使用发展适宜的、文化和语言公平的、与儿童日常活动相关的以及得到专业发展项目支持的评估方法；评估过程应该有家长的参与；评估结果应该具体、对儿童的发展有益，具体包括：（1）做出合理的教学决策，（2）鉴定个别儿童需要关注或干预的领域，（3）帮助改善课程的教育和发展策略（NAEYC & NAECS/SDE, 2003）

这份声明还提出了一些在学前教育机构中开展儿童评估的指导性原则（NAEYC & NAECS/SDE, 2003）：

伦理准则指导评估实践——不要剥夺儿童的发展机会，也不要基于一次评估就轻易做决定。

评估工具不应该用于其他目的——评估工具的使用应与预定目的一致时才具有效度。

评估应该与儿童的年龄和其他特质相适应——工具应用的目标群体应该与工具设计和效度验证的样本群体，在年龄、文化背景、语言、社会经济地位、能力和其他特质方面相似。

评估工具的指标要符合专业标准——工具的指标应该符合美国教育研究学会、美国心理学协会和国家教育测量中心设定的标准。

评估的内容具有发展和教育意义——评估的目标应该是综合的、有发展和教育意义的，与学前教育目标、课程目标一致，而不应该只关注某些具体的技能。

评估用来了解和促进学习——评估应该增进我们对儿童的了解，并基于此改进课程和教学。

评估证据应该来自于真实情境、反映儿童的真实表现——评估应该在真实的课堂或家庭环境中进行，与儿童的文化、语言和经验相适应。

评估的信息来源应该是多方面的、有一定时间跨度的——应该进行重复、系统的观察和记录，使用多种互为补充的方法进行评估。

筛查后应该有复查和后续干预程序——确保筛查后要有转介或其他干预，不要基于简短的筛查工具或一次评估就做出诊断或给儿童贴标签。

对个体施测、有常模参照的测验的使用要进行限制——评估工具应该是恰当、对儿童发展有益的，如鉴别潜在的障碍。

施测人员和家长对评估要有所了解——施测人员要有相关知识和技能的支持，应该把评估作为促进儿童发展的工具，家长应该共同参与评估。

作为学前教育工作者，你应该了解收集和使用信息的不同途径，了解不同评估方法的适用范围和局限，并在选择不同方法时具有一定敏感度和灵活性。没有一种方法或工具能够挖掘到你所需要的全部信息。对评估恰当和不恰当的使用了解后，有助于你成为更好的教师，并且在必要时可以为儿童争取权益。

不管使用哪种评估工具，你首先要考虑的是它会给儿童及其家庭带来哪些影响。反思你收集的信息是否会为儿童带来积极的经验和更好的教学体验，时刻牢记美国幼儿教育协会伦理行为准则中与评估相关的准则。

与家长共享信息

教育评估最主要的目的是通过提供最恰当的教学来改善儿童的教育体验，其次就是与家长共享信息。

家长想了解儿童在学前教育机构中的经历。他们需要知道自己的孩子是如何成长和学习的。许多学前教育机构都用自己的方式与家长分享信息。家长会是非常有效的途径，它一方面可以达到信息分享的目的，另一方面可以通过家园共育共同促进儿童的发展。家长会可以让家长和教师共同参与解决问题，家长会结束后通常会形成讨论总结、会议决策以及后续的书面报告。

一些机构主要采用儿童发展书面报告的形式与家长分享儿童的进步。常用的书面报告形式包括报告卡和叙事总结。小学低年级通常采用报告卡的形式，对报告卡的批评主要表现为，它只用一个字母来代表儿童的发展水平而舍弃了其他关于儿童发展的大量信息。大部分学前教育机构常常定期召开家长会并辅以书面总结，向家长报告儿童的发展情况。也有越来越多的学前和小学教师在家长会上会借助档案袋，包括其中的总结陈述的内容，与家长和孩子共同分享关于儿童的发展信息。

保　密

何时、采用何种方式与他人分享通过观察和标准化评估获得的信息，需要在多大程度上保护这些信息，如何使用这些信息，这些都是幼儿教师需要考虑的重要问题。当你与他人分享这些信息时，时刻要把你对儿童及其家庭和社会负有的道德及法律[1]责任放在心上。

观察记录、评估和测验都是需要保密的，信息储存时要注意保护儿童及其家庭的隐私。毫无疑问，家长有权获得这些信息。一般认为，儿童所在机构的其他教师

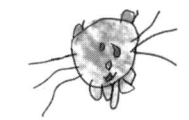

反思你的伦理责任

假设学校的管理部门要求你所带班级的儿童接受一次长的纸笔测验。你认为这次测验不适合儿童而且有可能会对儿童造成负面影响。其他一些教师同意你的观点但是并不想与管理部门争论。参考23页的"伦理反思指南"，想一想在这种情况下你的伦理职责是什么，你会做出怎样的决定。

1　家庭教育权益和隐私法案（FERPA）是联邦政府制定的保护学生教育隐私的法律。该法案适用于所有从美国教育部获得资助的学校。基本原则是学校在公布学生的教育记录之前需要有家长或法律上有自主权的学生的书面授权。

和管理者也可以获得这些信息。还有谁可以获得这些信息呢？治疗专家、下一年级（或下一个学校）的教师、医生以及其他关注儿童权益并拥有充分理由获得这些信息的工作人员。一般来讲，在与他人分享这些信息之前，你需要获得家长的书面授权。美国幼儿教育协会伦理行为准则中就这些方面制定了相关的条款。

大家都喜欢讲一些发生在儿童身上的趣事，但是散播流言、讲一些可能对儿童造成伤害的话，或者让其他人知道你讲的是谁，这些都是不允许的。即使在你的实习论文里，也要替换儿童的名字或者用首字母缩写来避免违背保密性的规定。下面这条是NAEYC伦理准则中关于保密性的条款：

P-1.4——当决策涉及儿童时，我们将采取双向沟通的方式收集所有相关信息（包括家庭的和员工的），并酌情确保敏感信息的保密性。

P-2.13——我们坚持保密性，尊重家庭的隐私权，防止泄露孩子的保密信息和打扰儿童的家庭生活。然而，当我们有理由认为孩子的福祉处于风险中时，我们有权向相关机构和有法律责任介入儿童权益的个人来共享孩子的保密信息（见附录A，完整版的NAEYC道德行为准则）。

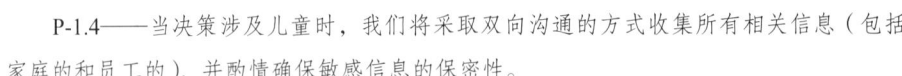

反思你的伦理责任

在你班里，一名儿童的母亲想要知道其亲戚家的小孩（也在你班里）的学习情况。她有点担心这个儿童的发展。你也有同样的担心。参考第24页的"伦理反思指南"，想一想，在这种情况下你的伦理职责是什么，你会做出怎样的决定。

总　结

你将成为一名学前教育工作者，理解儿童并促进其发展。理解儿童的方式很多，如读书、研究、实践以及与他人讨论。但是对儿童的真实性评估，尤其是基于观察的真实性评估，提供的信息最为丰富。使用观察法的回报很丰厚，但是像其他任何有价值的事情一样，观察技能的掌握是需要花时间付出努力的。我们鼓励你经常对儿童进行有目的的观察并练习做观察记录。当掌握了观察技能后，你会在工作中发现更多的乐趣和热情，教学会更富技巧，交流会更层次分明。

如果你能理解并学会使用本章所介绍的观察和评估方法，那么你会更好地理解儿童，做出合理的教学决策。掌握两种真实性评估技术，这会让你成为更称职的教师，这也是你为儿童争取权益的基础。

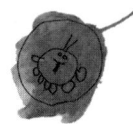

学习成果

阅读完本章后，请你认真完成"拓展学习"部分的选读任务，准备"你的专业档案袋"部分的条目，你将会在满足 NAEYC 标准 3：通过观察、记录和评估等方式支持儿童及其家庭（NAEYC，2009）上又有进步。

核心内容：

3a：理解评估的目标、价值和使用方法

3b：了解并使用观察、记录以及其他合适的评估工具和方法

3c：理解并运用可靠的评估工具，促进每个儿童的积极发展

3d：了解对与家长、专业同事间合作关系的评估

拓展学习

观察一名幼儿：在某幼儿园中选取一名你不熟悉的幼儿。观察一段时间，可以选三个不同的场景（室外活动、室内活动、其他时间段），每次观察至少 30 分钟。每次观察时做动态记录，记录儿童说的话、做的事。观察结束后，按照下面的要求将动态记录改写为三段叙事记录：

- 对儿童体貌特征的描述，儿童有什么独特之处；
- 观察的时间和地点，包括观察时的环境以及出现的其他人；
- 观察期间对儿童的行为、语言的详细描述。

总结观察到的内容：该儿童现在能完成什么，他/她现阶段的发展任务是什么？你得出结论的基础是什么？

对儿童的反思：写出你对观察结果的解释。你认为该儿童在思维和感知觉方面发展得如何？得出结论的基础是什么？

反思自己的学习过程和反应：反思你从观察中学到了什么，它对你的意义是什么。该儿童或观察过程引发了你的哪些反应或感受？为什么会有这样的反应？观察让你学到了什么？

做一次结构化观察：用本章中介绍的两种或两种以上的结构化观察方法来观察一名你熟悉的儿童。例如，你可以用时间抽样法来记录儿童参与游戏的类型。至少观察三次，不在同一天。记录发生的事件并从如下几个方面评论：

- 你对这名儿童有了哪些了解？
- 有哪些你期望了解却未了解到的信息？
- 有哪些可能的方法可以促进该儿童的发展？
- 通过这次的观察经历，你认为结构化观察法的优势和局限是什么？

做一次标准化评估：选一名你不熟悉的儿童，参照手册进行一次标准化评估。如果这个评估工具有许多项目，只选择其中某一发展领域即可。访谈家长或教师：他们认为该儿童目前能达到何种水平。做记录并从以下几个方面进行评论：

- 你了解了这名儿童的哪些方面？
- 有哪些你期望了解却未了解到的信息？
- 评估的结果与对教师或家长访谈的结果是否一致？
- 通过这次的评估经历，你认为标准化评估的优势和局限是什么？

细致了解并描绘一名儿童（个案研究）：选一名儿童做至少 8 周的观察。定期观察儿童发展的所有领域并做叙事记录。客观记录儿童的表现，不掺杂任何主观判断、假设或对儿童兴趣或动机的推测。参照第 4 章有关发展领域的内容，你应该描绘以下几个方面：

- **外貌描述**：对儿童的年龄、性别、体貌特征的简要描述。讲一讲这个儿童的独特之处。
- **生理发育**：观察该儿童对感知觉输入的反应、对手和手指动作的控制、在活动过程中的身体动作。对该儿童的生理发育与同龄人进行比较。
- **社会性/情绪发展**：观察该儿童与其他儿童或成人的关系、对他人的依赖程度、自我控制力、分享、合作以及其他亲社会行为。分析该儿童表现出来的典型的心境/情绪状态。
- **认知发展**：观察该儿童与环境的互动方式以及他/她的问题解决方法。同时观察其他能反映该儿童认知发展阶段和理解世界方式的行为或表现。

- **补充信息**：可以收集发展核查表、作品样本和其他信息（如时间抽样）作为叙事观察记录的补充。
- **总结和结论**：总结你的观察结果，分享你对该儿童发展的分析以及你认为可以采取哪些策略促进该儿童的发展。通过这次观察经历你对自己和对儿童有哪些新的认识？

创建儿童档案袋：选一名儿童创建其档案袋，包括不同发展领域的观察记录、照片和作品样本。基于这些数据撰写一份儿童发展总结。与该儿童的家长分享档案袋的信息。

访谈一位教师对评估的态度：访谈一位教师，了解他/她是如何评估儿童的。具体可问问他/她是如何使用真实性评估和标准化评估的。了解该教师对评估促进教学的看法。如果可能，请该教师展示一下他/她所做的评估案例。

 **你的专业档案袋**

叙事观察记录：放入档案袋中一份叙事观察记录（改变或去掉儿童的名字以保证信息的保密性）的副本。介绍你是如何以这次观察为基础来满足儿童需求的（例如，改变你与儿童的互动方式，增加一项活动或改变环境）。

结构化观察：将你做的一次针对某儿童个体或群体的结构化观察（改变或去掉儿童的名字以保证信息的保密性）的副本放进档案袋。解释在此观察的基础上，你可能采用哪些方法去更好地满足儿童需要（例如，改变你与儿童的互动方式，增加一项活动或改变环境）。

儿童档案袋：用照片记录你为一名儿童创建的档案袋。保留一份你写的儿童发展总结的副本（改变或去掉儿童的名字以保证信息的保密性）。简短介绍一下，在家长会上，你是如何使用该档案袋与家长或其他专业工作者进行信息共享的，或者你是如何利用档案袋中的信息为该儿童做专门的辅导计划的。

我的教育实验室

访问本书"我的教育实验室"（myeducationlab.com），找到专题4：观察/评估。你可以：

- 找到关于观察/评估的学习成果以及与之相关的国家标准。
- 完成有助于你更好地理解本章内容的"任务和活动"。
- 利用"建构教学技能和性情"单元，运用和实践你对本章核心教学技能的理解。
- 在"专业视角"部分听学前教育领域专家的讲座。
- 对照"学习计划"，检查你对本章内容的掌握程度。你可以做章节测验，获取反馈，然后通过"复习、练习和拓展"来提高你对本章内容的理解。

从妖魔身上我学不到任何有价值的东西。
没能与老师成为朋友是我生命中最大的遗憾。
被爱的感觉最能深化我的存在、促进我的学习。

——狄龙

6 关系与指导

儿童与生活中重要成人之间温暖、积极的人际关系是他们整体情绪健康的基础。作为一名学前教育工作者，与幼儿及其家长建立有效的关系是你最基本的工作内容之一，也会带给你许多回报：它会影响儿童的学习以及儿童与他人关系的建立；进而影响儿童认为幼儿园是否是安全和值得信赖的地方；也将会决定儿童作为一名学习者和班级一员看待自己的方式。你所树立的榜样和创设的人际氛围将会对儿童自身的行为和人际关系等诸多选择产生深刻的影响。

在这一章中，我们将主要探索师幼关系在指导幼儿行为中的关键作用。我们会就如何与班级中的儿童建立并维持良好的关系这一问题提供一些建议；同时，我们也会为你介绍一些教学活动和教学策略，来帮助儿童学会与他人建立关系。我们将会讨论一些有助于儿童学会合作和协商的方法，以应对那些在生活、工作和游戏中不可避免的冲突。我们还会帮你确定一些成功管理儿童团体的策略。最后，我们将针对问题儿童提出一些指导方法，确定一些有助于儿童在学前教育阶段学会与他人建立积极关系的教学策略和实践智慧。

指导是什么

学前教育工作者经常使用"儿童指导"（child guidance）一词，而非"行为管理"

第6章

我的教育实验室

访问"我的教育实验室",利用"个性化学习计划",提高你对本章概念的理解。你也可以通过基于视频的"任务和活动"以及"建构教学技能和性情"课程来磨炼教学技能。

或"管教"等词。指导是指帮助或者引导他人达成某一目标。指导就是帮助他人发现兴趣点,解释意义。儿童指导是指,当幼儿学习那些用以指导和管理自己行为的有难度的技能时,真正为他们提供支持。

儿童指导就是鼓励儿童了解自己与他人的需求和情感。当你指导幼儿时,引导他们认识自己并发展自我控制能力。帮助他们了解自己的行为会给别人带来哪些影响,教给儿童与他人(包括同伴和成人)建立和谐的人际关系所需要的技能。

在高质量的学前教育项目中,教师选择指导活动(教师用于指导儿童行为的言行)有赖于以下四个方面:(1)有关儿童发展方面的知识,包括脑发育的知识及其与行为发展之间的关系;(2)欣赏每一个儿童;(3)充分认识到家长的价值观和信念对他们的孩子很重要;(4)有关适宜性指导实践的知识。

幼儿教师需要具有儿童发展如何影响其行为方面的专门知识,他们对儿童的期望反映了他们在这方面的认知。他们尊重并喜欢儿童的行为表现,认为儿童有权像孩子一样行事。儿童主要是通过经验进行学习的,这种经验应该与儿童个体的年龄、气质、学习风格、兴趣、文化和家庭选择相一致,教师应该为儿童提供这方面的支持性指导。学前教育工作者也清楚,儿童必须建构起自己对世界的理解,包括理解社会关系的本质。儿童在游戏和探索中学习,他们成为团体中的一员后,通过与他人的互动来学习社交技能。当儿童在班级中受到尊重和欢迎时,他们也能学会尊重他人和承担责任。当你为儿童提供以上这些学习机会时,你就是在帮助他们成长为具有合作性和创造性的人。

关系是指导的基础

作为一名幼儿教师,你将逐渐明白,与每个儿童建立起良好的关系是最有效的指导工具。当你和儿童经营一种温暖、真诚和关怀式的关系时,他们便开始去学习成为班集体中的一员所必需的社交技能,而你也能学着识别个体儿童的特长及其面临的挑战。当你与儿童建立起积极的关系,喜欢并信任儿童时,你就能有效地与儿童进行互动,帮助他们学着恰当地管理自己的强烈情绪。

师幼关系是影响儿童感知自身学前教育经历的重要因素之一。虽然大多数幼儿怀着活泼好奇之心入园,但是只有部分儿童逐渐认识到自己作为学生是成功的,渐渐爱学习,视教育为一种有回报的经历。如果教师能真诚地欣赏并尊重儿童,以儿童如何成长和学习的知识为基础来开展教学活动并进行决策,那么儿童更可能保持他们的求知欲和好奇心。

正如所有融洽的人际关系一样,良好的师幼关系应当具备如下特征：诚实、同理心、尊重、信任和温暖。这些关系是真实的，而不是强制的或虚假的。良好的师幼关系能够带给儿童安全感，免受生理恐惧和（或）心理伤害。当感受到威胁、焦虑或不确定性时，没有人还会有生产力、创造性。优质的学前教育项目能促进教师和幼儿间建立关爱式的关系；禁止采用一些诸如羞辱、体罚等消极的教育手段。羞辱或体罚儿童不仅会破坏师幼之间的关系，而且也不利于儿童幸福情感的体验。

我们知道，最有效率的学前教育工作者会像孩子一样真诚，并且对自己有清晰的和适宜的发展期望。他们爱玩、开朗，经常分享自己的幼儿教育观，并能够获得儿童无条件的服从与合作。他们把儿童视为伙伴，而不是对手。他们把促进儿童发展，帮助孩子度过快乐和困难的时光视为其工作的重心。他们用心维护与儿童、家长和同事之间的积极关系。

以信任为基础的指导

信任是所有社会性和情绪发展的基础。儿童通过与日常生活中的重要他人建立积极的人际关系来获得信任感的发展。豪斯和里奇（Howes & Ritchie, 2002）的研究以鲍尔比（Bowlby, 1982）的依恋理论为基础，并将此用来解读师幼之间的关系。他们强调，对于不同年龄和不同生活环境中的儿童来说，与教师建立起信任的关系，对于儿童的学习十分必要。此外，他们的研究还表明，师幼间依恋关系的类型／质量对儿童的短期和长期发展均会产生显著影响。当儿童信任教师时，他们会把这种信任化作一种资源，用于支持自己的学习（Howes & Ritchie, 2002）。在课堂上，当教师创建了亲密的师幼关系，并支持积极的同伴互动时，儿童就越可能以社会可接受的方式行事。在这些研究中，"课堂管理"是指建立积极的师幼关系，而不是寻找办法来解决冲突或矫正问题行为（Howes & Ritchie, 2002）。

尊重差异的指导

课堂上的每个儿童和教师都具有独特的生活经历。你的家庭、过去的经验和个人特性等因素都将影响你与幼儿互动的方式，以及你以何种方式指导他们行为的决策。你要意识到家庭在儿童生活中的首要地位，这对你指导幼儿适宜性发展的能力有重要作用。

不同的指导理念

对于儿童的行为表现，不同的家庭持有不同的理念和价值观。通常，儿童父母是在自己父母或祖父母的教养经验基础上来选择自己对孩子的指导策略的。家长管教和指导孩子行为的活动能反映出该家庭的价值观——儿童需要学习哪些重要的内

第6章

容，以及理念——儿童应该如何与他人交往。

家长管教孩子的方法反映出不同的家庭和文化环境。在某些家庭和文化中，尊重权威是基本的价值观。持这种价值观的家长通常希望孩子能快速、顺从地完成家长的要求，且不容置疑。来自这些家庭的儿童将会逐渐明白，顺从是家长期待的行为，不顺从通常会受到惩罚。然而，另外一些家庭则崇尚个体自主决策，教会孩子质疑权威。来自这些家庭的儿童将会逐渐领悟，自主决策和提出疑问是被期待的行为，会受到奖赏。一些儿童被教导顺从很重要，应当在团体、家庭、班级、乃至社会等组织利益最大化的基础上做出决策。因而这些儿童不习惯提问题。重视团体成员间互依性的家长并不鼓励孩子的独立性，也不赞成孩子的自主行为。例如，他们仍然给较大的学步儿喂饭或抱着他们，给已经能够自己穿衣的学龄前儿童穿衣服，等等。与来自高度重视儿童独立性家庭的儿童相比，这类家庭的儿童的自理能力发展会比较缓慢。

反思你的家庭对你的教育期望

当你还是一个孩子时，你的家人对你有何期望？在公共场合或与他人交流时，你的家人希望你如何表现？他们希望你在学校中获得什么？你是如何知道他们很喜欢你的？你们之间如何解决不满的？

关于养育孩子，你也有自己的价值观和信念。你的家庭和你所处的文化环境会影响你对儿童行为的预期，以及指导儿童行为活动时的成人角色。你会把这些价值观和信念融入课堂，进而影响你的教学预期和实践。同时，这些预期和实践也会受你在学前教育阶段学习经历的影响。你的个人信仰、你所学到的有关儿童指导的知识，以及儿童家庭的教育观念和价值观，这三者经常相互矛盾。对于有能力的教师而言，遇到这种情况，尊重儿童家庭的教育观念至关重要，但这并不意味着你开展的活动不适合或不符合职业道德要求。相反，你应该认真倾听家长的教育观点，并礼貌地与他们分享你的教育理念。当教师不能敏锐地觉察家校之间的价值观差异时，儿童接收到的暗示信息可能是：他们的家庭教育方式是"错的"或"不好的"。每一个儿童都应该感到：在家中所学的东西，在学校也会受到重视。

在你的班级中，你可能会遇到一些儿童，他们在父母的教育下形成的行为，会与你指导的行为有所不同。

> 两岁半的阿扎特上全托班已经4个月了。尽管老师温和地向他提议，但是他仍然未与老师直接讲过话。在游戏时间，老师听到他已经开始和别的孩子交谈了。但是当老师看向阿扎特时，他会立即看向别的地方，并且拒绝和老师说话或做游戏。

因为对儿童不熟悉，所以儿童在行为举止和人际交往方式上的这些差异可能会使你感觉不舒服甚至有些反感。作为一名老师，你可能会遇到表6.1中所表述的差异。

运用表格中有关差异的举例，以及你以后将遇到的其他案例，开始思考并提高你对差异的接受度。同时，就教养孩子的观念和实践，与父母进行对话，这将有助于你持续与儿童父母建立一种关系，而这种关系正是你提供适宜指导的基础。

表 6.1　家庭指导实践与儿童在校反应的对照表

家长在家可能做的	儿童在校的可能行为反应
发布指令，不鼓励或禁止提问 要求无条件服从	当要求他们做选择时表现出困惑 不愿意表达个人想法 测试常常受限
期望孩子提问 鼓励孩子独立决策	质疑成人的决策及其原因 积极主动，倾向于"掺和每件事情"
使用严厉的纪律，包括打屁股或其他形式的体罚	倾向于忽视或不理睬口头要求
对小孩子几乎没有限制或期望	当被成人告知"不可以"时，会感到困惑或痛苦
把小孩子看作"宝贝"并喜欢用这种方式与其互动	与家人分离时，感到紧张和难过 自理能力有限 当老师希望儿童独立穿衣、吃饭和（或）如厕时，抗拒或沮丧
希望（孩子）独立	难以（与其他儿童）分享空间、材料或参与活动 擅自行动（如离开教室、打开冰箱取食物等）
经常且公开地表达情感	大喊，大叫，发脾气
鼓励孩子自制，控制情绪表达	显得羞涩、寡言、安静 在团体中不愿意开口说话 不乐意分享想法或观点
培养孩子强烈的家庭自豪感、荣誉感和尊重感	当自己的行为错误或不适宜时，会极度害怕；强烈需要成人的认同
不鼓励孩子过分关注自我，要求他们持有恭顺或谦虚的态度	团体环境中不愿意讲话，被成人点名时感到不舒服
常用一些打击孩子的言语，回避孩子的长处和技能，以避免自夸的嫌疑（如"我那懒惰的女儿"）	当被夸奖或获得承认时感到不舒服

儿童间的差异

你对儿童行为的期望以及指导儿童活动的选择都必须符合儿童的年龄特征和发展水平，符合儿童的个体需求和生活环境。这正如，你不能指望 1 岁的儿童会骑自行车，也不能期望 5 岁的儿童能长时间地坐在课桌前投入学习。

学前教育工作者具备的一项重要能力，就是能区分不正确的行为与让人讨厌却符合儿童年龄特征的行为，这两者是有本质区别的。

虽然下列行为常让成人感到厌烦，但它们都是典型的符合儿童年龄特征的行为：

婴儿：　　　　当父母不在眼前时哭泣
　　　　　　　拒绝和陌生人交流

学步儿：　　　能从空箱子中获得快乐
　　　　　　　会拒绝大多数要求，能坚定地说"不"
　　　　　　　把所有客体都看作"我的"

学龄前儿童：　　排斥成人的安排，按自己的意愿做游戏

不总说实话

拒绝他人，"你不是我朋友"或"你不能玩"

学龄期儿童：　　非常具有竞争性，喜欢赢

指使其他儿童

会说"要你管"或"我恨你"

指导而非惩罚

惩罚被界定为粗鲁或伤害性的处罚。通过给予痛苦或不愉快的回应刺激，惩罚者以此阻止不希望的行为发生。虽然惩罚的效果立竿见影，但是它却不能指导教会儿童做选择，或者促进儿童理解什么是应该做的。惩罚带来的"好行为"是被惩罚者由于害怕而产生的。在学前教育机构中，体罚是不可取的。因为体罚的潜在含义是，只要你足够强大就可以伤害其他人。另外，当有成人关注时，受过体罚的儿童其行为表现适宜，但后来这些儿童的攻击性行为却会增加（Honig, 1985）。美国儿科学会的研究表明，"与耐心的教导相比，打屁股会使儿童更易愤怒和生气。虽然许多小时候受过体罚的人，长大后自我调适得也很好，也关爱他人；但研究表明，与没有被体罚过的儿童相比，被体罚的儿童成年后更易情绪低落、滥用酒精、易怒、打自己

家园联系

指导实践

家长们会通过多种途径向孩子传递他们的期望以及希望孩子表现出的行为。有些途径可能与你所知道和理解的相类似，而有些则完全不同。以下这些途径有助于你更好地了解家长们的育儿目标、价值观以及惩罚措施：

- 在登记表中增加一个问题：家长在家如何处理孩子的不良行为。
- 在幼儿初入园时，安排一次家长会，询问他们惩罚孩子的方法；花点时间与家长分享你在班级中处理儿童不当行为的方法。
- 询问家长最希望孩子掌握哪些社会性技能，并请家长分享你在开展相关的教学时如何与他们配合的理念。
- 召开家长会，围绕幼儿表现出的诸如上床睡觉、进餐、说"不"等常见问题展开讨论，要求家长认真地投入讨论主题。
- 邀请在幼儿指导或者家庭文化等方面知识渊博的专家来主持一场家长会，或者开展亲职课堂。

的孩子和伴侣、参与犯罪和暴力活动。这些成人的表现是有意义的，因为体罚这种行为教会儿童，当你沮丧或想要掌控时，给他人造成痛苦是可以接受的，即使是你很亲密的人"（美国儿科会，2009）。

选择行为指导策略，而不是采用惩罚手段，这显然与"尊重、信任和欣赏童年"这一学前教育的核心价值观更加一致。

指导是帮助儿童发展自控能力，即学会理解和运用建设性行为而非消极行为的过程。当你围绕着这一目标构建你的指导策略时，你需要选择培养、支持和有教育意义的实践，避免使用那些惩罚或伤害脆弱幼儿的手段。

反思你在学校中的指导和惩罚经历

在学校中，你是如何解决冲突和错误行为的？使用了什么方法，是否有效？对此，你有何感受？回忆你在学校中受到惩罚的一件事情，老师是如何处理的？它对你有何影响，你对学校和老师的影响又如何？

指导的目标

有经验的学前教育工作者会认真反思他们为儿童制定的目标。他们会考虑发展的短期目标和长期目标，并能自觉依据目标选择与其相一致的活动。

绝大多数教师和家长认同的、符合儿童发展的长期指导目标有以下五项：

- 培养社会智能和情绪智能
- 培养儿童的自控、自律、自我管理等方面的能力
- 提高儿童的韧性、自信心和积极的自我认知
- 促进儿童批判性思维的发展
- 培养儿童的社交能力，使其成为社会团体中的积极一员

在日常的教学实践中，你需要谨记，保持每天的指导活动与儿童发展的长期目标相匹配。如果没有这种意识，那么你的指导活动可能累积为混杂的"工作"，只是控制许多即时的问题行为，而不能产生长期的积极效果。

促进儿童发展的短期指导目标的即时性更强。它们通常包括在每天的教学活动中控制儿童的行为和保证儿童的安全，等等。短期的指导目标包括以下三点：

- 确保儿童自己以及其他人的安全
- 尊重并关心儿童及他人的感受和权利
- 小心使用玩具、工具和其他材料

在建立健康的师幼关系以及选择指导活动时，幼儿教师需要同时考虑到儿童发展的长期目标和短期目标。以下面这些案例为参考：

第 6 章

反思你的指导儿童的
长期目标

你认为教育者最应当持有的儿童发展的长期目标是什么？为什么？它在多大程度上影响了你对教学策略的选择？

达拉斯爬到了滑梯的上边扶手上，老师担心他可能会掉下来受伤。

玛丽莎抓起一个大石块，并对准了卡里奥的头。

梅欢快地把一块磁铁扔进了水族箱。

在上面的每一个案例中，教师的即时指导目标一定是保证幼儿的安全和健康，以及保护教室中的材料设施不受损。当出现危急情况时，教师并没有时间去指导儿童独立思考并做出相应的行为反应，然后自行解决问题。教师必须立刻采取行动！达拉斯的老师会要求达拉斯立即从滑梯扶手上下来。玛丽莎的老师阻止她用石头打卡里奥。梅的老师会阻止她把磁铁扔进水族箱中。教师当时的行为方式、语言、语调、肢体动作以及后续的行为将决定儿童可以从自身的这些经历中学到什么。当危急过后，有经验的教师会利用这些经历来教会儿童重要的社会技能与情感能力。

促进社会智能和情绪智能的发展

指导的主要目标是帮助儿童发展社会智能和情绪智能。社会智能（social intelligence）是指儿童能够理解人与人之间交往的意义，并能以符合个人和社会标准的积极方式去回应这种理解的能力（Livergood, n.d.）。它包括理解他人的社会线索的能力、解决冲突的能力，以及从事亲社会与合作行为的能力。情绪智能（emotional intelligence）是指儿童对自己以及他人感受的理解体会的能力。这种管理个人情感和情绪的能力常被视为社会和情绪能力（CASEL，2011）。

促进儿童社会和情绪能力发展的有效指导策略，可以通过培养儿童以下四方面的能力来实现：

- 识别自己及他人情绪感受的能力
- 表达对他人的关心与爱护的能力
- 建立温暖和关爱的人际关系的能力
- 冷静积极地迎接挑战性情境的能力

幼儿正在学习调节自己的情绪，理解和回应他人的情感。因此，你要指导他们学习：如何在生气时使自己保持冷静、如何学会和他人交朋友、如何成功解决问题，以及如何做选择（CASEL，2011）。

有时，有些教师会痛惜自己需要花大量的时间去帮助儿童学习处理困境、解决社交问题和学会合作。他们认为这些都是计划活动或课程之外的事情，不值得花费太多时间。然而，那些重视儿童的社会和情感学习，并认识到这些学习的重要性的老师，会将其视为与语文、数学等其他课程同样重要的学习领域。最近芝加哥的一项大型研究的结果表明，在社会和情感学习方面得到专门指导的儿童，不仅其社会和情绪技能得到了明显的提升，而且在学业成绩方面也取得了较为明显的成就（Durlak, Weissberg, Dymnicki, Taylor, & Schellinger, 2011）。

培养自控力

在童年早期,一项重要的发展任务就是培养儿童的自控能力。儿童并非天生就知道如何控制自己冲动的情绪,或如何遵从规范正确的行为,这些都需要儿童在后天习得。在过去的十年间,已有许多研究能帮助我们了解儿童如何管理自己的行为。研究者发现,儿童的自我管理行为受成熟和合适的经验这两个因素的影响。它们能够确保儿童学会制订计划、周密行动以及仔细反馈(Bronson, 2000)。布朗森认为,针对不同年龄段的儿童,教师可以采取不同的活动来促进儿童的自我管理发展(见表6.2)。

表 6.2 促进儿童的自我管理

	自控力发展里程碑	促进儿童自我管理发展的实践
婴儿 (出生至12个月)	不能进行自我管理 开始控制运动的能力 开始意识到与他人是分离的 开始预期事件 开始将行为与结果相联系	以儿童个体的需要为基础,提供计划好的作息时间表 给孩子创设接触他人和其他事物的机会,使他们享受因此带来的新奇感和愉悦感
学步儿 (12~24个月)	初步能开始、停止和(或)维持某一行为 开始与他人交流,并能理解他人要求	给学步儿提供能使其独立并反复体验成功的榜样行为 为其创设游戏内容和活动的机会
24~30个月	能记住他人之前的所作所为 自主性有所发展 能执行简单的命令 能区分自己和他人的行为	解释行为与后果之间的简单因果关系:"如果你把牛奶洒了,你就没有牛奶喝了。" 多建议,少命令 用语言来描述活动,并强调行为与结果之间的联系
学龄前儿童	为了想要的物品,能等待一会儿 有时能控制自己的情绪 能在几种选项中做出选择 理解社会事件和物理事件的因果 学习理解他人与自己有着不同情感 能遵循日益复杂的指导 理解并遵守清晰的规则 开始意识到有能力控制自己的行为和思想	承担简单的责任:如给教室里的鱼喂食、摆桌子等 为儿童创设活动和游戏的多种选择 为孩子成功实施不同的计划和任务提供材料和支持 为儿童解决问题和处理情绪提供描述性的合适方法,并树立榜样 解释规则和限制 帮助儿童建立行为与结果之间的联系 鼓励家长限制儿童暴露于媒体暴力中 在儿童自主选择时,与其讨论策略并提供帮助 弱化或限制竞争
学龄儿童	能使用较复杂的方法解决问题 能自觉选择策略,接受延迟满足 开始与他人做比较,并用内在标准去评价行为和成绩	在适宜的学习活动中允许个体选择 为支持儿童的独立和个人努力提供帮助 期望、示范和教儿童学会尊重及负责行为 示范和教会儿童复杂的问题解决策略

资料来源:Bronson, M.B. 2000. "Recognizing and Supporting the Development of Self-Regulation in Young Children." Research in Review. *Young Children* 55 (2): 32–37. Adapted and reprinted with permission from the National Association for the Education of Young Children (NAEYC). www.naeyc.org.

研究表明，儿童的社会和情绪能力以及自律能力是其小学阶段阅读能力的基本要素，也是其认知能力发展的基础（Hyson, 2012; Mitchel & Glossop, 2005; Willis & Schiller, 2011）。当教师和其他重要成人能为儿童创造温暖、值得信赖的环境时，儿童更容易学会控制自己的情绪和行为。因为在这样的环境中，负责的行为是被期待的，有榜样作用，会被讨论和重视。

提高儿童的韧性和积极的自我认知

另一个指导目标是帮助儿童发展内在优势、自信心及积极的自我认知。发展了这些特质的儿童能够做出健康的生活选择，能够抵制不良同伴的影响，以免做出危险行为。清楚了解自己的发展优势和能力的儿童，更可能克服障碍和挑战，换言之，具有更强的韧性（Breslin, 2005）。

随着儿童的成长以及与他人交往经验的不断增加，儿童对于"我是谁"这一问题有了一系列的认知，这些认知是建立在他人对儿童的看法之上的。儿童的自我概念（self-concept）包括身体的自我、社会和认知的品质、能力这三个方面。自我概念受到重要之人——家庭成员、重要的成人、同伴群体——的影响，它是一种镜像反应。自我概念的发展始于生命初期，并在以后持续发展和变化。家庭是孩子第一个也是最重要的获取有关"我是谁"的重要信息源。在家庭中，儿童开始形成性别、种族、文化传统等有关自我同一性的认识。随着儿童逐渐长大，与同伴交往获得的信息也是其形成自我概念的重要内容。当儿童从别人那里接收的大部分信息是"你是有能力的，有价值的"时，儿童便会形成积极的自我概念，建立自尊感。真正的自尊并不是无条件无原则的盲目高估，而是以真实的内在自豪感、准确地了解并接纳自己的长处与短处、全面且积极的自我价值感为基础的。

这种自尊并非来自于成人对儿童的夸奖或者给予奖励等行为，这些为儿童带来的只能是短暂的愉悦。真正自主积极的"我是谁"的自我感是建立在多次告诉儿童他们是有价值的经验之上的。这种自我感能促进儿童正确识别自己的优势，接纳挑战以及自身的不足。

教育研究者们发现，这种积极乐观的自豪感有助于儿童发展他们的韧性（resiliency），即有效处理问题的能力，以及从挑战性困境中迅速恢复活力的能力。韧性强的儿童在克服挑战和沮丧情绪的过程中，能够展示自己的信心和勇气（Kersey & Malley, 2005）。有关儿童韧性的研究表明，在儿童发展的过程中，具有同理心和情感卷入的成人相伴是儿童有效应对复杂生活环境的一个共同特征。如果成人能让儿童明白，他们是被喜爱的和接纳的、承认他们的能力和成就、支持他们萌芽的独立性、解释规则的理由、示范同理心，那么儿童的韧性就会不断发展（Pizzolongo & Hunter, 2011）。作为幼儿教师，如果你持续地向儿童表达他们能够做什么以及他们将会成功的信念，不断把这种信念传递给儿童，那么你就能帮助儿童更富韧性。如果你能帮助儿童准确地评价他们取得的进步,并帮他们制定未来的发展目标,你就是在促进他们发展健康的自我认知。

促进批判性思维技能的发展

适宜的儿童指导应当是教会儿童认真并富有逻辑性地思考如何去做。如果一味地告知儿童必须做什么以及如何做,那么儿童就不必学习如何确定什么是适宜的行为。给儿童选择的机会,帮助他们预测可能产生的结果,鼓励儿童对结果进行评价,这些指导最终都会让儿童学会为自己的行为和选择负责。

开发儿童成为积极的社会一员的能力

指导的首要目标是帮助儿童学习成为团体中有建设性的一员。儿童与他人合作的能力并不是天生具有的,他们在模仿教师和其他成人的价值观念、道德信仰的过程中,逐渐形成自己的亲社会行为(prosocial behavior),这些行为包括合作、责任感、同理心和利他主义。

在这一章的随后部分我们将会就探讨部分亲社会行为。

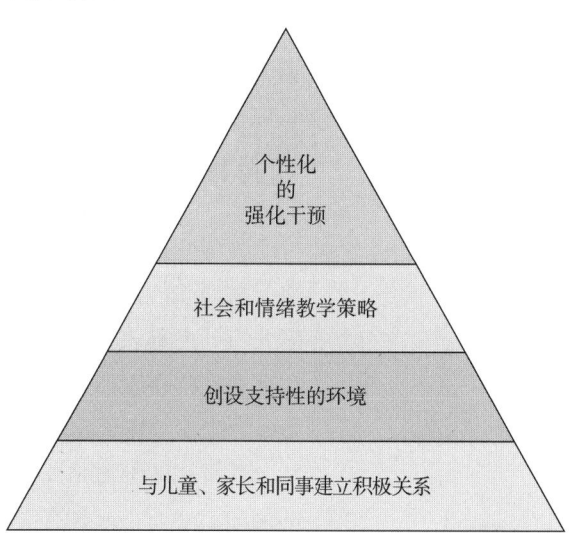

图 6.1　教学金字塔模型:促进幼儿的社会能力,阻止其挑衅行为

教学金字塔

早期学习社会和情绪研究中心(CSEFEL)已经构建出一个框架,它有助于教师采用一系列课堂活动来促进儿童的社会和情绪能力的发展。这个教学金字塔模型如图 6.1 所示。该模型的基本原理是,教师在基础层(与儿童、家长和同事的积极关系)投入越多的时间和精力,越往上需要花费的时间和精力就会越少。这个金字塔的基础是师幼关系的建立。因为温暖积极的师幼关系是影响儿童发展的重要因素,它有助于儿童以积极和合作的方式与他人交往,并阻止消极行为的产生。

金字塔的第二层是创设支持性的教室环境。教师布置教室物理空间、安排日常作息时间和制定课堂常规的方式以及呈现课程的方法等,都会对儿童的自信心以及管理自己情绪和行为的能力发展产生深远影响。

资料来源:L. Fox, G. Dunlap, M. L. Hemmeter, G. E. Joseph, & P. S. Strain. 2003. "The Teaching Pyramid. A Model for Supporting Social Competence and Preventing Challenging Behavior in Young Children," *Young Children* 58 (4): 48–52. Adapted and reprinted with permission from the National Association for the Education of Young Children (NAEYC). www.naeyc.org.

教学金字塔模型将提醒教师将积极的师幼关系与良好的教室环境相结合，以此来满足幼儿个体及团体的发展需求，鼓励他们参与，阻止或限制挑衅行为的出现。

金字塔的第三层是社会和情绪教学策略。这一层表明，许多儿童在管理自己的情绪以及与他人合作交往等方面需要特别指导。教师可以开展一些活动或选择一些文学作品，来帮助儿童识别并讨论自己的情绪。合作性游戏和问题解决类游戏中的积极沟通策略和技巧，也应当是你计划课程中的重要组成部分。

金字塔的最上端，也就是最小的那一部分，是个性化的强化干预。它主要针对那些有问题行为的儿童，是一种仔细而有计划的干预。研究表明，当金字塔下面的三层发挥各自的功效以后，仅有4%的儿童在教室或活动中会出现不当行为，这才需要第四层的更多强化支持（Sugai et al., 2000）。

金字塔模型为你评估自己的教学活动提供了参照工具，从而确保你把指导的关注点放在促进本班儿童的积极行为以及社会和情绪的学习上。

在本章接下来的几节中，我们将就金字塔的每一个层级做具体的指导介绍。

积极沟通，建立健康的关系

良好的沟通是建立健康关系的基础，这也是有效的幼儿教学的关键实践。与儿童进行沟通需要一些特殊的技巧，同时也需要时间和耐心。有效教学的另一重要元素是营造积极的社会环境。这就要求创设的环境能被儿童和成人所理解，并利于他们以相互支持和富有意义的方式分享信息。

沟通策略

教师营造积极的社会环境的方法之一，就是坚持不懈地采用积极有效的沟通策略。与幼儿的沟通除了语言外，还需要借助肢体互动。因此，作为教师，你必须注意儿童的面部表情、声音、肢体语言、紧张程度等，适时地安抚他们。幼儿更容易与那些在物理距离和他们相近的成人沟通。因此，幼儿教师要花大量时间学会下蹲弯腰，坐在小椅子或地板上，平等地与幼儿沟通。

尊重式的沟通是要向儿童传达，你在意他们的感受和想法，你相信他们有学习的能力。然而，成人有时会以一种居高临下的、敷衍的或者唐突的、发号施令的和粗鲁的方式与幼儿说话。试想一下，如果有人把你"当作一个小孩子"和你讲话，你可能会产生受侮辱的感觉。当你把儿童"当作一个人"与其谈话时，你会发现你在促进彼此间的交流，在巩固你们之间的关系。当然，你在第一次这样尝试时，可能会觉得有些别扭。但当你努力以一种平等真诚的方式与幼儿沟通，并使其感受到你在认真地倾听他，真心想理解他的意思时，儿童渐渐也学会了与他人这样沟通的重要技能。

我们发现以下这些策略是有用的。

时间和关注点

人际关系是建立在你每天与儿童一起创造的小的、共享的个体经验基础上的。你们一起讲故事、交流对话、给天竺鼠喂食、看金鱼游泳、玩沙子、在操场散步、捉小虫子和唱歌，这些活动都是建立师幼关系必需的丰富的共有经验。对这些经验的评价和分享则构成了你与儿童交流的有价值的内容。而在一些学校，成人与幼儿之间的交流只发生在给予行为命令、处理问题、宣布事情、教授技能和概念的过程中，这些只应该是师幼交流的一部分，而非全部，它们并不能代表一种真诚的师幼关系的建立。

儿童需要充裕的时间和机会来表达。通常情况是，教师讲了一大段话，而只给儿童留下很少的回应时间，这可能是因为，教师认为讲话、发出命令是他们工作的一部分。他们不习惯于沉默，对于儿童想要表达的事情并不感兴趣。老师不停地讲话，也就降低了儿童表达自己的机会和积极性。作为教师，你应当保证，在你的课堂上，每天有足够的时间与儿童进行真诚的沟通，给儿童表达自己的机会。

尊重且真诚地说话

首先，与儿童真诚地对话，用交谈的语气清晰直接地去说。矫揉造作的"甜蜜"语气和做出来的"可爱"姿态，只会让儿童觉得没有得到尊重，也不值得被尊重。对儿童的言语方式真正感兴趣的教师，不会用上面那种虚假的方式和儿童交流，也不会因为儿童的话题不够"宜人"而随意地终止对话。

其次，避免重复使用相同的单词和词组。我们去幼儿园参观时经常会听到："走起来""帮把手"以及"用自己的话说"等语句。虽然我们知道这些行为指令的出发点都是积极的，但是我们相信，许多教师逐渐习惯了这些套话，而忘记了用自己真实、鲜活的语言进行交流。当儿童每天重复听到这些相同的词语，他们会逐渐陷入这样的语言背景之中，而不能再进行有效的交流。其实，教师应该用各种各样有意义的短语去表达一些要求，如"告诉我你是什么意思""让她知道你需要什么""你应该说话而不该敲打""谢谢你提醒我散步"。

有效的倾听

倾听是良好沟通的一项基本技能。倾听意味着注意对方传递的信息。倾听，说起来很简单，但其实它需要专注和努力。当我们在幼儿园调查时，经常听到老师们抱怨："他根本没有听我讲话。"

> 曼迪当时正在艺术区玩耍，她对老师说："老师，快来，快来看我的魔法种子。"爱丽丝老师当时正好在附近收拾东西，"宝贝，真的很漂亮。"

"老师，我和姐姐在花园里发现了这些种子，我们准备用它做一顿大餐。"曼迪解释道，而爱丽丝老师一直看向橱柜，随口"嗯"了声。曼迪拿起了身边的一个杯子，把里面的东西倒在了纸上，杯子里的水彩洒了出来，一些沙质的东西掺杂进了种子里。曼迪试图用浸湿了的纸把它清理干净，努力找回所有的种子。

爱丽丝发现了这一状况，向曼迪喊叫着："呀，曼迪，你把画纸、桌子都弄脏了！快点儿丢掉那张纸，重新拿一张干净的纸好好画。"

曼迪焦急地说："可是，老师，那里有我的魔法种子。"

"桌子上有的是种子和沙子，按我说的去做。"老师命令道，"你需要把这里清理干净，这样别的小朋友才能继续画画。"

是谁没有在倾听？真正的倾听是与孩子建立友好关系，也是营造平和、富有成效的教室氛围的有力工具。

倾听是指要高度关心孩子表达的意思和感受。看着孩子的眼睛，蹲下与孩子保持同样的高度，给予口头或肢体上的一些回应，所有这些都在向孩子传递一种信息：你是在认真地、注意力集中地听他们说话。在孩子眼中，与语言相比，你的语速、语调、音色、面部表情、手势动作、身体语言等传递的信息更丰富。点头微笑以及一些鼓励的话语，更能激发孩子愿意表达自己的想法和情绪，同时也能帮助你统一自己的话语和肢体语言。积极的反馈鼓励通常有"我明白了""告诉我""是的""还有别的事情要说吗？""谢谢你告诉我这些"，等等。将这些倾听时的行为和下面即将介绍的策略联合起来，能够帮助你创造一种环境，在那里，所有的儿童和成人都能学做一个有技巧的沟通者。

非言语信息。 倾听要求倾听者不仅要关注说话人所说的内容，更要关注其手势、身体姿态、移动、语调等非言语信息。一个人的语言文字传递着一种信息，但其肢体语言及表达方式则传递着另外一些信息。通常非言语信息是你了解儿童的想法和情绪的最佳渠道，当你面对的是婴儿或蹒跚学步的幼儿时，这一原则更加正确。即使是具备了语言表达能力的学龄前儿童，开始的一两年也都是以非语言信息为主。同样，尽管小学生有着日渐提升的语言能力，但他们的肢体还是会表达着各种信息。因此要学会用眼睛和耳朵同时倾听。

对于儿童，你了解得越多（如年龄、语言习惯、文化、家庭背景），你对他/她的理解也会越容易。综合所有的这些信息并及时关注当时的情景，你就能很好地解读儿童的语言和行为背后传达的信息。

开学一入园，3岁的诺玛一上午就哭了好几场。"我要妈妈！我要妈妈！"当结束集体教学时间、小朋友开始自由活动时，诺玛又开始哭着要妈妈，并且这哭声感觉像舞曲的旋律一样，有节奏地循环着。这时保育老师走过来，轻柔地和他说着话，带他去盥洗室洗脸。

很明显，这位保育老师通过自己的观察，发现了诺玛有节奏的哭泣，根据自己掌握的 3 岁左右孩子的一些特点，看清了诺玛哭泣的真正目的是想获得关注和关心，因而成功地解决了这一问题。

"积极的倾听"（active listening）一词最早是由托马斯·戈登在其 2003 年出版的开创性著作中提出的，这是一部有关教师交流技巧的著作。戈登指出，话语和肢体语言是了解一个人内心情感和想法的有效途径。有效的倾听要同时对说话人的讲话内容和讲话时的情感做出回应。问一个问题或者做一个评价，使孩子有机会再次澄清自己的意思，表达自己的情感。

看下面两个例子。

> 上幼儿园的第一个月，2 岁的艾琳心不在焉地搭着积木。当老师走过她身边时，艾琳问老师："我妈妈什么时候来呀？"她的表情和身体都是消沉的，语调也显得焦虑和沮丧。这时老师对艾琳说："你想很快就能看到妈妈，对吗？"艾琳点点头，落下了一滴泪，小声地说道："我想妈妈了。"

> 克洛伊今年 4 岁，入园 5 个月了。她在专心致志地搭有电梯的大厦。当老师走到她身边时，克洛伊问老师："我爸爸什么时候来呀？"她的身体紧绷着，眼睛全神贯注地看着自己的大厦，语调明显升高，显得有些焦虑。老师回答说："听起来你好像很担心？"克洛伊回答说："是的，我想完成这个大厦，可是每次爸爸总是催我快点儿。"

虽然以上两个案例中，孩子的问题相似，但其实两个孩子话语背后的情绪是完全不同的。积极的倾听有助于老师辨别并理解每一个孩子表达的不同意思。

> 6 岁的席亚拉在户外活动后回到教室，直接趴在了桌子上，对老师让她拿出日记本的要求好像没听到。老师走到她的座位旁，席亚拉则把脸转向了另一边。"你看起来好像很累，"老师说，"你先休息一会儿，我和其他小朋友一起写日记。等你休息好了，我们再开始写。"

积极倾听。积极倾听教给孩子最重要的一课就是，所有的情绪都是可接受的。它为孩子表达情绪、谈论感受提供了语言和榜样，而这恰是社会智能和情绪智能的一个重要元素。以这种方式表达情感的儿童对于"我是谁"也会有一个更好的感知。弗雷德·罗杰斯提醒我们，要关心儿童所有的情绪，"不要期待儿童在走进教室之前会丢掉他们的不快和愤怒。在关心自己的人面前，我们会展现完整的自我——我们都需要有这种感觉"（Rogers, 2003）。

反馈式和回应性语句

为了做到仔细倾听，优秀的学前教育工作者要能够对儿童的信息有技巧地给予反馈，这有助于儿童的自我认知以及对人和社会关系的认识。一个有效的反馈途径就是使用反馈式和回应性语句（reflective and responsive statements）（Kostelnik, Whiren, Soderman, Stein, & Gregory, 2003）。这些看似简单的反馈恰是沟通中的有效工具，例如，"你爬滑梯时非常小心。""你全部用红色给龙上色。""你今天数学作业完成得非常快。""你在耐心地排队等候骑三轮车。"简言之，反馈式和回应性语句是在向儿童表明，你在关注他们（如图 6.2 所示）。当你经常使用这些语言时，儿童会明白你在重视他们的活动和兴趣。经常使用反馈式和回应性语句，也有助于儿童理解他们自己的经验。

用鼓励代替表扬

在最近的一次一小时教室活动观察中我们发现，老师表扬孩子超过 30 次。我

图 6.2 反馈式和回应性语句

说出你看到的

反馈式和回应性语句是……

- 不加评判地描述一个儿童的活动：
  "你爬到滑梯的顶端了。"
  "你使用了很多红颜料。"
  "你已经看了很长时间的故事书了。"

- 对儿童的活动表示感兴趣的语句：
  "你用了很多乐高积木来建造这座房子。"
  "你似乎很喜欢看有关化石的书。"
  "今天早上，你和艾利克斯一直待在积木区。"

- 帮助儿童理解他们的活动或情绪的语句：
  "在大积木上放一块小积木，你在努力寻找一种平衡方法。"
  "你想知道如何才能轮到你骑三轮车。"
  "你希望妈妈能待更长时间。"

- 具有评价或判断性质的话语不是反馈式和回应性语句，如：
  "你是厉害的爬滑梯能手。"
  "你的画真漂亮。"
  "你很擅长猜谜语。"
  "你真是个好孩子。"

当你使用反馈式和回应性语句来描述你所见到的事情时，孩子们会觉得他们的活动、建议和想法是有价值的。

们听到的表扬大都是："我喜欢黛西乖巧地跟大家围坐成一圈。""本尼是我们最好的清洁员。""劳伦兹，你是个了不起的艺术家。""麦迪森，你画得真漂亮。""单妮莎，你的积木搭得很好。"并且不断重复："做得好、做得好、做得好！"。

这些表扬有什么问题？过去许多年，教育者被告知在课堂中要经常性地使用表扬。表扬被认为是使儿童自我感觉良好、激发儿童学习热情并塑造良好行为的有效方法。但有研究表明，持续不断的表扬会带来相反的效果。当不断受到重复表扬时，儿童可能会对自己的表现能力产生焦虑，可能会减少积极行为出现的频率（Hitz & Driscoll, 1998; Kohn, 2001）。此外，很多时候老师的表扬并非出于真心，不是因为真心喜欢某个孩子的行为而表扬，而是为了激发其以后的行为或激励其他孩子（Meece & Soderman, 2010）。

如果你的目标是帮助孩子培养内在的自控力，那么表扬并非有效措施。表扬教会儿童通过行动来获得成人的认同，而不是真正认识到行动本身的意义。有时，儿童变得过分依赖成人的最终评价，以至于无法分清自己真正喜欢的或认为有价值的是什么。我们经常能听到孩子问成人："你喜欢我的画吗？""我攀爬得好吗？""我是不是个好帮手？"这些儿童就像"表扬沉迷者"一样，表扬是他们自我感觉良好的唯一来源。

在这一节开头的案例中，老师表扬黛西坐得端正，其目的在于鼓励其他儿童也像黛西一样快快坐好，围成圈，而不是对黛西坐得端正这一行为本身的积极反馈。在其他案例中，类似夸奖目的在于激励儿童以后能够复现这一行为，而不是对当下儿童所做出的努力给予真诚肯定。长此以往，表扬就成了一种外在的奖励。

许多研究表明，尽管表扬能激励儿童继续某项活动，但仅限于成人在场之时。一旦成人离开，儿童很少会继续或再次进行此类活动（Kohn, 2001）。表扬并没有提高儿童对积极行为的认同，而是引导儿童想方设法追求重要他人的口头赞许。

另一个虽不明显但却不容忽视的事实是，表扬会毁灭儿童的自豪感和自我价值感。过度表扬会使儿童丧失对自身进步的评判能力和在活动中感受内在乐趣和愉悦的能力。

表扬就像蛋糕中央巨大的粉红色糖衣玫瑰，十分诱人。吃第一口让人觉得香甜可口，再吃几口仍旧感觉不错，但吃多了就会觉得太甜腻了。因为糖衣玫瑰只有一种甜味，所以我们很快就厌倦了它的味道，而且要是一次吃太多的话，可能还会觉得不舒服。它虽然能快速提供能量，但缺乏营养，不利于成长和健康。

相反，鼓励却像是一锅温热的汤，多种味道混合其中，能够提供营养，使我们获得持续的能量，健康成长。它的外表可能不如糖衣玫瑰诱人，但其魅力在于能提供长期支持，鼓励我们成长。老师应当用鼓励的方式赞许孩子的努力（你花了很长时间在这幅画上啊），而不是简单评价最终的成果（这幅画真漂亮）。鼓励有助于孩子发现自己的兴趣和长处（你好像很喜欢搭高高的塔），而不是依赖成人的评价（你是一个最好的建筑家）。

鼓励和表扬的具体对比见表6.3。

表 6.3 鼓励和表扬的区别

鼓 励	表 扬
具体： "谢谢你帮我把积木都收拾好，并放回了原处。"	笼统： "真漂亮！"
描述而不评价： "你拼好了飞行员拼图，它很复杂。"	评价： "你很擅长拼图。"
强调感受和动机： "当你很努力地完成一幅画时，是不是很有成就感？"	强调外部产品或奖励： "我会把画得最好的画贴在告示栏，让家长欣赏。"
体贴，个性化： "这是你第一次独立滑下旋转滑梯。"	所有人一样，对个体没有针对性： "做得好。"
鼓励的关注点	表扬的关注点
过程、经验和努力： "你擦桌子时特别认真。"	个体或结果： "这是我见过做得最棒的清洁工作了。"
个体的成长： "你写出了班上每一个小朋友的名字。以前你只会写自己的名字。"	孩子之间的比较： "你的字是我们班写得最好的。"
自我评价： "你似乎很为自己的画感到自豪。" "完成科学作业后的感觉怎么样？"	他人的评论： "我喜欢你的画。" "做得好！"

"我—信息"

当你遇到儿童行为方面的问题时，可以使用戈登（Gordon, 2003）提出的"我—信息"（I-message）技术。这项技术是就你所关注的问题与孩子进行沟通，而不要责备孩子。"我—信息"技术是邀请儿童参与到解决问题的过程中，而不是简单告诉他们该做什么。在使用"我—信息"技术时，你保留了自己的权力，清晰阐明自己的观点，并且使儿童或你们彼此之间的关系免受伤害。有效的"我—信息"技术通常包括以下三个要素：

1. 指明具体的问题情景或行为；
2. 表达你的情绪感受；
3. 解释这些行为会对成人造成哪些影响。

"我—信息"技术要传递的含义是，尽管你不喜欢某一行为或状况，但你相信儿童自己有能力处理。通常当儿童发现某一行为会产生问题时，会自行停止这些行为。"我—信息"技术三要素的顺序和措辞不必太严格，含蓄地邀请孩子一起找到彼此都可以接受的状态即可。例如：

"当周围噪音太大时，人们都很难听清别人说话。"
"如果我只有大声喊叫别人才能听清我讲故事，我会感到很挫败。"

"我很失望。这里太吵了,大家都听不清我讲故事。"

所有这些陈述并没有传递消极的评价,成人把问题的解决权交到了儿童手中。通常成人的做法可能更直接:"别吵了!你让大家觉得很烦!如果再不安静下来就出去。"这种"你—信息"(You-messege)技术拒绝给予儿童解决问题的机会。这种方式只是一味地责备、羞辱和评价儿童,却忽视了行为本身给他人带来的影响;只是给儿童提出一个解决问题的方法,却没有引导儿童学会自己去解决问题。

在使用"我—信息"技术时,务必注意不要过度陈述自己的感受,不要使儿童因为你的陈述而产生负罪感。使用专业的、准确的词汇来描述自己的情绪感受,不要过度渲染,如告诉儿童"你伤害了我""你让我很伤心"等,因为这些描述往往夸大其词,不能准确表达我们的真实情感。

如果经常使用这样的交流方式,儿童也会学习使用"我—信息"的方式去和他人交流沟通。"我—信息"技术也有助于指导儿童解决问题及处理与他人的冲突。如果教师善于使用反馈式和回应性语句以及积极的倾听,那么他们就为"我—信息"技术的使用奠定了基础,因为他们给儿童示范了如何描述情景和识别情绪。

与婴幼儿交流

当面对婴幼儿时,你要全身心地投入到与他们的交流沟通中,全方位调动你的声音、身体和心灵。这需要耐心、注意力集中、微笑以及"呱呱"、"呀呀"等言语上的反馈。即使是面对最小的孩子,优秀的教育者也懂得尊重这些孩子。

> "该吃午饭了,"达西对8个月大的瑞克说。瑞克正坐在地毯上,摆弄一个会嘎嘎作响的盒子。她看了达西一眼,目光又回到了手里的盒子上。达西走向瑞克,俯身安静地观察了几分钟,说:"你在忙着听这些嘎嘎的声音啊。"又看了几分钟后,她说:"现在是午饭时间了,我打算把你抱起来,给你洗手,然后吃饭。今天我们吃你最喜欢的胡萝卜!"达西看着瑞克,抬起头来并向她伸出手。"准备好了,我们走吧",达西边说边抱起了瑞克。

达西很细心,她认同瑞克正在玩的盒子很有趣。她让瑞克明白将要发生什么,并在抱起她之前给她充分的时间来回应。在游戏中或者在日常照料中,有经验的育婴师都会花时间和精力与每个孩子交流。她们了解每个孩子独特的交流方式,并做出恰当的回应。对婴儿的需要做出回应并不会"宠坏"他们(这恰是有些成人所担心的)。当你懂得孩子的哭声、笑声、姿势和咕哝的含义时,你就会懂得其需要并做出正确的反馈。这种照料反馈使婴儿体会到你对他们的关心,知道他们的需求和愿望能得到满足。但这并不意味着孩子每次哭时都是出于同样的需要。因此,只有了解婴儿,以及他们各自独特的需求和相应的行为表现,你才能真正读懂他们的情绪,从而制定合适的日常抚育工作,适时地满足他们的需求。

与婴幼儿交流，应当像你和其他你关心的人交流一样。虽然这样的对话常常是单向的，但关系却是双向的。像和其他孩子相处时一样，基于共同的活动，建立你们之间关系的纽带。注意婴幼儿的非言语信息，读懂它们背后蕴含的真正意思。当孩子的呀呀声逐渐增大，这时你的语言将会为孩子提供一个脚手架，使他们的那种呀呀声成为谈话的一部分。这种语言互动不仅有助于建立关系，也是人类学习语言的方式。

之前我们讨论的"我-信息"技术适用于各个年龄段的儿童。例如，当一个还没学说话的幼儿拽你的头发时，你可以发出一声"哎哟"并伴随着略带夸张的痛苦表情，让他懂得"你拽我的头发我很疼"。接着再引导他轻柔地抚摸你的头发，对其微笑，传递"我喜欢你温柔地抚摸我的头发"的信息。当幼儿做出不正确的行为时，了解儿童发展的老师会温柔且真诚地告诉幼儿应该怎么办以及为什么。"我不让你拽我的头发，那样会弄疼我。你可以去拽那个布娃娃的头发。"这样幼儿能够理解你吗？和其他人一样，婴幼儿先是能够理解善意和尊重，然后才会逐渐理解语言。

反思你与教师的关系

回忆一位与你有着积极关系的教师。再回忆另一位你觉得与之关系消极的教师。造成你积极或消极感受的原因是什么？这两位教师分别是如何与你进行沟通交流的？与教师的关系会对你与老师和学校的感受有着怎样的影响？

交流中的文化差异

个体间的交流方式存在文化差异。非言语行为，如眼神接触、微笑、触摸等，往往表达着不同的意思。在欧美文化中，和成人直接的眼神接触通常被解读为儿童正在认真听；然而在其他一些文化中，它可能被解读为不尊重对方。同样，你可能认为微笑代表着开心愉快；但是在有些文化中，孩子的微笑则代表羞愧或生气。因此，了解你所照料孩子的家庭文化背景十分重要，学会理解他们的语言和非语言的沟通并做出恰当的回应。

指导儿童的社交活动

作为幼儿老师，一项重要的工作内容就是保证儿童有丰富的集体活动经验。除了之前我们讨论过的与个体建立积极有效的关系之外，你还需要在教室中营造积极的社会交往氛围，帮助孩子们学会友好相处，并处理在儿童群体中不可避免的问题与冲突。

处理冲突

"可是我现在也需要它们，它们是我的。"纳迪亚抽泣着，指着薇薇安正穿着跳舞的那双亮闪闪的红舞鞋说。

"我已经穿上了，不能再给你穿。"薇薇安跳着舞走开了。

"但是我真的很想穿它们，我现在就要！"纳迪亚大哭起来，跟在薇薇安后面，"没有这双鞋我没法跳舞，你必须把鞋子给我！"

在儿童期，问题和冲突都是集体生活中不可避免的一部分。老师处理冲突的方式也是孩子模仿的榜样。当老师把冲突看作学习的机会时，儿童也会把冲突看作生活的一部分，并学会解决问题的技巧。

一个人对冲突的看法能够反映出他的经历、价值观和文化信仰。反思你是如何看待冲突的，以及你又是如何处理生活中的各种冲突的，这将有助于思考你可以为孩子们提供怎样的榜样。

帮助儿童明确并表达自己的情绪

愤怒常常与冲突相伴，这是一种非常强烈的情绪，且很难理解和表达。愤怒其实是第二层次的情绪反应，即是对痛苦、恐惧、沮丧、焦虑等情绪的反应。幼儿可能还无法用语言表达他们冲突背后的情绪，也有可能被教导不要表达自己的情绪。在指导儿童如何和平地解决冲突之前，你必须首先帮助他们明确并理解自己的情绪。下面的专栏介绍了一些帮助孩子认识和表达自己情绪的方法。明确和表达出自己的情绪是解决冲突的前提。

当幼儿之间发生争吵时，明智的做法是先观察一段时间，克制自己避免过早介入。互相没有造成伤害的儿童，通常能够自己找到解决问题的办法。介入儿童的冲突，帮助他们解决问题，虽然简单直接，却不利于儿童学习解决问题的技能。回忆一下，儿童发展的长期目标中有两项，分别是培养孩子的内在自控力以及在集体中生活的

反思你对冲突的看法

你通常如何处理生活中的冲突？你处理争端和烦恼的方法通常都能奏效吗？你希望孩子们在解决冲突方面学到什么？

帮助儿童理解和表达情绪的方法

- 接受并指出孩子的情绪："卡尔德拿走了你想要的球，你觉得很失望。"
- 示范性地表达自己的情绪："当拼图掉在地上时，我担心会有拼块不见了。"
- 鼓励孩子与你或其他人交流自己的情绪："你看起来有点儿伤心。可以告诉我你现在觉得怎么样吗？"
- 指出不同情绪之间的异同点："你们两个都喜欢写故事，布莉安娜喜欢自己写，艾伦则喜欢和其他人一起合作。"
- 借助对话、绘画、音乐、戏剧、写作等方式，给孩子提供机会来识别和表达情绪："看完那个有关狗狗的悲剧电影之后，你可以画一幅画来表达自己的感受吗？"
- 通过角色扮演等游戏来预演情绪的表达："假设现在该收拾玩具了，但是你还没有完成你的积木作品，你有什么感觉？你会怎么做？"

通过练习，儿童可以学会彼此表达自己的情绪感受，告诉对方自己想要什么，而不是在冲突发生时打架或找成人告状。即使是幼儿，当老师指出他们的情绪时，他们也会有所收获。随着他们逐渐长大，他们会学会用语言来表达和理解情绪。

能力。如果孩子发觉老师总是会替他们解决问题，那么这些孩子将不再会主动学习处理问题的方法了。那些支持以上两个长期指导目标的教师，通常会给孩子足够的时间、空间和权力来保证儿童能独立解决问题。诚如所言，"告诉孩子该干什么并不能让他们学会如何思考"。

值得注意的是，在一些文化中，公开表达自己的情绪被认为是粗鲁的表现。如果儿童对确定或讨论自己的情绪表现出不舒服，不要勉强他们。可以就表达情绪、处理冲突的偏好和习惯，与孩子的家长进行沟通，这会帮助你更好地满足集体中所有孩子的需求。

当冲突可能会造成严重伤害时，你必须采取行动。迅速介入，挡在两个正在打架或快打起来的孩子中间。和孩子交谈，帮助他们找到处理问题的方法。与其问孩子们为什么打架、谁先拿到玩具或谁先动手打人等这些毫无意义的问题，不如问孩子接下来该怎么做，使他们回到正常的活动中。这样有助于孩子们找到解决问题的办法，而不是纠结于谁对谁错。相比于"谁先拿到的？"和"你为什么要打他？"这样的问题，"你怎样才能骑到三轮车？"和"你还可以用什么方式来问你还玩吗？"更有助于问题解决。

即使很小的孩子也应当给予时间和机会让他们自己处理冲突。最近我们看到一位老师处理冲突的过程，她用胳膊挡在两个正在打架的幼儿中间，只是简单说了两句话："你们两个都想要这个白色的袋子，但这里只有一个。我不允许你们伤害对方。"很快，其中一个幼儿找到了另一个袋子，并重新开始游戏。

当孩子被"卡住"，不能独立解决冲突时，老师及时的语言提示有时会帮助他们化解冲突。下面是一些帮助处于冲突中的孩子时该说的话。

"住手！我不允许你伤害哈里森。你可以告诉他，他拿走你的卡车你很生气，要求他把卡车还给你。"

"我明白你现在很生气，你想和她说什么呢？"

"别伤心了，我们来看看怎么解决这个问题。"

"你对搭建这种模型有不同的想法。你能重新再搭一遍吗？"

"那样会伤害阿勒西娅的，她已经非常伤心了。我们俩一起或许可以帮她感觉好一些。"

"秋千上不能一下坐5个孩子，你说说谁先上？需要我帮忙吗？"

"你打算怎么解决这个问题，这样你就可以回娃娃家玩了？"

和平解决冲突

我们希望，即使成人不在场时，孩子们依旧能和睦相处，建设性地解决问题。通过不断地指导儿童和平解决冲突、教授谈判技巧并给予鼓励，我们可以实现这一目标。参照专栏"解决冲突的过程"，它会帮助你了解这一过程中的各个步骤。

我们发现，幼儿对这一过程非常感兴趣，并且十分耐心，相信成人会教给他们这些技能。当我们让儿童参与到问题处理的过程中时会发现,他们已经开始能够相当有效地处理自己与伙伴之间的冲突了。发展内在控制力和合作技能是儿童在集体中有效生活所必需的两个长期指导目标,除了与这两个目标保持一致外,教会孩子自己解决冲突也能减轻老师作为"教室警察"所承担的繁重任务。

营造并倡导尊重与公平的教室文化

儿童学着与人相处,最有效的途径是模仿自己所看到的榜样行为。因此,成人的语言、行为及日常选择对儿童来说是最有影响力的因素。注意你和儿童交流时使用的语言,是否礼貌?是否尊重?你是否注重让每个人都参与到课堂活动之中?那些不活跃、技能较差或很淘气的孩子,是否也能像其他顺从又有礼貌的孩子一样,参与到课堂讨论和各种活动之中?那些有残疾的孩子是否有合适的途径参与活动?

解决冲突的过程

杰森和保罗在愉快地玩假扮 X 战警的游戏。奥利维亚和史黛丝走进来,并坐在桌子旁,假装她们正在准备表演。"喂,走开,"杰森喊道,"你们不能在这里玩,这里是 X 战警的家!"

"就是,走开,"保罗附和道,"我们正在这里玩,女孩子不许进来。"

"哼,"史黛丝说,"我们就要在这玩,你们已经在这里待了很久了,我和奥利维亚要穿上戏服,准备表演了。"

1. **冷静**。事件中的每一个人都需要一点儿时间来深呼吸,放松。尤其是孩子们打架时,更需要冷静。"我知道你们都很不开心。我们来商量一下应该怎么做。先做几个深呼吸,冷静一下,然后我们再来讨论怎么解决问题。"

2. **确认问题**。弄清楚问题是什么,应该怎么解决问题,而不是评价问题。"奥利维亚和史黛丝想在室内表演,但杰森和保罗不同意,因为他们正在里面玩 X 战警的游戏。"

3. **描述隐藏的情绪、担心、关心和价值观**。这一步要在找出问题解决方法前完成:"奥利维亚她们担心,如果现在不能表演,就轮不到她们了。杰森和保罗也喜欢在这儿玩,他们担心,如果女孩参与进来,他们就玩不了 X 战警的假装游戏了。"

4. **用头脑风暴法寻找解决办法**。问问孩子们能想到什么解决问题的办法:"奥利维亚想到了两个办法:杰森和保罗可以到外面去玩 X 战警的游戏;或者她和史黛丝也来假扮 X 战警。保罗也想到了两个办法:奥利维亚她们今天可以先到积木区去玩,明天再来这里玩;或者她们只可以在这里玩十分钟。"

5. **选择一种方法并试行**。"你想试试哪种办法?你觉得哪种办法大家都能接受?"鼓励孩子实践其中一种方法。"好吧,奥利维亚、史黛丝可以和杰森、保罗玩十分钟的 X 战警游戏,然后她俩去别的地方玩。"

6. **后续工作**。如有必要,在孩子学着解决问题时给予鼓励和支持。事后邀请孩子们思考以后该如何避免冲突,以及之前选的解决方案效果如何。"你们觉得以后我们应该怎么做才能避免再发生类似情况?"或"你们一起玩 X 战警游戏感觉怎么样?"

儿童学着尊重和平等地对待他人，这是因为他们的老师就是这样做的，并且给他们传递的也是这样的信念和价值观。许多老师把每天的班会作为营造积极社交氛围的重要途径。在这种结构化的班会中，每一个儿童都要发言，要真诚地分享自己的情绪。通过这一过程，培养他们作为沟通者、谈判者和问题解决者所需要的技能。班会能帮助老师营造一种安全的氛围，使儿童有安全感，从而能够集中注意力，安心学习（Gartrell, 2004; Vance & Weaver, 2002）。这种社会问题的处理方法与夏威夷等其他本土文化的处理方式是一致的。在夏威夷，有些班级还采用"夏威夷零极限法"，为有不同意见的儿童提供讨论的时间和场所。这些活动和措施能够增强儿童的团队凝聚力和信任感。

精心选择儿童的阅读材料，如提倡公平、正义和平等的课堂读物，也有助于班级文化建设。孩子们可以通过讨论或表演的方式，展现自己对社会概念的理解。

团体指导：有效的课堂管理策略

指导一群儿童，有时也称作课堂管理（classroom management），它是一门需要知识、技巧、敏感性和自信的艺术。和其他艺术一样，它也需要你不断地学习和练习，熟能生巧。当你能熟练地使用本章提到的策略时，你会发现自己用于"管理"的时间减少了，有更多的时间用来建立关系和促进学习。你对孩子们的喜爱会让你受益良多。接下来，我们来讨论一些有助于你使团队平稳、和睦运作的观点和实践。

创设环境，寻找一个指导伙伴

教室的物理环境具有很强的信息传递功能，儿童能从中感知到成人期望的行为，以及自己是否受欢迎和被接纳等重要信息。精心布置的环境和恰当的日程安排（见第8章）有助于教师创设合适的物理空间，邀请孩子们一起和谐工作或游戏。当你发现儿童遇到困境时，仔细检查环境和日程表，看看它们是否是问题产生的原因。

例如，我们知道，在学前班级中，积木区一般在教室中央。要去教室的其他区域时必须穿过积木区，这样就经常会碰倒其他小朋友搭建的积木。被碰倒积木的小朋友通常会非常气愤,把积木当作攻击武器;而碰倒积木的小朋友则会捡起积木防卫,同时可能会用积木砸到其他区域的小朋友。给积木区加上围栏就能很好地解决这一问题。在最近对学步儿的观察中我们发现,当教师提供的游戏材料太少时,孩子们会经常因为抢玩具而发生冲突。解决这一问题的方法是给孩子们提供 2~4 个类似的玩具,而不是只购置某一类昂贵的玩具。在一项研究中,以前的安排是两个连续进行且时间较长的活动,都要求孩子们一直坐着。后来改为坐着的活动和室外活动穿插进行,孩子们的行为有了明显改善。

明智地使用权威

作为一名教育者,社会赋予我们一定的职权,你可以使用权力、做出决定、开展活动、发出指令并要求服从。这些权威最明显的来源是你是一名成人。你高大、强壮且成熟,所以大多数儿童认同你指导的权威。尽管这些权威是社会赋予教育者角色的一部分,但它需要你用教育经历、知识水平、教学技能、职业承诺来不断加以完善。

你可能遇到过老师、老板、家人或其他权威人士,他们待你可能公平友好,也可能严厉刻薄,有失公允。你也可能经历过一些让人捉摸不透又善变的权威人士,他们对希望你怎么做没有明确指示。权威人物的不公正和捉摸不透会让成人和儿童都感到困惑与沮丧。学前教育工作者应该用好自己的权力,人道、公平且清晰。这种对权力的使用,我们称之为权威主义(authoritative),区别于不公正或苛刻的"独裁主义"(authoritarian)。

反思教师的权威

回忆一位你喜欢和一位不喜欢的老师。他们是如何使用自己的权威的?你是否尊重和愿意配合他们?如果答案是肯定,说说你是怎么做的。如果是否定的,说说原因。这样的经验对你有什么启示?

> 在幼儿园实习的第一周,米格尔主动和孩子们打成了一片。在操场上,他扮演怪兽,引来了孩子们的阵阵欢笑和追逐。"抓我啊,抓我啊,米格尔老师,来抓我啊!"他的逗乐、幽默和击掌庆贺受到孩子们的热烈欢迎,他成为孩子们最喜欢的玩伴。但在学院研讨会上分享自己的实习经历时,米格尔觉得很挫败。他发现,孩子们和他玩得很开心,却忽视了他的指导,他在学习上提出的一些要求,似乎被孩子们抛到了九霄云外。

学会使用权威是每位准教育工作者面临的第一要务。大学生刚开始接触儿童时都很难驾驭权威,在适应权威的过程中掺杂着他们自己的价值观和期望。有的大学生像米格尔一样否认自己的权威,把自己当成孩子中的一员,只有当孩子们不尊重自己或不合作时才觉得困惑和受挫。也有的大学生希望儿童能直接认同他作为教师所具有的权威,在还未建立师生间彼此尊重的良好关系之前就直接发号施令,当受到孩子的排斥和抵抗时感到很惊讶。

真正的、长久的权威是建立在双方相互尊重的基础之上的,使用时要温和且明智。权威的使用并没有唯一正确的方法,对待不同的孩子,使用权威的方法也不相同。

有些学前教育工作者善于用微笑、幽默的故事来吸引孩子们参与到活动中；有些老师喜欢用友好的语气陈述活动的规则、目的，然后询问孩子们的参与意愿；也有些老师则是静静地介入到孩子中，用语言或手势去制止打架、培养友谊以及继续常规活动。以上三种方式都是在了解和尊重儿童的基础上恰当地运用权威。

> 实习老师达纳正在给几个小朋友读故事。4岁的韦恩在教室的另一边用蜡笔在艺术架上涂鸦。达纳停止讲故事，走到韦恩身边提醒他："我们不能在家具上画画。"
>
> 过了一会儿，韦恩对另一个小朋友说："来呀！"边说边抓了把桌上的橡皮泥，跑到了图书区。达纳老师说："不能那么做。"韦恩咯咯地笑着，回头看着老师。

对一个新老师而言，管理一群儿童十分具有挑战性。孩子们会不停地试探你，以摸到你能忍受的底线在哪里。他们可能会故意捣乱，来看看你做何反应。有经验的老师则很清楚自己对孩子的期望是什么，在刚开始接触时，他们就会以一种友善而又不失权威的方式，通过言语、肢体语言和行为向孩子传递这些期望。他们会清晰地向孩子表明什么行为是被期待的，而不是简单地说不能干什么，或者没有明确指令，就像上例中的达纳那样，只是向孩子喊"不能那么做"。缺乏经验的老师常常会犹豫不决，发出含混不清的信息，这样孩子们反而会进行更多的试探。所以，只有当向儿童清晰表达你的期望，使用权威与他们沟通时，管理工作才会变得轻松。然而，这是需要时间、实践以及耐心的。

制定行为准则

无论是成人还是儿童，知道特定场合有特定的行为要求十分重要。对期望的理解使人产生安全感，人们可以据此对自己的行为做出判断选择，同时获得自我控制感。当儿童明白，存在着一定程度的限制和约束，它划定了边界，允许个人在安全范围内进行自主选择时，他们也会感到安全。一定程度的限制，不仅是尊重儿童的权利，保护儿童的所有权，而且会使活动成为可以预期的事项。这也有助于儿童学会尊重他人，与他人和睦相处。公正一贯地使用约束有助于儿童感觉安全和舒适。珍妮特（Janet Gonzaiez-Mena, 2011）把这种限制比作大桥上的护栏，虽然实际上你并不需要它们来防止你掉入河中，但是如果没有护栏，过桥就会是一件十分危险的事情。儿童有必要知道并理解教室里的这些规则和限制。当你向儿童坚定而又和善地讲解这些规则并要求他们遵守时，多数儿童会逐渐感受到安全，之前他们对你的试探行为也会逐渐消失。

我们发现，当老师给出一系列的行为准则时，孩子的表现是最佳的。这些行为准则正面陈述了成人对儿童的期望，儿童可以据此选择各种不同情况下的合适行为。有的教师称之为规则，但我们更倾向于使用准则（guidelines）一词。准则要求简单、易懂、好记、且有很强的适用性。例如：

- 关心他人
- 关爱自己
- 爱护物品——玩具、书本、工具、环境

使用一些诸如"关爱自己、关心他人、保护环境""安全、友善、勤思"等准则，师生一起创设安全、友好、关爱的团队和氛围。准则的表述应当是正面的、积极的；要明确什么该做而不是什么不该做。因为年幼儿童常常只关注和记得最后一个字，所以诸如"不要跑""不要打"等限制性规范会让他们很困惑。

年长一些的学前班儿童和小学儿童可以参与准则的制定和修改。较好的方式是以提问开始，问儿童"为了让大家在学校感到安全并能进行学习，我们应该做些什么呢？"这样自然就使儿童开始了参与制定准则的过程。集体一致通过的准则并不代表就是永恒的，相反，它需要不断地检验，依据情境的变化而改变。只有如此，儿童才会更加自觉遵守行为准则，理解集体生活的规则。这可以在班会中很好地开展。

你需要多沟通，以使行为准则清晰明了。因为只有理解了为什么要遵守准则，以及准则所要求的行为是自己力所能及的，孩子们才会真正认同和遵守行为准则。

以下是一些行为准则及其用法，以及如何让儿童理解遵守准则的原因：

准则："善待彼此。

操作："告诉她你也想试一下。"

理由："当一个人担心自己受到伤害时，是无法好好工作和游戏的。"

准则：爱惜玩具和书本。

操作："看完字谜后，要把它送回到书架上。"

理由："要是玩具、书本等丢失或损坏了，我们就再也无法使用它们了。"

准则：注意安全。

操作："当滑梯上没有人时才能滑下。"

理由："在学校，每个人都要保证安全。"

准则有助于儿童行为管理技能的发展。当面对是非选择时，它为儿童提供了一个行为框架。这是在集体中愉快工作和生活的重要技能。

用转换注意力代替转移注意力

当儿童的行为不安全或可能对环境造成破坏时，可以把他们的精力和注意力引导到一个与该行为相似的可接受的活动上。

18个月大的凯站在水池边，用杯子接完水，然后倒在地板上。老师对她说："你很喜欢玩倒水，是吗？但是倒在地板上可能会使人滑倒，我们去泄水台那边玩倒水吧。"

上例中，老师尊重了凯喜欢玩倒水的事实，并且为她提供了一个与玩倒水相似而不具有破坏性的活动。同样，可以引导喜欢在积木区奔跑的孩子去户外游戏，指导爱大叫的孩子唱歌，等等。与把孩子的注意力转移到一个与其兴趣完全不相关的活动上相比，这种转换的指导思路更体现了对孩子的尊重。转移注意力会使孩子感觉自己原来的兴趣毫无意义或价值，而转换注意力则在帮助孩子做一些合理的、可接受的活动的同时，也尊重了孩子的兴趣和努力。

预判可能出现的问题

为确保课堂教学效果，教育者需要花时间来考虑儿童的喜好，预测他们的需求和问题行为。你要确信孩子有自己的兴趣爱好，确保他们有充足的时间参与活动，且有丰富的经验，不需要成人时刻监督。要达到这一目标，行之有效的方法是培养自己的"教师之眼"——一种特别有用的、可以洞悉课堂上所发生的一切的能力。这意味着你要能够同时关注课堂上发生的多件事情，能够从一个或一群孩子的活动情况推测整班孩子的情况。

例如，在幼儿园中，你可能同时面对以下几种情况：

约瑟夫和蒙特在用积木搭建一个很高的建筑物，他们戴着建筑工人的帽子玩警察游戏，这种游戏有时会发展成粗鲁的摔跤。

蒂尔和海瑞森正在画架前画画，他们微笑着看着彼此的作品。海瑞森拿起画笔，给地板涂了些紫色颜料。

萨拉班、蒂龙、多米尼克和艾米拉正坐在图书区，认真地听多米尼克的妈妈讲故事。

凯伦、马克斯和乐敏在角色扮演区，他们穿着道具服喂娃娃吃饭，凯伦边玩边说："不和男孩子玩。"

约翰和蒂凡尼正在观察小鸽子和小老鼠，忽然，蒂凡尼向小鸽子扔了一块积木。

安娜、卡希尔和柯林正在认真写字，并叫你过去看看他们的字。

作为老师，你需要即刻做出决定：每个孩子需要什么？应该怎样帮助他们？班级全体又有什么需要？做好决定后你需要继续观察其他的小组，并且为每个小组准备好其他有趣的活动，以备他们的兴趣发生改变转移。

课堂管理的建议

- 给自己找个合适的位置,以便能够观察教室里发生的一切。
- 走到儿童身边,弯下腰直接和他们交流,引起他们的注意。而不是站得很远,朝他们高声喊叫。
- 在日常对话中经常使用孩子的名字,这样当你喊他名字时,他就不会担心发生不好的事情了。
- 告诉儿童应当做什么,而不是不应当做什么,并让他们明白原因。通常当你告诉孩子不要做什么时,他们会茫然无措。例如:

不应该说	应该说
拿着剪刀时不能跑。	拿着剪刀时要慢行,以免伤到别人。
不洗手不能坐下。	坐下吃饭前要洗手,这样才能保持健康。
不能撕书。	小心翻书,以免弄坏纸张。
不要乱戳天竺鼠。	对天竺鼠要轻拍细语,以免吓着它。我们要让它在学校里感到安全。

- 给儿童提供两种可接受的选择,帮助他们积极回应成人的要求。选择权有助于儿童体验力量和控制感。例如:

"拿着剪刀时要慢行,以免伤到别人。如果你要跑的话,我可以帮你拿着剪刀。"

"在新外套上围一个围裙,这样水彩就不会弄脏衣服了。如果不围围裙,你可以用蜡笔或铅笔画画。"

"小心明信片——如果你想撕纸的话,可以用旁边的报纸。"

- 在不被允许的情况下要避免给孩子选择的机会。"你能把小刀递给我吗?"就是一个不合适的表述,因为你的真正意思是:"小刀很危险,我现在必须拿走它。"
- 给孩子选择的权利,帮助他们完成成人的要求,同时又能保持独立意识。"你愿意大踏步还是蹑手蹑脚地走进教室?"注意选择的重点不在于是否进教室,而是进教室的方式。

专栏"课堂管理的建议"给教师提供了一些幼儿课堂管理的有效措施。

巧妙过渡

过渡(transitions)是指老师要求儿童从一种活动转换到另一种活动,有时也指地点的转移。在幼儿园的一天中,儿童的活动从吃饭转换到主题活动,然后转换到小组活动,再从小组活动转换到户外活动,等等。此时教师通常会很忙,注意力分散,因此攻击性行为和破坏行为出现的频率往往会增加。但是,只要提前计划好,过渡也不一定会有危险。

在某学前班,阅读时间结束了,李斯特老师让小朋友们收起故事书,安静地在门前排成一队准备出去。她先收拾好活动区内自己的东西,然后收拾桌子上孩子们之前开展艺术活动的物品。她一边擦桌子，一边告诉小朋友们再有几分钟就要出去户外活动了。在她擦桌子的时候，孩子们开始越来越乱。杰克逊拽了麦克西的马尾辫，因为她准备插队；萨莎和杰罗姆吵起来了，因为两人都说这次该自己排在第一个；雷恩和卡洛在快乐地大声唱歌、跳舞，但雷恩的手臂不小心碰了雅各布的眼睛，雅各布对雷恩大吼："出去！你这个笨蛋！"吉尼一直在跟自己的毛衣较劲，衣袖扯坏了，她开始大哭。随着"骚乱"不断升级，李斯特老师的嗓门也越来越大："我说过在门前排队安静地等候！如果你们不能安静地排队，我们就不能外出活动。"

如果没有巧妙的计划，活动之间过渡转换时发生这样的状况再正常不过。下面几个策略能帮助你顺利完成活动的转换。

- 提前让孩子知道活动即将转换。儿童不能很好地把握时间，也难以预测一个事件的终结和新事件的开始。如果儿童知道一件事情快要结束了，他们会很好地安排自己的活动。对年幼儿童而言，提前几分钟的提醒很有帮助，并且最好让儿童能准确理解你的意思，如"在我们活动结束前，你还可以绕操场再骑两圈"。告诉幼儿"距离活动结束还有五分钟"是没有效果的。它只是提醒幼儿活动要结束了，但五分钟是一个很抽象的概念，这种提醒对于儿童安排自己剩下的活动时间没有帮助。

  幼儿园大班和小学阶段的儿童已经有了时间概念，可以理解较早的时间提示，如"距离活动结束还有十分钟"。这有助于孩子们合理安排自己的时间以便完成活动。

- 运用音乐、运动和故事。与安静地排队走出教室相比，孩子们更乐意像小鸟一样飞出教室，或者像海豚一样游出教室。边唱歌边收拾积木，或假装玩施工车辆游戏，用这样的方式使得活动结束得非常有趣，孩子们也乐意参与其中。

- 尽可能缩短过渡的时间。儿童不擅长等待。当你准备从一个活动转换到下一个活动时，要集中注意速战速决。上面的例子中，如果李斯特老师能抓紧时间，混乱的情况就可以避免。要求儿童等待的时间长了，很可能就会发生混乱。

- 开展过渡游戏或活动。游戏或活动可以让孩子们有事可做，并逐个过渡到下一活动中，从而避免全体转

有关过渡游戏的建议

当你准备结束集体教学或者小组游戏，开始新的活动时，这些建议特别有用。

- **线索和谜语**。给出关于某个孩子的线索，如家庭、父母职业、宠物等。"妈妈叫冬娜爸爸叫斯基普的那个小朋友可以走了。"出一个有关活动主题的谜语，如"什么东西长在土里，有阴凉，可供攀爬，小鸟还可以在上面筑巢？第一个回答上来的小朋友可以先走。"
- **创作一首小诗**。唱"麦当劳大叔"（或类似连续的歌），配合旋律，要求小朋友们编一首小诗，谁编好并唱完后就可以先走。
- **小道具**。准备转换到学习区或开始自由活动时，可以将相应区域的物品发给孩子，每发一个让孩子描述该物品，说出它来自哪里，然后带着物品去对应的区域玩。
- **朋友**。允许孩子离开时带走一个伙伴。
- **游戏**。例如，"寻找失踪的孩子"游戏。选择一个孩子充当警察，"玛雅警官，有一个孩子走失了，他穿着蓝色短裤和画有蝙蝠侠的T恤。你能帮我找到他吗？"当玛雅找到这个小孩时，她就可以离开了，被找到的孩子扮演警察，继续游戏。
- **姓名歌**。全班一起唱姓名歌，被唱到名字的孩子才可以离开。

换时的混乱。专栏"有关过渡游戏的建议"中提供了一些可行办法。

- 注意转换困难的儿童。每个班级中都会有转换困难的儿童。你要迅速地找出这些孩子，并为他们在活动转换的过程中安排一个角色。可能的话要陪在他们身边，直至他们再次投入到新活动中。

最近，我们参观了一个班级，看到了下面的情景。老师说："邓肯，我们要到外面去活动了，你今天能帮老师把这些圈拿到外面去吗？它们太大了，如果你能帮我一下就好了。"在之前几天，我们发现邓肯在活动转换时都会存在不适应，但这次他很快就从室内跑到了室外。

管理大型群体

带领大型群体（如集体教学、早操、早读或集体游戏）需要许多额外的技能。集体活动要对所有孩子都有吸引力，能够调动孩子们的积极性，且时间相对较短（对年幼的学龄前儿童而言，时间要控制在10~15分钟），这样才能收到好的效果。随着年龄的增长，儿童参与较长时间活动的能力逐渐增强（小学生可以达到半小时）。尽管弹吉他、讲故事或带只小狗来观赏都很有趣，孩子们也会自发集中过来，但这样有组织的集体活动并不适合婴幼儿。对于2岁以下孩子的老师而言，与其花时间强制幼儿集中并坐在一起，不如准备更多的能使孩子们一拥而聚的有趣活动。

当儿童感觉舒适（指不饿、不累、不拥挤），且班级规模和师生比例都合适时，集体活动才能发挥作用。在选择活动时,要考虑孩子的发展水平和兴趣点,确保他们有能力参与游戏。例如,3 岁的孩子更喜欢像动物一样跑来跑去喊叫的游戏,而对动物的习性和进食方式不怎么感兴趣,但 7 岁的孩子则相反。

适合学龄前和小学低年级儿童的集体活动具有以下特点:

- 活动能鼓励孩子积极参与。
- 活动包含肢体运动。
- 活动能让孩子调动多感官去探索。
- 活动包含新颖性的元素。

唱歌、做手指操、讲故事、表演皮影或木偶戏、参与自创活动、编故事、做游戏或讨论一些有趣的话题,这些都是不错的集体活动。

当带领一个大集体时,你是集体的中心,儿童都听从你的指挥。你是否能敏感洞察孩子们的情绪和精力,并做出相应的回应,直接决定了孩子们是否合作,是否能投入到游戏中。如果集体活动需要等很久,或者儿童没有多大兴趣,那么活动注定失败。当你发现孩子们快失去兴趣时,你需要说:"好!今天的活动就到这里。"注意,结束活动时要情绪愉悦,不要表现出失望或责怪孩子们。读懂一群孩子,对他们能做出有效回应,这不仅需要积累经验,需要教师足够自信,而且还需要花大量的时间。

一些不愿意参与集体活动的孩子会在座位上扭来扭去,一会儿站起来,一会儿躺在地上或乱跑。这些行为是很有价值的反馈,让你明白活动可能有些地方(如活动本身或活动进行的时间)不能满足他们的需要。当大部分儿童都喜欢某个集体活动时,你可以为个别不喜欢的孩子提供其他活动。如果集体活动的目标适当、清晰明确,且个别没准备好参加集体活动的孩子可以选择其他活动,此时集体活动的效果会更好。另一个行之有效的办法是,允许一些小朋友在集体活动时手里拿一样东西,

如一辆小玩具车或毛绒玩具,这样看似会分心,但其实有助于儿童专心投入活动中。

专栏"集体活动的黄金法则"为集体活动的顺利进行提供了一些建议。

处理问题行为

本章前面提到的建立积极的关系、尊重式的沟通,以及使用本章给出的各种行之有效的实践智慧和策略,都有助

集体活动的黄金法则

1. **制订计划**。提前计划好要开展的活动，并准备一项后备计划。
2. **有兴趣点，能集中注意力**。以一种能够吸引孩子们注意的方式开始活动，如一首新的活动歌、一个大贝壳或一张食蚁兽的照片等。一开始就激发孩子们的兴趣是集体活动获得成功的保证。
3. **有组织性**。计划好要用到的材料，做好准备，以免使用时让孩子们等很长时间。
4. **展现热情**。生动有趣地呈现集体活动，并鼓励儿童积极参与，这样更容易让他们相信你是正确的，并听从指令。
5. **适当混搭**。使活动正常进行，避免长时间停滞，有助于集中孩子们的注意力。活动中可以包含多种活动和元素。
6. **灵活性**。根据孩子们的反应做出相应的调整。观察他们的反应，适时跳过计划好的某一环节，加入新的活动、插入一首歌或一段手指操。
7. **积极性**。关注孩子们做对的地方，忽略他们做得不够好的方面。
8. **表演性**。利用声音来制造氛围，通过音调、语速的改变吸引孩子们的注意。通过面部表情来交流沟通，不用语言，眼睛、眉毛和嘴唇也能够传递感受。甚至可以穿特别的服装来吸引儿童，好的老师知道配合当天的活动来选择服饰和搭配。
9. **巧用意外**。从孩子们的视角观察教室，预期孩子们的兴趣点并把它融入到你的活动安排中。当消防车经过或一个来访者进来时，把这些也融入活动中。
10. **适时放弃**。集体活动的时间不能太长，当儿童的兴趣渐渐减弱时，应当及时结束活动，留待下次继续。

于塑造儿童的行为，使其更加积极和更具合作性。但是，即使做到以上几点，有时仍会有一些孩子表现出让人难以应付的问题行为。在这一节，我们重点来分析那些让老师倍感头疼的问题行为，并提出一些相应的解决方法，帮助儿童学习更积极的行为方式。最后再谈谈挑战性行为的影响，挑战性行为（challenging behavior）是指那些持续出现的、对儿童本人、其他儿童或成人会造成伤害的行为。

找到你的"触发点"

不同的老师对于问题行为有不同的认识。有的老师无法忍受儿童随地吐痰，而有的老师则讨厌儿童骂人。之所以有这样认识上的差异，是由于每个人对儿童所应表现的行为有不同的看法。在处理问题行为之前，最好找出那些令你十分厌恶的行为，这一过程称之为找到你的"触发点"。触发点（button pushers）是指那些能瞬间令你生气的行为。很多儿童似乎十分擅长发现成人的触发点并触发它。当他们的行为能瞬间引发成人的剧烈反应时，儿童会获得一种力量感。当你找到那些容易令自己生气的行为后，就可以事先规划好如何去处理它们。与突然爆发相比，冷静的回应会更加体贴。而且，在儿童看来，这样也就没有了戏剧性和趣味性，故而他们再次出现这类行为的频率就会降低。但这并不意味着你应向儿童欺瞒自己的真实情绪，你应该注意措辞但又态度坦诚地告诉儿童："你随地吐痰让我很生气，而且会传播细菌。你应该用话语来告诉我你心烦的情绪。"

反思你的"触发点"

思考使你生气和讨厌的行为。当孩子表现出这样的行为时，你会如何反应？你的反应是否有助于孩子选择更恰当的行为？你是否表现得很愤怒或惩罚孩子？设想一下，当孩子碰到你的"触发点"时，应该怎样做出更理智的反应。

问题行为不等于问题儿童

在处理棘手的问题行为时，请铭记以下几点。第一，时刻谨记，有问题的是行为，而不是儿童。当儿童的行为令人生气时，我们很容易混淆"这孩子干了什么"和"这孩子是个什么孩子"这两件事。有时我们会形成这样一些刻板印象：凯克十分吵闹，杰尔很粗鲁，凯特是个爱合作的好孩子，等等。有些老师开始根据孩子的行为给其贴标签：罗力爱说谎，芸敏是个话唠，杰森是个小霸王，等等。撕掉标签，孩子的表现会更好。即使是如"好孩子"等带有成人判断的好标签也不一定都会产生好影响。我们要承认孩子是优秀、有价值且可爱的个体，但有时也会犯错误，需要在成人的帮助下选择恰当的行为。只有这样，才有助于孩子培养适宜的行为。

第二，行为背后都是有原因的。即使你没有意识到，但儿童的每一个行为都有其各自的理由。你的工作就是去探寻并发现儿童这些令人讨厌的行为的诱因。当你对这一切都了如指掌后，就很容易帮助儿童找到满足他们需求的其他有效途径。

失误行为

丹·加特雷尔（Gartrell, 1995, 2001, 2004）认为，教师在谈论儿童的不可接受行为时，应当用"失误行为"（mistaken behavior）一词代替"不良行为"（misbehavior），尽管后者更加流行和家喻户晓。他解释说，不良行为是指孩子的行为是故意的，因而必须为他们的"坏"行为接受相应的惩罚。认为是"不良行为"的老师会给孩子贴上淘气的标签，并试图通过惩罚来避免此类行为再次发生。

而"失误行为"是指儿童在学习为社会所接受的行为的过程中，通常会犯的一些不可避免的错误。这一观点与本章所强调的指导原则更加一致。信仰这一原则的教师把自己视为给儿童提供帮助的指导者，而不是责骂和批评儿童的评判者。

> 米凯拉和雪妮丝在表演区玩耍。米凯拉穿着一条蕾丝短裙，紧挨着雪妮丝坐在沙发上。雪妮丝看见这条裙子并尖叫道："那是我的！"她开始拉扯那条裙子，但米凯拉死死地抓住不放。米凯拉站起来想尽力跑开，雪妮丝伸手打到了米凯拉的脸。

老师会把雪妮丝的这一行为看作"失误"。她知道，儿童学会通过恰当途径获得自己想要的东西并不容易。尽管老师不会纵容或接受伤害他人的行为，但也不认为雪妮丝是个"坏"孩子，她只是还没有学会合作。当老师走过去帮助两个小女孩时，她先问自己："这两个孩子能从这次经历中学到什么？"

老师快速走到表演区，弯下腰伸出双臂分别抱着两个女孩。她问正在哭的米凯拉哪里疼，问两个女孩刚才发生了什么。她对每个孩子都表达了同情和理解，告诉米凯拉："雪妮丝硬要拿走蕾丝裙时你很不高兴，她还打疼了你。"她也对雪妮丝表示共情："本来是你先拿到蕾丝裙的，你不想让米凯拉穿走。雪妮丝，我知道你很喜欢那条蕾丝裙，而且你想让米凯拉知道你不想让她穿。但是现在米卡拉哭了，因为你刚才打疼了她的脸。"

最后，老师问两个女孩："现在我们该怎么办呢？"经过一番协商，老师在确保两个女孩都能重新投入到活动中之后，这才转身去做其他事情。

相信儿童的行为是因为"失误"造成的，这就支持了本章前面讨论的问题解决方法。有效指导具有以下特征：

- 避免做评判、贴标签，或将某一儿童看作受害者。
- 不强迫孩子道歉，除非造成伤害的那个孩子他自己愿意。
- 把失误看作一次学习的机会，从中学习处理人际关系的方法。

处理问题行为的策略

在处理问题行为时，有一些行之有效的指导方法可供借鉴。详见专栏"处理问题行为的黄金法则"。

自然结果与逻辑结果

当儿童有机会将自身行为与行为所产生的结果相联系时，就可以学会恰当的行为表现，而自然和合乎逻辑的结果有助于儿童建立这种联系。民主式方法是基于阿尔福德雷·阿德勒的理论，1969年由鲁道夫·德瑞克斯（Rudolf Dreikurs）翻译并应用到教学实践中。德瑞克斯指出，当不知道如何成为集体中合作的一员时，儿童会感到沮丧并开始厌恶集体。民主式方法有助于儿童发现自己的无效策略，从而更积极地修正自己的行为。

自然结果。一些结果是随着儿童的行为自然产生的，不需要成人刻意干预。例如，当孩子把黄色的颜料倒进下水道时，自然的结果就是颜料没有了。自然的结果有助于儿童在经验中学习。在对儿童没有危险、对其他人或集体也没有不利影响的情况下，可以使用这种方法。自然结果看似简单，但却需要克制。我们很难对孩子自然

第6章

处理问题行为的黄金法则

1. **近距离观察儿童，认真思考儿童行为背后的原因。** 每一个行为都有动机。
2. **强调学校是安全的。** 使儿童感受到，你不会让任何人伤害他们，但也不会让他们去伤害任何人。
3. **当希望儿童改变行为时，为他们提供两种行为以供选择。** "你可以在桌子或者画板上画画。"
4. **给予真实的选择。** 到整理时间时，恰当的做法是问孩子："你是要清理建构区还是整理娃娃家？"而不是问："现在把玩具收起来，好吗？"
5. **保全孩子的颜面。** 如果孩子大声叫嚷，过马路时不想牵着你的手，你可以让他牵着其他成人或小朋友的手。
6. **重解决，轻原因。** "因为你们两个都要这个娃娃，那我们现在该怎么办呢？"这样问比"你为什么要抢她的积木？"更有意义。

流露出的失望、不适或不愉快视而不见，当孩子的行为结果被言中时，我们也很难克制自己并沾沾自喜地说"我早就告诉你了吧"。我们发现，本章前面讨论的积极倾听是应对这些情境的有效方法。例如，对一个把果汁洒到桌上的幼儿说："你本来想要更多的果汁，但现在一点儿都没有了。"对一个把球扔到栅栏外的 5 岁孩子说："我们没有更多的球可以玩了。"你的任务不是弥补状况，也不是同情儿童，而是要让儿童能体会到自己行为所产生的结果以及自己当时的感受。

逻辑结果。有些消极行为不会产生自然的或可接受的安全结果，这时你可以选择创设一个相联系的结果。对于学前班和小学阶段的儿童来说，把结果作为一种集体经历可以收到良好的效果。例如，在一个课后活动小组中，孩子们经常为乱丢棋子可到用的时候经常找不到而烦恼。他们一起决定，弄丢一颗棋子的结果是本周剩下的几天都不能再下棋了。通过面对自己的行为所产生的直接后果，儿童学会了遵守集体成员的规则。

当老师能够使用明确的结果时，儿童可以从情境中学习正确的行为。例如，告诉儿童："因为你把蜡笔弄断了，所以你不能再待在绘画区了，去别的地方玩吧。"在陈述行为结果时，语气要平静且简洁明了："你现在不能在积木区玩了，因为你乱扔积木。等你能安全地玩游戏时才可以回来。"逻辑结果必须是合理、公正且与行为相关的："你把书扔了，等你冷静下来，记得把它们放回到书架上。"这样的结果是与责任感、正义感等价值观相一致的。应用这一方法时务必要保持冷静和公正，避免用它们来惩罚或孤立孩子。当你愤怒地向孩子大喊："你撕书，就别想再看书了！"此时，逻辑结果就成了一种惩罚。

暂停策略带来的问题

多年以来，教师都认为"暂停"是帮助儿童学习恰当行为的一种逻辑结果。该策略的假设是：儿童可以从中明白，如果自己的行为不能被社会所接受，那他就要与集体分开。使用这种策略的方式之一是：安排孩子坐在"禁闭椅"上待一段时间，反思自己的行为。一些儿童发展专家认为，尽管暂停策略在幼儿园中很常用，但它并非是以幼儿为中心的指导技术，而是对那些还没有学会集体生活的儿童的惩罚。卡兹（Katz, 1984）认为，暂停策略会让幼儿很困惑，因为他们还不能理解其"坏"行为与坐在那把椅子上不许动之间有什么关系。

虽然暂停策略经常被老师使用，目的是培养儿童的恰当社会行为，但它会产生一些你并不想要的后果：

- 因为是受他人命令强制地（"去坐在那把椅子上"），所以暂停策略不利于培养儿童的内在控制力和自我管理能力。
- 当儿童坐在椅子上时，会感到困惑、孤立和孤独，惩罚的意味大于指导的目的。
- 使用暂停策略，无助于儿童学习处理沮丧情绪或各种社会情境。
- 其他儿童可能会认为，被要求坐在那把椅子上的儿童是"坏"孩子或捣蛋鬼。
- 暂停策略会降低孩子的自信心和自我价值感。（Schreiber, 1999）

如果教室里有这样一把"禁闭椅"，犯错误的孩子需要坐在上面，那么，那些坐过这把椅子的孩子会被视为"坏孩子"，其他孩子也会害怕自己犯错时会受到同样的羞辱（Gartrell, 2004）。在近期的一次课堂观摩中，我们遇到一个孩子，他指着另一个孩子告诉我们："他叫文斯，是个坏孩子，因为他每天都要去坐禁闭椅。"我们认为，"坏孩子"的标签并不能让文斯感到被接纳或受到鼓励。而且在我们观摩期间，他再次出现失误行为，这也证明暂停策略并不能有效地帮助这个孩子学习如何与人交往。

冷静之所

为孩子提供一个安全舒适的空间，以帮助孩子恢复平静。它不同于暂停策略，这种方法为孩子提供了一个冷静反思和回归平静的场所，有助于儿童自我控制力的发展。尤其是当儿童变得暴躁，需要冷静时，老师把他们带到冷静之所会非常有效。这两种方式的不同之处在于，提供冷静之所的方法不带有惩罚性，孩子进行自我调节，他可以自主决定什么时候进去，什么时候出来。强拉一个乱叫乱跳的孩子进冷静之所的意义并不大。有时你需要把孩子从一个伤害身心的情境中强拉出来，这种情况下要尽量温和。而且，你要和孩子待在一起，鼓励并开导他，直到他重新获得自控能力，由儿童自己决定什么时候重回集体。你可以为儿童提供几个检测是否准备好了的标准："当你已经身心放松，不再打别人时，就可以回到集体中。"要确保帮助刚刚回归集体的孩子再次融入到新的活动中去。这些都与坐禁闭椅的方式形成了强烈的对比，后者要求是："坐在这把椅子上，好好反思你做了什么，不让你起来别起来。"

第6章 行为主义取向

多年以来，斯金纳提出的强化理论已经被运用到了课堂中，这被称为行为主义。行为主义者认为，儿童是由于受到错误强化而产生了错误行为。要改变或消除这些已有的不正确行为，就需要建立一个新的行为，并加以奖励强化。

所有的学前教育工作者都会时不时地用到行为主义的原则。对于一个准备尝试新活动的害羞儿童，你的微笑就是在对他施加强化；当一个儿童正在进行破坏性行为时，你的忽视就是选择了对其破坏行为不去强化。简言之，对于表现出那些你赞许行为的儿童，你要及时给予他们鼓励、奖赏或社会性强化。

系统强化是指目标行为每次出现时就给予奖励或其他的积极支持，这种方式的确有效，但具有很高的操纵性，有悖于尊重和选择自由的价值观。我们认为，系统强化并不适用于普通儿童的正常社会互动。因为培养孩子行为的方法要与主流价值观和学前教育的目标相一致。选择行为主义疗法应该慎之又慎，尽管它可用于应对某些极端行为或危险行为，有时也可用于帮助有认知障碍的儿童学习适宜的行为举止。

体罚从来都是不可取的

在学前教育阶段，任何形式的体罚都是不可取的。不仅是因为体罚在美国的多个州都属于违法行为，而且它对儿童的成长也会产生诸多不良影响。同时，体罚与把孩子培养成为能和平解决冲突的自主个体这一长期目标也是背道而驰的。当孩子受到体罚时，会形成一个错误观点，即伤害比自己弱小者是可行的、是可被接受的；拳头比语言更具说服力。儿童通过模仿身边的重要他人进行学习，因此，与受到其

他惩罚措施的孩子相比，那些经常受体罚的儿童更倾向于表现出暴力行为（Straus, Sugarman, & Giles-Silms, 1997）。

美国幼儿教育协会颁布的《伦理行为准则》（2005/2011）中重点强调了体罚的危害性，把禁止体罚这一与儿童福祉相关的法则放在了准则的最开始，即P-1.1。最重要的是，我们不会伤害儿童。我们不会参与那些具有情感伤害的、身体伤害的、不尊重儿童的、羞辱儿童的、危险的、利用儿童的或恐吓性的实践活动。这条原则优先于伦理行为准则中的其他原则。

挑战性行为

有的儿童会表现出一些挑战性行为，这些行为如果经常出现会阻碍这些孩子适应集体生活，甚至会威胁到自己或他人的安全。一般来说，挑战性行为（challenging behavior）是指持续出现、具有破坏性，对他人或环境会造成危害，且抵抗教师干预的行为。

恺撒和瑞斯明斯基（Kaiser & Rasminsky, 2012）认为挑战性行为会：

- 妨碍儿童的认知、社会性和情感发展。
- 对儿童自己、其他儿童或成人造成危害。
- 使儿童将来会处于出现社会问题或学业失败等风险之中。

这些行为对儿童自身来说也是挑战，使其不能在集体中获得成功，还可能使其在管理自己的行为方面感到无助。对于每天与这些孩子相处的成人而言更是一种挑战，面对这种行为成人可能也会觉得无能为力，束手无策。

要记住，挑战性行为只出现在儿童成长的某一阶段，在多数情况下，坚持使用本章提到的积极行为指导技术，可以帮助儿童习得社会所接受的行为。然而有时，当挑战性行为越来越严重时，可能就需要一些干预策略的介入了。

引起挑战性行为的原因十分复杂，研究者们至今仍然争论不休。从生物学角度来看，发育迟缓的儿童和注意力分散的儿童出现挑战性行为的几率更高；一些气质特征也与此相关；母亲在怀孕期间酗酒或使用药物，对此也会产生影响。一些环境因素也增加了挑战性行为产生的风险，其中包括：贫穷、接触暴力事件、时常受到严苛且前后矛盾的惩罚、家庭互动中存在反社会的人际纠纷处理榜样、观看暴力电视节目，以及幼儿照料质量较低。

你要让具有攻击性的儿童明白，你不允许他伤害自己或他人；让具有破坏力的儿童明白，不允许他毁坏物品或破坏环境。每当儿童的攻击性行为或破坏性行为出现时，你都要立即做出这样的强调。

"保护学校里每个人的安全是我的责任，我不会让你伤害弗瑞德，也不会让任何人伤害你。"
"我不允许你撕小朋友的画，每个人的作品都是值得珍惜的。"
"你即使非常生气，也不能去伤害他人，我会帮助你冷静下来。"
"我帮你把三轮车安全地放到车棚里，你这样把它丢在墙边，会把墙面弄坏的。"
"跟我来，我帮你找个地方，让你冷静平和下来。我不能让你伤害其他人。"

当孩子意识到自己的情绪会受到尊重，需要可以得到满足，自己会被保护而不会被打击和孤立时，攻击行为和破坏行为出现的频率就会降低。

至此，你学到的这些指导策略，能够帮助你矫正儿童的挑战性行为，但这需要

> **应对挑战性行为**
>
> - 明确你内心真正喜欢孩子什么，并传达给你的团队成员、孩子及其家长。
> - 确认孩子当时的行为是否正确。
> - 要让儿童知道，你决心帮助他纠正这一行为，并坚信最后会获得成功。
> - 每天都与儿童进行真诚、积极的身体接触。
> - 意识到自己身上的恼怒，想办法把它释放掉，以免影响孩子。
> - 当孩子的行为令你很生气时，找一个合适的倾诉对象。

时间和坚持。奇迹不会一夜出现，在帮助儿童成为集体中的合作性成员的道路上，你可能会发现，你也需要支持。

如何应对儿童的挑战性行为已经逐渐成为早期教育工作者的关注焦点（Hemmeter，2007）。2005年耶鲁大学研究中心的一项研究发现，约0.7%的学龄前儿童因挑战性行为被早期教育项目拒之门外，也就是说每年超过5 000名幼儿被幼儿园开除（Gilliam，2005）。

为此，美国范德堡大学的早期学习社会与情绪基础研究中心（CSEFEL）开发了支持儿童社会情绪能力的金字塔模型，在本章的"教学金字塔"一节中对此有过介绍。金字塔的顶层是个性化的强化干预，为矫正儿童持续的挑战性行为提供了指导策略。该模型的作者主张要为这类儿童制订一份发展计划，包括预防挑战性行为的策略、教会孩子新的技能来替代原有的问题行为，以及用正确的方式来回应儿童，以增加其适当行为并减少不当行为。计划的制订需要家长、老师、政府和该领域的专家通力合作（Hemmeter，2007）。想进一步了解有关培养积极行为的支持计划，可以登录CSEFEL的网站（vanderbilt.edu/csefel）。

如果儿童需要更多的针对性帮助，你可以和幼儿园负责人以及孩子的家长合作，以便获得外界帮助，这一点非常重要。另外，主管儿童发展的政府官员、公立学校的特殊教育组织和州卫生部门都有可能提供支持。对于3岁以下的儿童，可以向早期干预机构寻求帮助，通常由卫生部门或教育部门主管。你可以组建团队来制订合适的干预计划。谨记，责难有挑战性行为的儿童或家长毫无意义。所有儿童是平等的，都有学习各类技能以融入社会的权利。

总　结

当你决定选择什么方法来建立关系和指导儿童行为时，我们希望你能谨慎地思考你的价值观、你运用权威的方式，以及你关于儿童发展的长期目标。我们鼓励你支持儿童的内在优势，关注文化间、个体间的差异。我们提醒你要掌握这些复杂的技能，学会控制强烈的情感，学会与他人合作，这都需要你花时间去不断实践。我们期待你能在与儿童的相处中发现乐趣，能用鼓励去促进他们的社会性和情感发展。与孩子一起工作的过程是一种发现之旅，你与孩子建立关系以及指导他们的方式将决定这段旅程是否会如好友相伴一般平和而舒适。

学习成果

阅读本本章后，请你认真完成"拓展学习"部分的选读任务，准备"你的专业发展档案袋"部分的条目，你将会在满足 NAEYC 标准 4：运用发展性有效方法与儿童及其家庭建立联系（NAEYC，2009）上又有进步。

核心内容：

4a：理解积极的关系和支持性互动是幼教工作的基础。

4b：了解并理解幼儿教育的有效策略和工具。

4c：使用各种发展适宜性的教学／学习方法方法。

4d：反思自身的教学实践，促进每个儿童的积极发展。

拓展学习

观察一位学前教育工作者。拜访一位你认为在儿童指导方面有经验的学前教育工作者，观察他／她与儿童相处至少两个小时。记录在以下情况他／她是如何与孩子沟通的：（1）一个正在玩游戏的孩子；（2）常规活动中孩子；（3）介入或制止争吵；（4）组织小组活动。注意这位老师和孩子都说了什么，做了什么；对每个问题老师是如何倾听、回应和沟通的。记录下你的所见所闻，对教师提出的教育目标和价值理念做出评价。描述该教师对孩子的自我概念形成、人际关系及孩子对学习和学校的感受都有哪些影响。

采访一位学前教育工作者。与一位有多年工作经验的学前教育工作者交流，向他／她咨询：最常用的指导策略是什么，为什么以及是从哪里习得的；经常遇到的问题是什么，有多棘手；找出这位教师在指导儿童的过程中最看重的是什么。记录下你的所见所闻，对他／她提出的教育目标和价值理念做出评价。描述这位教师对孩子的自我概念形成、人际关系及孩子对学习和学校的感受都有哪些影响。

创建儿童指导资料库。收集关于儿童行为以及与儿童建立积极关系的方法的文章。推测作者关于儿童学习的观点及其指导原则；把你认为将来可能有用的文章存入资料库；也可以纳入一些你能与儿童家长分享的文章。

读书。阅读一本关于本章中提及的一种指导策略的书，反思并记录下你的收获以及该书对你指导儿童的启示。
向你推荐几本书：

The Irreducible Needs of Children: What Every Child Must Have to Grow, Learn, and Flourish (Brazelton & Greenspan, Perseus).《儿童不可减少的需求：每一个儿童发展、学习和成功的必需品》

Me, You, Us: Social-Emotional Learning on Preschool (Epstein, NAEYC & High Scope Press).《你、我和我们：学龄前儿童的社会情绪学习》

The Power of Guidance: Teaching Social-Emotional Skills in Early Childhood Classrooms (Garterll, Delmar, & NAEYC).《指导的力量：在幼儿园课堂中教授社会情感技能》

A Matter of Trust: Connecting Teachers and Learners in Early Childhood Classrooms (Howes & Ritchie, Teachers College Press).《信任的重要性：幼儿园课堂中的师幼互动》

The Emotional Development of Young Children: Building an Emotion-Centered Curriculum (Hyson, Teachers College Press).《幼儿的情绪发展：开设一门情绪中心课程》

Challenging Behavior in Young Children: Understanding, Preventing, and Responding Effectively (Kaiser & Rasminsky, Pearson).《儿童的挑战性行为：有效地理解、预防和反馈》

列一张资源清单：找出你所在州或市可以为有挑战性行为的儿童家长或老师提供帮助的机构部门，记录下他们的联系方式。

 你的专业档案袋

解决问题：在你工作或实习的机构，寻找帮孩子解决因玩具产生冲突的机会。每次事件结束之后尽快花几分钟做一个简短记录：孩子表现如何，你说了什么、做了什么，孩子的反应是什么，问题是否得到解决，你觉得自己在其中起了什么作用……记录几周以后，仔细阅读你的笔记，见证自己的成长。观察并记录下自己的收获，以及孩子行为的改变。将这些笔记存入发展档案袋。

指导原则：写一两篇能反映你关于师幼关系和指导儿童行为的理念。包括讨论你关于儿童发展的长期目标，针对拥有不同信仰的家庭和孩子，你是如何处理的，你正在使用或准备使用哪些沟通和指导方法。

我的教育实验室

访问本书"我的教育实验室"（myeducationlab.com），找到专题9：指导儿童。你可以：

- 找到关于指导儿童的学习成果以及与之相关的国家标准。
- 完成有助于你更好地理解本章内容的"任务和活动"。
- 利用"建构教学技能和性情"学习单元，运用并实践你对本章核心教学技能的理解。
- 对照"学习计划"，检查你对本章内容的掌握程度。你可以做章节测验，获取反馈，然后通过"复习、练习和拓展"来提高你对本章内容的理解。

童年是一场快乐的旅行，
而不是比赛

如果美国式的幼儿教育失败了,那我们就都失败了!

——珀尔·巴克

健康是最大的财富。

——维吉尔

健康、安全和幸福感

在我们为幼儿制定的众多目标中，最重要的一条是获得幸福感——身体、心智和精神的全面健康状态。作为一名学前教育工作者，你的首要责任是确保儿童安全，使其免受伤害，少生病，获取支持幼儿身心健康发展的经验。

本章关注的焦点是在学前教育机构中，教师如何保护儿童的身心免受伤害，实现健康发展。学前教育工作者需要承担如下责任：

- 保护幼儿，远离危险
- 提供周到的看管照顾
- 维持健康、安全并具适当挑战性的环境
- 制定并实施健康常规
- 教给儿童自我保护的方法
- 帮助儿童学会照顾自己的身体，主要通过选择健康食品和坚持运动
- 识别疾病和虐待的迹象
- 帮助儿童掌握应对疾病与暴力的策略

儿童和家庭有权使其就学的学前教育机构：

- 具备安全设施
- 有保证儿童卫生与健康的政策和规程

- 提供有营养的餐饮和小食
- 能为教师提供资源来保证自身的健康和安全

作为一名优秀的学前教育工作者，你需要意识到以上这些责任。你肯定希望尽自己所能来保护儿童，维护他们的健康、安全和幸福。

在美国，各类儿童保育机构中有超过 1 100 万名 5 岁以下的幼儿（NACCRRA，2010），大部分 5 岁以上的儿童进入小学。其中很多儿童还参加了课外辅导班。不论是在全天的托儿所、半日的学前班、幼儿园、小学还是课外班，所有幼儿都需要确保安全，保证周围环境能够促进其健康与幸福。

> **我的教育实验室**
>
> 访问"我的教育实验室"，利用"个性化学习计划"，提高你对本章概念的理解。你也可以通过基于视频的"任务和活动"以及"建构教学技能和性情"课程来磨炼教学技能。

身体健康与安全

在很大程度上，保证儿童的安全和健康是一种常识。它包括保护儿童远离危险；有效地监护儿童；保证儿童能享用到有营养的食物、水以及健康所需的干净设施；教会儿童遵守安全和健康常规。这些事乍看简单，实际则不然，在照顾一群幼儿的过程中将这些一一落实是富有挑战性的。

如果你教 5 岁以下的儿童，保证幼儿健康和安全的责任就尤为重大。婴儿和学步儿，则又要给予特别的警惕和关照，因为他们非常容易受伤。随着儿童进入学前班、升入小学低年级，他们能更好地照顾自身的健康和安全。虽然学前班和小学的教师仍然需要实行安全和健康常规，但相对于看护年幼儿童的教师和保育员来说，他们在这方面的任务相对较少。

我们向你推荐一些资源，如《关爱儿童：国家健康和安全执行标准：户外儿童保健指南》（APP, APHA, & NRC, 2011）。该指南最近刚刚更新，为学前教育机构提供了关于健康和安全的综合指南，有在线版和纸质版两种。在本章最后我们列了一些网址，提供更多关于健康和安全的信息。

为儿童创设安全场所

当家长把自己的孩子托付给幼教机构时，他们期望孩子所处的环境是安全的。他们相信该教育机构有健全的政策来保证孩子不受伤害。家长也信任身为教师的你，具备足够的知识技能来选择安全的设备、材料和活动，能按照既定的政策和程序保护儿童免受伤害，且接受过急救方面的训练。家长们确信你会采取预防措施，防止意外事故的发生，监管儿童并确保其安全。

何谓安全？

在应对挑战的过程中，幼儿的身体技能和力量都获得发展。学习行走、攀爬运动场的器械、骑自行车、使用剪刀、小刀和木工工具等，所有这些都存在一定的风险。风险是指有可能遭受伤害或损失。虽然我们想保护儿童使其免受伤害，但我们也知道，儿童正是从这些具有挑战性的活动中获得了发展，这些活动具有的风险程度要与儿童的发展相适宜。教师的作用是确保活动与儿童的技巧和能力水平良好匹配，同时也要确保环境中没有危险。危险不同于风险，不能被儿童所预见或看到，因此无法评估。比如，尖利的桌角、热合金滑梯、破损的楼梯以及气球碎片，这些都是危险的例子。由于缺乏生活经验，儿童不知道这些事物会造成伤害。因此，一定要及时将这些危险从儿童工作和游戏的地方清除或修复。

当对安全和可承受的风险作出决策时，你就可以把有关儿童的知识和个体情况相结合，从而对各种情形作出适当的选择。

发展差异和安全

通常正是各发展阶段的典型行为将儿童置于风险之中。婴儿和学步儿通过嘴接触物品来探索世界，所以窒息是此阶段常见的危险。好奇的学龄前儿童可能会用玻璃罐作虫子的小窝，罐子掉在地上摔碎时发生割伤。在竞技游戏中，学龄儿童可能因运动器械或玩闹推搡而意外伤害到其玩伴。

安全预防措施需要根据儿童发展阶段的不同而相应调整。举例来说，隐蔽电源插座对于好动的婴儿、学步儿和学前儿童是必要的，但对于一般的学龄初期儿童和小学儿童则不必要。年幼儿童可能因身体技能、力量和协调性较差而受伤。通过探究进行学习的天性会引发许多冒险行动。随着大肌肉运动技能的快速发展，学步儿喜欢到处攀爬，有时就会跌倒。三四岁的儿童好奇又好动，他们在激烈的探索性游戏中发生挫伤和擦伤也很常见。学龄初期和小学阶段的儿童通常已经具备发展良好的运动技能，且对自己的能力非常自信爆棚，因此他们在对材料、设施或身体技能进行操作时可能会受伤。残疾儿童探索和游戏的方式可能更接近比其更年幼的儿童，因此比正常发展的同伴需要更多的监护。

评价环境的安全性是教师工作的一部分，你要熟记所照料儿童的特征。吉姆·格里曼提醒我们："课程中如果剥夺了儿童冒一定风险来运用自己身体技能或操作材料的机会，后果通常会很严重……枯燥乏味、过度保护的环境势必缺乏足够的刺激和挑战，在这样的环境中，人们要么自我封闭，要么转向相互寻求刺激"（Greenman, 2007）。当儿童所处的环境中缺少体能挑战或适当冒险的机会时，他们会为自己创造这样的体验。当你发现儿童在攀爬栏杆、跳跃架子或者在轮圈顶端挑战平衡时，这些行为告诉你，他们需要更多的大肌肉运动的挑战。保证儿童的安全固然重要，但给儿童提供机会去测试自己的能力并学着准确评估实际的危险也很重要。因此，如果我们从儿童生活的环境中移走大部分挑战,也就剥夺了他们建立自信和学习自我保护的机会。

安全的户外环境

户外环境为儿童提供了各式各样丰富的学习机会。实际上,在最新版的《国家健康和安全标准》中,关于早期教养要防止儿童期肥胖的章节声明,除了天气和空气质量很差可能造成严重的健康危害外,所有儿童,包括婴儿和学步儿,应当每天都进行户外活动(AAP, APHA, & NRC, 2011)。户外环境必须远离危险,配备的设施必须安全并适合儿童的年龄和发展阶段。尽管你可能很难控制户外教学环境的特殊性,但重要的是,安全始终都应当是你决定如何使用场地以及制订户外活动计划的指导原则。

运动场地应满足以下几点安全标准:

安全:婴儿、学步儿和学龄前儿童使用的游戏场地必须有坚固的围栏,围栏上有大门和儿童防护门闩,确保儿童在没有看管的时候不会跑出场地。还要提醒家长的是,围栏上的门只允许成人打开,门闩要装在儿童够不到的高度。为学龄儿童设计的运动场地应尽可能少用分界结构,例如用植物和树篱去划分户外游戏场地。

排除危险:检查并移除碎玻璃、烟头之类可能会造成危险的物品。确保化学药品、肥料、工具和其他危险的设备和物品都锁起来,放在儿童触及不到的地方。许多常见植物如果被幼儿接触或吃掉可能会中毒。向当地毒物控制中心或合作扩展服务部门咨询,获取关于有毒植物的信息,对发现的有毒植物进行处理。

设施安全:秋千、滑梯和攀爬架等运动场中的设施有助于发展儿童的身体技能。这些设施要适合儿童的技能水平,并符合现行的安全指南,这一点非常重要。美国消费者产品安全委员会的《公共运动场所安全手册》(CPSC, 2010)为户外游戏建筑制定了详细的安全标准。

在美国,医院急诊室每年接诊因运动设施受伤的儿童超过20万例(CPSC, 2010)。儿童从设施上摔下来是常见的伤害。在游戏设备周围加装护栏,设置合适的样式和高度,并在游戏区域下方铺垫缓冲材料,这样儿童发生摔伤的危险就可以减少。

消费者产品安全委员会提供了一些关于缓冲材料适宜类型的信息,以及安装维护运动设施的要求。植物、混凝土、沥青、泥土、草皮和地毯都不允许用作缓冲材料。推荐使用沙子、木屑和市场上可买到的表面柔软的填充物品作为缓冲材料。如果运动场上有沙土或木屑,你需要定期对其进行翻松平整,这是你工作的一部分。如果运动场没有合适的缓冲材料,你可以建议对这一重要安全事项进行改善。

促进户外安全的实践

定期的常规工作是可以保证儿童户外活动安全的长效机制。你可以和管理人员及其他教师一起建立并遵守这些常规。

定期安全检查。每天对户外活动场地进行检查,排除危险物品和应该被移除的物品。可以使用类似附录 B 中的检查清单,定期检查户外设施,以保证儿童安全。

检查天气状况。除了有低于 15 华氏度(约零下 9 摄氏度)的寒风,炎热指数在 90 华氏度(约 32 摄氏度)以上,或者当地天气或卫生部门报告有空气质量风险,其余时间每天都要安排儿童进行一定时间的户外活动(AAP, APHA, & NRC, 2011)。

在温暖天气进行的安全游戏:

- 在上午 10 点前或者下午 14 点后进行户外游戏。
- 多次提供饮水。
- 检查游戏设施以确保其不会灼伤儿童的皮肤,防止儿童使用过热的游戏设施。
- 在征得家长同意后,于户外游戏前 30 分钟,给儿童使用有防晒指数(SPF)的防晒霜来隔离 UVB 和 UVA 射线。对于 6 个月以下的婴儿,防晒霜并不安全。应该让婴儿待在阴凉区域,穿能完全遮盖身体的凉爽衣服,并戴有帽檐的帽子。
- 让家长为儿童准备帽子并鼓励儿童戴帽子。

天冷时要保证儿童的衣着干燥温暖。在运动量大的游戏中,外套会很方便,儿童感觉热的时候可以脱掉。教师要确保儿童的围巾塞到外套里,衣服后面的帽子没有绳带,因为围巾、绳带等可能会被运动场上的设施挂住而发生勒伤事故。在下雪的时候,鼓励儿童去铲雪、在雪中探索、玩雪,但是要注意不能让他们吃雪。

用心监管。即便是最安全的游戏场地也无法确保儿童不受伤害。因此,不论何时何地,成人都必须用心监护儿童。在我们参观过的一些学校中,户外活动时教师很多时候都在聊天,而不是看护儿童。这就将儿童置于危险之中,也限制了教师促进学习的机会。早教工作者应当制订户外监护计划,确保成人随时待在游戏设施附近,并时刻警惕儿童的活动。

帮助儿童学习自我保护。在户外玩耍时,幼儿会进行跑、跳、爬等活动,其实他们是在进行自我测试。多数时候幼儿的活动是安全适宜的，但并不总是这样。教师需要共同合作来确定适宜的行为，保证户外活动时儿童的安全，这一点非常重要。发展指南（一些教师称之为规则）采用正面陈述的方式，告诉幼儿什么可以做，针对每个条目都列出了幼儿可以理解的原因，简明有效。把《使用户外设施安全指南》放在随身的包里，便于随时给儿童讲解有关户外安全的知识。有两条基本指南是每个儿童都需要遵守的——保证自己的安全，保证他人的安全，教师要教会儿童这两条指南。教师还要教孩子，所有的植物和植物材料都不能放进嘴里，比如种子和花；教孩子要将摔碎或破损的玩具立刻拿给教师，这两点也很重要。

安全的室内环境

室内环境不仅要安全可靠，也要兼顾功能性和吸引力。和户外环境一样，室内环境的某些方面也会超出你的控制范围——但你应当意识到风险是不可能完全消除的，我们所能做的就是尽可能为儿童活动创设一个安全的室内空间，并和其他管理人员一起排除危险。

确保地毯和其他地面覆盖物安全，以防儿童摔倒；避免儿童抛投地毯；窗户和玻璃门应当使用安全玻璃，如果不是安全玻璃，要确保儿童不能接近；玻璃门上应该有可视提醒标志，分别与儿童和成人的视线位置等高，以防碰撞；为防止儿童打开门，要在儿童能够到的门把手上安装安全盖子。

在5岁以下儿童的教室里，所有的电源插座在不用的时候都要用安全插头覆盖；

使用户外设施的安全指南

秋千

为避免掉下来，请……
- 坐在秋千上；
- 双手抓牢；
- 秋千停摆后再下来；
- 一次只能一个人玩。

滑梯

为防止摔下来，请……
- 爬上去的时候用双手扶好；
- 在前面儿童滑下并离开后再滑；
- 滑下后，从滑梯底部离开。

攀登架

为避免摔落，请……
- 攀爬时用两只手抓牢；
- 保持玩具和球远离攀登架及其下方区域；
- 每次只能_____个人同时使用攀登架（填一个安全的数字）；
- 如果攀登架湿滑，选择到其他地方去玩。

三轮车

为了每个人的安全，请……
- 坐在座子上；
- 在撞到他人前停车；
- 每次只有一名幼儿可以骑。

电扇要放置在儿童够不到的地方；要确保儿童不会接近暖气片；如果正在使用电暖气，要将电暖气放置在儿童接触不到的区域，并且要远离窗帘和其他易燃材料；教室内的水龙头出水温度应保持在48℃以下，以免发生烫伤；窗帘和地毯要选用耐火材质的。

你可以通过移除或隐藏危险品来防止事故的发生，比如清洁用品、药品和塑料袋等。小刀、成人剪刀和其他工具绝不能放置于儿童在无监管的情况下可以够到的地方，一小会儿也不行。把有危险的物件储存在一个坚固的、上锁的柜子里，放在儿童够不到的地方。

材料安全。作为一名教师，相对于教室环境和家具设施，提供给儿童的玩具和材料更可控。注意制造商针对玩具的推荐适用年龄，关注政府部门和消费者团体有关玩具安全的出版物，这样可以提高儿童的安全性。因为有关玩具安全的信息总是在不断更新，因此教师要拥有最新的信息，这对于保护儿童安全十分重要。美国消费者产品安全委员会在网上列出了要召回的玩具。在最近发布的网站http://saferproducts.gov/Search/Result上，使用者可以通过名称和（或）型号轻松搜索到被召回的产品。

年幼的儿童喜欢用嘴探索物品，尤其是婴儿和学步儿，因此必须特别注意潜在的窒息危险。小玩具、玩具碎块、纽扣、硬币和其他小物品都存在窒息风险。对幼儿来说，气球特别危险，他们喜欢把气球放在嘴里尝试着吹起来。因此，学前教育机构应该禁止使用气球，即使是在生日和庆祝活动中也不能使用。乳胶和乙烯手套也不要让儿童接触。存在窒息风险的食物将在本章后面部分进行讨论。教室应当每日进行检查，确保儿童接触到的所有物品都可安全使用。

在"保障玩具和材料安全的黄金法则"专栏中，我们给出了一些建议，帮助你挑选安全的物品。

设施设备安全。早教机构中的家具和设备都应当安稳舒适、经久耐用、尺寸适宜。椅子要能让儿童的脚触到地板，桌子要高度适中，便于儿童吃饭和工作。年幼学步儿使用的椅子要能够防止跌落，立方体的椅子刚好适宜该年龄群体。学龄儿童适合使用配套活动椅子的桌子。储物架要结实牢固，高度保持在教师可以从上面看过去。家具的边角都要做成圆形。如果教室里有室内攀登物，要注意将其放置在远离家具的开放区域，并在下面和四周铺设大的泡沫垫起下落缓冲作用。

在婴儿服务机构中，婴儿床应当满足2011年发布的新的CPSC（公共运动场所安全手册）安全标准。该标准除了对新生产的婴儿床结构安全要求更加严格外，还要求到2012年12月，所有儿童照料中心使用的婴儿床都必须达到新的要求。这些标准的摘要可以在网上查阅。

《关爱儿童：国家健康和安全执行标准（2011）》禁止使用婴儿学步车和"跳跃器"（座位连接在门框或者天花板上，鼓励婴儿跳跃和弹跳）。不断有关于各种跳跃器上的弹簧或螺丝损坏的报道。婴儿学步车也存在危险，因为它处于垂直位置时可能会

> **保障玩具和材料安全的黄金法则**
>
>
>
> 1. 选择注明无毒的玩具和美工材料。蜡笔和颜料包装上应该说明 "ASTM D-4236-94",意为已经过美国检测与材料协会(American Society for Testing and Materials)评估。
> 2. 选择水性的颜料、胶水和马克笔。
> 3. 做纸模型和类似的手工时,只使用报纸和油墨杂志。
> 4. 不玩电池驱动的或电动的玩具,以免引起电击。
> 5. 不使用带有超过 25 厘米的线或绳的玩具。
> 6. 定期对所有玩具进行检查,确保其修补良好,没有裂缝、裂口、锋利边缘或缺少零件。
> 7. 避开有小的可移动或松动零件的材料,这些可能会被儿童吞咽;对于 3 岁以下的儿童,要选择大于 4 厘米的玩具和直径大于 4.5 厘米的球,并去掉绒毛玩具上的纽扣眼睛。
> 8. 远离玩具柜,因为它可能会困住儿童或夹住儿童的手脚。

使婴儿翻倒。婴儿在学步车上可以快速地到处移动,因此可能会撞上家具、物品或人从而导致受伤。婴儿学步车造成伤害的例子很多,有些甚至是致命的(AAP et al., 2011)。

建立制度以保证设施设备安全。教室里的危险设施自然应该立即清除出去。此外,建立一套完整的安全检查制度且定期进行检查,有助于确保你和团队中的其他教师能及时发现危险,并将其排除或进行补救。玩具和材料每周至少检查一次,看是否有碎片、破损或锋利的毛边;家具和设施每月至少检查一次。请参考附录 B 中所建议的检查间隔时间和样本清单。

安全监管。保证儿童安全的一个重要方法是合理布置教室,确保随时都能看到所有儿童,并且教室内的通道和安全出口标识清晰、通畅无阻。我们还必须关注儿童的个体差异,例如恩里科在使用剪刀时可能需要教师手把手的指导及在旁监督,而莫尼卡已经可以安全地使用剪刀,因此教师要进行适宜的有针对性的监管。用心监管还可以减少儿童因冲突而发生的伤害。如果你密切注意儿童,就可以在一个儿童咬另一个儿童或向其扔积木前及时进行干预。

交通及旅行安全

校外的学习旅行扩展了儿童学习的机会,应定期举行。无论是乘校车踏足海滩,坐公交车逛附近的商场，还是步行在附近寻找树叶和昆虫，你都应该为儿童的安全做好预防工作。

保证户外学习旅行的安全需要有低师幼比和小规模分组。师幼比和分组规模应该根据儿童的年龄和特征来确定。一位教师带领6名8岁的儿童穿越一条拥挤的马路是安全合理的，但同样的情况下，如果换成6名刚学会走路的幼儿就不安全了。

请谨慎地计划行程。如果有可能，要在出行前先考察一下要去的地点，以便了解可能遇到的危险和儿童的兴趣点，以及厕所位置和水源。在出行前让儿童做好准备，保证他们知道安全规则。我们发现，在实际出行前进行一次模拟练习，有助于儿童遵守规则并对出行充满期待。在每次出行前都要事先通知家长，如果学校的政策允许，可以邀请家长参加。在出行中，额外的援助之手是很受欢迎的。

要随身携带一个准备齐全的急救箱，并为每位儿童和家长建立紧急联系信息表。要制订统一计划，确定如何处理紧急情况，确保手机能够正常使用。年幼儿童可能需要准备尿布和换洗衣服。如果在出行中赶上饭点，要确保儿童能方便喝水并安排好餐点时间。计划上下车的地点要尽量远离行驶的车辆。

所有用于接送儿童的交通工具都要运行良好，配有适合儿童身高和体重的安全保障系统，符合全部安全操作规程。儿童安全座椅要适合儿童的尺寸，满足美国联邦车辆安全标准。使用儿童安全座椅能降低1岁以下儿童71%的死亡风险以及1~4岁儿童54%的死亡风险（AAP, APHA, & NRC, 2011）。

徒步旅行是一种很好的旅行方式，不仅能够充实课程学习，还能教会儿童步行时如何保护自己。教师在出行前要沿着路线谨慎评估各个点，确保儿童出行的安全。确定潜在的危险区域，并制订计划来保证旅行安全。可以用童车或婴儿车推着婴儿和年幼的学步儿在附近转转。每次出行前都要仔细检查推车，确保其状态良好，且每个儿童都配有安全带。

促进安全的实践

要保证儿童的安全，我们需要时刻关注儿童的个性以及他们与外界环境相互作用的方式。你所采取的实践活动和制定的一日常规，都有助于保证儿童在园所的安全。

安全的集体规模和师幼比。 如果儿童集体规模过大，且没有足够多的成人给予充分监护，那么就很难保障儿童的安全。年幼儿童在小集体中感觉更舒适，当儿童集体的人数处在可控范围时，教师和保育员能最大限度地满足儿童的个人需要。作为一名教师，你虽然无法控制班级中的幼儿数量，但重要的是，你要清楚合适的班级规模是多大，这样才能对此进行积极的倡导。2007年美国幼儿教育协会开发的学前教育项目标准和认证条件，为各年龄段的幼儿合适的集体规模和师幼比提供了具体的指导方针（见表7.1）。

使用监视器。对进入园所的人员进行监控对于保护儿童来说非常重要，可以防止儿童被非监护人带走，包括没有监护权的父母。要建立确保只有经许可的成人才可以接走幼儿的制度。在大部分招收5岁以下儿童的机构和一些幼儿园中，家长接送孩子必须进行登记。如果有不熟悉的人到你的班级中接孩子，务必委婉地要求对方出示身份证明，并核实幼儿的记录，确保家长允许这个人接走孩子。有时新教师在询问身份时觉得尴尬或不安，但多数情况下家长都会感激你对儿童安全的那份认真与关切。

为突发事件做好准备。预先做准备可以减少突发事件的发生，降低因此造成伤害的严重性。以下是做准备的步骤：

- 准备一个完备的急救箱，放在明显、易拿到的地方。
- 急救和心肺复苏术的有效培训证明。
- 学会如何使用灭火器，务必定期检查，保证灭火器的使用状态良好。
- 对以下情况要做适当的计划：
    * 如果有人（成人或儿童）需要急救该怎么办。
    * 如果必须有其他人参与照料受伤或生病的儿童，如何进行监管。
    * 紧急情况下的疏散；让儿童进行紧急疏散演习。
- 在电话旁张贴紧急服务和毒物控制中心的最新电话号码。
- 要有儿童家庭成员的紧急联系电话号码，并建立制度定期更新联系信息。

尽管最常用到的幼儿急救措施是肥皂、水、创可贴和冰袋，但每位早教工作者都需要接受急救和婴幼儿心肺复苏术的基础培训。在美国的大多数州，这些培训都是强制性的。除了学习如何进行人工呼吸、如何清理堵塞的气管外，教师还要学习如何处理蜜蜂蜇刺，什么时间、如何使用通用的预防措施等（例如，处理血液和其他体液的安全技术）。

学前教育机构还应当制订完善的灾害应对计划，确保家长和教师都清楚面对灾害时应当做什么，比如恶劣天气或其他国防紧急情况，做好准备有效进行应对。制定有效的疏散方案和应急管理方案，包括预先协商好每位教职人员的角色和责任。教师务必熟悉这些计划，并与家长共享信息，让他们知道在这些罕见的紧急情况下教师将如何应对。

表 7.1　适合集体规模的师[1]幼比

年龄组	集体规模									
	6	8	10	12	14	16	18	20	22	24
婴儿（出生~15月龄）[2]	1:3	1:4								
学步期/2 岁（12~36 月龄）[2]										
12~28 月龄	1:3	1:4	1:4[3]	1:4						
21~36 月龄		1:4	1:5	1:6						
学龄前[2]										
2.5~3 岁（30~48 月龄）				1:6	1:7	1:8	1:9			
4 岁						1:8	1:9	1:10		
5 岁						1:8	1:9	1:10		
学前班								1:10	1:11	1:12

说明：在 2.5~5 岁幼儿的混龄班内，可登记注册不超过 4 名 2.5~3 岁的儿童。适合集体规模的幼师比适用于主要的年龄群。如果婴儿和学步儿在混龄班内，就要应用适合最小幼儿的师幼比。

当班级内的一名或多名儿童需要额外的助教完全地参与进来时，师幼比就要降低：

　a. 由于能力、语言流利度、发展阶段或其他因素。

　b. 或满足 NAEYC 认证的其他要求。

集体或班级是指幼儿数量，一天中的大多数时间这些幼儿被分配给一名教师或者一组教职人员，他们要单独占用一间教室或特定区域，以免在大教室或区域中不同集体的儿童混在一起。

不论教职员工有多少，集体规模都要规定上限。

　NAEYC 认证一直通过实地参观来评估集体规模和师幼比例。集体规模和师幼比并非硬性标准，但经验告诉我们，如果集体规模和一名教师分配的儿童数量超过建议数量时，就很难满足 NAEYC 的每一条标准或达到其认证条件。超过的人数越多，就越难满足每一条标准。

[1] 包括教师、助理教师。
[2] 各年龄段划分有意地存在重叠。对于年龄处于多个年龄分段的儿童，项目组会确定其年龄段用于实地评定。
[3] 在这个年龄阶段，当集体规模为 10 人时需要增加一名教师。

资料来源：NAEYC. 2007. *NAEYC Early Childhood Program Standards and Accreditation Criteria: The Mark of Quality in Early Childhood Education* (Table 2, p. 83). Washington, DC: Author. Reprinted with permission from the National Association for the Education of Young Children (NAEYC). www.naeyc.org.

婴儿的睡眠安全。婴儿猝死综合征（SIDS）是指看似健康的婴儿在睡眠时无明显原因的死亡。没有人知道 SIDS 的确切病因，但研究有力地表明，当婴儿仰卧睡觉时，SIDS 的死亡概率会明显降低。当每个照看婴儿的人都能遵守这一"安全睡眠"策略时，SIDS 的风险就可以降低。美国儿科学会（AAP, 2008a, 2008b）发布了相关指南。如果家庭中需要婴儿安全睡眠方面的信息，有一些不错的宣传册，可以去当地的诊所或卫生部门查阅，也可以从网站下载相关信息。

帮助儿童学会自我保护

为了帮助儿童学会保护自身安全，你需要从儿童的视角来观察世界。你可以帮助他们去认识风险，在他们进行活动时提醒可能的危险。在陌生情境下或引入新的设施、材料或活动时，儿童需要获得相关的信息。随着对幼儿了解的不断深入，你可以熟练地教给他们能够记住的知识以及通过练习能够掌握的安全技能。

教会儿童安全地操作工具和材料的正确步骤非常有用。例如，我们可以和4~6岁的儿童讨论如何使用小刀："这是一把小刀，一边锋利，另一边不锋利。当用小刀切东西的时候，锋利的一边要向下，确保你的手指不在刀片下方，这是非常关键的。用一只手握好刀柄，另一只手向下压，这样你就不会割伤自己。"

对学步儿所做的安全说明必须简单，同时做好严密的监管和身体保护："这个壶是烫的，让我们看着它凉下来。"把壶放在幼儿够不到的地方，并且你要挡在壶和幼儿之间。

在日常生活情境中，幼儿可以学习各种安全知识。在准备一次野外旅行或消防演习时，孩子们可以帮助你制定安全规则和程序步骤，将安全概念融入即将进行的活动中。例如：

- 唱伍迪·格思里的《开着我的小汽车》这首儿歌时，加一节有关佩戴安全带的歌词。
- 在三轮车道上用油漆涂上一条人行横道来演习。
- 在教室里放置一些有明显破损的玩具，让儿童找出这些破损的玩具，以此教会他们要将破损的物品交给成人。
- 在戏剧表演区放置全副武装的消防员图片和道具，有助于儿童在真实的突发情况下不惧怕消防员。（年纪小的儿童在真实的火灾中要知道躲藏！）

你也可以通过预设有关火灾、家庭、交通安全和自我保护的主题课程对儿童进行安全教育。帮助儿童熟悉在灾害中要跟从的人员和遵从的步骤（比如火灾和龙卷风）。教会他们在听到警报或看到危险事物时一定要去找成年人。

用一系列警告来传递安全知识看似有用，例如不要玩火柴，不要在水边玩，不要在街上乱跑，不要同陌生人讲话，等等。但是，教给儿童他们可以做什么，并让他们理解这么做的原因，这样的安全教育会更有效。例如，把火柴交给成人，过马路走人行横道，只和你认识的人讲话。让孩子们知道你看到他们的自我保护能力有所提高时非常开心。

保护儿童远离虐待和忽视

作为一名学前教育工作者，你有法律和道德上的职责去发现并报告儿童的虐待

反思童年期的危险

你能回忆起童年时期哪些危险的事物？成人是如何教你处理这些危险的？想想如今的儿童，他们会遇到什么危险？你可以教给他们哪些适当的方式进行自我保护？

和忽视情况。你的职责包括以下几点：

- 留意虐待和忽视儿童事件的迹象。
- 向相关部门报告可疑情况，使家长和儿童得到帮助。
- 作为介绍园所情况的一部分，告知家长你有报告（虐待和忽视儿童的）义务。
- 了解并利用相关资源，比如当地的儿童保护服务机构和 NAEYC 伦理行为准则。
- 了解社区中的可用资源，对家长进行培训，教给他们通过建设性的、非虐待辱骂的方式与孩子进行互动。

教会儿童如何避免虐待，以及在虐待发生时寻求帮助，这也是保护儿童安全的重要组成部分。如何教会儿童避免虐待？当你向孩子们表达自己对他们的欣赏并尊重他们的感受、价值观和文化时，你就为他们获得保护自己不受虐待的技能奠定了基础。这样的关系让儿童有安全感，让他们能和信任的成人分享自己的担忧和感受。让孩子们知道别人永远无权伤害他们。教给儿童受到其他儿童或成人的人身侵害时要坚决抵制，并大声说："不，你不能这么对我！"这需要你尊重儿童的感受，邀请他们共同合作而不是一味强调顺从。除非儿童处于安全受到威胁的危急时刻，其他情况下要避免对儿童使用武力（比如拎起儿童强制他们去不想去的地方），这样你就表达了对儿童的尊重。

让年幼的儿童提供被虐待的证据是不可能的。任何课程活动、课程方法或策略都无法保证儿童的安全。虽然有几种常用的方法是专门用来防止虐待儿童的，这些方法的焦点是教给儿童隐私部位的概念、学会区分正当接触和非正当接触，了解来自陌生人的危险等，但这些策略可能会误导、警醒或唤起儿童的好奇心。这些方法倾向于将责任推给力量相对较弱的孩子，而不是由成人来承担相应的责任。

有效的儿童虐待防范需要儿童持续学习，而非一次性的"疫苗接种"。你可以应用"帮助儿童自我保护免受虐待的黄金法则"专栏来支持这种学习。

为幼儿创设健康的环境

对于儿童的整体幸福而言，还有什么比健康更重要？作为一名教师，你有很多机会在日常活动中教会儿童保持健康，同时也要确保课堂环境维持在促进儿童健康的状态。

但是，什么是健康？1948 年，世界卫生组织提出，"健康是身体上、精神上和社会适应上的完满状态，而不仅仅是没有疾

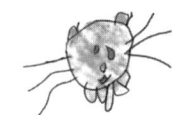

反思伦理责任

在你任教的班级里，一名 6 岁的孩子经常请假，当你向她询问原因时，她告诉你她必须在家照顾妹妹，因为妈妈病了或者妈妈必须去上班。请运用第 24 页的"伦理反思指南"，反思你在这一情境中的伦理责任。

帮助儿童自我保护免受虐待的黄金法则

1. **提供选择**。给儿童选择的机会，包括对活动、食物或建议说"不"的选择，还包括拒绝身体接触的权利。在触摸或抱起儿童之前要询问或提醒他们，比如"我可以抱抱你吗？""需要我来帮你揉揉后背吗？"或"我要抱起你然后放在桌上。"这些都是你为儿童提供的选择机会，好过没有提醒直接行动。

2. **发展身体意识，了解身体**。通过日常生活、游戏、歌曲、运动和故事等多种方式让儿童认识自己的身体。正确使用身体各部位的名称。重视自己身体的儿童更可能避免自我伤害以及被他人伤害。

3. **鼓励儿童表达需求和感受**。可以通过文字、故事、音乐、艺术、运动和木偶戏等方式帮助儿童理解感情，鼓励其进行自我表达。那些能表达自己想法、需求和感情的儿童具备更好的处理困境的能力。

4. **整合安全教育**。通过讨论、角色扮演或戏剧表演等形式将安全教育融入课堂活动，儿童可以学会在不同的情境中如何保证自身安全（例如过马路、乘车、在沙滩上玩耍、在商场购物、接电话、和陌生人在一起、和朋友在一起）。

5. **区分惊喜和秘密**。探寻秘密和惊喜的区别，帮助儿童理解惊喜是你等待分享给别人，能让他人快乐的事情（比如生日礼物），而秘密则是那些别人想让你隐藏起来的，感觉危险或者错误的事情。

6. **建立积极的自尊**。帮助儿童在性格特征、能力和潜力方面形成良好的自我感觉。通过歌曲、庆典以及其他活动让儿童认识并重视差异，肯定个性，这样有助于儿童觉得自己是值得保护的。

病或不虚弱"。儿童的发展和幸福包括多个方面——心理健康、社会技能学习、身体和大脑发育以及智力发展。当我们为儿童提供了全方位的帮助，他们就能保持健康状态。2010年美国卫生及公共服务部颁布的《健康人民2020》强调，儿童的健康和他们的学习能力之间存在重要关系。

　　了解并通过实践促进每位儿童的健康，这是学前教育工作者的职责。你需要每天采取预防措施限制疾病的传染；努力确保每名儿童有一个健康的教室环境，其中包括残疾儿童和患有慢性疾病的儿童；学会如何识别健康风险，并采取预防措施去降低这些风险。你可以和管理人员及卫生保健专业人士一起，制定有关健康常规和紧急事件的政策和应对程序。你也可以开发一些课程活动，帮助儿童学会照顾自己的身体，并让儿童参与日常实践和健康常规，这些同样重要。

了解疾病是如何传染的

"她又感冒了！杰思敏好像从开学以来就一直生病。"

家长和老师都很关注传染病，他们都想确保学前教育机构会尽力防止和控制疾病的传播。学会有效地防止和控制疾病传播将是你工作的重要组成部分。病原体是能够引起感染和疾病的媒介，如细菌、病毒或寄生虫。你可以通过消除病原体并限制其可能的传播途径来控制疾病。这样做也有助于提高儿童的整体健康。良好的营养、运动和心理健康都可以提高儿童的抵抗力，降低疾病易感性。

在学前教育机构中，人与人之间的亲密接触会增加病原体传播的机会。呼吸道疾病，比如感冒和流感等，会通过口、鼻、眼和肺部的分泌物进行传播，并且传播途径有多种，包括直接的接触，分享玩具、物品和食物，或接触了患者咳嗽或打喷嚏时产生的空中飞沫。腹泻和其他肠道疾病是由病毒、细菌或寄生虫引起的，主要通过接触排泄物的方式传播，可能发生在未认真洗手或换尿布不卫生的情况下。B型肝炎和艾滋病是严重的传染病，通过受感染者的血液接触他人的粘膜（包括口腔、眼、鼻、直肠或生殖器的粘膜）或破损的皮肤进行传染。关注健康常规可以限制这些疾病的传播。

遵循健康常规

保持环境健康，成人建立并维持健康常规，可以控制疾病的传播。在洗手、换尿布和如厕等活动中遵循卫生常规，可以保护儿童免受多种病原体的侵害。

洗手。在学前教育中，防止疾病传播的最有效的措施就是经常、彻底的洗手（Aronson, 2002; Marotz, 2012）。所有的学前教育工作者，尤其是照顾婴儿和学步儿的老师，每天都需要洗很多次手。这样可以减少疾病传播，并保护自身的健康。建议在以下时间点洗手：

- 第一次进入教室的时候
- 处理食物前后
- 给幼儿喂饭前后
- 给幼儿换尿布或者协助幼儿如厕前后
- 如厕后
- 给幼儿吃药前后
- 接触任何体液后
- 处理完宠物后
- 在沙区或水游戏区游戏或做清洁之后
- 清理垃圾之后

要通过洗手来有效地预防疾病，你需要使用流水和洗手液，双手用力搓至少 30 秒（Marotz, 2012），从指尖到手腕都清洗一遍，彻底冲洗干净，用一次性纸巾擦干手，再用毛巾握住水龙头的把手将水龙头关掉，以免弄脏洗干净的手。儿童也需要洗手，且教师应当协助年幼儿童完成这一任务。花一些时间教会儿童洗手的常规，并要求儿童定期彻底地洗手。孩子们可以唱一首大约 30 秒的歌曲，比如"一闪一闪亮晶晶"或洗手歌，可以帮助儿童控制合适的洗手时间。

换尿布和如厕。因为换尿布和如厕是疾病传染的最普遍的方式，所以成人必须非常谨慎。为了保护自己不接触粪便中可能存在的病原体，在给儿童换尿布或帮助儿童处理大小便时要戴一次性塑料或橡胶手套。

设立更衣区并进行维护，有助于我们遵守卫生的换尿布程序。换尿布的区域需要放置一张可调节的桌子和一块可拆洗的垫子。卫生的换尿布程序应当张贴在成人的视线高度。更换台上铺的纸、装脏尿布用的塑料袋、踏板式带盖垃圾桶、消毒液以及所有儿童的尿布和用品都要放在方便取用的位置。换尿布后洗手用的水池要与准备食物的区域分开。大多数学前教育机构要求家长为孩子准备一次性尿布。因为儿童的皮肤可能对某些尿布湿巾、乳液和洗剂敏感，所以只能用家长带来的。换完尿布以后，要确保在孩子的日常记录中记下换尿布的信息。如果你工作的机构中有儿童需要穿尿不湿，你要参加培训，学会如何用充满爱心而卫生的方式给儿童换尿布。

卫生间必须每天进行清洁和消毒，必要时还要增加额外的消毒。为了鼓励儿童独立如厕和洗手并养成良好的卫生习惯，马桶和洗手池最好采用儿童型的。否则，为方便儿童使用，就需要稳定牢固的凳子和木质平台作为支撑。在美国的大多数州，禁止在集体看护机构中使用坐便器，因为其不易使用且不易清洁保持卫生。卫生纸、流动水、香皂和纸巾都要放在儿童能够到的地方。教师应当仔细监管学步儿和学龄前儿童的如厕情况。年龄稍大的儿童如厕时需要私人空间，但偶尔发生意外事件时需要成人的协助。在某些情况下，有残疾的儿童在如厕时需要特殊的协助。在你帮助幼儿如厕和处理意外状况时，请记得戴手套。沾了排泄物的衣服应该装袋系紧，让家长带回家清洗。

刷牙。如果教学计划中包含刷牙这一项，教师需要建立一套程序来确保儿童能用卫生的方式刷牙。教师应该教给儿童如何有效地刷牙，并在刷牙时进行监督。牙刷需要小心存放并消毒。关于如何在学校进行有效的刷牙练习，可以咨询卫生保健专家。

清洁、消毒和杀菌。在学前教育机构中，对教室内的设施和材料进行定期清洁、杀菌和消毒，能有效减少疾病的传染。教室必须干净，没有灰尘和垃圾。教室内的家具设施，如尿布更换台、工作台、门和橱柜的把手、卫生间、休息的垫子等都必须进行杀菌，使用能够破坏或灭活病菌的溶液。接触食物的物品，如工作台、案板和餐具，以及儿童会放入口中的玩具，都应当进行消毒，使用可减少物品表面细菌的产品进行处理，使细菌减少到公共卫生条例认为安全的水平。参考表 7.2：幼儿教室中玩具、家具消毒杀菌指导方针。

如果园所的工作人员不喜欢使用含氯漂白剂，也有很多其他消毒方案可供选择。选择标签上注明已在环保机构登记过的消毒剂或杀菌剂；关于消毒剂在物品表面停留多长时间才能起效，以及儿童接触之前是否需要进行清洗，都必须遵循标签上的说明。大多数消毒剂需要在使用前先对物品进行清洗（AAP, APHA & NRC, 2011）。

2001 年的《关爱儿童：美国国家健康和安全执行标准》提供了关于制定合适的清洁、消毒和杀菌时间表的指导建议。

儿童的私人物品，如被褥、衣服、缓和情绪的小物件等应当存放在一个单独的储存空间中，如小房间、抽屉、塑料桶或盒子，并贴上儿童的名字。无论是幼儿园还是家里，被褥应该每周至少清洗一次。

通用预防措施的使用。接触血液时务必遵循通用的预防措施（见图 7.1），包括为儿童清理刮伤或处理鼻血等。教导儿童不要触摸他人的溃疡、伤口和绷带。

食物准备和储存安全。注意食物的准备过程，包括准备了什么和如何准备的，这对儿童的健康很重要。如果你参与了食物准备过程（哪怕只是切加餐的苹果），就有责任确保桌面和器具保持严格的清洁和消毒。所有垃圾必须倒进密封的容器中，并每天至少清空一次。易腐烂的食物必须在低于 40 华氏度（约 4.4 摄氏度）的环境下冷藏，热的食物在食用前必须保温，保持在 140 华氏度（约 60 摄氏度）。美国国家卫生部门规定，准备食物或提供食物的人员必须保证没有传染病，并且要经常彻底洗

表 7.2 幼儿教室中玩具、家具消毒杀菌指导方针

适用对象	需要的产品类型	混合漂白剂和使用程序
接触食物的物品表面，如盘子、餐具、案板 儿童放入口中的玩具 奶嘴	杀菌剂	1 汤匙漂白剂 +3.8 升凉水 用大喷头喷洒，不喷薄雾 等待 2 分钟或自然风干 每天都配新鲜的溶液
换尿布的桌子、工作台面、门和橱柜的把手、厕所和其他盥洗设备（仅限无孔的表面）	消毒剂	1/2~3/4 杯漂白粉 +3.8 升凉水，或 1~3 汤匙漂白粉 +1 升凉水。 喷洒或直接倾倒新鲜的溶液；不要把接触过受污染物品的抹布浸在容器里 等待 2 分钟或自然风干 每天都配新鲜的溶液

资料来源：Information from American Academy of Pediatrics, American Public Health Association, and National Resource Center for Health and Safety in Child Care and Early Education, *Caring for Our Children: National Health and Safety Performance Standards: Guidelines for Early Care and Education Programs*, 2011.

第 7 章

图 7.1 处理体液一般的防范措施

当处理体液（如血液、唾液、呕吐物、粪便）时：
- 戴上一次性的塑料或乳胶手套。
- 摘掉手套的时候，抓住里面的袖口，将里面拉出翻到外面。
- 彻底洗手；至少持续 30 秒。
- 将弄脏的衣物和被褥放在塑料袋中系紧，交给家长带回清洗。
- 用过的尿布和其他一次性的物品，比如创可贴，要放在塑料袋中系紧。
- 用消毒杀菌溶液清洗所有被污染的表面。

资料来源：Information from American Academy of Pediatrics, American Public Health Association, and National Resource Center for Health and Safety in Child Care and Early Education, *Caring for Our Children: National Health and Safety Performance Standards: Guidelines for Early Care and Education Programs*, 2011.

手以减少病原体的传播。

遵守隔离生病儿童的指导方针

识别儿童生病的早期迹象，并制定相关的隔离政策和程序步骤，这有助于控制传染病的传播。儿童什么时候必须因病隔离，什么时候可以返园，所有的幼教机构都需要进行明文规定。《儿童保育教育中的传染病管理：快速参考指南》（Aronson & Shope, 2008）提供了一些关于儿童疾病症状以及哪些病症需要被隔离的有用信息。在 2002 年的《幼儿健康》（*Healthy Young Childhood*）中，苏珊·阿伦森提出，"与我们通常的观点和做法不同的是，其实只有少数几种疾病需要采取隔离举措，以确保其他儿童和教师的安全。儿童发烧但行为正常是不需要被隔离的，感冒了但行为正常也不用隔离"（强调初期）。这意味着，如果儿童可以参与日常的游戏和班级活动，即使他们体温升高也可以继续上学。感冒患儿在症状出现前是最具传染性的，因此症状出现后再隔离对于控制这种常见疾病的传播是没有意义的。但是，如果患儿不舒服，不能参加校园活动，或者他们需要的照顾超出了老师和保育员能给予的范围，这时生病的儿童就不能再待在学校了（Aronson, 2002）。什么情况下儿童应当从学校或幼儿园中隔离，美国的大多数州都有自己的指导方针。如果你有关于所在园所适宜的疾病政策方面的问题，可以咨询当地的卫生部门或保健顾问。

接受基本训练，学习如何应对常见疾病症状，如发烧和呕吐等，了解儿童什么情况下由于健康原因而需要与其他人隔离，这些都非常重要。在一些学校，保育员或卫生保健员会参与处理疾病方面的问题；其他学校则由教师或负责人进行处理。

与专业卫生保健人员合作

与儿童健康息息相关的问题非常多，学前教育工作者不可能了解所有问题。《关爱儿童：国家健康和安全执行标准》（AAP, APHA & NRC, 2011）和 NAEYC 学前

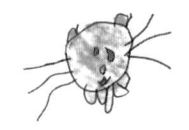

反思你的伦理责任

一位单身妈妈将 4 岁的孩子交给你，这个男孩因为发烧、不断流涕和咳嗽在 2 天前被幼儿园隔离。这位妈妈表示，孩子已经好多了，而她的老板通知她这个月如果再请假就会丢掉工作了。上午 10 点，孩子持续发烧 101 华氏度（约 38.3 摄氏度），不停地咳嗽，抱怨头疼。他到图书角睡着了。幼儿园里没有保健医生。使用第 24 页的"伦理反思指南"，反思这种情境中你的伦理责任。

教育认证标准（NAEYC, 2007）建议所有的学前教育机构都要有一名保健顾问——一名有执照的儿科专业医生或在学前教育机构健康咨询方面经过专业培训的健康专业人员。保健顾问可以协助制定并落实卫生措施和程序，提高儿童和成人的健康水平。许多州从美国健康儿童保健运动获得基金资助，用以支持学前教育中增加的健康咨询资源。

影响健康的情况

许多情况都会影响儿童的健康。作为一名学前教育工作者，了解这些情况并学会帮助儿童及其家人保持健康是你的职责所在。

了解并预防肥胖症

从疾病预防控制中心了解到，儿童肥胖症的发病率在过去的30年间增长了两倍多（2010年）。实际上，2010年一项来自白宫儿童肥胖症特别小组的报告显示，现今每5名儿童中就有1名在6岁时超重或肥胖。超重或肥胖会增加儿童出现重大健康问题的风险，如高血压、心脏病和II型糖尿病。

研究表明，在现代生活方式中，有三种趋势造成了超重儿童人数的快速增长：

- 主动锻炼的机会减少，更多的是久坐不动的生活方式。
- "屏幕时间"增加，包括电视、电子游戏和电脑。
- 卡路里摄入增加，包括明显增加的快餐和含糖饮料。

"让我们行动起来"运动（letsmove.gov）是在2011年由个人、非营利组织和政府团体联合发起的，并获得了第一夫人米歇尔·奥巴马的支持。该运动提供了各种各样的工具和教育策略，旨在结束这一代的肥胖症。2011年6月，这项运动进一步扩展，涵盖了"行动起来！儿童保育"项目（healthykidshealthyfuture.org），包括学前教育中可以借鉴的旨在促进儿童健康成长的目标，以及教师和学前教育课程中可用于促进儿童健康发展的工具。图7.3是一份健康实践清单，由"行动起来！儿童保

图7.2 关于儿童肥胖症的一些事实

- 在过去的40年间，2~5岁的学龄前儿童的肥胖症比例增长了一倍。
- 20%的儿童在6岁时超重或肥胖。
- 超过一半的肥胖儿童第一次超重出现在2岁或2岁前。
  - 2~11岁的儿童中，只有25%的孩子一天吃三顿蔬菜，不足50%的孩子每天吃两次水果。
  - 学龄前儿童每天看电视或视频的时间超过4个小时，其中包括在园时间。
  - 60%的5岁以下儿童被送到各种形式的幼教机构中，且每周在园时间平均达29小时。

资料来源：White House Task Force on Childhood Obesity: Report to the President (2010).

图 7.3 "行动起来！儿童保育"健康清单

- 体育活动：每天提供 1~2 小时的体育活动，包括户外游戏（如果条件允许）。
- 屏幕时间：2 岁以下的儿童不给屏幕时间。2 岁以上的儿童要尽量限制其屏幕时间，在托幼机构中每周不超过 30 分钟；与父母和其他照料者在一起时，儿童每天有质量的屏幕时间不超过 1~2 小时时间是美国儿科学会推荐的。
- 食物：每餐都提供蔬菜或水果，如果条件允许，以此作为家庭饮食习惯，不吃油炸食物。
- 饮料：在进餐时和全天的各个时候提供水，不提供含糖饮料。对于 2 岁及以上的儿童，要提供低脂（1%）或脱脂牛奶，每天不超过一瓶 113~170 克的 100% 果汁。
- 婴儿喂养：对于婴儿入托后想继续采用母乳喂养的母亲，要及时把母乳提供给孩子，并支持婴儿在托期间接受哺乳。同时支持新手父母做出的关于婴儿喂养的正确决定。

资料来源：www.whitehouse.gov。

育"项目制定。

铅中毒

儿童铅中毒是很严重的健康问题。疾病预防控制中心（CDC，2011）估计，美国大约有 250 000 的幼儿血铅水平偏高（cdc.gov/nceh/lead）。儿童摄入或吸入哪怕极少量的铅，都可能导致骨骼和肌肉生长延缓、发育迟滞，出现学习和行为问题等诸多风险。儿童接触颜料或水管中的铅都是有危险的。1978 年以前建造的房屋可能含有铅基涂料。如果你的班级是在一栋老建筑中，你要与其他老师和管理者一起，确保其中的涂料经过有执照的检查员检测，以确定涂料是否含铅。如果含有铅，就必须按照当地的规定，清除建筑物表面的含铅涂料，或用无铅涂料将其完全覆盖。老建筑可能也会有含铅管道。像涂料一样，要求园所管理者咨询当地卫生部门，确定是否需要检测水中可能存在的铅污染。

研究表明，当儿童住在低收入区域且饮食缺乏营养时，铅吸收量会增加，这种情况下铅中毒的发生率是最高的（Marotz，2012）。如果园所中有儿童存在在家接触铅的风险，你可以为家长提供关于铅中毒潜在危险的知识，鼓励他们去咨询医疗服务人员，以避免儿童铅中毒。

食物过敏和不耐受

有些儿童会对某些食物有严重过敏反应，尤其是坚果及坚果制品、蛋类、小麦、海鲜、奶及奶制品、柑橘类水果和浆果等。对食物（或其他过敏源，比如蜜蜂蜇伤）的严重过敏反应可能会引起过敏症——气道肿胀、严重的呼吸困难、血压下降、意识丧失，个别情况甚至会造成死亡。还有些儿童患有食物不耐受，这会引起肠胃不适、皮疹或荨麻疹等。据美国国家卫生统计中心报告，在 1997~2007 的十年间，学龄前和更大年龄儿童的食物过敏率显著上升，而且报告的 5 岁以下儿童食物过敏发生率比大一些的儿童更高（Branum & Lukacs, 2008）。

有严重过敏史的儿童需要在学校备一只肾上腺素注射器。如果班里有儿童需要这种治疗，你需要咨询医疗服务人员如何对药物进行妥善保管。

大多数园所都制定了相关制度，以防止教师因意外提供禁用食物给患食物过敏症的儿童。鉴于坚果过敏的患病率增加，许多学校采取了"无坚果"政策，这意味着谁都不能将任何含有坚果或坚果油的食物带到学校。你应当熟悉并遵守学校关于过敏的相关政策。

帮助儿童保持健康

幼儿热衷于探索了解自己和自己的身体。如果你能让这种探索变得生动有趣，儿童会乐于了解健康和营养方面的重要知识，这会为他们养成贯穿一生的良好卫生习惯打下坚实的基础。

儿童可以在一日常规和有计划的活动中养成良好的卫生习惯。当一天中既安排了有计划的运动也安排了自由运动时间，孩子们就会学到重视体育活动的价值；当他们帮忙准备并享用健康的餐点，或参与到健康的一日常规中时，他们就会开始重视自己的身体，并获得与之相关的重要态度和技能。精心设计的课程可以帮助儿童理解人的生长发育、身体部位及其功能，以及清洁、药物和口腔保健、运动、休息和良好营养的重要性。了解了这些知识，儿童就会重视自己的身体，并开展有益的实践，养成保持健康卫生的好习惯。

促进体育活动和运动

将锻炼和健身作为日常课程的一部分，这一点非常重要。大多数儿童喜欢运动和体育活动。你可以帮助他们理解并重视体育活动，将体育活动作为健康的一个重要组成部分，以此来支持这种自然的爱好。

美国国家运动和体育教育协会（NASPE）建议："所有儿童都应当参与日常体育运动，提高健康体适能和运动技能。"此外，2002年协会还提出，学步儿和学龄前儿童除了睡觉外，不能久坐不动超过一小时，学龄儿童不能超过两小时不活动。协会还建议，学龄前儿童和学龄儿童应当每天累计至少60分钟用于有组织的体育活动，学步儿应当每天锻炼至少30分钟。另外，所有年龄群的儿童都需要每天至少60分钟到数小时的自由体育运动。NASPE建议儿童"每天参与设计好的与年龄相符的体育活动，以使身心达到最佳的健康状态和体形体能"。

这些建议对课程的计划安排有很重要的意义。你需要找到恰当的方式来制定有组织的体育活动计划和时间安排，以鼓励儿童积极参与运动。遵循下文专栏提及的"支持运动的黄金法则"，有助于儿童的身体健康。

反思体育运动

你喜欢什么类型的体育运动？生活中你是如何进行体育运动的？运动会让你快乐吗？你会用何种方式运动？你如何让儿童乐于锻炼身体？

第 7 章

> ### 支持运动的黄金法则
>
>
>
> 1. **灵活安排教室，以便运动**。灵活布置教室，比如使家具容易移动，以便为游戏和运动腾出空间。如果户外没有开放区域可用于奔跑、跳跃、旋转，以及开展其他的运动游戏，那么每天安排一段时间带儿童去附近的公园。
> 2. **用心选择运动器材**。选择材料，比如篮筐、绳子、头巾、丝带棒和各种尺寸的球。
> 3. **对体育活动表现出热忱**。儿童视你为学习的榜样。你要热爱运动，积极参与，并乐在其中。
> 4. **用新的或出乎意料的体育活动让儿童惊喜不已**。在进室内前，鼓励每一个人围着操场跑三圈。在重新开始室内游戏前，放一首活泼的音乐，让每个人伴随音乐欢跳三分钟，老师与孩子们一起共舞。
> 5. **让儿童理解运动的重要性**。让儿童知道为什么你要鼓励他们进行体育锻炼："当你像兔子一样蹦跳时，你的心脏就跳得很快！你感觉到了吗？时不时让你的心脏这样锻炼一下是有好处的。"
> 6. **为儿童提供多种运动选择**。让儿童选择自己喜欢且参与时能展现快乐的运动。这会为终身健康奠定基础。
>
> 资料来源：Pica, R. 2000. "Physical Fitness and the Early Childhood Curriculum." Young Children 61(3): 12–19. Adapted and reprinted with permission from the National Association for the Education of Young Children (NAEYC). www.naeyc.org.

鼓励选择健康的食物

你知道吗，影响儿童超重和肥胖的一个重要因素就是儿童的食物选择，包括选择的饮食类型和数量。从婴儿期开始，儿童就已经开始对食物进行选择了。他们决定自己喜欢哪些食物。他们知道应当吃多少，什么时候吃，在哪儿吃，哪些食物是额外零食，哪些食物对健康有益。许多的饮食习惯和对食物的偏爱都建立在儿童初期。你可以帮助儿童了解食物对他们健康的影响，让他们知道可以通过选择健康的食物促进成长和保持健康。当你遵循"支持儿童健康饮食的黄金法则"专栏中的建议时，你还可以帮助他们了解食物的营养和健康饮食。

要让儿童了解每天选择各种各样不同食物的重要性。来自美国农业部门（USDA, 2011）的最新倡议——《选择我的盘中餐》，该倡议为帮助儿童和成人拥有健康的膳食选择提供了易于遵照的指导。

年幼的儿童也许还嚼不好食物，有些食物存在造成儿童窒息的危险。因此不要给婴儿、学步儿和年幼的学龄前儿童（4 岁以下）提供图 7.4 里列举的食物。

支持儿童健康饮食的黄金法则

1. **不能将食物作为奖罚的工具。**将食物作为奖罚的工具,这是在告诉孩子们,食物只是和感觉良好相关,而与营养无关这可能会导致其日后出现进食障碍。这还会告诉孩子们,没有营养的奖励,比如糖果,比健康的食物更好。所有儿童都有享用食物的基本权利,如果这项权利被剥夺,儿童对成人的信任也就被破坏了。

2. **创设轻松愉悦的用餐环境。**当有足够的时间从容享用美食以及他人的陪伴时,儿童就能茁壮成长。用餐时不必太匆忙,餐桌摆放要吸引人,享用餐点时要和儿童坐在一起。

3. **赞赏各种健康的食物,为孩子做榜样。**在你和孩子们一起用餐时,你可以说:"嗯,这些脆脆的胡萝卜好吃极了。"当一种新的健康食物出现在餐桌上时,你要表现出热情:"我们以前没有在午餐中吃过这个,我好期待去尝尝它。"

4. **鼓励儿童尝试吃些新食物,但绝不强迫他们。**你可以邀请他们去品尝,但不要强迫他们吃不想吃的食物。

5. **给儿童机会去尝试新的或不熟悉的食物。**作为一次班级活动,分几次用不同的方式提供一种新食物。例如,第一天提供生的菜花块,隔一天将菜花简单蒸熟蘸酸奶吃。研究表明,许多年幼儿童需要 10~15 次接触后才会喜欢吃一种新食物(Eliassen, 2011)。

6. **帮助儿童学会倾听自己的身体。**鼓励儿童去注意他们饥饿和吃饱的状态。不要催促他们吃光盘中餐。

7. **只要有可能,就让儿童自己选择健康的午点。**当儿童可以在两种健康的午点中进行选择时,他们会感觉在饮食上有更多的控制权。

8. **将烹饪和准备食物作为课程的一部分。**制作简单的营养食物为年幼儿童提供了有回报的"烹饪"经历。给他们机会去给芹菜加点奶油奶酪,让他们把生菜洗干净并撕碎做沙拉。为儿童创设一些机会,让他们做一些简单的烹饪,并和他们一起定期去尝试新的食谱。

9. **允许儿童自助。**如果有可能,在儿童进行自助的地方采用家庭式的用餐方式。如果没有条件,可以将午点作为一项自助活动,鼓励儿童展示自己的能力。

10. **让儿童参与餐点的准备及清洁工作。**儿童可以帮忙布置餐桌,将餐桌布置得具有吸引力。当他们参与进来时会更喜欢进餐。

11. **和儿童谈论食物和营养。**食物从哪里来?食物是如何做出来的?食物是怎么帮助身体成长的?这些都是儿童感兴趣的话题。你可以通过提供简短的信息陈述,帮助儿童理解这些概念,例如,"牛奶中含钙,它可以让你的骨骼生长,变得更强壮。"

12. **谈论"有时"食物与"随时"食物。**蛋糕、饼干、薯条和冰激凌在有些时候是有趣的食品,儿童应当知道他们偶尔吃一些是可以的。水果、蔬菜和全谷类食物,无论儿童何时感到饥饿,这些都是好的食品。

13. **和家庭共享膳食计划。**在班级新闻栏中张贴有关儿童健康小食的文章,分享简单有营养的食谱,包括那些儿童喜欢在学校做准备的食谱。帮助家庭做膳食计划的几个网站也是很有用的,如 www.choosemyplate.gov 和 eatright.org。

图 7.4　容易导致儿童窒息的食物

生胡萝卜	未切成片或切成圆形的热狗	爆米花
有种子或核的水果	（半圆形和小片是可以的）	棉花糖
坚果和种子	果干（葡萄干是可以的）	炸薯条
几勺花生酱	整颗葡萄	
软糖或硬糖		

在学前期，儿童可以领悟健康和营养的重要性，以及学会做出健康选择的方法。这为他们学会爱惜自己的身体，对自己的健康负责，并且形成良好的习惯和爱好打下基础。随附的专栏"家园联系：关于营养"描述了家庭中会面对的一些挑战，并提供了一些策略以帮助家庭选择有营养的食物。

将健康知识纳入课程

了解健康知识不是一蹴而就的，不能三天打鱼两天晒网。我们可以在日常生活

家园联系

关于营养

忙碌的家长要想为孩子提供健康有营养的食物，可能会面临一些障碍。家长很难为孩子们提供达到营养标准的餐饭，主要原因是：

1. 快餐简单方便。忙碌了一天后，让饥饿难耐的孩子吃饱的最简单的方法就是快餐店。
2. 新鲜食物来之不易。在一些街区，到卖新鲜食物的市场要走很远的路。因此，家长会经常使用罐装、盒装或冰冻等更易获得的快餐。
3. 新鲜食物可能更贵。当买一份"儿童餐"仅需花费 3.5 美元时，家长便可能会把这当作一种节省预算的选择。
4. 儿童经常要求吃快餐和盒饭（比如通心粉和奶酪）。家长可能认为，给孩子一些吃的比什么都不给要好。

如果你能做到以下几点，你可以帮助家长们做更好的选择：

1. 组织一个家庭之夜，让大家共享便捷、诱人、健康的儿童餐点。
2. 邀请营养学家来为家长们提供一些建议。
3. 在班级新闻栏中分享"快捷方便"的食谱。
4. 开展优惠券交换活动，在活动中家长可以用优惠券换食物。
5. 经常和儿童谈论如何制作和选择健康的餐点。

中为儿童提供学习健康知识的机会。对于不同年龄的儿童，教授有关健康和如何照顾自己的知识要采用不同的形式。学龄前儿童要从故事、讨论、观察、操作、探索和简单实验中获得健康知识；学前班和学龄儿童可以参与更深层次的研究，比如身体如何工作、细菌是什么、为什么健身很重要、疾病如何传播，等等。让婴儿和学步儿尽可能多地参与换尿布、穿衣服、清洗等活动，并在活动过程中解释你在做什么以及为什么要这样做，有助于儿童了解自己的身体，并学会照顾自己。

年幼儿童对自己的身体很感兴趣，只有在逐步了解后，儿童才能感受到身体机能是私密的。在最近一次参观学前班课堂时，我们很高兴地看到儿童全身心投入到消化和排泄的身体活动探索中。他们学习这些功能的一种方式是从一个用长筒袜制作的"大肠"中，向外挤压准备好的燕麦片（代表被消化的食物）！

从事儿童早期教育工作的人员，需要用恰当的方式来回应孩子们对身体部位和功能的兴趣。所有的身体部位和生理过程都有名称，如胫骨、手指、指关节、臀部、膝盖、额头、消化、尿、唾液等。儿童可以学习身体各部位及功能的名称来作为自我了解的一部分。要实事求是地对待儿童偶然的"浴室幽默"（bathroom humor），告诉他们，"你的身体很正常，和大人交流有关身体的问题是可以的"。这一点非常重要。儿童能够用正确的词汇来描述自己的生理和心理需要以及疾病症状也很重要。

将个人护理的常规活动作为教学机会

一日常规是很好的教育契机，教师可以给儿童示范良好的健康行为，并讨论这样做的原因。当你讲述并帮助他们参与到个人护理的常规活动中时，儿童可以学到：

- 经常洗手可以让你远离疾病。
- 刷牙和常规的牙科检查有助于保持牙齿坚固和健康。
- 休息可以让你的身体平静，并给予你能量。
- 运动让你感觉良好，并有助于保持身体健康。

幸 福

确保儿童的生理安全和健康是最重要的，同时，学前教师和照料者还必须关注儿童的心理安全与健康的需求。生理和心理关怀的需求都得到满足的儿童才能获得幸福感。正如亚伯拉罕·马斯洛的需要层次理论提醒我们，只有很好地满足了儿童的生理和心理的需求后，他们才能成长为有爱、好奇、有竞争力的人（Maslow, 1968）。当你和儿童及其家庭建立了彼此尊重的关系后，儿童就体验到了心理安全和整体的幸福感。当你为儿童营造了一个鼓励探索并允许犯错的物质和社会环境后，儿童会获得安全感以及积极探索和学习的勇气。

第 7 章

身体接触的重要性

身体的接触，比如轻轻地摇晃婴儿或学步儿，或者轻轻地拍拍后背，或者关爱地拥抱大一点的儿童，都是在告诉孩子他们是安全的，并且被人们关爱着。婴儿来到这个世界后，需要被成人抱着并轻抚才能生存和成长。充满爱意的触摸会促进婴儿的大脑发育（Goodman-Bryan & Joyce, 2010）。在整个学龄前阶段，身体接触一直在儿童的生理、社会性、情感和认知发展中扮演着重要的角色。与照料者建立积极的纽带联结十分重要，这将有助于儿童的社会性和情感能力的发展（Carlson, 2006）。教师和照料者给予儿童恰当的身体接触也很重要。某些幼儿园采取"无触摸"政策，这或许是为了规避虐待儿童的嫌疑。但这种"无触摸"政策是不合适的，它实际上剥夺了年幼儿童从温柔的拥抱、偎依或轻拍中获得的益处。1996 年，美国幼儿教育协会的一份声明中强调：

"无触摸"政策是错误的，因为它没有认识到触摸对儿童健康发展的重要性。触摸对婴儿和学步儿具有特殊的意义。温暖的、回应式的触摸向儿童传达了关注和关怀之情，适用于任何年龄的儿童。成人应当保持敏感性，确保自己的触摸（比如轻拍后背、拥抱或抚摸儿童的头发）被儿童喜欢，且适合儿童的个性和文化经验。在园所和幼儿家庭间就触摸对儿童发展的重要意义进行慎重的开放式交流，有助于双方达成共识，使得触摸在保教过程中作为一种可接受的方式，表达成人对儿童的尊重和支持。

良好的过渡促进幸福感的发展

人的一生中都会经历一些过渡阶段，即发生重要转变的时期。年幼儿童可能会在过渡时期感到担忧、不安或害怕。幼儿教师要关注这些过渡阶段，提升儿童的幸福感。

良好的开端

新的开始是充满变化、希望且令人兴奋的，但也充斥着压力、恐慌和焦虑。开端是向熟悉的安全环境告别、迈向新挑战的时期。生活由许许多多的开端组成，有些是变化巨大、压力重重的，也有一些是可以轻松应对的。你可以帮助并引导儿童度过从家到幼儿园这一艰难过渡期，以及学前教育中各个阶段的过渡时期。

离家的过渡。大多数人都能回想起自己离开熟悉环境时的焦虑感：离开我们童年时的家，开始大学生活；移居到一个新的城市，初为父母。当儿童进入幼儿园，他们面对的是一个陌生的世界，充满新的面孔、噪音、物体、气味和活动。他们可能没有和一群儿童在一起的经验，也没有和家人分开的经验。对儿童及其家人来说很重要的一点是，要运用适当的策略，让儿童尽可能安全舒适地度过他们在幼儿园的第一天和第一周。

如果入园过程平缓，或者幼儿有机会把家庭中某些熟悉的事物融合到幼儿园的新生活时，幼儿就能很好地完成从家到幼儿园的适应过渡。儿童入园前先来参观一下幼儿园，这是一种很好的方式，它能让儿童和家人都在新环境中感到舒心。在一些幼儿园中，平常的课程中就设有初次参观活动，儿童和家长可以一同进行一到两个小时的园所参观。在其他一些地方，一名或多名儿童新生及其家长可在入园前参加园所课外时间的特别介绍活动。这类首次入园参观对婴儿、学步儿和学龄前儿童都至关重要。如果可以安排的话，这项活动也有益于学前班的儿童。学龄儿童通常较容易适应新的班级或学校。但是，对学校进行针对性的参观对学龄儿童来说也是熟悉新老师和新环境的宝贵机会。

反思分离

回想你生命中的一次变化，包括与家人或朋友分离，或者离开熟悉的地方。你当时的感觉如何？又是如何应对这一变化的？你会如何运用这些经历帮助正处于分离期的儿童？

入园的第一天和第一周。入园的第一天，你需要帮助所有儿童，让他们觉得自己是受欢迎的，心情是放松的。对有些儿童和家长来说，一想到即将入园的那一天就令其担忧。在入园的第一天或最初几天，幼儿园通常会要求一名家长陪着孩子，或在第一天陪孩子一会儿。总体来看，相比于较小的婴儿和年龄稍大的儿童，年龄大一些的婴儿、学步儿或低龄的学龄前儿童更难适应新环境。学步儿的家长可能需要花费一周或更长的时间让孩子逐步做好准备，离开家人一整天。4岁的儿童可能会特意要求父母只待一小时就可以回家。家庭成员和儿童的气质和经历会影响他们对过渡期的反应。我们发现，花费一定的时间和精力帮助个体适应过渡是非常值得的。

第一天的环境和活动应当简单，同时保证儿童能够在一段时间内聚焦一些新的经验。要保持一种轻松的节奏，让儿童明白发生了什么，不用因做错了事而不堪重负或害怕。随附的专栏"良好开端的黄金法则"提出了一些帮助儿童平稳度过第一天的建议。

第一次把儿童留在学校时，几乎所有的儿童都会焦虑。一些儿童能够很轻松地

第7章

反思你入学的第一天

回忆你第一天上学或第一天来到新学校新班级的场景。你记忆中最深刻的是什么？最让你安心的是什么？最让你不安的是什么？为什么？这些经历告诉你，在儿童入园的第一天，你有哪些重要的事需要为他们做？又有哪些事一定不能做？为什么？

克服；一些儿童会通过流眼泪、发脾气或说气话等方式来宣泄；还有一些儿童会退缩、静静地吮吸拇指，或抱着安慰自己的物品，抗拒与成人交谈和接触。有的儿童可能会出现如厕意外或做噩梦；很多儿童可能会不愿意躺着午睡；有的儿童会在回家时愤怒地拒绝父母；还有的儿童会有几天或一周的好转，但之后又重演第一天入园时的强烈反应。因此，很有必要再次向担心的家长们保证，所有这些反应都是正常的，而且大多数情况下，儿童会在入园的最初几个月学会愉快地分离。但是当分离焦虑超出了这个时间框架或者表现非常极端时，就可能意味着这个儿童需要更多的逐步过渡，或者延期进入幼儿园。要记住，与许多其他方面的行为一样，分离行为和适应过程也因人而异。

在入园最初的几天到几周，婴儿、学步儿和大多数年幼的学龄前儿童需要和你有身体上的接触才能安心。如果你的班级中有多个儿童同时入园，你可能有时会感觉自己像只负鼠妈妈，在教室来回走动时有一群小家伙黏在你身上。随着他们逐渐感到安心，大多数儿童会开始寻找其他有趣的事情去做。

另外，在适应分离的过程中，"移情物"非常重要，如一条心爱的毯子、毛绒玩具或一件衣服等，因为它们可以营造一种安全感。移情物要允许儿童贴身保管，而不是要求儿童放入小柜子里。随着时间的推移，儿童可能只有在感到压力或睡觉时才会需要移情物。

对很多儿童来说，一张家庭照也可以起到安慰作用。有的教室会布置家庭照片墙，设置在儿童的视线高度，或将相框陈列在架子上。我们认识的一位经验丰富的教师会在儿童第一次入园时为儿童及其家人拍照，压膜后粘在粘贴板上，以后只要儿童愿意就可以随时带着这张照片。

在最初的几周，儿童会逐渐适应新环境。他们会熟悉每日活动的规律，会学着表达自己的需求，会发现在有需要时老师会来帮助他们。在这段过渡期内，你最重要的工作是建立信任、发展关系和建立常规，这些任务属于课程内容。同时你也应保证儿童能经常体验到成就感。

随着儿童有了更多的安全感，你也熟悉了他们的个人技能和偏好，接下来就可以通过材料、活动和短途旅行等来丰富课程内容，因为这在入园初无法开展。最初几天至几周，教师对儿童的理解和支持会帮助他们成为积极能干的学习者。

完满的结尾

就如同学期初的几天需要关怀和计划一样，在学期结束或离园时儿童也需要特殊的关怀。在儿童不得不换教师、换教室或换学校的时候，他们同样也会经历过渡期。因为儿童与教师和同伴的关系非常亲密，所以这段时间也会很艰难。对许多儿童来说，这是他们有生以来第一次经历重要关系的中断。

换班级。当儿童在一个幼儿园中超过一年，他们通常至少会经历一次换班级或换老师。

良好开端的黄金法则

1. 第一天入园时间不要太长。

    对于没有多少集体生活经验的儿童来说,可能只会吸收一个小时的学习内容。

2. 鼓励父母或熟悉的照料者在最初的几天或者几个半天陪着儿童。

3. 帮助家长建立一种"告别仪式"。

    例如,爸爸可以给孩子读一篇故事,给予两个拥抱和一个吻,然后和孩子说再见后离开。这一仪式可以每天重复。

4. 让家长知道,幼儿园欢迎他们留下或者参与活动,但是当他们道别后最好能快速离开,这样孩子更容易接受。可以让家长通过电话了解孩子在幼儿园的表现。

5. 在儿童和家长来园时,教师要称呼儿童的姓名向其问好,离园时向他们道别。告知家长孩子的适应情况。

6. 在儿童第一天来园前,为每一名儿童准备一个贴有姓名标签的小柜子、小箱子或其他小空间。告诉儿童可以在这个安全的小地方储存自己的物品。如果有条件,可以在标签上贴上孩子的照片。

7. 告诉儿童卫生间和洗手池的位置以及使用方法,当儿童困惑时可以陪着他们。

8. 密切关注需要特别照顾的儿童。

    婴儿、学步儿和年幼的学龄前儿童可能需要手把手的帮助;大一些的学龄前儿童和学前班儿童可能需要简单的帮助,或者希望和你在一起直到他们感到安心。

9. 鼓励儿童带一个特殊的玩具或者移情物,在家校之间建立一个有形的联系。比如家庭成员的照片对有些儿童能起到安慰作用。

10. 允许儿童从教室借一些图书或玩具,让他们回家后也能和幼儿园有一些联系。

11. 提供一种有趣但限制数量的适龄材料。

12. 提供一些能够舒缓情绪的开放性材料,比如水、沙子和面团。

13. 给儿童一些独立探索材料的时间。

14. 进行小的集体活动,比如唱歌、讲故事等,让学龄前儿童、学前班儿童和小学生感到自己是集体的一分子。在唱歌和玩简单游戏的时候要称呼每个儿童的名字。

15. 通过游览一些重要地点来让儿童了解自己所处的环境:父母接待室、操场、其他的班级、图书馆、办公室、厨房等。

16. 最初的几周应避免突发事件、重大改变和其他一些易引发激动情绪的事件(如消防演习、看电影、短途旅行、教室重排等)。

在采用9个月教学或传统小学学期安排的机构中，这种变化通常发生在暑假后的秋季学期。在全年制教学的机构中，当教师感到儿童已经准备好升入高一年级，或者当教室被用于接收更小的儿童时，这种变化也会发生。

许多儿童会准备好并渴望进入新的班级，而有些儿童则可能感到焦虑，就像他们刚入园（学）时一样。类似的过渡适应技巧同样适合这样的情况。当你和家长对新的班级和教师表现出信任时，年幼的儿童也会更容易换到新的班级。让儿童带一些熟悉的物品，进行循序渐进的过渡，这样会更有帮助。

允许过渡期的儿童在你或朋友的陪伴下参观即将要去的班级。让他们通过一项特别喜欢的活动来进行参观，可以选择一整天，也可以选另一天的户外时间，以便儿童能发掘新的活动和朋友。帮助儿童寻找自己新的个人空间，比如他们的小柜子或小箱子，并存放他们的随身物品。之后回到以前的教室，一同进行午餐、午睡或几分钟简单的参观，这样可以让儿童产生安全感。

成人的离开。和儿童一样，你也会度假、会生病甚至会换工作。这些事件有时发生在学年中期。当你要离开班级时，或永久离开，或长期离开，儿童都会有一种失落感。他们会在你离开的时候感到伤心，并在你返回的时候生气。他们可能会害怕这种变化，并感到不安，这种情绪会一直持续到儿童与新教师建立稳定的关系后。

在学前教育机构中，每个班级都配有一组教师，这样可以最大限度地减少儿童由于教师缺席或离开而引发的不安全感。如果儿童和班中两个或两个以上的成人建立了亲密关系，那么其中一人休假或者离职时，儿童的创伤不致过大。因此，在你离职或休假时要特别给予儿童关怀与照顾。

无论如何，最重要的是让儿童提前知道你要离开。如果是度假或其他有计划的离开，要和儿童解释你要去做什么，以及你计划何时返回。4岁以上的儿童能开始使用日历来理解你离开时间的长短。虽然年纪小一点儿的儿童不能用这种方式理解时间，但你仍需告知他们你要离开——即使这可能对他们来说时间很长，但是你还会回来。如果有可能，在你离开的这段时间里给他们寄一张明信片或字条，这是一种很好的方法。如果你将要离开这所学校，可以举办一次送别会或用其他方式来向儿童及家长道别。

离别是人际关系中常有的事情。如果教师能坦然接受这些离别，年幼的儿童也可以更容易接受这些变化。当有人离开时，要尽量减少环境和日常活动的变化。帮助儿童理解教师离开学校是因为自身生活的改变，而不是因为儿童或家长的行为，这一点是最重要的。

进入下一学段。儿童通常会继续进入小学学习，这些学校和幼儿园有很大差别。你工作的一项内容就是帮助儿童为顺利过渡到小学做好准备。儿童一般会怀抱着兴趣和担忧去期盼着进入新学校。你可以帮助他们增强胜任感和自我成就感，为过渡阶段提供帮助。当你和儿童谈论起新学校时，要承认他们的成长，告诉他们已获得的

知识和技能将在新学校发挥作用。例如，"赫敏，你现在已经知道如何自己吃午餐。你在学前班中完全能够自己操作。"

那些成功完成从幼儿园到小学过渡的儿童，在学校会更优秀。这一点已被研究证实，且幼儿教师也早已知晓（Pianta, Cox, Early, & Taylor, 1999）。如果花一些时间与班里幼儿可能去的学校建立联系，你就能帮到儿童、家长和其他教师，尽可能地去了解对方学校及其对儿童的期望。汇总这些信息，包括申请日期、申请要求等，并将这些信息分享给家长。鼓励家长去熟悉孩子的新学校，如果条件允许，在儿童入学前安排一次参观。提供一些积极热情的、有助于儿童适应新学校的想法，这样对儿童和家长都有帮助。要让家长知道，你对儿童的成长和升学非常高兴，而且你也欢迎家长和儿童随时回到母校参观。

儿童在学前教育阶段的经验应该适合该年龄段，而不是为了升学进行训练。仅仅因为你希望让他们为上学"做好准备"，而让儿童参与一些不适宜他们年龄或发展阶段的活动，这既没必要，也毫无益处。但是，在进入新学校之前的几周，帮助儿童学习一些他们在新环境中需要的技能是有裨益的。如果升学后要求儿童具备某些技能，如听铃声上下课、排队、制作学习单、举手等，你可以用很短的时间教他们学会这些技能。我们经常以大组角色游戏的方式，通过"玩中学"来练习这些技能。如果你和下一阶段的教师有联系，那么你可以得到更具体的信息，甚至带儿童去参观他们未来的新学校，见到新的教师。

当人的预期发生变化时，每个人都会经历一些恐惧。无论是儿童转到新的班级或新的机构中，还是你或你的同事离职，你都可以通过自己的努力帮助幼儿，把每一次结束转化为充满热情和希望的新开始。

对危机期的儿童给予支持

在儿童经历重大生活变故或失去挚爱的情况下，或当他们正处于对暴力持续的恐惧中时，教师需要格外留意，帮助他们重新建立安全感和希望。

灾难和丧失

当遭遇自然灾害，如洪水、龙卷风、飓风、海啸或地震时，每个人都会极度恐慌，特别是儿童。当房屋和社区严重损坏、正常的生活秩序遭到破坏时，家庭会悲苦不堪，常规会杂乱无章甚至荡然无存，同时还会产生强烈的恐惧和丧失感。家园被毁的人们不得不搬家，由此引发的压力对成人和儿童来说都是难以承受的。在这种严重威胁的情况下，比如"9·11"恐怖袭击或俄克拉荷马城爆炸事件，每个人的生活都发生了改变。恐惧和迷茫弥漫在每个人的生活中，不仅仅是儿童。由于年幼的儿童普遍缺乏必要的口头或概念能力去理解或处理他们内心的强烈感情，他们只能依赖成人来获得安慰和安全感。

反思换班和转学

回忆转到新的班级或者新的学校。你感觉如何？你的教师是怎么做的？是什么使它变得简单或者艰难？作为一名学前教育工作者，这些经验给你什么启示？

教师和保育员要保持冷静并安慰儿童一切都会好起来，以此来帮助儿童应对灾难发生后最初的艰难时期。对那些失去家人、宠物或珍贵物品的儿童来说，分离是最大的恐惧，需要特别的安慰。吉姆·格林曼（Greenman, 2001）在"9·11"恐怖袭击后提出了这一问题，并提供了以下建议来帮助经历创伤性事件后的儿童：

- 提供正常的、可预见的日常活动。
- 创设大量适合儿童个体的亲密交往时间：拥抱、促膝交谈、共读、深情的轻拍或抚摸都是有用的。
- 给予儿童口头安慰，保证你和他们都会好起来。
- 给他们提供机会，用艺术材料去自我表达，比如黏土、绘画或演讲。
- 提供接纳游戏，重现儿童的担忧和恐惧。
- 认真倾听儿童的想法和意见，用简单的方式回答他们的问题。
- 平和而透彻地纠正那些认为与众不同的人都是危险分子的错误想法。
- 提供重视差异的课程和日常经验。

你班里的儿童可能会经历其他创伤或困扰。父母一方或其他家庭成员患有严重疾病或死亡、离婚，或由于军事部署、工作地点转移需与父母一方长期分居，这些对于儿童来说都是重大的生活变故。大多数经历过这些变故的儿童都会感到紧张或恐惧，一些儿童甚至会感到生气，还有一些儿童则会感到绝望和歇斯底里的悲伤。经历过丧失的儿童通常会有以下行为：

- 吮吸拇指
- 尿床
- 黏着家人或教师
- 出现睡眠障碍
- 没有食欲
- 恐惧黑暗、分离或变化
- 退化，出现"婴儿"行为
- 退缩，远离朋友和日常活动

要知道，给予儿童帮助和支持，他们就能够对消极情绪释怀。无论是什么原因，儿童在努力克服各种创伤性事件引起的不良情绪时都需要你的理解和接纳。

暴力事件

成长于21世纪的儿童，生活中出现了越来越多的暴力事件。所有儿童都受到了不断增长的、弥漫全社会的暴力事件的影响，导致许多儿童的发展和心理健康受到影响。研究表明，从暴力行为对儿童健康发展的影响来看，儿童年龄越小，受到的威胁越严重（NAEYC, 1993）。

身体保护和安全需要对每个儿童来说都是基本的、不可或缺的（Brazelton & Greenspan, 2000）。直接接触或通过电视和其他媒体间接接触暴力情境，都会削弱儿童的安全感以及社交和情绪能力。作为一名学前教育工作者，你的责任就是尽力保证儿童获得安全感，保护他们远离暴力。以下是一些可以帮助儿童和家长应对暴力的策略：

- 传授一些问题和冲突解决方案及策略，并和家长们分享。
- 对儿童从电视上学来的那些暴力行为游戏进行重新改编，鼓励儿童用更富想象力和创造力的方式开展游戏。
- 允许儿童参与能帮助他们处理自己感受的角色游戏，如关于缺少力量和对于暴力的恐惧。
- 在日常的教学中积极传递和平的观念，帮助儿童学做对社会有用的人。
- 提倡家长限制儿童看电视的时间，严格监控儿童观看的内容。和家长分享一些推荐的电视节目，并限制观看时间。美国儿科学会（AAP, 2011）建议，2岁以上的儿童每天的"屏幕时间"（电视、电子游戏、电脑）不超过1~2小时，成人要鼓励他们选择高质量的节目。不鼓励2岁以下的儿童看电视。研究建议，接触媒体暴力会导致儿童将暴力作为一种应对压力的正常反应，以及可接受的冲突解决手段。经常看暴力节目的儿童，对于他人的痛苦和遭遇表现出较弱的同理心，更可能出现攻击行为（NAEYC, 1993b）。

总　结

安全卫生的设施，能促进儿童健康和安全的政策，鼓励儿童参与健康活动并了解自己身体的课程，关注入园和离园，帮助儿童渡过危机期的策略——这些都是学前教育机构促进儿童获得幸福感的关键举措。把这些做到位，教师就能满足儿童最基本的需要，让儿童知道自己是安全的、有价值的。在这样的学前教育机构中，儿童可以把精力投入到探索和学习之中。当你学会了这些技能并将其用于教学实践时，就能保证每名儿童都体会到全面的健康和幸福感。

学习成果

阅读完本章后,请你认真完成"拓展学习"部分的选读任务,准备"你的专业档案袋"部分的条目,你将会在满足 NAEYC 的标准 1:促进儿童的发展和学习(NAEYC, 2009)上又有进步。

核心内容:

1a:了解并理解幼儿的特征和需要

1b:了解并理解影响幼儿发展和学习的多种因素

1c:运用儿童发展的知识创设健康、尊重、支持以及富有挑战性的学习环境

拓展学习

使用健康和安全检查清单:使用附录 B 中的健康和安全检查清单对学前教育机构进行评估。记录并报告你的发现。描述你对该机构中安全和健康规定的看法,以及教职工为幼儿创设安全健康环境的方法。

分类日志:观察一名儿童并记录他最初几天到几周在园的行为。报告儿童对学校的反应、教职工支持儿童的技术方法以及家长的反应。描述你在观察中的收获,以及它对你作为一名学前教育工作者来说可能的意义。

计划并进行一次烹饪活动:为一小组儿童计划一次食物准备活动。使用图片和简单的文字制作一个儿童可用的菜谱。和儿童一起做,关注他们的参与情况以及可能学到的知识和技能。记录活动过程和你的收获。

读书:至少读一本关于儿童健康和安全课程方面的书籍。对书中信息进行思考,并决定以何种方式在你的工作中运用这些信息。以下书可供参考:

Cook and Learn: Pictorial Single Portion Recipes (Veitch & Harms, Addison-Wesley).

The Cooking Book: Fostering Young Children's Learning and Delight (Colker, NAEYC).

Cup Cooking: Individual Child Portion Picture Recipes (Johnson & Plemons, Gryphon House).

Do Carrots Make You See Better? A Guide to Food and Nutrition in Early Childhood Programs (Appleton, McCrea, & Patterson, Gryphon House).

Everybody Has a Body: Science from Head to Toe (Rockwell, Williams, & Sherwood, Gryphon House).

Growing, Growing Strong: A Whole Health Curriculum for Young Children (Smith, Hendricks, & Bennet, Redleaf Press).

Here We Go . . . Watch Me Grow (Hendricks & Smith, ETR Associates).

Pretend Soup and Other Real Recipes: A Cookbook for Preschoolers & Up (Katzen & Henderson, Tricycle Press).

 **你的专业档案袋**

促进班级的健康和安全：使用附录 B 中的健康和安全检查清单，将其作为你工作或志愿服务的学前教育机构的测评指南。评估你所获得的信息，并就如何完善健康和安全规定提出你的建议。用照片或图表展示你的观察记录，并给出建议。如果你的建议被采纳执行，也可以将变化通过图片或图表进行展示。给图片配上文字，说明你的具体建议及实施过程。解释变化的合理性。将这个文档放进你的专业档案袋。

计划并实施健康和安全课程：回顾本章中"帮助儿童学习自我保护"和"帮助儿童了解自我健康"的部分。基于你对班级儿童的了解，选择一个你认为适合儿童的安全或健康领域的重要概念或技能进行教学。制订活动计划，鼓励儿童学习选定的知识或技能。实施活动并记录过程。将活动的描述和收集的信息（照片、分析等）放入你的专业档案袋。

建立你的食谱文档：回顾一本或多本在"读书"章节中推荐的儿童烹饪书。设计一份儿童可以使用的有图食谱，并和儿童一起准备食谱。将食谱加入你的文档中，并复制一份，配上儿童制作食谱的文字描述和（或）图片，包括讨论儿童从这个活动中学到了什么、你学到了什么。

我的教育实验室

访问本书"我的教育实验室"（myeducationlab.com），找到专题 8：发展适宜性／教学策略。你可以：

- 找到发展适宜性／教学策略的学习成果以及与之相关的国家标准。
- 完成有助于你更深刻理解本章内容的"任务和活动"。
- 通过"建构教学技能和性情"学习单元，运用并实践你对本章列出的核心教学技能的理解。
- 在"专业视角"部分听学前教育领域专家的讲座。
- 对照"学习计划"检查你对本章内容的掌握程度。你可以做章节测验，获得反馈，然后通过"复习、练习和拓展"来提高你对本章内容的理解。

对于孩子来说，能让他爱上这个世界的地方就是一个最棒的地方。

——伊丽莎白·普雷斯科特（美国著名作家）

没有任何行为可以脱离环境。

——罗伯特·萨默（德国精神病学家、谱系专家）

8

学习环境

学习环境会对儿童说话。当儿童参与到你的项目中时，他们能够判断这里的环境是否为他们而准备，以及你打算如何让他们利用该环境。放置着毛毯、靠垫和图书的温馨角落似乎在说："坐在这儿看看书吧。"配置梯子、台阶、坑道、斜坡、滑梯、平台和连接桥的攀爬架似乎在发出邀请："爬上来吧，跨过去吧，变个法滑下去吧。"明亮、色彩鲜艳、温暖而又充满趣味探索材料的轻快环境传递着一个清晰的信息："我们照料你——这是给孩子准备的地方。"在本章中，我们将探讨学习环境中相互作用的三个方面：空间、设施和材料、时间以及针对不同年龄段儿童的环境设计。

这是新学年的第一天早晨。老师们已经精心布置好了教室内外的环境。有可以骑的三轮车、配有颜料的画架、水池、沙子、积木、拼图、组装、玩具、图画书、一只小兔子、钢笔、蜡笔以及戏剧表演区，这个表演区里有娃娃、服装和一些道具，例如帽子、鞋子、漂亮的裙子和一些长布条。4岁的柯德尔和妈妈走进教室，四处看了看。柯德尔直接冲到了戏剧表演区，找了一顶安全帽戴在头上，把一个闪闪发亮的镶珠小包背在肩上。随后，他走向戴着牛仔帽的孩子卡特说道："我们扮演警察，好吗？"柯德尔扭头冲母亲笑了笑，便和新伙伴开心地玩起来。

宽敞的活动空间、适合儿童使用的舒适家具、吸引人的活动材料，以及暗示材

第8章

我的教育实验室

访问"我的教育实验室",利用"个性化学习计划",提高你对本章概念的理解。你也可以通过基于视频的"任务和活动"以及"建构教学技能和性情"课程来磨炼教学技能。

反思你第一所学校的环境

回忆你的第一所学校(或者童年时对你很重要的学校)。环境中的哪方面让你记忆犹新:教室、操场、设备和材料,还是材料的存储和分配?所有这一切对你来说都是不可思议的吗?为什么?学校和你家有什么不同或相似之处?你觉得环境对你的学习和人际关系有怎样的影响?

料使用方法的环境布置,这些都会给儿童带来舒适感和安全感。反映儿童及其家庭、他们的文化和社区特色的材料及图片会使儿童和家人产生归属感。轻柔的光线以及充满美感的自然和人造设施告诉孩子们:他们是受重视的,老师们非常关心他们,可以为他们提供吸引人的环境。为大人和孩子安排的舒适的休息区是在告诉他们:这里欢迎你。灵活安排儿童的活动、日常生活和活动过渡,是为了及时回应儿童的需求。所有这一切都营造出了一种温暖、轻松的氛围,以满足幼儿的社会性—情绪方面的需要,促进他们与他人及材料的互动,支持他们的发展和学习。

教师注重学习环境的创设,是学前教育与保育领域的独一无二的特点。长久以来,为这一领域奠定基础的许多哲学家和教育家就已经意识到,环境在儿童发展中具有关键作用。当你观看为学龄前儿童或幼儿园儿童精心设计的环境时,你会发现它们具有以下特点:

- 正如夸美纽斯所建议的那样,儿童拥有许多游戏的机会。
- 正如蒙台梭利推荐的那样,环境中有适合儿童的家具以及便于儿童取放物品的整齐架子。
- 以福禄贝尔的"恩物"和"职业"为基础,环境中有许多鼓励儿童动手的材料,比如拼图、积木及剪刀和图纸。
- 配备卡罗琳·普拉特设计的单元积木。
- 正如玛格丽特·麦克米伦和瑞秋·麦克米伦姐妹建议的那样,儿童拥有每天在户外玩泥巴、沙子和水的机会。
- 正如鲁道夫·斯坦纳所描述的,环境中有自然的游戏材料。
- 正如洛里斯·马拉古兹所建议的,环境明亮而美丽。

你所创设的学习环境应该能够反映你的儿童观,同时也应该能够体现教育项目和儿童家庭的价值观。它应该能够增强孩子的同一性、人际联系和归属感。除此之外,通过唤醒儿童的感官、诱发儿童的好奇心和求知欲以及激发他们的智慧,学习环境还应该能够促使儿童投入到学习中去。

幼儿无时无刻不在学习。在教育者瑞吉欧·埃米莉亚(Regio Emilia)眼中,环境是儿童的"第三位老师"(Edward, Gandini, & Forman, 1998)。学习环境不仅是有力的教学工具,也是你所关心家庭的可视标志,它能够为儿童提供恰当的体验。鉴于其如此重要,幼儿教师会花很长时间精心布置孩子们的学习环境。

学习环境应该契合儿童的需要,并且支撑你的教育观和发展目标。你在设计学习环境时所做出的选择,将会影响儿童与其他人以及学习材料之间的关系。因此在做出选择时,你必须问自己三个最基本的问题:

1. 这种环境是否适合儿童的年龄、发展阶段、特点、社区、家庭以及文化特色?是否能够反映这些孩子的角色?是否安全、健康?
2. 它是否能在身体上、社会性上、情感上和智力上吸引这些孩子?它是否包含能够激发儿童求知欲的要素？

3. 这种环境能否支撑来到这里的所有人之间的关系？包括儿童之间、成人和儿童之间以及成人之间的关系。

2005年，吉米·格林曼（Jim Greenman）在他的文章《21世纪的童年乐园：概念性框架》中提出，好的幼儿学习环境应满足9个最为重要的方面：

1. **生动活泼**。儿童在其中能感觉到自己是受欢迎的、有能力的，他们会因为熟悉感和秩序感而觉得放松。
2. **充满美感**。能通过窗户、灯光、声音、家具和设备等调动儿童的所有感官。
3. **促进团结**。可以巩固多样化的家庭关系，并鼓励不同年龄的兄弟姐妹之间的互动。
4. **关爱社区**。有让儿童聚集或独处的场所，在项目中有办法将各个场所尽收眼底。
5. **独立而合作**。既能够保证独立学习又能够与人合作。
6. **探索并发现**。儿童有机会进行室内和户外的活动，并且有活动的空间，如实验室、工作室、花园、自然环境、图书馆、体育馆和操场等，这些都是儿童可以动手探索的活动模式。
7. **培养责任感、同理心和集体荣誉感**。通过给儿童物资的使用权，鼓励他们在准备和清理物资时共同合作来发展儿童的这些情感。
8. **联系和接触**。与自然界、更大的社区以及整个世界保持联结。
9. **方便教职员**。提供可接入的网络、专业期刊和书籍，方便教职员的学习和工作。

创设学习环境

一旦你成为一名教师，独立打造或与同事共同创设学习环境将成为你的职责之一。你要布置整个空间，挑选设备和材料，以便促进儿童所有领域的发展。你还要制定契合儿童基本需要的日程表，保证他们有足够的时间进行有利于自身学习和发展的活动。事实上，你会是环境中最重要的因素之一，因为你控制着，也有责任控制着时间、空间、设备和材料。你头脑里的那些有关儿童的知识有助于你的项目设计，它应该为儿童提供活动、探索、表现、创造和实际操作的机会。

莎莉被聘请到附近教堂的地下室，为一个班的5岁儿童上夏季拓展课程。利用有限的资金和设备，她将这个大房间变成了孩子们接下来六个星期的家。在角落里，她用漂亮的桌布盖在装赞美诗的纸箱上做了个小桌子。她在桌子上摆放一小瓶花、一个装满马克笔的紫色杯子和一篮环保纸。她用矮长凳隔离出来一个角落，打造成了一个有趣的表演游戏角。这个角落里有她用硬纸盒手工制作的"日常"家具、她小时候玩的娃娃以及从义卖会淘来的衣服。另外，她还贴了一张玛丽·卡萨特的画作，主题为母亲和孩子，这幅画是她从自己收藏

的日历中找到的。在小地毯旁边的木板—砖块组合架上，放满了用乐高玩具拼成的洗碗盆、篮子、木头珠子以及从她朋友的储藏室中搜罗的积木。图书角以一架钢琴作为屏障，里面有很多靠垫，这些靠垫用剩余布料做成的套子重新套了一层。除此之外，还有一筐从公共图书馆借来的书。从主日学校找来的桌椅和从旧货集市买来的黑板架填补了教室的空缺。街对面的公园里有游戏攀爬架、沙坑和秋千，这为孩子们提供了户外游戏区域。便携式冷却器里有水，而且几步之外就有盥洗室。虽然不算完美，但莎莉确信，在这个环境中，她将为孩子们提供良好的课堂体验。

空 间

反思一个你喜欢的地方

回忆一个你喜欢的地方。你在那儿会做些什么？你喜欢它什么？你怎样将这些方面整合到你为儿童创设的学习环境中？

你所创设的学习环境会受到很多因素的影响。首先是它周围的建筑物和周边环境。你可能会发现你的工作空间是"特意"为幼儿教学项目建设的场所。但是，就像前面引文中的莎莉一样，你也可能发现自己所处的环境是为其他目的建造的。即使这些环境并不理想，它们也能够变得安全可用，甚至可爱。在我们知道的教室场地中，我们喜欢公立学校、重新装修的房子、教堂圣殿、地下室、公寓单元房、办公室以及临街店面。

合适的环境应当根据儿童的年龄不同而有所变化，但也存在一些超越年龄差异的共同特征。所有幼儿的班级或群体都需要有一个明确被称为"家"的空间。他们都需要可以通向饮用水、卫生间或尿布台以及洗手池的安全无障碍通道。他们也都需要户外游戏区域，让幼儿长年都能接近自然，主动玩耍；同时充足的室内空间（每个儿童至少有 3.25 平方米可用空间）以及户外空间（任意一次户外活动中每个儿童至少有 7 平方米户外活动空间）是必需的（AAP，APHA，& NRC，2002）[1]。教学环境还要为需要使用步行器或轮椅的人（儿童、家庭成员、来访者或教职员）提供便捷。

---

1 美国儿科学会（AAP）、美国公共卫生协会（APHA）和国家资源中心（NRC）的标准，与大多数州和国家的授权标准以及美国幼儿教育协会（NAEYC）的认证标准相同。

独立和开放式设计的教室

学前教育项目的建筑大体可分为两类：其中一种具备独立的教室，每个班级会在"他们自己的"空间中度过大部分的时间；另一种的建筑具有开放式设计结构，很多班级在大多数时间里都处于同一空间。开放式建筑的设计师希望教师们能在整个屋子里布置多个活动中心，在中央设置大型多功能区域或大型活动区域。设施的使用可以很灵活，不需要固守它们原有的功能。比如，在一个有独立教室的幼儿园，一个教师团队也许会决定共享他们的教室，给每个教室设置一个特定的用途（比如可以把一个教室专门拿来作为进行艺术和感官活动的房间）。开放教室也经常用挡板、家具和贴在地上代表围墙的胶带分隔成多个独立的"教室"。

独立教室营造了像家一样的氛围，给儿童一种安全感和归属感。这对所有的儿童，尤其是年龄较小的儿童来说，都是很好的。但是，特别小的教室也许不能为儿童提供足够的活动空间，也不总是能够让你为儿童提供丰富多样的学习体验。大的开放式教室则可以提供广阔的活动空间，并且允许教师们创造更多、更具多样化的学习中心。但不可避免的是，这种环境会更加吵闹，也没那么舒适。稍小一点的教室和群体对儿童的发展有积极作用。许多幼儿共处一个大教室并不合适，对于需要在低刺激、家庭式环境中健康成长的婴儿和学步儿来说，开放式的大教室就更加不适宜了。

布置空间的原则

即使你不会去设计自己的教学楼或是去建造游戏场地，你依然在设计一个支持儿童学习和幸福感的环境中有很多选择。它将反映你是谁以及孩子们是谁。即使你的环境是独一无二的，它也应该遵循以下基本原则，这些原则可以被视为通用指南和行动法则。

布置安全和健康的环境。儿童所处的所有环境都必须是安全的，而且要符合他们年龄阶段的健康要求。确保健康和安全是学习环境设计的首要原则。你的教室和户外游戏空间必须设计得易于监督、清理和维护。在婴儿和学步儿的项目中，这意味着成人必须能够每时每刻看到所有儿童。无论何时，饮水、换尿布都必须方便易行，洗手池和睡眠区也必须易于接近和监控。

在学龄前儿童的项目中，你会有更大的选择自由度。如果环境中没有危险因素，在你和其他儿童游戏的同时，一个学龄前儿童可以在几步外的地方安全地玩耍，同时你要通过视线和声音监护其他儿童。站着的时候你应该能看见整个教室或者场地，确保所有的儿童都在视野范围内。饮水区、卫生间和洗手池以及安静的休息场所，这些地方全天都必须是方便使用和监控的。

学龄儿童可以安全地享受更多独立。对幼儿园儿童来说，能在教室或场地中有厕所和饮水区是非常令人满意的。但是，一年级或二年级的小学生可以，通常也必

反思一个你了解的幼儿教室

回想一个你观察过的幼儿教室。它是独立教室还是开放式教学楼的一部分？在这种类型的教室中，哪些方面对儿童和教师明显有利？它的缺点有哪些？如果你是这一环境中的老师，你会如何调整该学习环境，为什么？

须在最少的监护下，步行到附近的盥洗室、饮水区、操场或教室。

虽然健康和安全问题很重要，但是你不应该为之而缩手缩脚。在我们的社会中，有一种过于担心健康和安全问题以至于忽略了其他因素的不良倾向。儿童需要尽情奔跑嬉戏。他们需要随性玩耍的机会。他们需要承担一些合理风险，比如滚下小山丘、爬上滑梯以及从矮台子上跳下来。以健康和安全的名义剥夺他们玩耍的机会是不必要的，这会减少他们探索和学习的机会。磕破膝盖或崴着脚也是他们学习过程中重要的一部分。

按区域组织环境。 设计幼儿学习环境的另一个原则是将它按照区域、活动中心（我们用这一术语描述教室中定义明确且开展特定类型活动的空间）或范围（我们用这一术语描述房间或院子里那些更大、界限更灵活的部分）来进行组织。安妮塔·奥尔兹（Olds, 2001）提出，应将儿童的教室看成两个"地区"。湿地区：可进行吃饭、艺术等活动，能穿着脏靴子进入；干地区：可进行其他教室活动。她将这一地区进一步分为活动区和安静区。这些区域或范围都包括在环境中，而环境会随着儿童的年龄以及项目所处的地理位置的不同而变化。吉米·格林曼（Greenman, 2005）提出，可考虑将正式的工作场所（实验室、艺术坊、工作室、花园、公园、图书馆和体育馆）作为我们为儿童提供活动区域的参考样板。

婴儿和学步儿需要日常护理区，在这些区域能为他们换衣服、洗漱，让他们睡觉、吃饭和玩耍。学龄前和幼儿园的儿童则需要以下这些类型的区域——图书区、积木区、操作区、感觉体验区、探究活动区、艺术区、写作区、戏剧表演区、体育活动区以及分组活动区。学龄儿童则需要能够自主活动和与他人共同工作的空间，排练和表演节目、玩耍以及开全班会议。

若你所处的地区经常会出现极端天气，你还需要一个能进行游戏活动的室内区域。而对于气候温和的地区，你可以在户外开展更多的活动，也许还可以在室外设置一些活动中心。

区域设置首先考虑特殊要求。 不论室内还是户外，一些区域或范围都有一些特殊要求，因而它们只能被设置在特定的一或两个地方。例如，艺术区、用餐区、游戏区、科学区和换尿布区，这些区域都需要临近水源，并且要有易于清洁的未铺地毯的地板；图书区需要良好的光线；科学区、烹饪区或音乐中心要方便接通电源；像三轮车和货车这样的轮式小车，需要有像柏油或水泥这样的硬质地面才可以使用；如果设备需要在每天活动结束之后储存起来，那么最好将这些区域安排在靠近仓库的地方。一旦你确定了这些有特殊需求的区域应怎样安排后，你就能将其他的活动中心或区域安排在它们周围。

设备和材料

在学前教育过程中，材料是学习的必备工具。哈里特·库弗洛（Cuffaro, 1995）将材料比作大孩子们的教科书，他说："材料是学前教育中的课本，与满布事实和印刷字的书本不同，它更像是一个大纲。材料会为孩子提供起点和途径，经由它，儿童得以进入成人有序的知识世界。材料还可作为工具，孩子们借以用来组织和表达他们对世界的理解以及他们所建构的意义。"（p.33）。设备和材料都暗含着指导意义，为孩子们的探索、发展和学习提供了原材料。通常来讲，设备（equipment）指家具和其他大型贵重物件，比如黑板架和攀爬架等。材料（materials）则通常指小一些的、便宜的东西，比如拼图、书和玩教具等。像颜料、纸、胶水和胶带这样的易耗品则可以用用品（supplies）来指代。

你用过摇摇晃晃的桌子吗？你是否碰到过一用就坏的工具？使用劣质的设备或材料开展工作会让人心烦，同时也不安全。你的重要工作内容之一就是确保学习环境中的设备和材料是安全的。无论何时，都要尽可能地选择质量好且坚固的设备和材料；淘汰那些已经损坏的、不安全的或修不好的；维护和修理那些已有的设备和材料，并创造性地进行循环利用。当你的资金充裕时，可以再购置一些耐用的材料。

学前教育项目中的家具和设备应当能够支持教室活动，并且满足儿童的需要。我们偏爱木质设备，因为它们美观、坚固而且易于清理。适合幼儿使用的家具应该与他们的体型相符，坚固、便携，并且边边角角都是圆的。婴儿需要矮小坚固、背部和侧面都有支撑的椅子，那些能够叠在一起给大人坐的立方体凳也很不错。对于大一点的孩子来说，如果他们坐着时脚能碰到地面，胳膊肘能搭在桌面上休息，就会感到很舒服，注意力也能够集中。小一点的桌子比大的桌子更灵活，而且能够为不同类型的活动留出更多的空间。

用开放式的矮架子来储存孩子们需要独立使用的材料会很方便，它们能让儿童做出自由选择，并且方便他们参与收拾整理。为书籍特别设计的架子可以通过向儿童展示封面来吸引他们阅读。每个儿童都需要有储存个人物品的空间，小格子（cubbyholes，通常简写为cubbies）则能够满足这一要求。它可以用碗碟架、毛衣盒、硬纸盒或商用19升大的冰激凌盒来制作。由于儿童通常穿着外衣和靴子来到学校，在门廊处提供放衣服的钩子和鞋架也是必要的。

由于老师和家长也经常会待在教室里，因此有一个让成人和儿童舒服地坐在一起的地方就非常重要。这样便能够营造出家一样的感觉，对于幼儿群体情境来说也非常关键。

好的材料是非常具有吸引力的。他们有感官上的吸引力，而且具有很好的触感和抓握感。由于它们是儿童学习的工具，因此教室中的材料必须得到良好维护，恰当使用，并且适合儿童的体型、能力和兴趣。它们必须干净无毒，远离危险，并且应该坚固且不易损坏。

每个教室都要依据儿童的数量准备充足、合适的材料，以便儿童进行游戏和活动时选择。例如一间容纳 10 名儿童的教室，可能需要为儿童提供 50 种选择和 8 个活动中心；一间容纳 20 名儿童的教室，就可能需要提供 100 种选择。这并没有严格的公式，但教室中的每个区域都应该包含足够多的选择，以便所有进行游戏的孩子都有喜欢的事做。

定期变换储物架上材料的位置是有价值的，因为每周都相同的材料会使儿童失去兴趣。在远处碗柜上放了几个星期的一件玩具可能会更吸引儿童，而且能够激发出更多具有创造性的游戏。

定期清理损坏的玩具、四肢残缺的布娃娃、被撕坏或被乱涂乱画的书籍、破旧的娃娃衣服以及缺少拼块的拼图，这是优质学习环境设置的一个基本原则。如果将这些玩具放在教室里不作处理，你就向儿童传达了这样的信息：我们不尊重玩具，你们也不用，你们把这些玩具弄坏也没关系。存放破损材料的教室最终会不可避免地成为"坏材料之家"，它们告诉儿童和家长你不在乎材料是否被弄坏。

当你发现有书籍被撕坏、拼图缺了几片或者积木被乱涂乱画的时候，你可以以身作则，通过修理、打磨或清洁它们来表示你对这些物品的尊重。我们可以和儿童一起做这些事，鼓励他们参与到这一过程中来（特别是经常毁坏东西的儿童）。使用损坏的玩具、拼图碎片或书籍作为美术原材料，不能让它们循环地用于更小的孩子。相反地，这传达了一个模糊的信息：把书撕掉或把拼图片粘在一起是可以接受的。相似地，拿一块三角形积木当作门档，或者把一块中空的积木当作卧室里的垫脚凳，都表示你不尊重这些玩具材料，而且也不希望孩子们尊重它们。

室外学习环境

每个幼儿项目都需要有室外活动区域。在室内，儿童是被束缚的——譬如他们要走路缓慢、说话轻柔、处处小心、保持整洁。但是在室外，儿童大声、主动且充满热情地进行游戏相对安全，也被允许和鼓励。正如幼儿早教项目的建筑各式各样一样，其室外空间的设计也应当多姿多彩。不幸的是，为儿童精心设计宽敞的游戏空间（playscapes）（由景观设计师发明的词汇，它将游戏和建筑景观的概念结合在一起）是例外而非规范。在一所规格较大的小学，室外游戏区域可能包括运动场

反思一件玩具

想想你儿时喜欢的一件玩具。它是什么样子的？你拿着它的时候有什么感觉？你能用它做些什么？它现在还在吗？为什么你能够记住它？想想什么样的玩具才是一件好玩具。你希望你的教室中有哪些好的玩具？

旁边的立体方格铁架；而位于大城市商业区的学校，游戏区域可能由屋顶或铺了地毯的停车场构成；而在郊区或者农村，室外游戏区可能是在长满草的院子中摆放一些游戏设备。虽然这些室外活动场地可能并不完美，但极富创造力又细心的老师们可以把它们变得丰富多彩。

儿童每时每刻都在学习，学习并不限于他们在教室的时间。因此，室外空间和设备也应该支持一系列儿童的发展目标：包括身体的、社会性的、认知的和创造力的。室外活动场地可以用来进行各种各样的学习活动。

室外活动范围

与室内环境相似，你可以将室外环境划分为多个功能明确的小块区域。当你将室外环境做这样的划分时，你会更容易对每一块区域进行规划和设计，从而也更易于对它们进行不断改进。

过渡区。过渡区是儿童进出运动场的地方。它应该能让儿童看到可以进行哪些游戏并让他们做出选择。过渡区有时也可以作为放置球类、三轮车和小货车等设备的地方。当儿童进入运动场时，应当可以从这里看到其他活动，并考虑和选择一个去参加。在过渡区域，确保来来往往的孩子们有等待和聚集的地方是十分必要的。长椅、大轮胎、台阶或矮墙的边缘等都可以当作不错的等待区。

活力游戏区。每个室外环境都需要提供能够让孩子们跑、跳、跳绳、滚铁环、投球、骑行或推小车的空间。儿童需要一个可以安全奔跑和游戏的宽敞区域，可能的话带有草坪更好。学龄前期或学龄初期的儿童需要能让他们爬高的地方，这样他们就能够从不同的角度观望事物；同时他们还需要滑梯或秋千一类的设备，这能让他们体验到不同的动感。"超级构架"（super structure）是我们过去所说的"攀爬架"的升级版。超级构架通常包括平台、滑梯、隧道、网兜以及斜坡等设备。

尽管你对项目中游戏活动区域的大小没有太多控制力，也不太会修理其中的设备和器材，你依然可以创造可视界限（create visual boundaries）。可视界限有助于保证儿童在游戏中既安全又玩得高兴（比如一个孩子穿过荡起的秋千或刚好有人滑下滑梯的区域时就很有可能受伤）。添加用非径向矮轮胎（轮胎店有售）或盆栽植物做成的边界，能够给儿童提供可见的边界信号，以保护他们的安全。

活力游戏区提供的更大挑战对学龄儿童的发展有益。儿童可以爬得更高，摆动幅度更大，跳得更远，而且能够学到许多新技巧，比如从长杆上滑下，在高平衡木上保持平衡，以及在双杠上翻转。学龄初期的儿童也能够在有组织的游戏中使用可移动的设备和器材，比如铁环、球拍和球，他们还可以在硬地面上跳绳和拍球。

自然元素区。当今在很多社区中，幼儿的大部分时间都是在室内度过的，因此定期为他们安排到自然界中去活动和体验非常重要。户外环境中有植物、泥土、树木、

草地和栖息于其中的生物，如果室外空间有一块大的鹅卵石，就是一件非常好的装饰。如果你的户外活动场所中有自然元素，请善加照顾与保护。这会是一个培植花园、放置喂鸟器或宠物窝的好地方。

若室外活动区域是屋顶或停车场，可以在这样的自然环境中添置盆栽植物、园艺箱、宠物或沙盘（用来装沙子、水或泥土）等。用来挖着玩儿的泥巴和沙子以及用来浇灌植物的水能够抚慰人心，并且能够给儿童提供重要的学习体验。定期到公园散步可以作为一个补充，但是不能取代儿童每日在室外活动场所中的自然体验。

操作—创造区。这一区域是一个可进行美术或木工创作等桌上活动的户外场所。类似黏土和手指画颜料这样散乱的美术材料格外适合在室外使用。相比学龄初期的操场，操作—创造活动在学龄前期更为常见。在一些幼儿园，桌面游戏和书籍都会被带到这个区域。

社交—表演区。无论儿童是否在室外环境中创造属于他们自己的社交机会或者进行表演游戏，你都需要为孩子们提供这样一个区域。当区域中有游戏屋、装扮服装、小道具以及一些"零散部件"，比如空心积木、床单、小轮胎、厚木板和其他儿童可移动的部件时，儿童的游戏就会变得更加丰富多彩。社交—表演区可以被设置在临近车道的地方，这样方便儿童做剧情延伸：使用三轮车、小马车或小货车来代替汽车、箱式货车、公共汽车或卡车。

婴儿或学步儿的室外游戏空间

你见过只为婴儿或学步儿设计的活动场地吗？如果还没有的话，这是个好机会。婴儿或学步儿的室外学习环境没有得到足够的重视，也缺乏充足的空间和资源。这很可惜，因为对最小的孩子来说，室外学习环境是很重要的，何谓一个好的室外空间设计？婴幼儿和年龄较大的孩子对这方面的需求有所不同。如果你教婴儿或学步儿，那么你需要设计出一块区别于年长幼儿的活动区域，这个区域应当具有以下特征：

- **安全**。由于婴儿和学步儿更容易晒伤，因而需要给他们提供遮阳区；他们喜欢通过把东西塞进嘴里来探索学习，因此必须注意排除潜在的隐患（如小石头以及锋利或有毒的植物），可将能够安全放入口中的玩具带入场地；他们依靠爬行活动，因此地面必须是安全的，而且要保护好他们的膝盖；他们学步时可能会摔倒，因此设备的尖硬边缘必须用软垫包住。

- **活动**。婴儿和学步儿需要四处活动，他们也正在学习移动身体的新方式。婴幼儿需要不同的表面来爬行或行走，需要可以翻越的低矮物体以及抓住可以站起来的坚固物体。光滑的地面适合刚开始学走路的幼儿，不倒翁和矮秋千能促进儿童使用下腹部来运动，骑行玩具用以帮助他们使用双脚来驱动，矮滑梯要能保证，不管儿童是头朝下还是脚朝下，都可以安全地滑下来。

利用室外环境

大多数室内活动偶尔也可以转移到室外进行。对于在一年中大部分时间气候温和的地方来说，室外是儿童玩沙玩水、进行美术和木工活动、饲养宠物以及摆放空心积木的首选场地。对于气候寒冷、潮湿或炎热的地方，室内活动有时也可以并且应该转移到室外进行。

当把儿童转移到室外进行活动的时候，他们的学习体验会上升到一个新的高度。比如，在橡树的树荫下阅读一篇关于树木的故事会给儿童带来新的体验；在自然的怀抱中画画和在教室中作画的体验迥然不同；在室外歌唱的感觉与在室内也不一样；户外的扮演游戏更加刺激；此外我们也都很喜欢偶尔的野餐。对于学步儿来说，户外活动（比如读故事、唱歌、吃点心等）与室内活动相比会给他们带来不一样的感受，这和年龄较大的儿童相似。你要确保室外有让孩子们想象、思考和放松的空间。与室内环境一样，在室外环境中，儿童也需要独处以及开展集体活动的空间。玩具屋、游戏架下的隐蔽角落，或者小树下的安静之处，都可以为儿童提供这样的机会。如果室外的景物或固定设备不能提供这样的场所，你也可以自己临时添置一个木箱或者一个曾用来装器材的大箱子。我们最近观摩的一个项目就是这样设计的，那里的老师创建了一个"安静花园"，她在一棵小树周围放置了很多盆栽植物、一条矮长椅、一个供鸟儿戏水的盆，另外还有一个喂鸟器。

儿童需要挑战，户外环境是满足这种需求的好地方。他们一旦克服了一项挑战，就必须发现新的挑战。例如，儿童一旦学会了爬上和滑下滑梯，就开始寻找滑滑梯的新玩法。因而室外应该有一些需要花费时间且能让儿童持续探索的设备和器材。如果你设置的室外环境缺乏挑战，儿童会去自己创造条件。为了确保室外活动的安全性，你可以添置一些设备或增加一些活动来满足这种需要。比如，把半截轮胎埋

室外游戏环境的黄金法则

1. 按区域进行组织。
2. 创建可见的界限以保证儿童的安全和活动。
3. 提供发展身体能力的挑战。
4. 室外游戏空间中需要包含自然元素。
5. 确保室外是一个可以让儿童想象、思考和放松的地方。
6. 时而将一些室内活动转移至室外进行。
7. 观察儿童并定期添加新的体验和挑战。

图 8.1 改进户外游戏空间的简单方法

> 1. 为了美观和空气芳香，可以添加一些植物——让给花木浇水成为班级的日常工作
>   - 放置大而稳固的盆栽植物——把它们安放在合适的位置以便于儿童在附近玩耍
>   - 开辟一块可以种花的园地，来吸引蝴蝶、益虫和蜂鸟——可以种植金盏花、矢车菊、莳萝、牛膝草、小香葱、百日草、鼠尾草、紫罗兰、香雪球、紫苏、薰衣草
>   - 种一圈向日葵，创设一个"向日葵屋"
> 2. 饲养一些动物
>   - 放置喂鸟器——让给喂鸟器添食续水成为班级的日常工作
>   - 添置供鸟儿戏水的盆
>   - 给兔子做一个窝
> 3. 添加一些声音
>   - 悬挂风铃
>   - 用可回收利用的干净大塑料桶做一架鼓
>   - 在围墙上悬挂罐子和锅盖
> 4. 使其个性化
>   - 让儿童或家庭创建一些混凝土垫脚石（用五金店的即用水泥制作）
>   - 让儿童粉刷步道或轮胎；或者在得到有关部门许可的情况下，邀请他们在建筑物或仓库的墙壁上创作临时的墙饰画

在沙子里排成一排，则可以创造一种平衡挑战环境；在小路上放置圆锥形障碍，则可以作为三轮车小骑手的挑战。教师要做的最重要的事情之一就是：想方设法在室外环境中创造出各种新的挑战。

无论设备是买来的还是自制的，你的室外环境都需要细致的定期评估、计划和调整。专栏"室外游戏空间的黄金法则"总结了创设室外环境的指导办法。

作为教师，你不可能单打独斗地为儿童创造完美的活动空间。如果够幸运的话，你将会与重视室外学习环境的同事、管理层和家长们一起共事，齐心协力为儿童创设完美的环境。这里有一些资料能够帮助你思考如何做到这一点（我们推荐 Keeler 的 *Natural Playscapes* 和 Elliott 的 *The Outdoor Playspace Naturally*）。无论通过什么方式，每个教师都能够设计并且努力改进可用的室外环境（见图 8.1）。

让环境起作用

创设学习环境并不是一劳永逸的事情，而是一个持续的过程。儿童的需要会在他们成长和学习的过程中不断改变。任何环境都能够被调整和改善。为某个年龄的儿童班级所做的完美设计，可能对于新的班级来说就不合适。因此需要制订定期重新评估和改变环境的计划。当问题出现的时候——比如说儿童总是在参与活动的过程中遭遇挫折——你可能首先就要检查环境是否是部分原因。罗伯特·索姆是一位

研究环境对行为影响的心理学家,他曾说过,"没有任何行为可以脱离环境,即使在子宫里也是如此"(Sommer, 1969, 19)。

在你结束室内或室外空间布置之前,以及你想要改变环境的时候,请坐在地面上,以儿童的视角来观察你的环境。从入口到每个区域,都要仔细地观察。留意你在每个位置能看到的东西,哪些最吸引人,哪些最容易使人分心。这种景象与你站着时看到的非常不同,它能够帮你设计出对儿童来说有意义的环境。

考虑教—学环境的维度

多年以来,我们发现伊丽莎白·琼斯和伊丽莎白·普莱斯考特1984年在《教—学环境的维度》一书中所描述的具体维度或属性很有帮助,可以成为我们观察和评价周围环境的一种透镜(见图8.2)。使用清单能够帮助你系统地设计学习环境,比如附录B中的清单、哈姆斯—克利福德幼儿环境评级量表(Harms-Clifford Early Childhood Environment Rating Scale, 2004),或POEMS学前户外环境测评量表(POEMS Preschool Outdoor Environment Measurement Scale, 2005)。

注重秩序和美观

> 在"儿童天地学习中心",来访者被两间教室的不同震撼到了。林恩的教室异常杂乱——书架上堆满了分类不清的硬纸盒,碗碟架上布满了灰尘,里面放着各种玩具。儿童在教室里大声喊叫,以盖过嘈杂吵闹的音乐声。兔子奇皮的气味弥漫在空气中。架子顶端摆着一堆用来做美工的纸、可循环使用的材料和几堆书。破烂的海报装饰着墙壁。
>
> 相反,莎莫的教室简直就像一片绿洲。家具都是精心布置的,椅子和桌子的颜色很协调;几个学习区域用植物分隔开来。储物架上放着装在篮子或托盘里的玩具,每件物品之间都有间隔。几乎所有架子的顶部都是干净整洁的。地毯、靠垫和窗帘都为彼此增色不少;艺术海报和儿童的美术作品装点着墙壁。几内亚小猪萨米一直啃着它的草垫。乐器正轻柔地弹奏着,儿童的说话声和笑声是教室里最主要的声音。

我们认为,儿童的环境应该是充满美感的地方。这意味着要使教室中各要素之间相互和谐,就需要在设计、灯光、颜色和结构的选择,以及家具、设备和材料的布置上下工夫。审美的元素在幼儿教室和活动场地的设计中经常被忽略。你如何去创造有序并且让人体验到审美愉悦的环境呢?下面是一些简便的指导办法:

- **选择柔和、中性的色彩**。鲜明的色彩在房间中太夺人眼球,可能会妨碍艺术和自然美的展现。如果可以选择的话,墙壁和天花板应采用柔和中性的浅色。如果不能选择,尽量使桌布、海报、窗帘和收纳盒的颜色与墙壁的颜色协调。整个空间内的颜色都要协调,这样儿童会将所有区域看作一个整体,而不是分离

图 8.2 教—学环境的维度

- 坚硬—柔软：舒适的家具、枕头、小毯子、草坪、沙地、毛茸茸的动物、柔软的玩具、吊环和轮胎秋千、面团、手指画颜料、黏土、泥土、水和其他接触起来温暖舒适的东西，这些都能使环境变得柔和。柔和的事物能改变环境，决定何种事件在环境中发生，以及人们感到多安全舒适。幼儿教室需要柔软的家具、地毯，柔和的装饰和与家中环境相近强度的灯光。坚硬的环境，比如像水泥一样不能改变的材料、不吸引人的色彩以及刺眼的灯光，都会让儿童感到不适，并且暗示着你对儿童缺乏尊重。
- 开放—封闭（这一维度描述环境和材料对儿童的约束程度）：开放性的材料能够激发创新。封闭性的材料可以作为孩子们迎接适当挑战时的奖励。过难的材料会使儿童有挫败感。年纪小的或经验尚浅的儿童需要更多开放性的材料。大一点儿的、经验较多的儿童需要并喜欢开放性材料，同时也会喜欢封闭性材料的挑战。儿童表现出无聊或挫败可能是由开放与封闭体验之间的失衡导致的。
- 低移动性—高移动性：高移动性包括自主活动，低移动性包括儿童静坐时的活动。这两者都很重要，在室外、室内和一天中的任何时刻均可进行。
- 简单—复杂：简单材料有一个明显的用途——它们不鼓励儿童进行操作或即兴创作。简单材料包括三轮车、滑梯、拼图，或者一些概念性的游戏，比如爬坡与梯子（Chutes and Ladders，译者注：一种儿童游戏棋）。复杂材料允许儿童同时使用两种不同的材料，让游戏变得更多变有趣。它们能够长时间吸引儿童的注意力——比如有玩具的沙盘、有小道具的积木，有颜料的拼贴画等。更加复杂的材料甚至能够提供更多的可能，并且能更长时间地吸引儿童。比如有工具和水的沙地，或者配有家具、包含服装和小道具的戏剧表演区。为了帮助经验少、年龄小的儿童集中注意力并做选择，他们的教室需要布置得简单一些。大一点儿的儿童能够应对更复杂的事物，你可以通过添加材料或教师指导来增加事物的复杂程度。
- 融入—隔离（这一维度描述哪些人或哪些事物能够越过空间之间的界限）：其他人或事物的出现能够增加新奇感和刺激性，进而加强儿童的学习——如访客、远足和教室外面世界的其他经验。隔绝外界的刺激给儿童提供了集中注意力、思考和独处的机会。靠墙放置的桌子或画架提供的部分隔离空间，让儿童拥有隐私、三面隔绝的独立场所；纸箱、阁楼或桌子下面的舒适的封闭空间，这些都能帮助儿童远离教室中的其他刺激。如果没有独处的机会时，儿童为了创造他们自己的空间，通常就会躲起来或从教室愤愤离去。

资料来源：From E. Jones & E. Prescott, *Dimensions of Teaching-Learning Environments*, 1984.

的一个个局部。避免在同一个区域设置太多不同的图案，因为这对儿童来说可能刺激性太强。

- **统一家具的颜色**。保持颜色中性和自然，能够让儿童将注意力集中在储物架上的学习材料上。如果你需要粉刷家具，那么就把所有家具粉刷成同一种中性的颜色，这样你在改变家具位置的时候就有较大的灵活性。你也要确保蜡笔、颜料和马克笔的痕迹能够及时清理干净。我们通常会给孩子们准备小刷子和温肥皂水，让他们在晴朗暖和的日子擦洗家具。
- **展示艺术作品**。添加儿童的美术作品或艺术家的画作来进行展示，避免张贴漫画、广告以及颜色过分鲜艳、陈旧或破烂褪色的海报。确保绝大多数作品（既包括儿童的也包括成人画家的）展出的高度与儿童视线相一致。将雕塑、有相框的照片、植物以及表现自然美的贝壳、石头和鱼缸等放置在储物架的顶端，这样的布置有利于你对这些物品的保护。

- **用自然之物充实环境**。想办法将表现自然美的材料加入到你的教室或院子中。将植物、石头、木材、贝壳、种子等作为室内学习的材料。在室外添加一些小细节，诸如摆放一个播种箱或一个石头阵，来显示室外也有值得被关注的地方。
- **使存储变得有吸引力并富有成效**。储存区能够使项目顺畅进行，同时也有助于审美特性的形成。使存储有功效、有组织并且有吸引力是一个良好的幼儿园设计的准则，因为存储功能在房屋、厨房、商店和办公室等地方随处可见。经过周密组织的环境可以帮助儿童了解并维护秩序，而且还能使你营造的环境成为儿童欢度时光和开展活动的好地方。
- **儿童使用的材料存储在其可视和可及范围内**。当儿童环顾整个环境时，他们应该一眼就能看出哪些材料可以使用。存放在开放低矮架子上的物品告诉儿童可以使用它们。给成人使用的物品应该放在儿童看不见、够不着的地方。备用的耗材、文件、急救用品、锋利的工具以及教职工的个人物品，应该上锁或放到儿童不易进入的储藏室里。
- **使用引人注目的收纳容器**。篮子和木碗会是很有吸引力的选择。如果你使用塑料存储桶，那么需要在同一个架子上摆放同类和同颜色的塑料桶。如果你使用硬纸盒，则需要在它外面包上浅色纸或给其涂色。不要将教师的东西放在架子上，如果没有其他选择，可以用包装好的盒子或储存箱做一个教师"格子"。
- **避免凌乱**。杂乱的储物架不会吸引儿童，还让日常维护变得困难。储物架顶部不要堆放太多东西。规划储物架的空间使用以保证每样东西都有归处。养成用完材料后及时归位的习惯，并教孩子也这样做。
- **定期轮换材料**。将材料轮换摆放而不是一下子拿出所有玩具。当你拿出一些新的物品时，要把另一些材料收起来。这能帮助儿童尝试有趣的新事物，当之前的物品再次被摆放出来的时候，对儿童来说，它们会焕发新的生命。
- **贴标签**。如果储物架或其他存储区都有能够说明物品应该放在何处的标记，儿童会更加独立。即使是在婴儿或学步儿的房间里，用表示储存内容的图案标记在储物架或收纳箱上，也会对教师有帮助。一些教师用不干胶彩色贴纸给储物架和材料编号，用不同的颜色指代它们所属的区域（红点代表桌子上的玩具，黄点代表写作区的，等等）。在储物架上放上材料的剪影能够帮助儿童将物品和它的摆放位置进行匹配。记住，你的目标是保持环境井然有序且美观。

反映儿童——反映场所

我们生活在一个多样化的社会里，因此，幼儿学习环境也需要尊重和反映这种多样性。在选择书籍、艺术品、软件和扮演游戏道具的时候，应该体现文化、性别、

第8章

> **创设室内学习环境的黄金法则**
>
> 1. 整理环境以便于监管、清洁和维护。
> 2. 确保有饮用水、卫生间、换尿布的设施，要有水池和可供休息的安静空间。
> 3. 选择适合幼儿使用的家具，为成人提供舒适的座椅。
> 4. 按区域组织和布置教室。
> 5. 挑选安全、优质、结实的器材、材料，丢弃或修理受损的、残缺的器材和材料。
> 6. 将幼儿使用的材料放置在他们视平线高度的、开放且宽敞的架子上，教师的材料放置在幼儿接触不到的地方。
> 7. 循环使用游戏材料。
> 8. 定期评估并改变环境。
> 9. 为环境增添具有美感的各种物品或饰品。
> 10. 投放能够反映幼儿及其家庭和地域特色的材料。

种族、能力、语言和家庭结构的差异。选择能够体现参加你教育项目的儿童和家庭所处的特定文化、社区和地域的材料。南卡罗来纳州的幼儿教育项目应该与芝加哥、阿拉斯加和特拉华州的有所不同。这就是基于场所的教育（place-based education）原则，它是一种将儿童与其所处的自然和社会环境联系起来的教育方法。你可以在环境中采用多种方法来反映儿童的特征。

当儿童在教室中看到他们自己或家人的照片时，他们会在这里找到归属感。可以用儿童和家人的照片来标记储物格、制作书籍和设计游戏；也可以邀请家人分享全家福和孩子的单人照；当你挑选布娃娃、书籍、拼图和海报的时候，注意与儿童和他们的家庭相类似。

你可以采用当地标志性的自然元素以及艺术品来营造具有地域特征的环境。比如说在夏威夷，教师经常使用露兜树叶编成的篮子存放物品；用露兜树种子当刷子；将夏威夷衬衫、花环和穆穆袍作为表演服；拿干椰子钉钉子。他们也在墙上展示当地艺术家描绘夏威夷风光的作品。相似地，我们在阿拉斯加的幼儿园中也看到，他们的戏剧表演区变成了一个钓鱼营地。

专栏"创设室内学习环境的黄金法则"总结了在为儿童创设教室环境时应该记住的几点重要事项。

避免装可爱

多年以来，我们一直都反对这样一种普遍倾向：刻意将环境搞得有一种小孩子式的可爱。可爱是何含义？这里所说的"可爱"不是指儿童与生俱来的那些吸引人的特质，而是指广告或卡通里那些造作的、老套的虚伪。可爱有什么不好？吉米·格林曼用"可爱的不可承受之轻"一语对其进行了抨击："可爱掠夺了它的唤醒力量，用肤浅的傻笑和失真的花哨将敬畏和愉悦掩盖"（Greenman, 1998, 62）。

过于可爱的材料是不必要的。它们暗示着，由于儿童比成年人年幼又不成熟，因此他们就没有什么个性，也没那么值得尊重，他们的学习既不严肃也不重要。如果环境中只有大眼睛瓢虫的海报，却没有关于昆虫的书籍，也没有观察昆虫的机会，那么这个环境就可爱过头了。墙壁上满布卡通壁画而没有儿童作品的学校环境也是如此。

儿童纯真、可爱，讨人喜欢。他们同样也是独特的、坚强的、值得我们尊重的个体。他们拥有真实而强烈的感觉和渴望。适宜的幼儿学习环境以及其中所包含的内容，同样也应该是有魅力的、迷人的、讨人喜欢的。它们也应该是真实的，而不是装可爱。

不同的儿童——不同的场所

学前教育工作者知道，不同年龄阶段的儿童有着不同的需要，这一点在我们设计的学习环境和提供的活动中都要有所体现。

婴儿和学步儿的环境——像家一样的地方

想象一个专门为婴儿和学步儿打造的环境，这个地方的地板干净，家具低矮且舒适，可接触的所有事物都是为最小的儿童准备的。婴儿和学步儿的学习环境设置要与年龄较大孩子的有所不同。婴儿和学步儿成长的环境是家庭，因此，设计良好的婴儿和学步儿环境的一个原则是：要营造一种家庭而不是学校的感觉。什么要素可使一个地方变得"像家一样"呢？我们可以把大多数家庭具备的三个特征作为我们设计教室环境的原则，这就是舒适、功能齐备、灵活。

> 波莉和卡萝是负责照料六个5~15个月大婴儿的两位老师。一个周三的上午10:30，波莉正坐在铺着地毯的地板上和谢恩、丽莎还有古加看书。在教室一边临近水池和储物架的尿布区，卡萝正在给奥利维亚换尿布。在角落的摇椅上，马修的妈妈正在照顾马修。在寝室里，刚离开主活动区的克里斯正在婴儿床上睡觉。

舒适性设计

婴儿和学步儿的环境需要舒适和安静，这样儿童和教师都不会感觉到压力。带有软垫、成人规格的坐椅或沙发是基本的必需品，儿童和成人可以在上面亲密依偎。坚固的坐椅或沙发可以为刚开始学习站立和走路的儿童提供很好的攀爬体验，也是很好的扶手。大多数婴儿和学步儿都可通过移动得以安抚，因此设置一把摇椅（设计时要考虑到不会夹到手指）或者其他能够移动的椅子就非常重要。婴儿和学步儿在室内的大多数活动都是在地板上进行的，因此柔软干净的地毯是幼儿教室环境中的一个基本要素。

常规设计

婴儿和学步儿的室内环境，要设计得使之所有重要的常规活动都能在室内可利用的空间中安全地进行。要实现这一点，大多数婴儿和学步儿的教室需要包含以下区域：

- **抵达和离开区域**。在这里，家长需要签到，提交儿童的物品，阅读孩子的一日生活记录。对于学步儿来说，这里还是一个和家长说再见的地方。分离对于幼儿来说是困难的，因此将这里打造成一个能让家长和孩子短暂相处的舒适空间十分重要。告别窗（儿童视线水平）也是值得设置的，幼儿可以通过它看着父母离开。

- **换尿布区域**。换尿布是日常项目的一个突出特点，因此，带有水池和热水的更换区必须就在旁边，而且要和用餐区、游戏区分开。婴儿和学步儿的环境需要稳固的尿布更换台，更换台的高度应可调节，以使成人感到舒适（我们倾向于使用带有可伸缩台阶的更换台，这既能促进儿童的独立性发展，也能保护教职工的腰背）。换尿布也是互动的时间，更换区应该让人感觉舒适。学步儿在换尿布的时候可能希望和其他儿童交流，因此，更换区应该能够让附近的小朋友进入。由于一些学步儿或 2 岁的孩子刚开始进行如厕训练，因此临近的地方需要有盥洗区。盥洗区内儿童规格的设施让孩子们更容易如厕。如果是成人型号的马桶和洗手池，那么稳定的垫脚凳或台子就是必不可少的，它们能帮助儿童舒服地够到马桶和脸盆。

- **进餐区域**。进餐区应该有进餐所需的矮桌子和稳固的椅子，最好与活动区分开设置。

另外，婴儿的教室包含下列物品也是很重要的：

- **用奶瓶喂宝宝时使用的舒适坐椅**。除了教师，来照顾宝宝的妈妈们也可以使用这些椅子。
- **食物储存与准备区**。这个区域应该有洗手台、冰箱以及加热食物的设备，还要临近进餐区，但在游戏区之外。
- **休息区**。这个区域应该避免受到游戏区的干扰，并且易于监护。

灵活性设计

家庭环境是灵活的，因此婴儿和学步儿保教机构也需要为每天的活动提供同样灵活的空间。一项明智的设计原则是，将活动区或游戏区设置在婴儿或学步儿教室的中央，做成一个开放的、灵活可变的区域，其中的材料和设备可以被拿进拿出。

在婴儿教室，游戏和探索的材料可以沿着屋子的四周摆放，以方便婴儿发现材料并把它们带到更大的空间。沿着屋子四周还应该为移动方便的儿童开辟一些游戏空间，同时应该有能让孩子攀爬的、不同高度的设施。如果房间里同时有移动方便的婴儿和不会移动的婴儿，那么就需要设置一些低矮的屏障来对不会移动的婴儿进行保护。

在学步儿教室，中央活动区是一个聚集的场所。虽然有组织的结构化的集体活动时间对学步儿来说还不适宜，但教师和孩子们聚在一起读书或唱歌则是常有的。这个聚集区域也是放置可移动攀爬架或平台的好地方。

图 8.3 是一个婴儿教室平面图的例子。

移动性设计

婴儿的教室常用安全、舒适、可靠这类词汇来定义——它是一个明亮、多彩、空气清新的漂亮小空间，同时也为有限的几个成人照料者提供了房间。但是，学步儿是会移动的，他们能跑会跳，还跳舞、攀爬，因此必须保障室内活动空间是安全的。蹲式矮滑梯或低矮的攀爬架对学步儿和 2 岁的孩子来说都是不错的选择。设置一些台阶和矮斜坡也是必要的，这样可以让儿童有机会从高一点的角度看世界。我们有必要假设儿童可能会爬上任何可以攀爬的物体，因此那些高而不稳的架子就必须从学步儿的环境中清除，即使是低矮的架子也应该保证它们不会翻倒，此外要避免使用有轮子的架子。

围绕着聚集区的四周，你可以设置几块不同的区域，比如：

- **玩具区**。该区域有拼图、桌上积木、像乐高得宝那种塑料拼接积木玩具、小车、嵌套的杯子、拖拽玩具和动物形象玩具等等。对于婴儿和学步儿来说，玩教具的部件必须足够大才能避免窒息的危险，它们还要足够坚固，从而经得起反复消毒。这些玩具必须有安全光滑的边缘，要足够大以便抓握，要很轻以便举起，要很软以避免伤害到孩子，要足够坚固以经得起摔打和踩踏。玩具区可以包括自制的玩具，比如内部装有一些晾衣夹的塑料瓶，也可以是市场上提供的各式婴幼儿玩具。将相同的玩具准备两套，一起摆放在储物架上，可以鼓励孩子们

图 8.3 婴儿教室平面图示例

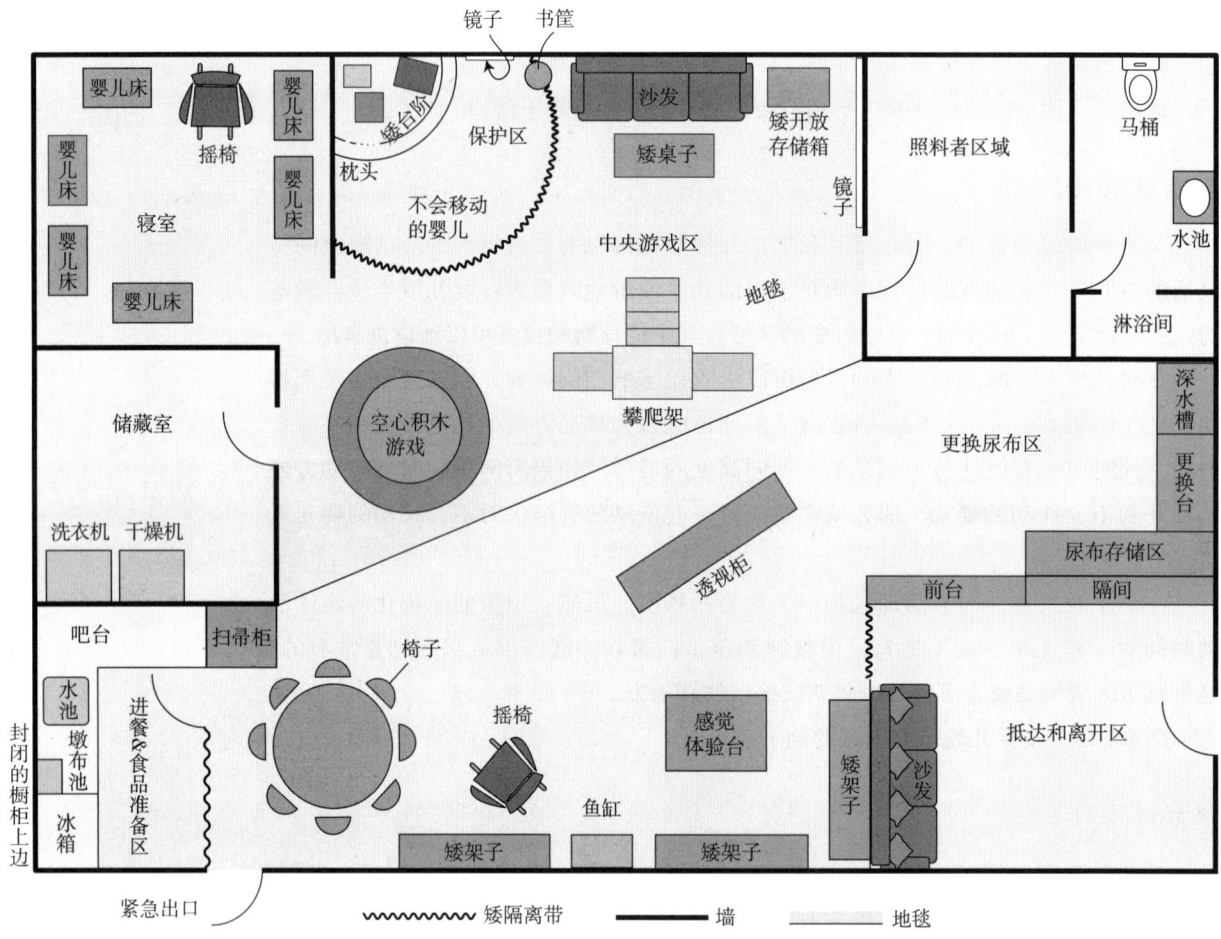

一起玩并减少争执。婴儿和学步儿经常把日常用品当作可操作的玩具，因此将不安全或不适宜的物件放在儿童够不到的地方是很重要的。2 岁的儿童可以参加常规的积木游戏以及塑料泡沫或硬纸板质地的大积木游戏。

- **桌子区**。这是孩子们用来进餐、品尝和准备食物并对美术材料（比如手指画颜料、黏土和蜡笔）进行探索的区域。对于婴儿和学步儿来说，美术是最初的感觉体验。他们通过所有感官来探索那些艺术的原材料。对于学步儿来说，合适的材料包括大张的纸、短粗的蜡笔和水彩笔、手指画颜料、浆糊和纸张、黏土等。学步儿和 2 岁的儿童还可以一次用一两种颜色在画架上画画，画架要根据儿童的身高进行调整，他们也可以在墙上或围栏上挂着的大纸上作画。

- **图书区**。图书区要有篮子、矮书架或者悬挂式收纳袋来装满高质量、不易损坏又有吸引力的书籍，而且还要有舒适的地方可供儿童坐下来享受阅读的乐趣。在婴儿教室中，适合他们年龄的书籍应该分布于教室不同的区域。小篮子可以为硬皮书籍提供存储空间。那些在大多数学龄前儿童教室常见的书架可能会引发孩子攀爬的欲望，因此也会存在安全隐患。

- **假扮游戏区**。这个区域可用来玩过家家。学步儿需要简单、真实以及与戏剧有关的游戏材料。帽子、鞋、有扣子的衣服、书包、娃娃、塑料盘子、质量小的铝锅和木质或塑质的搅拌勺等都是不错的选择。同样，所有材料的数量都要配备双份。你可以鼓励学步儿把积木等其他小玩具带到假扮游戏区，作为他们游戏的一部分。
- **感觉体验台**。包括水、沙子和像肥皂泡这样的其他安全的材料。自然材料对婴儿和学步儿来说通常是安全的，而且格外能满足他们的需求。儿童年龄越小，你就越需要给他们更多的监护。因为幼儿喜欢把东西往嘴里塞，所以你可能就需要用面团代替粘土，用面粉、玉米麦片、燕麦片或米来代替沙子，以保证儿童的安全。

图 8.4 是学步儿教室和室外游戏空间设计的一个例子。

学龄前和幼儿园教室——儿童的天地

想象在一个场所内，孩子们正在看书、搭积木、在画架上画画、玩乐高玩具、拼拼图、装扮、玩娃娃。你所想象的正是一个学龄前或幼儿园儿童的学习环境，它是基于儿童的兴趣及发展阶段设计的。让上述所有（或大部分）想象都实现，并设计出一种极少发生冲突和混乱的环境，这是需要知识和技巧的。以下办法将会帮助你设计一种有效的、吸引人的学习环境：

- **局部隔离**。大多数幼儿园的学习中心都有着特殊的作用，需要用架子或分隔物将其与教室的其他区域隔离开来。儿童可以从四面进入的活动中心，未必比有两三面被围起来的活动中心更有效。
- **在活动中心提供儿童可以分组活动的额外空间**。一些区域需要比其他区域更多的空间。比如，儿童在搭积木、戏剧扮演或用操作玩具搭建筑物的时候，自然会分组合作。这些区域就需要足够大的面积以容纳成组的儿童；当读书、拼图或写作的时候，儿童倾向于独立活动，因此这类区域可以小些；有桌子的活动中心可以通过椅子数量的多少来暗示多少儿童可以在这里嬉戏。
- **提供聚集和独处的区域**。所有儿童和教师聚集的时间是存在的，因此每个教室都需要一块足够大的区域让儿童和成人舒服地坐在一起。这块空间可以是大型汽车游戏区或积木游戏区的两倍大。此外，安静舒适的独处空间也很重要。离家较长时间的儿童需要一个可以独处的地方。为这些孩子提供一个这样的安全独处空间不仅满足了他们的需要，同时也阻止了儿童自己去创造不安全的隐蔽空间。
- **分隔嘈杂的区域和安静的区域**。幼儿天生就话多吵闹，这是你不能也不应该企

图 8.4 学步儿教室和室外游戏空间平面图示例

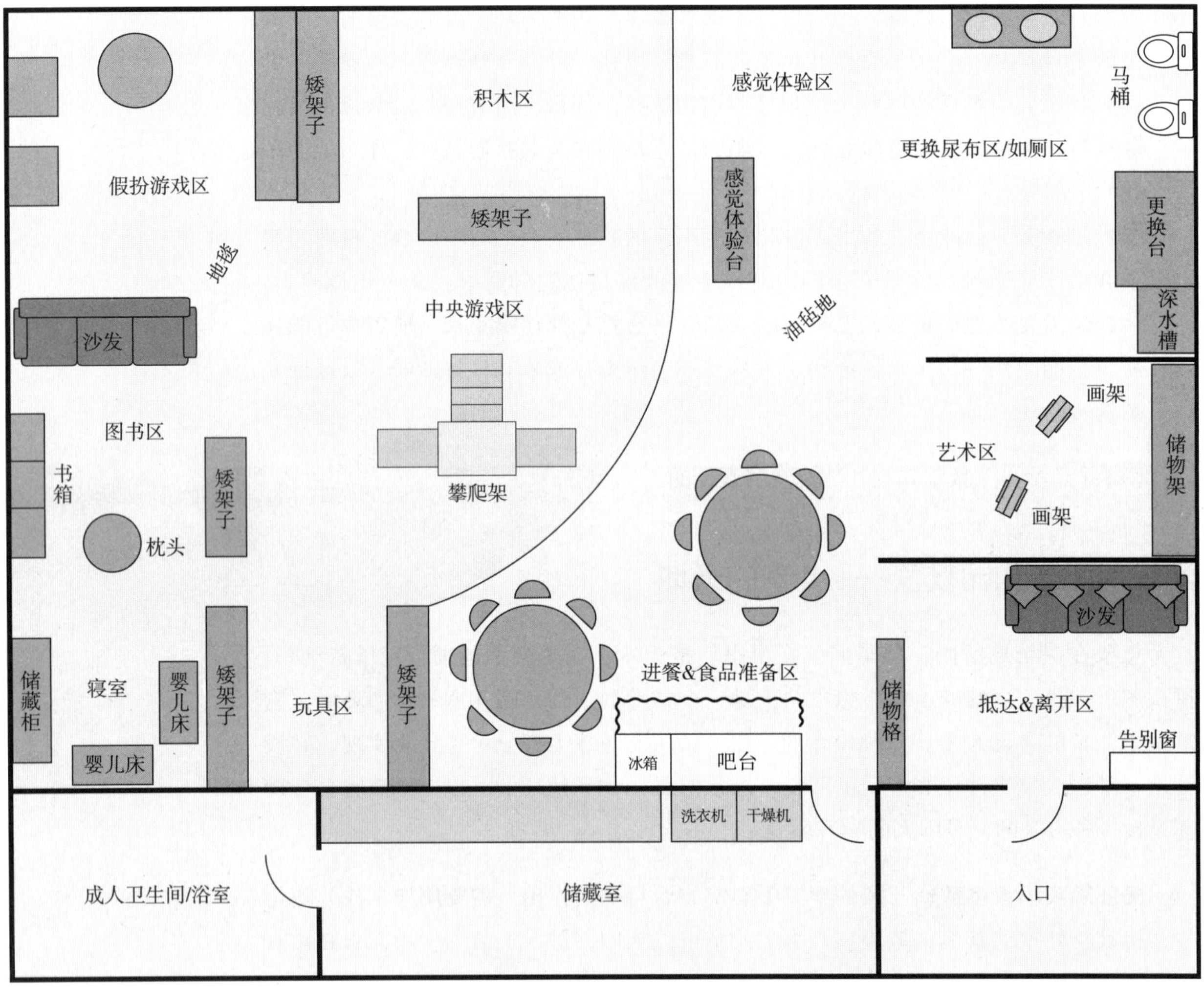

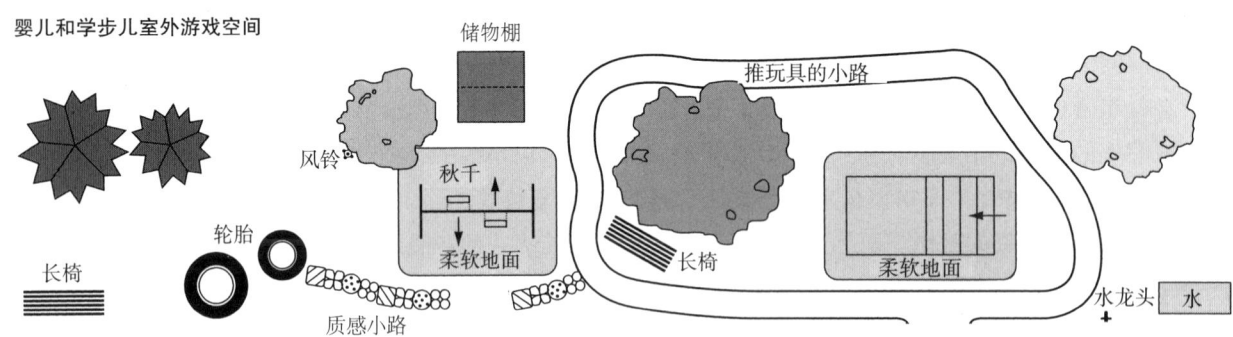

婴儿和学步儿室外游戏空间

图改变的事实。地毯和靠垫不仅能提供舒适放松的空间，还可以帮助吸纳噪音。一些区域必然会比其他区域更加吵闹（比如积木区和戏剧表演区）。如果你的教室很宽敞，应将这些区域安排在离需要安静和注意力的区域（比如图书区和拼图区）较远的地方。

- **避免走廊和跑道**。区域之间的空间也需要仔细考虑。儿童需要在教室中的各区域之间移动。太过狭长的走廊和跑道（围绕储物架或桌子的环形小道）可能诱导儿童跑起来。因此要避免使用小道连接儿童学习和游戏的区域。

图 8.5 说明了这些设计特点。在大多数学龄前或幼儿园儿童的教室中，这些活动中心或多或少都被设置成教室中不变的一部分。即使教室各有不同，但我们所描述的这些活动中心在大多数学龄前或幼儿园（以及一些小学）教室中都很典型。由于这些活动中心是幼儿教室最有特色的特征，同时也是幼儿课程的基础，因此我们将对其进行详细描述。

积木区

自福禄贝尔以来（也许更早），积木就成为了幼儿的玩具。如今积木的种类繁多，既有大型空心积木，也有小的乐高塑料拼接积木。但是当学前教育者提到"积木"的时候，他们特指的是卡罗琳·普拉特和哈里特·约翰逊设计的硬木质单元积木，以及它们的大号"亲戚"——空心积木。如今，一组硬木质的单元积木已经成为了学龄前或幼儿园学习环境中必不可少的标配。

单元积木和空心积木有助于发展儿童的动作协调能力和力量，提高想象力水平，也为儿童提供了合作的机会。它们提供了学习测量、比例以及解决问题的经验。儿童能通过搭积木获得抽象表达的经验，有助于读写能力的提高。当儿童体会到两块同样大小的积木和一块大积木大小等值时，他们也就学到了其数学关系。积木是儿童可以用来再创造个人经验、表达个人观点的原始材料。空心积木通过让儿童搭建建筑物，激发出他们丰富的戏剧表演游戏。所有的积木都可以被当作运载工具，借此儿童可以表现出他们对世界日益增长的认识。学龄前儿童和幼儿园的儿童能够开发出积木更广泛的用途，看着他们搭积木的技能逐渐提升真是一种美妙的体验。

单元积木区。单元积木区起始于一组硬木质的单元积木。不同大小、形状的积木以 14×7×3 厘米的积木为基准，在此基础上精确地按比例（二分之一、四分之一、两倍、四倍等）缩小增大。因此儿童能够体会数学关系，发展相等、对称等概念。

教室中一组基本的单元积木包括 100~150 块含有 14 到 20 种形状的积木，有时

图 8.5 学龄前/幼儿园教室及室外游戏空间平面图示例

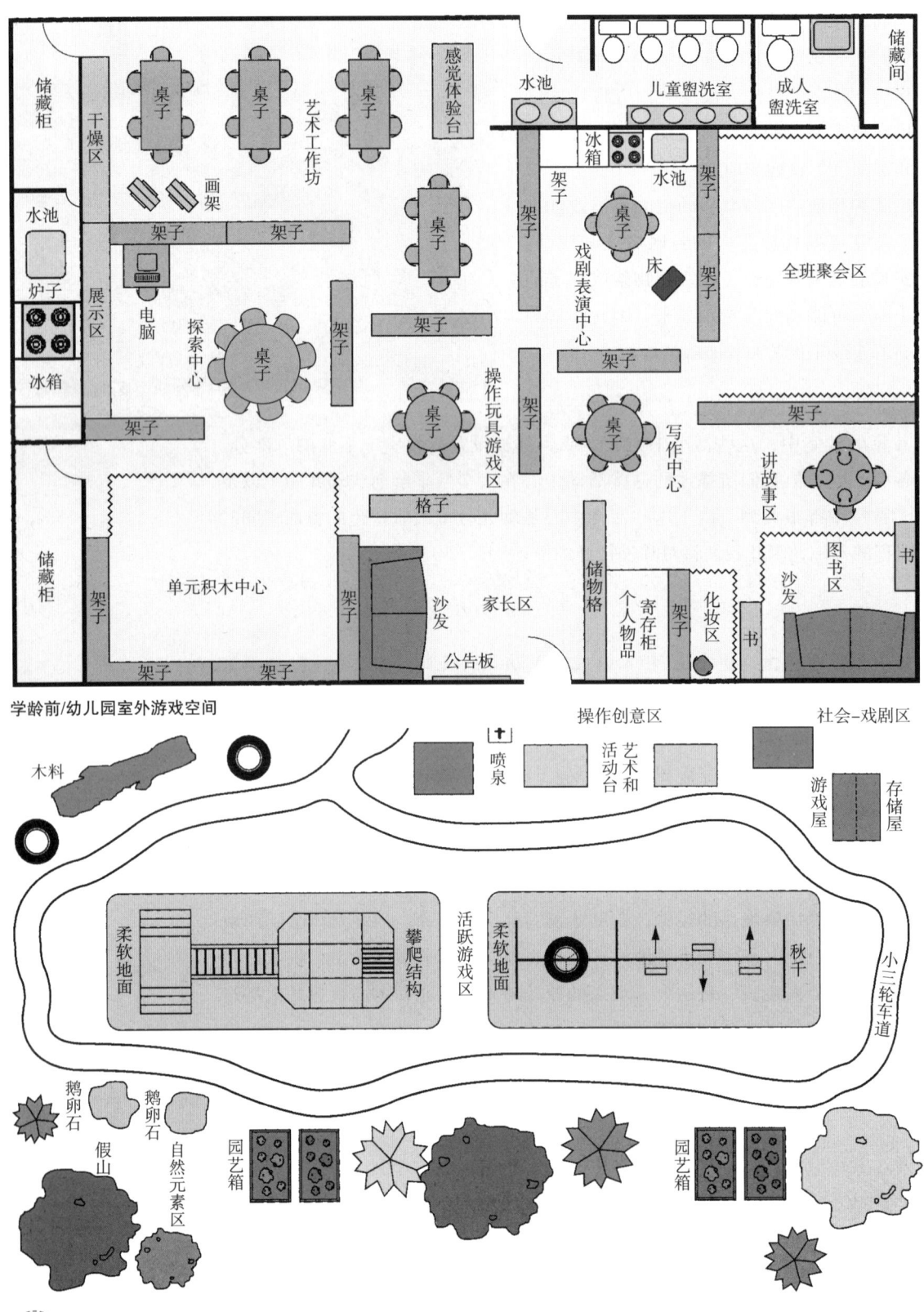

称之为托儿所或幼儿园积木组。包括200~700块含有20到25种形状的积木组被称为学校或教室积木组。块数更多、更复杂的积木组对年龄大一点儿的儿童来说是有益的，但太多的积木块可能会使低龄幼儿望而却步，并且整理工作对他们来说也会比较吃力。

单元积木应该存放在开放式的矮储物架上。储物架上应该有足够的空间，以保证每个型号的积木都有单独存放的地方。存放时可将特性相似的积木临近摆放，以便于儿童识别他们的不同之处（比如，将长积木纵向摆放，这样它们长度的区别就显而易见了）。每个架子都应该清楚地用相应积木的轮廓做标记，这样一来，儿童就能够很容易找到他们建筑所需要的积木，还能将它们放回合适的地方（我们建议用纯色荧光纸来制作轮廓标记）。如果积木被无序地存放在盒子或箱子里，那么积木游戏就会失去其应有的很多益处。

积木区应该足够大，以便于多个孩子能够同时进行游戏。光滑的地板或短毛绒地毯能够将噪音减到最小，而且搭建的积木结构也不容易倒塌。

你可以通过增加玩具运输车、街道标志、娃娃屋、小玩偶和动物以及其他小道具（地毯或布方巾、石头、沙子或光滑的木头）来丰富和扩展单元积木游戏，此外，还可以鼓励儿童用艺术区的材料来制作他们自己的小道具。在小工具架子上提供收纳筐和独立标记的空间。介绍各种搭建建筑的海报、照片和书籍可以在积木区张贴和展示。对大一点儿的学龄前儿童和幼儿园儿童来说，你可以提供一些纸、笔和胶带来让他们给自己的作品做标记和编写故事。

空心积木区。空心积木比单元积木大，而且包括用来做屋顶和平台的短板和长板。它们为孩子提供了一个自己能够进入自己建造的世界的机会。空心积木区的积木数量应该足够儿童去建造一个可以攀爬或进入的建筑（一个"初始组"有17块大积木）。更大的积木组（50块以上）能够激发更广泛的创造性游戏。

空心积木比较昂贵，而且需要占据很大的空间。为了减少噪音并防止积木受到损坏，当你布置空心积木区的时候，地毯或其他柔软的覆盖物是必不可少的。空心积木可以存放在架子上或者靠墙堆放。如果室内没有足够的空间，空心积木区可以设置在门廊，或设置在有遮挡的室外游戏场所的储存室中。我们发现，如果将空心积木与单元积木分开，孩子们就能用空心积木搭建出更精细的建构以及玩更具社会性的游戏。如果可能的话，将空心积木区设置在临近戏剧表演区的地方，以便于儿童将积木搭建与社会性表演游戏结合起来。例如，在空心积木区的消防员可能被叫到戏剧表演区去扑灭火灾，或者空心积木区的木匠可以在房子上建造车库或添加建筑。帽子、床单、几段雪纺绸或纱布都是空心积木区不错的道具，你可以将它们存放在临近的箱子、盒子或篮子里。

戏剧表演区

戏剧表演游戏是幼儿最重要的活动之一。儿童模仿他们生活中重要成人的行为，并表演出不同角色可能持有的感受。当他们承担着角色并使用材料来扮演时，是在学习将日常生活符号化和实践的技巧。物理环境的控制（比如，穿有扣子或拉链的衣服）和人际关系的处理等技巧，一定程度上都是儿童通过戏剧表演学到的。

戏剧表演区需要有遮挡的空间以及儿童规格的简易家具，包括假炉子、水池、带椅子的2~4人桌。添置一些戏服能够激发儿童扮演不同角色的积极性，男孩和女孩的戏服都应该能够反映不同的工作、娱乐、文化和年龄。你可能要为戏剧游戏区搜罗一些能够体现儿童家庭、文化和社区的道具。那些代表着多样化种族背景的布娃娃以及厨房用具、书籍、家具和工具等日常生活用品，也都是戏剧游戏区的组成部分。带有篮子和箱子的开放储物架或墙上的钩子，都为戏剧表演服装和工具提供了存放空间。此外，你也需要整理材料以便于儿童取用，并检查储物架上材料的图片标签是否正确。

戏剧表演区经常被称为"家庭"区以强调家庭活动。家庭主题与儿童生活中大多数普遍又有影响力的经验都有联系，但是儿童会找到新的方法使这个主题多样化。在一间教室里，我们发现，当儿童在椅子之间铺开手织披肩来形成一张巨大的网时，他们就变成了一个蜘蛛家庭。戏剧表演区还可以表现其他主题，如邮局、医院、商店、公共汽车、农场、帐篷或餐馆等等。因此，当我们跟儿童谈论教室这个部分的时候，我们称它为假扮区。简易坚固的家具可以被重新组合来创造出不同的场景，这可以进一步扩展戏剧表演区本就丰富多彩的景象。

由于不可能也没有必要在任何时候都提供全部的道具，因此在戏剧表演区组织并轮换使用道具是个好办法。当你发现儿童有了新兴趣的时候，或者你要开展一个新的学习主题时，可以添置一些合适的学习材料。例如当儿童要假扮消防员时，你需要去添置消防帽、雨衣、靴子以及一段管子。为避免杂乱，小道具可以存放在按照职业、场景或角色分类的盒子里，这些盒子应该坚固、吸引人且有盖子。

操作玩具和游戏

玩具和游戏[1]（有时也叫操作玩具，或者就叫教具），比如拼图、珠子、乐高积木和小钉板，能够帮助儿童锻炼手眼协调能力，发展手指和手部小肌肉群。这些经验是发展书写技能的重要准备，它们还为儿童展示了颜色、大小和形状的概念，这些都有助于儿童认识字母和单词。在玩操作玩具时，儿童也有机会进行创造、合作以及问题解决。

操作玩具有很多典型的类型，包括如下这些种类：

---

1 由于幼儿不能理解"操作"这个词，因此我们在与幼儿交流的时候，会用"玩具和游戏"或"桌上玩具"区来指代这个区域。

- 建构性玩具，比如乐高、拼接木板块、奎逊纳彩棒、六角形拼接块以及拼接方块。这些玩具都是开放式的，包括很多小块或碎片，通常可以供多个孩子同时使用。
- 拼图和组装玩具，比如魔术杯。这些玩具是开放性的，可以通过一种或两种方法拆卸、组合，通常供孩子独自玩。
- 收集的材料，比如扣子、贝壳、种子、瓶盖、钥匙或鹅卵石，安全的可回收材料是非常合适的。这些都是开放性材料，儿童可以通过它们达到多种目的，包括排序（认知任务）、做设计（审美活动）或者扮演。我们鼓励你使用一些能够反映儿童所处文化、社区和环境的收集物。
- 游戏，包括现成的（比如小钉板、落托纸牌游戏、几何板和棋盘游戏）和那些由教师设计的游戏，有时也称为手工活。游戏具有简单的规则。大一点儿的儿童乐于遵守游戏的规则，而小一点的儿童则更有可能忽视游戏本来的玩法，反而用游戏零件进行创作或扮演。5岁以上的儿童能够很好地开展棋盘游戏，比如棋子、梯子、滑道游戏等。我们不建议使用任何种类的电动玩具，即使那些玩具具有"教育"目的，因为它们可能会给儿童的游戏带来规定或限制。

如果你有足够的空间，那么将不同的玩具分隔开是很有帮助的。孩子们一起玩的、能产生较大噪音的开放性建筑玩具，应该与像拼图这种需要高度专注、单独或成对进行的游戏隔离开来。

由于操作玩具有很多容易丢失或弄混的部件，因此储存工作在这个区域尤为重要。有组织的、被清晰标记的操作玩具区有助于儿童更有效地进行游戏。儿童可以在桌子上或地毯上摆弄材料。放置吸引人的垫子或小毯子能够划定独立的活动空间。你还可以设置一个专门用于存放丢失部件的箱子或盒子，并做上标记。

感觉游戏中心

像沙子和水这样的自然材料广泛适用于处在不同发展阶段、具备不同能力的儿童。它们为儿童提供了丰富的感觉体验以及学习体积、测量等数学概念的机会。观察发现，这些材料几乎能使所有儿童感到满意。它们具有开放性，使用方法多样。儿童通过倾倒、感触和混合等方式来了解物质的属性。儿童可能会从这些易变化的材料中得到安抚，也可以彻底发泄那些激烈的情绪。儿童的合作性和创造性，可在他们共同玩耍这些开放性材料的过程中逐渐培养起来。

如果教室里有足够的空间，你可以设置一个专用的感觉游戏中心；如果没有，这些材料可以归到艺术区，天气好的时候也可以放在户外。该中心的核心就是感觉体验台，通常也被称为沙水台。当然它所能承载的远不止沙子和水，像泥土、盐、水族箱里的沙砾、木屑、鸟食、干咖啡渣、肥皂水、碎冰、雪、玉米淀粉糊等这些东西都可以加入进来。由于这些材料在玩的过程中会比较脏乱，因此这个区域需要临近水池，或者设置在铺有易清理地板的门廊附近。感觉体验台用来放置可以提供触觉体验的材料。如果你没有这样的体验台，还有其他可行的替代性选择，比如塑料洗碗盆或放置在矮桌子上的婴儿浴盆、儿童浅水池、塑料或电镀桶（五金店或园艺品商店有售），或回收的喂食槽。在体验台旁，你还需提供一些小道具（碗、杯子、铲子、勺子、桶等），以及用来保护衣服和地板的围裙、塑料桌布或浴帘。此外，还需要设置可挂工作服的地方以及带有标签的专用储物架。

儿童在感觉体验台玩水时，为了保持他们的健康，需要采取一些特殊的防护措施。在每一组孩子玩完后，都要清空水，并对桌子和玩具进行消毒。有伤口的儿童不应该参加玩水的游戏。儿童使用感觉体验台前后都要洗手。

盐和面粉团、陶艺黏土或其他可塑材料（比如橡皮泥）都是很重要的感觉体验材料。孩子玩这些材料时需要稳固的桌椅、收纳容器、围裙、垫子和工具。

你可以添置一个灯光台，提供另一种感觉探索，瑞吉欧的教室中就使用了这种装置。灯光台的表面透明，下面嵌着荧光灯泡。它提供了一个可以探索彩色透明材料的空间，孩子们可以在上面使用透明的操作玩具搭建建筑，还能探索可透光的自然材料。灯光台还可用来画水彩画、做纸巾拼贴画，或者进行其他艺术活动。

艺术区或工作室

教室中艺术课程的核心当然在艺术区。受瑞吉欧早期儿童教育课程的影响，教室的这个区域通常被称为工作室或工作坊。在艺术区，儿童可以使用适合其发展的、功能性的且能为其提供满足感的材料。艺术材料为儿童提供了创造性表达、问题解决以及身体和感官发展的机会。

艺术区设在什么地方需仔细考虑。一些固定的因素将决定你的艺术区安排在什么位置。艺术区通常比较混乱，因此应该把它设置在"湿地区"，可能的话最好临近水池，在地上铺瓷砖或在桌子上铺油毡以便清理。选择一个同时有良好自然光源（比人造光更好）和人造光源的地方。

艺术区要有儿童型号的工作台和画架（孩子应该能够到画架的顶端）。我们更愿意让孩子站在画架前画画，这样他们就能够利用手臂的全部运动，因此我们不在画架前放椅子。洒出颜料或胶水是不可避免的，可以用二手旧家具、穿上工作服以及充足的塑料桌布来应对。此外，将儿童所用的物资存放在开放式的架子上，成人专用的物资封闭存放会更好。设置一个晾干作品的专用空间也很重要。带有金属架的干燥器可以作为一个不错的工具放在该空间里，但晾衣绳或晾衣架可能是更合适的替代品。另外还要有一个立体作品的晾干区。

除了家具以外，艺术中心还需要下面这些良好的工具及物资：

- 不同种类的颜料（蛋彩、块状和液态的水彩、手指画颜料以及手指画底漆）
- 不同长度和粗细的画笔（从能画流畅线条的细笔到笔杆短而粗的笔刷）以及其他用来作画的工具，比如勺子、棉签和羽毛
- 多准备些装水和颜料的小容器
- 不同大小、颜色和克重的纸（从纸巾到硬纸板）

- 用来画画的笔（蜡笔、马克笔、彩色铅笔、粉笔）
- 黏土和面团这类用来塑造模型的材料、滚轴工具和木质或塑质的切割工具
- 剪刀
- 放置一些垫子和托盘来划定空间，控制混乱
- 胶水和浆糊，以及和它们一起使用的涂胶棒
- 能够粘在一起的各种材料（木头、纸、杂志、像贝壳和树叶这样的自然之物、可回收物品，比如彩带和布条——每次提供一至两种）

可回收材料可在艺术活动中使用，例如旧的工作服衬衫、包装纸和彩带、布条、旧杂志或打印废的旧纸张等。但是买一些质量好的基本用品也很重要，尤其是画笔、颜料、马克笔、蜡笔和剪刀。

你需要将艺术材料妥善保存起来，以便儿童和教职工取用和归位。只有成人能接触到的材料应该封闭存放并做好标记，这一点在艺术区非常重要，如此才能保证颜料、胶水、剪刀和一瓶瓶的食用或液态颜料得以安全有序摆放。每天在组织好这些材料上花点心思，在使用后归放原位，会使你的工作更加轻松愉快。

年幼的学龄前儿童会对美术材料和工具进行探索和试验，以发现这些材料的用途。年龄大一点的学龄前和幼儿园儿童开始形成一些形式和形状的明确概念，并用美术材料表达他们的感觉、经验和想法，但并不总是用能让成人认知或认可的方式。我们建议在艺术区设一个可以临时放置有趣物件（比如一瓶鲜花或一缸金鱼）的空间，以此来激发儿童的观察和艺术尝试。

图书区

给幼儿提供一些优质书籍，经常给他们读读书，是帮助孩子了解阅读乐趣，激发他们读书兴趣的最好方法。每间幼儿教室里都应该有足量的书籍，儿童需要很多可以看书、听故事和观察成人享受阅读乐趣的机会。激发儿童对阅读的渴望至关重要，其重要性超过了训练儿童的读写技能。在教室中设置图书区对激发这种阅读渴望来说是必不可少的。

把书籍的封面朝外，放置在与孩子视线水平一致的宽敞书架上，这会让孩子想要去翻阅这些图书。安静舒适、光线柔和且放置了许多精美儿童书籍的图书区是教室的重要部分。图书区应该位于整个教室中光线最好、最安静的角落，并放上一些软靠垫。放置一个成人型号的椅子或沙发，能让老师和家长坐下来给孩子读读书。图书区可以张挂或粘贴一些书籍海报、字母表、画或者薄板状的书籍封面作为装饰。如果空间较大的话，你可以设置一个听故事中心，在这里放置听书光盘、木偶、道具和讲故事用的法兰绒板，开辟一个能让一两个孩子享受安静读书时光的私密区域。

此外，书籍可以遍布整个教室。比如，科学图书可以放在科学区，图解词典放在写作区，而食谱、报纸和杂志可以放在戏剧表演区。

在空间充足的教室里，我们喜欢将图书区和写作中心结合起来，形成一个读写中心。除了图书、讲故事用具、写作工具、书籍制作材料以外，读写中心还可以放置一些开发读写能力的玩具。

故事—阅读园地。图书区给1~2个儿童提供了阅读的舒适空间；然而大多数老师每天至少会给全班读一次故事。老师通常会使用教室中的积木区来进行这一活动。故事—阅读园地有其特殊的要求：需要有充足的光线照在书上，让儿童能看清书上的图画但又不觉得刺眼；幼儿在听故事的过程中很少能安静地待在一个地方，因此必须要给这些不安分的孩子提供一个足够大一点的空间；这个区域需要隔绝噪音，这样孩子们才能听清故事；舒服的座位以及相对少的干扰则可以维持儿童对故事的注意力。在设计教室环境的过程中切记这些要求。为了减少干扰并暗示孩子们这里是故事—阅读园地，你可以用帘布盖住架子或者在架子前放置遮挡物，让诱人的玩具远离儿童的视线和小手。有的教师会为儿童放一些垫子、毯子、小方毯或抱枕来制造区域边界，同时也会让儿童坐得更舒服些。

写作中心

学龄前和幼儿园的教室需要一个写作区，在这里，儿童可以探索，写留言、写故事以及宣读自己的作品。当写作材料供给充足，儿童写下的词句可以拿来让人阅读和思考时，要不失时机地鼓励孩子们通过写作来交流。

写作中心需要配备儿童规格的桌椅。孩子的脚应该能舒服地够到地面，手肘应该能自然地放到桌面上休息。你还需要一到两个储物架来存放材料和用品，这些用品应该被整齐地整理好，以便于儿童能找到他们写作所需的材料。

在储物架上，你可以放置一些篮子或盒子来存放用品——不同种类和大小的纸张、信封、单词卡片、笔记本、铅笔、橡皮、不同宽度的书签、蜡笔、胶水、订书机、细绳、打孔机等等。其他有用的材料还包括儿童字典、笔记板、配有粉笔的黑板、复写纸、词汇索引卡（词汇银行）、一套印刷的邮票集以及一套塑料或木质的字母（大写小写都要有），它可以用来构词、造句和临摹。

大一点的儿童喜欢在写作中心写日记。在这个区域可以放置一台装有专为儿童设计的、带有简易词汇处理软件的电脑，当然，还需要配有儿童型号的电脑桌和电脑椅。

探索中心

在学龄前和幼儿园教室中，探索中心是用来专供儿童探索的实验室。教师通常称这个区域为科学中心。我们倾向于使用探索这个词汇，因为它暗示着这个中心是一个能够涌现各种不同新发现的实验室，而且探索一词也更易于理解。我吃下去的食物接下来会变成什么？蚯蚓需要什么才能存活？新生儿从哪里来？凯恩和润基谁更高？儿童会利用你提供的工具以及科学、数学和社会研究类书籍来探索，解决上述问题。如果教室里有空间和网络连接，最好再准备一台电脑，它能像书一样帮助儿童探索和发现问题的答案。

你可以用开放式矮储藏架和1~2张用于调查研究的小桌子或柜台来给探索中心划界。此外，这里还需要些与桌子大小相配的椅子，以及紧靠高储物架或墙壁放置的展示台。

聚焦科学。当你提供水族箱、玻璃器皿、动物窝和植物等用来探索和进行持续性项目的工具时，探索中心就成为了科学之家。你还可以设计一些科学游戏，放置收藏的一些图片或物品以及一些科学参考书。将你的科学区设置在教室中临近电源和水源的地方。设置一个存放研究工具的架子，用来摆置托盘、塑料桶和水管、水族箱、昆虫和动物笼子、密封储存罐、天平、磅秤、量杯和勺子、放大镜等。挑选可用来研究、分类和收藏（比如扣子或石头）的材料，可拆卸和研究的机械装置及资料册，以及解释科学概念的照片和海报。

聚焦数学。当探索中心包含鼓励儿童进行实验、思考数学经验的材料时，它就成为了数学之家。你也可以选择将数学探索材料放在操作玩具区。在数学探索区，你可以放置一些数学教具，比如立方体、分类和配对玩具，提供尺子一类的测量工具、数字小棍一类的蒙台梭利数学和感觉材料以及数学方面的图画书，比如佩特·哈金斯的《门铃响了》(*The Doorbell Rang*)，并用图表展示小组的数学探索成果。

聚焦社会研究。当探索中心包含了特别的展览和活动、公告板、手工制品、学习游戏、地图和地球仪，能帮助儿童比较人类和自然环境的异同，以及环境又是如何影响人们的书籍时，这里就成为了社会研究之家。图片、海报和有关社会研究的儿童作品都可以在这里展示。你可以用一块单独的公告板或展示区来突出展示某一类作品（比如儿童所画的地图），或者为每个儿童的作品留出空间。

木工区

在一个空间较大且师资充足的环境中，木工工作可以成为幼儿园儿童、学龄前儿童和小学生极好的课余项目。木工活有助于发展儿童的身体机能和问题解决能力。木工区要设有一个特别的工作台，你要确保这里有适合儿童的工具，不要购置那些儿童规格的仿制品，它们质量差又存在安全隐患。

虽然幼儿很喜欢做木工活，但是在项目中加入木工活动，教师们通常会感到有些不适。如果你也有这种感觉，那么你必须去改变这种状态。你可以从了解木工开始入手——阅读《幼儿木工》(Garner, Skeen, & Cartwright, 1984)一书，然后参加一些课程，或者邀请熟悉木工活的人到你的课堂上为你和孩子作些指导。与其他学习材料一样，如果儿童有机会经常使用木工材料，那么他们将会从中获得技巧，并且能更加安全有效地使用它们。

第8章 小学教室——一个称为学校的地方

你还记得你一年级时的教室吗？你和同学们是成排而坐吗？你们是坐在桌边吃饭吗？教室里有地方玩儿吗？你们有宠物吗？你们有课桌吗？无论你的教室是怎样布置的，你也许还会记得它的模样。因为那是你第一次体会到什么是"真实的学校"。

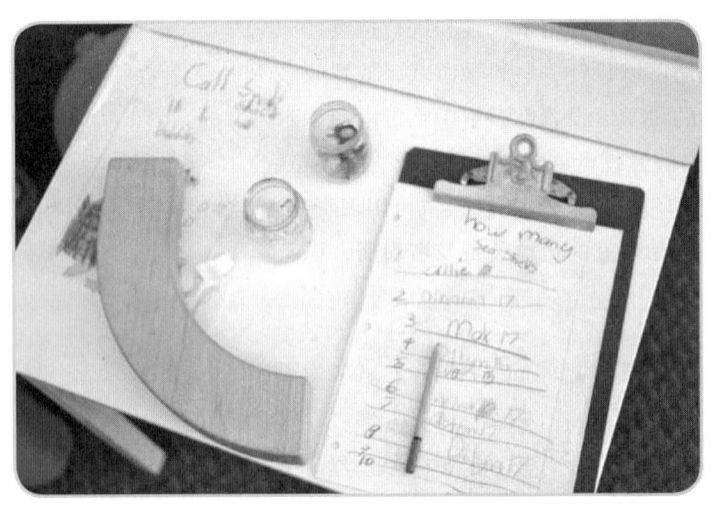

小学低年级儿童（一至三年级）的教室可能与前文描述的学龄前和幼儿园的教室很相似。但是它们更像给大孩子设计的教室，包含按行排列的桌子和几个兴趣中心。教室的设置虽然与可用的资源有关，但更重要的影响因素是教师和学校的教育观念。即使你能够在任何教室中设置学习中心（像本章开头的例子中莎莉老师在教堂地下室所做的那样），但是作为一位新老师，你可能不太愿意使你的教室太过与众不同。如果你教的是小学儿童的课后辅导课程，那你可能甚至连教室都没有，也许要每天在体育馆或多功能教室中布置临时环境。

我们用学习环境会对儿童说话作为本章的开始：你想让教室对你所教的儿童说些什么？如果你希望它说："这是你的教室——你属于这里——我们一起做决定——我们来开启一段学习探险。"那么你就应该尽你所能，创设一个与优质的学前或幼儿园教室相似的学习环境。教室里应该设置成一簇一簇的工作台，而不是一排一排的课桌椅，那是用来开小组会议的地方，是舒适的阅读、探索、实验和游戏学习中心（见图8.6）。你可以设置一些与幼儿园相同的学习中心，尽管大小和比例可能不尽相同。为了使其适合于这些大一点儿的儿童，学习中心应该包括一些不同的东西。特别是如下这些：

- 在图书区，你应该多放置一些适合不同阅读水平的书籍，注意将书脊朝外。
- 在写作中心，电脑扮演着更为重要的角色，对于刚开始写作的儿童来说尤为重要。
- 在写作中心，除了配备可用来做文字处理和网上发表的电脑之外，还应该有符合儿童阅读水平的字典和其他参考书。
- 探索中心可以多配备一些易被孩子们损坏的手工艺品（物件）、符合儿童阅读水平的参考书、儿童可以独立使用的网络、地图、地球仪以及适合于全班能力水平的教育游戏。
- 摆放玩具和游戏材料的储物架上还可以放一些数学教具；更复杂的建筑玩具，比如科乐思拼插积木（K'NEX）和林肯积木（Lincoln Logs）；需要较高能力的桌上游戏，比如"Hi Ho! Cherry-O"（译者注：一种2~4个儿童玩的游戏）、捕

图 8.6 学龄儿童环境平面图示例

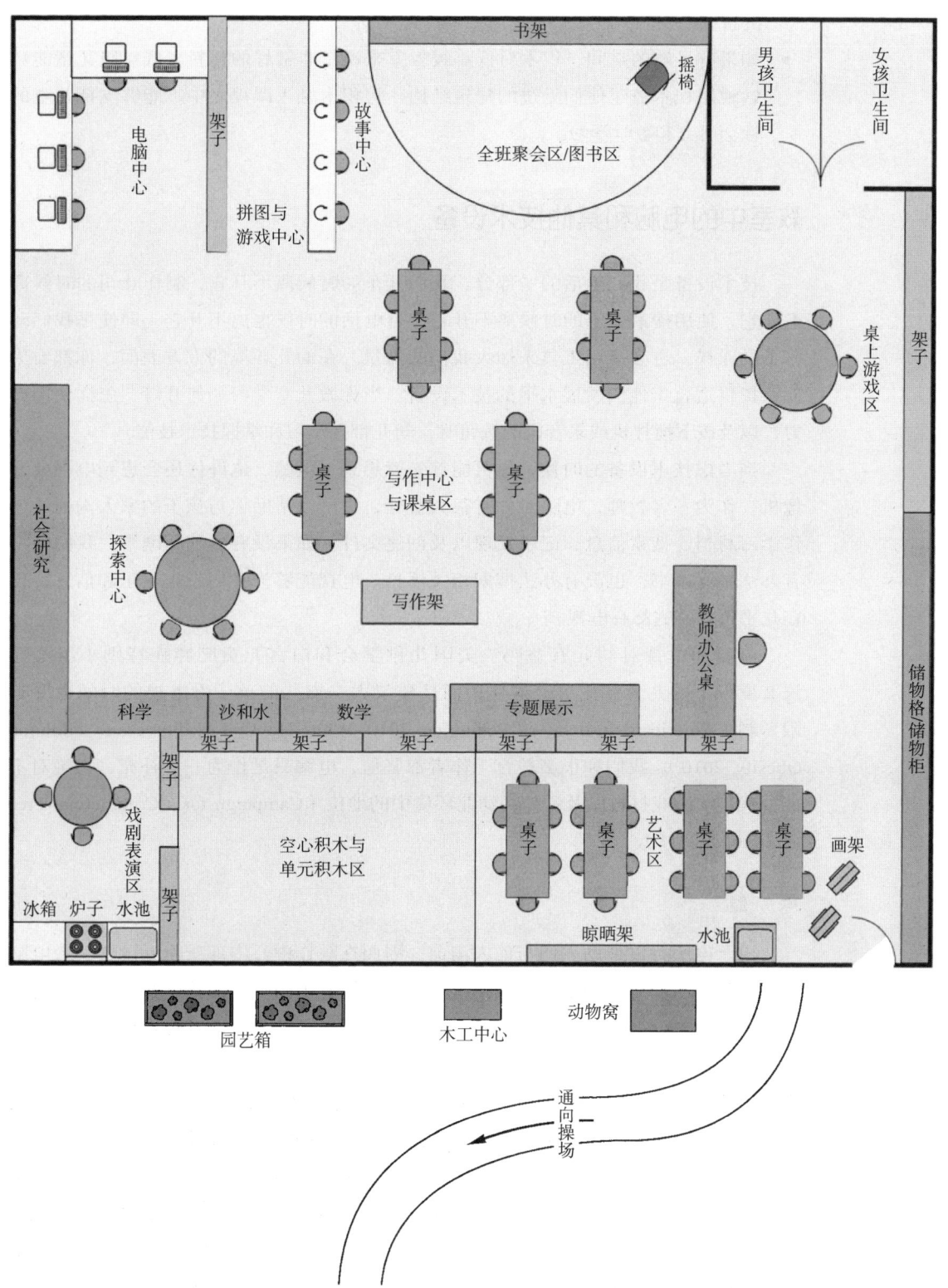

鼠器（Mouse Trap）、大富翁（Monopoly Junior）；50~300块小一点儿但更复杂的拼图。

- 如果有足够的空间，积木对低年级教室来说是非常好的材料。低年级儿童能巧妙地用积木搭建他们见过的建筑结构。将积木融入课程之中，能够支持儿童的社会研究和数学学习。

教室中的电脑和其他技术设备

技术设备是我们生活的一部分。我们开车的时候离不开它，制作吐司的时候离不开它，使用搜索引擎的时候离不开它，打电话的时候也离不开它，即使是我们砸钉子的时候，也会使用工具来加大我们的力量。在幼儿环境的方方面面，你都要为儿童提供适合于他们发展水平的技术设备。当你教儿童学习如何开灯、怎样使用剪刀，以及按下搅拌机或录音机的按钮时，幼儿都在学习和掌握技术技能。

当考虑技术设备的时候，你可能首先就想到了电脑，也许你还会想到电视或录像机。作为一名教师，电脑对你有很大益处，它可以帮助你与孩子的家人沟通、创作学习材料、搜索信息、记录发现以及创建文件。如果没有电脑和网络，我们就没有办法撰写本书，也没有办法搜索相关信息。电视能够为我们带来娱乐和信息，现在几乎每个家庭都有电视。

电脑和电视对幼儿有益吗？美国儿科学会和白宫儿童肥胖症特别小组不建议2岁以下的儿童使用屏幕媒体，而且建议大一点儿的孩子看电视的时间也要有限　制（American Academy of Pediatrics, 2010; White House Task Force on Childhood Obesity, 2010）。我们和很多教育工作者都坚信，电脑只是作为一个补充，它绝对不能替代传统游戏材料以及活动在幼儿环境中的地位（Campaign for a Commercial-Free Childhood, 2011）。

电　脑

由于电脑可以帮助人们与他人沟通，因而在写作中心内部或附近设置一台电脑是合理的。与没有电脑辅助的低年级儿童相比，有电脑辅助的孩子在学习写作时能够表达得更加流畅。由于电脑是获取信息的工具，因此也可以在探索中心或其附近设置一台电脑。但对于上述两种情况，电脑都应该放在人少的地方，这样它们才不会分散儿童的注意力。此外，要将电视靠墙或靠近隔离物放置，以防儿童被电线绊倒；也要将它靠近光源，避免晃眼的光线；远离艺术、沙水或烹饪区域。

电脑区必须配备一些能够运行与儿童发展相适宜的最新软件（程序）的硬件（电脑、打印机、键盘和其他设备）。显示器、键盘、鼠标和操作电脑的其他工具应该放在一个儿童型号的桌子上，再添加几把椅子，这样几个儿童就可以进行合作了。对于成人来说，使用电脑通常是独立的活动，然而很多儿童却更倾向于和别人一起用电脑进行探索或实验。

虽然一些软件程序对儿童很有吸引力，但大多数软件给儿童提供的只是对一些独立的技能和概念的训练。发展适宜的程序应该能够培养儿童的批判性思维能力和创造力。那么怎样的软件才是适合幼儿的呢？

- 概念是发展适宜的，也就是说要与呈现的问题相关且具体。比如儿童学习的是如何创作一幅画或开始一个活动，而不是学习重复正确答案。
- 程序应是开放的，能够提供给儿童大量的选择和指导。
- 步调或速度是由儿童而不是程序来设定。
- 程序的过程本身要吸引人（比如探索一个环境），而不是靠外在的奖励（比如在回答正确后出现笑脸）。
- 鼓励孩子们一起合作，共同决策，而不是竞争。
- 树立亲社会行为和无暴力的榜样。

我们认为电脑在教室中的另一个用途是：它是通向互联网信息世界的入口。访问网络并不是"成人专属"的活动。然而，就像使用百科全书一样，儿童在使用网络时需要成人的辅助。很多学龄前及幼儿园儿童都知道互联网是很有价值的信息来源。为什么毛毛虫看上去有两个头？为什么奶油会变成黄油？为什么停止标志是红色的？变色龙吃什么？明天天气怎么样？乳齿象是什么时期的动物，生活在哪里？幼儿对这些充满了疑问。我们高兴地看到教师将互联网作为工具，帮助儿童寻找问题的答案。这激发了幼儿渴望成为理解并熟练使用技术设备的学者，而这才是让幼儿使用电脑的真正目标。

电脑技术正在飞速发展，儿童现在所学的操作和程序可能到明天就过时了。因此，你需要知道如何以符合儿童学习特点的方法，指导他们合理地使用当前的电脑技术。

电视和录像机

大多数儿童在家看电视的时间比在学校要长很多。关于电视消极影响的争论一直在继续。一项发表在《小儿科》（*Pediatrics*）期刊上的研究（Christakis, Zimmerman, DiGuiseppe, & McCarty, 2004）建议，由于电视存在潜在的有害影响，2岁以下的儿童不要看电视。同样的研究指出，越来越多的证据表明，电视与学龄前儿童的注意力缺失症的增长有一定的联系。不管是专门为儿童精心打造的电视节目，还是仅仅为了宣传玩具的营销策略，表面看来似乎都与电视的有害影响无关。但是我们相信，电视永远都不应该用在婴儿或学步儿的课程中；在学龄前儿童的课程中，如果真的需要用，次数也应该是极少的。

如果电视和视频能播放适宜的内容并被谨慎使用，又有老师的积极参与，当它们达到如下标准时，将其运用到幼儿园和小学儿童的课程中是可以接受的。

- 给儿童展示你事先预览过的短片（15分钟以内）。
- 为教学目标服务。
- 你和一小组孩子坐在一起观看，并和他们交流看到的内容。
- 电视节目尊重儿童，并且符合儿童的年龄特征。
- 电视偶尔可以作为对一些更具体活动和经验的补充。

包含特殊儿童

如果你的班级中有特殊或残疾儿童，那么就必须要对环境设置做出调整。有时这些改变是很明显的：门、过道、活动中心、桌子、攀援物以及游戏材料等这些必须做出调整，以方便轮椅或步行器等设备的使用。其他时候调整可能不那么明显：例如给患有孤独症的儿童设置一个独立空间，为他们提供一个远离刺激的额外避难所。一般来讲，家具或时间安排上的微调就足以使你的项目适合于所有儿童。

调整室外环境、设备和活动器材也很重要，这样身体存在缺陷的儿童也能充分参与到各项活动之中。这些调整可以相对简单些。例如，一条横穿草丛或沙地的传送带通道（使用机场或大型商店捐赠的回收传送带）可以扩大使用轮椅或步行器的儿童的行动范围；吊索秋千或吊床可以供缺乏上肢力量、需要传统秋千的儿童使用。法律规定，与正常发育的儿童一样，特殊儿童也拥有使用运动场及设备的正当权利。

包含成人

虽然儿童是你项目中最重要的对象，但在设计环境时，也不要忘记考虑成人的需要（Greenman, 2007）。这在婴儿教室设计中尤为重要，因为在这里，必须有成人去安抚婴儿，帮助婴幼儿进食和睡觉。

为你和其他成人设计一个舒适的休息区，可以使之靠近签到区或图书区，以便家长能够感受到他们是受欢迎的。确保室外有长凳或椅子，方便身体不舒服的家长休息。如果还有空间，可以在教室中设置一块家庭区域。因为你同样也会离开家在这里度过很长时间，这个环境将决定你工作时的心情。你还需要一个空间来安全地存放私人物品、机密记录和一些准备材料。

时　间

设计学习环境时最后一个需要考虑的因素是时间。早期儿童教育项目中典型的一天是，将常规和学习经验巧妙地融合，实现平稳、自然的过渡。我们认为学习活动和常规的交替是儿童生活及学习经验的一部分。

一日活动日程表

对于儿童来说，在一个优质的幼儿保教机构中，其一天的节奏应是放松且灵活的。儿童不必仓促地从一个活动奔向又一个活动。也许这就是为什么在一些幼儿园里，它被称为一日流程而不是日程表的原因。虽然日程会因儿童的年龄和其他因素的不同存在相应的变化，但优质学前教育项目的日程表都会有两个相似点：儿童拥有很多选择，他们有大块儿的时间在他们所选择的活动中进行探索；常规和过渡是经过仔细计划的。9个月大的卡米尔高兴地在储物架之间爬来爬去，寻找玩具，直到她累了，便爬回去让老师抱着休息；而7岁的哈里森这几天都在学习中心写一个关于老虎的故事。两个孩子都是由自己做出决定，自己对时间进行支配。

在为幼儿精心准备的项目中，尽管自发的和计划的活动数量不同，但是它们每天都在发生。作为教师，你的作用就是：安排时间，让儿童充分接触你所提供的材料；制定常规，允许儿童逐渐学会自我掌控和自主活动；举行仪式，让儿童逐渐建立安全意识。

一日流程的影响因素

影响一家托幼机构的"一日流程"结构的因素有：儿童的需要和发展阶段，你对儿童个体的观察，你的价值观以及家长、社区和学校管理层的价值观。此外，它还受课程的时长、物理环境以及季节变化的影响。

价值观和目标。你的价值观和目标是设计一日流程最重要的考虑因素之一。如果你重视创造力、独立以及责任感的发展，当你照顾单个孩子和一群孩子时，你将会给予儿童大块儿的时间（1~2个小时），让他们选择自己的活动。如果你希望所有儿童都能使用全部材料，可能你分配在每个区域的游戏时间就比较短（例如，我们知道，孩子每周都有在专门的艺术区、积木区和木工区活动的固定时间）。

儿童的需要和发展阶段。每位教师为班级设计一日流程的时候，都必须将有关生理需要的规定包含进去，同时还要考虑儿童的发展差异。所有儿童都需要休息、进餐和个人护理的时间。日程表中既要安排剧烈活动的时间，又要包括安静的时间，还要允许孩子每天有时间选择自己感兴趣和关注的活动，这一点是很重要的。儿童年龄越小，时间表就要越灵活，因为幼儿的需求千差万别。在一次对学步儿班级的探访中，我们看到上午10:00点时，艾梅正躺在地上抱着瓶子喝水，伊恩在打盹，瓦尔德在看书，娜丁正趴在老师膝盖上，而乔纳森在上厕所。固定的日程表不能够满足如此多样的需求，而且还会不可避免地导致成人和儿童的挫折感。我们认识的一位经验丰富的婴儿教师为每个儿童设计了一份日程表，并把它贴在教室的墙上。这样能使环境中的每一个人知道每个儿童的日程安排。照料者每周都对这些日程进行总结与回顾，能够保证及时调整时间安排，使每个儿童的需要都能得到满足。

对不同年龄组的儿童来说，典型的日程表有如下特点：

- **婴儿**：每个儿童有自己的时间规律——吃饭、睡觉、如厕、活动或静息时间。
- **学步儿和年幼的学龄前儿童**：有规律的进餐、吃点心以及休息、如厕时间，根据儿童的需要及兴趣设定的活动或静息时间。
- **学龄前儿童和幼儿园儿童**：通过日程表安排进餐、休息、聚集、活动以及户外时间，同时每天还要根据儿童的需要进行灵活的调整。随着儿童的成长，对聚集和活动的时间制订更多的结构化计划。开始日常活动的一个好方法可以从和全班一起分享见闻、唱一首歌或制订一天的计划开始。
- **小学低年级儿童**：与学龄前儿童和幼儿园儿童相似，但是要有更多有组织的小组和班级活动时间。让孩子们聆听书中的一个章节是结束一天活动的好方法。

一日课程。参加全日制儿童早期教育项目的儿童，有60%醒着的时间不是在家中度过的。幼儿园就像他们的第二个家，构成了幼儿生活中的重要一部分。在全日制环境中，你需要对人际关系的质量、环境的设计以及日程表给予密切的关注。图8.7是一个日程表的示例。

所有的儿童保教机构都必须致力于满足儿童的需要。全日制的学前保教必须提供午饭、午休和点心时间，以避免孩子们受到过多刺激或挨饿。因为儿童的胃口相对来说较小，他们需要每隔2~3个小时吃一次东西（Aronson, 2002），所以日程表必须据此进行调整。

儿童一天可能会在全日制幼儿园中度过6~11个小时，但是这类幼儿园的教职工可能只工作6~8个小时。因此儿童可能要和两组不同的教职工相处很长时间。注意协调转换之间的过渡将有助于儿童保持他们从项目经验中获得的信任感。一些教育工作者持有这样的错误观念，认为下午照料幼儿的教师不如上午的教师重要，但儿童不会做这样的区分。他们一整天都在学习，一整天都需要培育。让下午任教的教师参与到计划中来，使其认识到他们担负的工作的重要性，从而使全天的项目质量都能得到重视。

在半日制幼儿园中，教职工每天会一直在幼儿园持续工作。这种情况下，安排休息时间可能不太必要，不仅会遇到阻碍，而且也会浪费本就有限的时间。在短期项目中，将室外和室内活动很好地结合，插入短暂的加餐时间，尽力为儿童提供舒适且收获丰富的半日体验。

幼儿园学前班和小学低年级儿童的课前和课后项目之所以被开发出来，其目的

图 8.7　全日制学前班日程表示例

7:00~8:00	到达，儿童选择一些室内活动
8:00~8:30	早餐——在等待班级集会开始时，儿童可以清理一下自己的餐桌椅，看看书
8:30~8:45	班级集会——教师和儿童聚在一起唱歌，讨论前一天的事情，分享一天的计划
8:45~10:30	学习中心时间——可以进行室内活动，小组可以为他们的专题作业聚在一起讨论一会儿，或者由教师引导活动
10:30~11:30	户外活动时间
11:30~12:15	午餐——洗手、摆桌子、家庭式的服务，以及每个孩子饭后的个人清理时间
12:15~12:30	午休准备——上厕所、洗手、刷牙、拿出他们的垫子或铺床，如果自己比别人先铺好床，就拿本书来安顿自己
12:30~13:00	读书时间——一个成人大声地给想要参加读书小组的儿童朗读书籍，同时其他儿童继续在自己的垫子上看自己的书
13:00~14:30	午睡时间——调暗灯光，播放轻柔的音乐，教师可以轻轻拍打孩子的背部（从 13:30 开始，可以让已经醒来的儿童吃些点心或做一些安静的活动，让没醒来的孩子继续休息）
14:30~16:30	室内 / 室外活动——儿童可以从多样的室内活动及户外活动中进行选择，包括特别设置的活动和持续进行的项目
16:30~17:00	结束——将材料放回原处，让孩子们洗手。儿童可以在等家人来接的时候唱唱歌、听听故事或进行安静的活动

就是为了确保家长上班时孩子能够快乐，这类项目会在儿童上学前后为他们提供合适的活动。儿童整天都需要高质量的保育和教育，课后项目应该提供的不仅仅是监护式的托管。这些孩子一整天都处于有序校园环境约束之中，因此应该给他们提供一些更轻松的、不一样的课前和课后项目。好的课后项目会提供机会，让孩子们游戏、社交，或者自己选择一些感兴趣的活动。虽然有些项目会布置一些作业，但是小学低年级儿童也需要在离开家的这部分时间里有游戏的机会。

物理设施。项目所处的建筑将影响你如何组织一日活动。如果它只供你们项目使用，且有足够的空间可以将年龄小的和年龄大的儿童分开，那么安排能够满足不同年龄段儿童需要的一日活动就相对容易。在空间有限而且设施共享的地方，你可能就需要想办法安顿好不同年龄段的儿童。如果卫生间或运动场离教室比较远，你在制订活动计划时就要充分考虑到这一点。

师幼比和班额。教师人数和儿童人数的关系是影响你组织一日活动的另一个物理环境因素。如果有很多成人进行监护，就可以更灵活地安排常规事务和活动。教师也会更加随意，能够在多变的时间里自由安排活动，或进行更加频繁的师生互动。班额将会影响日程表的灵活性。大班额的班级需要预先对设施使用进行规划，比如运动场、货车、餐厅等，而且需要更加谨慎地规划日程。

第 8 章

反思常规

你自己的生活中有哪些常规？当这些生活常规的节奏被打乱时，你有什么感觉？你喜欢这些常规的哪些方面？

你曾在幼儿课程中观察到或实施过哪些常规？这些常规什么时候与教室中的活动看起来比较和谐？什么时候打乱了活动？

季节流转。一日活动的具体安排从一年的开始到结束都会有所不同。在前几天和几周内，你在项目中必须安排出时间来帮助儿童熟悉每日常规和新活动。随着时间的推移，儿童能够熟练掌握常规，习惯项目的预期，并且发展出新的技巧和能力。你的日程表可以根据儿童的新能力、协作性和技巧进行调整。当儿童变得更喜欢集体活动的时候，班级集会时间可以延长。常规项目的安排，比如上厕所，随着儿童逐渐独立，不再需要成人帮助，就可以从日程表上删除。

教室常规

学前教育者懂得精心策划的一日常规对幼儿发展的重要性。细心设计并实施的常规支持这样一个重要目标：培养和发展儿童的能力，使之逐渐能够独立满足自己的生理和社会需求。作为学前教育从业者，像你在教学的其他方面所做的那样，你应该重视常规并进行周密的计划。专栏"幼儿美好一天的黄金法则"总结了相应的信息。

抵达。每天抵达幼儿园应该是一件友好的、可预测的事情。建立一项欢迎所有孩子到来的常规是很重要的。在这段抵达时间里，你要招呼孩子和家长，并与他们简单交谈，营造一种轻松的氛围。这可能是你与孩子家人为数不多的定期接触之一，它可以成为交流信息的好时机。在一些项目中，一位或两位教师负责与儿童的家人打招呼，并帮助每个孩子走进教室。

换尿布和如厕

换尿布是婴儿和学步儿日常照料的重要部分。如果你负责照料单个婴儿，换尿布将是日程中的常规部分。2岁和3岁零几个月的孩子基本上都需要有规律的如厕。

进餐时间和零食。学前教育项目中最令人愉悦的时光之一就是成人和儿童坐在一起用餐。大多数项目包括一顿早餐、点心及午餐。在全日制幼儿园中，还包括下午的点心。一些全日制幼儿园在一天结束的时候还会发放其他小零食。这些额外的点心帮助儿童和家长度过一段愉快的离园时间，避免疲惫的家长和饥饿、哭闹的孩子受到"砒霜时间"综合征的折磨。

清洁。清理教室，为下一个活动做准备，这是与他人一起生活的一个自然又必需的部分。儿童已经开始明白他们是社会中的一员，他们需要承担维持整洁和秩序的责任。所有从事学前教育工作的成人都知道，他们日常承担着整理大量玩具和设备的工作。当你整理环境的时候，也是在帮助儿童发现学习的可能，引导他们学习维持秩序的过程。

休息时间。如果儿童疲倦了，如果环境能够保持安静，如果孩子们能够感到安全，

> **幼儿快乐一日活动的黄金法则**
>
> 1. 使用大块儿的时间（至少 1 小时）在室内和室外进行自主活动。
> 2. 将安静久坐的活动和运动游戏交替进行。
> 3. 结构化的团体时间要短些。
> 4. 合理安排进食、休息和个人护理的时间。
> 5. 维持放松的步调。避免催促儿童从一个活动进入另一个活动，或从一个区域奔向另一个区域。
> 6. 运用有意义、有趣的活动创造平稳自然的过渡。
> 7. 尽可能多地允许儿童自己掌控他们的时间（多长时间工作、游戏、吃饭、睡觉等）。
> 8. 在日程中建立各种仪式（比如早晨唱歌、睡前故事）。

那么休息时间对儿童来说就是一种积极的体验。如果孩子在环境中感到害怕，就不能得到放松。大多数 5 岁和 5 岁以下的儿童在舒适的环境中能入睡。在全日制学前班或幼儿园中，每个孩子都需要一个睡觉的垫子或小床。婴儿需要单人婴儿床或其他有保护的睡眠空间，比如用枕头围绕的垫子。为了营造一种有助于休息和睡眠的氛围，应将灯光调暗，并且允许儿童抱着可以安慰他们的个人物品。在休息时可以播放轻柔的音乐。有研究表明，播放轻柔的音乐有助于儿童更快入睡（Field, 1999）。

小憩和休息时间的长度应该以儿童的需要为准。此外这也为老师提供了一段安静的时间来放松身心，并做一些计划或准备，尽管这不是其主要目的。对于不睡觉的儿童来说，休息时间的长短应该以他们放松的能力为准。我们建议没睡着的儿童可以在 30~40 分钟后起床，进行一些游戏。5~8 岁的儿童也能从他们一天短暂的休息时间中受益，这段时间可以与阅读结合起来。一些在幼儿园没睡觉的儿童可能会在课后项目中需要一定的时间和空间来小睡一会儿或安静休息。

过渡。日程表中的每次活动或常规结束后，都有一个将儿童聚集起来或转移到新活动中的过渡时间。如果计划得当且儿童也做好了准备，过渡可以是自然的、放松的。在第 6 章"关系和指导"中给出了一些能够帮助你顺利过渡且有意义又有趣的活动建议。

离园。一天结束时，应该给孩子的幼儿园与家庭生活之间提供一个自然的过渡。如果所有的儿童都是在同一时间离开幼儿园，那么可以将这段时间结构化，最后结束。你可以读个故事、重温一天发生的事情，或对明天的活动做个大致规划。如果儿童在下午先后离开，你可以早一点儿完成这些常规，然后让他们做一些开放性的活动，方便他们被家长接走。在所有的项目中，都要有一位教师负责与家长们交流情况，并在儿童离园时与他们道别。

第 8 章 总 结

你想让你的环境对儿童及其家人说些什么？你怎样才能使它说出"欢迎你！我来照料你。这是你的地盘"？在儿童早期教育项目中，环境是儿童学习经验的必要组成部分。它向家长们传递着你对儿童的关心和你的能力。当你设计学习环境时（空间、设备和时间），你是在创造帮助你进行工作的资源，同时你也在创造属于你自己的工作环境。

你的"家"也会随着你的变化而改变。它反映了你的需要、品位、活力以及生活方式。它会随着环境成员的改变而发生变化。创造适合儿童的环境并使之卓有成效，这本身也是一种改变的过程。这个过程允许你运用儿童发展方面的知识，运用你敏锐的观察力以及你的创造力。随着你获得的知识和技能逐渐增多，在你为环境贡献时间、精力和资源的过程中，这个环境必将变得越来越能更好地满足儿童的需要。这种创造是学前教育工作者职业生涯中一个充满挑战和成就感的重要组成部分。

学习成果

阅读完本章后，请你认真完成"拓展学习"部分的选读任务，准备"你的专业档案袋"部分的条目，你将会在满足 NAEYC 标准 1：促进儿童的发展和学习（NAEYC，2009）上又有进步。

核心内容：

1c：运用发展的知识创设健康、尊重、支持以及富有挑战性的学习环境

拓展学习

采用儿童视角：跪下来或坐在矮椅子上，以儿童的视角观察教室。从入口和兴趣中心处观察，再回到你正常的高度巡视每个位置。想想这两者有什么不同，并写下你的体会。你从这间教室获得了什么？你从儿童环境的设计中学到了什么？根据你的经验，你将对这间教室做怎样的改动？

想象理想幼儿园：假设你拥有创造完美儿童早期学习环境的资源。给你的班级选定儿童的年龄和数量。运用本章中的原则为他们设计理想的环境。画一张室内和室外空间的示意图。向你的同事或同学展示你的项目。你可以做一个鞋盒大小的模型，从儿童的需要、你的价值观以及你的目标等三方面来描述你的环境，并解释你的设

计。说一说你将如何解读其中教—学环境的维度。

观察环境：观摩一个学前教育项目，并观察某个班的儿童环境（室内和户外游戏空间）。用附录B中的学习环境清单评价该环境。它满足哪些方面，还有哪些不足？分析环境支持儿童身体、创造力、语言和认知发展的程度。看看它在哪些方面适合儿童的年龄和需要。分享你所观察到的，并总结你对该环境的感受。画一张这个环境的草图，你还可以拍几张照片。和别人讨论你对所观察到的环境的想法，以及你可能会如何调整或改变它，使其更好地支持儿童的发展。

比较两个环境：在另一个项目或同龄儿童的教室中重复同样的步骤。比较两者的异同。

 你的专业档案袋

创设学习中心：在教室、游戏场或你家里，用你自己的或借来的材料，为特定年龄的儿童创建一个特别的学习中心（例如，图书角、写作中心、操作中心）。对你所做的事及其原因写一份简短的说明。邀请一组儿童到这个中心来，观察他们都会做些什么以及如何进行游戏。录一段视频或拍几张照片来记录儿童对这个空间的使用。用该文档来展示你设计儿童学习空间的技能。

改善环境：为你工作或实习的学校现有的教室或户外游戏空间画一张平面图或者拍几张照片。用附录B中的清单评价这个学习环境。确定你要如何重新安排、改变或调整这个环境，使它能够更好地支持儿童的发展。将一些或所有的改变设想付诸实践，使用照片或者平面图来体现这些变化——然后观察其对儿童和课程的作用。记录这些改变，并把这份材料放到你的专业档案袋中。

创设一间教室和/或游戏空间：如果你正在进行教学工作或刚刚担任教师的职位，那么就花几天时间，按照本章中的原则为儿童创设一间教室。用照片和书面反思来记录你的进展。一旦儿童进入这个环境，你就要观察并记录下他们是如何使用这个环境的。

我的教育实验室

访问本书"我的教育实验室"（myeducationlab.com），找到专题5:课程模型和专题8:发展适宜性课程/教学策略。你可以：

- 找到课程模型和发展适宜性课程/教学策略的学习成果，以及与之相关的国家标准。
- 完成有助于你更好地理解本章内容的"任务和活动"。
- 通过"建构教学技能和性情"的单元，运用和实践你对本章核心教学技能的理解。
- 在"专业视角"部分听学前教育领域专家的讲座。
- 对照"学习计划"检查你对本章内容的掌握程度。你可以做章节测验，获得反馈，然后通过"复习、练习和拓展"来提高你对本章内容的理解。

通过游戏,儿童学到了没有人能教给他们的东西。

——劳伦斯·弗兰克

游戏就是儿童的生活,同时也是儿童理解他们生活的这个世界的方式。

——苏珊·埃塞克

9

理解并支持游戏

你是否还记得从山坡上滚下时眩晕的快乐，是否还记得用积木搭建一座精巧的建筑物的专注，是否还记得学习跳绳时的满足感，抑或与朋友一起玩"假装游戏"时的投入？无论是富裕还是贫穷，无论生活在城镇还是农村，你都玩过游戏，全世界的孩子们都在玩游戏！亘古如斯。

儿童发展理论和学前教育工作者的实践经验告诉我们，儿童通过直接的、动手操作的活动学习效果最好，而游戏是学前教育工作者"做中学"信念的最终实现。自学前教育起始以来，幼儿教育工作者一直致力于理解和支持这种最为自然的活动。和过去一样，相信游戏的价值依然是当今学前教育的一个显著特征。游戏与我们过去的经验相联系，并把学前教育专家维系在一起。作为一名学前教育工作者，你对游戏要有足够的了解——游戏是什么，游戏是如何发展的，游戏在儿童成长和学习中有何种功能，游戏在早期儿童教育中的角色，以及学前教育工作者在支持儿童的游戏中起何种作用。

作为一名教师，你需要经常面临向家长、其他学年阶段的教育者以及学校管理者解释游戏价值的挑战。在这个日益强调学术成就的时代，要求解释游戏的内涵是可以理解的。你可能碰巧会听见父母有这样的疑问："为什么他们整天玩游戏？你们打算什么时候开始教他们知识？"游戏对于儿童发展的作用不可替代，所以你很有必要在家长提出疑问之前，就向其解释游戏的价值。

第9章

我的教育实验室

访问"我的教育实验室",利用"个性化学习计划",提高你对本章概念的理解。你也可以通过基于视频的"任务和活动"以及"建构教学技能和性情"课程来磨炼教学技能。

游戏对儿童发展的各个方面都有积极作用:游戏为儿童提供了一种练习新技能的途径;游戏能厘清演变中的概念;游戏有助于你评估儿童发展的水平和情况。游戏具有引导儿童社会性、情感和认知能力发展的强劲影响力。因此你掌握这些知识至关重要:过去人们是怎么看待游戏的,现在人们对游戏又知道些什么,以及这些知识与你作为一名学前教育工作者所做的工作有何关联。

因为游戏能反映儿童是如何学习的,所以它是发展适宜幼儿教育项目的核心,也是课程的中心。游戏是儿童发展和学习的方式,是儿童表达他们对世界理解的媒介,同时也是学前教育工作者实现课程和教学目标的重要手段。

游戏为我们了解儿童的生活打开了一扇窗。通过观察玩耍中的儿童,你可以获得关于儿童知识和技能的大量信息,也意识和了解到他们是怎样的个体,即他们的兴趣和独特个性是什么。

理解游戏

游戏是什么?游戏的意义是什么?为什么游戏对儿童有这么大的吸引力?仔细想想孩子们的游戏和你童年时做过的游戏,你能意识到许多东西都可以成为游戏。当你观察一个游戏中的孩子时,你可能会注意到游戏的特征。当你观察不同年龄段的孩子,你会发现游戏随着孩子的成长而发生改变。而且当你观察有着不同气质、经历和能力的男孩、女孩时,你会发现孩子们的游戏中有一些个体差异。理论家和研究者们所描述的游戏特征和阶段,有助于你深入理解你所看到的一切。

游戏的特征

当4岁的孩子们都到齐了,阿什莉老师请每个小朋友选择一个喜欢的活动区域来开始新的一天。凯特琳、布赖斯和艾玛选择了戏剧表演区。凯特琳宣布说:"我们来玩农场游戏吧。现在我是小羊羔,布赖斯你来当农场主吧。"艾玛抗议道:"你上次已经当过小羊羔了。这次我要当小羊羔。"凯特琳退让了,并要求当羊羔的妈妈。她在玩具娃娃的床上放了一条毯子来充当她的羊宝宝的床。接着布赖斯拿出一盒"鸡蛋"(大珠子)并说道:"我是鸡妈妈,我正在孵蛋。"他把蛋放在娃娃床上,凯特琳把他推开,大声说:"鸡用的是窝,不是床。"阿什莉观察着他们的互动并做出了回应——给了他们一条可以制作鸡窝的围巾。

若问成人怎么能分辨出儿童在玩游戏,他们可能会告诉你"当他们很开心的时候",甚至"当我不能够吸引他们注意力的时候"。关于游戏,也许并没有一个统一的定义,因为游戏不是一项单一活动。园艺是游戏还是工作?跑步是乐趣还是惩罚？尽管没有一个定义能抓住游戏的本质，但是理论家、研究者和教育者们已经发现了能将游戏与其他行为区别开来的特征，这些特征使你能够理解什么是游戏，什么不是游戏。知道这些有助于你做出决定和采取行动——支持儿童的游戏，并且避免打断、误导他们的游戏。虽然准确的用词有些不同，但游戏专家们（Saracho & Spodek, 1998; Johnson, Christie & Wardle, 2005; Brown & Vaughn, 2009）总结了一些游戏的必备特征：

- **游戏是由内部动机引发的**。游戏本身就是奖赏。孩子们玩游戏，是因为游戏本身就能令人满足，而不是因为它满足了某种基本需要，或者得到了某种外在的奖赏。游戏的关键在于动机，而非在活动中玩些什么。你在穿过操场时走过平衡木就属于游戏；而如果父母希望你在今后的比赛中获奖，那么作为体操常规活动一部分的平衡木就很可能是工作。在前面的例子中，凯特琳、布赖斯和艾玛在游戏中专注的投入，以及游戏带给他们的快乐，正是内在动机的标志。如果阿什莉（例子中的老师）因为他们玩农场的游戏而奖励他们，那么这个游戏也就变成了一项工作。
- **游戏是自由选择的**。孩子会选择游戏。受游戏机会的吸引，孩子才决定去玩。阿什莉邀请孩子们玩游戏，但是她不可能要求孩子们按照这种方式玩假装游戏。外界的强制力一旦介入，它就会成为工作而不再是游戏。
- **游戏是愉悦的、快乐的、吸引人的**。愉悦地、专注地追求一项活动是儿童和成人游戏的一个特征。尽管人们可以很认真地去追逐一个游戏，尽管游戏里有挑战、恐惧和沮丧，但是当我们想到游戏时，引人注意的首先就是它这种快乐的性质。人们不会把大多数时间都不能使人感到快乐的活动看作游戏。
- **游戏本身就是目的**。游戏，是它本身而不是其结果，具有激励作用。比起最终的结果，孩子们更专注于游戏过程中的发现和创造。游戏可以有一个结果或者目标，但是这由游戏者自发决定的，这正是游戏的一部分，随着游戏的发展可能还会发生改变。布赖斯、艾玛和凯特琳不是在进行小羊羔和小鸡的表演，而是深深地陶醉在这一假装游戏的过程当中。
- **游戏是主动的、积极的**。游戏要求人们在身体上、言语上或心理上都积极地投入到人、物或创意之中。我们十分明确地把幼儿的追逐打闹行为当作游戏，但是一些更安静的活动，比如绘画、捏橡皮泥甚至做白日梦，也都可以是游戏，因为儿童会积极地投入其中。

- **游戏是自我导向的，而不是客体导向的**。在游戏中，最基本的问题就是："我可以用这个东西做什么？"相反，当遇到一个新的或者不常见的物品时，大多数儿童的第一反应是回答这样一个基本问题："这个东西是什么，它有什么用？"游戏理论家和研究者们把这种行为称为探究（exploration）活动，并把它同游戏区分开来（Christie & Wardle, 2005）。
- **游戏通常是充满想象的**。许多活动都是带有游戏性质的，但是想象性的假装游戏才是游戏的最高表现，正如我们例子中所描述的农场情景一样。儿童悬置并改变现实，假想为真。外部世界被暂时搁置一边，只为了探究更丰富的内部想象："我们来玩农场游戏吧。现在我是小羊羔，布赖斯你来当农场主吧。""我是鸡妈妈，我正在孵蛋呢。"（手里拿着装满大珠子的鸡蛋盒）
- **游戏超越时间**。游戏创造了一种无时间限制的感觉而且活在当下。奇克森特米哈伊是一位研究幸福和创造性的心理学教授，2008年他把这个特征称为"心流"（flow）——完全地、精力充沛地投入和专注——这正是游戏的一个特征。

游戏中，儿童是充满力量的创造者，受到一股强劲的内驱力的推动，积极地创造新世界。虽然他们的创作灵感来源于日常生活经验，但他们的创造成果却个性十足。游戏依附于这个世界，同时又与这个世界相分离，在这段时光中，孩子们可以自主、自由地行动，可以高强度地体验自我、体验世界。

位于纽约罗切斯特市的美国国家玩具博物馆副总裁斯科特·埃贝尔认为，儿童和成人在游戏的时候都会经历六个步骤：预期、惊奇、快乐、理解、掌握（或精通）、平衡（或自若、得意）。当我们经历了以上六个步骤，就可以说我们正在玩游戏（Eberle, 2009）。

思考你关于游戏的记忆

当你还是一个孩子的时候，你是怎么玩游戏的？为什么可以称之为游戏？

游戏的类型

婴儿的游戏方式与学龄前儿童的不同，儿童的游戏方式与成人的也有区别。虽然游戏在人的一生中都在变化，但还是有一些游戏类型保持不变。当我们考量幼儿的游戏时，有必要记住儿童的游戏类型多样化，并没有什么限定。

身体和运动游戏。身体游戏很容易辨别。从生命之初，它就是游戏的一部分。不管你看见的是一个婴儿在吸吮脚趾，还是一个幼儿园小朋友在骑三轮车；是一个学前班儿童在跳绳，还是一个五年级学生在玩四色方块小游戏；是一个成年人在跳舞，还是一只小猫在追逐一个毛线球，你知道他们都是在游戏。自由选择的身体运动本来就是令人愉悦的、好玩儿的。

追逐打闹游戏。打斗但不带有伤害目的的游戏被称为追逐打闹游戏。这几乎是所有哺乳类动物的共同特征。如果你曾经在公共游乐场看过一窝小狗或者一群4

岁大的男孩在玩耍，那么你就有可能见到追逐打闹的嬉戏。尽管这种游戏很普遍，但是在正式项目中是否允许其存在，目前还存在争议。

物品游戏。另外一种很早形成的、也很容易辨认的游戏形式是探索和操作物品。我们有一个专有词汇来指代用作游戏的物品——玩具，有一些专门的工厂制造这些玩具，还有一些专门的商店来销售。然而，玩具可以很简单，它可以是一只能发出声音的杯子，或是一个能让人爬进去的盒子；玩具也可以很复杂，它可以是一台拆卸的老机器，或者是一台装有成千上万个应用程序的新的苹果平板电脑。

想象游戏。假装游戏、表演游戏或者想象游戏，它们包括编造一个故事或者一段叙事。在想象游戏中，游戏参与者们会完全沉浸在他们所编造故事的表演中。一个戴着妈妈的帽子、穿着妈妈的鞋子的孩子，一个复古俱乐部里的爵士，他们都可以沉浸在想象游戏当中。许多人都认为想象游戏是游戏的顶峰，是最需要智力的游戏，是最迷人的游戏，是需要掌握的最重要的一种游戏形式（Bodrova & Leong, 2003; Brown, 2009; Elkind, 2007; Smilansky & Shefatya, 1990）。

竞赛游戏。我们把有目标、有规则并有明显挑战的结构游戏称为竞赛游戏。竞赛游戏可以是单独的，但更多是互动性的，而且它还涉及比赛。竞赛游戏通常包含一些器材（像木板游戏和球类游戏）。这种游戏有许多不同的种类，既有个人的、静坐式的游戏（像纸牌和大多数电脑或者电子游戏），也包括以小组形式进行的那些活泼的团队游戏。竞赛游戏跨界于游戏和工作，当游戏者受雇于他人或者因为这项游戏而获得报酬时，这项竞赛游戏就成为了工作，就像现在的职业体育运动一样。

儿童为什么要游戏

几个世纪以来，哲学家、理论家、教育家和心理学家们一直在观察游戏中的儿童，并思考游戏的本质和目的。许多在学前教育领域有影响力的哲学家和教育家们都把游戏视为一个值得严肃思考的问题。柏拉图和苏格拉底也曾就游戏有过专门的论述。约翰·洛克认为，游戏有利于促进儿童的健康，保持良好的精神状态并激发积极性。被称作"幼儿教育之父"的弗里德里希·福禄贝尔则认为，儿童通过游戏进行学习，在基于游戏的课程中应当使用创造玩具（恩物，gift）和游戏活动（工作，occupation）（Frost, Wortham, & Reifel, 2008）。

在19世纪和20世纪初期，许多学者研究游戏并对游戏在人类发展过程中的重要作用形成了各自的解释。1938年，约翰·赫伊津哈提出游戏是人类活动的独特领域，它存在于普通生活之外，并且对人类文化创造而言不可或缺（Huizinga, 1970）。英国哲学家赫伯特·斯宾塞（Spencer, 1861）提出了游戏的剩余精力说（surplus energy theory）。该理论认为，游戏的目的是帮助人们消耗掉他们满足基本的生存需要之后不再被需要的那部分精力。成人可以工作，儿童则需要通过游戏消耗掉他们的精力。斯坦利·霍尔（Hall, 1904）提出了儿童发展的复演论（recapitulation theory）。该理论认为，个体童年的发展复演了人类的进化过程。在霍尔的理论中，游戏的作用是使儿童摆脱原始的、不必要的本能特质，这些特质正是从世世代代的祖先那里通过遗传保存下来的。霍尔不仅开创了儿童研究运动，还影响了实验学校的创建。在实验学校里，大家可以通过做研究来形成教学的科学理论。约翰·杜威也参与了这场运动，并建立了芝加哥实验学校。但是杜威（Dewey, 1910）与霍尔存在意见分歧，杜威把游戏看作儿童建构意义的方式。德国哲学家和自然科学家卡尔·格鲁斯（Groos, 1901）提出了游戏的本能理论或生活预备说（instinct or practice theory），该理论认为游戏是一种自然的本能，对儿童的生长和发展而言必不可少。格鲁斯认为低等动物不会游戏，只有高度进化的高等物种才会玩游戏。这个理论认为儿童玩游戏是在为成年期做准备，游戏中的儿童是在练习成人的工作和角色。松弛说（relaxation recreation or theory）的提出者G.T.W. 帕特里克（Patrick, 1961）认为游戏是缓解紧张和疲劳的基本机制（Frost, Wortham, & Riefel, 2008; Hughes, 2009）。现在我们知道，游戏对发展的各个方面都非常重要，是大脑发育必不可少的。它是神经元之间建立联结的方式之一，即大脑塑造自身的方式之一（Brown, 2009; Elkind, 2007）。

当我们观察一群儿童的时候，我们便很容易理解这些理论是如何逐渐形成的。一群精力充沛的学龄前儿童在下雨天被"禁闭"起来，此时他们看起来拥有过剩的精力。同样是这群孩子，在户外奔跑大叫之后，当他们再次回到室内时，看起来松弛了许多。立体方格攀爬架上爬满了孩子，就像我们的灵长类表亲一样，看起来就像是在重演进化史。当我们看到儿童在玩过家家、扮演学校或战争情境中的角色时，很明显他们是在练习成人的角色。

当代游戏理论

关于游戏理论，我们仍然还有很多需要学习的地方。但是近年来，理论家、研究者和教育者们拓展了我们关于儿童为什么要游戏的理解。游戏既是一种自然的活动，也是一种内在本能驱动的活动，有助于促进儿童的发展。当前的游戏理论主要是受到了弗洛伊德、皮亚杰和维果斯基的影响。

弗洛伊德和他的追随者（特别是他的女儿安娜·弗洛伊德以及艾里克·埃里克森）认为，游戏提供了一种宣泄消极经验、净化情绪的方式。在这些理论家看来，儿童在游戏中可以感受到更多的成长和力量，他们能够对环境有一定控制，能够缓解由真实生活的冲突引起的焦虑。在对有心理冲突和心理问题的儿童进行诊断治疗时，游戏疗法（儿童精神疗法）会使用游戏和游戏材料（Hughes, 1999）。

思考你生活中的游戏

思考一种成年人的游戏方式。对于你来说，为什么这是一种游戏？你多久玩一次游戏、玩多长时间？在你的生活中游戏有多重要？如果你的朋友或者家人来评价你，他们会谈论到你玩的游戏吗？为什么会（或者不会）呢？

皮亚杰和他的追随者们认为，游戏是儿童发展认知能力的媒介（Reifel & Sutterby, 2009）。皮亚杰在观察的基础上描述了儿童游戏发展的几个阶段。当下许多学前教育项目都是以皮亚杰的游戏理论为基础的。给儿童提供游戏的时间和材料，教师们相信游戏能够帮助儿童建构他们自己对于这个世界的理解。

理论家维果斯基也认为游戏可以作为儿童发展的工具和媒介。与其他理论家不同的是，维果斯基认为游戏促进了儿童认知、情感和社会性的发展。他认为，借助于有经验的游戏者，或通过独自重复去玩，游戏在儿童已知知识与即将能理解的未知之间架起了一座桥梁。维果斯基把儿童已知与他们即将领悟的之间的距离称作最近发展区（zone of proximal development）。在维果斯基看来，游戏在真实物体和想象能力之间提供了一个锚点（Van Hoorn, Monighan Nourot, Scales, & Alward, 2007）。他也认为游戏促进了儿童的自我管理、动机和去自我中心能力（考虑刺激物或情境的多个方面的能力）的发展（Bodrova & Leong, 2007）。

理论家们一致坚信游戏在儿童发展过程中的重要作用。最近的一项研究表明，游戏能够帮助儿童学会自我管理，控制他们的身体、情绪、社会性及认知行为（Bodrova & Leong, 2003; Bronson, 2000）。目前的理论和研究证实，游戏在儿童某些能力和技能的学习中起着关键性作用，进而促进了儿童的胜任力、控制力以及自我控制方面的发展。

游戏的阶段

随着儿童的成长，他们开始参与到不同类型的游戏中，进入不断复杂化的游戏阶段。当你和不同年龄段的孩子打交道时，需要理解和认识游戏的不同发展阶段，这十分重要。两个 5 岁的孩子可以愉快地一起用积木搭建一条公路，并且分享一辆玩具车；而两个刚刚学步的儿童则会各自玩耍，并且他们都需要一辆属于自己的玩具卡车。如果了解了这些知识，你就能够对自己可以期待孩子们做出哪些合理行为有敏锐的判断，并且你会知道怎么为每个孩子提供适宜的发展机会。

发展理论家们已从几个不同的角度描述了游戏的发展阶段。帕顿对游戏的社会层面进行了研究，并划分了代表不同年龄群体的游戏类型。皮亚杰和斯米兰斯基都把研究焦点集中在游戏的认知方面。维果斯基的学生艾里康宁提出了假装游戏的几个水平。

帕顿：社会性游戏的阶段

在 20 世纪 30 年代早期，米尔德丽德·帕顿就提出了游戏有不同的类型，描述了游戏者之间关系的本质（Parten, 1932）。帕顿对儿童游戏的分类一直被学前教育工作者广泛使用。她把儿童的社会性游戏分为六个阶段，体现了沿着这一连续体，儿童的社会性由低到高的发展。前两个阶段（即无所事事阶段和旁观阶段）是儿童进

入一个陌生新情境前的观察时期。余下的四个阶段分别在其对应的年龄段占主要地位（虽然这些特征也出现在其他年龄段）。随着儿童年龄的不断增长，这些游戏也会越来越社会化。这四个阶段分别是：

- **独自游戏**（主要发生在婴儿期）。在独自游戏中，儿童总是独自玩耍物体，即使周围有其他小朋友在玩，他们也不会注意到。尽管独自游戏主要发生在婴儿期，或者说在年幼的儿童中更加普遍，但年长一点的儿童也会选择这种游戏方式且从中受益。
- **平行游戏**（主要发生在学步期）。在平行游戏中，儿童与同伴同时玩相同或内容相近的游戏，但仍然是各玩各的，很少发生交往行为。但是每个儿童都能够意识到附近玩着类似游戏同伴的存在，并对此感到愉悦。
- **联合游戏**（多发生在年幼的学前儿童期）。帕顿区分了两种形式的小组游戏。首先，联合游戏是指一对或一组儿童在同一区域游戏并分享材料。他们之间的互动可能很活跃，但很少有真正的合作和协商。例如，两个孩子各自在积木区搭建动物园，他们共用动物道具，一起讨论各自的动物园，但是没有创建一个共同的动物园，也不会商量动物园里会发生什么事，这属于联合游戏。
- **合作游戏**（年龄稍大的学龄前儿童、学前班及小学儿童）。在这个社会化程度最高的小组游戏活动中，儿童通常一起以共同的主题进行一系列连续的游戏活动。他们一起做计划，一起协商，共担责任，共同领导。例如，一群假装去野餐的儿童可能会一起商定带什么食物、谁应该来参加这项活动、怎么到达目的地、谁来开车，以及他们在活动中可能会遇到哪些开心或不开心的事情。

皮亚杰和斯米兰斯基：游戏的认知发展阶段理论

与帕顿关注游戏的社会性方面不同，皮亚杰（Piaget, 1962）的关注点是游戏怎么影响儿童的认知发展。他提出了游戏发展的三阶段理论框架，与其提出的认知发展阶段平行。斯米兰斯基在对来自不同文化和经济背景的年幼儿童观察的基础上，发展了皮亚杰的游戏阶段理论（Smilansky & Shefatya, 1990）。与皮亚杰的理论相似，她把游戏分为四种类型，且在皮亚杰的基础上又增加了一种类型——建构游戏。皮亚杰和斯米兰斯基的游戏阶段理论大致相同，只是在看待相似游戏行为的方式上存在细微的差别。斯米兰斯基的理论可以被认为是建立在皮亚杰理论基础之上的。下面是他们两人有关游戏认知发展阶段的具体划分。

- **练习性游戏或者机能性游戏（0~2岁）**。在练习性或机能性游戏中，儿童探索客体的感觉属性，发展运动技能。这一阶段与皮亚杰认知发展理论中的感知运动阶段相对应。在机能性游戏中，儿童总是一遍又一遍地重复一些行为，好像他们在练习这些行为。例如，婴儿总是重复地将玩具扔到婴儿床的一边，让你把它捡回来；学步儿把咖啡一遍又一遍地倒掉再装满，他们所做的正是练习性游戏。这些行为被认为是他们在探索和认识客体。尽管这种游戏类型在生命的头两年最常见，但它并不会随着年龄的增长而消失。一个学龄前儿童不停地把水从一个容器倒入另外一个容器中；一个少年在镜子前不停地摆弄他完美的发型，这两者没有本质差别，他们都是在做练习性游戏。
- **象征性游戏（2~7岁）**。在象征性游戏中，儿童用一个物体来代表另一个物体，并且用假装的动作和角色来代表熟悉的或想象性的情境。象征性游戏出现在前运算阶段，也就是当儿童开始能够运用心理符号或意象来表征客体的时候。

  斯米兰斯基将象征性游戏的不同形式又进一步分成了两类。一种是建构性游戏（constructive play）。在这种游戏中，儿童用真实物体建造一个预先计划好的东西的象征物（例如，用生面团来建造一个鸟巢）。另一种是表演和社会性表演游戏（dramatic and sociodramatic play）。在这种游戏中，儿童创造想象性的角色并表演他们的相互交往，儿童总是假装成某人或者某物（例如妈妈、医生、小狗等）。此外，他们还会用动作、物体或语言来代表某些事物或情境（例如，用木块来代替熨斗，用划动手臂来表示驾驶一辆卡车，或者用"汪汪"的叫声来表示狗叫）。
- **规则游戏（7~11岁）**。在规则游戏当中，儿童认可并遵从预先设定的规则，为的是能够继续独自或小组游戏，并与规则游戏的目标和期望保持一致。虽然年幼一点的儿童也可能喜欢这一游戏，但规则游戏是7~11岁儿童的典型游戏。共同决定和商议规则的能力也随着儿童在合作游戏中的相互合作和共同协商而发展起来。爬坡与梯子的游戏、多米诺骨牌游戏、儿童足球游戏、跳绳游戏，甚至是躲猫猫游戏等都是规则游戏的例子。

维果斯基和艾里康宁：儿童假装游戏理论

维果斯基认为假装游戏是高级心理机能（例如设置目标、去自我中心和表象思维）发展的基本机制。要实现这一作用，假装游戏必须包含游戏情境、角色分配以及随着角色演进的一系列规则。他认为想象力是随着假装游戏的进行而逐渐发展起来的，而不是说想象力是假装游戏的先决条件。

维果斯基的学生艾里康宁（Daniel Elkonin）发展了维果斯基的理论。他对假装游戏的不同发展水平进行了描述（Bodrova & Leong, cited in Rogers, 2011）。艾里康宁的游戏水平论与斯米兰斯基的阶段论具有相似之处，但是比斯米兰斯基的理论更加具体，而且他的理论只关注社会性表演游戏。艾里康宁描述了游戏的中间水平（middle

levels），但是并没有对其命名。

水平 1（物体中心）。在水平 1 的社会性游戏中，儿童并不会为他们的角色命名。他们的行动都是以物体为中心的，刻板且没有次序地一遍遍重复（例如儿童在整个游戏过程中都假扮成小婴儿蜷缩在地板上哭泣）。儿童并不坚持他们的游戏伙伴在扮演角色的过程中遵守什么特别的"规则"。

水平 2。在水平 2 的游戏中，儿童开始为角色起名字，并且会把特定的行为与角色联系在一起。他们会根据真实生活中的事件来安排游戏中的活动次序，例如，儿童会假扮成一个服务员，为客人点餐和端上食物，而不会坐在桌边。如果一个孩子违反了预先设定的次序，同组的其他玩伴一定会让他重新扮演这个角色，没有协商或争论。

水平 3。在水平 3，儿童在游戏开始之前便会为他们的角色起名字。他们用一种特别的角色语言，即用角色本身固有的词汇和语调进行表演。如果一个孩子的表演采用的方式与角色不一致，其他孩子会指出他的错误，然后出错的孩子就会尝试着更正或者是解释他的错误。

水平 4（完全成熟的游戏水平）。在这一阶段，儿童能很好地定义角色。在游戏情节中，儿童计划游戏并沉浸在角色里，始终保持前后一致且逻辑连贯。人物之间的关系变成了游戏的内容（例如，"妈妈"给婴儿喂食，给他洗澡，然后把他放到床上。"小婴儿"会哭，会吃东西、睡觉，会说"妈妈，我爱你"）。当一个孩子的行为不符合其表演的角色时，其他儿童会给他解释角色的规则和原因。

艾里康宁认为，只有当儿童达到角色游戏的最高发展水平时，儿童的高级心理机能才能够得到发展。研究表明，达到角色游戏水平 4 的儿童，其认知能力更强。令人不安的是，与 20 世纪 40 年代的儿童相比，今天的儿童达到完全成熟游戏水平的反而更少，而更高水平的思维恰从中发展而来（Bodrova & Leong in Rogers, 2011）。这个现象的原因目前尚不清楚，可能与不断增加的媒体接触或者持续游戏可用时间的"缩短"有关。

认识游戏的发展阶段

认识游戏的发展阶段有助于你理解儿童的游戏行为。理解了帕顿的游戏阶段理论，会使你更好地理解婴儿的游戏，而不是被他们搞得心烦意乱。你会理解他们在独自游戏的过程中，为什么总是不断重复地在盘子上撞出嘎嘎声，或者不厌其烦地把物体扔向地板。你会理解学步儿社交能力的进步：他们开始玩平行游戏，把一篮子方块积木搬到地毯上，在一个小伙伴身旁搭建；你会理解2岁的孩子可能很陶醉于老师引导的游戏，例如在玫瑰丛中绕圈子；你也能明白他们刚刚开始主动参与联合游戏，而不可能发起这类小组游戏；同样，你可能会为一个4岁的儿童担忧，因为他很少参与联合游戏或合作游戏，比如与同伴一同搭建一座大型塔，也从来不用材料玩假装游戏，因为这些游戏正是他这个年龄段的孩子所热衷的；你可能会担心一个5岁的儿童在整个角色扮演游戏过程中不能投入角色，这样的孩子可能需要你的鼓励和训练，我们将会在本章的后面部分谈到。有了游戏发展阶段和水平的理论知识，你就能够为班上的孩子设计适合他们的课程。同时，这还能为你观察每一个孩子的发展过程提供一些重要的线索。

因为游戏的不同阶段一般与认知和社会性发展的阶段相对应，因此可以用儿童的游戏水平来评估他们的发展状况（见表9.1）。然而游戏的阶段与认知和社会性发展的里程碑并不相同，因为某个游戏阶段出现或占主导并不代表前一游戏阶段完全消失。例如，即使合作游戏已经成为年长的学龄前儿童的主要游戏形式，他们仍会喜欢感觉运动体验（玩水、玩沙游戏），虽然这些是早期典型的练习性游戏。我们认为，安静地坐在伙伴身边读书，事实上是典型的学步儿平行游戏的升级版。

表演和社会性表演游戏。斯米兰斯基在她的一本论述表演和社会性表演游戏性质及其重要性的著作中指出，表演游戏代表了儿童的一种不同的、潜在的、比其他类型游戏更高水平的游戏行为："表演和社会性表演游戏与其他三种类型游戏不同，原因在于它是以人为中心，而不是以材料或者物体为中心"（Smilansky & Shefatya, 1990, 3）。表演游戏是用象征物来表演人与人之间关系的游戏形式（"当我穿上大靴子，戴上大帽子，我就是爸爸啦"）。这样的游戏形式可以独自进行，也可能是与玩伴一同进行。而社会性表演游戏则是需要同其他人合作，共同表演复杂的人际关系的游戏。游戏进行的过程，也就是创造故事情节的过程。孩子们开始分配角色，并商议各项变动（"我穿上大靴子，戴上大帽子，还有你是一个小男孩，你坐上车，我开车带你去动物园"）。"社会性表演游戏允许儿童同时是演员、观察者和互动者，与其他伙伴一起在一个共同的活动中发挥他的才能"（Smilansky & Shefatya, 1990, 3）。

斯米兰斯基认为表演和社会性表演游戏具有如下要素：

- **角色模仿表演**。儿童装扮成一个假想的角色，并用模仿性的动作或言语来表现这个角色。（米里亚姆假装自己是一只小狗，她四肢着地，还发出叫声，讨要食物。）
- **与物品有关的假装**。玩具、非结构化材料、动作或口头声明都能够替代真实的物品。（米里亚姆把一块砖当作骨头。）
- **与动作和情境有关的假装**。口头描述代替动作和情境。（米里亚姆表演了对另一

表 9.1 游戏阶段和发展阶段

	皮亚杰的认知发展阶段	埃里克森的社会情感发展阶段	帕顿的游戏阶段	皮亚杰的游戏阶段	斯米兰斯基的游戏阶段	维果斯基/艾里康宁的假装游戏水平
婴儿（出生至15-18月龄）	感知运动阶段（出生~2岁）	信任对不信任	独自游戏 儿童独自一人玩玩具；如果附近有其他儿童，他们也不会注意到。	练习性游戏 儿童探索客体的感觉属性，同时发展运动技能。	机能性游戏 儿童对玩具、材料和人进行感知和运动方面的探索，以便了解相关知识。	
学步儿（15-18月龄至30-35月龄）	前运算阶段（2~7岁）	自主对羞愧和怀疑	平行游戏 儿童与同伴同时玩相同或内容相似的游戏，但是很少有互动，他们各玩各的，同时也能够意识到其他人的存在，并喜欢这种陪伴。	象征性游戏 儿童用物体、动作和角色来表现真实的、熟悉的或虚构的情境。	建构性游戏 儿童摆弄、操作物体，为的是能够创造出某种东西。	水平 1 物体中心 儿童不会为角色命名，其动作以物体为中心，刻板且没有特定顺序地一遍重复，表演角色的时候是没有"规则"可言的。
学龄前初期的儿童（30月龄至4岁）		主动对内疚	联合游戏 两个或多者一起玩耍并共享他们的玩具，但是却很少进行合作和协商。		表演游戏 儿童假装其他人，并用动作、操作物体或者语词来代表事物或者情境。	水平 2 游戏过程中，儿童开始为角色起名字，按照真实的生活顺序进行表演，在游戏中儿童之间没有协商或争论。
学龄前后期的儿童（4-6岁）			合作游戏 一群小朋友参与到长时间的游戏情节中去，在游戏中他们会计划、协商、共担责任、共同领导。			水平 3 在游戏之前儿童已为角色起好名字。他们会使用角色特有的语言。如果表演不符合角色，会被其他儿童指出错误。
小学儿童（6-8岁）	具体运算阶段（7~11岁）	勤奋对自卑		规则游戏 在独自或成小组游戏中，儿童认可并遵从符合预期和游戏目标的规则。	规则游戏 儿童在游戏中的行动都依据一定的规则，为的是能让游戏继续下去。	水平 4 成熟游戏 儿童很好地定义并游戏的情节，并前后一致、逻辑连贯地表演角色。游戏内容集中与角色人物关系上。当有儿童表演中角色不符时，其他儿童会给他解释角色的规则。

个玩伴的害怕，这个孩子在游戏中被她描述成一个吝啬的妇女，她想要偷小狗。）
- **持续性**。儿童至少会在一个特定的情节中持续玩十分钟。（尽管活动时间已经结束了，米里亚姆仍在继续扮演小狗的角色，圆圈活动时还是四肢着地，还学着小狗叫声第一个唱了首歌。）
- **互动**。在一个游戏情节中，至少有两个玩伴会互相做出回应。（米里亚姆和里韦拉都扮演宠物，但是里韦拉扮演的是一只小猫咪。他们一起玩，"喵喵""嘶嘶""呜呜""咕噜咕噜"地冲着对方叫。）
- **言语交流**。一些言语互动与游戏情节相联系。（里韦拉每次都会在游戏的下一个情节中给米里亚姆指示。例如，"现在是晚上，小狗和小猫都要睡上100分钟。"）

这些游戏要素可以作为评估个体儿童游戏技能的基础。当一项特殊的游戏技能没有出现时，可以通过游戏技能训练把它教给儿童。（参见本章后面的图9.3：社会性表演游戏核检表。）

游戏在儿童发展中的作用

游戏不是学习的敌人，而是学习的伙伴。游戏就像是大脑发育的养料，不善加用之真是太傻了。

——斯图尔特·布朗

儿童需要游戏。游戏有助于儿童发展成为一个完整的人——一个能够感觉、运动、思考、与人交往、沟通和创造的人。游戏对儿童大脑的健康发育十分重要（Brown, 2009; Shonkoff & Phillips, 2000; Frost, 1998）。1989年11月，联合国大会重申了游戏的重要性，会议通过了《儿童权利公约》。公约主张每一个儿童都有游戏的权利，而且成人必须为他们提供游戏的机会。

本公约的缔约国……确认儿童有游戏的权利……参与适合儿童年龄的游戏。（第31篇，《联合国儿童权利公约》）

学前教育工作者一直以来都在为游戏的价值辩护，即游戏有助于儿童的身体、社会性和情感的发展。最近几十年，这些学前教育者们的压力不断增大，他们要证明游戏是如何促进儿童的认知和语言发展的。特别有趣的是，研究者们发现，儿童的游戏能力与他们随后的学业成就、学校适应能力呈正相关（Brown, 2010）。游戏研究者们将继续探究游戏是如何促进儿童各个方面发展的。

第9章

游戏在儿童生理发育中的作用

游戏有助于个体终生的生理发育和健康。游戏中的儿童能够有效、全面地发展他们的体能。在儿童的自发性游戏中，精力充沛的活动能增强他们身体的力量、耐力，以及作为学习者收获成功的技巧。当儿童拥有强壮、健康、灵活和协调的身体并调动起所有感官时，学习效果最好。从婴儿期开始，儿童就表现出一种内在驱力——控制自己的四肢，努力去够远处的东西，并最终学会摆弄和操作物体（Bodrova & Leong, 2003; Bronson, 2000）。

儿童有探索、发现和掌握技能的天生内驱力。儿童期的集中游戏能够使儿童自然地获得对身体的控制力，这种控制力对于个体的生存十分重要。跑、跳、攀爬、扔球、骑车——这些我们通常视为游戏的活动——对于儿童的感知运动协调能力的发展（用感觉信息来指导运动的能力）以及身体健康的获得和保持都至关重要。

游戏在儿童情感发展中的作用

心理治疗师和教育家一直都很重视游戏丰富的情感价值。弗洛伊德和他的追随者都认为，游戏是儿童表达和处理恐惧、焦虑和欲望的一个主要途径。现代心理治疗师仍把游戏作为帮助儿童处理情感问题的方法，这些情感问题通常与儿童生活中的创伤性事件和其他烦恼情形有关。

在游戏中，儿童会创造和迎接挑战，还会预期变化。在这样的过程中，儿童会控制自己害怕的情绪；会解决内部的心理冲突；会发泄愤怒、敌意、沮丧等情绪；还会解决"真实"世界不能提供明显解决办法的个人问题。

游戏中的儿童感到他们在掌控自己的世界，练习重要技能，从而获得对环境和自身的控制感。他们探索表达情绪和交流自己内心状态的方式，以此来保持自我控制，这种自控能力对儿童与其他玩伴建立合作关系很必要。

游戏在儿童社会性发展中的作用

从出生起，儿童就身处社会环境之中。他们需要发展表达情感的方式，还需要发展能与他人建立积极人际关系的行为（Bronson, 2000）。生存有赖于从出生那一刻开始的来自父母的关爱。照料者同婴儿之间游戏的方式，与成人在其他任何生活情境中的表现都有所不同。你会听到成人向婴儿提出问题，然后又站在婴儿的角度来回答："现在，难道你拥有的不是这个世界上最漂亮的眼睛吗？""是的，当然我有，这是我从爸爸那里遗传来的。"一个平时看起来很严肃的成人也会发出温柔的声音，做出慈爱的面部表情，而且还会在孩子第一次大笑的时候欣喜若狂地回应。婴儿与成人间的互动逐渐发展为游戏，比如拍手游戏和手指谣（在每一种文化中都有类似的游戏）。

社会性游戏能增强个体的社会交往技能。儿童学习如何向亲戚、家人、朋友和同伴发起游戏。在早期游戏情境中，儿童学习去理解别人、与他人合作、轮流、使用社交用语，他们开始意识到团体成员的资格，发展社会认同，并且学习很多规范家庭、社区和文化的规则和价值观。游戏变得越来越复杂，并持续更长的时间。在过2岁生日之前，大多数孩子已经开始尝试着通过表演游戏模仿社会人际关系。例如，儿童假装给最喜欢的洋娃娃或玩具动物喂食。在四五岁的时候，大多数儿童要学习必要的知识，以便能够在社会性表演游戏中同玩伴一起扮演复杂的社会关系。例如，假扮成冰淇淋店的顾客或工作人员。不久以后，他们开始能玩规则游戏，例如接龙游戏。通过这类游戏，儿童的公平感、正义感与合作等诸如此类的社会概念就会发展起来，并影响他们的游戏行为和其他的社会关系。

在社会性表演游戏中发展起来的社交能力，也会促进儿童的合作态度和行为的发展。大多数的同龄人、家长和教育者们，都会表扬与高水平的社交能力相联系的分享行为、乐于助人的行为与合作行为，这些行为会在社会性表演游戏中逐渐发展起来。

游戏在儿童认知发展中的作用

童年早期的一项主要任务是发展学习和解决问题的能力。在游戏中，儿童学习设定目标，规划如何推进，发展聚焦问题的能力，以及创造解决认知任务的方法（Bronson，2000）。游戏是年幼儿童理解自身经验的主要媒介，也是儿童建构对物理世界和社交世界工作原理理解的工具。从婴儿期就开始并持续一生的机能性游戏，是学习客体的属性以及理解事物运作原理的基础。

建构性游戏是学步儿阶段的典型游戏。人们在一生中都会使用这一模式探索和练习运用不熟悉的工具和材料（例如，学习使用电脑或地图）。学龄前儿童的表演（假装）游戏在他们的表象或象征性思维以及最终的抽象思维能力的发展中起着关键作用。在社会性表演游戏中，儿童通过与玩伴一起扮演他们所经历或观察到的经验来形成对这个世界的理解（例如，逛一次杂货店）。儿童会根据朋友的回应和意见改变自己的认识（"我是店主，你要买那只橘子，需要支付给我50美元。橘子真贵！"），然后当他们再一次体验真实世界时会使用新获得的意义（"妈妈，我们家有没有足够的钱可以买橘子？"）。这个

循环是信息不断被收集、组织和再利用的过程。这是儿童开始了解世界的主要方式之一。下面对儿童表演游戏的描述可以阐明它的意义：

> 对生活情节的熟悉会使成人的日常生活变得高效……我们可以自由地思考其他事情……只有当我们发现自己处于一个不熟悉的环境中时，……比如开一辆借来的车，或在国外打电话，我们才会意识到这一点。年幼的儿童……玩游戏是为了能在对他们来说陌生的成人世界里找到他们能融入其中的方式，并掌握成人世界的日常脚本。（Jones & Reynolds, 1992, 10）

游戏研究者和教育者们对社会性表演游戏特别感兴趣，因为它对于儿童的认知发展具有重要意义。社会性表演游戏涉及符号，使用和操作符号的能力是将来学习的基础。在《促进游戏：提升年幼儿童认知、社会情感和学业发展的媒介》（Smilansky & Shefatya, 1990）一书中，斯米兰斯基和谢菲特亚描述了许多研究，这些研究指出，在社会性表演游戏中的能力与认知能力、创造力和社交能力呈高相关。

游戏在儿童综合发展中的作用

> 真正的游戏，来自于我们的内心深处……那是游戏适应力的一部分：游戏用那么一点儿乐趣，把我们内心深处的身体的、情感的和认知的能力整合在了一起。并且在不知不觉中，我们就成长了。
>
> ——斯图亚特·布朗

纵观全书，我们提到的都是完整儿童的发展。与其他时候相比，儿童在游戏中会更加全身心地投入，最充分地表达自己是谁、自己能做什么，以及他们所知道的和感受到的。积木、表演游戏的道具、建构型玩具、艺术材料、书、拼图、攀爬架、沙和水，这些都是学前教育项目中常见的儿童游戏材料，它们都有助于儿童各方面能力的发展。

> 伊桑、西恩娜和艾塞科正在积木区搭建一座塔。伊桑是他们中年龄最大、最高和最壮的孩子，他主导着这个小组游戏："拿一些三角形来。我们需要更多大点儿的积木！"西恩娜打断道："看看窗户怎么样？"伊桑把底板运到建筑工地上。艾塞科手提着可以搭建拐角的双层积木。西恩娜拿了一堆组合积木块。他们一起工作，时而谈论，时而搭建。塔越搭越高，共搭了五层。伊桑沿着顶端放了一些立方体和三角形。艾塞科在第二层放了一排玩具熊。西恩娜在每一层都放上了玩具人偶。

- **身体发育**。当每一个孩子举起、搬运或堆叠积木时，他的身体协调能力和肌肉力量都会增强；当他们用积木搭建建筑物时，小肌肉也得到了锻炼；当他们摆弄积木、感受材质和观察木头的纹理时，感官能力得到了提高。

一个年龄更小的孩子汤米，带着三辆小汽车靠近这个游戏小组，差一点儿就要撞到积木建筑物了。"让开，汤米！"艾塞科喊道。汤米的嘴唇颤抖着，他的眼里噙满了泪水。伊桑调解道："把小汽车放到这边的汽车场吧，"他一边说一边指向第二层。"不要！"艾塞科说道，"小汽车应该放到最底层。"西恩娜指向最底层："这是底层，把汽车停到这里吧。不要把它弄垮了！"汤米把小汽车放好之后，西恩娜在停车层增加了一个玩具小人并指挥汤米："去拿一辆蓝色的来。"汤米笑了，回来的时候带着一篮子的小汽车，一个一个地把它们全都摆在了最底层。

- **社会性发展**。当孩子们解决如何在积木建筑物里使用小汽车的问题时，他们的合作和协商能力得到了锻炼；当小组中加入一个年龄更小、技能稍微欠缺一点儿的儿童时，儿童的人际关系敏感性和正义感就被调动了起来。

孩子们回到座位上，看着他们的建筑物。伊桑把老师喊过来："嘿，斯蒂夫，我们搭了一个很酷的塔！"

- **情感发展**。当儿童在计划和搭建塔时，主动性也被充分地调动了起来。当孩子们创作建筑物，与同伴合作完成任务时，成就感就得到了加强。
- **认知发展**。当孩子们解决了搭建筑物所需的平衡和对称问题时，他们的问题解决能力也得到了提升。在搭建的过程中，他们会制订计划，不时地交流。

解释游戏的作用

作为一名学前教育者，如果你的课程计划里为孩子们安排了玩游戏的时间，你会发现，在许多情况下，你需要理解并向他人解释游戏在儿童发展过程中的作用。图9.1总结了儿童通过游戏发展起来的一些能力及其与学业成就之间的关系。你会发现，保存一册《早期游戏：学业成功的关键》(*Play in the Early Years: Key to School Success*) 会对你很有帮助。你可以从儿童联盟的网站去下载，网址是allianceforchildhood.org。

反思更多有关游戏的记忆

反思一段你在游戏中学习、发展或者提升某项技能的时光。这样的活动是否消耗精力？是否有效？这时它还是游戏吗？

促进游戏

> 会玩儿是一种快乐天赋。
>
> ——拉尔夫·瓦尔多·爱默生

你正在了解游戏，并已经开始把它当作促进儿童发展的自然、有效的方式。作

图 9.1　儿童通过游戏获得的发展

- 表征能力：表征物体、人和思想的能力。这种能力为阅读和数学学习奠定了基础。
- 口头语言表达能力和叙事理解力：理解和运用语言同他人交流和思考故事的能力。这些能力对于阅读和理解历史、科学等学科是不可或缺的。
- 积极的学习取向：好奇心、动机和成就感，这些态度都是学习成功的关键。
- 逻辑推理能力：因果关系的概念，以及分类、量化、排序和解决问题的能力。这些构成了数学、科学和其他学科中高级思维能力的基础。
- 自我管理和社会性协商：协商、合作、倡议、倾听、应对挫折和同理心的能力。已有事实证明，这些能力有助于儿童的情绪健康发展和学业的成功。

资料来源：Information from J. Tepperman, *Play in the Early Years*: *Key to School Success*, 2007.

家园联系

简单介绍游戏的价值

家长都十分关心孩子在学校里学到了什么（那才是正事！）。但是许多家长对游戏的价值和影响并不是那么了解。作为教师，你需要采用多种方法让他们明白游戏的价值，使他们理解为什么游戏会成为你课程的一部分。下面是一些你如何才能够实现这一目标的建议。

- 创设一个有照片的文档展板或幻灯片，展示孩子们如何通过游戏学习。
- 规划一次"游戏之夜"活动。活动中家长可以体验游戏活动，思考为什么他们在游戏中会感到愉快，以及游戏是怎么帮助孩子们学习的。
- 设计一次"导览参观"，利用海报或宣传单，帮助来访家长理解游戏是如何帮助儿童成长的。充分利用你大学课本里的知识或网上的资源来设计海报内容。（allianceforchildhood.org,ipausa.org,acei.org）
- 在你每一期的简讯中描述一种游戏及其重要作用。
- 设计可供周末借用的游戏背包。每个背包里都包括游戏材料和分层的纸片，纸片上面解释了该游戏对于儿童发展有何助益，以及家长可以与孩子们共同使用材料的多种方法。
- 邀请家长一起为孩子们设计游戏空间和材料。当家长们参与创造游戏机会时，他们就可以增加对游戏的了解，进而会重视游戏的作用。

为一名学前教育工作者，你在儿童的游戏中扮演着重要的角色，你的态度和行为反映出你对游戏是支持还是禁止，你的作为会影响儿童游戏的性质和效果。接下来，你要学习的就是运用各种各样的技术，支持儿童在游戏中实现发展。

支持的态度

一旦你理解了游戏在儿童发展和学习中的作用，你就能以一种尊重和欣赏的态度接近游戏中的儿童。一旦你明白了你在促进儿童游戏方面扮演着十分重要的角色，你就能够以一种特别关注的态度对待它。你将游戏视作你的助手，把支持游戏当作你工作的重要组成部分。

有些早期儿童保教工作者虽然接受把游戏作为保育工作的一部分，但却不重视游戏在儿童教育方面的重要作用。当孩子们在项目中属于教育的时间玩游戏时，这些教师会感到不舒服，他们会想方设法干预儿童的游戏，使之看起来更像"学校教育"。他们其实还未真正理解游戏在儿童发展中的作用。

你的游戏观会受到你的职业背景的影响。那些教婴儿和学步儿的教育者通常会得到支持，让游戏成为他们项目中的重要角色。同样地，尽管不是全部，对大多数面向3~5岁儿童的工作者来说，情况也大体如此。但如果你在小学任教，你可能会发现，你的同事或学生家长并不理解也不支持游戏。这种情况下，必须辅之以能够证明游戏重要性的信息，你才能确保他们重视游戏，并顺利开展游戏。

支持者的角色

玛丽亚和艾登在表演游戏区玩餐具。格兰提老师走进来，她坐下并问道："这是龙之家餐馆吗？"（最近他们参观过的一家餐馆。）"我想点一份黑豆面。"玛丽亚迅速扫视了四周，然后对格兰提老师说："我们可以拿一些餐馆的东西吗？"格兰提一边微笑着点头，一边从旁边的储藏柜里拿出一些餐厅用具。

儿童在玩游戏时会无视周围的环境，你在游戏前和游戏过程中所做的事情能够对游戏的质量以及儿童在游戏中的收获产生极其重要的影响。重视儿童的游戏，需要人们意识到，游戏的主体是儿童而不是成人。然而，教师可以成为促进游戏的支持性角色，从设置舞台和阶段开始，贯穿在所有其他角色之中。

舞台监督者

时间、空间、设备和材料是游戏时必不可少的要素。作为儿童游戏中的支持者，你的第一个任务便是为他们提供这些要素。伊丽莎白·琼斯和格雷琴·瑞诺兹把这一重要的角色视为舞台监督者。作为一名舞台监督者，要做的不仅仅是准备游戏的材料，还包括选择和组织材料、空间和设备，以便它们能够使儿童构建有意义的游戏。各个年龄段的儿童都必须有游戏时间，因此，重视游戏价值的学前教育工作者会灵活安排时间，这比严格遵循计划表更加重要。

舞台监督角色的工作内容之一是巧妙安排设备和材料。这在琼斯和雷诺兹所谓的辨认图形－背景关系方面将有益于儿童。所谓图形－背景关系，就是指从背景中识别出你正看着的事物（Jones & Reynolds, 1992）。如果教室里有很多设备，或者很混乱，孩子们可能会感到有压力或困惑而不想玩游戏。在幼儿环境中，布置——游戏——整理是一个不间断的循环过程。一旦你理解游戏并自愿参与进去，就表明你看重游戏的价值。

观察者

在儿童游戏中你将扮演的另一重要角色便是观察者。当你基于你所了解的儿童发展和游戏方面的知识，认真地观察并评估你的所见所闻时，你就能更好地理解儿童正在进行的活动，更好地理解儿童可能的需要，更好地理解你如何才能在游戏中支持他们。

> 艾米丽用沙和水装满了几个桶。她把桶放在沙堆里，然后又去打水。凯恩斯和赛格走过来坐下，开始玩这几桶沙和水。艾米丽回来了，她大叫道："喂，那是我的实验室，我不想让其他人在我的实验室里工作。"

如果你已经观察到艾米丽还处于平行游戏阶段，你就可以为凯恩斯和赛格提供另外的桶和空间，让他们在艾米丽旁边玩；如果你观察到艾米丽已经准备好要加入合作游戏了，你可以为她提供额外的容器，并建议她把这些材料分给"隔壁实验室的小科学家们"。

结构性的观察记录能够帮助你产生有关游戏的重要见解。可以用已经形成的核检表或量表来观察儿童在游戏中的表现，以此来增进你对游戏的理解。例如社会—认知游戏量表（见图9.2）对游戏的社会性和认知两个维度进行编码，使你能够快速定位儿童的游戏发展阶段。

为了对班里每一个孩子的游戏有一个大概的了解，你可以用几天的时间做一个抽样观察记录。首先，你要为班里的每个孩子创立一个网格工作表（如图9.3），打乱工作表让它们随机排列，从最上面的表开始取样，观察这张表上的孩子，然后将它放在同一天要使用的这一摞表格的最下面。观察这个孩子大约15秒，把游戏行为记录在工作表中，然后就转向下一个孩子。你可以在一分钟内抽取3个孩子。所以，如果一组有15个孩子，你可以在半个小时内对每个孩子进行6次取样。四五天以后，你就有足够的材料来分析每个孩子的游戏行为，分析它们属于哪一种典型模式。在婴儿教室里，你可能会发现在独自游戏的网格里标记的游戏频次更多。如果你一整天都跟着一个8岁的孩子，他的许多游戏行为都可能被记在右下角的网格里，意味着他是与同年龄群体进行游戏的。这些信息有助于你决定需要做出什么干预来支持个别孩子的游戏。

调解者与保护者

当儿童远离伤害和干扰，感到安全和相对自由时，他们的游戏是最富有成效的。

图 9.2 社会—认知游戏量表

		社会水平		
		独自游戏	平行游戏	小组游戏
认知水平	机能性游戏			
	建构性游戏			
	表演游戏			
	竞赛游戏			

资料来源：Information from J. E. Johnson, J. F. Christie, & T. D. Yawkay, *Play and Early Childhood Development* (2nd ed.), 1999.

因为群体游戏可能会很混乱，并且具有破坏性，所以有时你需要充当保护者和游戏调解者的角色。与限制设定者、纪律执行者或规则实施者完全不同的是，调解者会与儿童合作。作为一个调解者，当儿童需要中立的第三方时，你可以帮助他们解决冲突和担忧。当游戏参与者能够自行处理问题时，调解者就不必干预。儿童在游戏中的冲突为你教给他们和平解决冲突的技能提供了机会，这些技能有助于儿童将来独立地解决问题。

作为一名游戏保护者，你要在支持和维持游戏的指导与干预游戏的过度控制之间维持微妙的平衡。我们鼓励游戏，但不能让其变得危险或失去控制。如果为了确保游戏的安全有序，你不得不介入，那么你必须采取一种尊重儿童游戏的方法，比如，"打扰一下，小鸟们。你们是否需要我帮忙把鸟窝移到桌子下面来呢？我害怕它可能会从树上掉下来，这样的话鸟蛋也会摔破的。"而不应当武断地打断游戏，例如，"赶快下来。不能在桌子上玩游戏，不然有人会受伤的。"

持久而引人入胜的表演游戏情节常会引来想要加入的新来者。在这种情况下，游戏保护者和调解者可以认真地观察和帮助那些想加入游戏却害羞或焦虑的儿童。周密考虑，最好能不露声色地帮助儿童在游戏中找到一个角色。例如，在一个野营的场景中，你可能会说："你能去捡些木柴来生火吗？我想我知道我们可以在哪里找到。"如果想要进入游戏的儿童具有破坏性，你可以为他在游戏中安排一个能发挥其

图 9.3　社会性表演游戏核检表

指导语:选择很少参加群体表演游戏的儿童,并用社会性—认知游戏量表记录。在多种场合(在室内的表演游戏区、积木区和户外等)近距离地观察这些儿童几天。根据儿童正在进行的游戏类别,选择合适的栏目做记录。

姓名	模仿的角色游戏	假装物体	假装动作	角色表演的持续性	同他人互动	言语交流

资料来源:摘自 S. Smilansky & L. Shefatya, *Facilitating Play: A Medium for Promoting Cognitive, Socio-Emotional, and Academic Development in Young Children*, 1990.

破坏性精力的角色任务,例如砍木柴。

高水平的表演游戏的特点是儿童能够用一物代表另一物:碗变成了帽子,盘子变成了方向盘,木块变成了电话。因为在儿童富有想象力的假装游戏中,活动中使用的游戏材料是可以改变的,所以游戏过程可能会比较混乱。这种混乱的倾向带来了一种困境:如果你过多地强调如何正确使用设备,你可能会剥夺儿童游戏和学习的重要机会;如果你不加限制,不管对你还是对儿童来说,混乱无序的结果就不可避免。选择优质的课程需要保持足够的敏感性,它有助于你理解儿童在用材料做什么。如果儿童因为游戏情节拓展的需要而在使用材料,你最好不要打击这样的假装行为。例如,我们知道在教室里的表演游戏区附近,当操作玩具被不断地当作"食物"时,老师会把那些玩具收回到操作玩具区,并增加表演游戏区中的材料,以便可以用来当作食物。有时,你可能会允许一些通常情况下禁止儿童做的游戏。例如,有一次我们参观一个班级,当时一名儿童正在玩"搬家"游戏,当他开始移动表演区的材料到房间的另一边时,老师看到了并问了他一些问题,然后老师认为"搬家"是一项合法的活动,并向孩子们解释道:"今天我们玩搬家游戏,所以图书馆暂时要成为我们新的表演区了。"

参与者

在学前教育中,传统观点认为老师不应该直接参与儿童的游戏。游戏被视为儿童的舞台,儿童可以在其中自由地处理他们内心的冲突并培养对环境的控制力。成人应当置身儿童的游戏世界之外,不要干扰儿童重要的心理发展。分配给成人的唯一正当的角色便是舞台监督者和观察者。然而近几十年有研究指出,成人也应该作为参与者加入到儿童的游戏之中。

为什么成人应该与儿童一起游戏呢?当成人参与游戏时,他们确保了游戏的数量和质量。成人的参与是在向儿童传递一个重要的信息:游戏是一种有价值的活动。因此儿童会更长时间地进行游戏活动,并通过观察成人,从中学习新的游戏行为。同时,参与儿童的游戏还可以使你与孩子们建立亲密的关系。当你对儿童的兴趣和特点有了更多的了解,你就能更好地与他们互动。当你参与进去的时候,游戏的持续时间和复杂程度都会增加。

当然,成人的参与必须与儿童的游戏相协调,否则可能会产生破坏或终止游戏的反效果。当你同孩子们一起游戏时,听从他们的意见,并允许他们拥有对游戏的控制权。你要尽量克制想拓展或丰富游戏的评论和行为。当你加入的时候,要以一种支持游戏持续发展的方式,这十分重要。有时候儿童会主动为成人安排角色。"想来杯咖啡吗?"这是在邀请你加入正在扮演的餐厅场景。如果没有被邀请,你可以观察,然后接近那个似乎在指挥游戏的孩子,询问是否可以作为一个顾客坐下来,以便获得进入这个游戏的机会。作为顾客,你可能会询问咖啡的价格,要求在里面加奶油,称赞厨师准备的薄煎饼很好吃。通过提问、请求服务,以及对孩子们的行为作出回应,你就为游戏加

入了新的元素，并没有控制游戏。

有时候老师认为应该打断儿童的游戏来教给他们一些概念和词汇。有一次，我们观察到一位老师突然闯进儿童的游戏情境，询问儿童在"野炊"中正享用的食物的颜色和形状。像这样的突然插入可能会打断野炊情境中的对话，而且也不会使得讨论颜色和形状变得更有意义，反倒打断了两位游戏参与者打算用汉堡来奖励那只假装的狗的生动交流。在游戏中，帮助儿童意识到新概念是可能的，但是不要去操纵和改变活动。这的确需要一定的技巧。例如，当你加入到一个在假装野餐游戏情境的小组时，你可能会说"你能把红色的苹果递给我吗？它看起来非常的美味"，而不是说"这个苹果是什么颜色"。

为什么要和儿童一起游戏呢？也许最好的理由是，参与他们的游戏是分享他们的世界、表达你的尊重、更新你对儿童游戏复杂性和重要性认识的好方法。

导　师

尽管儿童天性爱玩，但并不是所有的儿童都有熟练的游戏技能。对于那些被剥夺了游戏机会的儿童、家长不重视游戏的儿童或那些精神受到创伤的儿童来说，他们都可能需要在导师的帮助下学会游戏。

由斯米兰斯基在以色列主持的一项研究（Smilansky, 1968）发现，低收入家庭的父母通常都缺乏高学历的教育，与来自更富裕家庭的儿童相比，低收入家庭的儿童开展表演游戏和社会性表演游戏的频率更低。此后，有研究者在其他国家也发现了相同的情况。他们提出了一些干预措施来发展儿童欠缺的游戏技能。在游戏指导过

支持儿童游戏的黄金法则

1. 提供足够的时间——一天提供几次 45 分钟~1 小时的不间断游戏时间，室内和室外都可以，即使天气条件并没那么好。
2. 选择能满足特殊儿童需要和兴趣的游戏材料。
3. 对儿童游戏进行观察——了解、支持并欣赏游戏。
4. 在游戏过程中为儿童添加游戏材料和设备，支持游戏。
5. 对于加入游戏有困难的儿童，教师可以帮助他们找到适合的角色。（例如，"看起来你的消防站需要一只消防犬。乔治很擅长学狗叫——他能扮演这只消防犬吗？"）
6. 参与儿童的游戏，但是要让儿童掌握游戏的控制权。
7. 除非儿童遇到危险，否则再三观察和思考之后方可打断游戏。
8. 当你指导或参与儿童的游戏时，要确保游戏性，并且以儿童为中心。
9. 避免在儿童的游戏中插入成人的观念和判断（如"那里一共有多少？那个东西好看吗？"）
10. 必要的时候，通过改变游戏发展方向支持游戏持续进行，而不是终止游戏。

程中，示范或演示儿童缺失的技能，直到儿童开始在自发的游戏情境中会使用。例如，如果一个孩子很依赖逼真的道具，你可以提供假装替代的想法，"让我们来假装这些广口瓶盖是盘子"或者"让我们假装这些沙是盐"，一直到他在游戏中可以自主做到这些。需要注意的是，游戏指导的目标是教会儿童在自发的游戏情境中使用相应的游戏技能。成人不应该通过直接参与游戏来改变游戏的内容。已有事实证明，成人进行的游戏指导在提高儿童表演游戏和社会性表演游戏的技能方面是有效的，进而还会促进儿童认知能力和社会性发展水平的提高。

因此，一些儿童缺乏游戏技能，是因为他们被剥夺了可以在其中玩耍以及身体和情感感到安全的环境；还有一些儿童没有发展出游戏技能，是因为他们被剥夺了游戏的时间。他们被迫遵从成人的行为标准，在很小的时候就要在学业方面表现优异，又或是要掌握通常是年长儿童才会形成的技能。对他们来说，游戏时间是他们从忙碌的日程表中"偷"出来的，这些日程表安排包括舞蹈课、足球课、数学练习和全日制的学校学习等等（Elkind, 1981）。

户外游戏的特殊作用

户外游戏可能是你童年游戏记忆中最深刻的部分。这是为什么呢？虽然所有的游戏都很重要，但是户外游戏有它的特别之处。也许是自由地奔跑、大叫，或是去发现你体能的极限；也许是学习骑三轮车、荡秋千和手推小货车等带来的挑战，或者是克服自己站在滑梯顶部的恐惧带来的兴奋；也许是体验大自然冒险的机会，又或许是体验不受成人规则约束游戏的乐趣。无论是什么原因，户外游戏在幼儿的课程中都扮演着重要的角色，并且值得特别的重视。

那么户外游戏到底有什么不同之处呢？很明显，与室内相比，室外能为孩子们提供更多不同的大肌肉活动的机会。同样地，在室外，孩子们可以玩水、土和沙等脏兮兮的感知游戏，而不需要像在室内那样，常常收到避免凌乱的警告。当然，户外还是孩子们探索和学习自然界以及其中的动物、植物和天气的最佳场所。

当然还有一些其他的、潜在的理由可以证明户外游戏的重要性。当幼儿开展户外游戏时，他们的社会性发展得到增强。远离高密度的游戏材料和教室的限制，儿童在户外拥有更多的空间去发展友谊。他们学习领导，学习成为群体中的一员，学习独处。比起他们在室内的游戏，在户外会有所不同，除涉及更多的大肌肉群活动外，他们会参与更加复杂的游戏，更多地使用语言，以及较少地出现体现性别差异的刻板行为（Frost, Wortham, & Reifel, 2008）。

与过去相比，21世纪儿童的生活和游戏都普遍受到了更多的约束。在家庭生活中，儿童在你的照料下，可能很少有机会玩户外游戏。因此，给孩子们提供户外游戏的机会就显得格外重要。不论他们的年纪，也不论他们生活在何处，每天他们都

反思学校中的游戏

反思你在学校参加的一次游戏。游戏具体地点在哪？谁为你的游戏提供支持？你有多少游戏时间？你觉得老师是怎么看待游戏的？你为什么至今仍记得这次游戏？

应有一定的户外活动时间。

游戏中存在的问题

21世纪初期，美国社会存在大量影响儿童游戏的问题。游戏是学前教育课程的基石，因此，这些问题势必会影响到你的工作，你需要对这些问题有清醒的认识。

多样性与游戏

4岁的非裔美国男孩乔，进入大型游乐场之后就开始跑，并对着他的白人朋友杰森不停地喊："快点儿，快点儿！"他们登上了大攀爬架，从消防竿上滑下来，然后爬进了轮胎做的隧道。从亚洲移民过来的女孩苏萍坐在树荫下。她搜集到了她能找到的所有鹅卵石，并把它们按从大到小的顺序排列起来。他们的老师德娜观察到了这些，她意识到孩子们都在以他们自己喜爱的方式玩耍。

研究者和教育者在各种不同的场景中对游戏进行了研究，他们发现，文化背景、社会阶层、性别以及发展的阶段，以一种动态交互的方式影响着儿童游戏的类型、数量和质量。上文提及的例子中，游戏偏好和活动水平的差异可以看作文化、性别差异或两者共同作用的结果。

理解儿童不同的游戏偏好、能力和风格，可以增加你对儿童个体的敏感度，有助于你更好地支持全体儿童的游戏。你最好假定所有儿童都想玩并能玩游戏，在这样的前提下，你就要运用你的观察力和对儿童个体的理解，运用你创造环境的能力和支持儿童游戏的技能，帮助每一个孩子参与到更有益的游戏中去。

文化、社会阶层及游戏

在欧美文化中，游戏经常被视为儿童了解物质世界、人类社会以及发展语言的途径。在另一些文化中，游戏被视为一种娱乐。还有一些文化则认为儿童应该工作，游戏被视为对工作的不必要的干扰。一种文化对游戏的重视与否，直接影响成人对游戏的支持程度。在游戏被视为有助于学习的地方，成人更有可能为儿童的游戏准备可用的材料、环境，安排足够的游戏时间。如果游戏被视为缓解疲劳或消遣时间的东西，儿童就可能需要自己想办法来临时创造游戏的时间、场所和材料。无论是何种情况，所有文化背景中的儿童都会玩游戏（Johnson, Christie, & Yawkey, 1999; Rogers, 2011）。

为儿童提供能够体现其经历和文化背景的游戏道具和材料是十分重要的。针对美国中产阶级家庭儿童设计的典型学前项目中使用的游戏道具，其他不同文化背景中的儿童可能对之并不会产生共鸣。只有当游戏材料与儿童的生活经历紧密相关时，他们的游戏才可能变得更加丰富和复杂。

玩具和道具如何表现文化的多样性呢？教育设备生产商通过销售精致的民族服饰、乐器和塑料餐具来努力达成这一目的。也许一些道具对儿童和教师来说都是陌生的。在选择表演游戏材料时，很重要的一项工作就是要了解参与活动的家庭成员以及他们的生活和文化。例如，一些文化群体（北美土著居民、非裔美国人、墨西哥人以及亚洲人，这只是一些例子而已）很重视大家庭，且年长者扮演着十分重要的角色。所以那些象征着家庭年长者的道具（帽子、背包、披肩、围巾、夹克、书、厨具等）可能会增加这些文化背景中儿童参加表演游戏的机会（Trawick-Smith, 1994）。你班里儿童的家人如何打扮？他们会佩戴些什么？如果孩子的父母和祖父母同其他人穿着一样，那么想要通过添加一件宽松外套或者颜色花哨的短袖套衫来使游戏更加丰富和有意义就不可能。如果你与孩子的家庭成员进行交流，并注意到他们的日常生活是如何受文化影响的，你就能把这些信息带到游戏情境中来。例如，在重视花环的夏威夷，把花环放进表演游戏区就很有意义。但如果是在明尼苏达州或者新不伦瑞克省，对于孩子来说，花环很可能只是装饰品而没有什么特殊的意义。

不同的文化有着各自处理人际关系的方法，这些差异会影响儿童的游戏能力。重视合作和包容的文化背景中的儿童可能会被重视竞争和淘汰的文化背景中的儿童吓到。作为教育者，当游戏由排斥他人加入的儿童主导时，你可能需要帮助合作和包容文化背景中的儿童学习怎么加入一个游戏情境（"问他们是否需要一个人来抓紧消防水管"）。同样，你可能需要帮助来自竞争性文化中的儿童找到更加包容他人的方法（"消防队总是需要整个团队的人来扑灭大火，让消防员大卫来做你们团队的一员吧"）。

关于游戏与发展的早期研究经常能发现游戏的缺失，并把它们与文化背景或贫穷造成的剥夺联系在一起。近年来的工作已揭示了先前研究存在一些偏见（Johnson, Christie, & Wardle, 2005）。仔细观察不同文化背景和社会阶层的儿童在游戏场景中的行为，你会发现，当儿童熟悉游戏材料时，他们也能表现出丰富和复杂的游戏行为（Johnson, Christie, & Wardle, 2005）。作为学前教育工作者，你的工作是找到方法来搭建连接教室和儿童家庭环境差异的桥梁。在表演游戏区经常见到的都是中产阶级家庭惯用的用具，你可以通过改变这一点来实现课堂与家庭的连接。当你逐渐了解了班里的每个儿童，就可以在整个活动中引入与他们的生活经历有关的各种游戏材料和道具。

残障与游戏

与其他儿童一样，残障儿童也可以从游戏中受益。因为游戏对所有儿童的发展都有重要意义，对残障儿童来说甚至更重要。游戏可以增强他们的体质，为他们带来成功的体验和独立感。在学校的其他活动中这些可能不那么容易获得。

残障可能会影响儿童游戏的能力。一些残障儿童的老师和父母可能不相信，游戏对这些孩子来说其实是一种非常有价值的学习经历，所以他们可能会限制这类儿童游戏的机会。为学前残障儿童设计的活动经常是使用"直接指导"的方式而不是基于游戏的课程。残障儿童可能会与同龄伙伴分隔开来，这样他们的游戏伙伴和榜样就会更少。当然，除了这些，一些残障还可能会直接影响儿童的游戏或与同伴互动的能力。我们提倡让有特殊需要的儿童与同龄的正常发展的伙伴一起参加活动，部分是因为这样可以让残障儿童进入到那种重视游戏的环境中，同伴也可以为他们提供游戏的榜样。

根据儿童的残障情况不同，帮助儿童参与游戏的方式也会有所差异。父母、职业治疗师和特殊教育老师都可以为你提供帮助残障儿童参与游戏的方法——改造家具、设备、材料、教学技术或者日程安排。但最重要的是，你必须拥有这样的信念：残障儿童可以参与游戏，他们想要而且也需要游戏。记住这一点，你就能够促进所有儿童的游戏。

游戏的性别刻板印象

所有儿童的游戏都有许多相似性，尤其是在生命的头三年。尽管如此，但是男孩和女孩的游戏行为和游戏特征还是存在差异的。我们很难确定这些差异的起因。研究表明，男性有较多的打斗游戏有其生物学基础，但是社会环境同样也会影响这些差异的形成（Schickedanz, Schickedanz, & Forsythe, 1993）。有趣的是，我们从对年幼恒河猴的研究（Hassett, Siebert, & Wallen, 2008）中发现，儿童表现出的游戏的性别差异和玩具偏好同样存在于猴子当中。同男孩子一样，年幼的雄性猴都表现出对带有轮子的玩具一致而强烈的偏好。年幼的雌性猴同女孩子一样，偏好更加多变。这些相似性表明，你所看到的游戏中的性别差异，至少某些是由天性所致，而非教养所为。

游戏中的其他性别差异或许可归因于性别刻板印象。从出生开始，成人就倾向于把女孩描述为娇小的、温柔的、可爱的，而男孩则会被描述为大个头的、强壮的、活跃的，即使男孩与女孩的体形和活动水平相同。男女差异被儿童用品生产商进一步放大，T恤、玩具、午餐袋、书、床单和毛巾，甚至是纸尿裤都印有性别特征的装饰物。这些都向儿童传递了清晰的信息，远远不止粉色代表女孩、蓝色代表男孩这么简单。它们告诉儿童，男孩应该主动、好斗，而女孩则应该被动、可爱。它们表明游戏必须符合社会期望，有更好的成为男孩或者女孩的方式，且快乐来自于拥有适合的针对不同性别的物品。然而，实际上，这些物品不仅没有促进儿童的想象力和潜力，相反却限制了这些能力的发展。

与性别相关的游戏特征可能受环境和遗传的影响，但很难确定哪一种是主要影响因素。尽管原因还是一个谜，但所有年龄段的男孩都喜欢活跃的打斗游戏，喜欢在户外玩耍，并且他们比女孩更喜欢参加团体游戏。与男孩相比，女孩更早地偏爱同性伙伴，但是男孩和女孩都在2~5岁之间表现出对同性伙伴的偏爱。到5岁时，女孩开始对跨性别游戏感兴趣，但是男孩在整个小学阶段都始终保持着对同性之间游戏的偏好。一般来说，女孩更喜欢艺术材料、洋娃娃和小型建构玩具，并以安静的方式进行游戏；而男孩通常更喜欢积木和带轮子的车辆，并以一种更加吵闹和重复的方式进行游戏。女孩玩玩具时，不会在意被分配到的玩具的性别内涵，而男孩却会有意回避"女孩子的玩具"。男孩似乎从学龄前到小学都一直比较喜欢大的玩伴团体；但女孩却对小团体表现出明显的偏好（Johnson, Christie, & Yawkey）。

我们都遇到过不遵循以上与性别有关的游戏行为的儿童。总体或常模并不能代表个体，所有女孩都会偶尔表现得活跃，而所有的男孩也都偶尔会参与安静的游戏。重要的是要记住，男孩和女孩都会玩探索、建构和假装游戏，而且需要成人的帮助，这样才能充分实现自己的游戏潜能。男孩和女孩游戏的相似性比差异性更重要。

我们认为，学前教育工作者在为女孩和男孩提供游戏材料时，需要采取措施以避免产生性别刻板印象，确保男孩和女孩都有多种多样的游戏材料。

同样，我们还可以通过创设环境鼓励所有儿童参与相同的游戏活动。鼓励男孩和女孩参加更多不同的游戏，一种办法是整合积木区（尤其是大型的空心积木区域）和表演游戏区，使建构游戏和表演游戏很自然地融合在一起。如果你想鼓励乔和杰森（在多样性部分的开头故事中描述过）参加一些艺术和文学方面的活动，可以在操场的一角支个画架，或者在树下的空地铺上毯子摆好书籍。当他们在结束喧闹的游戏后安静休息时，这些地方会吸引他们的注意力。同样的布置也可能会吸引苏萍和她的朋友到操场上去，在那里她们可能会发现一些更有活力的游戏。

另外一种克服游戏中的性别刻板印象的重要办法有赖于你的期望和行为。当你同女孩子一起练习球技，或是让男孩子参与到家庭表演游戏情境时，你就向着打破性别刻板印象的目标迈出了小而重要的一步。在我们的文化中，性别刻板印象限制了儿童的游戏选择。

暴力表演游戏

儿童的游戏反映了他们的经历。在本文写作之际，我们照料的那些儿童正生活在战乱的国度中。他们暴露在暴力电视节目中，其中一些还是专门针对儿童的。在有些儿童生活的社区，暴力或对暴力的恐惧已经成为日常生活的一部分。生活在这样充满暴力的环境中，不可避免的会有一些儿童把暴力和战争元素引入到表演游戏中来。尽管学前教育工作者通常都会鼓励儿童进行自发的表演游戏，但枪战游戏往往是被禁止的，因为枪和枪战游戏容易影响安静的课堂秩序。另外，在暴力表演游戏中，儿童倾向于模仿媒体角色的刻板行为以及所观看节目里的暴力行为。最终的结果就是模仿和重复代替了想象和创造（Levin & Carlsson-Paige, 2006）。

面对这一困境，我们需要做出抉择。究竟应该禁止儿童的暴力表演游戏，还是允许儿童表演出他们自己选择的任何情节？在你决定是否应该干涉以及怎么干涉之前，有必要了解儿童为什么如此受暴力表演游戏的吸引。

- 幼儿总是对英雄、武器和机器感兴趣。在一个自己充满无力感的世界里，儿童会被武力所吸引。
- 有关暴力的表演游戏为儿童战胜恐惧提供了一种安全的方式。
- 暴力表演游戏涉及快速的行动和惊险的追捕。成人认为它十分刺激，儿童也是如此。
- 现在的玩具武器和装备都很逼真。这种真实感十分诱人，常常会在周围其他儿童和成人中引起强烈的反应。
- 儿童强烈的兴趣也可能是受电视节目中那些针对儿童的巧妙的营销手段的诱发。

一些处理暴力表演游戏的策略：

- 在限制班里的暴力表演游戏方面与你的搭档达成一些基本约定。教师对暴力游戏的反应要保持一致，不论你是否同意，这一点非常重要。无论你做什么决定，都决不允许儿童之间互相伤害或欺凌。
- 观察儿童的游戏，理解游戏对于儿童的意义。
- 参与儿童的游戏，通过向儿童提问来增强他们的共情或同理心能力。例如，"这个坏人感觉怎么样？他回到家和谁一起玩？在他生日那天他都做了些什么？"这样可能有助于儿童打破思维中的刻板印象。
- 指导儿童选择游戏的时间、地点和行为，避免打扰小组的游戏。举例来说，正如大喊大叫会打扰到室内的其他人一样，射击和碰撞也具有破坏性。让儿童思考什么时间、什么地点这种游戏才不会打扰到其他人。

在一个暴力盛行的社会中，我们无法消除儿童对暴力的兴趣。但是，我们可以为儿童提供替代选择（问问那个坏人，为什么大家想朝他开枪），并帮助他们学习成为社会中有理想、负责任的公民。

追逐打闹游戏

追逐、跳跃以及格斗等充分耗体力的活动都可以被视为追逐打闹游戏，这些活动总是伴随着游戏者相互之间的积极影响（Pellegrini, 1995）。正如我们前面提到的，在年幼的男性和其他年幼哺乳动物尤其是灵长类动物中，追逐打闹游戏是很普遍的现象（Brown, 2009）。我们也一直鼓励儿童的自发性游戏。那么，既然如此，我们为什么又要把追逐打闹游戏放在"游戏中存在的问题"这一节呢？

教育者经常会在幼儿的活动中劝阻或禁止追逐打闹游戏，因为老师们担心打斗

反思你的伦理责任

在是否应该允许儿童玩暴力表演游戏这一问题上，你与学校里的其他老师意见不一。作为一名老师，你已经决定禁止所有的玩具枪和打斗游戏。你班里有一个孩子经常假装朝其他孩子开枪。你了解到这个孩子经历了一些不愉快的事情，这样的游戏对他来说很重要。使用第24页的"伦理反思指南"，反思你在这种情形下的伦理职责。

游戏与真正的打斗同样危险，或者会引发真正的打架。他们担忧追逐打闹游戏会扩大、蔓延，使其他游戏都黯然失色。而且绝大多数人都担心在追逐打闹游戏过程中孩子们可能会受伤。在某些方面，我们也有同样的担心。我们曾见过，在打斗游戏中无意中的一个冲撞演变成了真正的打架。我们发现孩子们太痴迷于打斗游戏，不想再玩其他的游戏。我们也遇到过儿童在游戏中受伤的情况。

那么为什么要在你的课程中允许追逐打闹游戏呢？研究表明，追逐打闹其实有许多益处（Pellis & Pellis, 2007）。就其本质而言，打斗游戏需要积极的身体运动，因而它能够增强体质，同时它还为儿童提供了一种方式，满足他们对身体接触的需求。也许更重要的是，孩子们（尤其是男孩子）在追逐打闹游戏中学习如何在社会互动中妥协和退让。像我们在其他社会交往中所做的那样，儿童在追逐打闹中学习发现和理解社会信号，学习选择和改变角色。因此，如果禁止这种自然的社会学习方法，可能也就剥夺了那些最需要这种游戏的儿童的学习机会。这就使得追逐打闹游戏成为了一个难题——禁止也不是，允许也不是。

如果你决定在你的教室里允许追逐打闹游戏（我们并不是鼓动你这样做），你需要做好准备，向家长、同事和学校管理者说明允许此类游戏存在的理由，并且获得他们的支持。那些支持追逐打闹游戏的人会提醒你善于区分打闹游戏和真正的打架（在打闹游戏中，孩子们微笑或是大笑，十分乐意并渴望加入这样的游戏，并且行为具有重复性）。最后，你必须确保儿童的安全和健康，你可以营造合适的环境（例如，足够的空间，缓冲的地面，没有绊倒的危险），制定一些指导原则（例如，不准踢人，不准勒住别人的脖子，不准拉扯头发），教儿童一些自我保护的方法（例如，"告诉他，那样会受伤的，请放手吧"）并进行监督。如果在你的班里这些要求都能得到满足，你就可放心地允许这一游戏的自然存在。如果这些要求达不到，那么你就需要向孩子们解释：在学校玩追逐打闹游戏不安全。

排斥——你不能说"你不能玩"

排斥现象是出现在学前儿童教室中的又一问题。排斥有多种形式。儿童可能因为性别（这是女孩玩的）、年龄（你太小了）或者是诸如种族或能力（你不知道怎么爬上去，所以你不能参加）等因素而公然地相互排斥。当一个孩子明显地不受游戏组其他成员欢迎时，可能会发生更微妙的排斥现象。此时，作为老师的你应当怎么做呢？

一些教育者认为，每个孩子都不应该被其他孩子从游戏中排除出去。他们认为制定一些规则来改变这一现象非常重要。例如，薇薇安·佩利（Paley, 1993）提出的"你不能说'你不能玩'"。这一规则的目的在于确保公平，并培养儿童的同理心。老师要求孩子们考虑那些被排除在游戏之外的儿童的感受，这有助于孩子们的同理心的发展。然而，另外一些教育者觉得这样的规则会干扰儿童在自发游戏中的选择，因此也会影响他们社交技能的发展。目前虽然还没有确切的方法来处理幼儿游戏活动中出现的排斥现象，但是当有儿童被排除在游戏之外时，你可以采取以下的一些处理措施。

反思你观察到的游戏

回忆你最近观察的某个班级，儿童是怎么游戏的？成人是怎么帮助儿童游戏的？成人对待游戏的态度是什么？你是否看到暴力表演游戏或带有性别刻板印象的游戏？你对这样的游戏有何感受？成人是怎么回应的？成人的回应又是怎么影响孩子们的？

- 明确排斥现象是不被接受的，制定与你的信仰和价值观相符的规则。例如：这间教室（材料、区域）对班里每个孩子开放。男孩子可以玩，女孩子也可以玩。每个人都有机会。
- 帮助儿童引导其他人参与到游戏中：告诉莉迪亚怎么扮演外星人，这样她也可以一起玩了。向她说明怎样登上你的宇宙飞船而不会把它撞倒。
- 如果一个孩子经常被排除在游戏之外，你可以想办法交给这个孩子一些适当的任务：我需要一个人跟我一起去厨房取晚餐。伊桑，你能和我一起去吗？你能再叫上一个朋友和我们一起去吗？
- 帮助那些被排斥的儿童平复失望的情绪，并选择做其他的事情：施露和贾思明是朋友，现在他们不想和其他任何人一起玩。这让你很伤心，但是你仍然可以做一些其他的事情。你愿意跟我和苏丽一起画画吗？或者你愿意帮助贝勒一起搭积木吗？

日益减少的游戏机会

当你回忆童年时代所玩的游戏时，你可能会想起很多时候在攀爬、滑滑梯、假装游戏、荡秋千、跑步和骑车。但是对于今天的儿童来说，可参与的游戏的质量和数量都发生了变化。而那些限制或改变幼儿游戏的因素包括：家人生活变得匆忙；家庭结构发生了变化；游戏环境的可用性和特点发生了改变；人们更加关注学业和各种课外活动，牺牲了游戏的时间；电视和电子游戏取代了主动的游戏（Ginsberg, 2007）；以及人们普遍担心孩子会在社区里受到伤害，因为如今的邻里之间相互都不认识。

今天的儿童游戏时间减少，安全问题是原因之一。在许多社区，尤其是那些因为暴力或者其他环境危害而显得危险的地方，儿童是不能安然自在地在室外玩耍的。除非他们处在成人的密切监管和保护之下。

儿童的游戏时间减少，因为没有可供他们玩耍的场所。1981年，对公共场

所安全和责任问题的担忧促使了公共游戏场所安全标准的出台（Frost, Wortham, & Reifel, 2008）。尽管这些指导方针有助于建立安全、有趣的游乐场，但是要实施这样的指导方针需要庞大的经费。在一些社区，游戏设施非但没有得到改善反而拆除了。

儿童的游戏时间减少，因为他们往往把时间花在电视或电脑/电子游戏等被动娱乐上去了。据美国儿科学会2001年的调查显示，儿童平均每天要花6小时32分钟来看电视和视频，或者是玩电子游戏。

儿童把时间花费在电视/电脑屏幕前，花费在组织有序的课外活动上，花费在准备考试或其他的学业知识上。到头来，儿童进行有活力的、有创造性的、可促进发展的游戏时间就所剩无几了。儿童肥胖症的增多可能就是游戏时间减少的一个结果。两次国民健康和营养调查（1976~1980年和2003~2004年）的数据表明，儿童的肥胖症在不断增加（Centers for Disease Control, 2007）。儿童肥胖问题为在幼儿园课程尤其是户外活动中加入有活力的运动游戏的必要性提供了强有力的论据。

总　结

认识到游戏的学习潜能可以使你重视游戏本身的价值，并在你的工作中充分利用它。不要忽视游戏充满活力的、快乐的和看似无意义的方面，记住这一点非常重要。当儿童玩假装游戏的时候，请珍视他们在幻想世界里的创造力，欣赏他们开放的世界。当孩子们玩冒险游戏的时候，歇斯底里地大笑时，跑、跌倒以及没有任何约束地打滚时，请欣赏他们的勇敢、乐趣以及喜悦。游戏无拘无束、充满想象力的特性把孩子与成人区分开来，也使游戏与其他活动区分开来。那些重视和理解游戏价值的老师能帮助孩子们实现其人的潜能。

你可能需要成为儿童和游戏的积极倡导者。如果其他教育者和孩子的家长并不理解游戏的价值，你承担的这个角色会面临重重困难。我们强烈建议你继续对游戏作深入的探索，帮助其他人理解游戏的重要性。游戏的重要性不仅在于学习和健康方面，还在于它能帮助儿童有效地对抗社会强加给他们的压力。现在，在你照料下的孩子们需要游戏的机会。你可以表明自己支持并保护他们游戏的权利。当你这样做的时候，你就赐予了他们一份珍贵的礼物。

理解并支持游戏

反思你的伦理责任

由于测验任务十分重要，你所在幼儿园的园长认为花更多的时间帮助孩子准备测试是必要的。为了达到这个目的，休息和体育课都被取消了。你认为这不合适并且有害。使用第24页的"伦理反思指南"，思考你在这种情形下的伦理责任。

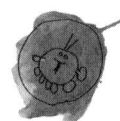

学习成果

当你阅读完本章后，请你认真完成"拓展学习"部分的选读任务，准备"你的专业档案袋"部分的条目，你将会在满足 NAEYC 的标准 1：促进儿童的发展与学习（NAEYC, 2009）上又有进步。

核心内容：

1a：了解并理解幼儿的特征和需要

1b：了解并理解影响幼儿发展和学习的多种因素

1c：运用发展方面的知识创设健康、尊重、支持以及富有挑战性的学习环境

拓展学习

观察两组儿童的游戏：选取两组不同年龄段的儿童，对他们的自发游戏观察一小时。比较他们的行为并按以下要求做报告：

- 儿童参与的游戏类型
- 每组儿童表现出的游戏阶段
- 成人对儿童游戏的态度和观点是什么
- 在他们的机构中，成人如何促进游戏的开展

采访两位教师：询问他们是怎样看待游戏的，基于以下几点报告他们的观点：

- 游戏在他们的课堂上所扮演的角色，以及游戏在他们所教年龄段的儿童的发展中所起的作用
- 在他们的机构中，他们在支持游戏开展方面的举措
- 他们如何处理打斗游戏以及具有性别刻板印象的游戏

观察一名儿童并支持他的游戏：观察一名儿童的室内和户外活动。记录他所处的游戏阶段以及偏爱的游戏类型。对你所观察到的现象、孩子的游戏精力或需要做简单的描述记录。一两天之后，制订计划来支持该儿童的游戏。简要地描述一下发生的事情并思考：如果你是这名儿童的老师，你可能会为这个孩子的游戏做些什么。

采用结构化的游戏观察法：使用结构化的观察表格（图 9.3）来观察一群游戏中的儿童。描述你的发现，并说明如果你是这些儿童的老师，你可能采取的一些行动。

阅读相关书籍：

Play: How It Shapes the Brain, Opens the Imagination, and Invigorates the Soul, by Stuart Brown with Christopher Vaughn.

The Power of Play: Learning What Comes Naturally, by David Elkind.

The Play's the Thing: Teachers' Roles in Children's Play, by Elizabeth Jones & Gretchen Reynolds.

The War Play Dilemma: What Every Parent and Teacher Needs to Know, by Diane Levin & Nancy Carlsson-Paige.

A Child's Work: The Importance of Fantasy Play, by Vivian Paley.

 **你的专业档案袋**

写一篇文章：给那些对学前教育中游戏的作用持怀疑态度的家长们写一篇文章，张贴在学校或教室的新闻栏中。解释你的基本观点，即你为什么要在幼儿教育课程中如此重视游戏，并把它放在很重要的位置。

设计一张海报或者一本小册子：设计海报或小册子，让其他人了解游戏的重要价值。选择一件玩具（例如橡皮泥）、一种游戏形式（例如表演游戏）或者是一种游戏经验（例如跳绳）。你的目标是要帮助一位非教育者（例如家长）理解这种类型的游戏经验是如何有助于儿童发展的。

支持游戏互动：描述一次互动游戏，你扮演其中多种支持者的角色——舞台监督者、观察者、保护者/调停者、参与者或是辅助者。描述孩子们是怎么回应你的，游戏情境是怎么进行的，游戏进行了多久，以及孩子们在游戏过程中使用了哪些元素。

我的教育实验室

访问本书"我的教育实验室"（myeducationlab.com），找到专题2：儿童发展/理论。你可以：

- 找到关于儿童发展/理论的学习成果以及与之相关的国家标准。
- 完成有助于你更好地理解本章内容的"任务和活动"。
- 通过"建构教学技能和性情"学习单元，运用并实践你对本章核心教学技能的理解。
- 对照"学习计划"检查你对本章内容的掌握程度。你也可以做章节测验，获取反馈，然后通过"复习、实践和拓展"来提高你对本章内容的理解。

宇宙万物都是儿童的课程。

——玛利亚·蒙台梭利

一切真正的教育皆来自经验,……但并不是所有的经验都真正地具有或同等地发挥教育作用。

——约翰·杜威

10 课程

因为你想成为一名幼儿教师，所以你正在学习学前教育知识。作为一名幼儿教师，你将为幼儿创设一种安全、利于成长的学习环境，并支持他们游戏。你工作的另一关键部分是规划并实施学习体验，或者课程——换句话说，即教学。

另一个描述教学的艺术与科学的词是教学法（pedagogy）。由于责任繁多，儿童早期教育工作者，尤其是那些面向5岁以下幼儿的教师，必须关注幼儿发展的各个方面。这项责任要求如此之高，以至于幼儿教师有时难以做到集中精力于教学法，因而难以成为专业的幼儿教育工作者。然而，除了你关于儿童可以学什么的知识，以及帮助他们以对学校和学习保有一定热情的方式学习的能力，没有什么能如此明确地判定你是一名专业的幼儿教育工作者。

掌握教育幼儿所必需的技能和知识是一个复杂的过程，优秀的教师在整个职业生涯中都在不断学习。本章将为你介绍学前教育课程的内容。我们的宗旨并非涵盖你将教授的所有内容，相反，我们为你提供了一个框架，据此你可以思考课程以及如何让儿童学得更好。这只是让你对学前教育课程有一个初步了解，希望本章的介绍可以起到抛砖引玉的作用，激发你深入学习的兴趣。在每一个课程内容部分，我们都会提供一份清单，上面列了一些易找的书籍和有用的网站[1]，以便你进一步学习。

---

1 网络资源瞬息万变。本章提供的网络资料很可能被随时更新或替换。而且，批判性地评价网络资源也是很重要的，不要仅仅因为它出现在网络上（或书中）就认为它绝对正确。

第10章

我的教育实验室

访问"我的教育实验室",利用"个性化学习计划",提高你对本章概念的理解。你也可以通过基于视频的"任务和活动"、IRIS中心的资源以及"建构教学技能和性情"课程来磨炼教学技能。

什么是课程

不同的学前教育工作者提到课程时,其观点不同但又具有一定的关联性。一些人从广义上理解,认为课程是指幼儿在学校内外经历的所有事情,称作综合课程(Colbert, 2003);另一些人会想到某种课程方法或模式(比如瑞吉欧教学法或高瞻课程教学模式);还有一些人则认为,课程是由课程专家出版和设计的一套文档或工具,这套文档或工具描述了整个学前教育项目(比如创造性课程)或某个特定内容领域(比如学校语言素养培训课程,或者社会性发展的第二阶段课程),这些有时被称作课程包或商业课程。另一个常用的定义,也是本章使用的定义,课程是由一位教师或一个教师团队根据对幼儿的了解与观察而设计的有意学习体验,我们称为计划课程。

课程从何而来

课程是建立在社会观、价值观、人生观、对学习者与教师的独特认识基础上的,是教育者把这些观点转化到学习体验中的方法。它的来源大致分三大部分:(1)关于什么值得去了解的信念;(2)有关学习者及其发展的知识;(3)关于主题的知识。

学前教育项目的课程与针对较大年龄儿童的课程明显不同,因为学前教育工作者认为儿童发展的所有方面都很重要。他们认为计划的学习体验需要吸引儿童的参与,并且对每一个儿童的兴趣、需要和学习风格做出回应。他们理解儿童的学习、家庭和文化之间的重要关联;他们知道教师必须创设出利于儿童学习的环境和体验;他们了解游戏、儿童的选择及合作关系是学习中的重要组成部分,也是课程的一部分。这些认识和信念是发展适宜性课程(developmentally appropriate curriculum, DAP)的基础。图10.1简要介绍了发展适宜性课程的原则。

课程同时也是时代的产物,教育价值观与实践会受社会及政治力量的影响。例如20世纪早期,很多移民初到美国时,学英语、了解美国文化及价值观的课程被置于重要位置;第二次世界大战以来,课程反映了社会对核心家庭的重视;当今的课程则映射出了文化的多样性,与以往相比,现在社会文化的多样性盛行且更加受重视,同时也体现了社会对暴力、价值观、幼儿入学准备、标准、基本内容习得,尤其是读写能力的日渐增长的关注。今后的课程将不仅包含这些,也会加入今天没有预期到的内容。

我们可以把这些变化视为"教育的钟摆",它在强调学习者的本性和兴趣与强调

图 10.1　发展适宜性实践

> 发展适宜性实践是为了消除日渐增加的使用与幼儿年龄不相宜的教学方法的趋势而提出的一个概念，简称 DAP。DAP 的核心原则是：
>
> - **年龄/发展适宜性**——对儿童的年龄/发展特点的预期和回应可能会影响评估方法的有效性。
> - **个体适宜性**——选择合适的课程和评估方法，为每个独特的儿童提供最优的学习体验。
> - **文化适宜性**——思考在儿童的语言和文化背景下什么对他们是有意义的，同时根据儿童所处的社会和文化背景来解读其行为。
> - **意向性**——不断地调整、改变和计划那些促进幼儿学习和发展的体验。
>
> 在课程方面，教师应该：
>
> - 与幼儿相处，充分了解他们，帮他们达到既具挑战性又可达成的目标。
> - 从事适合儿童年龄与发展状况的教学实践，把每个儿童当成独特的个体，根据他们所处的社会及文化环境回应他们。
> - 确保目标和体验适合儿童的学习和发展，给他们提供能够促进进步和提升兴趣的挑战，不要设定对他们来说很"容易"的目标。
> - 实践应以儿童如何学习与发展等知识为基础，而不是基于假设。

资料来源：信息来自 C. Copple & S. Bredekamp, *Developmentally Appropriate Practice in Early Childhood Programs*, 2009.

应教授主题之间摇摆。每次摇摆都反映了人们对当前教育方式弊端的反思。一直以来，学前教育工作者都致力于提供有意义、能吸引儿童、发展其好奇心，以及支持儿童对学校和学习持积极态度的体验。他们认为，对幼儿而言，学习应该是有乐趣、有意义的体验，这使他们区别于许多其他的教育工作者。

作为一名学前教育工作的新手，流行教育观点的摇摆不定对你会有重要的启示作用。第一个启示是，你必须意识到在你的职业生涯中，你所接受的有关课程与教学的观点会不断变化。例如，20 世纪末期，学前教育工作者的发展适宜性实践观点对教育有一定影响，认为学校项目应聚焦于儿童的需求与兴趣。不出所料，到了 21 世纪早期，教育观的侧重点又发生了转移，重新注重内容标准、量化、测验分数，而较少重视儿童的敏感性练习。我们很欣慰，在我们写本书时，感觉教育的钟摆将回归以儿童为中心的实践。记住，如果你发现自己不赞成现在的教育观，你可能会发现你是在赞成 5~10 年之后流行的观点（当然，反之亦然）。

知识就是力量。如果你了解艺术、科学、人文学科，并且也懂得儿童是如何学习的，那么你就可以对学前教育课程的新观点做出更明智的评估。我们鼓励你保持开放的心态，这样有利于你学习，但也要持有合理的怀疑精神。你可以将研究告诉我们的关于儿童如何学习的知识与自己的观察结合起来。那么在流行教育观不断变化时，你就可以坚持自己的立场。

课程的社会观摇摆不定的第二个启示是，你会发现，儿童教育在某种程度上独

第 10 章

反思你在学校所参加的课程

小时候,你的学校里都教什么?关于课程方面你记忆最深的是什么?你什么时候受到激励去学习更多知识?这些经历对现在的你产生了影响吗?这些经历对于作为一名学前教育工作者的你有哪些启发?

立于不断变化的大众观点。尊重个体,相信游戏的价值以及将教育看作帮助儿童发展自主性和创新性的教育观,是长期指导学前教育工作者的一致理念。通过该领域历史上那些著名的创始人的文字你可以看到这一观点:

> 适宜的幼儿教育不是给幼儿灌输大量的单词、句子以及不同作者传达出来的观点,而是开启他们对外部世界的理解,这样一连串生动的思想才能从他们的头脑中产生,就像树叶、花朵以及树上结出的果实。
>
> ——约翰·阿摩司·夸美纽斯,《大教学论》

> 游戏是人类发展在儿童期的最高表现,因为只有游戏是儿童灵魂的自由表达。
>
> ——弗里德里希·福禄贝尔,《人的教育》,1885

> 随着对教育观点和概念发展的不断投入,你会相应一致地表达这样的观点:教育必须均衡关注幼儿的身体、社会性与情绪的发展。
>
> ——詹姆士·海姆斯,《在美国幼儿教育学会的演讲》,1947

我们的目标是帮助你学习设计反映这些观点的幼儿课程。随着你自身教育理念的不断成熟,我们希望你成长为一名以幼儿为主体的学前教育工作者。

儿童如何学习

幼儿教师需要了解幼儿以及幼儿是如何学习的,以便为幼儿设计并实施有意义且适宜的学习体验。他们需要明白发展的所有方面是相辅相成的,这意味着课程科目不是独立存在的,而是儿童生活自然的组成部分。图 10.2 总结了一些指导幼儿教学的基本原则。

学前教育的课程

通过学校内外的各种体验,幼儿无时无刻不在学习。学前教育工作者需要自问:"自己如何、何时、以何种方式参与到幼儿的这一自然过程中?"由于幼儿对他们周围的世界十分感兴趣,所以你在为学前教育项目提供课程时,你的选择几乎是无限的。尽管如此,你的选择必须经过周密思考且适合你所教授的幼儿。

学前教育工作者教什么?每一个正常的成人都比幼儿懂得多。你拥有各项身体技能;你知道怎样照顾自己以及与他人交往;你可以阅读、书写、计算;你了解科学和自然、社会结构以及艺术等方面的知识;你知道如何找到问题的答案。上述这些能力有助于你开展教学,但是要成为一名学前教育工作者,你还需要了解更多东西,你需要接受培训。所有大学的学前教育专业都要求学生学习艺术、科学和人文学科,

图 10.2 幼儿教学的基本原则

原则 1：幼儿在做中学——通过游戏和具体的感官体验。在亲身体验中，幼儿能最好地掌握概念。

原则 2：当幼儿对周围的世界有很多直接体验时，学习效果最好。通过旅行、参观和参与现实世界的活动获得的真实经验是学习的关键因素。

原则 3：幼儿需要反思自己的行动和经历，通过游戏、绘画、建造、唱歌、跳舞以及讨论他们的所作所为。这也是他们重构经验与建立概念的过程（见图 10.3）。

原则 4：随着时间的累积，幼儿通过重复的体验来形成概念。明白儿童如何学习的教师会精心设计活动，以便幼儿可以多次重复体验。

原则 5：每个幼儿都有独特的学习方式和学习节奏，所以我们必须用多样化的方式教他们。当幼儿选择对他们而言适宜且有意义的活动时，学习效果最好。

原则 6：当成人为幼儿提供支持来帮助他们变得更有能力时，学习效果最好。作为一名教师，你的工作是了解更多为幼儿提供支持的方式，以开放的心态观察他们，为每一个孩子提供其所需要的支持。

原则 7：当家校之间保持良好的沟通交流和一致性时，幼儿的学习效果最好。如果让家庭也参与到课程中，会更有意义。

资料来源：信息来自 E. Moravcik, S. Nolte, & S. Feeney, *Meaningful Curriculum for Young Children*, 2013.

因为你需要接受这种通识教育以便更有效地教幼儿。你也需要了解幼儿以及他们是如何学习的，便于你能够为幼儿设计与实施有意义且适宜的学习体验。当然，你也需要理解课程内容。

美国的一些州及国家机构已经制定了"内容标准"，这些标准为教师选择课程提供了准则。标准几乎普遍适用于 K—12 年级项目的教师，对于面向 4 岁幼儿的教师同样也适用。内容标准可能存在争议，但是，它们可以提供重要的信息，在设计课程这项复杂的任务上为你提供帮助。接下来的每节内容中，我们会提供一些制定内容标准的机构的网址。因为每个州的学前内容标准各不相同（通常被称为早期学习指南），所以我们向你推荐美国儿童保育信息与技术协助中心的网址，这里有你所在州的相关指南。这些内容标准反映出了学前教育工作者所认可的对幼儿来说很重要的内容。

图 10.3 挥动金色翅膀飞行的蟑螂（薄纸拼贴画）

我们生活在一个教育行为受标准驱使的时代。经过精心构思、认真撰写的标准有利于我们鉴别什么内容对特定年龄与学段的儿童来说是最有用且最重要的。尽管如此，你需要记住一点，还有很多方面的内容这些标准并没有提及。发展的各个方面是相互依赖的，课程领域并不是相互独立的实体，而是儿童生活的自然组成部分。莉莲·卡茨认为考虑经验标准（standards of experience）是更合适的方法，我们认同这样的观点。卡茨建议我们问问自己，在你的课程中，幼儿是否有很多机会体验这些方面的内容：智力参与、有吸引力和挑战性的活动、积极主动并承担责任、体验克服困难和解决问题所带来的满足感、有目的地运用读写和计算技能等（Katz, 2007）。

> 昨天，4岁班级的孩子们参观了动物园。今天，库尔特、肖娜、马克斯和考瑞来到积木区，老师建议他们搭建一个动物园。他们为动物修筑了围墙，并铺了一条有玩偶人的小路。肖娜捡起一个斑马，把它跟狮子放在一起，库尔特说："不行！狮子会咬斑马的！"就斑马的位置，他们争论起来。老师让孩子们想一个既能让狮子和斑马在一起，又能确保斑马不受伤害的办法。于是女孩们在斑马四周建了围栏。库尔特和马克斯围绕整个积木区建了围墙，但另一个小朋友被绊倒了。马克斯和库尔特因此大叫起来，老师说："你们应该怎么提醒他人经过时小心点？"马克斯走到书写区，做了一个写着"动物园！请止步！"的标志牌，并把它贴在墙上。老师建议他告诉其他幼儿这个标志及其含义。

这些孩子们正在参与一个预先设计的调查活动，旨在帮助他们形成社会研究概念的意识。但是，他们也进行了一些令人满意的创造性尝试，在活动中，他们的动作协调能力、语言运用能力、社会问题解决能力以及读写能力都得到了发展。

> 天气炎热晴朗，在幼儿游戏场上，乔治娅老师提来一桶碎冰，倒入一个小水池里。桑格、诺亚和其他两个孩子立即冲到了水池边。诺亚刚把手伸进碎冰堆里，立刻瞪大了眼睛。乔治娅靠近孩子们蹲下来说："真的很凉！"。当大家都在玩的时候，桑格犹豫地站在半米之外。乔治娅说："桑格，你也可以过来感受一下"。诺亚发现了乔治娅放在旁边的杯子，用它把冰舀起来顺手放在旁边的桶里。他不停地舀，直到把桶装满。桑格捡起一小块冰握在手里。几秒钟后，手里只剩下一滴水。桑格望着乔治娅，乔治娅问道："冰呢？"桑格说："我的……""你的冰融化成水了，"乔治娅补充说。与此同时，诺亚把一些冰放在路边，它们也很快融化了。

正如那群4岁的孩子一样，这些学步儿也是在参与一个计划好的探索活动。他们通过自己的感觉，建立身体的协调性，学习关于这个世界的概念。他们的学习由一名了解学步儿学习特点的教师巧妙地引导着。另外，他们也发展了自己的语言、自信和自主能力。

> 这是某个上午学前班教室中的场景。五个孩子正在做他们的"百日收藏集"（做一个粘有一百样东西的托盘），四个孩子正在搭建一个从教室到自助餐厅路上的街区模型，另外两个孩子坐在阅读区的坐垫上读书，其他两个孩子正在完成他们的晨报任务，还有一个孩子正在用水彩笔画画。基特和西拉在仔细观察教室探索区的新动物乌龟切克，他们正在读一本关于乌龟的书。他俩问老师纳

瓦艾斯："切克可以吃汉堡吗？"老师回答："这是个很好的问题。我看到你们在看这本关于乌龟的书。你们有什么发现？"这两个孩子在纳瓦艾斯老师的指导下继续从书中寻找答案。如果书上没有回答这个问题，老师建议他们把问题写在探索区的题板上。全班同学会用其他方式努力寻找答案。

巧妙的课程设计除了有事先计划好的活动外，还要留出可供儿童探索的时间、空间和趣味性事物。纳瓦艾斯老师清楚地知道孩子们可以成为自我指导的学习者。她构建了一个包含环境、时间、关系以及计划好的学习体验等因素的课程活动，帮助5~6岁的孩子学习数学、科学、社会研究、语言、读写以及艺术等方面的知识和技能。也许更重要的是，她正在帮助孩子们成为有求知欲的积极主动的合作学习者。

课程包括你在课堂上提供的可供选择的学习机会，也包括你为每一个幼儿实施的个别指导活动和促进全体幼儿学习的小组指导活动。有计划的课程会涉及发展的各个方面，有助于幼儿在某一学科或多个学科领域内（比如数学、文学和艺术）的理解能力和技能的发展。尽管学前教育课程的每一个学科领域都有利于儿童全面的发展，但从图10.4可以看出，每个学科课程会着重强调一两个领域的发展。本章我们将集中讨论与幼儿各方面发展相关的学科领域。

每个课程领域都有其特色，需要通过学习才能掌握。你可能有自己擅长的领域，在这个领域你有独特的才能或技巧去授课，而对其他的领域，你可能没有太大的把握，但这并不妨碍你备课并教授每一个课程领域。因为对幼儿的发展来说，每个领域都是有价值的。每一位幼儿教师必然都要在艺术和科学领域的教学上成为一名"全能实践者"。你可以将你在某个领域的技能迁移到你并不太擅长教的内容上。比如，一个擅长讲故事的人有数学恐惧症，他可以想办法把数学知识融入讲故事中来教孩子，同时也可以战胜自己的恐惧。

本章为你提供了一份实用且有助于教学的清单，列举了一些图书，上面有关于每一个大课程领域的文章、职位描述、链接及实践信息（见图10.5）。

家园联系

课程介绍

家长也可以为课程作出贡献，他们可以成为你的合作者，邀请家长参与到课程中来。了解那些即将参与到课程中来的家长的技能和兴趣，然后邀请他们作为嘉宾来教孩子做饭、讲故事、唱歌或展示某项技能。对于那些愿意在幕后工作的家长，可以让他们制作橡皮泥、从图书馆借书以及为图书角缝制靠枕。找到一些可以让他们有规律且有意义地参与到孩子们学习中的方式。

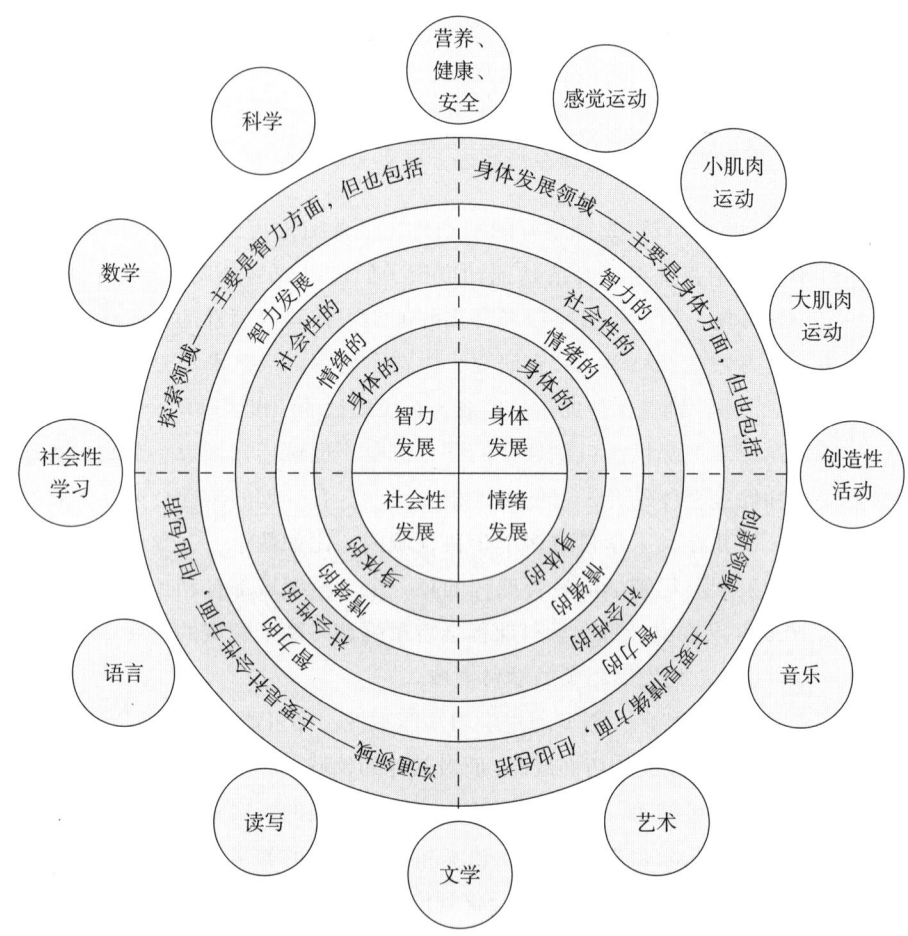

图 10.4　课程对发展的贡献

身体发展课程

观察你的身体……它是多么神奇！你的腿、你的胳膊、你灵巧的手指以及它们活动的方式。

——巴勃罗·卡萨尔斯

身体是幼儿与外部世界的连接，感觉与运动发展是许多能力领域的前提。若想学习阅读和书写，儿童必须首先发展良好的视听辨别能力。弹奏乐器或使用电脑要求儿童有良好的精细运动技能，这体现在操控手指和双手肌肉的练习中。发现蓝色和黄色颜料混合在一起可以变成绿色，这需要用眼睛来观察和用手指来操作。发现附近的山顶上能看到海，需要徒步远足，这要体力和耐力。欣赏这个世界的有序和美丽，孩子们必须用自己的感官去体验。

图 10.5　支持教学课程的书籍

图书
Basics of Developmentally Appropriate Practice, by Carol Copple & Sue Bredekamp (NAEYC)
The Creative Curriculum for Preschool (5th ed.) and *The Creative Curriculum for Infants and Toddlers* (2nd ed.), by Diane Dodge et al (Teaching Strategies)
Developmentally Appropriate Practice in Early Childhood Programs (3rd ed.), by Sue Bredekamp & Carol Copple (eds.) (NAEYC)
Explorations with Young Children, by Ann Mitchell & Judy David (eds.) (Gryphon House)
Learning Together with Young Children: A Curriculum Framework for Reflective Teachers, by Deb Curtis & Margie Carter (Redleaf Press)
Enthusiastic and Engaged Learners: Approaches to Learning in the Early Childhood Classroom, by Marylou Hyson (Teachers College Press)
The Intentional Teacher: Choosing the Best Strategies for Young Children's Learning, by Ann Epstein (NAEYC)
Meaningful Curriculum for Young Children, by Eva Moravcik, Sherry Nolte, & Stephanie Feeney (Pearson)
A Practical Guide to Early Childhood Curriculum, by Claudia Eliason & Loa Jenkins (Pearson)
Tools of the Mind: The Vygotskian Approach to Early Childhood Education, by Elena Bodrova & Deborah Leong (Pearson)

由于儿童的年龄、你的工作地点、儿童家庭的文化及价值观等因素的不同，你所开展的体育课程在质量和挑战性方面也会有所差异。

大肌肉运动课程

运动是幼儿生活的中心。大肌肉运动（或大肌肉群活动）课程是发展幼儿的四肢、躯干能力的课程的一部分，它可以帮助幼儿获得并保持在工作和游戏时所需的运动技能和能力。同时，它也是幼儿其他主要方面发展不可或缺的一部分。幼儿必须学会运动，为了学习也必须运动。

体育活动对个体一生的健康都非常重要。过去人们认为，不运动以及随之引发的许多健康问题，如肥胖、糖尿病、高血压、癌症等，只是成人应该关心的问题。如今，儿童同样面临着类似的问题，甚至包括 6 岁以下的儿童（Ogden & Carroll, 2010）。随着幼儿不断挑战肢体运动，他们的注意广度和集中力也随之增强。运动可以缓解紧张，有助于个体身心放松。儿童早期的身体发展经验会影响他们的胜任感以及他们是否喜欢生活中的体育运动。大肌肉课程活动有助于增强幼儿的体力和耐力，保持灵活性，发展协调性和敏捷性。

儿童大肌肉技能的发展有可预期的模式。**体力**（strength）和**耐力**（stamina）（对体力活动的耐久能力）会随着年龄的增长而不断增强，年长儿童通常会有较强的体力和较好的耐力。**灵活性**（flexibility）（运动的幅度及轻松度）则会随着年龄的增长而有所减弱，因为肌肉组织的弹性在减弱。婴儿轻易就可以把脚趾伸到嘴边，但这种灵活性随年龄的增长而减弱。**协调性**（coordination）（运动时身体各部分相互配合的能力）随经验的增加而增强。**敏捷性**（agility）（能控制且精确的运动能力）随着

儿童的灵活性、体力、协调性及运动感觉的增强而提高。当儿童的动作具备了一定的速度，并且变得既轻盈又准确时，他们会感受到掌控感。儿童在大肌肉运动游戏中感受到的大部分乐趣源自他们对不断增强的敏捷性的享受。

帮助幼儿发展基本的或基础的运动技能是学前教育课程的内容之一。使孩子从一个地方到另一个地方的运动技能称为移动（locomotor），而待在某个地方进行弯腰、平衡、旋转等的运动技能称为原地运动（non-locomotor）。在儿童早期，另一类大肌肉运动技能的发展包括使用胳膊、手、脚等去移动诸如球类的物体，这些被称为物体控制技能。

曾经，人们认为，带幼儿到户外玩耍以及不定期组织类似"丢手绢"的追逐游戏，就可以为幼儿提供足够的身体发展课程。今天，我们知道我们可以为幼儿提供更多的帮助，使他们成为身体健康、有能力且对体育活动持积极态度的个体。幼儿每天需要有几次机会进行大肌肉运动游戏，他们需要最佳的挑战——设备、材料和难度适当的活动——去发展与他们年龄相适宜的技能。美国运动与体育教育协会（National Association for Sport and Physical Education, NASPE）建议学前儿童尽可能地参与到非正式的体育活动中（NASPE, 2004），儿童体育教育委员会（The Council on Physical Education for Children, COPEC）建议儿童每天运动30~60分钟。我们认为学前儿童应该每天有足够的时间段（45~60分钟）进行充满活力的体育运动，无论上午或下午，并且不要超过一小时久坐不动。除了非正式的大肌肉运动游戏的时间，所有的幼儿课程还应该包括有指导的大肌肉运动活动。NASPE建议每天为学前儿童提供有组织的体育活动，同时建议小学儿童每周进行总计150分钟的有组织的体育教育（NASPE, 2004）。

反思你在学校体育教育方面的经历

请回忆当你还是一个孩子时，你所在学校的体育课。你为什么会记得这次经历？老师是如何鼓励或限制你的活动的？你在体育课上有无成就感？长大后，你从事什么体育活动？你的童年经历是否以某种方式影响着你？

作为一名学前班或幼儿园的教师，你有责任计划并为儿童提供这些活动机会。作为一名小学教师，你在这方面的控制力和责任相对要小一些。目前一些小学为了让学生有更多的时间"学习"而取消了课间休息，剥夺了儿童进行必要体育活动的机会。在一个国家中，如果肥胖症和缺乏运动的现象盛行，并殃及儿童，这种趋势是相当愚蠢的。

很多幼儿可以通过自我指导的游戏提高他们的运动能力，但另一些儿童则需要教师的鼓励和支持。所有直接的运动训练和干预都需要在愉悦的游戏条件下进行，这样幼儿的态度才可能是积极的，活动才可能令他们满意。如果你过于强调安全，可能会挫伤幼儿的活动积极性。假如幼儿愿意尝试一件设备，在你悉心的看护、及时的帮助和指导下，他们通常是可以应付的。

教幼儿发展大肌肉运动技能并非指你记忆中的体育教育。相反，幼儿需要一位懂他们的老师，在他们学习爬行时，老师会把玩具放在一个他们够不到的位置；在他们学习走路时，老师会牵着他们的手；在他们玩"围着玫瑰转啊转"[1]时，老师会为他们唱歌；在他们玩"模仿首领"[2]时，老师会和他们一起模仿；会给他们解释"冲破防线"[3]的游戏规则；当他们学习打球时，老师会把球抛给他们；当他们学习攀爬绳索或使用呼啦圈时，老师可以分享他们的快乐。通过鼓励和参与幼儿的游戏，你支持他们的活动并为他们树立了积极的成人榜样，这有力地证明了活动是自然而快乐的。成人引导的活动，如创造性的运动、简单的瑜伽、小组游戏和活动，提供了发展身体运动能力的重点练习。如果你在比赛或其他体育活动中将竞争、输赢的概念最小化，不只是那些体能好的孩子，所有幼儿都会积极参与其中。不看重输赢的合作游戏特别适合于幼儿，并且可以鼓励那些因为担心输而不情愿参加活动的孩子参与其中。

精细动作课程

在婴儿床上时，婴儿就开始学习如何协调手和手指，努力地去感知、抓握和操纵物体。那些最初的反应使得个体最终学会使用工具，如勺子、蜡笔、锤子、铅笔、钢笔以及键盘等等。精细动作技能是指控制手指、手和胳膊的能力，这些技能包括伸手、抓握和操纵物体，以及使用不同的工具，如蜡笔和剪刀。精细动作（或小肌肉群活动）课程包括提高控制力、敏捷度、力量，以及手、手指、手腕和胳膊的协调性的活动。精细动作技能的发展与大脑发育保持着一致性，随着精细动作技能的发展，神经通路得以延伸，使得大脑更加复杂与灵活。有研究指出，儿童的精细动作技能与认知能力相关，它可以预测个体的阅读、数学以及总体的学业成绩（West, Denton, & Germino-Hausken, 2000）。

精细动作能力的发展需要时间、练习和许多体验。这些技能包括感知、肌肉的相互作用——手眼协调和双手协调。在成长过程中，幼儿有能力和机会使用双手去发展大多数小肌肉活动所需的力量、协调性和敏捷性。

---

1 编者注：一种儿童游戏，孩子们在歌声中围成圈跳舞，当听到歌曲的最后一句时集体蹲下。
2 编者注：一种儿童游戏，孩子们排成一队，带头的人站在最前面做"首领"。"首领"做动作，后面的人模仿做，没模仿对的要从队中出列。
3 编者注：一种儿童游戏，两队儿童手拉手面对面站成两排，其中一队从对方队中挑选一名成员，这名成员向对方队冲去，旨在冲破对方队手拉手的防线。

第10章

反思你的精细动作技能

你最发达的精细动作技能是什么？它是你工作中用到（如使用电脑键盘），或是娱乐中用到（如编织），抑或日常生活中用到的（如烹饪），做这些时，你是如何锻炼精细动作技能的协调性的？回忆你的精细动作发展过程，你在童年时是如何发展这项能力的。

精细动作课程是很多其他课程领域的一部分，这些课程要求控制手和手指的使用。为了有计划地促进幼儿小肌肉的发展，设计不同种类的活动和技能还是有帮助的。

与其他课程领域一样，如果教师理解发展，观察儿童并对个体差异保持敏感，那么他们便会支持幼儿的精细动作发展。他们了解每一名幼儿的发展水平，并提供具有最佳挑战性的材料和活动。精细动作技能包括抓握能力、手眼协调、手指的灵巧性（快速移动手指捡起小物体，压或拍）、手的操作（单手放置、移动物体）以及双手协调（同时移动两只手）的发展。在精细动作课程里，我们通常会关注精细动作发展的三个方面：用手偏好，使用铅笔的能力（称作"握笔"），以及使用剪刀的能力。图10.6具体描述了这三个方面能力的发展。

儿童需要材料和足够的时间去锻炼他们的小肌肉，这一点很关键。拼图、操纵玩具、桌面游戏、绘画、诸如玩橡皮泥和木工的感知活动以及日常生活行为等都可以帮助幼儿发展精细动作技能。小学儿童继续热衷于操纵玩具，但可能对更有成效、成熟的精细动作活动，例如烹饪、手工艺品和木工活，更感兴趣。

如果小肌肉活动让幼儿产生挫败感或感到厌烦，你可以通过提供帮助、鼓励或变换不同的挑战，使其继续参与其中。例如幼儿在裁剪方面有困难，你可以说："我

图10.6 三种精细动作能力

用手偏好：尽管幼儿频繁地交替使用双手，但用手偏好大约在2岁时便出现了。到了3岁，一只手通常主导活动，另一只手起辅助作用。尽管交替使用继续存在，但到了4岁，儿童会表现出强烈的用手偏好，哪只手起主导作用变得更清晰。4~6岁时，用手偏好保持一致性，优势手和非优势手得以正式确定，优势手的技能优于非优势手。

抓握：4个月大时，婴儿获得了控制胳膊的能力，从用两只手抓物体发展到用一只手抓物体。他们能够抓、握物体，并可以用攥紧的拳头握着物体。6个月大时，他们可以捡起小物体。12个月大时，可以用拇指和食指捏住小物体，把物体从一只手换到另一只手，并能主动放开物体。这时的婴儿可以用蜡笔或标识物做记号、堆叠玩具、翻页、滚球。1~2岁时，他们可以自主运用手指，可以戳和指。使用蜡笔时，他们挥动整只手臂，拇指朝上，用拳头握住蜡笔。2岁时，他们的涂鸦有了进步，从画圈涂写发展到水平或垂直涂写，手里握着的蜡笔或铅笔是指向纸的，称为正握。3~4岁时，儿童用优势手握笔，同时用非优势手固定纸张。到了4岁，很多儿童可以像成人一样，用拇指和食指握笔，并将笔倚靠在中指上——叫做三脚架式、成熟的或有效的铅笔抓握姿势。

使用剪刀：2岁的幼儿可以用两只手开闭剪刀。到了3岁，很多儿童已经可以用一只手拿剪刀剪纸，能把一张纸剪成两张，但是不能沿着一条直线来剪。到了4岁，儿童使用剪刀时可以沿着一条直线向前剪，并能在另一只手的帮助下沿着简单的曲线来剪。5岁时，很多儿童都可以完成更小、更精致的裁剪，并且能剪出简单的带有直角的形状。在使用剪刀时，他们拇指向上，并与地面垂直地握着剪刀。6岁时，大多数儿童已经可以熟练地使用剪刀了。

资料来源：Summarized from Skill Builders Pediatric Occupational Therapy, *Fine Motor Development 0 to 6 Years*, 2008. Used with permission.

发现这种纸很难剪。你想用彩色美术纸吗？可能这样就不会失败。"你也必须确保在架子上放置了各种不同重量的纸，并确定孩子们是否需要多功能剪刀。

设计一些能发展必备技能的体验很重要，这些技能用来应对诸如裁剪等具有挑战性的精细动作任务。还没有学会使用剪刀的幼儿需要多次进行抓握、握紧/松开、协调和增强力量的练习。提供面团和黏土来锻炼力量，也可以提供诸如钳子、钻孔器、镊子、订书机等需要相似动作的工具，从而促进这一即将出现的技能的发展。有时候，你可能需要演示并指导儿童学习复杂的精细动作技能。

感知发展课程

学习依赖于感观输入——听、闻、看、摸、动、尝。我们并非天生就具备区分不同感觉的能力，但必须学着区分它们。如果一个幼儿接受与使用感观输入的能力受阻，那么可能会导致其发展水平滞后。除了能帮助幼儿学习，感觉也是欣赏和快乐的来源。鉴于上述原因，儿童早期教育项目应该包括大量的感知部分。

接收并组织感知信息需要两个相关联的过程。第一个过程是感觉，指感受器——眼、耳、皮肤等——受到的刺激。第二个过程是知觉，这是指根据以前的经验注意、鉴别并解释感觉的过程。大脑随后整合这些感觉信息，并在身体和认知任务等更大范围内使用它。

与学习联系最为紧密的感觉是视觉，同其他感觉一样，它也需要练习的机会。在儿童早期，幼儿学习观察事物的细节（视敏度），跟踪物体（视觉追踪）并从不同角度（恒常性）识别物体，在三维空间（空间定向）里识别事物，判断距离（深度知觉），从背景中区别出物体（图形-背景知觉），以及视觉引导运动（视觉运动协调）。听觉，即听力，包括学习屏蔽与注意——去排除不相关的声音，注意有意义的声音。另外，儿童也学习辨别声音来自哪里（定位），以及听出各种声音的差异（区分）。运动觉是指个体关于运动和方位的内部意识，幼儿在学习爬行、走路、跳跃、攀爬、站立并保持平衡时，运动觉得以发展。它包括探查重量、力量、距离和速度等方面差异（区分）的能力，以及身体、空间和定向意识。触觉是学习的主要方式，同时也是我们生活的主要方面。定位（鉴别触感出现在身体的哪个部位）与辨别（区分刺激）是幼儿习得的两项触觉能力。我们的很多决策依赖于嗅觉，甚至新生儿也对某些气味有很高的敏感度。味觉可以为儿童提供物体的某些属性信息：甜的、咸的、酸的、苦的、鲜美的或可口的。味觉与嗅觉一起为儿童提供了食物可食性的重要指导（有毒的植物是苦的；水果是甜的；盐是能下饭的）。

为了支持幼儿各种感觉的发展，你需要定期为他们提供能运用各种感觉并使之得到发展的体验。然而值得注意的是，这些感觉相互依存，而非孤立存在。

一组3岁幼儿正在做香蕉煎饼。谢顿触摸着面粉和倒入其中的盐。托瑞一边剥香蕉一边闻着这些香蕉的气味。埃米莉体验到了搅拌面糊时遇到的阻力。凯拉观察到当空气被揉进面团时会产生气泡，并对此发表了自己的观点。老师杰基说："大家听一听面团放进锅里时发出的嗞嗞声。"所有的孩子津津有味地品尝着刚做好的食物，讨论着它的温度及可口味道。

上面的例子发展了儿童的哪种感觉？把这些感觉独立区分出来是有难度的，而且也没有必要，幼儿可以通过整体体验进行学习。

儿童可以通过很多活动来促进感觉的发展：画画，揉捏黏土和橡皮泥，在沙坑、水、泥里玩耍，感受积木的形状、重量和质地，观察鱼缸里的鱼，感受兔子的毛及其心跳，听故事，随着音乐跳舞，根据形状、颜色和大小对物体分类，烹饪、品尝、评论自己做的食物等。在优质的学前教室里开展丰富的游戏活动，能为幼儿的感知发展提供很多机会。你可以为幼儿提供能进行充分探索的空间和材料，帮助幼儿聚焦感觉体验（见图10.7）。例如，你可以这样引导幼儿注意薄饼面糊的感觉特点："在煎香蕉饼时，它闻起来是什么味儿的？""当你捣碎香蕉的时候，注意到了什么？""你可以想起跟这个味道差不多的其他食物吗？"

尽管感知觉的发展对幼儿的学习非常关键，但在年长儿童的学习内容标准里却不经常被强调。在早期学习指南中，感知发展通常被包含于身体发展或科学标准中。

图10.8列出了一些有助于你进一步学习身体发展课程的书籍。

为理解内容标准中有关身体发展课程的具体规定，你可以查询自己所在州的早期学习指南或者K—3体育教育的美国国家标准。

图10.7 可以促进感知觉发展的材料列表

• 沙子——干或湿	• 泥巴	• 鸟食
• 水——纯净水或添加了颜色、香味、肥皂的水	• 肥皂泡或刮胡膏	• 回收的干燥咖啡渣
• 冰——块状、碎的或加盐的	• 鱼缸里的碎石（不适合婴儿、学步儿）	• 玉米淀粉和水
		• 面粉、米或豆子*

其他涉及较强感官成分的活动：	
• 手指画	• 品尝——比较某一事物的不同种类，如奶酪、苹果、面包、蔬菜
• 拼贴画	• 园艺
• 橡皮泥	• 几乎所有的户外旅行，特指大自然环境中的旅行（如草地、沙滩、森林）
• 黏土作品	
• 使用乐器	
• 烹饪	

*使用食物作为感知探索材料是存在争议的。一些项目和家庭接受并认可这样的训练，而有些项目和家庭对此则是禁止并强烈排斥的。如果项目中的家庭认为把食物放在桌上供幼儿玩耍是不经济的，或者有任何家庭认为这样做是有违他们的价值观的，那么这样的做法就是不适宜的。

图 10.8　身体发展课程的书籍

书籍

Active for Life: Developmentally Appropriate Movement Programs for Young Children, by Stephen W. Sanders (NAEYC)

Active Start: A Statement of Physical Activity Guidelines for Children Birth to Five Years, by the National Association for Sport and Physical Education (Author)

Essential Touch: Meeting the Needs of Young Children, by Frances M. Carlson (NAEYC)

Follow Me Too: A Handbook of Movement Activities for Three- to Five-Year-Olds, by Marianne Torbert & Lynne B. Schneider (NAEYC)

Jump, Wiggle, Twirl & Giggle!, by Roberta Altman (Bank St. College and Scholastic Books)

Movement-Based Learning: Academic Concepts and Physical Activity for Ages Three through Eight, by Rhonda L. Clements & Sharon L. Schneider (National Association for Sport and Physical Education)

Mud, Sand, and Water (rev. ed.), by Dorothy M. Hill (NAEYC)

The Outside Play and Learning Book: Activities for Young Children, by Karen Miller (Gryphon House)

Developmental Physical Education for All Children, by D.L. Gallahue & F.C. Donnelly (Human Kinetics)

Experiences in Movement, by Rae Pica (Delmar)

Hand Function in the Child: Foundations for Remediation, by A. Henderson & C. Pehoski (Mosby)

Lifelong Motor Development (4th ed.), by C. P. Gabbard (Benjamin Cummings/Pearson Education)

More Than Graham Crackers, by N. Wanamaker, K. Hearn, & S. Richarz (NAEYC)

Woodworking for Young Children, by Patsy Skeen et al. (NAEYC)

沟通课程

> 爱在于沟通。
>
> ——非洲谚语

为了理解这个世界及其功能，我们需要具备与他人沟通交流的能力。语言的学习是人与人之间建立联系的特征之一，也是个体发展中的重要挑战之一。语言（包括听和说）在沟通课程中是最重要的。读写能力（学习读和写的发展过程）是使语言超越时空的工具。文学是一种运用语言的艺术形式。所有这些都以语言为基础。

沟通课程的目标是培养儿童成为热情且有能力的口头和书面语言的使用者。你的工作是为儿童提供包含各种语言形式的人际关

第 10 章

反思儿时的交流

你小时候与别人交流顺畅吗？有没有感觉害羞或不舒服？何时、何地、跟谁交流，你能很好地表达自己？为什么？你的家人或老师是如何支持或阻碍你的交流的？

系。当你诚恳地、尊重地与幼儿交谈，认真地倾听时，你便是在鼓励幼儿使用语言；当你用语言去调解问题、交流信息、分享观点和感受时，这就是在向儿童展示口头语言的作用和价值。当你唱歌、讲笑话、朗诵诗歌，或跟幼儿一起玩语言游戏时，这就是在帮助他们发现谈话的乐趣；当你写便条、拟购物清单、写感谢信，或读食谱、故事、一首诗或一本书时，那就是在以相似的方式向幼儿展示书面语言的价值；当你向幼儿推荐许多很棒的儿童图书时，你就是在培养他们的鉴赏能力，这会使其终身受益。

美国各州都设置了早期语言艺术学习的指南，并且有从幼儿园到 12 年级学生的语言艺术通用核心标准。

语言课程

学习理解并运用语言是幼儿期最有意义的成就之一。不管身处何种语言或文化中，即使没有任何正式的教授方式，但几乎所有的儿童会在大约相同的年龄以相似的方式习得语言，它看起来是一项"习得而非教授"的技能。伴随着儿童不断地加工语言，他们将其内化为自身不可分割的一部分，并作为自己交流、自我表达和学习的工具。

发展阶段以及交流的意愿都会影响到语言学习。儿童学习语言复杂的结构、规则和意义，并通过尚未被完全理解的过程发展语句生成能力。年幼儿童在家中或社区学习语言习俗。他们学习在不同场合与不同的人如何交流，比如在教室、操场，跟朋友、父母或老师交流。他们很早就开始学习交流中非言语表达的特征（如手势、面部表情、语调等）。他们逐步理解谈话中对方的期望和转换话题的信号，这些非言语的交流方式很大程度上取决于文化。你教授的幼儿有的可能来自于非英语母语的家庭，他们被称为英语语言学习者（English language learners, ELLs）、英语作为第二语言的学生（English as a Second language students, ESLs）或自然双语者（emergent bilinguals, EBs）。

在文化多元的社会中，一个群体里的幼儿可能具有不同的非言语交流习惯，如在与成人交谈时是否可以有眼神接触。作为教师，你需要对这些交流上的文化差异十分敏感，并尊重这些差异。犹豫或害羞的儿童，缺乏家庭语言经验的儿童，或者在家里与在学校里使用不同语言的儿童，都需要更长的时间才能完全融入课堂的语言生活里。因此，对这些差异保持敏感，给孩子们足够的时间和机会去讲话，这非常重要。

在学前教育机构里，语言教学可在偶发和计划的两种活动中进行，主要通过设置语言丰富的人际关系来实现。当你和幼儿交谈时，你就是在教他们语言；当你和幼儿一起玩耍，听取他们的观点，带领他们游戏、唱歌、讲故事、朗诵诗歌时，你也是在教他们语言。语言学习也是有组织的小组活动的一部分，包括在大多数幼儿园、学前班和小学开展的讨论活动。

在语言教学过程中，你无形中也促进了幼儿这五方面语言能力的发展：（1）句法或语法，语言的"规则"；（2）词法，单词的结构及增加前后缀；（3）语义，词语的意思；（4）语音，词的发音；（5）语用，语言的社会规范。幼儿通过听你清晰的表达、正确的语法、丰富的语言，以及与你或他人交谈来学习语言，而不是在训练或纠正中学习语言。儿童听到语言时，他们将语言规则内化，并在谈话中运用这些规则。诸如"knowed"和"eated"这样的词法错误，表明儿童正在试图理解过去式的规则并运用它们。当你清晰地讲话时，儿童能听到单词清楚的发音；当遇到新单词时，他们也会把新单词加入到自己的词汇库里；当他们与你或其他幼儿互动时，儿童会学习如何在具体的社会情境中使用语言，并学习学校语言的语用。

实际上，你不用把"语言"作为一门学科（语言学家和其他学者研究的学科）来教。相反，你可以通过模仿、互动和设计好的活动来帮助幼儿发展语言。儿童需要机会去表达自己的观点，去讲述他们所了解的以及对他们来说很重要的事物。这有助于他们学习讲话，理解他们的体验。你可以为儿童的语言发展创造机会，例如你可以提出问题，仔细地倾听他们的讲话，耐心地去回应他们的问题。儿童通过交谈习得并创造语言。什么是交谈？它是观点的交流，是对话。因为在学前教育项目里，幼儿多，成人少，所以儿童与成人谈话的机会不如儿童在家里多。在语言丰富的家庭里，交谈是复杂的，且内容与幼儿的生活息息相关。相比之下，在大多数学校里的交谈则要简洁、不复杂，更加成人化。懂得怎样与幼儿谈话，并且跟每一个幼儿定期交流很重要。与所有交谈一样，与年幼儿童的对话，也需要有共同的兴趣，需要有一个主题以及能轮流说话。交谈会因儿童的经验、谈话规模、谈话者的状态和技能而有所差异。它像一门艺术，随着经验的累积，你的这种能力将不断提高（参照"与幼儿交谈的黄金法则"）。与幼儿交谈，你能帮助他们学习使用抽象语言或脱离语境的话语：谈论非当下的观点和体验——过去或将来、想象或现实中的人、地点和事件。

当你为儿童的语言发展制订学习计划时，记住，每一个孩子都有你可以培养的语言天赋，与儿童交谈，倾听并信任他们，他们需要也想要与人交流。

读写课程

读和写是交流的两个方面，是表达想法、解决问题的工具。在日常用语中，读写能力意味着能够读和写的状态。教育者谈及的早期读写能力，指的是读和写的基本技能。读写萌发是指儿童掌握读写能力的逐步发展的过程。这段萌发期是指"从出生到具备以常规方式来读写的能力"的时期（Teale & Sulzby, 1986）。

生活在一个充满印刷字的世界里的幼儿很早就能意识到书面语言的存在，并发

第 10 章

与幼儿交谈的黄金法则

1. **蹲着或坐在与幼儿视线平行的位置**，使成人和幼儿之间的生理及社会差异最小化。
2. **通过语言和肢体动作来表示你对幼儿的关注**，可以通过眼神接触、微笑、点头、在肩膀或背上轻拍等方式表达关注。
3. **轮流讲话和参与**，否则就不是交谈。
4. **读懂非言语交流**，注意并替儿童表达出他们可能感受到或想到的："听起来你确实很开心。""那很有意思！""有一点恐怖。"
5. **尊重儿童的语言**，不要纠正儿童的讲话或观点。不要着急打断。如果你不理解，可以对他们说："演示给我看。""给我详细地说一下吧。"
6. **倾听**，集中注意力，听幼儿说了什么。记住在这个过程中你关注的对象是儿童，而不是你自己。多提出一些澄清式的问题，帮助儿童扩展话题，例如："当鸡蛋掉在地上时，你妈妈会怎么办？"
7. **仔细选择要说的话**：语言尽量简短、切中主题，因为儿童注意力集中的时间没有成人那么长；尽量使用简单的词汇，但也可以有少量有趣的新词汇。
8. **记住，这不是测试或讲课**，提问可能会终止你们之间的交流。说一些简单的事："我也喜欢那样做。""我不知道这个。"

展与之相关的概念。学习阅读和写作并不需要等到儿童彻底"准备好了"才开始，在接受正式的读写训练之前，他们就已经具备了学习书面语言的基础。

遗憾的是，并不是所有儿童都能轻松顺利地学习阅读。儿童保护基金会的报告显示，美国 68% 的四年级学生阅读水平不达标（Children's Defense Fund, 2010），而且如果到三年级学期末，儿童还不能很好地阅读，这对他（她）以后的生活会产生严重影响。早期读写经验很关键，在一年级之前就为儿童提供仔细计划的语言与读写机会，将有助于避免之后出现阅读问题。请参见专栏"帮助儿童发展书写概念的黄金定律"中给出的建议。

正如语言发展具有阶段性一样，早期读写能力的发展也是按照可预期的阶段进行的，并且与个体发展时间表呈现出的阶段相一致。与生俱来的读写能力表明婴儿期有关语言、书本、阅读的相关经验是儿童读写能力发展过程中的重要组成部分。每个儿童作为个体来学习读写，用他们能够理解的方式把想法汇集在一起，因此读写能力的课程也必须具有类似的个性化。

你教儿童读写的方式将因儿童发展的需要、家庭和兴趣的不同而有所不同。读和写的基本技能和知识包括口头语言（讲话的能力），词汇（单词知识），语音意识（意识到单词的发音是可以操控的，如首字母发音、押韵的单词），字母知识（熟悉字母的形状和读音，意识到字母和读音之间是有关联的），印刷知识（理解使用印刷物的规则，如按从左到右的顺序读，印刷物不变，其内容也不变），书本知识（如何使用书籍）。这些知识需要建立在有意义的经验之上，与儿童的兴趣和体验相关，以吸引他们的参与方式来体现。让儿童参与单词和字母训练，不相关的练习题和不断重复的字母练习通常会阻碍而不是促进儿童的读写学习（Neuman & Roskos, 2005）。

强有力的证据显示，如果儿童拥有很多包含丰富且多种语言的现实生活经验，他们就更有可能掌握阅读能力（Bowman, 2003）。与功能化的印刷物相关的经验，比如把阅读和书写作为一种工具和消遣，对成功获得读写能力而言也很重要，这些经验有时被认为是成功阅读的"前提"。

儿童以不同的方式表现出他们在书面语言上的发展意识。有些儿童在独自阅读时，对喜欢的故事书开始表现出兴趣，会用手指指着字读或复述故事。那些孩子们熟悉的书，可以由一个儿童假扮"老师"，"读"给大家听。另一些儿童热衷于识别或讨论他们周围的标志或标签的意义——如交通标志、产品包装上或电视广告里的标识。儿童最先感兴趣的往往是他们自己的名字，他们能认出来，也希望会写或者摹出来。所有这些都表明文字已经得到儿童的注意并会继续探索。

培养儿童的读写能力，需要我们拥有善于观察的眼睛和敏感的耳朵。不管你教的是哪个年龄段的孩子，你真的喜欢阅读和书写会对儿童产生很大的影响。经常在儿童面前读和写，把书本和书写作为一种资源："我想知道我们做烤宽面条需要什么材料，我去食谱里查一下。哦，马苏里拉奶酪。我最好把这个写在我们的购物单上"。跟孩子分享你在购物单上写了什么，这样他们就会开始理解成人书写的目的。

每间教室都需要投放很多有吸引力的书，每个儿童都需要去阅读。为每个孩子、一个小组、整个班级有计划地、自发地、大声地朗读是每位幼儿教师每日工作的重要内容。即使是针对最小年龄孩子的学前教育项目，也应该自始至终配备书籍和字词。你对儿童读写能力的欣赏，以及你自己从阅读中收获的乐趣是证明阅读价值的最重要的方式之一。专栏"帮助儿童发展读写概念的黄金定律"可以帮助你把读写融入你和儿童的日常生活中。

反思你的伦理责任

你们学校的管理者决定二年级的学生不要再读图画书，因为她认为图画书不能提高阅读技能。你认为这不合适，而且会影响儿童学习阅读的积极性。使用第24页的"伦理反思指南"，反思在这种情况下你的道德责任并考虑你该做出怎样的道德回应。

第10章

帮助儿童发展读写概念的黄金法则

每天愉悦地、经常地给小组或单个孩子**读书**。

1. 图书丰富。在房间里投放很多书，如在图书室或其他合适的地方。
2. 选择儿童喜爱的。一遍遍地重复读儿童喜爱的故事书。
3. 让孩子帮忙。时不时地让孩子读标题、翻书页或读故事。
4. 展示并讨论书上的文字，读作者的名字，评论印刷风格、词语的使用、书的组成部分，甚至标点符号。
5. 做一些充满童趣的事，例如把书倒着放，并和儿童讨论为什么这样不能读书。

出于真实、实际的原因经常**书写**。

6. 在儿童面前，用书写交流。给儿童、家长、其他老师或远方的人们留便条、写信或做标记。
7. 用书写来记忆。为儿童做榜样：写清单、写食谱、写下你能记起的事情。
8. 在儿童面前学习关于书写的知识。读说明书，查阅东西、百科全书、食谱、信息工具书或上网找真实问题的答案。
9. 在房间里贴标签：给架子和容器、谜题和游戏、图表和海报贴标签。做长期标记（积木区）和暂时标记（贝利的积木——请不要把它们拆掉）。

用书写**鼓励孩子的创造性**。

10. 让儿童玩读写游戏：为他们的读写提供时间、空间和材料。用许多印刷物制作书写中心，供儿童临摹、裁剪、玩耍。
11. 帮助他们写作：以个人或小组的形式，组织孩子们书写或口述故事，最后把成果展示在教室的图书角。
12. 肯定儿童的努力，包括涂鸦、假装书写、自创的拼写。

文学课程

爱书的儿童喜欢阅读，有很多积极的文学体验的儿童也会爱书。文学不仅仅是我们用以鼓励儿童阅读的"胡萝卜"，事实上，它也是儿童学习阅读最重要的原因。通过好的文学作品，儿童可以体验语言、艺术，了解自己、他人以及整个世界。它可以为儿童提供信息，鼓励他们探索，激发他们对他人的关心和对阅读的热爱。

幼儿还不能自己买书或使用图书馆，所以需要成人提供一些优质的文学作品以供幼儿选择。随着人们对儿童文学作品的普遍接受，它也开始成为了营销的媒介。很多杂货店、商店，甚至书店都有童书专区，同时还配有相应的电视循环播放。但这些是广告，不是文学，也不属于儿童早期项目的内容。

选择并翻阅一本新书，是一段冒险的旅程，因为你无法确定它对积极、热切的读者产生什么作用。所有的童书都应该尊重儿童及其生活，每个教室都需要定期变换不同种类的图书。书的不同种类被称作儿童文学的体裁。这些体裁包括小说、科普书籍、情绪和概念类书以及童谣和诗歌集。虽然儿童可能会阅读其他种类的书（尤其是二、三年级的学生），但在儿童早期阶段，图画书和口头文学会是比较好的选择。

小说，包括幻想小说、民间传说以及现实主义小说，应该具有令人印象深刻、可信的人物角色以及宛如现实的时间和地点（即使是虚幻故事）。故事情节应该引导儿童去理解事件背后的原因。一个好的故事，其观点一定不能太严肃；反复说教或贬低体验的故事也不能吸引儿童。为了让所有儿童感到身临其境，鼓励儿童体验他们与他人共有的普遍人性，要为儿童提供含有各种人物角色的故事书。

幻想小说中的故事有其对自身来说真实的逻辑和规则。由莫里斯·桑达克写的《野兽国》就是一本很好的幻想类图画书。民间传说涉及一些有普遍吸引力和相似点的主题和问题，如魔法、正义和邪恶、欢乐和悲伤、世界的起源以及世界上的人和动物等。杰拉尔德·麦克德莫特著的《蜘蛛安纳西》就是优秀的民间传说的代表。现实主义小说应该使用充满深情且实事求是的语调，莫莉·卞所著的《菲菲生气了：非常非常地生气》就是一部很好的现实主义小说。

科普类图书有助于儿童拓宽对这个世界的理解。片面追求图书的精彩而不顾内容的准确性是幼儿科普类图书容易产生的问题。出于教育的考虑，这些内容必须符合事实。为了提高图书的趣味性，可以保持与时俱进，并在内容呈现上更具技巧性。配插图比单纯使用文字的效果要好。黛安娜·赫茨·阿斯顿和西尔维亚·朗合著的《卵，如此安宁》是一本有趣的优秀的幼儿科普类图书。

情绪和概念图书可以使儿童的想法、感情和意识更加敏感，包括无字书以及诸如字母表等使用组织概念的书。这类书鼓励儿童去思考并使用语言。概念类图书的最大价值体现在帮助儿童获得愉悦感，并引起儿童对这个世界的好奇心，而不是用来训练儿童。戴维·埃利奥特和兰迪·塞西尔合著的《献给你》就是概念类书籍中的优秀代表。

童谣及诗歌集（比如艾奥娜·奥佩和罗斯玛丽·韦尔斯合著的《鹅妈妈经典童谣》）和以单独一首诗歌为主题的图画书（如爱德华·李尔著，简·布雷特插图的《猫头鹰和小猫》）在每一个学前教育项目中都会存在。童谣和诗歌以一种自然非强制的语言来表达情感和旋律，它们可以帮助儿童提高对世界的理解，增强对语言的敏感性。语言声音的敏锐意识是读写能力的重要先导。

高质量的儿童文学通常有以下特征：

- 尊重读者（不居高临下；对不同性别、种族、文化的读者没有刻板印象）。

第 10 章

为小组读故事的黄金法则

1. 多练习，确保你熟悉故事内容且读音准确。
2. 坐在较矮的凳子或椅子上，靠近儿童，以便儿童能够看到书的内容。
3. 用歌曲或手指谣，展示并讨论书的封面，聚焦小组成员的注意力。
4. 为年龄较小的孩子或残疾儿童提供备选活动，以便当他们感到不耐烦时可以退出活动。
5. 用自然的语音和语调，确保发音清晰、响亮，保证小组所有孩子都能听到。
6. 有表现力——使你的声音、音量、语速、面部表情、停顿和手势与故事内容相匹配。
7. 以故事为主——避免提问许多问题或者发表很多评论，打乱故事的连续性。
8. 关注儿童——与儿童进行眼神接触，注意他们的面部表情和身体姿势——如果儿童表现得不耐烦，可以让他们变换一下姿势——然后继续读故事。
9. 让儿童保持新鲜感——在孩子变得疲倦、无聊和不耐烦之前及时停止。

- 写作精心，插图精湛。语言和插图有艺术美感，并与内容相协调。
- 内容完整统一（故事内容真实、令人信服）。
- 通过例子达到教育目的——而不是说教或讲大道理。
- 帮助读者加深理解和感悟。
- 吸引、启发儿童——儿童会让你再读（讲）一遍。
- 不是以电影、电视展示或其他产品等推销手段为基础，而是以真正地向儿童宣传产品本身为目的。

一个有着浓厚文学氛围的教室会收集大量的高质量图书，并按不同主题摆放（如有关友谊的书籍摆在一起）。环境中给儿童提供与书籍互动的空间，并留出足够的时间。每天在文学氛围浓厚的教室里读故事是一日活动的重要组成部分。

在过去，儿童文学没有涵盖少数民族、残疾人或其他群体。如果想让所有儿童喜爱阅读，我们需要把所有与他们相像的人都囊括进来。为了让幼儿欣赏不同的人所共有的人性，他们需要内容多样化的书籍。确保你选择的书籍体现了族裔、生活方式、文化、外貌、种族、年龄及活动的多样性。

高质量的学前教育项目会提供充足的时间，以保证老师和儿童每天至少有两次10~20分钟的阅读时间。重要的是，在讲故事的过程中，你要有技巧并且能够及时地回应幼儿，并在文学作品的基础上为其设计体验。如果你和3岁以下的儿童在一起，最好给每个孩子单独阅读或给2~3个孩子组成的小组阅读，这对刚开始读故事的你而言，通常也是最适宜的，即使面对大一些的孩子也是如此。给小组读书，你需要通过练习掌握一些技巧（参见"为小组读故事的黄金定律"）。

图 10.9　有关沟通课程的书籍

书籍

语言

Learning to Listen and Listening to Learn, by Mary Jalongo (NAEYC)

Learning Language and Loving It, by Elaine Weitzman & Janice Greenberg (Hanen Centre)

One Child, Two Languages: A Guide for Early Childhood Educators of Children Learning English as a Second Language (2nd ed.), by Patton O. Tabors (Brookes)

Learning to Talk and Listen by the National Institute for Literacy: http://lincs.ed.gov/publications/pdf/LearningtoTalkandListen.pdf

读写

The Living Classroom: Writing, Reading, and Beyond, by David Armington (NAEYC)

Let's Begin Reading Right: A Developmental Approach to Emergent Literacy (6th ed.), by Marjorie V. Fields, Lois Groth, & Katherine L. Spangler (Pearson)

Much More Than the ABC's, by Judith Schickedanz (NAEYC)

Literacy and the Youngest Learner: Best Practices for Educators of Children from Birth to Five, by V. Susan Bennett-Armistead et al. (Scholastic)

Writing in Preschool: Learning to Orchestrate Meaning and Marks, by Judith Schickedanz (NAEYC)

文学

The Important Books: Children's Picture Books as Art and Literature, by Joseph Stanton (Scarecrow Press)

Young Children and Picture Books, by Mary Renck Jalongo (NAEYC)

The Read Aloud Handbook, by Jim Trelease (Penguin)

Story Stretchers (3 versions: infants and toddlers, preschoolers, and primary); also *More Story Stretchers*, by S. Raines & R. J. Canaday (Gryphon House)

尽管阅读是感受文学熏陶最常见的方式，但其实还有很多其他方法可以吸引并帮助儿童建立对文学的理解：脱离书本讲故事，或者使用法兰绒板和木偶等道具让幼儿表演故事，听有关故事和诗歌的录音。文学拓展，例如，读完《金发姑娘和三只熊》的故事后，带领孩子们煮燕麦粥并等待它变凉，这也可以帮助幼儿理解故事。

尽管儿童文学可以扩展到课堂生活的很多其他领域，但不要把文学变成读课文或把它当成作业或测试，这一点十分重要。如果以这样的方式向儿童介绍儿童文学，那儿童对书发自内心的喜爱将会消失殆尽。

图 10.9 中列出了一些有助于你理解沟通课程的书籍。

创造性艺术课程

每个儿童都是艺术家，问题是他们如何保持这种艺术家的天赋……

——巴勃罗·毕加索

第10章

艺术是儿童发展感觉和思考能力以及敏感性和创造性的关键因素。艺术、音乐和创造性活动有助于儿童表达他们的情感，以新的形式交流思想，发展感知觉。创造性或原创力不仅仅是艺术家、有天赋或高智商的人才拥有的。如果所有人把自己的知识归纳整理，并形成一种对自己而言的新观点、新过程或新产品，那么他们都具有创造性。在幼儿接触艺术时，学前教育项目中的创造性便会出现。创造性也闪现在搭建积木和戏剧表演等活动中。通过艺术体验，儿童逐步：

- 对作为个体的自我感觉良好。
- 发展敏锐的观察和反应能力。
- 在培养艺术、音乐和运动技能的同时，发展创造力。
- 对艺术学科有初步的了解。
- 从不同的文化、时间、空间以及自我的视角欣赏音乐、艺术和舞蹈。
- 理解并交流他们所知的事物。
- 发展出一种表达情感和想法的方式。

理解幼儿的发展方式及过程，有助于你营造一种支持创新、想象和自我表达的氛围。当你理解了你应该对幼儿持合理的期望，以及给他们提供与其需要和能力相匹配的活动时，那么令人满意的艺术体验将会出现。当幼儿的独特表达获得认可时，他们会意识到自我的价值，他们的自我概念也会随之增强。

　　2岁的凯蒂和妈妈第一次来到儿童中心。她被画架及色彩鲜艳的颜料所吸引。凯蒂拿起一支蘸满洋红色颜料的画笔，画了一个大大的点。紧接着她又拿起一支蘸满蓝色颜料的画笔在画上涂抹，然后又用黄色和黑色画笔涂抹。这些湿淋淋的颜料在纸上晕开来。凯蒂后退了几步，扭过头对着妈妈笑了。

对于像凯蒂这么小的孩子，艺术最重要的方面就是发展艺术意识、新技能和自我价值感。你的任务是为他们提供利于开发创造力和培养审美意识的环境、材料和体验。一间可以提供所有这些需求的教室便具备浓厚的创造氛围，自由表达受到鼓励，创造也变得活跃而闪耀。

教幼儿艺术课程，并不意味着你需要成为一名艺术家、舞蹈家或音乐家。然而有一点是必须的，你必须要相信对艺术的体验和参与都是有价值的。同时，对艺术学科有基本的理解也很重要，即理解组成每个艺术科目的要素以及幼儿可以学习的技能。由于创造性表达是生活的升华，你的另一项工作内容就是为儿童提供一些强化意识或激发灵感的体验。

创造性表达也可经由接触艺术而激发。当儿童有机会在公共场所观看艺术品，去听音乐会，参加舞会和戏剧表演，他们就能够领略艺术的魅力。

通过艺术创作，儿童可以表达自己对世界的理解。只有当他们感到安全、受到鼓励时，才会去尝试这种表达。接受儿童所有的情感和想法，支持他们的创造性表达，

反思你在学校的艺术经验

回想你在校时的艺术经验。老师是如何支持或阻碍你的创造性和个性发展的？它是如何影响你对自己成为一位艺术家、音乐家或舞蹈家的感受的？

图 10.10 妈妈在对我发火（4 岁儿童的画）

不管在成人的衡量标准下这些情感和想法是不是"好的"或"漂亮的"。打动儿童和成人的并不总是生活中那些令人愉快的方面。无论如何，只要是能唤起强烈情感的事物，它们便是生活的重要部分，也是创造性表达的一部分，如图 10.10。

为了理解艺术课程的标准，你可查找你所在州的早期学习指南（见链接 nccic.acf.hhs.gov/resource/state-early-learning-guidelines）或者美国艺术教育协会联盟内容标准：K—4（artsedge.kenedy-center.org/educators/standards.aspx）。

视觉艺术课程

视觉艺术课程是旨在帮助儿童获得自己作为艺术家及艺术鉴赏家的感觉而设置的一门课程。艺术是个体表达情感和理解的一种方式；它为儿童提供了探索与操作的机会；它是学习和沟通的媒介；它的感观和物理特性使其成为一种游戏形式。随着年龄的不断增长，儿童会逐渐用艺术来表达自己的想法，但他们仍然喜欢用各种材料"杂乱无章"地创作。对年幼的孩子而言，过程才是整个艺术体验的关键，最后的作品没有那么重要，学步儿对他们完成的艺术作品并不关心。随着儿童的不断成长，艺术于他们而言既是创造意义的过程，又是表达所知所感的过程。同时他们对自己作品的质量要求也越来越高，并想要毁坏没有达到自己标准的作品，只与同伴分享达到自己标准的作品。

在艺术创作的过程中，儿童也会有其他方面的收获。他们的运动控制能力、感知辨别能力也会有所发展；他们使用语言并学习新的词汇；他们学习材料，发展解决问题的策略。形成审美意识并获得鉴赏能力是艺术体验的重要收获（见图10.11）。

杜威的工作以及瑞吉欧幼儿学校的例子有助于我们理解：艺术也是建构和沟通理解的一种主要方式。

有一天，教室里来了一个新宠物——一只灰白的澳洲鹦鹉基亚。孩子们都围了过来，他们看着鹦鹉在大鸟笼子里的栖木杆上跳来跳去。5岁大的乔纳向老师要了一张棕色的纸，从架子上拿来黑色和白色的蜡笔，坐下来仔细观察着这只鹦鹉，一丝不苟地画着。画的过程中，他每隔几分钟抬头看一下鹦鹉，灰白色的羽毛、羽冠、粉色的三趾脚、长尾巴、尖尖的嘴巴渐渐在纸上显现。他在这只鸟的上方和下方各画了十字形的交叉黑线。老师说："给我讲讲你的画吧。"乔纳解释着他画的鹦鹉。"给我说一下这部分吧，"老师指着那些黑线说。"这是铁丝网，"乔纳指着笼子上的网格解释道。

图10.11　戴着花冠的毛毛虫（4岁儿童的油墨水彩画）

你可以欣赏一下乔纳的画：澳洲鹦鹉，见图10.12。

经过不断的发展，目前有关年幼儿童的艺术教育，已经形成了三种取向：以儿童为中心、以教师为中心和以艺术为中心（Dixon & Tarr, 1988）。儿童中心取向反映了这样一种观点，即幼儿的艺术应该是开放性的，过程具有导向性。应避免成人的干预，因为"这会阻碍艺术的发展"（Mulcahey, 2009）。儿童可以自由地获得艺术材料，无需指导。直到最近，这种观点在儿童早期教育中仍占主要地位。教师中心取向比较注重模型艺术（经常称作工艺）。在这种取向的指导下，儿童复制成人制作的模型，或裁剪或给"模型"上色，缺乏创造性或艺术表达。这种取向在一些学前班和很多小学中一直占据主导。艺术中心取向重视艺术作品和艺术欣赏（Dixon & Tarr, 1988）。它不但培养儿童使用艺术媒介的技能，还鼓励儿童发展审美和艺术鉴赏能力。教师提供一些指导和技能示范，并通过观看和讨论优秀艺术作品，帮助儿童了解艺术和社会。其目标是培养儿童的创造性和审美能力。教师的工作是帮助儿童提升表达想法和情感的能力，而不是命令他们画什么或雕刻什么。我们倡导这种取向，因为它利于艺术发展，让儿童感受美，并允许儿童通过艺术探索世界。

图10.12　乔纳的画：澳洲鹦鹉

表 10.1 艺术的要素

艺术要素		用于描述艺术要素的词汇
线条	那条线是……	直的、弯曲的、深的、浅的、粗的、细的、蜿蜒的、摆动的、参差不齐的、断的、之字形的、长的、短的
	这条线……	时上时下、斜的、从一边到另一边
	那些线是……	交错的、独立的、平行线
颜色	你用……	纯色或三原色（红、黄、蓝），混合色或二次色（橘红色、绿色、紫色），三次色（紫红色、蓝绿色、黄绿色）
	这个颜色是……	冷色系（光谱的蓝色末端），暖色系（光谱的红色末端）
	这些颜色是……	强烈的、饱和的、明亮的、鲜明的、暗淡的、朦胧的、暗的
形状	那些形状是……	开放的、封闭的、不规则的、规则的（长方形、圆形、三角形、不规则四边形、六边形、八角形、椭圆形、正方形等）、满的、空的、连接的、重叠的、全封闭的
	那个形状是……	
空间	你使用……	中心、顶部、底端、边、角、内部、附近、纸上远离画面的一角、局促的、满的、稀疏的、空的、平衡或不平衡的、包含或排除在外
	它是……	
设计	我明白你如何……	组织的、重复的、画纹理、运用……想法、变化这些……、使之对称或平衡……、交替排列

对幼儿来说，艺术包括五个基本过程：绘画（有时被称作图形艺术），彩绘，版画制作（通过临摹或抛光来制作图像），拼贴画和建筑物（通过在平面上粘贴平面材料或拼接三维材料来制作艺术品），造型和雕刻（把诸如黏土等柔软的可塑材料加工成三维艺术品，或用安全的工具雕刻硬度适中的材料，如肥皂或石膏）。每一个艺术品都包括视觉、图形以及其他感官的艺术要素：线条、颜色、形状、空间和设计。对幼儿而言，艺术创造的大部分过程是艺术要素的探索过程，你可以通过与儿童讨论这些要素，来帮助他们思考艺术，表 10.1 中描述了一些艺术要素。

幼儿不会因为有艺术媒介可以使用就轻易成为艺术家，他们在艺术发展之路上会取得显著的进步，但要想在艺术上有所成就，则需要大量的时间、空间、材料以及来自成人的支持。幼儿的大部分艺术创造过程只是探索的过程，而不是尝试去表现某些事物。意识到这一区别，有利于你更好地欣赏儿童的早期艺术作品。你的关键任务是理解并重视幼儿艺术，发现儿童的艺术创造有其自身的价值，其价值不是因为当儿童获得更多技能后它将变成什么，而是因为它现在的样子。

你与幼儿交谈的方式可以为他们的艺术发展提供支持。当他们创造艺术作品时，最好尽量避免打扰他们，避免问他们在创作什么。他们头脑里可能并没有什么特别的想法，而你的问题隐含的意思是他们应该有一定的想法。可以试着问他们是否愿意告诉你他们做的是什么，如果他们不愿意回答，就不要再问了。你可以像下面这样来评论他们：

努力——"你今天用了很长时间来制作黏土作品。"

创新——"你用蜡笔这一头画出来的东西跟用尖头那端画出的不一样。"

反思你与儿童关于艺术要素的讨论

观察图 10.13 的艺术作品。对于这一作品，你会如何回应？你会跟儿童说些什么？现在注意儿童在绘画时使用的颜色、形状、空间和设计。思考你可能如何鼓励他并发展其艺术要素意识。

技术——"你的画上有这么多的点儿呀！"

你也可以评论儿童对艺术要素的运用：

颜色——"与红色配在一起，绿色看起来的确很生动。"

线条——"你的画中既有粗线，又有细线。"

形状——"你为拼贴画选用了这么多圆形的物体。"

空间——"你的盒状拼贴画几乎和架子顶端一样高。"

设计——"纸的顶部有很多小图案，而底部有很多大图案。"

有些孩子似乎对艺术不感兴趣。在参与艺术活动之前，他们可能会有一段无兴趣期或观察期。而有些孩子很容易对不同的活动或其他富有创造性的活动方式感兴趣。还有一些孩子可能不想尝试艺术活动，因为他们觉得自己达不到老师或父母的期望。容易实现的任务、充足的材料、毫无压力的鼓励，以及悦纳和欣赏儿童的作品都可以给予儿童自信去参与艺术活动。

现在我们知道儿童的艺术发展与他们生活的文化背景紧密相连。亚洲幼儿和意大利瑞吉欧学前教育项目中的儿童作品都显示出了孩子们高水平的审美意识以及艺术作品的创作技能。研究艺术在其他文化中的教授方式提高了大家对教师如何能够促进幼儿艺术能力发展的理解：教师可以提供频繁参与艺术活动的机会；细心关注艺术材料的质量与呈现方式；

图 10.13　幼儿的画：生长在盆中的露兜树种子

提供适宜的任务；与儿童讨论他们的目的和付出的努力；在技术上指导儿童；给予足够的时间去探索并重复验证方法；精心展示儿童的作品。你在本书中看到的儿童作品（图 10.3、10.10、10.11、10.12、10.13、10.14、10.16、10.19、10.20 和 10.21）都是受过这类指导的范例，并且这些作品确实得到了老师的高度评价和重视。

有时，教师会对"手工"作品和"艺术"作品加以区分。通常"手工"活动包括极为相像的模型。什么是手工？字典上定义手工是用手精巧地制作出来的物品，如一件陶器或雕刻品，尤其是用传统方式做出的。我们让幼儿做的手工——黏土制品、木制品、刺绣品、折纸和裁剪，可以名正言顺地被称作手工，并且是对幼儿有益的活动。这些活动尤其适合小学儿童，他们具备了学习手工技能所要求的精细动作协调能力。真正的手工与看起来相像的着色书或用棉球做的相同的雪人差异很大。创造性表达应该是儿童的想法与能力的反映，而不是老师从杂志或书本上准备的模型。儿童涂着色书或仿制半成品的模型对他们创

图 10.14　薄纸拼贴画：黄色向日葵

造力的培养毫无益处，事实上还会挫伤儿童的成就感及自我价值感。这些活动占用了儿童本该用于发展其他技能和想法的宝贵时间。优质的儿童早期教育项目里并不使用它们。

音乐课程

音乐无处不在，被人们称为通用语言。在市中心，我们可以听到由交通车辆、脚步声以及各种其他声音交织而成的"歌曲"；在乡村野郊，我们可以听到鸟儿、风和流水的合奏曲；甚至在出生前，我们便体验了心跳的音乐。音乐可以使我们感到快乐或悲伤、平静或兴奋，可以唤起我们的爱国心、尊严、爱与同理心。

所有幼儿都需要音乐。聆听和创作音乐可以给人带来快乐；它能直接地对人的情绪产生强大的影响；与他人分享音乐可以帮助个体迅速融入当地文化中。这些都是给儿童提供音乐的最重要的原因。当然，它也是儿童开始学习音乐这一学科，发展音乐技能和聆听能力的一种方式。音乐也可以促进其他类型的学习：它是语言的工具（"这首歌曲是艾肯·德拉姆用长柄勺弹奏的——你见过长柄勺吗？"）；它有助于儿童掌握与音素意识有关的读写技能（"*Willowby wallaby woo*"）；甚至帮助儿童记起那些不太容易回想起的事情（比如，唱ABC歌的时候记起Q是在R之前）。有研究显示，音乐对学习具有积极的作用（Campbell, 2000），儿童的音乐技能（比如能跟上一首歌的节拍）与学业成功相关（Weikart, 2003）。

音乐要素（节奏、音调和形式）是创作音乐的原材料，正是这些音乐要素的组织搭配才使得音乐不同于噪音。随着幼儿不断接触音乐，他们能体验这些要素。表10.2解释了这些音乐要素并描述了一些你可以帮助儿童去关注的方面。

表10.2 音乐要素

音乐要素	帮助儿童关注的方面
节奏（与运动和时间有关的音乐特征）	节拍：音乐起伏的节奏 韵律：歌词或旋律的节奏 拍子：音乐的速度 休止符：音乐中的静默状态
音调（符号的特征）	音高：高或低 旋律或曲调：在可唱序列中音符的排列 材料的音色：乐器的声音特色 力度：吵闹或柔和
形式（一首音乐的结构）	乐句：一段音乐中简短而完整的音乐思想 重复：一段音乐中相同的乐句反复出现 变化：一段音乐中出现相似的乐句 对比：一段音乐中出现迥然不同的乐句

你提供的音乐课程应该有助于儿童习得与他们年龄相适宜的音乐技能：唱歌、演奏乐器、作曲和即兴创作、聆听和欣赏音乐、表演。唱歌为儿童提供了体验音乐和发展音乐技能的机会。儿童更容易学会一些相对简短、节奏明显的歌曲。所有学前教育工作者都需要有一份包含不同情绪、主题、节拍和风格且适合歌唱的歌曲节目单。演奏乐器有助于幼儿习得音乐技能，简单的节奏乐器能为幼儿提供极佳的音乐初体验。作曲和即兴创作反映了对音乐技能的创造性运用。有着丰富音乐体验的儿童能自发地即兴创作歌曲去配合自己的表演。当你鼓励儿童为一首歌曲思考新歌词时，就是在帮助儿童即兴创作。作曲要求创作并用录音机或乐谱保存一支新曲子。聆听和欣赏别人创作的音乐是音乐教育的重要部分，唱片可以提供不同风格和来自不同文化的音乐体验。当你在教室演奏乐器、唱歌或者有音乐家来访时，你就是在帮助儿童了解唱片上的音乐都是由真人创作的。通过歌唱、舞蹈或为他人演奏乐器等形成的表演，也是一项音乐技能。音乐教育的目标是帮助儿童习惯用音乐表达，但表演是幼儿音乐课程中最不重要的一部分。美国国家音乐教育协会（National Association for Music Education, MENC）主张："（年幼的）儿童不应为满足表演目标的需要所拖累"（MENC, 1991）。尽管表演对年龄稍大的儿童而言是一种激励和乐趣，但是通常并不适合幼儿。

幼儿生活中的每一天都应有音乐相伴，音乐应该是幼儿教育项目中环境创设的一部分，日常安排的一部分，也是你与儿童互动的一部分。当然，它还应是你课程计划中的一部分。当你与幼儿分享音乐时，请充满热情！唱歌或听音乐时，你们可以用拍手、轻踏脚、舞蹈等方式来表达自己对音乐的喜爱。为幼儿提供的音乐包括来自多种文化和多种风格的音乐。每天与幼儿一起唱歌：在自发活动中、在课间以及小组活动时间。选择朗朗上口、歌词简单的歌曲，用适合儿童的音调范围（大约从中央 C 到 E 的一个八度音阶以上）演唱。改变歌词，唱出儿童的活动和兴趣。在小组音乐时间，与幼儿一起坐在地板上，或小凳子、小椅子上，增加一些伴随音乐的动作，以提高幼儿的兴趣。在指导性活动中，有规律地使用一些简单节奏的乐器。小心保管这些乐器，不要因为疏漏致使它们遭到破坏或成为噪音制造源。学会演奏一种简单的弦乐器（比如吉他、自鸣筝、尤克里里、电子琴等），以便在音乐活动中伴奏。

当音乐成为儿童生活的一部分时，幼儿便成了主动的音乐创作者。你可以用非正式的方式把音乐带进教室，也可以每天在特定时间用正式计划的音乐活动来帮助幼儿适应音乐。

创造性运动课程

儿童自我表达的另一种方式是创造性运动。运动在什么时候具有创造性？当思想和情感通过活动以富有想象力的方式表达出来时，运动就具有了创造性。创造性运动与操场上的游戏和大肌肉运动不同,也不是它们的替代品。它是舞蹈和戏剧表演的先导,但又有别区,舞蹈和戏剧表演比创造性运动更正式,更具规范性。

在创造性运动中,儿童解读并遵循老师的建议,老师鼓励儿童寻找自身运动的创新方式。他们通过肢体语言表达自己的思想观点,发展有可能实现的所有运动。创造性运动为儿童发展身体技能提供了挑战和新的方式。当儿童参与创造性运动时,他们会体验到运动的要素:肢体意识和控制、空间、时间及表现形式。表 10.3 讨论了这些要素,并提供了一些你在幼儿运动活动中加以运用的例子。

成功的创造性运动活动需要周密的计划,需要建立基本的安全规则(禁止推搡碰撞等)以及对个人演绎、技能水平的尊重态度。我们发现,在带领儿童进行创造性运动活动时,制订书面计划并以此为"导向图",这对指导活动的进行很有帮助。带领一组年龄很小的幼儿开展创造性运动时,可能只是简单地跟着鼓声跳跃或停止。随着儿童的经验逐渐丰富,他们便可以进行更复杂的运动任务,比如单独运动身体的某个部位("用跺脚表示很开心"),或表达一些东西("当

表 10.3 创造性运动的要素

运动要素	要素的各个方面	应用实例
肢体意识(肢体意识和控制)	位置:你身处的空间 迁移运动(行动):你从一个地方移动到另一个地方的方式 非迁移运动:你在原地运动的方式 单独的肢体运动:运动身体的某一部位,其他部位保持静止	"看谁在你前边,谁在你后边,你上面有什么。" "走、跳、跳行、跑、跨过。" "原地站定,双臂伸展。" "挥舞手臂表示再见。"
空间(如何使用场地)	个人空间(仅由你使用)vs. 公共空间(集体使用) 水平:高/低/中 边界:内部/外部	"想象你在一个气泡里。" "抬头望向天空。" "把身体某一部位置于铁环内。"
时间(节奏或速度)	慢或快 稳定或变化	"慢慢扇动你身上的鹰翅膀,像在天空翱翔一样。" "迎着鼓声前进、前进、前进。"
力度(能量)	重或轻 放松或紧张 平稳或急促	"像大象一样在房间里跺脚。" "像蝴蝶一样飞。" "假装你的腿是用木板做成的,不能弯曲。" "像机器人一样走路。"

> **幼儿创造性运动的黄金法则**
>
> 1. 开展运动课程时,在邀请儿童进入房间自由活动前,让他们安静地坐着或站着。
> 2. 设定一个信号(比如有力的击鼓声)来告诉儿童停止。把练习听停止信号作为游戏,直到他们明白这是每一项运动活动中不可缺少的一部分。
> 3. 活动要允许所有儿童参与。如果个别孩子还不太习惯参与这些活动,就让他们作为观众,并在结束时为同伴鼓掌。
> 4. 交替进行活跃和安静的运动。从低、小、慢和轻的运动开始,渐渐地过渡到高、大、重和快的运动,然后慢慢地再一次变回缓慢的小运动。
> 5. 适可而止。活动进展顺利之时,即是达到自然结束活动的时机。
> 6. 提供一种过渡到下一场活动的方式:"当我拍你肩膀时,你就轻轻地走向操场。"

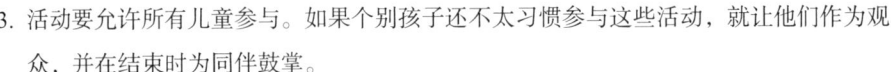

我敲鼓时,孩子们像花儿一样慢慢地做出向着太阳生长并绽放的动作")。大一点的学龄前孩子和小学阶段的孩子喜欢为歌曲或故事设计舞蹈动作。

随着儿童的自信心不断增强,运动技能不断提高,无需指点,他们就可以自行表达自己的观点或想法。然而,在一开始,你需要为他们提供指导(见"幼儿创造性运动的黄金法则")。大部分儿童都非常愿意参与到创造性运动中,但有的孩子也会犹豫不决。永远不要强迫儿童参加这些活动或批评他们的运动方式。

审美课程

每个人都有感受美和艺术遗产的潜力,你能帮助儿童开发这项潜能。审美是指对美的热爱、评价美的文化标准和个人品味。马尔科姆·罗斯说过:

> 审美知觉,包括对事物独特性和独特品质反应的能力——重视个人修养,拒绝陈词滥调和定势(Ross, 1981, 158)。

你可以为儿童的审美发展提供支持。首先,要注意到周围环境中的美,并与儿童谈论。其次,在教室里增加美的东西,用美丽的自然物、花朵、雕塑和优秀艺术家的代表作(可以在博物馆和美术品商店买到)创设一处恬静区域。在活动和日常生活中,可以伴以美妙的音乐。针对学龄前儿童和年长一些的儿童,你可以准备一些游戏,在这些游戏中孩子们能通过主题、技术、颜色或个人喜好给艺术品整理分类。向儿童介绍艺术时,使用有助于艺术变得更富个人意义的方式来指导儿童,这很重要。例如,你可以让儿童讨论从画的不同部位看到了什么,艺术家在创作这件作品时可能会想到或感觉到了什么。插图精美的儿童文学作品可以用于讨论艺术中的审美影响和偏好。

在大自然中散步或旅行时，帮助儿童思考自然界中事物的颜色、造型和纹理。组织儿童参观你所在社区的艺术品（比如参观装饰公共建筑的雕塑），参观美术馆、艺术工作室或看演出等对其有意义的活动。儿童需要在成人悉心的帮助下体验美以及思索美的时间。童年期是为个体一生的快乐幸福奠定基础的最佳时期，美国国家艺术内容标准中将审美欣赏视为所有艺术范畴的一部分。

在教育儿童的过程中，你可以赠予他们很多礼物。能创造并欣赏艺术、音乐和舞蹈，并通过艺术来表达想法和情感就是一份礼物。图 10.15 列出了一些有助于你了解创造性艺术和审美课程的书籍。

图 10.15　创造性艺术和审美课程的书籍

书籍

艺术

Don't Move the Muffin Tins: A Hands-Off Guide to Art for the Young Child, by Bev Bos (Turn the Page Press)

In the Spirit of the Studio: Learning from the Atelier of Reggio Emilia, by Lella Gandini, Lynn T. Hill, Louise Boyd Cadwell, & Charles Schwall (NAEYC)

The Art of Teaching Art to Children: In School and at Home, by Nancy Beal (Farrar, Straus & Giroux)

Art: Basic for Young Children, by Lila Lasky & Rose Mukerji-Bergeson (NAEYC)

Experience and Art: Teaching Children to Paint (2nd ed.), by Nancy Smith, Carolee Fucigna, Margaret Kennedy, & Lois Lord (Teachers College Press)

The Language of Art: Inquiry-Based Studio Practices in Early Childhood Settings, by Ann Pelo (Redleaf Press)

Young at Art: Teaching Toddlers Self-Expression, Problem-Solving Skills, and an Appreciation for Art, by S. Striker (Henry Holt and Company)

音乐

Music and Movement: A Way of Life for the Young Child (7th ed.), by Linda Carol Edwards (Pearson)

Music in Our Lives: The Early Years, by Dorothy T. McDonald (NAEYC)

TIPS: Music Activities in Early Childhood, by John M. Feierabend (Rowman & Littlefield Education)

First Steps in Music for Preschool and Beyond, by John M. Feierabend (GIA Publications, Inc.)

创造性运动

Hello Toes: Movement Games for Children, Ages 1–5, by Anne Lief Barlin & Nurit Kalev (Princeton Book Company Publishers)

Feeling Strong, Feeling Free: Movement Exploration for Young Children, by Molly Sullivan (NAEYC)

A Moving Experience: Dance for Lovers of Children and the Child Within, by T. Benzwie (Zephyr Press)

Creative Experiences for Young Children, by Mimi Brodsky Chenfeld (Heinemann)

Experiences in Music & Movement: Birth to Age 8, by Rae Pica (Wadsworth)

Teaching Children Dance: Becoming a Master, by T. Purcell (Human Kinetics)

审美

Aesthetics for Young People, by Ronald Moore (ed.) (National Art Education Association)

Designs for Living and Learning: Transforming Early Childhood Environments, by Deb Curtis & Margie Carter (Redleaf Press)

第10章 探究性课程

> 现代的教育方式还未完全扼杀孩子们探究的神圣好奇心,这简直是个奇迹。因为稚嫩的幼苗最需要的,除了最初的刺激,就是自由;如果没有了自由,它就被扼杀了。
>
> ——艾伯特·爱因斯坦

幼儿有极强的好奇心,想知道为什么以及这个世界是如何运转的。他们从做中学。出生后的最初几个月,他们观察、发现各种关系、寻找答案并传达他们的发现。他们探索的同时也在构建自己的理解,并依照周围环境行动。儿童在玩耍以及参与课程活动时,探究(寻找信息)并形成概念。数学、科学及社会研究方面的经验特别有助于幼儿思维和问题解决能力的发展,也是着重强调探究的课程领域。

如果在你的记忆中,数学、科学及社会探究教育只是死记硬背用来应付考试的,你可能会质疑这些科目是否适合幼儿。如果是这样,你会很高兴地发现学习"事实"不是学前教育探究性课程的目的。相反,学前教育探究性课程的目的是为了鼓励幼儿天生的好奇心和求知欲,帮助他们学会灵活思考,探究并解决问题,加深对世界的理解。为幼儿提供信息并不是你在探究性课程中的主要任务(事实上,它也不是你在学前教育中的主要任务)。相反,你可以通过提供一些必需的原材料,如时间、空间、设备和经验等,帮助幼儿构建对事物的理解,鼓励并支持幼儿进行自我探索。

探究并不意味着学习正确答案,它意味着去询问、发现、思考、冒险、犯错,意味着在上述过程中学习成长。由成人告诉幼儿事实,这样的教育方式剥夺了幼儿探究学习和发展高水平思维技能的机会。儿童需要明白,应该创造性地思考问题,找不出答案是可以被他人接受的,得出"错误"答案也没关系。

儿童了解世界、建构概念的过程称为探究过程(inquiry processes)。幼儿的探究过程是对通过探索所获得体验的组织。爱探究的儿童会利用感觉获取信息,这有利于他们的概念发展。图10.17提供了一份最适合幼儿的探究过程的清单。

在儿童的探索过程中与其交谈是帮助儿童学会思考的最重要的方式之一。有经验的教育者会针对他们的问题、活动来支持儿童天生的好奇心。对幼儿的发现做支持性评价,可以鼓励其进一步探究,并塑造其求索之心。教师可以帮助儿童形

图 10.16 有根的向日葵(带注释的作品样本)

注释:在户外花园移植完花后,亚历克斯走到艺术区。他画了一朵带标记的花,然后用水彩笔涂上颜色。后来他对老师说,这些是供花朵吸收水分的根。

评论:亚历克斯观察、推断,并展示了所学的知识——他通过画画表达了自己对植物的了解。

图 10.17 最适合幼儿的探究过程

- **探索**：运用感觉进行观察、调查和操作
- **识别**：命名和描述自身经验
- **分类**：将物体或经验按照共同特征进行分类
- **比较和对照**：观察物体或经验之间的异同
- **假设**：运用从体验中得来的数据对将要发生的事情进行猜测（假设）
- **概括**：将先前的经验应用于新事件

图 10.18 开放式问题

开放式问题可以用多种方式回答，且正确答案不止一个。如果想激发幼儿的好奇心，你可以问他们很多开放式问题，并给他们时间去思考和回答。

询问并陈述以帮助儿童：

- **推理**："你认为呢？""你是怎么知道的？""如果……将会怎样？""我们如何才能发现？"
- **关注细节**："你看到（听到、感觉到、闻到）了什么？""我想知道云为什么飘得这么快？""这些篮子套在一起，小的在大的里边。""我能感觉到小兔子快速而有力的心跳。"
- **进行比较**："他们的相同点（不同点）是什么？""看看每个贝壳有什么不同？"
- **做出结论**："如果……会怎样呢？""你为什么认为那一定会发生呢？"

成概念，而不是手把手地教给儿童已有的观点。

当向幼儿提问开放式问题时，这是在鼓励他们自己思考。开放式问题可以用多种不同的方式回答，而且正确答案不止一个（见图 10.18）。封闭式问题只有一个正确或合意的答案，例如，"这是什么颜色？"尽管封闭式问题并不能激发好奇心，但它能帮你了解幼儿是否掌握了某条信息。因此，在大多数课堂上，教育者通常采用开放式和封闭式混合的提问方式。

数学课程

数学是一种建构经验的方式，以此形成关于数量、逻辑及空间关系的观点。幼儿是天生的数学家，有真正的好奇心且不惧怕数学过程。在幼儿期，孩子就开始把自己视为群体的一分子，群体中的人们使用数字发出指令并交流信息。同样，幼儿也会假装书写和阅读，用数字标注距离和年龄："我的洋娃娃 12 岁。""这有 50~80 千米远。"

成人技能的概念基础建立在多年积累的具体经验上，很多经验看起来与数学毫无关系。你可能会惊讶地发现，幼儿的数学课程不仅仅是数字、方程式、计算和测量。事实上，尽管数字是有用的符号，但是数学的大部分内容与数字无关。相反，数学

被视为一种思考方式、一种模式的科学。诸如多少、远近、异同、高矮、现在和以后、先后、上下等概念，儿童在掌握复杂数学概念之前就已经了解。幼儿概念的发展，为他们理解物理世界和社会世界，并在今后的学业生涯中掌握抽象的数学概念提供了基础（见表10.4），这些都是幼儿数学课程的内容。

当你为儿童的数学体验制订计划时，了解数学何时以及如何对幼儿具有意义，这很重要。在戏剧表演区比较和摆放餐具，并为其他孩子安排桌椅，这是幼儿在使用对应、分类及数量的概念；搭建积木塔，这是幼儿在使用比例、对称、形状和邻近的概念。基于对幼儿的观察，你可以增加一些额外的活动并提出启发性的问题，为他们提供更多学习机会。

当你提问一些能鼓励数学思维的问题时，儿童就能学习数学："接下来，要在我们的模型里放什么呢？""我们怎样才能发现谁是最高的？"但是，当儿童不感兴趣时，要随时做好停止提问的准备。多给儿童提供操作实物的机会，包括制作数学教学设备（如拼插立方体或奎茨奈棒）和其他材料（如收集积木块和纽扣），这些都有助于数学概念的发展。儿童在日常生活中也可以学习数学。当每个儿童被分给一块饼干，每人坐在一块小垫子上休息时，这时他们就体验到了一一对应。当儿童了解日程表的顺序，学习倒半杯牛奶，或者把苹果切成两半时，他们都是在运使用数学。

因为很多幼儿教师都会产生"数学焦虑"（一种对数学的普遍恐惧，类似于怯场），他们怯于为幼儿提供数学经验。如果你有数学焦虑，想一想自己在日常生活中运用模式、测量、推理、估算、分类和排序等理念的所有方式，这可能会对你有所帮助。当你这样做时，你就会意识到，你在数学方面的表现比自己想象得要好。你能够教数学。事实上，这里列出了6种教授数学的方法，给那些似乎不怎么喜欢数学的学前教师们参考：

1. 用数学思想演唱歌曲——如《一只小蜘蛛》（几何和空间意识）、《老麦克唐纳有个农场》（模式）和《五只小猴子床上蹦蹦跳》（数字和运算）。

2. 读关于数学的书——如帕特·哈钦斯的《门铃响起》与莫莉·卞的《十、九、八》（数字和运算），山姆·麦克布雷尼的《猜猜我有多爱你》（测量），埃里克·卡尔的《神秘的生日祝福》（空间），保罗·加尔顿的《三只熊》（序列），埃里克·卡尔的《好饿的毛毛虫》（模式、数字和运算），安·莫里斯的《面包、面包、面包》（演示和分析数据）。

3. 与儿童一起搭积木，使用诸如半个单位、单位、四倍单位、大、小、高、矮、

表 10.4 幼儿学习的数学概念

概念	是什么	幼儿理解这个概念后会有怎样的表现
匹配	理解——一对应的基本技能。有几种匹配任务——匹配相同的物品、不同的物品，以及匹配一组或一系列相同的物品	把成对的鞋子放在一起 在餐桌的每个位置放一张餐巾纸 在每个茶杯托上放一个杯子
排列和分类	根据共同特征排序或分组	把所有的珠子放在篮子里，把所有的纽扣放在盒子里
排序和序列	根据尺寸、重量、质地、明暗等方面的不同来排序	把球按从小到大的顺序排列
数字 ● 一一对应 ● 数量或基数 ● 顺序或序数 ● 数字符号	数量和顺序 ● 一对一匹配物体 ● "复数"——不同物体的数量或数目 ● 物体的顺序——第一、第二、第三 ● 代表某种数量或顺序的符号（如，1-2-3）	给每个幼儿分发一个铃铛（观察匹配） 注意到有 3 只熊和 3 把椅子 注意到谁第一个到校，谁是第二个 在数字 3 旁边放 3 个物体
运算	产生一个数值的动作或程序	
● 计数	● 给一个系列再增加一项——总是以相同顺序排列的一系列数字名称	数 3~5 个物体
● 部分—部分—整体关系	● 理解一定量的物体中包含更小份的物体	会说"我有两个红珠子和 3 个绿珠子""我有 5 个珠子"
模式	在重复基础上的排序	制作一条颜色相间的串珠项链，在一首歌曲的每节后合唱
测量	依照标准比较大小、体积、重量或数量	弄清桌子上有几块积木，比较朋友们的身高
几何和空间感	物体的性质以及物体之间在位置、方向、邻近、排列和距离等方面的关系	把长积木放在架子底部，短积木放在架子顶部；骑三轮车前进，然后又倒退；把球踢向旁边的儿童
形状	二维和三维物体及其特性。规则和不规则；敞开或封闭；位置不同，外表如何变化；在保留物体特征时，如何改变形状	从不同角度握住和展示物体 把面团揉成圆形
数据分析	信息的采集、组织与呈现（如比较有猫者和无猫者的图表——你会收集、组织及呈现数据；显示我们衣服上有多少口袋的曲线图）	用图示法来展示需要多少东西
概率	一件事情发生的可能性	讨论可能和不可能事件——"可能会下雨""或许不是龙卷风"

宽等词汇（几何和空间意识、数字和运算、序列、模型、测量）。

4. 玩沙和水——提供各种铲子和不同大小的容器（数字和运算、几何和空间意识、测量）。
5. 制作好吃的食物——按照写好的、幼儿可以看到的食谱操作（数字和运算、测量、时间、几何和空间意识、序列）。

第 10 章

6. 利用日常活动———让幼儿摆放餐具（数字和运算）、收拾（分类、几何和空间意识）、点名（数字和运算）、喂宠物（测量）、为活动或名字投票（数字和运算、演示和分析数据）。

想要了解数学课程的标准，请查阅你所在州的早期学习指南（见链接 nccic.acf.hhs.gov/resource/state-early-learning-guidelines）或美国州长协会最佳实践中心（National Governors Association Center for Best Practices, NGA Center）和州首席教育官委员会（Council of Chief State School Officers, CCSSO），这是 K—12 普通核心州立标准的一部分（见链接 corestandards.org/the-standards/mathematics）。

反思你对数学的感觉

当想到要给孩子们上数学课时，你有什么感受？什么样的生活经历促使你对数学有了积极或消极的感受？你会如何与儿童交流你的感受？你想传达什么？

科学课程

幼儿是天生的科学家，他们的玩耍中充满了科学探索。确实，当婴儿第一次发现自己的脚趾时，她是在学习生理学；当婴儿把瓶子从高椅上推下时，她是在学习物理学。同样，正在仔细观察和描绘蟋蟀的三年级学生也是在进行科学探索（见图 10.19）。

对一些成人而言，科学是从老师那里或课本里死记硬背学来的一堆事实和概念；对其他人来说，科学是必需传达给幼儿的具体信息。有些教师认为，因为幼儿不能通过正式指导来学习，所以"玩中学"是幼儿阶段学习科学课程的最佳方式。我们知道，现在幼儿科学教育不仅仅要"动手"，还必须"动脑"——换句话说，需要有目的性。本章有 3~5 岁孩子画的植物和虫子（见图 10.3、10.11、10.12、10.13、10.14、10.16、10.19、10.20 和 10.21），你可以从这些画作以及整本书中看出幼儿是这个世界的细心观察者。科学家与那些保持着对科学的喜爱和热情的教育工作者将科学视为探索和实验的过程，孩子们可以从中了解这个世界，这也正是我们想要与幼儿分享的观点。

科学是一个非常广的领域，包括生活的许多方面。关于科学，你都教幼儿什么呢？你要做的最重要的事情就是培养幼儿探究的能力和倾向。美国国家幼儿科学教育标准首要强调的，就是所有儿童都应该发展科学探究能力。科学研究依赖感觉输入——听

图 10.19 蟋蟀（带注释的作品样本）

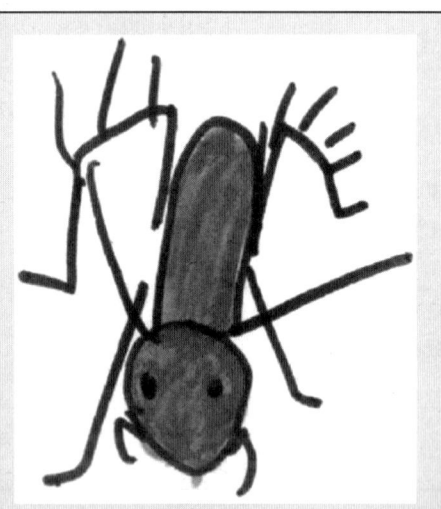

注释：泰勒观察了这个小盒子里的蟋蟀大约有三分钟，然后拿起笔开始画蟋蟀。在画的过程中他不断地抬头看。他拿着放大镜观察蟋蟀，然后给蟋蟀的腿添上绒毛。

评论：泰勒展示出了探究技能——他通过观察获取信息，然后以一种有意义的方式记录数据。

觉、嗅觉、视觉、触觉、动觉和味觉。因此，感觉体验应该成为学前科学课程的核心。进行科学探究，儿童需要做到以下几点：

- 提出关于环境中的物体、生物体以及事件的问题。
- 计划并实施一项简单的调查。
- 使用简单的设备和工具收集数据，拓展理解。
- 使用数据构思合理的解释。
- 就调查与解释进行沟通交流（National Research Council, 1996）。

你会发现思考科学的三大分支也许对你会有所帮助：生命科学、自然科学和地球科学。

生命科学（对动植物的结构、起源、生长和繁殖的研究）能自然地引发儿童的学习兴趣。蝴蝶从哪里来？种子是如何长成一棵植物的？大肚子的母鼠是如何孕育幼鼠的？为什么狗有四条腿，而蜘蛛却有八条腿？生命科学涵盖动植物的结构、起源、生长和繁殖（见图 10.20 和图 10.21）。儿童对自身成长的兴趣引领着他们探索学习生理学，儿童对自身及动物的着迷是他们深入探究的起点。

自然科学（对物体、材料、能量以及它们之间相互作用的研究）知识是在儿童探索和观察物质特性中习得的——是对温度、力和相互作用的反应。当儿童探索物体，去创造或改变速度、作用力和平衡时，他们就是在体验物理学（能量、运动和力）。当他们通过混合、加热或制冷来改变事物时，他们是在体验化学（物质的成分、特性及转化）。搭建的不平衡积木倒塌，橡皮泥在水槽里分解，冰块在太阳下融化，这些都可以作为儿童最早的科学实验。自然科学活动特别适合幼儿，因为它们涉及对日常事物的操作和观察，而这些在儿童的日常生活和游戏中都会体验到。

地球科学（对陆地、天空和海洋的研究）包括儿童对陆地、天空和海洋的普遍特征的观察和好奇。幼儿在日常活动中就能探索地球科学的基本概念，当他们在山上活动时，观察岩石构造层或把砂石捣碎，就是在体验地质学；当他们清晨在操场上观察月亮时，就是在观察天文学现象；当他们推测乌云里藏雨时，就是在做气象学预测。幼儿的地球科学概念会受其所见所闻的限制。儿童会对这些现象感到好奇，并在学校里通过讨论、画、写、读等方式学习这些知识。

在科学教育中，你的主要任务是保持和鼓励儿童天生的好奇心。为了维持儿童"把科学当作游戏"的态度，你要把他们的问题看成塑造科学态度的机会——好奇、怀疑、开放的探索以及问题解决。在科学活动中，你可以引导儿童的好

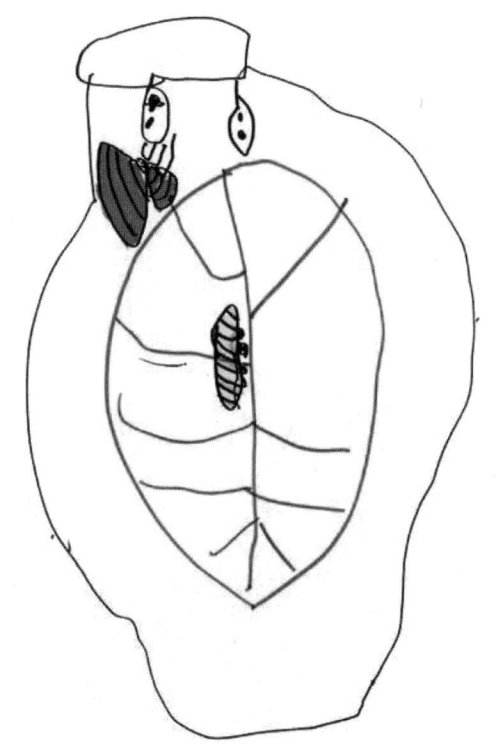

图 10.20　破茧而出的蝴蝶（毡笔写生）

收获芋头

芋头地里的小蝌蚪

图 10.21　4 岁幼儿芋头地之旅后的画作

奇心，帮助他们将快乐体验转化成深度学习。例如，几个孩子正在观察一窝刚刚出生的幼鼠，对它们小小的身形以及鼠妈妈的呵护感到兴奋。他们或许还不能自发地意识到幼鼠在寻找奶水，因为它们双眼紧闭，或者这些幼鼠在某种程度上与其他物种的婴儿一样（包括人类婴儿）。你可以通过提问来鼓励儿童的思维和概念的发展："你为什么觉得这些幼鼠在蠕动？""如果鼠妈妈开车出去了，你觉得会发生什么？""这些幼鼠让你想起了什么？"寻找资源（书籍、人或媒体）来拓展幼儿的知识也是你工作的一部分。你对世界持有探究且尊重的态度，这既给儿童树立了良好的榜样，也是在帮助他们像科学家那样思考。科学存在于我们的日常生活中，近在咫尺，充满无限乐趣，当然值得了解。

想要了解标准中如何描述科学课程，你可以查阅你所在州的早期学习指南（见链接 nccic.acf.hhs.gov/resource/state-early-learning-guidelines）或由美国国家研究理事会分会美国国家科学教育委员会制定的 K—4 科学标准（见链接 nap.edu/openbook.php?record_id=4962）。

社会性学习课程

社会性学习涉及人与人之间以及人与其所生活的世界之间的关系。这是一个涵盖性术语，涉及许多领域。在学前教育项目中，包括心理学（情绪和行为）、社会学（社会、社会发展和组织）、文化人类学（人们在不同文化中的生活方式）、经济学（人们如何消费、生产、交易和服务）、政治学（人们如何管理，以及如何利用权力制定和执行决定）、地理学（地球及其特征以及人类活动的影响）、历史学（构成过去的那些事件）。

当你回想起学校的社会性学习时，可能感到枯燥且与现实世界脱节，需要记住日期、姓名和地点。可能你也有其他令你兴奋且有趣的社会性学习经历，以一种愉快而难忘的方式学习，如旅行或烹饪外来文化中的美食等。

幼儿是社会科学家，他们对他人感兴趣；他们研究自己的家庭、学校和社区里人们的行为、习俗、互动、影响力和工作；他们了解自己家乡的地理状况。在能够独立阅读社会性学习课本之前，儿童就已经开始学习社会研究了。当以恰当的方式教授幼儿社会性学习课程时，其中有许多重要的内容值得幼儿去了解和学习。社会性学习可以帮助儿童：

- 欣赏并尊重自己、他人以及他们的文化和环境。
- 处理他们生活中的重要问题。
- 培养对家庭、社区和环境的归属感及责任感。
- 发现一些塑造人们生活和世界的重要模式。
- 探索、理解并体验世界的各个方面，奠定未来了解社会科学的基础。
- 发展学科领域内的技能。

事实上，任何课程活动都可以融入社会性学习中。艺术、音乐、烹饪、绘图、讲故事以及创造性戏剧都可以与社会性学习相结合。由于社会性学习课程的内容如此广泛，因此需要通过多种不同的方法学习，它是组织整合课程的最好的两门学科之一（另一门是科学）。食物准备、人员来访、歌曲、舞蹈、手工艺品（来自某个家庭、文化或地方）、书籍以及与某个主题相关的旅行都有利于社会性学习中的概念发展（见图10.22）。后续活动可以安排在该课程的各个领域，当儿童重新创作及重新体验积木、戏剧表演、艺术品、图表、儿童写的书、歌曲和游戏中的概念时，他们会加深对这些概念的理解。

一些州（并非全部）有学前社会性学习的标准，想要了解你所在州的学前项目是如何描述社会性学习课程的，参照早期学习指南（见链接 nccic.acf.hhs.gov/resource/state-early-learning-guidelines）。美国国家社会性学习委员会为自幼儿园起的儿童教育确定了10个主题（见链接 socialstudies.org/standards/strands）。

表10.23列出了一些帮助你了解研究性课程的书籍。

图10.22 主要社会性学习的五种活动

学习之旅——"田野调查"（最重要的社会性学习活动）。儿童是社会科学家，需要走进社区去学习。
使用和绘制地图——（鸟瞰视角的表征）如果任务具体且有趣，这是很有价值的，比如人体临摹（真人大小的示意图），用积木制图，绘制熟悉地方（如操场）的地图。
资源人士来访——作为可供学习的主题（如愿意让儿童感觉腹中婴儿踢腿的孕妇），展示技能或手工艺品（如文化代表者教一支歌曲或做一道特殊的菜肴），或者分享信息（如带着援助犬的驯兽师）。
搭积木和戏剧表演——帮助幼儿再现体验并建立社会性学习的概念。

资料来源：Information from E. Moravcik, S. Nolte, & S. Feeney, *Meaningful Curriculum for Young Children*, 2013.

图 10.23　关于探究课程的书籍

书籍

数学

Mathematics in the Early Years and The Young Child and Mathematics, by Juanita V. Copley (NAEYC)

Spotlight on Young Children and Math, by Derry G. Koralek (NAEYC)

Active Experiences for Active Children: Mathematics, by Carol Seefeldt & Alice Galper (Pearson)

Early Childhood Mathematics, by Susan Smith (Pearson)

Young Mathematicians at Work: Constructing Number Sense, Addition, and Subtraction, by Catherine Twomey Fosnot (Heinemann)

科学

Science with Young Children (rev. ed.), by Bess-Gene Holt (NAEYC)

Science Experiences for the Early Childhood Years: An Integrated Affective Approach (10th ed.), by Jean D. Harlan & Mary S. Rivkin (Pearson)

Active Experiences for Active Children: Science (3rd ed.), by Carol Seefeldt, Alice Galper, & Ithel Jones (Pearson)

Worms, Shadows, and Whirlpools: Science in the Early Childhood Classroom, by Karen Worth & Sharon Grollman (Redleaf Press)

Discovering Nature with Young Children, by Ingrid Chaulfour and Karen Worth (Redleaf Press)

社会性学习

Explorations with Young Children, by Anne Mitchell & Judy David (Gryphon House)

Active Experiences for Active Children: Social Studies (2nd ed.), by Carol Seefeldt & Alice Galper (Pearson)

Alike and Different: Exploring Our Humanity with Young Children, by Bonnie Neugebauer (Exchange Press)

Roots and Wings: Affirming Culture in Early Childhood Programs, by Stacey York (Redleaf Press)

总　结

幼儿通过动手、观察和互动来学习，通过游戏建构并整理知识。你将在这一探索之旅中指导他们，帮助他们理解所生活的世界。当你这样做时，你就可以支持他们天生的好奇心，培养他们热爱学习，帮助他们成为未来的思想家和问题解决者。

有很多方式来组织课程，以确保你可以为儿童提供各种各样适宜的活动。没有单一"正确的方式"会告诉你如何思考或向幼儿传授一门特定的学科（有些方式之所以"错误"，是因为它们并没有反映出我们所了解的儿童的学习过程）。

如果你想成为一名学前教育工作者，你将有机会学习更多关于课程的知识。撰写本章时，我们希望为你提供一个概览，了解对幼儿而言具有发展适宜性且有意义的各种学习体验，即一种教学框架，在实际的教学实践中，你可以加入一些具体的教学细节。在成长的路上，我们为你加油喝彩。

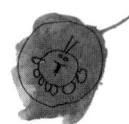

学习成果

阅读完本章后,请你认真完成"拓展学习"部分的选读任务,准备"你的专业档案袋"部分的条目,你将会在满足 NAEYC 学前教育专业准备项目标准(NAEYC,2009)上又有进步。

标准 1:促进儿童的学习和发展

核心内容:

1a:了解并理解幼儿的特征和需要

1c:运用发展的知识创设健康、尊重、支持以及富有挑战性的学习环境

标准 4:运用发展性有效方法与儿童及其家庭建立联系

核心内容:

4a:理解积极的关系和支持性互动是幼教工作的基础

4b:了解并理解幼儿教育的有效策略和工具

4c:使用各种发展适宜性的教学和学习方法

4d:反思自身的教学实践,促进每个儿童的积极发展

标准 5:运用学科知识设计有意义的课程

核心内容:

5a:理解学科中的内容知识和资源

5b:了解并应用核心概念、探究工具及内容领域或学科的结构

5c:运用自身知识、适宜的儿童学习标准和其他资源,为每个儿童设计、实施和评估有意义且具有挑战性的课程

拓展学习

观察一个项目:在某上午观察一个项目。看看老师是如何在某个课程领域内构建环境和设计课程以支持儿童发展的:身体发展、创造性艺术、交流或探究。阅读课程方案,看这个方案如何反映了你所观察到的内容。采访一位教师,他(她)是如何思考这一课程领域的。

观察一名儿童:选一个上午,在教室里观察一名儿童。集中观察这个孩子在某一课程领域中的活动。注意他(她)是如何参与到教师提供的课程体验里的,这个孩子如何创造自己的学习机会。注意儿童学习体验的拓展以及与计划课程的匹配程度。观察教师如何在这一领域帮助儿童学习。

观察一位"高级教师":与一位经验丰富且在项目的课程中起主要作用的学前教育工作者交流一上午。(这位教师可能被称作"主导""主要"或"指导"教师。)然后采访他是如何规划和教授课程的。

观察一次活动:观察一位正在教一堂计划好的活动的教师。利用本章所学的知识,识别课程学科领域以及发生的特殊情况。采访这位教师,了解这一活动的目标。反思你所看到的和活动计划的重点之间有什么不同。

比较两个项目:观察某一课程领域的两个学前教育项目。比较两者展示该领域的方式——它们的相似点及不同点。反思哪个项目能更好地帮助儿童学习,为什么?这种比较对你将来的幼教工作有什么启示?

比较两个年龄阶段:观察两个班级——一个学前班级与一个婴幼儿班级或小学班级。报告在某一发展领域,每个班是如何促进儿童发展的。与教师交谈,了解他们在该领域如何做出课程选择。注意发展阶段会如何影响课程选择。

 **你的专业档案袋**

计划活动：在某一课程领域，编写并实施一项活动计划，使用下一章将提到的活动计划格式（图 11.2）。反思儿童是如何反应的，以及你对自己行为的感受。什么起了作用？下一次你会做出什么不同的举动？你将如何拓展这次活动体验？你的专业档案袋应该包括计划、工作样本或照片，以及你对自身、儿童、计划和教学的思考。

创造学习材料：设计并制作一种学习材料，用以支持某学科领域的某个孩子或某组孩子的发展。把它介绍给这个孩子或这些孩子，观察他们会如何使用它。反思儿童是如何反应的以及你对自己行为的感受。什么起了作用？下次你会做出什么不同的举动？你将如何拓展这次活动体验？你的专业档案袋应该包括一张孩子们使用材料的照片，以及你对自身、儿童、学习材料和教学的反思。

我的教育实验室

访问本书"我的教育实验室"（myeducationlab.com）找到专题 7："课程 / 内容领域"，你可以：

- 找到关于"课程 / 内容领域"的学习成果以及与之相关的国家标准。
- 完成有助于你更好地理解本章内容的"任务和活动"。
- 通过"建构教学技能和性情"学习单元，运用并实践你对本章核心教学技能的理解。
- 考察 IRIS 中心资源提供的挑战性情境和案例。
- 对照"学习计划"，检查你对本章内容的掌握程度。你可以做章节测验，获取反馈，然后通过"复习、练习和拓展"来提高你对本章内容的理解。

风雨从来都无法
击败我们的孩子
只会让他们更加优秀

旺盛的求知欲将世界变成一个令人兴奋的实验室,让人成为终生学习者。

——露西·斯普雷格·米歇尔

对备选方案和选择基础的认识使能力型教师与直觉型教师区别开来。

——伊丽莎白·布雷迪

11

课程计划

有价值的课程有助于促进儿童的全面发展,能为他们提供了解世界的机会。作为一名学前教育工作者,你的任务之一是让儿童参与各种富有挑战性的体验。这些体验将帮助他们理解这个世界,发展他们所需的技能,养成能使他们成长为有爱心、富有创造力的个体的态度。

课程是在对儿童、项目目标及标准了解和观察的基础上,由教师或教师团队设计的有意识的学习体验。有意识(intentional)意味着你需要使用知识、判断力和专长有目的地组织学习体验,应对各种突发情况,并使之成为教学机会。牢记儿童发展和学习的特定目标,这样你可以整合并促进儿童各个发展领域有意义的学习。有意义的课程包括三个相互联系的要素:学习者(谁),内容或科目(什么),过程或各种有计划的学习机会(怎样)。学习儿童发展的知识有助于你更加了解教育对象(谁),对课程的学习有助于你了解课程内容(什么)。在本章中,我们将探索"怎样",即课程内容的选择和组织。

课程计划应考虑的因素

什么是计划?日常生活中,在日历上记下你的约会就是一项计划("上午9点在

第11章

我的教育实验室

访问"我的教育实验室",利用"个性化学习计划",提高你对本章概念的理解。你也可以通过基于视频的"任务和活动"以及"建构教学技能和性情"课程来磨炼教学技能。

商场见肖娜")。但在学前教育工作中,计划是指详细的教学安排。事实上,所有教师都会制订一些书面计划表。他们做计划的目的是确保记住自己有哪些工作,并备齐所需的材料。他们在计划的指导下进行教学活动。

不论是设计一项综合研究还是写一份具体的活动提纲,每一项教育计划都应该包括以下基本要素:目的、内容、方法以及评价。目的陈述也可以称为总目标(goals)或具体目标(objectives),它是你努力想要达到的。尽管你认为这些词在使用时可以互换,但实际上它们之间还是有区别的。总目标是对期望结果的大概陈述,教学是由总目标指导的(比如,学前课程的总目标是为了帮助儿童成为积极主动的学习者)。课程活动更具体和直接的结果都被称为具体目标(比如,在活动结束前,儿童会展示他们理解了"所有鸟都有羽毛并会下蛋"这一知识点)。

为达到教学目的,你可以借助多种策略或方法。教幼儿的乐趣之一是,你可以尝试使用多种教学方式。比如,教给孩子们关于鸟的知识,你可以带他们去动物园观察不同种类的鸟,用鸟蛋做一道菜,阅读关于鸟类的图书,唱一首鸟儿飞到鸟窝的歌曲,用鸟的羽毛作画,玩把羽毛与不同的鸟进行配对的游戏,在院子里给鸟做一个喂食器,在孵化器里孵鸟蛋,或者研究不同地方鸟类的栖息习惯。教小孩子面临的挑战之一是选择恰当的教学方法,既让他们能够参与其中,又让他们学到关于世界的有意义的知识。

你如何知道自己是否达到了目标——孩子是否学到了你想教给他们的东西?评价儿童的学习成果是课程计划的一部分。在儿童早期的学习环境中,通常通过观察儿童对概念和技能的习得,用轶事文件、照片或视频记录你观察到的,或对展示他们能力和理解力的作品进行取样等方法进行评价。

目的、内容、方法和评价各要素相互影响。为了达到特定目的(比如了解鸟的特性),你选择了内容和方法(观察并画出一只鸟),方法将决定你评价的方式(收集幼儿的绘画作品),评价内容又取决于你的教学目标(这些绘画作品要包括有羽毛和鸟蛋的鸟吗?)。

反思你所做的计划

回想你曾为自己、家庭或社区制订的一次计划——如一次旅行、一次聚会或一个项目。回忆你都做了什么,你是如何组织这件事或活动的。你做了哪些事情?如何知道自己成功了?有计划与无计划是如何影响事件结果的?

课程选择的影响因素

在做课程计划时,你将会选择所要教的内容,确定如何组织内容并向儿童展示。这些决定的基础是你对儿童和教育(以及你所在的项目)的价值观和信念,你对儿童的评价,你对儿童家庭、文化与社区的了解,以及你对所选内容是否值得儿童学习的评价。

价值观和信念

对教学的选择是你触摸未来的方式。银行街教育学院的芭芭拉·比伯曾指出,学前教育项目是影响智力发展的强有力元素,并且:

……学校是一股强大的力量，它不仅追求卓越的智慧，还会塑造人的情感、态度、价值观、自我意识和自我期望，以及关于周围世界的善恶意识和对人与人之间应该如何生活的看法。(Biber, 1969, p.8)

教学内容和教学方式反映了教师对社会的价值观。今天你所教的孩子未来可能成为医生、政治家、保育工作者、艺术家、教师、父母，他们在将来某一天要做出重要决策并从事影响他人生活的职业（包括影响你自己的生活）。你希望将来的人成为什么样子？要成为现在社会以及将来社会的卓越人才，你所教的孩子需要掌握哪些知识和技能？你对这些问题的回答有助于你设定作为一名教育工作者的目标。目标是鼓舞人心的理想，建立在整合整个项目的理念和价值的基础上（比如，你的项目的一个目标是帮助创建一个公民共同参与的社会）。

你认为儿童是如何学习的？他们应该学习什么？你认为儿童是自我激励和自我指导的学习者，能够自发地选择自己所需的学习内容吗？你认为选择儿童的学习内容是拥有丰富经验和知识的成人的责任吗？你关于儿童选择有价值的学习内容的动机和能力的信念将影响你的教学内容。

教师关于儿童如何学习和应该学什么的观念是一个连续体，一端是相信儿童有能力做出有利于他们习得所需技能和知识的选择（比如，学习过程比具体的内容更重要），另一端则认为儿童在没有指导的情况下无法自发地学习（内容——特定知识和技能——的习得比过程更重要）。大多数教师的观点居于这两者之间的某个位置。学前教育工作者通常都相信儿童天生具有学习的能力，认为学习过程很重要。作为作者，我们认为儿童发展的各个方面都很重要；我们相信儿童会给自己创造很多学习机会；我们认为游戏、儿童的选择、合作关系都是学前教育经验中的重要部分。我们重视儿童及其家庭的个性和尊严，将其视为文化和社区的一部分。同时我们也认为，成人有责任为儿童提供丰富多样的教育体验。我们的观点居于这个连续体的中间位置，但是又偏近过程这一端。在本章，我们将描述一种与上述理念相一致的设计课程的方法。

价值观和信念并不限于个人。学前教育项目是建立在价值观以及儿童观和学习观的基础之上，这些价值观和观点经常会在项目的理念和宗旨阐述中有所体现。你所供职的机构，其观点同样会影响你的课程选择。很多学前教育机构和项目建立在这样的观点之上，即儿童是有能力的学习者，教育有责任促进儿童的全面发展，把他们培养成终身学习者。也有一些教育机构和项目是为了传授宗教的或文化团体的

反思教育在塑造未来中的角色

你希望未来的世界变成什么样？要在你想象的这个世界中生存，人们需要成为什么样的人？要让儿童成长为这样的人，他们在学校里应该获得哪些学习和经验？

价值观。在一些学校，尤其是公立学校和针对较大儿童的学校，秉承的信念则是：教育的主要目标是掌握学科技能和知识。

关于儿童的知识

学前教育机构和项目的实践以有关儿童的知识为基础，这些知识可以帮助教育者制订适合儿童年龄、个人需求、背景和兴趣的课程计划，这也是发展适宜性实践（DAP）的一部分。按照NAEYC学前教育项目中的发展适宜性实践（Copple & Bredekamp，2009），DAP的两条核心原则分别是：

年龄和发展适宜性——对儿童的年龄和发展特点做出预期和回应。
个体适宜性——通过课程选择为每个儿童提供最优的学习体验。

关于儿童发展特点方面的知识可以为你的教学设计提供一个框架，从而你可以创设学习环境，选择教学实践活动，并计划有益于所有特定年龄和发展阶段儿童的适宜性体验。了解每个儿童的特长、兴趣以及需求后，你能够对每个孩子的独特发展模式、发展时序及其独特个性特征和学习风格作出回应。课程、成人这两者与儿童之间的互动要根据儿童在兴趣、风格和能力等方面的个体差异而有所不同。

正如同一小组中每个儿童的教育体验可能会不同一样，对每一年龄组的课程计划也应有明显的差异。幼儿年龄越小，课程越应该以他们为中心，越要求家庭的参与性。对于婴儿和学步儿而言，你所设定的课程目标应宽泛，以适用于这一发展阶段的所有孩子。这一年龄段孩子的基本需要非常强烈，必须尽快得到满足。他们需要与一些感情充沛的成人保持亲密的身体接触，他们的自我意识也开始发展。他们成长迅速，并以惊人的速度发展着新的技能。每个孩子的家庭都有其独特的教养方式，你在制订课程计划时必须考虑这一点。为婴儿和学步儿设置的课程应包括自由探索的机会，为每个孩子安排个性化的活动。计划具有灵活性，能在短期内完成。

针对幼儿园及学前班儿童的课程更应该精心设置。课程计划应考虑到这个年龄阶段儿童的可预期的特点。3~5岁的儿童通过动手操作和主动探索来学习，他们开始有效地使用语言。他们喜欢跟其他儿童一起玩，但进行团队合作还有些困难。他们热切地寻求新的刺激，不喜欢静止性的活动。他们能从有计划的学习体验中受益，这些学习计划的主题都是经过精心挑选的，可以作为游戏和探索活动的补充。你需要制订短期活动计划并进一步推进，以确保进行更复杂的活动（例如短期旅行和专题研究）。

对于小学阶段的儿童而言，课程与所学科目更相关，是项目导向的和结构化的。与学龄前儿童一样，小学儿童通过主动的动手操作体验等方式来学习效果会最好，但是他们比学龄前儿童能进行更加抽象的思考。他们能够运用符号来表达想法，对所学知识的读写能力逐步提高。通过将儿童习得的关于世界的体验与展示自己收获的多种机会相匹配，小学课程可以充分利用儿童已有的能力。

作为公立小学的教师，你还肩负着让儿童达到学业标准，帮助儿童为标准化测验做好准备的任务。但这些任务并不应该成为你尽力为儿童提供有意义的、发展适宜性的学习体验的障碍。

家庭、文化与社区

幼儿生活在家庭中。尽管每个家庭都有其特点，但依然能够反映所处文化与社区的特点和价值观。发展适宜性课程意味着，要根据儿童的语言和文化背景去考虑什么对儿童的发展是有益的，以及从他们生活的家庭与社区的角度去解释儿童的行为。了解儿童所生活的社会与文化背景，有助于你确保所计划的学习体验是有意义的和重要的，并且尊重儿童及其家庭。制订课程计划时，问一问自己：这些家庭认为什么是重要的且需要儿童去学习？是否有科目或活动令家长或社区成员感到不舒服？这些家庭与社区如何成为服务于课程的资源？

家庭、社区与当地发生的一些事件将会影响你的课程。考虑在以下这几种情况中，你将如何设计课程：如果你班上的几个家庭有了新宝宝；如果你所在的社区正在举行一次文化庆典活动；如果学校附近的街角正在安装斜坡轮椅通道；如果附近的田地或花园正待收获；如果大雨造成了洪水泛滥……经验丰富的教师会把家庭和社区的生活视为孩子探索的机会，他们知道类似上述的真实事件都可以导致强有力的学习。

什么值得学习

在你年幼时，什么是值得学习的？如果学习内容对学习者而言是没有意义的，那么课程也几乎是没有价值的。儿童想了解关于其周围世界的很多东西，他们想了解自己，想知道如何与他人相处，关心自己的需要，想了解他们的家庭与社区，想知道这个世界中的自然和物理方面的知识。当你观察到1岁孩子对水着迷，2岁孩子欢呼"我来做"，4岁孩子对消防队员充满热情，或6岁孩子对马的沉迷，你就可以明白这一点。

当聆听儿童的问题与对话时，我们会发现无尽的乐趣。他们表现出了观察技能、好奇心以及智慧的参与。正如下边这些4岁儿童的对话所体现出的：

"这里有两条毛毛虫，那是它们两边长有触角的原因。"

"这个小泡菜是浅绿色的，而大黄瓜是深绿色的。"

"整个世界有1100031个孩子。"

"电视上的所有东西都不是真实的。我看电视，但电视上的所有东西都不是真实的。"

"你知道这里面有多少个吗？（摇晃着一个容器。）10个！这就是它听起来很多个的原因。"

第 11 章

反思你小时候想要了解的事情

回想你童年时的某个时期，你对学习某些东西有强烈的兴趣。你当时想了解什么？为什么它对你来说是重要的？你都了解到了什么？学到了什么？这与你在学校里所学的有什么相似或不同的地方？

"上帝制造了一场大爆炸后地球才开始转动——但这是很久以前的事情了。"

"蜜蜂因为喜欢这种花，所以从花中采蜜。"

"哦，看呀，月亮！月亮出来了。是个半月儿。"

"螳螂坐在哪里孵螳螂蛋？"

"我的电脑正显示梅甘的血液流动情况。看，这是它流动的方向。"

"这里有两架直升机！我认为他们是在找机场！"

当我们让学生思考他们孩提时想要了解什么时，他们的回忆丰富多彩，有的甚至令人惊讶。他们想了解生与死、月亮和星星、上帝的本质、沙子的特性、离婚和冲突、权力和权威、工程管道和大脑的运作，以及人类身体的结构与昆虫的结构。毫无例外，他们从学校之外寻找答案。

儿童想要也需要了解复杂主题中的复杂事物。但是学校经常把幼儿课程局限于一些简单的事实，让他们去背诵形状、颜色、字母和数字等。如果想让幼儿的课程有价值，我们坚持认为，课程必须建立在对有知识意义的主题的真正调查基础之上，即那些真实的、需要真正调查和思考的主题。在本章中，我们将提供一个这类调查的例子：关于鸟的研究。

那么形状、颜色、数字和字母等知识呢？了解这些信息确实有意义，帮助儿童学习这些内容也是我们的职责所在。但我们可以让儿童完成一些任务，学习对他们来说有趣和有意义的事物来习得这些信息，而不是将这些信息与背景和意义割裂开来成为孤立的片段。孤立地看，这些知识与儿童的生活不相关，也没有意义。

内容标准

现在的教师都被要求对自己的教学负责，这意味着教师需要知道自己应该教什么，并去教这些内容。作为 21 世纪的学前教育工作者，你需要了解早期学习指南，亦称内容标准（content standards），它们描述了：（1）在不同的学习领域幼儿需要知晓的、理解的和会做的；（2）在早期保育和教育项目中应该为幼儿提供的学习机会。各州及各类专业协会（如美国国家运动和体育教育协会、美国国家数学教师协会）都有关于 K—12 的大多数课程领域的标准。开端计划以及几乎所有的州都有关于大多数课程领域的早期学习指南，几乎所有州的指南都可以在网上找到。美国国家儿童保育信息与技术援助中心（NCCIC）有各州早期学习指南的链接，网址为 http://nccic.acf.hhs.gov/resource/state-early-learning-guidelines。其他国家的标准其可用性各不相同，但是英国、瑞典、新加坡、芬兰和新西兰（及其他）的国家课程标准（英文版）也可以在网上查阅。澳大利亚和加拿大的各州或省都有自己的标准，你所在机构的目标可能以你所在州的标准为基础或者由教职人员或课程专家独立制定。这些标准有助于你了解关于人们对儿童习得的内容和你教这些内容的方式的广泛期望。

在学前教育课程设置上，早期学习指南的影响力越来越大。早期学习指南介绍了幼儿及其学习方面的知识，有助于你识别你所提供的活动是如何帮助他们习得技能、知识和性情（思维习惯，有时也叫态度）的。学习指南可以给你提供重要信息，帮你完成复杂的课程设计任务。但是，有了内容标准并不意味着你不再需要深入思考什么是儿童"值得学习"的。好的学前教育实践（比如，创设丰富多彩的游戏环境，提供教师引导的适宜活动）有助于你达到这些标准的要求。

仅有好的课程实践并不能达成教学责任，你还需要证明你为儿童设计的课程体验如何达到所要求的标准。做到这一点的方法之一是为你的计划制定相关的标准。我们建议你在制订课程计划时随时参考所在州或项目的标准。

组织课程

课程可用多种方式来组织，如何组织课程反映了你的价值观和信念。最常用的课程组织方式包括以学习者为中心、以学科为中心和二者综合。

以学习者为中心的组织方式

当课程的组织建立在儿童的发展阶段、需求和兴趣基础上时，就称为以学习者为中心的课程组织方式。在以学习者为中心的课程设计中，教师很少提供事先计划好的活动，而是确保儿童有大量时间在已经创设好的环境中自由地游戏和探索。基于对儿童的观察，教师会对环境布置进行调整。这种取向的提倡者认为，所有计划的学习体验都应源自对儿童的观察并以他们的兴趣为基础。他们认为那些源自外部资源、强加在孩子身上的活动是不能达到预期目标的，因为孩子们可能不会参与到这样的活动内容中。因此，这一取向也被称为生成课程（emergent curriculum）。

以学习者为中心的课程组织方式是为婴儿、学步儿和较小的幼儿园儿童制订课程计划的最好方式，同时也适用于较大的幼儿园、学前班和小学的儿童。但是由于受儿童自身带入教育体验中的因素所限，随着儿童年龄的不断增长，以学习者为中心的方式可能无法为儿童提供足够的智力挑战和刺激。

以学科—领域为中心的组织方式

以学科领域（如数学、科学、社会研究、阅读）来组织课程反映了"教育就是知识的获得"这样的观点。教学一般被安排在不同的时间段（如阅读：9:00~9:45，数学：10:00~10:30）。有时把两门或两门以上的学科——比如数学和科学——结合起来进行教学。在这类课程组织中，教师的任务一般是传授知识。这种取向有时也被称为直接指导（direct instruction）。

尽管依据学科来组织课程可以确保各种内容领域得到重视，但它不能帮助儿童了解学科之间的关系。同时，它也不会考虑儿童的不同兴趣和特长。这种取向通常用于年龄较大的儿童、青少年与成人的课堂教学，并不适用于幼儿。当信息以整合的方式（感觉、身体及大脑协同工作）呈现时，幼儿的学习和理解效果最好。

第11章 综合的课程组织方式

综合的课程组织方式是指把学习主题作为课程重点的一种教育取向。主题就像一把伞，把其下不同的发展维度和学科领域整合在一起。在综合学习中，儿童会在一段时期深入调查一个主题，这一主题是不同学科领域内的课程中心。儿童的兴趣，以及教师关于儿童将会喜欢什么和从中的受益等想法，都可以成为主题的来源。在生活中，你已体验过各种正式的和非正式的综合组织课程。如果你研究某个国家，学做这个国家的传统食物（运用数学、科学及营养学方面的概念），学习其舞蹈（学习音乐的同时发展身体技能），阅读其民间文学（发展阅读技能、增加词汇量、提高文学理解能力），并绘制这个国家的地图，那么你就体验了一次在校的正式综合课程，一次社会研究的综合式学习。如果你去旅行，体验当地的气候和风景（社会研究），观察那里的动植物（科学），学习当地人的语言（语言），买一些纪念品并计算其费用（数学），参观美术馆（艺术），收听当地的无线广播电台（音乐），那么你就是体验了一次非正式的综合学习。

综合取向反映了儿童学习的全面性。谨记多元智能的观点，即个体只有发挥特长和才能，其学习效果才会最好。好的综合课程会提供多种途径来学习一个主题，学习既适合群体儿童的学习风格，也适合群体中每个孩子的学习风格。

综合课程的倡导者认为，这种组织方式对4岁及以上的儿童尤为适宜且有效。另外，如果精心选择主题，并设计适合他们发展阶段的活动，那么这种课程也适用于年龄更小的幼儿。比如，我们了解到，在一个学步儿的班级中，连续几周的课程活动都与水有关。孩子们以不同的方式体验水——洗东西、玩水、喝水等。这些活动有助于他们对水的特性进行有趣而适宜的探索，但与幼儿园或4岁儿童对水的学习有很大不同。

对某一主题进行综合学习有利于同时促进儿童在很多领域的意识、技能和理解力的发展。它为儿童提供了许多动手操作的学习机会，并获得关于这个世界的很多直接体验。如果运用恰当，综合学习有助于儿童理解学习与生活之间的联系。因此，我们认为对于年龄较大的幼儿园、学前班和小学儿童而言，综合取向是课程设计的最有效的方式。根据我们的经验，它会使教学更有趣，也让人更满意。

内容和方法

儿童无时无刻不在从自身的经历中学习。他们学习的大部分知识来自于日常生活、人际交往，以及与其他人、地方、事物等有关的偶发事件。他们通过自主游戏进行学习。对于婴儿和学步儿而言，一日常规、学习环境和人际关系都是课程，也是他们唯一的学习方式。事实上，一日常规、学习环境和人际关系是所有学前课程的基础。不论什么样的课程计划，课堂生活都是其中最重要的部分，包括餐点时间、游戏时间、教师、朋友及玩具等。

在整个童年早期，一日常规、人际关系和自发游戏都是最重要的课程活动。但是，随着儿童年龄的增长，教师可以设计多种活动来呈现课程内容。课程设计的艺术包括选择课程内容和教学策略，所选内容和策略要适合儿童（有独特兴趣爱好、文化和能力的个体），并且是儿童需要习得的信息或技能。四类教学策略构成了学前教育教学法的基础（见表11.1），它们被认为是存在于一个从**儿童发起**（如由儿童选择和主导的活动）到**教师主导**（如由教师选择并指导）的连续体上。

1. **游戏**——由儿童选择和主导的活动，在为有目的游戏和学习而设计的环境中进行独立探索。
2. **支架式活动**——涉及一两名儿童和一位教师。教师对儿童作出回应，并可能会引导活动的进行。
3. **小组活动**——由3~10名儿童组成，教师给予关注、计划和指导。因为小组较小，所以教师可以灵活地对儿童的活动作出回应。
4. **大群体活动**——由教师指导，10人及以上的班级活动。因为规模比较大，所以教师必须对活动进行更多指导和控制。

游　戏

学前教育工作者历来都把游戏摆在重要位置，位于其他教学策略之上。通过在已经创设好的学习环境中自由探索和自主游戏，儿童可以获得多种知识和技能。与

表11.1　四类教学策略

游戏	支架式活动	小组活动	大群体活动
儿童选择	儿童选择	教师设计	教师设计
儿童独自游戏或与同伴一起游戏	1~2名儿童与1名教师	3~10名儿童	整个班级——10名及以上儿童
儿童主导	儿童和教师面对面地游戏或学习对话	教师计划并指导，同时从儿童那里获得线索	教师计划并指导
教师计划并布置环境，有目的地监督，以支持游戏	教师对儿童作出回应，可能会引导活动的进行	教师灵活地对儿童作出回应	教师进行更多的指导和控制，对活动作出回应以维持秩序，进行积极的学习

此同时，他们不但玩得开心，而且更愿意继续探索和学习。

幼儿每天都需要有很多的游戏机会，你如何、何时为他们制订游戏计划？如果你希望幼儿自由地探索和发现，那么游戏是最适宜的学习媒介。当你有目的地为幼儿提供一些游戏机会，以支持你所选择的课程时，你就是在为游戏制订计划。例如，为了发展幼儿的精细动作能力，你可能会设计捏黏土、揉面团或串珠子的游戏；为了提高幼儿对容积和测量这类概念的理解，你可能会设计用到水、沙子、不同型号的容器的开放性游戏活动。为了帮助幼儿理解他人，你要给幼儿充分的时间与他人共同游戏。如果你为综合课程学习提供游戏机会，你可以在计划中增加一些与主题相关的戏剧性游戏。例如，我们本章所举的学习鸟的例子，教师在戏剧表演区和积木区增加了玩偶、玩具鸟，以及颜色和形状类似鸟冠的头饰，鼓励孩子们再次展示他们对鸟的了解。孩子们的游戏过程也是你的教学过程（见图11.1）。

支架式活动

你还记得自己学开车的经历吗？你不可能通过操作玩具车就学会驾驶技术，也不可能因为听一场关于驾驶技术的讲座就会开车了。相反，你需要在做好准备的情况下，经过驾驶经验比较丰富的人的指导才能学会驾驶。维果斯基的最近发展区（zone of proximal development, ZPD）（Berk & Winster, 1995）提到，儿童新的能力最初是通过与成人或更有能力的同伴合作而获得的。

为了帮助儿童掌握其最近发展区内的特定概念或技能，你可能要为他们设计支架式的活动。这类计划性活动有助于你在学习中集中关注某一儿童的学习进度。与儿童一起活动时，你可以观察并评估儿童的知识和技能发展，基于儿童的反应来调整自己的行为。你可以设计活动来帮助某一儿童发展技能和概念，以获得你希望所有儿童都掌握的技能，或帮助儿童提高对某个学习主题的理解。例如，在本章接下来将要描述的对鸟类的学习中，教师准备了几项工作任务（由教师设计的简单游戏，

图11.1 儿童游戏时的教学策略

- **有意等待**。有意留给儿童一些时间让他们进行有目的的游戏、有意识的努力和独立探索。
- 在儿童游戏时，**观察**并做记录，以改善你的游戏设计。
- **与儿童一起游戏**，建立良好的师幼关系，并帮助他们发展游戏技能。给儿童示范如何游戏（怎样使用玩具、扮演角色、支持其他参与者）。谨慎地加入儿童的游戏中，而非取代他们或进行干涉。
- **认可并鼓励**那些正在学习技能的儿童。动作上或语言上认可他们，并鼓励他们继续保持。
- 在儿童通过游戏学习一项技能或概念时，只有当他们需要时才通过动作或语言给予帮助，以此来**支持儿童**。儿童习得一项技能或概念时，会逐渐摆脱帮助，直到能够完全独立。
- **调整难度**。对儿童需要不同难度任务（更难、更易）的信号要保持警觉。如果玩具使用不当，儿童毁坏或中途放弃，或在完成任务时不用心或注意力不集中，这都说明任务难度是不适合儿童的。

资料来源：Information from E. Moravcik, S. Nolte, & S. Feeney, *Meaningful Curriculum for Young Children*, 2013.

以帮助儿童学习概念和发展技能）分别介绍给每一个孩子：一项是数一数美术明信片上有几只鸟，另一项是对栖息在游戏场里的不同鸟的照片进行匹配，还有一项是将鸟儿从孵化到飞翔的不同发展阶段排序。

小组规模、师幼比例以及你安排活动时间和物理环境的方式等都会影响活动中师幼互动的程度。小组规模越小，自主选择的独立活动获得的支持就越多，教师与儿童的一对一互动时间也越多。这也是为什么低的师幼比例和小班化教学是高质量学前教育的标志（Phillips, Mekos, Scarr, McCartney, & Abbott-Shim, 2000）。

小组活动

当你同时与几名儿童一起活动时，这就是小组活动。小组规模因儿童的年龄不同而有所不同。对于学步儿，一个小组有2~4个孩子比较适宜。对于幼儿园儿童，一个小组可能有5~10个孩子较为适宜，当然小组中儿童的数量越少越好，尤其是3岁左右的孩子。对于学前班和小学儿童而言，通常是8~12个孩子组成一个小组，当然也是人数越少越好。

小组规模较小有助于你展示概念，促进儿童之间的交流，以及你与每个孩子进行有意义的个人接触。小规模的小组活动可能是对学龄前儿童和小学儿童来说最有效的教学策略。这种方式减少了儿童的等待时间，使活动一举多得，儿童可以轮流活动，教师指导同伴互动、操作材料，以及提供必要帮助。

在小组活动中，你可以关注儿童的回应方式，并据此评估和调整自己的行为。面对有不同发展需求的儿童时（比如在混龄班里），你可以调整小组活动的时间和类型以适应不同的孩子。例如，在一个2.5~5岁儿童的班级中进行小组命名活动时，你可将孩子按照年龄分成两个小组。年龄较小的组用10分钟时间思考并给小组命名（如花朵）；年龄较大的小组则在接下来的几天里通过三次讨论，每次15分钟，进行头脑风暴、协商和给小组的名字投票（云—飞机）等活动。

如果你需要在活动进行过程中与孩子们进行讨论，小组是最好的选择形式。比如"猜物游戏"的主题活动，讨论、表演故事、创编动作、烹饪和散步这一系列活动用小组形式实施效果最好。

因为共同的规则而组合在一起，小组成员会形成自己的认同感。这种形式可以帮助儿童发展一些重要技能，包括在小组中的倾听和沟通能力、民主地解决问题和决策的能力、扮演领导者和服从者角色的能力，以及为自己的决定承担责任的能力等。

大群体活动

一般而言，大群体活动（为12人以上设计的全班性活动）的教学效果是最差的，而且对教师来说，成功完成大群体活动也是最难的。因此，这类活动经常被儿童称为最不喜欢的学校活动（Wiltz & Klein, 2001）。

在大多数班级中，儿童每天至少有一次集中交流讨论的时间。这样的集中活动让儿童有机会分享共同经验并形成集体感，很有价值。在学前教育机构或项目中，只有当每个孩子都积极参与时，活动才是适宜的（比如，唱歌或参与创造性活动）。年龄较大的儿童能从大群体活动中受益更多，但是当教师进行个体行为（如演示和讲解）时，如果儿童需要长时间被动地倾听，或者儿童要等很长时间才能轮流参与简短的活动（如烹饪），这样的活动就是不适宜的。听故事、唱歌和小组躲球游戏等活动用这种方式比较合适。总体来说，儿童年龄越小，给他们安排的大群体活动应该越少。

选择活动

有几百种不同的活动可供学前教育项目的课程选择。选择活动时，你应该考虑以下几点：能最好地满足你的教学目的；你能有效地把活动呈现给你所教的孩子；你能获取开展活动所需的资源。

儿童在创设好的学习环境中自主探索与在教师的引导下活动，这两者的相对平衡取决于儿童和项目的特点。两个过程各有其优点与缺点，且适用于不同的教学内容。例如，5岁的孩子不可能在没有教师单独指导的情况下自发地学会认钟表或系鞋带。同样，不管进行多少次有计划的活动，5岁的孩子不可能学会攀爬绳索，但是他们可能会在集中的自发游戏中学着去攀爬。

婴儿、学步儿和年龄较小的学龄前儿童通过教师的直接讲解几乎学不到东西，这种方式会让你和孩子们都产生挫败感。但是随着年龄增长，儿童的兴趣和动机被激发时，他们从直接教学中的收获会越来越多。每个教育工作者要在学生选择的活动和成人指导的活动之间寻找最佳平衡点。在制订课程计划时，你需要问问自己哪种方式最符合儿童的发展特点和你的教育目标。这个问题的答案有助于你为不同的小组找到恰当的平衡点。

反思如何呈现课程

想一想你了解的一个学前教育项目。在这个项目中，你看到孩子们在做什么？你如何判断他们是否在学习？你认为儿童在哪些类型的活动中最投入？

选择适宜的方法。我们知道，幼儿的学习速度存在差异，他们是主动的学习者，他们通过游戏进行学习，需要很多机会去练习已经习得的技能（Copple & Bredekamp, 2009）。他们通过积极参与和具体体验进行学习。因为我们了解了幼儿的这些学习特点，也就知道他们无法从抽象的教学方法（如练习题、讲座和孤立的技能练习）中获益。

观察一个被要求安静地坐着听成人讲一些脱离具体情境知识的幼儿。你会发现这个孩子注意力不集中或心不在焉。除了需要知道哪些方法适合幼儿，你还需要能够识别并避免采用不适合的方法。这些方法不仅不能促进幼儿理解力的提高，而且还会起反作用，导致幼儿对幼儿园产生消极情绪。它们不适用于幼儿园和学前班儿童，对小学儿童的作用也很有限。选择儿童感兴趣的主题，让儿童积极参与亲自动手的学习活动，你将观察到截然不同的情景。

以观察为基础制订计划

在面向5岁及以下儿童的大多数学前教育机构或项目中，计划的核心源于你对小组中儿童的观察。你会设定计划的目的（大目标和具体目标），并为这个目标选择适宜的活动。这与你的教育价值观、教育信念，以及儿童及其家庭的特点和课程标准有关。但最重要的是，计划应该建立在你对儿童观察的基础之上。作为一名学前教育专业的学生，你正在培养自己的观察技能。学习这些技能的目的是帮助你成为一名成熟的学前教师。在制订计划时，请你使用从观察中学到的知识来辅助自己的教学。如果你的课程设计是建立在观察的基础之上，那么你更有可能设计出适合儿童发展的、能够取得成功的活动。

课程计划

观察个体

> 左伊、泰勒、艾丹和凯特琳（都是4岁儿童）正在戏剧表演区玩耍。左伊穿着围裙，正在指导凯特琳和艾丹："你扮演妈妈，你扮演孩子，在意大利面餐厅吃晚餐。"泰勒递给他们一张纸问道："你们想吃点什么？"凯特琳看了看这张纸说："花生酱。"泰勒解释道："这是意大利面餐厅，你只能吃意大利面。"他在一个便笺簿上简单记录着，然后拿起电话跟左伊说："给这位妈妈来份意大利面，给小朋友来点牛奶。"艾丹静静地坐着，看着其他人。

有意识的教师会随时对儿童进行观察。他们有目的地观察每一个孩子，收集有用的信息，进而通过课程来支持儿童的发展。你通过观察可以了解儿童以下方面的特点：

- **优势**——儿童能做好什么，这有助于你思考应该教什么、怎样教。新的知识和技能应该建立在儿童现有能力的基础之上。
- **兴趣**——儿童在做自己喜欢的事情时，学习效果最好。跟随儿童的兴趣，他们就会愿意去学习。
- **需求**——所有儿童都有自己的长处和各自的需求。制订计划时必须考虑他们的需求，避免把课程计划建立在儿童做不到或不了解的事情之上。以儿童的兴趣和能力为基础来学习新东西，他们会更投入。

如果你观察上文中的餐厅表演游戏，你可能会安排一次识字活动，因为泰勒表现出了明显的对读写目的的理解；你也可以设计一次烹饪活动，支持左伊在食物方面的兴趣；你还可以增加一些道具，鼓励儿童之间的合作互动（例如再添一套小桌椅），邀请艾丹在游戏中扮演另一位顾客。

观察小组

经验丰富的教师可以把班上的儿童作为一个整体来观察。每个班级都有集体同一性，以及包括友谊、人际关系和竞争的群体人格。有的小组是成熟的，组员拥有丰富的生活体验和技能。也有的小组看起来很年轻，组员的经验不足。课程计划应该基于不同小组的具体情况进行设计。

例如，观察前面提到的餐厅表演游戏时，你可能会发现儿童对餐厅感兴趣；也可能会发现泰勒和左伊是指导其他成员的领导者；你还会发现凯特琳和艾丹好像对这方面知识懂得并不多。在此基础上，你可能会阅读一本关于餐厅的书，在儿童兴趣的基础上为儿童提供一些背景知识。

带着重点去观察

如果你有目的地制订计划，头脑中有目标，你就会带着自己的关注点有目的地去观察。例如，要制订有关社会学习的计划，你可以在观察表演游戏片段时侧重于社会学习方面。思考儿童对社区中的居民如何相互满足彼此需求是怎样理解的？你可以将儿童的兴趣作为出发点，组织一次综合学习课程，对当地社区以及人们生产、购买和出售食物的不同方式进行研究。

制订计划

所有教育工作者都需要制订计划。作为一名教师，你要选择计划的内容，决定计划的详细程度以及提前多长时间制订计划。当学前教育工作者使用计划（plan）一词时，可能有不同的含义。计划有时是指某个特定学习活动的详细书面提纲，称为活动计划（activity plan）或教案（lesson plan）；有时它是指在一周内不同时间开展活动的日程安排，这也被称作周计划（weekly plan）；有时计划也是指以一个主题为主线贯穿很多内容领域并持续进行几周活动的计划，此时它可以被称作综合计划（integrated plan）。

婴儿和学步儿的教师通常会为每个孩子制订计划，也会为改善环境创设制订计划。学前教师和小学教师通常会写出一周的日程安排，与他人分享，并对后续情况进行追踪。学前班和小学教师通常会制订详细的日计划或周计划，在计划中陈述课程目的和各项活动的目标。很多教师会为小组中的特殊儿童制订个性化的活动计划，尤其是小组中的残障儿童或有其他特殊需要的儿童。

活动计划或教案

在学前教育机构或项目中，单个课程事件的详细书面设计通常被称作活动计划，在小学和特殊教育机构中又被称作教案。这些计划详细说明了教学目标，列出了所需材料，描述了教学程序，呈现了衡量成功达成目标的一些方法。要发挥实效，计划必须简短、具体、完整。你可以把活动计划或教案看作教学的食谱，因为它像食谱一样列出了每一项的关键步骤，但其前提假设是你已经掌握了课程的基础知识。

考虑周全并撰写活动计划有利于确保教学活动取得成功。如果计划比较完善，与儿童的交流就会目标清晰，教学过程也会很流畅。制订计划是非常有价值的，因此，在成长为一名学前教育工作者的过程中，你要多练习如何撰写详细的课程计划。我们为学生提供了基本大纲，你可在制订活动计划时参考（见图11.2）。大纲描述了计划的标准程序，但实际的教学计划制订方式可能会有所不同。只要仔细考虑每一个细节，先写计划的哪一部分都是可以的。

确定内容

书面活动计划/教案的第一部分是简介，它设定了活动阶段，帮助你全面思考要和儿童进行什么活动以及活动的原因。你首先要做的是确定课程计划的内容。为了做到这点，你需要考虑具体的情形——儿童、活动背景、家长、活动标准和学校的期望。

活动名称和描述——每一项教学活动都有名称，以便在讨论时使用。名称有助于进行分类——它是游戏、小组讨论，还是一本书？如果你希望与他人（同事、家长、你的大学教授）分享你的计划，请用简练的语言进行准确的描述。

重点课程领域——好的学前教学活动会涉及很多课程领域。尽管幼儿以综合的方式学习，但从多个角度来看，确定重点课程领域是很有助益的，尤其是你正在学习制订计划时。只有明确了活动所涉及的重点课程领域，你才更有可能实现自己的目标。例如，幼儿参与手指绘画活动可以发展感知觉和精细动作控制能力（身体发展），学习颜色的混合（科学），通过艺术媒介（美术）表达情感和思想，并且有丰富的对话（语言）。如果你的主要课程领域和目标是帮助幼儿学会使用艺术媒介表达情感和思想，你可以将其称之为艺术活动。你需要使用高质量的颜料和纸张，以便很好地保存孩子的作品。你的教学和评论应该聚焦在幼儿对其作品如何表达情感和思想的意识上（"你灰色的漩涡使我想起暴风雨前的乌云"）。如果你的主要课程领域和目标是为了提高幼儿对物品质地的认识，

图11.2 活动计划模板——详细说明

活动内容 活动名称和简介： 重点课程领域：
活动对象 儿童：你为之制订计划的特定儿童或小组： 年龄： 儿童数量（每次）：
活动理由 **基本原理**：对儿童的观察和了解解释了你在这个时间为这些儿童选择这项活动的原因 **目标**：想要儿童习得或拓展的技能、知识/概念/理解、性格/态度。"通过参加这项活动，儿童可以……" **标准**：要达到的所在州或国家的内容标准
你需要什么？ 所需的**材料、设备、空间、时间** 如何**准备**材料和**布置**、环境 **要考虑的事情**（必须掌控的风险以及其他需要记住的重要事项）
你要做什么？ **教学程序**：你要做什么，说什么，按照怎样的顺序进行 **介绍**：如何开始才能吸引儿童的兴趣，并让儿童知道要做什么 **教学步骤**：为了给儿童提供经验，以教授概念、发展技能或培养目标中提到的态度和性格，每一步应该做什么，说什么 **结束**：你要做什么或说什么去强化/支持儿童所学到的，并帮助他们过渡到下一个活动中
你将如何评价？ 依据什么标准确认是否达到了教学目标，如何说明

目标	学习的证据	如何记录学习证据
来自课程计划第一部分的目标	如果目标达到了，儿童在活动过程中可能做什么，说什么 如果目标达到了，儿童在之后的游戏、一日常规或其他活动中可能做什么，说什么	观察、作品样本、照片等

你可以将其称之为感知活动。你可能会在托盘中放上彩色剃须膏，因为它容易清除。同样，你的评论和教学都要围绕目标进行："你用手指摸一摸这幅画，会有什么感觉？光滑的还是黏黏的？闻一下，你想起了什么？"

活动对象：儿童——活动计划是在特定时空下为特定儿童制订的。制订计划时，你要在其中标明小组的名称、组员年龄以及数量，这一点非常重要。

解释原因

观察为教学计划提供了**基本原理**（rationale）或原因。我们认为，对基本原理进行书面阐述有助于你成为教学目的性强的教师。我们会要求学生写一份基本原理阐述，回答下面的问题："你为什么在这个时间给这个/这些孩子选择这项活动？"它与目的阐述是有区别的。你的答案（"选择时髦的大象这项活动是因为我观察到孩子很享受这类感知活动，并且对感知活动很感兴趣"）有助于你确定教学计划对儿童而言是否有意义。

具体目标。每一项书面活动计划都有特定的目标：你想帮助儿童习得的态度、技能、知识及体验。游戏活动是构成学前教育课程的主要内容，家长通常无法理解蕴含在游戏活动中的教育内容，因此，阐明每一项活动所涉及的学习领域和活动目的（不管你有没有为之准备书面计划）是学前教育工作的重要组成部分。能做到这一点是专业教师的分水岭。很少有某项单一活动能够在所有时间"教授"某项知识、技能或态度。目标作用的发挥在于积少成多。

我们经常制订的另一类具体目标就是"品性"的培养，丽莲·卡茨将其称为"思维的习惯"（Katz, 1993）。好奇心是我们希望儿童养成的品性之一，还有很多其他的品性也是我们希望儿童具备的，譬如热爱读书、善良、机智或者善于提问。在为儿童计划课程活动时，你要谨记将这些品性作为重要目标。

教学计划的具体目标描述了你期望儿童获得的能力、知识、经验和品性。例如，在一次音乐活动中，你可以提出以下目标：

通过参加这项活动，儿童将：

- 学习术语"拍子"——理解拍子是指一首歌表演或演唱的速度
- 初步发展弹奏简单旋律乐器的基本能力
- 聆听并学着欣赏来自另一种文化的音乐
- 理解怎样运用音乐表达情感并养成这样的品性

儿童的年龄及你所在的项目将决定你所设定的目标类别。学前教育项目的目标可能比小学项目的目标更为宽泛，除了应该习得的概念、理解和技能外，可能还包括参与、意识和欣赏能力的培养等。具体的教学目标应该与总体目标和基本原理相匹配，与活动范围相适宜。在一次音乐活动中帮助儿童学着聆听并欣赏来自其他文化的音乐，这很合理，但期望同样的音乐活动能帮助儿童去接受与自己不同的个体，这就不合理了。

具体目标可被视为一个从简单到复杂的渐进进程（见表11.2）。简单的目标涉及回忆和识别，较复杂的目标涉及联系、关系理解、运用知识解决问题和评价活动等（Bloom, Mesia, & Krathwohl, 1964）。当你撰写目标时，需要考虑目标和活动是否有助于儿童习得更复杂的技能。例如，刚才提及的音乐活动的目标，第一个目标（学

表 11.2 布卢姆的教育目标分类法

	水平	水平内容
从简单到复杂	回忆	重复或识别一个概念或一项技能的能力
	理解	理解并解释知识的能力
	运用	运用知识的能力
	分析	建立联接、发现模式或理解相互关系的能力
	综合	整合和重组的能力
	评价	基于特定标准评价、批评或表扬的能力

资料来源：Summarized from B. S. Bloom, B. B. Mesia, & D. Krathwohl, *Taxonomy of Educational Objectives*, 1964.

表 11.3 目标的句首表述示例

知识	技能	态度	体验
学习……	练习……	发展……意识	尝试……
获得对……的理解	发展……技能	享受……	听……
描述……	开始能够……	养成……品质	看……
认识	展示	对……敏感	尝……
给……分类	表现……	尊重……	感觉……
识别……	区分……	欣赏……	闻……

习拍子这个术语）是一个简单的目标——记忆；第二个目标是运用（弹奏简单旋律乐器的基本能力）；第四个目标（理解怎样运用音乐表达情感并养成这样的品性）则更加复杂，涉及评价活动。

开始设计教学方案时，你可能会发现确定目标并非易事，有很多事情需要考虑。我们的学生发现，大量学习教学目标的句首表达方式会很有帮助（见表 11.3）。

对一种行为进行精确描述的目标叫作**可测量目标**或**行为目标**（measurable or behavioral objectives）。它们描述具体的行为、行为发生的条件以及成功的标准（"当给幼儿呈现画有指向中心的线条的五张纸时，幼儿至少能够沿着线剪一张纸"）。关于具体的或可测量的目标应该如何操作，不同的人持不同的观点。比如，我们认为音乐活动应该有助于儿童发展运用音乐表达情感的品质，然而，由于这种品质具有不可测量性，一些教育者可能会反对这样的目标。

行为目标几乎没有为个体留下什么选择空间，它要求所有儿童在课程结束时都能达到同样的水平，自发行为和创造性表现是不允许的。它们常被用于教学非常规范的特殊教育中，与儿童必须通过自己积极的参与和体验来建构知识的教育观点是不一致的，因为行为目标有时会关注琐碎但可达成的目标，导致教师强调活动中一些不重要的细枝末节，从而忽视了那些无法观察或测量的重要学习。

可测量的目标可以帮助你展示自己的教学效果。当要求写出这些目标时，学会如何完整地表达，这一点非常重要。

标准。为了展示你是如何进行教学的，以达到你所在州的早期学习指南的要求，我们建议你要先了解课程计划的相关标准及目标。很多教师发现，准备一份他们所在州或项目的标准以便随时参阅，在写计划的时候会很有帮助。这些标准大部分都可以从网络上找到，它们可以简化你准备教学计划的过程。

明确你需要什么

一旦你选择了将要去做的事情，有了明确的目标，下一步就要开始思考你的活动都需要些什么。就像一份食谱，你需要准备所需的材料以使你的计划得以实施。通常，计划的成败就在于是否有适宜的材料、设备、空间和时间。列一份材料清单，借用或购买，事先准备好。考虑你所需要的空间和设备，活动进行的最佳时间以及可以使用的时长。考虑除此之外还需要些什么，是否需要通知或提醒某个人，你是否需要剪一些纸或者用报纸铺桌子等，都提前计划好。

当你思考活动的每一个步骤并写下这些程序时，你可能会发现还需要增加一些东西，此时回顾一下，把这些东西加入到你的活动计划中。

教学计划：你要做什么

教学程序列出了你将要做什么、说什么以及按照什么顺序进行教学，它们是教学计划的核心。教学程序一般包括至少三部分——导入、教学步骤和结束。

导入（introduction）描述了你将如何吸引儿童的注意力，调动他们的兴趣，让他们知道要做什么。很多活动的导入都非常简单："今天我们一起玩一个新游戏。这是一个盒子，里面有一些摸起来软软的东西。你们可以把手放到里面摸一摸，猜猜里面是什么。"

如果活动涉及儿童不熟悉的词语、概念或技能，你需要提前加以解释。如果活动涉及新奇的或很吸引儿童注意的物品，你需要在开始教课之前有计划地让儿童事先熟悉一下这些物品（在我开始讲木偶故事之前，每一个人都可以轮流去拍一拍这个木偶）。有经验的教师知道，给孩子充足的时间让他们尝试新的体验是很重要的。事实上，简单介绍一个物品也可以是一个完整的活动。新手教师常犯的一个错误是，在同一时间介绍多种有趣的和有意义的物品（"在这个故事里有 3 个木偶、1 件可以穿的披肩和 1 根魔棒"）。他们会惊讶地发现孩子们把注意力集中在了这些"物品"上，而不是教师将要讲授的内容上。

教学步骤（teaching steps）描述了你将要做什么和说什么以达到你的目标。这些步骤应该和你写下的目标相匹配，也应该适合儿童的发展。细节是可以变化的。你至少需要一份关于基本步骤的提纲，简单描述步骤，并有足够的信息，以便你（或同事）以后能够再次使用这份计划。新手教师以及任何人在计划一个复杂的活动时都应该列出要说什么、要提问什么问题，以便实现教学目标。随着经验的不断积累，你的计划不再需要做得那么详细。但是你目前正在学习阶段，详细的计划比课堂作业更加重要，这将帮助你像一位真正的教师那样学会思考。

活动结束（closure）时，以儿童能理解的方式对活动进行总结。它可能是你做的一个陈述说明（"你们确实懂了很多关于鸟的知识"），也可能是让孩子们展示自己的所学，又或者是进行一个过渡（"想象一只鸟，像鸟那样飞到操场"）。思考周全的结尾和顺利的过渡有助于你让孩子们专注于他们所获得的知识和技能（见图11.3）。

图11.3　详细的活动/课程计划示例

活动内容

活动名称和简要介绍：鸟的作品的名称——匹配鸟的照片与打印出来的鸟的名字

基本课程领域：读写能力

活动对象

儿童：可怕的怪物

年龄：4~5岁

儿童数量：9

活动理由

基本原理：儿童很关注院子里各种鸟类以及它们的名称。梅甘、乔纳、贾内和埃德文对字母和词汇特别感兴趣。

目标：

通过参加这项活动，儿童会……

1. 理解印刷文字都有其含义。

2. 开始将读音和字母相联系。

3. 扩大词汇量（鸟嘴、冠、尾巴、爪、排便、梅花雀、胡须、翅膀、夜莺、红雀、鸽子、白鹭、雀类、金色的、鹭、相思鸟、北方的、千鸟、藏红花、麻雀）。

标准：HPCS领域Ⅲ（交流）

标准7：掌握印刷的文字概念。

标准8：探索书籍和环境中的印刷文字，初步掌握读写技能。

（注：本例的目标，我们使用了夏威夷学前教育项目中的内容标准。）

你需要什么？

材料：盒子里的作品

设备：配套的桌椅

空间：操作类玩具和游戏区

时间：小组介绍以及可用的活动时间

如何准备并安排活动：

- 下载鸟的图片，保持图片大小相同（2.5″×2.5″）。
- 每张图片打印两份，图片下方注有鸟的名字。
- 单独打印鸟的名字。
- 塑封成卡片。
- 把三部分放在一个盒子里，用图片和标题装饰盒子。

需要考虑的事情（你必须防范的风险和其他需要记住的重要事项。）

你要做什么？

导入：展示游戏。展开几组卡片，拿一张儿童熟悉的鸟的卡片。请儿童观看并说出鸟的名字。告诉他们名字要写在图片下方。

解释：有一张图片可以跟这只鸟相匹配。询问：你们能找到它吗？当儿童找到后再说：还有更难的，你们能找到与这只鸟相对应但没有图片的词语吗？一旦这个词被找到之后，向儿童说明这个游戏可以在活动时间进行。说：你可以自己或跟朋友一起玩这个游戏。

教学步骤：当儿童进行游戏的时候，观察并提供帮助。

通过这样的话来拓展学习：这个词的意思是有红色鸟冠的红雀。你可以找到另一只名字中有红字的鸟吗？或者：这个是 Mmmmmmejiro（相思鸟）——我想知道它的名字是从哪个字母开始的。

鼓励能力强的儿童去帮助有困难的孩子：我看到梅甘已经找到了北方红雀的名字。问问她是否愿意帮助你。

如果一名儿童有困难，建议他只匹配图片即可。如果儿童做起来很容易，请他将词和词相匹配。

结束：基于儿童的能力，玩"放图片"的游戏，你可以这样说：请你告诉我把哪张放起来，然后我告诉你把哪张放起来。评论技能和表现：哇，你知道哪个是北方红雀。我想知道你是否能找到下一个。或者：你知道10种不同的鸟！

你将如何评价？

目标	学习的证据	如何记录学习证据
为了使儿童…… 1. 理解印刷文字都有其含义 2. 开始将读音和字母相联系 3. 扩大词汇量	儿童可以…… ● 匹配词汇和图片 ● 画出鸟的形象，并请老师在他们的作品上写下关于鸟的话 ● 画鸟，并尝试在上面写下一些话 ● 使用鸟的名字和词汇	轶事记录 词汇取样

评价计划

儿童在活动中及活动后的行为和语言能够显示他们在活动中习得的知识。书面活动计划的最后一部分描述了你需要收集的证据，以表明儿童获得了教学目标中的

图 11.4　轶事记录法

活动：鸟的作品的名称

儿童：梅根

先是玩游戏。匹配所有图片，然后匹配一半词汇。边做边说出这些词汇：八哥、相思鸟、红雀。然后走到课桌旁，画了一只巴西红雀，并写下字母B和K（见作品样本）。

目标展示：目标1、2、3

评论：是第一次创造性的拼写？

儿童：乔纳

想让老师跟他一起玩。当老师在找J卡片遇到"困难"时，他大声笑着找到图片并说出鸟的名字，说：我很擅长这个。

目标展示：目标1

评论：看起来很自信；喜欢阅读。

儿童：贾内

匹配图片和词汇的游戏只进行到一半。问：哪个是鸟妈妈，它如何生蛋？然后走到写作中心，画了一幅下蛋的鸟妈妈的画，并请老师写下注释（见作品样本）。

目标展示：目标1、2、3

评论：准备使用参照材料了？

儿童：凯拉

观察并匹配红雀图片，然后离开——没有把图片放好。

目标展示：目标1

评论：看起来不太感兴趣。

儿童：埃德文

把每一套材料都拿了出来（图片和词汇、只有图片、只有词汇）并一字排开。能全部匹配对。活动中不跟其他孩子互动。在写作中心把卡片作为模型写下鸟的名称（见作品样本）。

目标展示：目标1、2

评论：很认真！

儿童：布兰迪

在介绍的时候很爱笑。做了几次评论——白鹭不到喂鸟器这边来，有两种麻雀——不想尝试这个游戏。

目标展示：目标3

评论：

知识、技能或态度。

在前面的例子中，我们想知道儿童是否对音乐感兴趣，会询问他们相关的问题或者让他们重复一遍；他们是否跟随音乐跳舞；是否能弹奏乐器，并发出有节奏的声音；是否开始识别并使用乐器的名字。这些进步可以通过轶事记录法、视频、音频或作品取样（儿童的画和日记）等方式记录下来。我们喜欢用轶事记录法形成类似图11.4中的样本来记录儿童的反应。

实施计划

虽然一份好的计划有助于你开展教学，正如好的食谱可以帮助你做饭一样，但是孩子与面和盐是不一样的，他们不可预测。如果你不对孩子的行为做出回应，不论计划多么周密，活动实施起来都可能会失败。如果你克服了很多困难制订了一份计划，那么你肯定非常希望能够按照计划去执行。然而，就像一位厨师必须适应就餐者的口味、作料的特性以及现有的烹饪设备一样，教师也必须适应儿童和现有的活动环境。有经验的教师知道自己需要针对儿童的兴趣和需要调整教学方案。他们的教学就像一支舞蹈，孩子们是他们的舞伴。他们观察并对孩子们的行为表现做出回应，同样，孩子们也会响应教师的行为。

缺乏经验的教师通常会发现，在实施计划的过程中很难保持灵活性。例如，我们观察到我们的一个学生想要带领一组4岁的孩子进行一项运动（像一只多足的蜈蚣一样以小组形式前进）。关于蜈蚣，这些孩子虽然有很多想法要表达，但并不愿意参加这个已设计好的活动。新手教师可能会因为孩子们的不参与而产生挫败感，也不能找到一种既能融合孩子们的想法又能推进活动继续进行的方式。教师要充满自信，更多地关注儿童，和孩子进行讨论会有利于活动的进行，而不会对活动造成干扰。

评价并记录学习

评价你作为课程设计者是否成功，要看儿童是否学到了你想要教给他们的东西。如果你仔细观察儿童，你会看到能够表明他们是否获得了目标中提到的知识、技能或态度的证据。在图11.3的例子中，教师观察孩子们在这个游戏中是否能把词语和图片相匹配；是否能够通过艺术元素设计出鸟的形象，并请教师写下关于鸟的描述或尝试自己写；是否能够使用与鸟类相关的词汇。你可以像图11.4那样用轶事记录法记录儿童的这种进步，或使用可以注释的作品取样（见图11.5）作为儿童学习的记录。

图11.5　有注释的作品样本

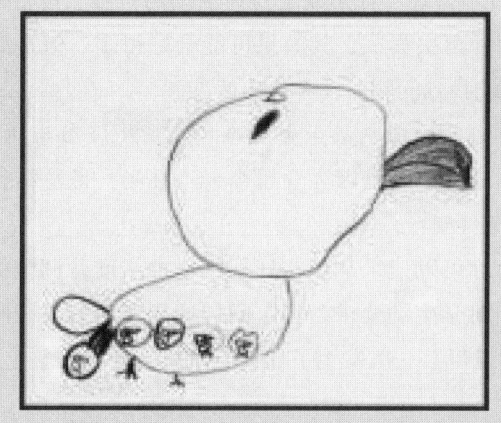

鸟妈妈在下鸟蛋，鸟蛋里面有鸟宝宝。鸟蛋从鸟妈妈的尾巴下出来。

儿童：贾内

参加了"给鸟的作品命名"的游戏后，贾内走到写作中心，画了上面这幅画。她请老师写下这段话：鸟妈妈下鸟蛋，鸟蛋里面有鸟宝宝。鸟蛋从鸟妈妈的屁股下出来。当老师把这段话读给她听的时候，贾内请老师改为：鸟妈妈在下鸟蛋，鸟蛋里面有鸟宝宝。鸟蛋从鸟妈妈的尾巴下出来。

目标展示：目标1、2、3

评论：贾内对科学和文学的理解有了很大提高。

图 11.6 评价

评价、评论，下一步计划：
活动进展很顺利。对大部分幼儿来说是很有趣的。图片太多、太小——下次介绍游戏的时候，限制图片数量，增加一组宠物鸟图片和词汇。

虽然用文件记录儿童的学习成果非常有价值，但是确保这些文件能够准确代表儿童实际所学也极其重要。一张儿童在镜头前摆姿势的照片不足以成为其学习的证据。

评价计划：哪些有效，哪些无效

不论是为儿童计划一次教学活动，还是为朋友筹备一次聚会，你都会评价自己的计划。做得好不好？是否可以做得更好？值得再做一次吗？达到我的预期了吗？当你撰写完并实施了这个计划后，花点时间反思你都做了什么以及儿童是如何回应的。这种反思可以确保你为儿童设计的学习体验也可以成为你自己的学习体验。评价你的计划以及计划的实施情况，这与评价儿童是否实现了活动目标是不同的，具体的差异可见图 11.6。

有时，计划明显失败的原因可能是由于刺激材料过多、时间安排失误（没有留给儿童足够的时间去探索材料，或当他们需要活动和动手操作的时候却要求他们等待、倾听）、室内布置不合理、儿童缺乏身体活动的机会、设置的期望对儿童而言太难或太易。调整计划并再次尝试，其效果可能会好得多。但是如果你不去反思发生了什么，你永远不可能找到问题所在并作出改变。

事实上，评价计划实施成功甚至更困难。儿童积极参与活动是因为材料有趣，还是因为你的积极回应，或者是因为乔恩今天不在场？像总结失败的教训一样去总结自己课程成功的经验。

反思为儿童制订的计划

回忆你为儿童制订的某次活动计划。思考一下，发生了什么？如何让计划有助于你的教学活动？发生了哪些让你惊讶的事？你会再次使用这份计划吗？你会做哪些修改？

为了便于记忆，你可以记录下想在计划中增加或准备调整的内容。以这种方式进行反思通常是我们对学生的要求，但它同样适用于所有准教师的练习。当你回顾自己的计划时，你能记得上一次发生了什么。反思与评价是整个计划的最后一步。

真实情境中的书面活动计划和教案

你成为一名教师后，你会为每一次活动写计划吗？花大量时间为你和儿童的所有活动写计划，这是不可能的，也不明智。当对活动的清晰性和顺序性要求严格，活动程序和内容比较复杂或对其不熟悉的时候，书面计划很有帮助，也是必需的。诸如在周计划中，有一个读简单而又熟悉的故事的活动，一般情况下你不需要制订详细的书面计划。找出这本书，了解书中的内容，花一点时间思考一下将要提问的问题以及如何组织讨论，可能准备得就很充分了。但是，你应该具备为简单的活动

图 11.7 活动计划的简单模板

活动名称	鸟的作品的名称
课程领域	读写能力
具体目标	为了帮助儿童…… 1. 理解印刷文字都有其含义 2. 开始将读音和字母相联系 3. 扩大词汇量
标准	HPCS 交流 7&8
所需材料	盒子中的作品
你要做什么？	1. 在小组中展示游戏。解释。邀请孩子在游戏中心玩耍。 2. 在游戏中心拓展学习，鼓励能力强的孩子去帮助有困难的孩子。 3. 轮流玩"放图片"的游戏。

制订清晰计划的能力。

随着经验的积累，在制订活动计划时，你可能想用比较简单的格式，如图 11.7 所示。我们愿意把这些东西保留下来，方便以后查找及再次使用，可以保留在电子文档、笔记本档案盒或用金属环串在一起的卡片上。电子存档能让你轻松地找到并修改计划，但是由于信息技术的发展，几年后你可能发现电子版无法读取，所以还是需要保留一份纸质版的教学计划书。

周计划

有经验的教师几乎每周都会制订计划，写下活动的名称、实施的时间以及所需要的材料（见图 11.8 中的例子）。尽管并非所有教师都会写下这些内容，但是他们明确活动的具体目标。这些简要的记录可以指导他们组织大多数的活动。

制订周计划可以帮助你思考自己要做什么，并保持条理性，同时它也有助于教学团队不偏离教学目标。很多教师把周计划张贴出来，以便家长知晓一周的教学安排。

对大多数学前教师而言，有规律的日常活动安排（比如讲故事、小组活动、圆圈活动和室外游戏）和周末特别活动（如烹饪和郊游）提供了制订周计划的结构框架。很多计划也包括他们每周对学习中心进行调整的方法。

小学教师经常用学科领域代替日常"活动"来组织周计划。周计划通常包括每天的阅读、数学、拼写以及每周一次的"特定"活动，如艺术和体育活动。小学教师通常是使用已出版的课程教材。

规划一周的活动时，你需要时刻记住你希望所有儿童获得的技能和概念，其中包括特殊儿童。计划中应该包括作为一周活动特色的常规活动（如烹饪或每周来自

图 11.8 幼儿园的周计划

鸟的学习·4周

周目标：帮助儿童……
- 发展对鸟的习性、需求和栖息地的理解
- 培养用符号表达观点和情感的技能
- 获得更好的合作能力

	周一	周二	周三	周四	周五
故事 8:50	一只乌鸦——艾尔斯沃思	鸟的特征是什么？——盖尔利克	像鸭子那样做——欣德利和贝芙		坚强的鸟里斯——米姆·福克斯
户外活动 9:00~10:00	跳伞游戏 • 发展大肌肉运动的协调性 • 与他人合作	搭建华夫格积木 • 提高大肌肉运动的协调性 • 与他人合作	木工：做一个孵化室 • 使用测量工具 • 掌握形状和空间概念		潜水面上的冰泡 • 发展感知意识 • 了解因果关系
小组 10:00~10:20（4~5岁）可怕的怪物 活动目的： 帮助儿童……	鸟类黏土雕塑课程/展示 • 学习艺术技法（造型和雕塑） • 探索并了解鸟的外形	黏土雕塑 • 练习艺术技法（造型和雕塑） • 探索形状和空间	旅行预告——在奥杜邦自然公园我们将会看到什么？ • 为郊游做准备 • 发展提出假设的能力	奥杜邦自然公园的学习之旅——旅行目的：让儿童体验各种鸟，帮助他们了解鸟类的需求、习性和栖息地	书写并阐述一本关于奥杜邦自然公园旅行的书 • 理解印刷文字的意义 • 重建对鸟的需求、习性和栖息地的理解
10:00~10:10（3~4岁）时髦的大象 活动目的： 帮助儿童……	像鸟一样活动 • 通过动作表达想法 • 发展对鸟的意识 • 提高大肌肉运动的协调性	像鸟一样活动 • 通过动作表达想法 • 发展对鸟的意识 • 提高大肌肉运动的协调性	旅行讨论——在奥杜邦自然公园我们将会看到什么？ • 为郊游做准备 • 发展提出假设的能力		观看奥杜邦自然公园图片 • 发展对鸟的需求、习性和栖息地的理解

（续）

	使用工具进行黏土雕塑	羽毛拼贴画（也可以做黏土的）	面团拼贴画	提醒：
室内特别活动 10:20~11:30 活动目的： 帮助儿童……	• 练习艺术技法（模型和雕塑） • 探索形状和空间	• 学习颜色、纹理和设计等艺术元素 • 通过不同的艺术媒介创作和表达思想	• 发展精细动作的控制能力 • 使用颜色、设计等艺术元素	• 带不需要冷藏的袋装午餐 • 穿安全的鞋 • 如果愿意，可以在入园前使用驱虫剂
圆圈时间 11:30~11:45 活动目的： 帮助儿童……	关于小鸟（漂亮的小鸟乐园）的歌曲和运动 • 通过音乐和运动来表达想法 • 发展对鸟的意识 • 发展语言和文化多元化意识	关于小鸟（漂亮的小鸟乐园）的歌曲和运动 • 通过音乐和运动来表达想法 • 发展对鸟的意识 • 发展语言和文化多元化意识	关于小鸡（小鸡宝宝）的歌曲和运动 • 通过音乐和运动来表达想法 • 发展对鸟的意识 • 发展语言和文化多元化意识	请在 8:00 前到达集合地，车将在 8:15 离开 欢迎家长们参与这次旅行 我们将在下午 1:30 前返园
室内学习中心的变化	积木区——增加鸟类图片和木质积木 社会-戏剧区——增加靴子和帽子	角色扮演区——增加鸟的头饰和手偶	操作区——增加新的鸟类智力玩具	写作区——关于鸟的单词卡片
室外区域的变化	活跃的戏剧表演区——增加人力三轮车	自然元素区——布置鸟架上发展对鸟的感知		操作-创作区——画架上的颜料	探索区——观摩鸟：珍珠鸟

效果如何——我们做了哪些改变：黏土雕塑非常成功。孩子们在观看鸟类图片和观察雀类时提了很多问题。这次旅行很精彩！旅行之后，我们在院子里增设了一个喂鸟器。

目标评价：孩子们讨论了鸟类及其需求，表明他们理解了书本内容。

祖父/祖母的探望），以及与课程重点相关的活动（如旅行、参观）。你也要考虑学校、家庭或社区事件的影响（如假期、选举、季节性活动、义卖活动、家庭开放活动）。除了为你提供的活动做计划外，你也可以简单地写下一周的具体教学目标。

在周计划中，每个活动的详细程度是不同的。一些教师会把每个活动的目标或目的陈述包括进来；一些教师会列出需要准备的材料清单或需要做的事务清单。本章列举了一个幼儿园周计划的例子（见图11.8）。当一周结束时，教师可以针对周计划直接写一份简短的评价作为以后的参考。

制订综合的学习计划

正如前面所说，我们认为，综合的计划是为幼儿园、学前班或小学儿童设计课程最有效的方式，对教师而言，这也是有趣且令人满意的体验。在经过精心选择和

设计的综合学习中，儿童会形成许多关于主题的真实体验。这些真实体验是教师制订课程计划的基础。然后，儿童通过戏剧表演、积木搭建、讨论、写作、绘画、艺术、音乐、运动、测量、制表和制图等创造性活动来阅读、思考、重现和再创作出新的真实体验。通过对一个主题的深入学习，儿童在感知与运动、思维与问题解决、沟通、创造、与他人一起工作和游戏等活动中发展了自己的技能。

一次有效的综合学习伴随着探索对儿童而言重要的事物开始了。它需要建立在那

家园联系

使用周计划

家长想了解孩子每天在做什么，还想知道你为什么采用这种方式教学。你可以通过分享每周的计划让家长知晓，并帮助他们更多地参与进来。这样可以鼓励家长与孩子交流有关学校的事情！以下几种方式可以做到这点：

1. 在教室门口张贴周计划，以便于家长在接送孩子时能看到。
2. 每周把周计划的复件发给家长，方便家长了解参阅。
3. 每周通过电子邮件将周计划发送给家长。

些有趣且复杂，足够吸引孩子和成人都参与的体验和想法之上，因为这个学习过程将持续数周至数月。综合学习计划的制订是一个动态过程，包括初步规划、提供体验、观察儿童，然后计划额外的学习机会。在计划这样的学习时，你应该对儿童可能出现的各种观点和兴趣持开放态度。我们认识的一位幼儿园教师曾经为班级设计了一次关于园艺的综合学习活动。当时一群蜜蜂停在孩子们玩耍的地方，引发了他们的恐惧。经过慎重考虑，这位教师放弃了园艺计划，带领孩子们开始对蜜蜂进行研究。随着他们对蜂房结构、蜂蜜产量的了解，以及看着养蜂人把蜂房搬到一个离教室更远的地方，孩子们对蜜蜂的恐惧感逐渐消失了。

尽管综合的课程计划方式已经广泛地被学前教育工作者所接受，但它有时也会招致批评，这些批评通常是针对综合课程所使用的方式。具体而言，人们对综合课程的批评主要有以下几点：

- 有些综合课程持续时间较短（一周或两周），导致儿童无法对一个主题进行深入探索。
- 如果教学计划是以前制订的，年年都在重复使用，却没有考虑该计划与本班孩子的相关性，也没有考虑做一些改变或加以完善。
- 有些主题不能用真实的方式进行体验（如海盗、外太空、恐龙等）。
- 有些主题虽然"可爱"，但实际上并不值得儿童去认真学习（如米老鼠的生日、泰迪熊的野餐等）。
- 以一种肤浅简单的方式使用综合课程，没有进一步去理解（如玩塑料小虫、用木头制作蚂蚁，而不是去看看那些昆虫到底长什么样）。
- 儿童没有开放性的材料去建构或重现他们的理解。
- 尽管儿童的兴趣发生了变化，但教师依然完全按照计划进行，不能灵活地运用综合课程。

这类肤浅的计划通常会与单元（unit）或主题（theme）等词语相联系，因此我们现在将综合课程计划理解为研究。好的综合计划可以帮助儿童调查有意义的观点或想法，既适用于个体，也适用于集体，灵活而有意义。图11.9对实现综合课程的不同方法进行了对比。

选择学习主题

综合计划的第一步是选择学习主题。有意义的主题式课程都是建立在精心挑选的主题之上，这样才能帮助儿童建立事物之间的联系。儿童的生活及其所处的环境——家庭、文化、社区或当地环境的因素——都是很好的主题资源，对这类主题的探索有利于儿童理解世界和他们自己，同时也可以增强他们的独特性，以及对其家庭和社区的自豪感。儿童进行探索、实验、讨论体验、创造艺术、搭建积木、操作材料、写作和烹饪等都是在实现上述目标。

图 11.9　课程计划的综合方法比较

发展性互动——围绕社会研究主题的综合性学习课程，主题的选择基于教师对儿童已有知识及学习潜力的了解。通过真实的体验（如学习之旅等）对主题进行数周的深入了解，并抓住机会通过游戏和有计划的活动（搭积木、戏剧表演、写作、艺术活动等）进行再现学习。强调班级的整体性，由最后的结束活动完成此次学习。

瑞吉欧教学法——教师和儿童共同选择一个能高度激发孩子们兴趣的深度主题。儿童可以使用多种模式或"语言"表达他们在知识方面标志性的进步。重视艺术和学习环境的创设，不主张课程的每一个领域都要成为主题活动的一部分。教师收集并准备儿童活动的资料文件，与家庭和社区分享。

项目——教师和儿童选择能积极调动特定小组学习热情的项目。完成这个项目需要进行研究以回答由儿童和（或）教师提出的问题。项目共分三个不同的阶段：(1) 导入/对知识的初步评估；(2) 研究和学习展示；(3) 活动结束并分享收获。项目会持续进行，直到儿童达成目标。

生成课程——一名儿童或一组儿童对特定的感兴趣的事物进行探索。它的主题可能很小（如邦迪牌创可贴）且很短暂（一天或一周），但通常会持续几周。教师为活动收集想法，集思广益，然后以儿童的兴趣为出发点设计课程体验。

"深度"单元/主题——教师根据对儿童已有知识和学习潜力的了解选择主题。用 1~3 个月通过真实体验（学习之旅等）对这一主题进行调查，并抓住机会进行再现学习（搭积木、戏剧表演、写作、艺术活动等）。创造性学习的过程并非一成不变，但教师须有周密的学习计划。

我们使用深度（deep）这个词与肤浅（shallow）的主题计划进行对比，肤浅的主题计划的主题通常是由教师或项目管理者根据日程表、教学传统或一时的兴致选择的。在肤浅的学习单元中，主题仅仅会持续 1~2 周，这期间几乎不（或者很少）提供真实的体验。因为这些活动通常是抽象的、互不相关的（比如工作簿、歌曲、游戏），所以，这些单元/主题并不能很好地服务于儿童、教师或我们的领域。最后产生的就是因缺乏知识完整性而受到置疑的"综合课程"。

资料来源：Information from E. Moravcik, S. Nolte, and S. Feeney, *Meaningful Curriculum for Young Children*, 2013.

基于多年的教学经验和观察所得，我们发现，在实施综合课程的过程中，一些主题是优于其他主题的。如果主题选择得当，就会出现神奇的教学效果。儿童会非常专注，并且能够精力充沛地积极投入到学习任务中。为了达到这种完美状态，主题必须满足以下四条标准：

第一，对儿童、教师和家长而言，主题必须是有趣的。比如，在一个以 4 岁儿童为主的班级中，当教师和几名孩子的妈妈都怀孕时，关于婴儿和出生的课程就会自然而然地成为孩子们的关注点。这位教师收集了很多书，设计了一系列关于胎儿发育的游戏，帮助孩子们谱写简单的摇篮曲，和孩子们一起观察婴儿和幼犬，带他们去当地的医院参观婴儿室。孩子们在积木区搭建了一所医院；在戏剧表演区布置了一个婴儿室并进行粉刷，画了很多画，写了很多关于婴儿的故事。所有的儿童——不只是那些要当哥哥姐姐的儿童——都学到了很多关于婴儿发育及家庭照料婴儿的方法等方面的知识。在这一过程中，儿童的精细动作技能和手眼协调能力，对数字和字母的理解，对大小、形状和颜色的区分能力，以及无数其他技能和理解能力都自然地得到了发展。

第二，主题学习必须是易得的——你应该为儿童提供直接的、经常的、与主题相关的动手体验。如果直接体验难以实现，那么这个主题无论多么有趣，儿童都不能对其产生真正的理解。这一点对年龄较小的儿童尤其重要，但适用于所有年幼儿童，因为真实情景中的体验是他们学习的最佳方式。

第三，主题应该是重要的，值得了解的。好的综合学习需要儿童和教师投入时间、努力和智力。去学习一些琐碎的不值得智力参与的小事，就是在浪费教师和儿童的时间与精力。

第四，所选的学习主题应该符合儿童的年龄和发展阶段：简单足以他们理解，复杂且有趣足以吸引他们进行深入探索。你应该为儿童提供与其发展水平相适宜的具有挑战性的概念和技能。我们称之为"三符合"原则（不能太简单，也不能太难，"刚刚好"）。

很多主题是有趣的、易得的、重要的、合适的，可以用来进行一次学科领域内成功的综合学习。我们见过学前教师成功地设计了以水、食物、树、动物、昆虫、家庭、自我、雨、花园和农场为主题的综合学习。贯穿本书的插图和第10章使用的很多例子都来自于学前儿童的综合课程学习成果。我们也见过教年龄稍大些儿童的教师对上述主题进行了更深入的探索，同时也开展了更为复杂的主题学习，如生命周期、海洋、海港、食品杂货店、医院和面包店等。"黄金法则"专栏将为你提供一些选择综合学习主题的标准。

在确定主题时，请写下你选择它的原因，这些原因就是对基本原理的陈述。做简要的基本原理的书面陈述将有助于你向他人解释自己的课程，并帮你整理自己的

选择综合课程学习主题的黄金法则

1. 选择一个对儿童和教师而言都很有趣的主题。
2. 选择一个易得的主题——你可以提供真实的、经常的动手体验。
3. 选择一个重要的主题——值得儿童去了解。
4. 选择一个规模和难度适合的主题——不要太大或太复杂，也不要太小或太琐碎。
5. 选择一个跟项目宗旨和目标相一致的主题。
6. 选择一个可以通过直接体验来教授的主题。
7. 选择一个能对自己、他人与世界建立理解和欣赏的主题。
8. 选择一个综合的主题——体验、学科和发展。
9. 选择一个现实的主题——考虑到现有资源。
10. 选择一个有多种方式邀请并鼓励家长参与其中的主题。

工作。在本章中，我们使用的有关鸟的主题就是一个综合课程的实例。在里沃德社区学院的儿童中心，一些教 3~5 岁孩子的教师、本书作者伊娃和她的学生们共同选择了这个主题，她们的选择主要基于以下几点原因：

- 他们观察到孩子们对停在学校操场和周围社区的各种鸟儿感兴趣。
- 一个鸟窝掉到幼儿园的院子里，这个班级的孩子们精心照料这些雏鸟。
- 他们有宠物小鸡，这是他们一直感兴趣的资源。
- 成人自己对鸟儿也很感兴趣，班里的教师也有宠物鸟。
- 这个班里有四个家庭养鸟或把鸟当宠物。

鸟的这个主题显然很有趣，适合社区与家庭，而且也有丰富的资源，同时它也满足了"选择综合课程学习主题的黄金法则"里描述的其他标准。这个综合主题学习的基本原理陈述如下：

> 考虑哪些主题对班上 3~5 岁的孩子而言是重要的，是需要学习的，我们选择了鸟类这个主题。做出这个选择是因为：我们观察到孩子们对其所处环境里的很多鸟儿感兴趣；我们所在的社区也有很多资源可用来支持关于鸟的学习；同时，它也有利于进一步深化我们的目标，帮助儿童成为主动、有创造力的学习者，能够欣赏并尊重他们周围的环境。

并非所有的主题都能有效地产生有意义的学习体验。一个主题可能只提供了将不同观点联系起来的表面现象，并不能真正提高儿童的理解力。我们曾经观察过 3 岁的幼儿通过制作杂志（magazine）拼贴画、烘焙松饼（muffins）和给猴子（monkey）图片涂色等活动来学习字母 M。当我们问孩子们都学到了什么时，他们回答学习了黏合、烹饪与着色。教师给予纠正，说他们正在学字母 M。这种方法无法整合幼儿的学习，因为它关注的是充满好奇的 3 岁幼儿并非真正感兴趣的抽象符号。

反思你童年时的综合学习经历

回忆你在学校经历过的一次综合学习，你学到了什么？关于这次学习，你记忆最深的是什么？它与其他学习方式有何不同？其中哪些是你喜欢的？你希望教师做哪些调整？

与此类似，仅仅因为儿童"喜欢"或者对某些事物着迷，这不足以使之成为一个好的主题。例如，看完一部关于海盗的电影之后，孩子们可能很喜欢并对海盗十分感兴趣。如果你所在项目的地理位置靠近海盗经常出没的海岸线，它可能具有很好的历史相关性。然而，事实上海盗的行为在历史上任何时期都是严重的犯罪行为，是很恐怖的，它与在电影和电视中看到的虚张声势的虚构没有任何关系。为儿童提供真实的、适宜他们的有关海盗的课程是不可能的。

一个好的主题可以让儿童真正地理解和掌握所学事物。绘手指画时，孩子们可能对红色的花朵感兴趣，也喜欢将红色和黄色混合，但这并不能使"红色"成为一个好的学习主题。但是，它可以引导你设置一个以花或万花筒为主题的综合学习。记住，不要把一个学科领域（如数学）、一种重要的学习方式（如读书）或与很多不同主题相关的一个属性（如颜色）和一个可以深度学习的主题混为一谈。

节日通常被视为综合课程的基础。有些节日对幼儿的生活有一定影响，从中可以了解文化、家庭庆祝的乐趣，以及它们对孩子的影响；另一些则几乎没有适合儿童的内容。如果节日被简化为做一些模仿手工或商业标识，即使那些本来可以当作主题的有意义的节日也会变得琐碎且不适宜。在公立学校，以宗教内容为基础的节日学习几乎没有实际意义，因为教会和国家是必然分开的，所以宗教内容不得不删除。

综合学习应该成为真正学习的资源，而非一种粉饰学习活动的方式。将包含恐龙或蜜蜂的学习单元作为"主题"的一部分，这些学习单元与有意义的学习或好的综合计划毫不相干。我们也碰到过有些教师并不认为某些主题计划或单元计划是肤浅的、不适宜的，我们很确定这些就是他们心中认为的教学计划。

审视你的目的

你为什么选择某一学习主题？你的目的是什么？所有学前课程的目标（对所期待的教学结果的宽泛陈述）应该包括有助于儿童习得的知识、技能，以及对自己、学习和他人的积极态度。随着对所选主题的深入思考，你将更加明确所设定的学习目标。例如，思考关于鸟类的综合学习的目标。

帮助儿童：

- 增加更多关于鸟类及其特征、习性等方面的知识。
- 发展对其所处环境中鸟类的好奇心以及探索的态度。
- 培养对鸟类和其他生物尊重的态度以及善良仁慈的品格。
- 发展语言、读写、探究、身体协调性以及创造性表达的技能。

明确主要知识

在选定主题并阐明学习目标后，你将收集资料，阅读并进行反思，然后确定你希望儿童掌握的主要知识（我们也称之为大概念）。主要知识是指与主题相关的重要概念，综合学习中设计的活动可以帮助儿童习得这些概念。它们为学习指明了方向，帮助你明确你想让儿童学习的内容。

选定主题后你需要做的第一件事就是花些时间去阅读相关资料并进行反思，这是整个计划过程的关键一步。老师们通常认为，与儿童相比，自己在年龄和经验上具有优势，你们对主题已经了解的足够多，不需要再做准备，因而阅读背景知识在生成各种活动时经常被忽视。虽然在制订课程计划时，你无需知道关于主题的所有知识，但是了解一些相关信息还是很必要的，尤其当这个主题在你擅长的领域之外时。儿童应该学习准确的知识，即使主题比较简单，比如了解"我"，你也需要收集一些关于儿童及其家庭的信息。在查找与综合课程相关的主题资料时，我们可以通过网络获得信息。如维基百科等在线百科全书，是查找基本事实的一种渠道，它们可以帮助我们获得更多的资源；公共图书馆和学校图书馆也是不容忽视的重要资源。

一旦你获取了基本信息，你就可以开始确定想让儿童通过学习获得的主要知识或"大概念"。这些可以为你的计划提供指导，并帮助你决定所设计的活动是否确实有助于儿童对主题的理解。我们设计了一个分类流程，并与大学生和学前教育机构的员工一起使用该流程确定某次综合学习的主要知识。下面是一个本书作者伊娃指导的项目的示例：在网上搜索关于鸟类的知识，然后阅读与鸟类相关的信息类书籍（包括梅·加勒利克的《什么使鸟成为了鸟》、美国奥杜邦协会的《鸟类野外指南》、夏威夷奥杜邦协会的《夏威夷的鸟儿》和 DK 公司出版的《鸟类导论》），儿童中心的教师和大学生们在便条纸上写下他们可以想到的所有关于鸟的词语，如下所示：

鸟笼、雏鸟、喂鸟器、高速公路边、红雀、小鸡、悬崖、颜色、锥尾鹦哥、啼叫、鸭子、产蛋农场、蛋、白鹭、濒临灭绝的鸟类、农场、羽毛、飞翔、菜肉馅煎蛋饼、海鸟粪、夏威夷鸟、房屋、跳跃、孵蛋器、陆地鸟类、迁徙、八哥、黄颈黑雁、鸟巢、煎蛋饼、长尾小鹦鹉、鹦鹉、孔雀、宠物、游乐场、海鸟、鸣唱、州鸟、天鹅、游泳、谈话、感恩节火鸡、树、步行

他们把这些词分为五类，分别放到五个文件夹。根据词语的内容，有几种不同的分类方式。以下是分类结果：

- 鸟的不同种类：小鸡、白鹭、长尾小鹦鹉、鹦鹉、锥尾鹦哥、孔雀、濒临灭绝的鸟类、鸭子、天鹅、陆地鸟类、夏威夷鸟、红雀、黄颈黑雁、八哥、啼叫、鸣唱
- 鸟特有东西：飞翔、羽毛、蛋、颜色、鸟巢、孵蛋器
- 鸟的栖息地：海鸟、悬崖、房屋、鸟笼、树、农场、游乐场、高速公路边
- 鸟的运动方式：飞翔、跳跃、游泳、步行、迁徙
- 鸟与我们的生活：宠物、感恩节火鸡、羽毛、海鸟粪、鸡粪、煎蛋饼、喂鸟器、产蛋农场、州鸟

确定了分类之后，教学人员思考了他们希望儿童知道的关于每一类鸟的知识，并将主要知识写下来。

鸟的课程学习的主要知识包括：

- 有很多不同的鸟，它们有不同的颜色、大小和形状。
- 所有鸟都有羽毛，并通过产蛋来繁殖后代。
- 鸟以不同的方式活动——大多数鸟是通过飞行，一些是通过跳，一些是通过走，还有一些是通过在水中游。
- 鸟是人们生活中的一部分——有些可以成为宠物，有些可以为我们提供食物和羽毛，还有些可以帮助植物生长。
- 鸟生活在不同的地方，在栖息地它们能找到食物，有安全感，能够抚育后代。

我们用简单的语言（儿童能使用或能理解的）写下这些"大概念"。这项活动的要点是不去考虑所教的那些词汇——相反，这些词汇应该有助于你去帮儿童建构对"大概念"的理解。

为活动形成观点

接下来，我们需要为那些有助于儿童学习主要知识的活动形成"观点"。多年以来，我们一直使用思维导图（mind-mapping）的系统来制订计划。在思维导图中，你将主题放在图纸中心位置的一个圆圈中，从中心辐射出很多条线，代表与主题相关的观点。你将会看到一张与被称为网络图或课程导图相似的图。绘制思维导图或网络图的过程非常有用，因为在这一过程中，你可以增加一些观点，而不必担心它们的出现顺序或架构。思维导图完成之后，你可以检查导图中的每一项，看它是否与整个计划相匹配。

在我们自己的计划中，我们选择校外参观和有资源的访客这两项活动来开始计划，因为这些活动可能决定了我们将要提供的其他直接体验的方向。如果校外参观需要预定，也就意味着需要时间来联系和安排，以确保在学习之初能够进行一次校外参观。然后再将支持主要知识的其他活动观点组织起来，同时把新单词列清单，尤其是学习过程中要介绍和使用的"生僻词"。确保某些活动有助于儿童习得每一项主要知识（见图11.10）。

评价不同活动的价值时要考虑学习目标、活动能够支持主要知识的程度，以及所需的资源和时间。如果你发现无法就某个主要知识设计出适合儿童年龄的活动，或者你设想好的活动似乎与主要知识不契合，这就意味你需要重新来过，增加或删除主要知识。

最初的网络图是一个起点。在探索主题时，你可能会受孩子的启发想到增补一些额外的好点子。另外，当你把自己最初设计的一些活动付诸实践时，它们有可能并不切实可行。

丰富环境

按照最初的计划过程，你要开始收集并制作教学过程中所需的各类资料。这一阶段你可以重新评价那些可用的图画、手偶、戏剧表演和积木道具、游戏、谜语和玩具，选择那些有助于儿童与主题建立联系的资源。你可能需要去图书馆收集与主题相关的优秀儿童文学，请图书管理员帮忙找一些好书；与儿童的家长分享学习计划，并邀请他们参与进来，分享自己已有的或知道的资源；当地的博物馆或美术馆可能有印刷品、海报或手工艺品等，可借来用于丰富教室环境；为旅行和有资源的访客制定日程表，开始为第一个周计划设计活动。

几乎每个教室中都可以看到好的课程学习计划。例如在关于鸟的课程中，LCC儿童中心的教师在环境布置中增设了图11.11所示的这些项目。

图 11.10
课程活动最初的头脑风暴网络图

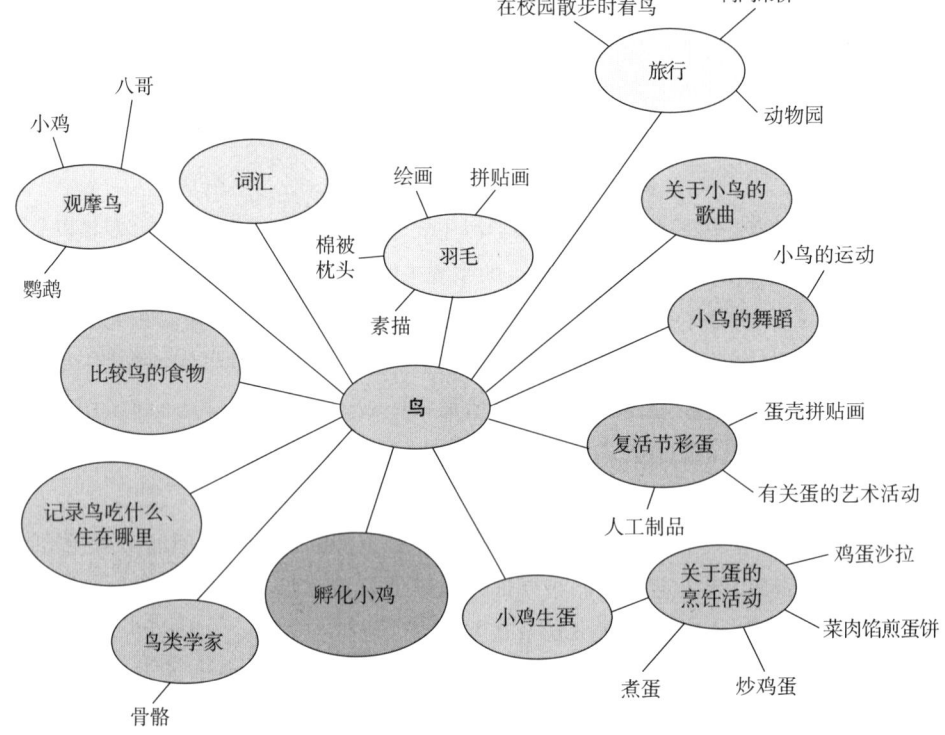

图 11.11　鸟的课程环境创设中的增项

积木区	戏剧表演区	图书馆
带有鸟的图形的积木（木质的和塑料的） 鸟类标本（也可用于戏剧表演区） 艺术印刷品——鸟巢中的鸟 会动的木制飞鹅	鸟状头饰 鸟的手偶 鸟类标本（积木区也可以用） 纸鹤风铃 塑料蛋 鸟的艺术印刷品	关于鸟的故事书 关于鸟和蛋的童书 鸟类自然指南 海报：关于鸟的书 带有鸟类图案的靠垫
科学中心	操作类玩具、智力玩具和游戏区	写作中心
关于蛋的海报 关于蛋和羽毛的手工艺品、放大镜 鸟巢 雏鸟孵化室	关于鸟的智力游戏 工作：1-2-3 鸟的艺术明信片游戏； 关于鸟的词语；数蛋游戏； 从蛋到雏鸟的系列游戏	参观笼中鸟，观察并描绘 关于鸟的艺术品
艺术区	展示区	户外场所
用来绘画和拼贴的羽毛 用来拼贴的蛋壳 鸟类参观者的生活素描、拼贴画 与鸟有关的艺术品	鸟的艺术品和手工艺品展览架，用于展示家长和教职工带来的物品，包括鸟的雕刻艺术品、鸵鸟蛋、羽毛帽带、羽毛扇、彩蛋和石头蛋	用来识别鸟的卡片 喂鸟器 鸟笼 小鸡 双筒望远镜

家园联系

让家长参与到综合课程中来

如果你让家长们参与进来，那么任何综合课程的学习效果都会变得更好。家长们可以为课程做很多贡献，而且在任何一个班级中，很多家长都希望有这样的机会。他们可以：

1. 在你所在的社区里发现资源
2. 创造游戏和准备道具
3. 在工作日帮你调整环境
4. 借给和捐赠材料
5. 和孩子们一起参加旅行
6. 与你分享专业知识
7. 成为有资源的访客

制订计划

有了目标、主要知识和设计活动的清单，你就要为教学做准备了。思考能给学习带来即时真实体验的方式（一次旅行；一位有资源的人士的来访；制作或烹饪一些东西；带来真的动植物或其他手工艺品）。思考一项能带来良好开端的活动，通过活动将主题介绍给儿童和家长；思考一些能够帮助儿童在学习过程中增强理解的活动；考虑哪些活动有助于儿童在学习结束时表达和概括自己的理解；思考可以让家长全程参与学习过程的方式。

因为设计一份综合学习计划是一项大工程，所以你最好在开始时写一份简单的指导，以便在工作过程中参考。图 11.12 中的综合学习计划的提纲就计划可包含的内容给出了一些建议。

记住你需要继续观察儿童，一如既往地给每周和每天的活动做计划。儿童的反应、教师的新视角、家长的投入以及你偶然发现的机会，这些都可以融入综合计划中。只有在活动接近尾声时，你才能结束综合计划的制订。只有这样做，你的计划才可能与图 11.12 所列的计划相似。

实施学习计划

一旦初步计划准备就绪，并且你已经开始把主题带入学习环境之中，接下来你就可以开始开展活动了。首先要进行的活动是主题导入，导入活动通过真实体验和书本知识帮助儿童树立主题意识，为儿童理解主题提供原材料。

一些教师把与儿童的谈话作为课程的开始，他们会问孩子们："对这个主题你都

图 11.12　综合主题学习的提纲

1. **主题**：学习的焦点
2. **儿童**：计划针对的学习对象的年龄和特征
3. **基本原理**：为什么在这个时间为这些儿童选择这个主题
4. **目标**：3~6个对期望效果的大致陈述——期望儿童通过学习获得的态度、技能、能力和经验
5. **主要知识**：4~6个你希望儿童通过学习获得的主要知识点，用儿童可以理解的语言加以陈述，与目标相区别
6. **资源**：用于指导学习计划制订的书籍、文章和其他资源
7. **环境创设中的增项**：每个学习中心要增加的材料，以增强主题感和支持主要知识的学习；确保包括以下各方面：积木区、戏剧表演区、操作类玩具、智力玩具和游戏区、艺术区、写作中心、图书馆、科学区和户外场所
8. **旅行**：一系列学习旅行，为儿童提供与主题相关的真实体验
9. **活动**：
   a. **导入活动**：你如何把这次学习介绍给儿童，其中包括建立主题意识的活动
   b. **构建知识的活动**：一系列鼓励儿童探索、支持发展主要知识与培养技能的活动
   c. **结束活动**：帮助儿童表达并总结自己所学知识的活动，包括你将如何结束这次学习
10. **评价**：用于展示儿童对主要知识理解的活动和工作，以及通过观察、摄像或作品取样等方式记录的想法

备注：到学习计划快结束时第6~10项才能完成。

知道些什么？你想学习什么？"这种方式也可以用于综合学习的结束活动中，被称作"K/W/L"，分别代表"你**知道**（KNOW）些什么？你**想要**（WANT）学习什么？你**学到了**（LEARNED）什么？"

小学教师经常使用这样的过程指导活动设计。尽管这是一个计划的良好起点，但它必须由教师根据对儿童的观察、反思与研究进行补充完善。从表11.4的例子中可以看出，与确定需要调查的问题相比，学龄前儿童更擅长确定自己所了解的知识。在对主题进行探索的过程中，他们才会逐渐提出探究性问题。

在学前教育项目中，我们通常选择更具操作性或实践性的方式导入一个主题。在前面提到的有关鸟的学习中，教师把宠物鸟带到教室，询问儿童对鸟了解多少，以及他们还想了解关于鸟的哪些知识，以此来导入主题。他们外出寻找学校周围树上和草坪上的鸟。在最初的几周，他们用多种方式来丰富环境：带有鸟的精美艺术印刷品、描述鸟特征的智力游戏和作品、鸟类玩具、戏剧表演区和积木区的玩偶以及很多关于鸟类的图画书。他们在院子里制作并安装喂鸟器，让孩子们每天喂鸟（野生鸟和家养鸟）。到第三周时，他们外出参观当地的动物园，那里有很多不同种类的鸟。

完成最初几周的活动后，教师开始实施有助于儿童建立并展示其知识的活动。搭积木、艺术媒介、戏剧表演、欣赏音乐和图书制作等都是儿童展示所学内容的有效方式，这是让儿童讨论他们对主题的理解或想法的好契机。

表 11.4　为 4~5 岁儿童设计的 K/W/L 表示例

关于鸟，你知道些什么？	关于鸟，你想要学习什么？	关于鸟，你学到了什么？
蜂鸟飞得很快，从花朵中获取食物 有些鸟有锋利的爪子，能抓伤你的手臂 鸟啄食树枝 鸟需要喝水 鸟用嘴吃东西，红雀用嘴尖吃东西 情侣鹦鹉有时会咬你 小鸟被称为雏鸟 小鸟不能飞，但是长大之后能飞 鸟爸爸和鸟妈妈用干草和枝条筑巢——它们坐在蛋上为其保暖 一些鸟追赶拖拉机——它们喜欢小昆虫	孔雀是怎么吃东西的？ 孔雀长什么样？ 鸟如何下蛋？鸟蛋如何变成雏鸟？	孔雀可以飞上枝头 犀鸟吃老鼠 鸡吃鸡食和面包 雏鸟长着粉红色的皮肤 鸟有锋利的爪子，可以抓住树枝 孔雀能开屏 有的鸟会游泳 必须把蛋啄开雏鸟才能出来 大鸟有大窝，小鸟有小窝 红雀吃木瓜 雏鸟饿了，鸟妈妈会给它们带来食物 一些人有宠物鸟

当你进行到课程计划的中间部分时，对儿童兴趣的变化和偶发事件持开放态度非常重要。例如，由于儿童表现出对鸟下蛋和筑巢感兴趣（见图 11.5：有注释的作品样本），所以教师开展了一项有关孵蛋和饲养鹌鹑的活动。

好的综合学习中的活动强调每一个（或大部分）课程领域，有助于你教很多内容标准。但是，课堂中并不仅仅只有这些事情。孩子们会继续读书、唱歌、创作艺术作品、参加体育活动，并学习很多课程之外的知识。你可以从图 11.8 的周计划中发现，在对鸟类的学习中，并非所有计划好的活动都是关于鸟的。没有必要使每一项活动都与学习主题相关。

在学习初期，教师就要邀请儿童的家庭成员参与到活动中来。在为期三个月的课程学习中，家长们带来了宠物鸟，为戏剧表演区缝制了鸟的头饰，去动物园和自然保护区旅行，捐赠宠物澳洲鹦鹉，与孩子们一起制作喂鸟器，为孩子们读有关鸟的故事，把颇具自己文化特色的手工艺品借给班级，包括日本纸鹤、德国玩具鹅、萨摩亚羽毛扇、意大利公鸡状陶壶、夏威夷羽毛花冠、法国瓷公鸡、绘有中国孔雀图案的托盘、海达族人（美国西北沿海部落）的渡鸦、捷克印有火鸡图案的牙签盒等。

综合学习有它自己的生命周期，就像我们用作例子的鸟类学习一样，你会发现儿童对主题的兴趣增强了。初期计划的八周学习课程扩展到学年末，主题学习时间延长到了三个月。你会发现这次学习引出了另一个主题，就像我们见到的，对水的学习延伸出了对海洋的学习。

这次主题学习最终将会结束。当你准备开始下一个新的主题时，有必要为儿童、家长和教师设计一个结尾。展示本次主题所学知识的班级记录簿或简报，展示儿童学习成果的学习记录展示板、剪贴簿或视频，还有与他人分享儿童作品和学习的社会活动，所有这些都是对学习进行评价和收尾的好方式。有关鸟的学习是以这样的方式结束的：邀请家长在傍晚时来学校与孩子们一起观察鸟儿是如何安顿下来过夜的，之后是庆祝会，阅读班级制作的关于鸟的图书，并演唱在主题学习中学会的关于鸟的歌曲。整个晚上展示了孩子们的作品和学习记录，并放映了孩子们参与活动的记录视频。

在教学过程中进行文档记录时，我们设计了一个像太阳光辐射式的图形扩展原创思维导图去展现这个单元的整个计划（见图11.13），并把我们在学习中创造出来的所有计划、歌曲、手指游戏、简报等放在一起。我们将其作为在大学里学习综合课程的学生的作业，学生们可以相互分享这些有价值的资源，为将来的教学做准备。

评价综合学习

当你实施课程计划时，记得评价儿童的学习情况和整个计划。评价他们是否掌握了你设定的主要知识，观察他们在与主题有关的游戏中的表现，或让他们讨论主题、讲故事或写日志。儿童的具象绘画可能是自发的，也可能是教师要求的，绘画可以体现他们对主题的理解。例如，在关于鸟的学习中给3~5岁的儿童提供不同种类的艺术元素。他们的绘画、雕刻和抽象拼贴画都是儿童将鸟的相关概念内化的外显证据（见图11.14）。

儿童参与学习活动的照片和视频也是学习发生的有力证明。照片、作品样本和观察记录可以放在展示板上一起来展示（带有照片和作品样本的张贴画）。这些资料都可以表明儿童的学习成果，而且能让家长和社区成员看到。

当完成教学后，把你制订的计划和收集的材料（尤其是针对本次学习的材料）放入一个资源盒，这样便于储存和再次使用。硬纸板箱或有盖子的塑料储物箱都是不错的选择。可能过一段时间后你才会再次用到这个资源盒，当你需要时，你制作的材料都在。如果想再次进行这个主题，你可能会在新的观点、兴趣、材料、儿童和家长的基础上做一些调整，但不需要再从零开始。

总　结

你设计的课程应该反映出你对儿童、社会和未来的期望。它对儿童和教师都应该具有吸引力。你对教学内容和教学方法的选择会影响儿童的生活和你自己的生活，甚至是更大的范围。如果你认真承担起这份责任，在制订计划时就会谨慎思考、周密详尽。你的计划将有助于促进儿童的全面发展，增强他们对世界的了解，培养他们对学习的热爱，帮助他们成长为充满好奇心、富有创造力且积极的问题解决者，这将有助于他们成长为社会所需要的成人。

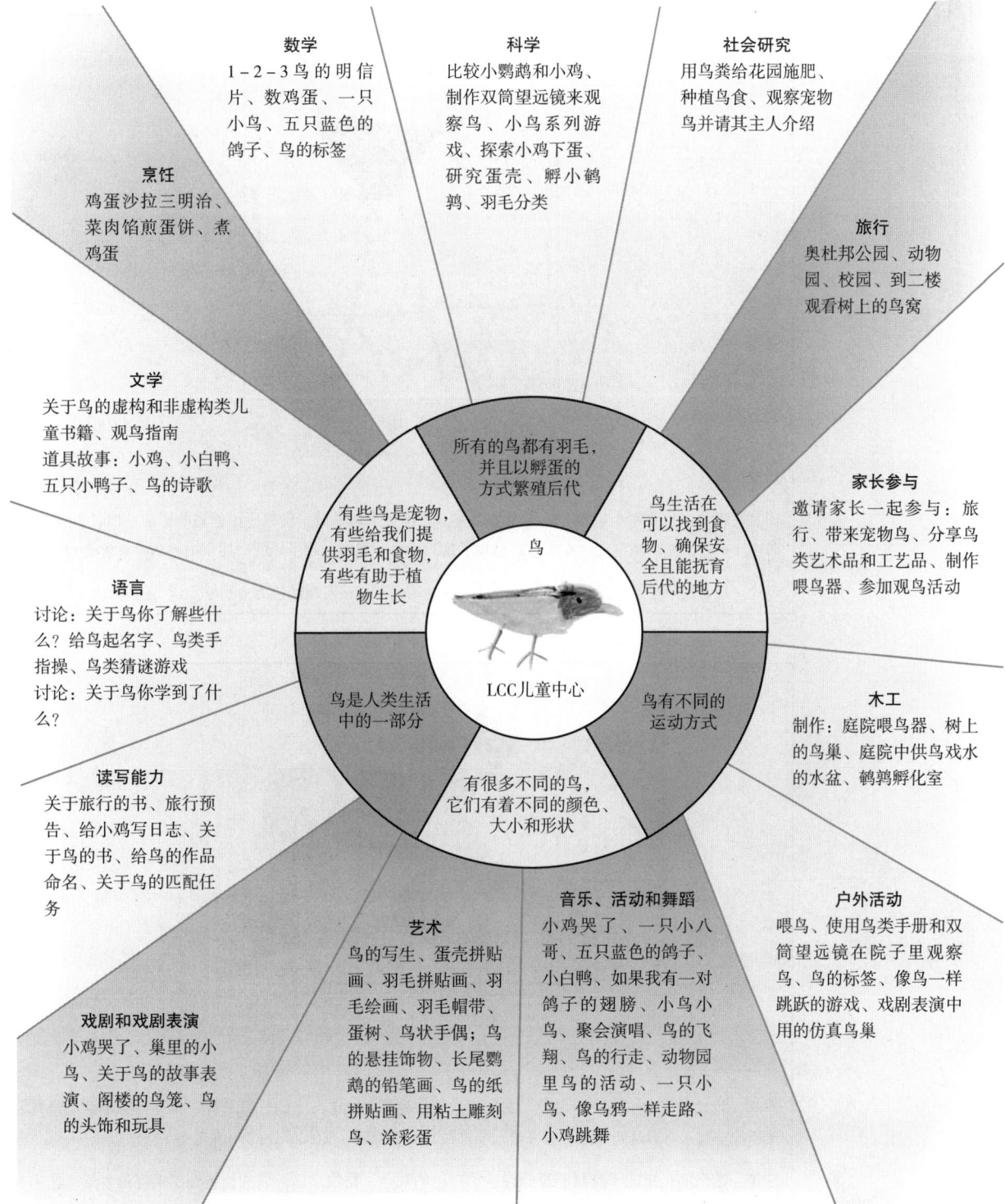

图 11.13 鸟类综合学习的太阳光辐射状思维导图

图 11.14 儿童的艺术作品展示了他们对鸟的理解

小鹌鹑拍打着翅膀——日志

儿童：梅甘

梅甘在孵化室里观察小鹌鹑。在小组活动时，老师要求梅甘做一份关于小鹌鹑的记录，梅甘去孵化室研究小鹌鹑。然后她拿了一支黑色蜡笔画了这只小鸟。教师记录了她的口述：小鹌鹑拍打着翅膀。

评论：梅甘展示了通过观察获取信息的能力和使用插图记录资料的能力。科学、读写能力

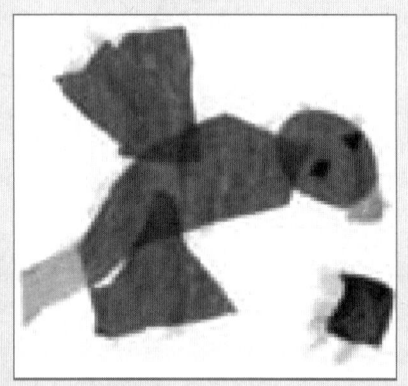

小鸟飞走了！——纸拼贴画

儿童：艾米丽

今天，将被救出的小鸟放生之后，艾米丽做了这幅拼贴画。艾米丽仔细选择并排列各种形状的纸片，然后涂上胶水。教师问她是否想要给这幅拼贴画附上说明，艾米丽说："小鸟飞走了！"

评论：艾米丽运用艺术材料和技能表达了自己的观点。精细动作控制能力得到了很好的发展。艺术、精细动作、语言

一只红色的鹦鹉——马克笔绘画

儿童：乔纳

观察完凯特琳的爸爸带来的红色和灰色的鹦鹉之后，乔纳用记号笔画了这只红色的鹦鹉。他解释说，鸟的爪子紧紧地抓着凯特琳爸爸的手臂。

评论：乔纳可以精确地捕获鹦鹉的细节，包括黑色的鸟嘴和眼圈、黄色的三趾足和翅膀上蓝色的羽毛。清楚地观察到了很多细节。科学、艺术

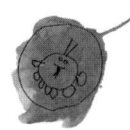 学习成果

阅读完本章后，请你认真完成"拓展学习"部分的选读任务，准备"你的专业档案袋"部分的条目，你将会在满足NAEYC的学前教育专业准备项目标准（NAEYC, 2009）上又有进步。

标准2：与家庭和社区建立联系

核心内容：

2c：鼓励家庭和社区参与到儿童的发展和学习中

标准3：通过观察、记录和评估等方式支持儿童及其家庭

核心内容：

3b：了解并使用观察、记录以及其他合适的评估工具和方法

标准4：运用发展性有效方法与儿童及其家庭建立联系

核心内容：

4b：了解并理解幼儿教育的有效策略和工具

4c：使用各种发展适宜性的教学和学习方法

标准5：使用学科知识设计有意义的课程

核心内容：

5a：理解学科中的内容知识和资源

5b：了解并应用核心概念、探究工具及内容领域或学科的结构

5c：运用自身知识、适宜的儿童学习标准和其他资源，为每个儿童设计、实施和评估有意义且富有挑战性的课程

拓展学习

制订活动计划：使用活动计划模板（细节参考图 11.2）为一项活动制订计划并与儿童一起实施。评价是否成功实现活动目标。反思并写下这项活动成功或失败的原因。

研究并撰写综合学习计划：独立或与他人合作，为儿童的综合学习课程选择一个合适的主题。研究选定的主题，并使用图 11.12 列出的综合学习计划提纲写一份计划。写下目标和大致思路，进行头脑风暴活动，收集并制作材料，与儿童一起实施全部或部分计划。评价你是否成功实现了目标。反思并写下你的收获。

观察课堂活动：分别观察一节设计好的课堂活动，活动分别由教师引导和儿童自主选择。注意孩子们对这两种学习方式（教师引导、儿童选择）有何反应。反思并写下你认为这项活动的目标和目的，活动如何促进既定目标的实现，以及活动是否成功达到了教师的目的。

采访一位教师：就其所在项目的目标以及他（她）对课程计划的影响采访一位教师。询问社区、儿童兴趣、家长关注、学校管理及教育发展趋势对项目目标有哪些影响，项目目标是怎样根据这些因素进行调整的。请这位教师描述目标影响日常课程的一些途径。思考并写下它们对儿童体验的影响。反思你获得了哪些对将来成为一名教师有帮助的知识。

采访两位教师：采访两位教师，了解他们通常使用的课程计划类型，制订课程计划所花费的时间，以及课程计划对项目成功的重要性等。对比两人的回答。思考并写下你的收获。

你的专业档案袋

写下你对课程和课程计划的理念（观点）：通过问自己以下问题，确定你的课程目标和价值：作为一名教育工作者，为了儿童和社会，我想达到一个什么目标？这对我所教的课程内容意味着什么？我将如何展现它？写一份一页左右的原理陈述放进你的档案袋里。

证明你的活动计划能力：使用本章提到的计划模板写一份儿童活动计划。与儿童一起实施你的计划。对儿童的反应采用轶事法记录，思考所发生的以及你的收获，并评价你的工作。把计划和记录放进你的档案袋以证明你作为一名计划制订者的能力。

证明你的综合计划能力：使用本章的指南设计并实施一项综合计划。为这个计划创造闪光点。通过收集作品样本、写轶事记录以及拍照等方式记录儿童的学习。把这些闪光点和选择的材料样本放进你的专业档案袋里。

我的教育实验室

访问本书"我的教育实验室"（myeducationlab.com），找到专题 6：课程计划，以及专题 8：DAP/教学策略。你可以：

- 找到关于"课程计划"和"DAP/教学策略"的学习成果以及与之相关的国家标准。
- 完成有助于你更好地理解本章内容的"任务和活动"。
- 通过"建构教学技能和性情"学习单元，运用并实践你对本章核心教学技能的理解。
- 聆听学前教育领域专家的讲座。
- 对照"学习计划"检查你对本章内容的掌握程度。你可以做章节测验，获取反馈，然后通过"复习、练习和拓展"来提高你对本章内容的理解。

我们每个人都有不同的天赋,所以每个人都用不同的方式来告诉这个世界我们是谁。

——弗雷德·罗杰斯

12

融合多样化的学习者

上学前班的第一天，马娅和拉斯哈娜这对堂姐妹显得格外兴奋。最终，她们被分到同一个班级。马娅的微笑富有感染力，但是她讲话不够清晰，也很少能记得自己把眼镜放在了哪里，她还喜欢跳舞和大笑。拉斯哈娜的个子在同龄人中算高的，她不喜欢吃蔬菜，会写自己的名字，喜欢唱歌和爬树。马娅和拉斯哈娜在生活中一直是最好的朋友。她们一起玩洋娃娃，在院子里互相追逐玩耍，特别喜欢画彩虹。马娅有唐氏综合征，她之前曾上过针对特殊需要儿童的学前班；而拉斯哈娜参加的是教会的学前教育项目。现在她俩都在附近的一所小学参加融合计划。

这对堂姐妹的相似性要多于差异性，但是，有些对拉斯哈娜来说有效的教育方法并不能满足马娅的特殊需要，因此有时需要对马娅采取某些不太一样的教育方法。每个孩子天赋各异、需求不同——有的儿童异常活跃，学习困难，情绪不稳定，言语异常，说另外一种语言，学习能力和3岁的孩子一样但却拥有6岁儿童的情感体验（或相反），空间能力超常，害怕吵闹的噪音，来自单亲家庭，口吃等等。在每一个学前教育项目中，你会发现每个孩子都有自己独特的需求，都需要个别关注。

和马娅一样，有的儿童在进入幼儿园时会存在明显的障碍，你可以向熟悉并理解这类孩子特殊需要的专家请教，在他们的帮助下为这些儿童参与学前教育项目制定特殊的活动计划。或许你还会发现，有些儿童并没有障碍，但是他们有其他的特

第12章

我的教育实验室

访问"我的教育实验室",利用"个性化学习计划",提高你对本章概念的理解。你也可以通过基于视频的"任务和活动"、IRIS中心的资源以及"建构教学技能和性情"课程来磨炼教学技能。

殊需要,比如有的孩子曾受过虐待或忽视,有的孩子资赋优异,有的孩子则有慢性的身体疾病或心理问题。你会发现,除了上述儿童之外,其他孩子也需要特殊关注:吉米必须坐在你身边才能集中注意力;杰里迈亚似乎总是撞到东西;当你为乔茜提供能让她动起来的活动时,她就会变得非常活跃。幼儿教师必须对所有儿童的需求做出回应,包括那些在参加学前教育项目之前就已经被评估或诊断为有障碍的儿童以及其他所有儿童。在本章中,我们主要关注那些确诊的有障碍的儿童。这些儿童在一个或多个领域达到发展里程碑的时间有所延迟,或者存在某些情况导致他们很难以大多数儿童的发展速度去学习和活动。

你可能会惊讶地发现,你要教的儿童有一些特殊需要,但是所有的教师都要面对能力各异的儿童。有的孩子可能患有慢性哮喘、戴眼镜、能说会道或很少说话,有的孩子则可能说另外一种语言、爱哭、运动技能差或比其他孩子学得更快。在全体儿童中有效地开展工作需要具备一定的知识和能力,而这正是所有有能力的学前教育工作者都具备的——反思自己情绪和应变的能力、理解儿童的发展、指导儿童行为的技能,以及如何创设学习环境和规划课程的知识。除了这些基本素质,你可能还需要掌握某些特殊的信息和额外的技能,为具备多种多样能力的儿童提供支持。另外,主动与社区中那些在幼儿特教领域知识渊博的专业人士保持联系,你将会从中获益良多。

将各种不同能力的儿童安置到普通班级的做法越来越普遍,因此在你职业生涯的某个时刻,你很有可能接触到有特殊需要的儿童。美国疾病控制中心最近发表的一项研究指出,每6个儿童中就会有1个儿童出现发育迟滞问题(Boyle et al., 2011)。当专家确定一名儿童没能在一个或多个方面——身体、认知、语言、社交、情绪或适应能力方面达到发展里程碑时,这个孩子就会被鉴定为有发育迟滞问题。与过去相比,如今,孤独症、注意力缺陷多动障碍(ADHD)以及其他类似的发展障碍越来越频繁地被诊断出来,这也在很大程度上解释了被确诊的发育迟滞越来越多的原因。在公立项目(如开端计划)、公立学校或州资助的学前项目中,你有责任(法定的)为所有儿童提供服务。如果你所在的州没有针对5岁以下儿童的州资助项目,那么你可能会被要求将一个存在障碍或有其他特殊需要的儿童纳入你的班级。

"促进每个幼儿的发展和归属感是学前教育工作者持有的普遍价值观……早期融合教育(early childhood inclusion)这一术语通常反映了这些价值观和社会观点"(DEC/NAEYC, 2009)。融合不是单纯地指场所的合并,它涉及儿童归属感、受到的重视程度以及拥有选择的权利,它意味着接纳和欣赏人类的多样性。融合教育为儿童、教师、学校和家庭提供了必要的支持,使所有儿童和他们的家庭都能够参加自己选择的教育计划(Allen & Schwartz, 1996)。正如下文"融合教育的益处"专栏中所介绍的,当有障碍的儿童和发展正常的儿童一起进入到完全融合的班级时,每一个参与的孩子都能受到积极的影响。

融合教育的益处

当障碍儿童和发展正常的儿童一起接受教育时：

- **障碍儿童从中受益**。他们与发展正常的同伴建立了友谊，同时能够观察同伴的行为并向其学习。他们学会妥善处理日常的期望和问题，并在班级这一真实的世界里锻炼新的技能。
- **正常儿童从中受益**。他们认识到那些看似不同或在学习上与众不同的儿童，实际上在很多方面还是和自己一样的，这些儿童能与自己成为朋友，也能为班级做出有价值的贡献。他们目睹了坚持不懈、努力奋斗去实现某种目标的价值。他们也有机会成为另一个孩子的教练、助手或导师。学前教育工作者一次又一次地报告说，儿童之间发展起来的照顾关系是融合教育的一个非常积极的成果。
- **教师从中受益**。障碍儿童或有其他特殊需要的儿童在班级中成功地学习和活动，这不仅使得教师扩展了自身的专业理解，同时还获得了一种满足感。这也为教师提供了一次宝贵的机会，如果不是因为班里有部分孩子存在障碍或有特殊需要，教师也无法教授他们原本不能教的东西或以不同的方式进行教学。
- **家庭从中受益**。家长们感到自己的孩子是被他人接纳的，并且感受到他们是由许多家庭和儿童组成的社区的一员。他们得到的支持能帮助自己更好地满足孩子的需求。

以人为本的语言

或许你已经注意到，在本书中我们一直都采用"有特殊需要的儿童"或者"有障碍的儿童"这样的表述，而没有把他们称作残疾或缺陷儿童。障碍儿童（children with a disability）和特殊需要儿童（children with special needs）这两个术语常常被互换使用，尽管障碍儿童可以被描述成有特殊需要的儿童，但是根据特殊教育服务管理规则的界定，有特殊需要的儿童不一定有障碍。多样化的学习者（diverse learners）这一术语的使用表明我们坚信一个理念，即所有儿童都能学习，尽管他们学习的方式不尽相同。由于教育工作者试图强调所有学生之间的共性而非差异，近年来用于描述作为多样化学习者的儿童的可接受术语也相应有所改变。将人界定为残疾或有缺陷的，会使得人们形成某种刻板印象，这种刻板印象贬低和轻视了儿童作为独立个体的价值。今天我们承认，有障碍的个体首先是人，其次才是有障碍的人。这种观点塑造了我们使用的言辞（Snow, 2009），更新的用语强调了看到完整儿童的重要性，包括儿童的优势和能力。

有一条很好的指导原则，应该首先提及儿童，然后再说障碍（例如，"一个儿童有唐氏综合征"，而不是"智障儿童"）。一般来说，我们应该用儿童的名字来称呼他，

反思你的能力和挑战

想想你自己的能力和挑战。哪些事情对儿时的你来说是最困难的？这些困难如何影响了你的生活？它们如何影响了你的童年经历？哪些内容是你希望你的老师们已经知道的？这些经历对你的学前教育工作有什么启发？

而不要轻易提及他的障碍,除非这些信息与当前的特殊情境有关,特别是因为医疗、教育或法律方面的原因。使用支持性的、认可有益而非负担的语言,这非常重要。例如,可以说一个人使用轮椅,而不要说成是他们受限于轮椅。类似地,我们可以说一个孩子使用助语器,而不要表述成他不会说话。当我们使用"以人为本"的语言时,说明我们已经承认儿童本身比他的障碍更为重要。

融合教育与法律

将障碍儿童融合到自然环境中(儿童能够自然学习的地方,例如学前班、运动场以及家庭出游)是联邦立法(IDEA, 2004)和幼儿教育专业组织(NAEYC, DEC)所倡导的。融合教育能使儿童受益,同时它也有法可依。美国残疾人教育法(Individuals with Disabilities Education Act, IDEA)颁布的目的就是为了能够让障碍儿童和发展正常的儿童一起学习。这项法案使得所有障碍儿童有权利接受免费而适当的公共教育(free, appropriate public education, FAPE),同时它也呼吁障碍儿童进入到被称为最少限制的环境(least restrictive environment, LRE)中接受教育。这意味着,儿童需要尽最大可能参与到普通教育课堂,并学习与其他所有孩子相同的课程,而不是进入一个独立的特殊教育班级。障碍儿童和他们的同伴一样,在相同的学习环境中接受最好的服务,这种实践被称为融合教育(inclusion)。提供融合服务是基于以下理念,即拥有各种各样能力的儿童在同一个教室里共同学习时,所有孩子都能从中受益。

为了进入最少限制的环境,有障碍的学前儿童可以进入社区的学前班、开端计划、公立学校的学前班、幼儿园以及小学班级。如果你在一所社区学前班工作,你可能没有意识到美国残疾人法(Americans with Disabilities Act, ADA)授权你在合适的时候为障碍儿童提供受教育机会。如果一个学前教育项目的实施没有过重的负担,那么你可能只需要再修建一个轮椅坡道或重新摆放设施就可以了。有时,你可能需要接受一个穿纸尿裤的孩子入学,尽管学校政策对此通常是禁止的。

美国残疾人教育法要求各州政府都要有备用资金,以便为有发展障碍或存在发展风险的婴幼儿提供早期干预服务。这些服务是提供给家庭的，通常在儿童所处的自然环境中，一般是他们的家或托儿所。设计这项服务是为了使发育迟滞的可能性最小化，减少儿童进入学前班后对特殊教育服务的需求，同时也可以提高家庭满足儿童需求的能力。

为融合教育做好准备

越来越多的幼儿园和小学正在开展融合教育实践，因此你的班级很可能会被安置一个或多个有障碍的儿童。当你得知自己班上将有一个障碍儿童时，你的第一反应可能并不积极。以前你没有选择做一名特殊教育教师，可能你担心自己还没有做好准备去应对这类孩子。其实，你在课堂上设计的活动与融合教育是一致的，这些活动旨在迎接、支持和教养具备各种各样能力的正常发育儿童的发展与学习。

如果某个教师所教的班级里安置了已经被鉴定为有障碍的儿童，那么应该为这名教师提供有效的特殊帮助。已接受的学前教育培训将使你把每个孩子都视为一个个体，并且去关注他们的技能、兴趣和需要。你也已经学会觉察自己的感受、反应和偏见，并懂得如何对之进行控制，以避免对儿童产生消极影响。如果你的班级纳入了有特殊需要的儿童，这些技能和经验会对你非常有用。

当你得知一个有障碍的儿童即将加入你所教的班级时，你能做的第一件事是反思自己的态度。障碍儿童需要重视接纳和平等的教师。如果你坚信，在教室里和其他同伴一起学习是所有儿童的权利，而不是一部分儿童的特权，那么你就会支持融合教育。为了保证你能将每个孩子都看作独特的、有价值的个体，有必要进行自我反思。教师们有时会做假设或归纳，反思一下，确保你不存在这种偏见，即认为在贫穷或受毒品影响的家庭成长的孩子更可能会有学习迟滞或行为问题。记住，家长不给孩子讲睡前故事并不意味着他们不关心孩子的教育。回忆一下，你是否曾假设不能说话的孩子是无法学习、思考或交流的，反思你是否容易因为孩子的障碍问题而责备其父母，想想你是否形成了某些刻板思维（例如，认为拐杖和助听器是专为老年人准备的）。

为了把有各种各样需要和能力的孩子融合到自己的课堂里，接下来你要做的准备工作是利用已知的方法，将发展适宜性实践的原则纳入到你的课堂之中。你可以开展的最佳教学实践，包括活动/基于游戏的学习，以儿童和家长为中心的方针，以及与文化相关的指导。你的教学以你所知儿童发展知识为基础，并且能够灵活地满足受你照看的儿童的多样化需求。你可以采用差异教学法（differentiated instruction），即教师根据每个孩子（包括有学习障碍的儿童、资赋优异的儿童以及其他所有儿童）的需求，为其量身定做一套学习活动的教学策略。

如你所知，教导孩子要以建立关系为起点，因此你需要花时间与儿童及其家庭建立信任、关爱的关系。你已经抓住机会学习了儿童正常发展的特点，因此你可以

融合多样化的学习者

反思你与有障碍的人相处的经历

回忆你作为一名成年人与一个有障碍的孩子或成人的关系以及互动。它是积极的还是消极的？为什么？你感觉如何？这段经历是否改变了你对有障碍的人的看法？这种改变是如何发生的？

第12章

识别出那些需要给儿童提供额外帮助的情境。你可以努力去更多地了解你所照看的孩子所处的文化，并鼓励和欢迎家长参与到你的教学活动中。作为一名优秀的学前教育工作者，你重视儿童的差异性，尊重孩子，同时也创造机会让所有孩子在一起学习和活动。

识别有特殊需要的儿童

我们都知道，童年经历对儿童的学习与发展有非常重要的作用。这一时期是促进儿童各方面——社交、情绪、认知和身体等发展的最佳时机。"如果儿童的特殊需要能在这几年被识别和满足，那么障碍儿童则更有可能获得成功，并能成为独立的成年人"（Hull, Goldhaber, & Capone, 2002, 162）。

观察和记录

作为一名教师，你可以通过班上每个孩子在自然环境中的日常活动情况来了解他们。因此，很有可能，你就是第一个发现某个儿童需要额外帮助的人。具备有关儿童发展的知识和观察能力，将使你能够识别出那些与班上其他孩子的发展方式有显著不同的儿童。早期的鉴别和适当的干预（教育和服务）有时能避免发展问题的出现，这些问题待儿童长大之后，往往更难补救。例如，我们认识的一名教师观察到她班上有一个孩子似乎经常迷迷糊糊地做白日梦，这个孩子的进步速度也远慢于班里的其他幼儿。她认为有必要深究一下这个问题。经过全面评估后得出的结论是，这个孩子患有癫痫，白日梦的症状实际上是癫痫小发作，而造成这个孩子发育迟滞的原因尚不清楚，他需要药物干预。

为了能保证儿童得到及时的帮助，教师需要仔细观察儿童，并了解其身体、情绪或认知上存在障碍的标志。记住，尽管你应该对那些暗示着儿童需要接受进一步筛查或评估的身体和行为特征保持警觉，但是你不能对儿童是否存在障碍下诊断结论。

15个热切的4岁孩子正在吃点心。现在是学年中期，除了杰里米以外，其他孩子都已经学会如何一起渡过欢乐的课间餐时间。杰里米在教室四周游走，他突然停了一会儿，从架子上取下一幅拼图，并用手搅动拼图碎片，然后又被旁边那幅正在晾干的绘画吸引过去。当他经过一个围了一群孩子的桌子时，他的注意力再次转移。他试图挤坐一把椅子，而这把椅子上正坐着另一个孩子。

杰里米的行为总会引发他与其他儿童或成人之间的冲突。他无法在任何一段持续的时间里专注地进行有意义的活动。许多幼儿在4岁时都很容易分心，但如果你是杰里米的教师，你或许会发现他的行为有些极端。在这种情况下，你首先要做的是试着弄清楚造成杰里米这种行为的原因。从仔细观察他的行为以及他与父母的交流开始，接着你需要试着调整学习环境、时间安排和课程，以便更好地满足他的需要。如果上述做法都无济于事，你可以推断，杰里米可能需要额外的帮助来应对学前课堂的要求。此时你还应该着手采取一些措施让他接受评估，并为他寻求更多的帮助，这样能保证他以更积极的方式去学习如何活动。

如果你第一次当教师时，面对的都是发展正常的儿童，那么类似于杰里米这样的情况或许是你第一次遇到有障碍的儿童——这个孩子的状况尚未正式确定，他也没有获得专业的服务或支持。像杰里米这类孩子的行为表现会让你感到非常困惑，有挫败感，你观察到的情况在向你暗示这个孩子发展的某些方面可能出现了问题。许多发展性问题或心理问题都是在儿童参加学前教育项目时首次被发现的。作为一名任课教师，你应该意识到儿童能从评估和特殊服务中获益。在与家长协商后，你可以开始采取一些行动，使得此类儿童获得必要的帮助。

如果你认为你照料的某个孩子可能需要特殊关注，那么你应该采取哪些措施呢？首先，观察这个孩子在各种情境中的表现，注意孩子的特长以及他所采用的适当的、与其他儿童相似的活动方式。接着，准确地找出这个孩子看似不正常的或值得注意的行为和能力。做书面事件记录，记下你观察到的他正在做的事情以及发生的时间，要谨慎地做出客观陈述。你还可以通过时间取样和事件取样的方法了解更多的信息。在哪些情境下这个孩子无法像其他儿童那样参与活动？这个孩子的行为是否满足了某些发展期望？孩子的问题是否可能涉及文化或语言差异？一旦你记录下儿童的行为并回顾了自己的观察，你就能决定下一步该如何办。

或许你希望能与同事、主管或督导分享你的观察资料和担忧。当你这样做时，注意不要急于得出结论或给孩子贴标签或责备孩子。你的同事往往能够根据更为客观的观点提出个人见解，帮助你厘清你的反应。你可以让一名同事独立地观察这个孩子。有时成人对孩子的行为期望是"不具有发展适宜性的"。例如，我们都知道某些教师在发现一个2岁的幼儿在学校里不说话，或一个5岁的孩子无法很好地服从指示时，他们会感到很惊讶。这些行为很可能是个体差异的结果，而个体差异是儿童生活经历造成的，并非障碍所致。

第12章 干预反应

第二个步骤被称为干预反应（Response To Intervention, RTI），它在小学低年级中的使用越来越普遍。干预反应提供了循证干预（我们称之为最佳实践），并依靠对干预后改善情况的频繁评估，确定每一种干预措施对每个独特的儿童效果如何。虽然这是一项普通教育计划，但它经常得到来自特殊教育基金的资助，并且最完美的形式是，它由特殊教育与普通教育教师合作完成（Allington, 2009）。

干预反应的倡导者认为，高质量、发展适宜性的课堂加上训练有素的教师能为儿童的发展提供动力，使全体儿童受益。然而，在幼儿园和小学一年级中，高达20%的孩子需要更大强度的支持才能实现学业目标，比如识别押韵的声音或者发展精细动作技能。为培养目标能力而进行的额外干预通常在较小的儿童团体中提供，这些措施都建立在有效性教学研究的基础之上。此时，许多孩子可以"追上"他们的同伴。对于少数需要更具针对性干预的儿童，熟练的任课教师将为他们提供一对一的帮助。只有当评估数据表明这种水平的帮助仍然不够时，这个孩子才能被转介去做特殊教育资质评定。这样做的目的并非延迟必要的服务，而是为了鼓励那些需要帮助的儿童早做鉴别，同时降低他们对特殊教育服务的需求（Buysse & Wesley, 2006）。

尽管干预反应无法照搬到幼儿园环境，但是学前教育原则原本就支持干预思想，并为每个儿童提供个性化的支持。目前，幼儿干预反应中心、干预反应行动网络、弗兰克·波特·格雷厄姆（FPG）儿童发展研究所、美国国家学习障碍研究中心等组织正在联合开发许多支持性的工具，诸如对可能存在风险的学前儿童进行鉴定的有效工具、监测干预结果动态进展的工具，以及基于研究的有效性教学。

美国残疾人教育法规定，在缺乏适当的阅读或数学教学，或者英语水平有限等情况下，不能认为儿童存在学习障碍。实施干预反应是为了确保每个儿童在被考虑转去接受特殊教育之前都能接受适当的教育。事实上，满足你所照管的每个儿童的个性化需求正是你一直在做的事情之一。

接受特殊教育服务的资格

有时，对于确实存在某种问题的儿童而言，即使你非常努力、有专业人员的帮助，并且你也不断地与儿童的家人沟通，你仍然会发现他需要的帮助超出了你所能提供的。此时，你应该与你的主管、督导或者校长商量，同时你或管理人员需要询问家长是否同意将孩子转介到别处进行评估，以确定问题所在，并在必要时为儿童提供适宜的帮助。在某些情况下，家长或许还没准备好接受他们的孩子可能有问题这一事实。此时，你应该尽可能地多与孩子相处，获取更多的资料，并与幼儿园管理人员谈谈接触儿童家庭的其他方法。有时，你可以要求儿童的家人走进教室里观察孩子，或者让他们与儿科医生谈谈自己的忧虑。在这一过程中，你应该继续尽你所能地满足孩子的各种需要，这一点非常重要。

从你的同事和项目主管那里寻求帮助，使用社区中可以利用的资源。公共和私人机构都能对一部分儿童进行筛查，并为有障碍和其他特殊需要的孩子提供评估和咨询服务。如果你在幼儿园或儿童发展中心教书，你附近的小学或许就能提供这样的服务，州或县的卫生部门、公共事业部或教育部门也能提供帮助。诸如学习障碍儿童与成人联合会等私人机构以及儿童医院也许都能够提供帮助。如果你在公立学校系统工作，与你的主管一起查看都有哪些与转介相关的方针政策。大多数学区的教职工中都有能帮助你评估儿童需要的专家。

由于个体发展情况迥异，有障碍的儿童和发展正常的儿童在早年的差异通常是不明显的。学前教育工作者往往要面对处于各种发展水平的儿童。美国残疾人教育法界定了超过12类障碍——包括精神发育迟滞、听觉损伤、言语与语言损伤、视觉损伤、严重情绪困扰、肢体损伤、孤独症、创伤性脑损伤、其他健康问题、特殊学习障碍以及发育迟滞。这些情况都会严重阻碍儿童的学习与发展。

玛乔丽·科斯捷利尼克及其同事（Kostelnik et al., 2002）认为，鉴定发展障碍和"贴标签"有利也有弊。从积极角度讲，标签是有必要的，它能让儿童接受特殊教育服务，同时也有助于成人了解可以到哪些地方寻找更多关于儿童状况的信息；从消极角度看，标签仅仅关注了儿童发展的一个方面，无法提供儿童的整体情况。教师可能因此只关注障碍，却对孩子的兴趣和优势关心得很少。尽管贴标签有缺点，但是鉴定儿童发展障碍的实践仍然在进行，并且有可能一直持续下去，直到建立更好的体系。

确定教育需求

标准化测验一般是由接受过专业训练的人士使用，以确定儿童是否有资格获得特殊教育服务。对3岁及3岁以上儿童的评估通常会得到教育部的配合，而对3岁以下儿童的早期干预评估则通常由卫生部、公共事业部、家庭与儿童部等众多政府机构提供。

如果某个儿童确实需要特殊教育服务才能满足他（她）受教育的可能性，那么由教师、家庭成员、教育专家和其他相关专家所组成的团队将共同合作，为3岁以下的儿童制定个别化教育计划（Individualized Education Program, IEP）或个别化家庭服务计划（Individualized Family Service Plan, IFSP）。除了标准化测验以外，制定这一计划的过程还包括使用真实性评估，例如观察儿童在家庭或学前班课堂等自然环境中的表现，也包括从家庭成员或其他熟悉儿童情况的人那里收集的信息（DEC, 2007）。

个别化教育计划概述了为某个确实存在障碍的孩子提供的特殊服务，它还包括儿童发展的目标，并确定了教师为帮助儿童更充分地参与教育计划而需要做出的调整或修改。个别化教育计划最好能以家庭的理念和目标以及普通课堂教师的教学实践为依据，同时也应该反映学前教育项目的理念以及当前关于幼儿学习方式的主流观点。家庭、特殊教育工作者与儿童教师的共同合作使得这项计划成为可能。个别化教育计划将评估和测验资料与发展适宜性课程联系起来，关注完整的儿童（Edmiaston, Dolezal, Doolittle, Erickson, & Merritt, 2000; McCormick & Feeney, 1995）。

个别化教育计划指定了推动每一目标实现或进行计划调整的负责人，同时也说明了干预的频率。例如，玛雅的 IEP 可能会指出，她每周需要和言语治疗师见两次面，以提高讲话的清晰度；她的任课教师需要鼓励她在适当的时间说"你好"和"再见"，借此教她社会习俗，每天两次；职业治疗师每周会到教室一次，帮助玛雅学习扣衣服上的纽扣和拉拉链；团队中的每个人都将定期评估玛雅在学习过程中取得的进步。IEP 团队每年至少进行一次会面，对每个孩子的个别化教育计划进行讨论、更新和修订。除了 IEP 中提到的目标外，你还可以提出其他你认为有必要的调整或策略，每个孩子都需要获取和参与。当儿童拥有 IEP 时，IEP 团队已经确定了该儿童接下来需要实现的目标。为了促进这些目标的达成，我们需要为教师提供资源和支持。图 12.1 提供了一个个别化教育计划的例子。

根据美国残疾人教育法的规定，个别化家庭服务计划是为应该接受早期干预服务的 3 岁以下儿童提供的。家庭成员和服务提供者组成团队共同合作，撰写个别化家庭服务计划。儿童家人需要确定他们期望子女实现的发展结果，因为书面计划正是在此基础上制定的。IFSP 团队为儿童制定并执行计划，随后评估其效果。IFSP 需要进行定期分析，必要时还应做出修改，以便为儿童发展提供最佳支持（Dunlap, 2009）。作为有障碍的婴幼儿的照料者，你有责任在 IFSP 中提出一些建议。

实施融合教育

当你和所有孩子在一起时，如果一个有障碍的儿童走进你的课堂，你应该对他表示欢迎，让他感受到自己是整个班级的一分子。成为融合教育班级的有效教师，并不需要你成为熟知某种障碍的病因、症状和性质的专家，但是你必须掌握专业知识或经过专业化的培训，从而指导你为儿童提供适当的教育和服务。有时这非常简单，例如学习在儿童癫痫发作时应采取的措施。但有时你可能需要接受特殊训练，比如学习手语，与患有听力障碍的儿童交流。

准　备

尽管幼儿能很好地接纳差异性，但你仍然应该知道自己可以做些什么，来帮助

图 12.1 个别化教育计划（IEP）示例

个别化教育计划（IEP）

儿童姓名：玛雅·柴尔德
出生日期：2005 年 12 月 8 日
年级：幼儿园　　　　　　　　　　　年龄：5 岁零 11 个月　　　　　　　日期：2011 年 11 月 10 日

学生档案

马娅是一个 5 岁的女孩，有唐氏综合征、发育迟滞，运动和言语发展迟缓。马娅与母亲、父亲、两个哥哥、一个姑姑以及她 5 岁的表妹生活在一起。她在言语和运动能力上达到发展里程碑的时间滞后于正常儿童。马娅在过去的两年里参加过针对特殊需要儿童的学前教育计划，这是她第一次被安置到融合教育环境中。

马娅的老师认为她的接受性语言有轻微欠缺，表达性语言明显落后。因此，她在表达自己的愿望和需求方面存在困难。尽管马娅喜欢与同伴一起玩耍，但是这些问题限制了她参加集体活动以及与其他儿童交往的能力。当她无法融入集体活动或完不成任务时，她偶尔会通过打、哭、踢等方式做出回应。此外，马娅精细动作的发展情况使她很难完成穿衣服、书写、绘画等活动。

马娅的家人表示他们很难理解她。她喜欢和表妹拉斯哈娜一起玩，她们两人将被分到同一个班级里。尽管对马娅发出指示时，她似乎常常"不注意"，但她总是感到快乐，并富有合作精神。当感到挫败时，她会大发脾气，躺在地上、哭闹和踢打。

课堂适应

自理：上厕所、穿衣和进食需提供帮助。

社会性/情绪：实施积极行为支持，减少导致儿童受挫和发脾气的原因。

提供同伴榜样，进行角色示范：为儿童轮流发言、合作游戏和同伴交往提供结构化的机会。

物理安排：在小组活动时间，让马娅坐在教师附近，以便帮她将注意力集中到活动上。

制订计划，让马娅坐在能为她提供行为榜样的同伴旁边。为她提供可视化的活动时间表，帮助她了解每天的常规活动。

材料：提供超大蜡笔和其他材料，使马娅能够创造性地表达和写作。

多提供几套受儿童喜爱的材料，以便她能和其他孩子同时使用。

沟通：使用图画/文字沟通手册、简化的命令、视觉线索、图片和手势。

年度目标：在常规课堂活动中实践这些目标（自理、词汇、社会性、行为、认知、身体）。

可测量的目标

领域： 语言/读写能力

当前学业成绩水平和机能表现水平：
标准化测验结果表明，马娅的表达性词汇至少有 20 个，讲话时仅使用基本的单个单词。她只能用单个单词或通过用手指和/或做手势的方式对自己的愿望和需求进行有限的表达。接受性词汇测验结果表明，她能正确指出常见物品。

可测量的年度目标（与满足学生需要有关）：
到 2012 年 5 月时，马娅能对他人的问候（你好，再见，你好吗？）做出适当的回应，正确率达到 80%。

领域： 身体发展（精细动作）

当前学业成绩水平和机能表现水平：
根据教师和父母的观察，马娅能用手抓住较大的物体，但是她的精细动作发展滞后，当衣服有扣子、拉链或其他扣件时，她不会自己穿衣服。

可测量的年度目标（与满足学生需要有关）：
到 2012 年 5 月时，马娅能扣上或解开衣服前面的纽扣和拉链，正确率达到 90%。

（续）

图 12.1 个别化教育计划（IEP）示例（续）

特殊教育和相关服务				
服务类型	服务频率	持续时间	起始/结束日期	服务地点
相关服务 言语治疗师（ST）讲解词汇和发音。	每周2次	30分钟	2012-1-12 至 2012-5-20	幼儿园教室
相关服务 职业治疗师和理疗师（OT，PT）与幼儿特殊教育（ECSE）老师和学前教师进行协商。	每周1次	30分钟	2012-1-10 至 2012-5-20	幼儿园教室 操场
特殊教育 幼儿特殊教育老师结合OT和PT提供的指导，开展小组教学。	每周3次	60分钟	2012-1-10 至 2012-5-20	幼儿园教室
附加援助及服务 幼儿园教师结合ST提供的指导，介绍和强化新词汇。	每天	30分钟	2012-1-10 至 2012-5-20	幼儿园教室

班上的孩子们理解和接纳这个有障碍的新伙伴。想想当孩子们询问你有关新来的小朋友的有关问题或希望了解其更多信息时，你应该使用怎样的语言来回答。一个好的方法是，使用具有个人意义的例子对这种特殊的障碍或情况进行简单的解释。例如，介绍在表达性语言方面有困难的孩子时，你可以说："马克有时很难说出自己想说的话。你是否曾经有想告诉别人一些事情，但是说出来的话却混淆不清的时候？"

尽可能诚实而直接地回答孩子的问题，帮助儿童理解他们注意到的任何差异性。

你可以说："罗丝戴了一个助听器，这样她就能听到我们对她说的话了。"如果孩子们看起来很感兴趣，你可以带一些助听器到教室里，让孩子们戴上试试，并了解助听器是如何起作用的。

你需要让其他孩子知道，障碍不会"传染"。有些孩子（特别是小学生）刚开始会笑话或嘲弄那些看起来或在学习上跟别人不同的儿童。记住，这种反应可能是尴尬造成的。此时，你可以抓住机会谈一谈个体之间存在的广泛差异以及彼此间相互尊重的价值。你热情、接纳的态度将为孩子们建立这样的关系树立起一个非常好的学习榜样。

在《特殊需要儿童：学前教育专家的必修课》一书中，玛乔丽·科斯捷利尼克及其他合著者建议，当特殊需要儿童第一次被安置到你的班级时，你需要基于自己的观察以及从其他人那里收集这个孩子的信息。作者建议你考虑收集以下七个方面的信息：

- 这个孩子是如何对感知做出反应的；
- 这个孩子是如何加工信息的（他或她喜爱的学习方式）；
- 这个孩子是如何处理问题、制订计划和采取行动的；
- 这个孩子的情绪功能、社会功能以及智力功能的风格；
- 这个孩子是如何与他人沟通交流的；
- 这个孩子一般是如何与同伴和成人交往的；
- 他的家庭以及日常生活是怎样的（Kostelnik, Onaga, Rohde, & Whiren, 2002, p.4）。

如果仔细观察，你就能发现孩子喜欢和讨厌的事物，他的能力、兴趣以及需要被帮助的地方。记住，掌握障碍的有关知识能够帮助你处理你的焦虑情绪，但这并不能让你了解儿童。没有任何两个患有相同障碍的孩子是一模一样的，障碍只是个体的特征之一。当你发现使用腿部支架的儿童在玩拼图或在画架旁画画时，你最先要做的是去关注她为了完成拼图或给图画上色而使用的策略。当她站在操场上却无法像其他孩子那样跑或爬时，你需要为她提供物理援助，或帮她找到可替代的活动。

家庭是获知儿童情况的重要信息源，儿科医生、治疗师、特教老师、早期干预专家、专题工作坊以及有关课程等也能帮助你理解和应对障碍儿童。当你认识到应该把障碍儿童当作独立的个体看待时，你就能在教学中更好地与这个孩子建立良好的关系，并满足他的需求。

或许你想要为儿童提供机会，让他尽可能充分地参与班级的日常活动，并帮助其发展胜任感（见图12.2）。如果你对特殊孩子的参与要求区别于普通孩子，那么这将有利于他胜任感的培养。假如每个孩子都能以自己独特的方式为班级活动作贡献，障碍儿童的参与就不会显得十分与众不同。但要避免过度保护，因为这会突显障碍儿童的能力相对不足，其他儿童以后可能会过分保护他或排斥他。

你可以帮助班上的儿童认识到，没有人能把所有事情都做得同样好，每个人都有自己的优势和劣势。你还能帮助某个小组的儿童找到一些特殊的方式，使障碍儿童参与他们的游戏。例如，你可以向小组示范如何帮助一个有视觉缺陷的儿童感受积木结构的形状，然后再通过言语指导使他能把积木正确地搭在建筑物上。

当一个障碍儿童被安置到你的班级时，也许一开始你会感到不安。因为你不确定自己是否有能力应付这样的情况，又或者你认为这本不是你的职责。然而，教师对障碍儿童持积极态度并愿意提供支持，这十分重要，因为支持性的情绪环境是儿童充分发展的基本条件。教师增加教学自信心的一种方法是尽可能多学习与融合教育相关的知识。你所在的幼儿园能为你提供专业发展，而许多团体也会提供定期的

图 12.2　融合有障碍或有其他特殊需要的儿童

- 通过与儿童的家人交谈来了解孩子。儿童的家人是你获取有关孩子的优势、需要和挑战等资料的最佳信息源。务必仔细地倾听家庭成员以及其他了解这个孩子的人所说的内容。
- 向儿童的医生、治疗师与前任教师咨询，获取更多信息。弄清楚这个孩子是否正在接受药物治疗，以及药物副作用可能会导致的问题。询问儿童参加过哪些特殊课程或接受过哪些治疗服务，并弄明白你需要了解的预防措施、限制因素和必要条件。
- 与儿童的家人和正在服务这个儿童的其他专家定期沟通。
- 找出有助于你应对孩子问题的可利用的服务。
- 与专家和顾问一起就如何最好地帮助儿童发展这一问题进行头脑风暴。
- 保持谨慎，不要根据第一印象做判断。慢慢了解这个孩子，务必找到其优势和能力。
- 问问你自己："我应该如何设计课堂流程和活动，使这个孩子能参与其中，同时也能满足其他孩子的需求？"
- 耐心点儿——有些孩子可能需要你进行多次的讲述和解释。
- 保持灵活性和开放性，善于学习和发现有关儿童以及你自己的一些新鲜事物。

培训机会。特别是开端计划办公室，它提供了许多可利用的网络资源，希望借此支持他们对融合教育有效性的长期承诺，他们的特殊任务训练库是对每个人都开放的。开端计划融合教育中心还有一些易于使用的材料，用来解决融合教育过程中遇到的障碍，并提升教师应对特殊需要儿童的信心和胜任力。

反思一下，如果你是特殊需要儿童的父母，你可能有何感受？

假如你是障碍儿童的家长，你希望你的孩子参加哪种类型的教育项目？你希望孩子受到怎样的对待？你希望幼儿教育专家如何对待你？

计划调整

相关政策和推荐的教学实践都表明，参加高质量的幼儿融合教育计划，对障碍儿童、无障碍儿童以及有各种各样需求的儿童都能产生积极影响。然而，仅仅把所有儿童都安置到同一个班级是不够的，儿童的个性化需求也必须得到满足。

在决定课堂上使用哪些材料、采用哪些活动和策略来帮助特殊需要儿童时，有关儿童发展和发展适宜性教学的知识能为你制订计划提供指导。在教每个孩子时，你都要观察该儿童的优势、兴趣和爱好，以帮助他富有成效地参与学习活动。正如支持其他孩子学习那样，你可以为障碍儿童示范期望行为，演示活动顺序，并与他一起玩耍。记住，如果可能的话，让障碍儿童做活动的领导者，鼓励他并与之保持联系，同时呆在他附近以便在必要时提供支持。艾伦和施瓦茨（Allen & Schwartz, 1996）提醒我们要牢记障碍儿童与正常儿童的共同点，而不应把注意力总放在补救缺陷和迟滞上。

对课程、材料和学习环境进行一些非常简单的调整，你就能将教室变成一个对有障碍或有其他特殊需要的儿童来说友好的场所。你对障碍儿童提出的总目标应当与发展正常儿童的目标一致。思考你目前提供给孩子们的学习体验，并以此为起点。记住，所有儿童，特别是那些有障碍或有其他特殊需要的儿童，都需要有机会来培养自信，有机会去探索，为想要做的事情制订并执行计划，练习自我控制、沟通与合作的能力，以及与其他同伴建立关系。

同时也想一想，障碍儿童能否在课堂上获得全部学习机会，这一反思过程将有助于你决定需要对教学计划做出哪些方面的调整，这样才能对特殊需要儿童有所帮助。苏珊·桑德尔和伊岚·施瓦茨在他们合著的《学龄前特殊需要儿童教学模块构建》一书中为这一反思过程提供了有益的指导。他们将课程调整定义为对正在进行的课堂活动或教学材料做出改变，这种改变能促进或最大化儿童的参与度，同时这些调整也应该易于实施，执行前同样需要制定一些计划，但大多数情况下不需要增加额外的资源（Sandall &Schwartz, 2002, 45）。

成功的融合教育意味着儿童能够利用所有的学习机会，享受与其他同伴一起充分参与活动的过程，并且拥有达到成功需要的支持（DEC/NAEYC, 2009）。提供学习机会包括移除物理障碍，提供丰富多彩的活动，为每个儿童的学习与发展创造激动人心的机会。与其他儿童共同参与是学前教育的重要部分。如果我们为儿童提供嵌入式学习机会（embedded learning opportunities, ELOs），他们的参与机会会增多。这种学习经历强调在日常活动情境中实现学习目标，例如所有儿童都可参与的活动。为障碍儿童提供的活动的侧重点可能稍有不同，但这些活动也应该是其他孩子参与的。例如，当一部分儿童在搭积木时，另一部分儿童可能被鼓励去数积木或识别积木的形状。接下来，我们将介绍有助于实现融合教育目标的调整策略，请记住，调整和改变越少越好，这一点非常重要。

桑德尔和施瓦茨介绍了六类促进特殊需要儿童更充分地参与日常教学活动的课程调整方法。这些方法为你思考自己可以在课堂上做些什么提供了良好的框架。

环境支持

环境支持包括调整部分环境，使其满足儿童的需求。记住，学习环境既包括日常活动和活动时间安排表，也包括教室的物理环境和情感氛围。如果孩子无法自由移动，那么你需要拓宽区域之间的通道；如果孩子存在言语加工问题，你可以借助图画来说明活动或告诉儿童接下来要去的地方；如果某个儿童很难参与集体活动，回顾一下活动时间表可能会有所帮助。有些活动周期对于正常发展的儿童而言可能都太长，更不用说那些还要面对额外挑战的孩子。因此，你需要仔细地观察儿童在每个活动周期中的表现，确保每个儿童都能参与其中。当发现有人落后时，可以增加一些运动、唱歌或进行下一个活动，同时一定要以能够促进儿童与同伴之间互动的方式安排学习环境（包括材料和活动）。

材料改造

材料改造是指对教室里的玩具及其他工具进行调整，以便为儿童的参与提供支持。职业治疗师或理疗师可以帮你找到能产生较大作用却又非常简单的改造方法。

在刷子的手柄上缠一些胶带或纱线、为填充动物玩具缝上手柄、提供有短柄的餐具、把画架降低、在自行车的脚踏板上捆几块木头，或者使用防滑材料以避免玩具滑落，这些做法都能使有运动困难的儿童充分参与到课堂活动中。也许你已经收集了各种难度水平的拼图和操作材料，如果没有，就去添置这些材料，这也是一种简易的调整方法。

简化活动

为难以从事复杂任务的儿童简化活动。把一个复杂活动分解成各个组成部分，将它们作为一系列次级技能分别教授（称为任务分析），这也是一种有效的手段。对于穿衣、刷牙等活动，可以一次先练习一个组成动作，作为完成整体任务的准备。如果你曾经教过学步儿提裤子，那么你已经具备了使用任务分析的实践经验。阅读或参加特殊教育课程或工作坊，都能帮助你学习如何进行任务分析。你还可以按下列方法行事，比如每次只给儿童提供一份材料，设计步骤少的活动，制作按顺序显示活动步骤的照片卡，等等。

适应性器械的使用

适应性器械（指特别设计的装备和器材）有助于儿童参与课堂活动。职业治疗师、理疗师或特殊教育资源专家能为你推荐一些器材及其他改造方法。这些专家能帮你设计如何摆放设备和材料，例如特殊的桌子能帮助需要轮椅或支架支撑的儿童近距离地参与活动，合适的剪刀能帮助精细动作有困难的儿童，椅子上的脚踏板和后背撑能为大肌肉动作有困难的儿童提供帮助。你也可以利用辅助技术帮助儿童表达观点，展示他们知道的以及能做的事情。辅助技术设计和供应方面的专家能帮助你明确儿童的需要以及如何提供这项技术（Bowe, 2000; Mulligan, 2003）。

来自同伴的支持

同伴支持对障碍儿童非常有帮助。同伴是很好的榜样，将有特殊需要的儿童与熟悉活动和常规且愿意提供支持的儿童组成一对，这会有良好的成效。你可以建议孩子们邀请有特殊需要的儿童加入他们的游戏，或者分享一个他的发现。

无形的支持

无形的支持意味着以不太明显的方式安排活动，帮助儿童参与其中。这些支持包括确保有特殊需要的儿童有机会观察到其他孩子进行活动的方式；让他最后一个倒水，以避免罐子太满；在一个活动周期里设置更多动态活动，以使儿童能够参与更长时间；或者让有特殊需要的儿童第一个开始，以保证他有足够的时间完成活动。

将有障碍的儿童安置到你的班级，并不意味着你必须以不同的方式来做每一件事，也不代表你需要为一个孩子制定费时的个别教育计划。它只是意味着你需要敏锐地观察到每个孩子的需求并及时做出回应，不断提供参与活动的机会，帮助儿童实现最佳发展。你对孩子持续的评估将使你了解到在发展连续体上接下来会发生什么，同时你也可以据此制订教学计划。

融合教育与发展适宜性实践

全美幼儿教育协会在发展适宜性实践（developmentally appropriate practice, DAP）的立场声明中明确支持融合教育。这一声明指出，教师应为满足包括障碍儿童在内的每一个儿童的特殊需要做好准备（Copple & Bredekamp, 2009）。

游戏是所有儿童进行学习的主要工具，也是适宜性实践的重要标志。当班级中加入了有障碍及有其他特殊需要的儿童后，教师切勿过分关注矫正或进行个别化指导，以至于忘记了所有儿童都需要参与游戏的机会，这一点是非常重要的。参与游戏对障碍儿童尤为重要，因为游戏能为他们提供体验掌控感、智慧感以及胜任感的独特机会，这些体验对于儿童发展积极的自我意识至关重要。

你的指导在帮助障碍儿童参与游戏中发挥着尤其重要的作用。你可能需要直接教授游戏技能，并积极地帮助儿童掌握这些技能。和所有孩子一样，障碍儿童和特殊需要儿童在参加游戏时也应该有机会使用各种各样的材料，包括开放式的和有特殊用途的游戏材料。

合 作

如果你班上加入了有障碍及其他特殊需要的儿童，你将被要求与包括特殊教育教师、咨询顾问以及来自不同学科的专家在内的专业人士开展合作。过去，不同领域的专家倾向于独立进行工作。例如，儿童在校外接受言语治疗，但是教师和言语治疗师从不互相交流。今天我们提倡合作，这样整个团队就能以一种更为整合、系统的方式来满足儿童和家庭的需要。合作也能使任课教师从中受益，因为团队中的其他人都掌握一些有关障碍的专业知识，而这些障碍正是你的教学计划所需要应对的，如此一来，这些专家就能提供资源和支持。同样，你也可以分享你的自然教育方式——在儿童的游戏过程中嵌入学习机会。

与其他专家共同合作，为障碍儿童提供可能的最佳体验是令人欣喜的，也是充满挑战的。团队协作意味着跨越学科界限，同时还意味着需要一些新的行动。通常来说，学前教育工作者比较关注学习的过程，而特殊教育领域的专业人士则更为关注学习的结果。为了有效地为儿童服务，团队成员应致力于建立良好的关系，尊重其他人的贡献，并具备良好的沟通技能（Sandall & Schwartz, 2002; Turnbull, Turnbull, Shank, & Smith, 2004; Wolery & Wilbers, 1994）。合作使包括教育工作者、专家和家庭成员在内的团队成员共同分享资源和优势，并以创造性和回应式的方式为儿童提供

反思你与特殊需要儿童相处的经历

想想你的幼儿园经历中有没有障碍儿童。你认为你的老师们对这些儿童有何感觉？你的感觉是怎样的？这些思考对未来将成为教师的你有什么启示？

第 12 章

帮助、解决问题。

从事障碍儿童工作的特点和策略

下面将简要介绍一下你在学前教育工作中可能会遇到的几种障碍，以及有效应对有这些障碍的儿童的建议。记住，对障碍的分类并不能让你全面地了解一个孩子。在某一类儿童中观察到的特征通常与其他类别儿童的特征相似。状况相似的儿童彼此之间的差异性，实际上和他们与其他类别儿童之间的不同点一样多。即使几个儿童被鉴定为有不同类型的障碍，但是他们之间仍然可能有相似的行为方式。

肢体障碍儿童

有肢体障碍的儿童难以控制或轻松移动自己的身体。与儿童家人和理疗师或职业治疗师进行协商，帮助你调整自己的教学计划。与儿童家人和治疗师交谈，了解该儿童喜爱同时又适用于小组全体儿童的活动。例如，身体觉知活动有助于增进所有儿童对自己身体的欣赏。

幼儿往往着迷于特别的设备，比如行走辅助器或轮椅。与家人协商——或许他们愿意让其他孩子也尝试这一设备，以满足儿童的好奇心。你也可以邀请有肢体障碍的成人来看望这些孩子并回答他们的疑问。

下列课程调整建议将有助于你班上的肢体障碍儿童实现积极发展：

- 重新摆放家具，使这些儿童能够方便地从一个区域移动到另一个区域。
- 调节桌子和画架的高度。
- 重新摆放教学用品和玩具，使这些儿童更容易拿到它们。
- 改造标准化设备，例如三轮脚踏车。
- 让这些儿童尝试进行活动，发现自己的能力和局限。
- 通过教授穿衣、吃饭等生活自理技能，鼓励这些儿童独立。

认知迟滞儿童

尽管儿童的学习速度各不相同，但是有些儿童的学习速度明显慢于其他同伴。

认知障碍和智力缺陷的出现时间可以在出生前、出生时或出生后。导致认知迟滞的一个主要原因是称为唐氏综合征（Down syndrome）的基因异常。在学龄前的几年中，认知迟滞的儿童看起来比他们的实际年龄小得多，他们在学习技能和形成概念方面也存在困难。这类儿童无法记住发生过的事情，或不会使用信息来解决问题。他们在语言使用上可能也存在困扰，也可能会在合作游戏、发起活动和交往、学习独立活动方面遇到困难。

有轻微认知迟滞的儿童看起来与该年龄段中年纪最小的孩子差别不大。有中度认知缺陷的儿童在自理能力、动作发展、社交技能和语言发展方面存在更大的困难。有严重认知迟滞的儿童在大多数发展领域都会出现功能障碍。

以下课程调整建议有助于促进你班上的认知迟滞儿童实现积极发展：

- 将教学过程分解，缓慢地教导这些儿童。
- 提供充足的机会，使这些儿童能成功地练习一项新技能。
- 简化日常活动，为活动过渡留出更长时间。
- 切勿假设这些儿童能做什么、不能做什么。鼓励他们进行尝试。
- 相对于其他儿童，教认知迟滞儿童时使用更为简短的句子和简单的词汇。
- 在教授一项新活动时，花更长时间，并使用多感官法。
- 在帮助这些儿童学习概念时，把重点放在概念间的对比上，并结合大量真实生活的例子进行教学。

学习障碍儿童

学习障碍（learning disabilities）这一术语指的是智力正常但是学业能力低于该年龄段正常水平的儿童所表现出的各种各样的问题。学习障碍儿童各个方面的发展状况极不均衡，例如，一个孩子可能具备较高的言语能力，但却很难学会阅读。

学龄前儿童的学习障碍或许不会对他们的日常活动造成严重影响。然而，对于学龄儿童而言，某一发展领域的能力与另一发展领域存在的障碍间的不一致往往会导致他们遭受责备，被指责不努力，或是懒惰、顽固。

当你班上加入了学习障碍儿童时，务必把注意力集中到儿童具备的优势上，并尽力鼓励他们的成功。这些策略与你对其他儿童所采用的策略大体相同，但更重要。以下建议将有助于你班上的学习障碍儿童实现积极发展：

- 使用多个感觉通道，以便这些儿童能以自己的最佳方式进行学习。
- 允许这些儿童触摸和操作教学材料。
- 有序地组织活动，活动时间要短。
- 活动过渡时间和大组活动时间要短，避免出现儿童无事可做、在一旁等待的情况。
- 保证这些儿童有充足的时间和机会练习新概念和新技能。

- 避免过度刺激，帮助这些儿童集中精力。
- 简化活动，以便这些儿童能体验到成功。
- 必要时，增加刻意引人注意的策略，比如使用类似于看、听或看着我这样的话语。

沟通障碍儿童

幼儿在沟通和语言方面存在问题是正常的，缺乏流畅性和发音错误都是正常言语发展的一部分。如果一个孩子在 2 岁时还不会说话，3 岁时不会说包括两三个词的句子，3 岁以后讲的话仍然难以理解，5 岁后说出的句子结构贫乏或说话结巴，那么此时你应该对他的语言发展情况感到担忧。学龄前儿童会犯许多正常的发音错误，例如把 with 说成 wif。如果这种发音错误在儿童 5 岁后仍然存在，或者儿童讲话的音高、音量或语音质量仍有异常，就需要请言语治疗师进行评估了。

有接受性语言问题的儿童难以理解词语意思以及词语的组合方式。存在听觉处理问题的儿童不能识别不同语音间的差异（听觉辨别），也可能无法从嘈杂的背景中将声音分离出来。有言语问题的儿童难以被理解。如果儿童有表达性语言问题，他们在用言语表达思想、选择合适的词语或正确使用语法结构方面都存在困难。如果儿童无法沟通交流，他们在学习上可能就较为吃力，如果别人很难理解他们说的话，那么这些儿童的社会交往也将受到阻碍。

当你需要应对存在言语或语言问题的儿童时，以下策略将是有效的：

- 定期与儿童交谈，鼓励所有儿童之间多进行会话。
- 小心，不要打断、催促或给儿童施压。
- 示范正确的语言，多让孩子发表个人意见。
- 使用简单的句子结构和词汇。
- 为全体儿童提供更多活动机会，在活动中愉快地学习语言。
- 在日常活动中融入歌曲、押韵和合唱。
- 鼓励儿童在感到有压力、挫败或兴奋的时候谈谈自己的感受。
- 将交流重新引到另一个孩子身上："你能把刚才告诉我的事情讲给威利听吗？"

感觉障碍儿童

视觉

当视力问题妨碍到某个儿童参与日常活动时，可以认为他存在视觉障碍。只有部分视力的儿童可能有视敏度问题，通过戴眼镜可以进行矫正，很少有儿童完全看不见东西。大多数孩子能看到明亮和黑暗的区域，能看到大概的形状但看不清细节，或者只有周边视力（边缘视力）而没有中央视力。

视觉障碍发生于出生后的儿童，其发展情况与其他儿童基本相似，而出生时就失明的儿童，其发展速度会慢得多。后一类儿童无法充分观察并模仿同伴的行为，他们认为运动很危险因而减少了运动，其身体发育速度可能比同伴慢一些。视觉障碍儿童的社会性发展也有所滞后，因为他们看不到能提供社交线索的面部表情，而面部表情恰恰是社会交往的必要部分。

以下课程调整建议将有助于你班上的视觉障碍儿童展现更多积极功能：

- 提供良好的整体照明，避免明暗之间的眩光对比或强烈对比。
- 保持房间布置和格局简单、整洁。当需要改变房间格局时，让视觉障碍儿童参与重新布置房间。
- 向儿童介绍一项活动或游戏时，边做动作边进行详细的说明。
- 进行团体活动时，让视觉障碍儿童紧跟着你，以便你为他参与活动提供物理线索。
- 可能的话，为儿童提供体积较大的玩具，增加不同质地或能发出不同声音的材料。
- 引导孩子看着说话人的方向。

听觉

如果儿童难以理解和回应话语或声音，这说明他们有听觉障碍。听觉障碍涉及音量或声音的清晰度问题。如果在使用助听器的情况下，儿童仍然听不见，就可以认为儿童失聪。有永久性听力受损但是不太严重的儿童可以借助助听器来改善听力。

当儿童听力不好时，他们的言语也可能是不清楚的，同时也难以被理解。听力障碍儿童说话的节奏和音质有可能存在异常。由于别人很难理解他们说的话，这类儿童的社会交往将受到阻碍。如果听力丧失导致语言滞后，儿童的认知技能也会发展得比较缓慢。

听力问题往往最先在学校被发现。如果儿童难以集中注意力，特别是在小组活动中，在别人叫他时没有回应，对教学或问题感到困惑，或者经常给出错误的答案时，你应该怀疑他是否有听觉问题并开始测查。有时听力损失只是暂时的，可能是由中耳炎引起，但是频繁的感染会导致永久性听力损失，因此一定要劝儿童的家人及时就医，这非常重要。

以下课程调整建议将有助于你班上的听觉障碍儿童展现更多积极功能：

- 和儿童说话时，让自己处在与儿童视线齐平且光线良好的位置。
- 在小组活动中，让儿童围成一个圆圈就座，这样每个孩子都能看到其他所有人的脸。
- 如果儿童使用助听器，让家长告诉你助听器的工作原理以及保管方法。弄清楚需要注意的点，保证助听器正常工作。
- 如果儿童看起来无法理解你说的话，那就换种表达方式，不要只是简单地重复。

- 使用视觉线索和手势辅助儿童理解。
- 鼓励儿童参与像戏剧表演这样包含了大量语言的活动。

感觉统合

感觉统合（sensory integration, SI）是大脑将各种感官获取的信息整合为环境的完整图景的过程。职业治疗师琼·艾尔斯于 20 世纪 60 年代提出了感觉统合的重要性。对于大多数儿童而言，感觉统合是自然发生的，但是对另一些儿童来说，大脑无法有效地对来自一个或多个感官（例如，视觉、听觉、动觉）的信息进行有效整合。感觉统合有困难的儿童会接收过多或过少的感觉输入，这导致他们难以对感觉信息进行组织和解释。感觉统合障碍也可能导致儿童无法专心学习。

艾尔斯等人已经开发出干预的方法，包括各种各样有助于儿童实现更好的感觉统合的触觉体验，例如摇动、深压触摸、触觉刺激，以及类似于玩剃须膏和橡皮泥等舒缓的感官体验。到目前为止，还没有公认的对感觉统合障碍儿童最有效的干预策略。由于情况一直处于变化之中，因此，希望了解如何应对感觉统合障碍儿童的教师，最好能与职业治疗师或其他在该领域接受过专业训练的专家进行协商。可能考虑的对策包括在感觉刺激丰富的环境中开展基于游戏的活动，让儿童参与涉及摇动、触摸、视觉、听觉和品尝机会的活动。采用这些策略的主要目的是提高儿童调控自己对感觉刺激做出动作和行为反应的能力。积极的结果包括，增加了儿童对人和活动的适当关注，儿童对感觉输入的回应有所改善，进而，他们完成穿衣、吃饭、睡觉以及与他人交谈等日常活动的能力也会有所提高。

注意缺陷／多动障碍儿童

无法把注意力集中并停留到当前任务上的儿童可能有注意缺陷障碍（attention deficit disorder, ADD）。如果儿童同时表现出超出正常行为范畴的冲动和失控行为，那么他们便是有注意缺陷／多动障碍（attention deficit/hyperactivity disorder, ADHD）。ADHD 儿童极易兴奋，他们很难等待解释或轮流做事情，也很少能停顿足够的时间去休息、观察或倾听。本章前面提到的孩子杰里米或许就有这种障碍。ADHD 儿童可能在学习上有困难，因为他们的注意力无法集中。他们社交技能的发展也总是遇到困难，并且常常误解别人对自己行为的回应。

以下课程调整建议将有助于你班上的 ADHD 儿童展现更多积极功能：

- 简化周围环境，减少视觉或听觉刺激，以帮助这些儿童集中注意力。
- 清楚地划分这些儿童的工作区域或游戏区域。
- 离这些孩子近一些，以便你能为他们提供帮助或鼓励。
- 对这些儿童的建设性行为或适当行为表示认可。

并不是每个活跃的幼儿都有 ADHD。被诊断为 ADHD 的儿童因其行为的极端性而易于识别。儿童必须表现出几个特征（例如，冲动性、注意持续时间短、注意力分散、无法将注意力集中在任务上、不停地动、难以坚持到底）才能被诊断为有 ADHD。有 ADHD 的儿童有时在课堂上具有破坏性，因此你需要进行专业评估来确定最佳的行动方案。谨慎一点，不要给儿童贴上多动的标签，高活动性或许只是儿童气质的一个特征。如果在仔细观察后，你仍然认为这个儿童可能有 ADHD，那么建议为其做一次专业评估。

情绪障碍儿童

与同伴相比，有情绪问题的儿童更具攻击性、不快乐、焦虑和退缩。有严重情绪问题的儿童反应极端，需要接受专业护理。退缩、焦虑或攻击是这类儿童的典型行为特征。他们还可能表现出异常行为，例如自残、摇晃、挥舞双臂奔跑、极端恐惧、退缩，或是完全失去自我控制。情绪问题会妨碍人际关系，干扰学习，同时也会阻碍积极自我意识的发展。

或许你很难应对有情绪问题的儿童，这不仅是因为这类儿童反应强烈，也因为在情绪障碍的成因、分类和治疗方面，专家们尚未达成一致性意见。你可能希望向心理健康专家咨询，帮助你理解和应对有情绪问题的儿童，你还可能需要坚持不懈地为这类儿童及其家人寻找适当的帮助。

以下课程调整建议能帮助你班上有情绪障碍的儿童展现更多的积极功能：

- 确保日常活动具有一致性和可预测性。
- 提供像戏水这样舒缓的活动。
- 努力与儿童建立支持性的关系。以发现该儿童令你喜欢的地方为起点，并将这些告诉你自己和这些孩子。
- 为这些儿童提供额外的支持和培养。
- 在抚慰这些孩子时要保持敏感——有的儿童可能喜欢拥抱，而有些儿童则可能回避身体接触。
- 找到你能与这些孩子谈论的活动或爱好，努力将其融合到课堂环境或课程当中。

孤独症谱系障碍儿童

孤独症是一种发展障碍，它会对儿童的沟通、游戏以及与他人互动的能力产生显著的消极影响。通常孤独症被视为一种谱系行为，这是因为不同孤独症患者的症状严重程度以及行为、发展和学习方式的特点各不相同。目前，对孤独症的最佳理解是，它是一种神经障碍，由大脑发育过程中的某些异常引起。

第12章

反思照看障碍儿童

设想你需要照看障碍儿童，这让你感到兴奋和舒适，还是焦虑和不安？为什么？这一反思对作为教师的你有什么启示？什么能帮助你为应对这项挑战做好准备？

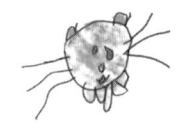

反思你的伦理责任

你班上一个体格较大且极具攻击性的4岁男孩正在吓唬和伤害其他孩子。你的主任和一位心理健康专家对此都束手无策。这个孩子的父母认为他的行为对于这个年龄的男孩来说是正常的，他们不愿寻求帮助。你和你的同事们为此感到紧张而劳累，你们也担心其他孩子没有得到应有的关注。运用第24页的"伦理反思指南"，思考这种情境下你的伦理责任，同时想想你应该做出的道德回应。

如果正式评估表明儿童满足了下列某几项标准，可以认为该儿童有孤独症谱系障碍（Hall, 2009, 3）：

- 人际交往障碍。例如，在非言语行为的使用、目光接触、同伴关系发展、与他人分享以及社会互动或情绪互惠等方面有障碍。
- 沟通障碍。例如，口头语言发展迟滞或欠缺、无法与他人交谈、重复刚听到的话，或难以进行与其发展水平相符的假装游戏。
- 受限、反复且刻板的行为模式。例如，严格遵循非功能性的日常活动或仪式，有用手或手指拍打等这样的动作习惯。

坦普尔·葛兰汀是一位作家，她曾生动地描述了自己作为一名孤独症儿童的经历。她解释道，她几乎难以忍受像新衣服在身体上摩擦之类的事情，也无法调适噪音对自己的影响。她说她"不得不把一切拒之门外，或者让一切像满载的火车一样闯入进来"（Turnbull, Turnbull, & Shank & Smith, 2004, 288）。

孤独症通常在3岁前能被鉴别出来，孤独症男孩人数是女孩的四倍。美国疾病控制中心的数据显示（引用Hall, 2009），每150个孩子中就有1个孩子有孤独症的症状。

阿斯伯格综合征（Asperger syndrome, AS）是一种可归类于自闭症谱系的障碍。这种障碍从轻微到严重，其特点是趋于与社会隔绝、存在沟通困难和怪异行为。有这种综合征的个体智力正常，言语能力未出现迟滞，也能正常地沟通交流。他们通常会在某一特定领域表现出非凡的能力和天赋（Dunlap, 2009）。

以下课程调整建议能帮助你班上患有孤独症谱系障碍的儿童展现更多的积极功能：

- 提供具有一致性且可预测的时程表及常规，避免引起儿童的焦虑。
- 如果时程表或常规将有所变动，你应该事先提醒儿童。
- 保持课堂期望清晰、一致。
- 使用多样化的教学策略——演示、提供视觉线索、给予一致的指导。
- 限制外界刺激，为儿童提供一个安静和受保护的学习场所。

具有挑战性行为的儿童

有些儿童存在严重的行为问题，这不仅妨碍了他们自己的学习与发展，同时也干扰了班上的其他孩子。这类儿童通常是教师需要应对的最具挑战性的孩子。他们会使教师产生沮丧感和失败感，而非满意感或成就感，然而后者可以成为融合教育教学的重要组成部分。当今社会，随着家庭支持的缺乏以及社会暴力的增加，越来越多有行为问题的儿童参与到了学前教育项目中。经常处在暴力环境下的儿童学会了使用暴力来处理自己的情绪、满足自身需要。

有时候，问题行为与另外一类障碍有关。听力损失的儿童勃然大怒，可能是由于其无法找到满足自己需要的方法而产生的挫败感所致；学习障碍儿童可能因为频繁遭遇失败而产生低自尊，从而导致了退缩或攻击性；有生理缺陷的儿童或许从来不曾被要求独立，因为家人过分保护他们，并尽力为孩子提供帮助，如果要求他们帮忙打扫卫生，他们会感到困惑，甚至愤怒。

在某些情况下，行为就是障碍本身的症状。特别是对有注意缺陷/多动障碍和孤独症的儿童来说尤为如此。他们出格的行为更有可能使教师感到生气，而不是热切地想要支持他们。行为障碍是唯一会被偶尔当作蓄意表现的障碍。将儿童在课堂上正常活动的能力视为他们尚未掌握的一项技能非常重要。有注意缺陷/多动障碍的儿童屡屡干扰团体活动时间，这并非因为他"淘气"或希望引起别人的注意。ADHD儿童认为别人可能会欣赏自己的行为，同时会对这种行为引起的强烈反应感到吃惊。无法理解他人的反应是ADHD的特征之一，这将导致其他同伴回避ADHD儿童，由此产生的隔离就会减少ADHD儿童学习亲社会行为的机会。孤独症儿童不断往墙上扔积木并非任性的叛逆行为，相反，这个孩子可能想把注意力集中到"扔"这一动作的感觉上，他也几乎不知道别人是如何使用积木的。孤独症儿童通常更多地与物接触，比如积木，而与周围人的接触相对较少。

当孩子们有某种类型的特殊需要时，教师必须掌握一些技能才能帮助儿童实现充分发展，行为需要也是如此。尽量不要将行为归到人品上，或认为儿童存心想伤害你或别人。参加挑战性行为方面的课程或培训或许能为你提供有益的指导。采用一致、关怀和坚定的指导能使所有儿童受益，这对于正在努力学习亲社会行为的儿童来说也十分必要。就像应对有其他障碍的儿童那样，你应该寻求帮助，理解那些行为障碍。公立学校通常会对教职工进行培训，使他们有能力应对存在行为问题的儿童；此外，许多社区也提供相关的培训机会。

其他特殊需要

除了掌握有关障碍儿童的知识，你还需要了解一些必要的信息和技能，应对有其他特殊需要的儿童。他们可能遭受过虐待或忽视、存在慢性健康问题、说另外一门语言，或资赋优异等等。

遭受虐待和忽视的儿童

和所有有特殊需要的儿童一样，在一个成熟的教育项目中，曾经遭受过虐待或忽视的儿童也能从与富有爱心的成人建立的关系中受益。为了帮助儿童重建健康的自我概念和重获信任成人的能力，你必须为这些儿童奉献额外的时间和精力。如果可能的话，指派团队中的一个人作为这些儿童的主要接触人，负责为儿童提供身体上和情绪上的支持，满足他们对积极关注、照料、安慰以及正面管教的需求。持久的爱能使儿童认识到，成人是值得信任的，反应是可预测的，他们能控制自己和环境。为儿童构建一个安全、可预测且舒适的环境，保证儿童的人身安全，为他们提供可预测的日常活动，以使儿童拥有安全感，这些做法都将使儿童获益。

认真建构儿童的日常活动体验和期望，提高儿童的掌握感、安全感和控制感。富有爱心的成人可以和儿童共同参与感官活动，比如玩橡皮泥和戏水。这些活动首先是促进养育关系的途径，其次还可以作为桥梁，激发儿童对游戏的正常兴趣，促进儿童及其他儿童和成人之间的社会互动。教师应避免批评孩子的家人，或者表达对家长的不满，这一点也非常重要。

有急性或慢性健康问题的儿童

有急性或慢性健康问题的儿童也需要特殊帮助。这些儿童可能有各种各样的疾病，包括呼吸道疾病、糖尿病、严重过敏、哮喘、癌症或其他健康问题。

健康问题可能会对儿童在学校正常活动的能力产生影响。患病儿童的运动技能发展落后，他们在参加班级活动时很容易感到疲劳，因此需要更多的时间或帮助。有些孩子比同龄的正常儿童更加依赖成人。就像我们在本章里讨论的其他所有情境一样，为了应对有慢性健康问题的儿童，你需要了解这些孩子的优势、兴趣和需要，帮助并鼓励他们，使这些孩子尽可能像团体中的其他儿童那样正常活动。

因健康问题的性质和严重程度不同，儿童对教师和教育项目所提供的帮助的需求也会有所不同。例如，过敏严重的儿童可能只需要免受危险过敏原侵害的防护，以及一个接受过有关培训、能实施紧急救护的教师。而有癫痫症或者依赖进食管的儿童则需要定期帮助。

儿童的儿科医师、家人以及所在州的健康部门将帮助你为有健康问题的儿童参与融合教育制订计划。当有严重慢性健康问题的孩子加入到你的班级时，你需要和健康专家共同制订计划并开展合作。学校教职工、学校或社区机构的护士、儿童家庭成员以及其他人士组成的团队将被召集起来，共同制订一项个性化健康护理计划（Individualized Health Care Plan, IHCP）。这项计划强调日常健康护理程序，明确负责满足儿童需要的都有哪些人，并建立起团队成员之间的联系网络。健康护理专家将处理许多 IHCP 的规定，而教师可能需要接受培训才能应对某些程序，例如给儿童用药（French, 2004）。

资赋优异儿童

拥有非凡优势、能力或才能的儿童通常被称作天才。没有任何单一的测验能鉴定儿童的天赋。儿童可能仅具有一种与众不同的优势或能力，例如有的儿童在非常年幼的时候就具有惊人的记忆力、阅读能力或音乐演奏能力；有的儿童则可能同时具有天赋和障碍。我朋友的儿子就有非凡的言语能力和艺术能力，但同时也有学习障碍。资赋优异的儿童和其他幼儿有着相同的社会需求和情感需求，这一点应当铭记。

天才儿童会表现出强烈的好奇心，他们会提出各种问题，研究事物的运作方式，培养对某个或某些特定主题的强烈兴趣，在年幼时即展现出抽象思维能力以及运用符号系统的能力，他们高度独立，具有非凡的洞察力，拥有超常的记忆力，能坚持不懈地完成自己选择的任务，或者具备高级语言能力以及领会和使用幽默话语的能力。

如果在某个或某几个领域发展超常的儿童加入了你的班级，你可以为这个孩子提供大量机会，鼓励他培养和扩展自己的兴趣。超常儿童将从开放式的学习材料以及需要积极参与和问题解决的自主活动中受益。弄清楚这个孩子真正想知道和想要做的事情，然后找出有助于实现其学习渴望的教学材料。或许你必须去找专为年龄更大的儿童设计的材料。与大多数儿童相比，天才儿童对结构化的活动需求相对较少，同时他非常独立自主。大块的探索时间能为此类儿童提供全神贯注并深入探究的机会。你可以为这样的儿童提供各种各样的材料，或者你自己成为儿童可以利用的资源，以便为其学习提供支持。

双语学习者

高质量的教学能使所有年幼的语言学习者获益，但是对于正在学习英语、同时仍然需要发展第一语言的儿童来说，这种教学尚不够充分。这些幼儿同时学习两种语言，因此我们将他们称为双语学习者（dual language learners, DLL），而不是第二语言学习者或简单地称作英语学习者。尽管我们的责任似乎是教这些儿童学习英语，但是我们也必须确保儿童能保持并发展自己的第一语言和文化。儿童的家人也应该作为战略规划师参与进来，共同讨论孩子的学习以及他们期望孩子达到的目标。很多家长认为，如果他们的孩子在学校只听说英语，那么孩子将更快地学会英语，因此你需要鼓励家长在家里不断帮助孩子发展第一语言。儿童具备双语能力会带来许多益处，包括个人、社会、经济和认知方面的（U.S. Department of Health and Human Services, 2008）。此外，通过第一语言建立起来的语言概念也更容易迁移到第二语言中。

在幼儿园进行早期英语教学有助于儿童在升入高年级后获得学业上的成功。当

第 12 章

移民子女要上 5 年级时，他们作为新来者进入美国学校系统，这些儿童不仅需要学习学校的社会规则和学业规则，同时也要学习新国家的文化。若在适应了新的预期之后才开始英语学习，则他们在起点就会落后于其他同伴。

如果你的班级中将有双语学习者加入，以下几点是必须考虑的。首先，所有的教导和学习都是在充满信任关系的环境中发生的，因此你可能希望用第一语言来实现与儿童的积极互动。尽管这一点并不一定可行，但是学会说几个儿童所使用的第一语言的单词往往会得到赞赏。在抚慰儿童、帮助儿童实现情绪发展时，第一语言中的某些"情绪单词"尤为有用。如果某个教师不会说孩子的母语，就找一个真正能帮助孩子认识到两种语言在学校都受到重视的教师。即使是像在教室里和孩子共享零食这样无言的经历，也有助于儿童建立重要的共同感和信任感。其次，需要认识到，由于文化不同，每个家庭环境使用语言的方式也不尽相同。不要对儿童的文化有预设。试着了解孩子的家人以及他们使用语言的方式。例如，某些文化不赞成给幼儿讲睡前故事，然而，他们可能会给孩子讲家族历史故事，这也是孩子理解词汇和其他语言成分的宝贵机会。成人可以把这些故事录下来，或是再讲一遍并提供图示，让儿童复述故事，以此培养口语能力。

以下策略能有效帮助双语学习者：

- 缓慢、展开、精简且重复的话语。
- 手势、肢体语言以及表达性沟通。
- 频繁地确认儿童的理解情况。
- 通过欢迎辞和问候歌等常规开始每一天。
- 一步式指导。
- 结合第一语言的特征和文化来举例说明英语语法规则，例如复数在每种语言中的构成方式。
- 使用视觉线索，例如指向的动作和配有指示的图片。
- 配有文字的图表和有关乐曲、诗歌、说明的图片。
- 多等待一些时间，以便儿童进行心理加工。
- 情境中的新词汇，例如课间餐时间所吃食品的名称。
- 用第一语言呈现新概念和新思想。
- 真实地描绘你的课堂上出现的不同文化的儿童文学作品。
- 使用第一语言中的话语进行交谈并建立关系。

以上所有策略都应在适当的游戏活动和班级常规情境中呈现。

与障碍儿童的家长一起工作

融合多样化的学习者

在大多数情况下，你与障碍儿童家长的关系就像你与照料的所有孩子家长的关系一样。当你为某个孩子感到担忧时，比如本章前面提到的孩子杰里米，你可以在收集了一些观察资料并调查了社区资源之后，与杰里米的家人安排一次会面。我们不建议你在约家长见面时说"我想和你谈谈杰里米"或是"杰里米有问题"，这种表达很可能会引起家长某种程度的焦虑，导致沟通变得困难。相反，对问题做一个简单的表述："我希望能与您谈谈目前我们在学校为了帮助杰里米参与游戏活动而做的事情，再看看您在家可以做些什么工作。您这周哪天下午能和我一起谈谈这件事情？"

当你与孩子的家人见面讨论你的担忧时，务必从积极的方面谈起。父母都希望能听教师谈谈最喜欢自己孩子的地方，因此以积极的评价作为谈话的起点。告诉家长你观察到的儿童的优势和能力，然后与家长分享你所记录的引起你忧虑的观察资料。询问家长是否也曾观察到类似的行为以及他们的处理方法，借此与家长建立联盟，澄清问题并寻找帮助孩子的方法。如果你认为家长需要一些时间来考虑你所谈的内容，那么你需要安排第二次会面来做进一步的讨论。

通常情况下，家长早已对孩子有所担忧，但是他们不知道可以到哪里寻求帮助。当家长得知你决心帮助他们，并将与他们一起寻找问题的答案时，他们会感到宽慰。你提供的信息和见解将促使家长安排转诊，对孩子进行评估，有时候家长会要求学校安排转诊。另一方面，如果你是第一个认为孩子可能存在某种问题的专业人士，那么，开始时，家长可能会有抵触反应，不承认他们的孩子有"问题"，他们宁愿相信孩子长大后就会慢慢好起来。这种情况下，你在继续应对儿童和家长的同时，还需要探索其他途径以寻求帮助和支持。应该消除所有家长的疑虑，让他们明白，你对孩子的担忧，并不意味着你或你所在的机构打算将这个孩子和他的家庭排除在外。对新手教师而言，这富有挑战性，此时你可以从有经验的同事或主管那里获得帮助。

障碍儿童的家人面临着许多充满困难的挑战：接纳他们的孩子有障碍这一事实；为孩子寻求帮助；提供特殊照顾；与正在为他们及孩子

第 12 章

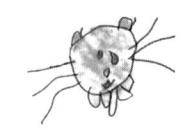

反思你的伦理责任

你班上的一个家长志愿者经常问你哪些儿童有障碍、他们有哪种类型的障碍以及他们是如何被治疗的。根据"伦理反思指南",思考这种情境下你的伦理责任,想想你应该做出怎样的道德回应。

服务的专业人士打交道。和所有家长一样,障碍儿童的家长也需要你的尊重和支持。记住,他们有自己的文化和独特的优势、价值观、技能、期望和需要。他们需要接纳、开放的沟通,应该被视为致力于儿童利益的团队的一分子。

在决定提供给家长及障碍儿童的服务性质和服务范围时,障碍儿童的家人有权利也有义务在其中发挥主要作用。他们应该经常参与决策,除了为所有参与教育项目的儿童提供的服务外,他们还应认可自己孩子所接受的特殊服务。你可以成为家长和其他专业人士之间的桥梁,确保家庭、学校和其他专业人士之间的沟通清晰、流畅。

保密是非常重要的一件事情,向别人透露多少是合适的?如果你班上安置了障碍儿童,问问这个孩子的家长,他们希望你如何将其子女的障碍告诉班上的其他孩子及其家长。当其他家长询问你时,向他们解释说你不能将有关这个孩子情况的具体细节告诉他们,同时你有道德责任,不能向他人透露任何关于儿童的私密信息。在不违背保密原则的前提下,让其他家长确信这种障碍并非"传染性的",这一点非常有用。家长需要知道,自己的孩子不会出现障碍儿童表现出的非发展适宜性行为。你可以做出一般性的保证,强调儿童学习接纳差异、学会与他人交往时互相关心和尊重的益处。鼓励不同家庭相互了解,这一做法有助于降低障碍儿童家庭的社会隔离,你自身的态度也能树立积极的榜样。

总　结

我们希望这本书能帮助你学习如何有效地应对各种类型的儿童。了解如何成为有爱心和有能力的学前教育工作者,这将为你在所有儿童中开展教育工作提供方方面面的帮助。我们相信,你能做的最重要的事情就是为有障碍和有其他特殊需要的儿童提供体验归属感以及与同伴交往的机会。目前,学前教育领域承诺为儿童提供参与融合教育的机会,这是一项积极的运动,也是对所有儿童共同人性的认可。在教育工作者的职业生涯中,应对障碍儿童或特殊需要儿童很可能成为你前所未有的学习经历。你将了解儿童和家长,培养合作能力,并目睹儿童从你的努力中获益。同时,你还可以从中认识到人类的广泛差异。

 学习成果

阅读完本章后，请你并认真完成"拓展学习"部分的选读任务，准备"你的专业档案袋"部分的条目，你将会在满足"NAEYC学前教育专业准备项目标准"（NAEYC，2009）上又前进一步。

标准1：促进儿童的发展与学习

　　核心内容：

　　1a：了解并理解幼儿的特征和需要

　　1c：运用发展的知识创设健康、尊重、支持以及富有挑战性的学习环境

标准2：与家庭和社区建立联系

　　核心内容：

　　2a：了解并理解家庭和社区的多样性

　　2c：鼓励家庭和社区参与到儿童的发展和学习中

标准3：通过观察、记录和评估等方式支持儿童及其家庭

　　核心内容：

　　3a：理解评估的目标、价值和使用方法

　　3c：理解并运用可靠的评估工具，促进每个儿童的积极发展

　　3d：了解对与家长、专业同事间合作关系的评估

标准4：运用发展性有效方法与儿童及其家庭建立联系

　　核心内容：

　　4a：理解积极的关系和支持性互动是幼教工作的基础

　　4c：使用各种发展适宜性教学和学习方法

 拓展学习

观察一个项目：观察一个纳入了有障碍或有其他特殊需要儿童的学前教育项目。报告教职工如何满足孩子的需要。他们看起来对这个孩子感觉如何？思考并评估这个孩子对项目中其他儿童和教职工的影响。你从这次观察中学到了什么？

采访一位教师：采访一位障碍儿童的教师——这个儿童接受过评估，并且被安置在普通学前班教室里——弄清楚识别障碍儿童和制订教育计划时所应遵循的步骤。描述这一过程、你的反应以及对你未来教育实践的启示。

观察一名儿童Ⅰ：观察一个已被确诊或被怀疑有障碍的儿童，设身处地地体会这个儿童的心理，至少观察一个小时。描述你认为这个孩子会有怎样的体验。在这一体验的基础上，谈谈当前的教育项目在多大程度上满足了儿童的需要，以及如何更有效地满足儿童需要。

观察一名儿童Ⅱ：观察一个被安置到托儿所、幼儿园或小学三年级环境中的障碍儿童。谈谈当你打算和这个孩子的父母进行协商时，你会做些什么。你将告知他们哪些内容？你会问什么问题？你如何为这次会谈创造一个安全和信任的氛围？

研究资源Ⅰ：弄清楚你所在的社区能为刚出生到8岁的障碍儿童提供什么服务（这些服务可能由教育部门、卫生部门和/或社会服务部门提供）。为教师们撰写一个宣传册介绍这些信息，包括对这些服务的简要说明、服务提供者资格、电话号码以及联系人的姓名。

研究资源Ⅱ：联系当地学区，看看谁有资格享受美国《残疾人教育法》提供的服务。进行一次评定需要多长时间？婴幼儿能享受哪些服务？学龄前儿童能享受哪些服务？小学儿童能享受哪些服务？

研究资源Ⅲ：联系服务于你所在地区的儿童福利机构，查明有关儿童受虐和忽视的报告是如何被处理的。虐待和忽视是如何被定义的？有虐待儿童风险或是已经对儿童施虐的家庭能得到哪些类型的服务？

 你的专业档案袋

撰写社区资源手册：开展调查，针对为特殊需要儿童提供的资源以及社区中的教师们可以利用的资源撰写一份手册。

记录你应对儿童的工作：在一个学期的时间里，为一个特殊需要儿童服务，并记录下你为了满足该儿童需要所做的事情以及你从中学到了什么。

改造玩具或材料：找一个能被改造的玩具或材料，让它变得更适合障碍儿童使用。将这个玩具拍摄下来，然后对其进行可被识别的改造。将改造后的材料拍下来。让儿童使用这些材料，并记录下你从中学到了什么。将这些记录和照片放到你的文件夹里。

改编或简化活动计划：明确障碍儿童难以成功完成的活动。制订一项计划，简化这一活动并/或将其分解成几个可行的步骤。让孩子执行这项活动，并记录下你从中学到了什么。将你的计划和记录放到文件夹中。

我的教育实验室

访问本书"我的教育实验室"（myeducationlab.com），找到专题10：文化和语言多样性和专题11：特殊需要/融合教育，你可以：

- 找到关于"文化和语言多样性"和"特殊需要/融合教育"的学习成果以及与之相关的国家标准。
- 完成有助于你更深刻地理解本章内容的"任务和活动"。
- 通过"建构教学技能和性情"学习单元，应用并实践本章提到的核心教学技能。

- 查看"IRIS中心资源"提供的富有挑战性的情境和案例。
- 在"教师演讲"部分，观看CCSSO美国国家年度教师奖获得者的视频短片，听听他们对"我为什么成为教师"这一问题的回答。
- 在"专家视角"部分听学前教育专家的观点。
- 对照"学习计划"检查你对本章内容的理解情况。你可以做章节测验，获取反馈，然后通过"复习、练习和拓展"提高你对本章内容的理解。

在泥泞的路上，
保持一颗玩泥巴的心。

父母如同织布机上的梭子。他们牵引着连接过去与未来的纱线,于游走间留下亮丽的图案,拼接起后世的明天。

——弗雷德·罗杰斯

13

家园合作

　　孩子们带着他们所在家庭的价值观、态度和行为进入了学校。作为准学前教育工作者，你需要意识到每个孩子都是一个独一无二家庭的一部分，在这个家里，其家庭成员在孩子的生活中扮演着关键角色，他们是孩子的第一个也是最重要的老师。因此，你和儿童家庭之间的关系是至关重要的。

　　你选择从事幼儿教育工作，也许是因为你想跟孩子们在一起，但是，你可能还没有意识到与儿童的家庭相处也是你工作中关键的一部分。在与孩子相处的过程中你培养起来的警觉和敏感，在你与他们的家庭相处中也很重要。儿童的家庭成员与儿童一样，需要一种能让他们感到安全和被尊重的关系。各个家庭因其个人需要、兴趣、知识和技能的不同而各异，但他们有很多共同点。所有家庭都关心孩子的幸福。他们希望给孩子最好的，并想随时了解孩子在离开家期间所发生的重要事情。作为一名幼儿教师，你应该和家长分享幼儿在园期间的故事。你愿意为儿童的成长发展提供支持并做出承诺，无疑这是建立良好家园关系的基础。你将有机会成为他们旅程中的一部分，并成为他们抚育孩子过程中的伙伴。这个共同的使命也将成为建立与儿童家庭良好关系的基石，家园成为搭档，服务儿童，培养每个孩子的自信，使其成长为一个健康的成年人。能参与其中，无不感到荣耀。与家庭相处尽管有难度和挑战，但你会发现它也是一种乐趣，是学前教育工作者重要的工作内容之一。

　　现在的家庭构成形式各异，一些并不是父母的成年人——继父母、兄弟姐妹、

第13章

我的教育实验

访问"我的教育实验室",利用"个性化学习计划",提高你对本章概念的理解。你也可以通过基于视频的"任务和活动"以及"建构教学技能和性情"课程来磨炼教学技能。

祖父母或其他亲属、养父母或朋友,都有可能充当着父母的角色。为了简化本章的用词,我们将主要采用家庭(family)这个词,当提到家庭这个词时,我们是指在孩子的生活中扮演重要角色的所有成年人。当我们提到教养(parenting)时,就是指那些承担父母角色的所有重要成年人对孩子的养育。

为与家长相处做准备

与儿童家长相处,需要从两个方面做准备。首先,你需要了解儿童家长的一些情况,比如,他们是什么样的人,他们在生活中遇到了哪些问题,以及关于家庭的一些理论知识(家庭系统理论)。其次,你需要认识到在与家长的关系中你自身的一些问题,你需要反思自己的态度和经验,以及这些态度和经验如何影响你与家长的相处方式。这也有利于你更深入地认识到一名幼儿教师所应有的期望和责任,以及你与家长的关系所经历的发展阶段。

理解家长

养育幼儿既充满乐趣又充满挑战,它是一项带给众多家庭快乐的复杂任务。很多父母说起他们养育孩子的那些岁月,尽管有时睡眠被剥夺,情绪会受挫,但那仍然是他们生命中最幸福、收获最多的日子。

一旦你意识到养育孩子是一项复杂的任务,那么与父母产生共情、支持父母的养育活动就会变得更容易。这个任务涉及全面的、任何时刻都不容忽视或回避的责任。在筋疲力尽、担心和倍感压力的同时,也伴随着亲切、喜悦和幽默,偶尔压力也许会超过快乐。每个家庭生活的特殊环境都影响他们养育及照料孩子的能力。作为一名学前教师,你需要提高自己养育方面的认识水平,包括乐趣及挑战,这样可以有效加强你与家庭的联系。

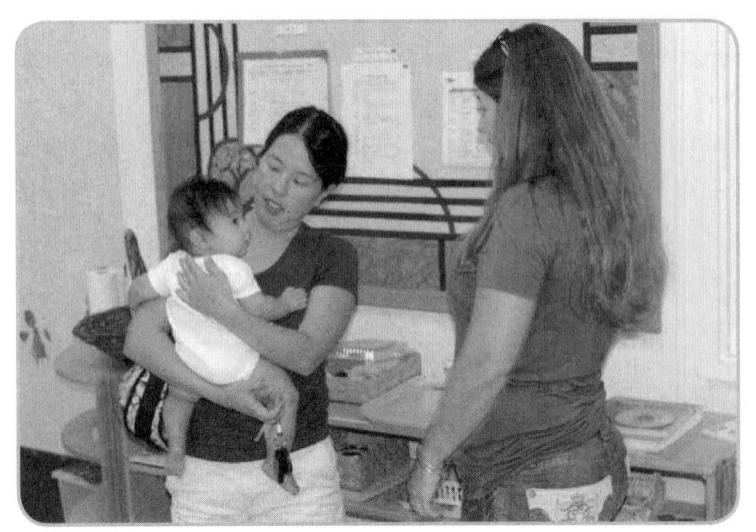

养育的阶段

人们总是对育儿抱有各种期望。然而,现实往往与预期有差距。随着父母的不断成长,他们似乎遵循一个相对可预期的顺序而变化。埃伦·加林斯基(Galinsky, 1981)把儿童早期看作父母学习养育孩子并成长为家中权威人物的时期。这一角色是颇有压力的,因为父母要学会平衡相互竞争的一些责任：养育孩子，与合作伙伴及其他家庭成员的关系，以及家庭和工作之间的关系。随着你对各个家庭情况的了解，你对他们行为的理解以及与他们和谐相处的能力都会提高。

当今家长所扮演的角色

在20世纪，家长对孩子的责任已经从确保儿童的身体健康（衣、食、住、健康和安全），扩展到包含提供心理安全、应对日益复杂世界的技能等更加抽象的任务上。家长可能并不确定，在一个快速变化的社会中，什么样的技能和知识对他们的孩子而言才是重要的。在纷至沓来的信息及各类媒体提供的建议的轰炸下，家长有时会感觉迷茫，搞不清到底什么样的教养策略或教育方式对孩子的未来发展最为有利。

另外，家长越来越意识到儿童早期在孩子的学习与发展中的重要性。一些家长认为，为了保证孩子的成功，需要尽早让他们参与各种活动，如学业指导；音乐、舞蹈及体育课程；团体运动；争取进入"最好的"幼儿园，进而确保能进入最好的小学、中学乃至大学。当前，高利害攸关考试的趋势以及为达到学业标准反复出现的压力，可能会促使家长感到他们必须给学校和教师施压，让学校和教师放弃其他活动，集中精力主抓儿童的学习。

家长的多样性

你的项目中的家长有着各种各样的背景和生活环境。他们的经验以及有关儿童与教育的价值观和信念，不同家庭之间会有很大不同，而且可能与你自己的家庭和文化也不尽相同。

> 萨巴是一位小班（3岁幼儿）的教师，在儿童入园时，她高兴地迎接孩子及他们的家人。前半小时，她分别和以下这些人问好：利亚和她的祖母卡罗尔；梅尔和她的妈妈赛利娜，还有她的小弟弟索尔；塔拉和她的继父威尔；埃米莉和她的曾祖母；艾玛和她同父异母的兄弟苏里；科尔和他的妈妈特鲁迪；诺亚和他妈妈的男朋友山姆。

美国的家庭结构多种多样，这一现象由来已久。据美国人口统计局的数据显示（Census Bureau, 2008），67%的美国儿童生活在双亲家庭，还有很多儿童生活在单亲家庭（27%）、继父母家庭（16%）或养父母家庭；也有一些儿童生活在"混合"家庭，这样的家庭包括孩子父母现在的及以前的关系；一些还生活在大家庭里，如包括祖父母和其他相关或不相关的成人组成的家庭。在一些家庭里，儿童的父母不在，担任家长的是祖父母或其他家庭成员。同性恋或跨性别父母的家庭也越来越普遍。虽然家庭的构成情况复杂多样，但它们都能够给儿童提供关爱、健康和安全的关系。

2008年的人口普查结果显示，美国家庭的多样化程度还在不断加深。这些数据表明，到本世纪中叶，"少数族裔"（或称非白人）将成为美国人口的大多数。这意味着将来与你相处的那些儿童会来自各种各样的种族和族裔，也意味着儿童养育的方式及价值观会受到不同文化和家庭、社区、宗教、社会经济地位、受教育状况及个人情况等多方面的影响。作为未来的学前教育工作者，你将面临的挑战是学会理解并尊重这种多样性。

1995年，美国幼儿教育协会发表了一篇题为"如何应对语言和文化多样性：建立有效学前教育的一些建议"的立场声明，给出了一些如何与多样化背景家庭相处的建议，具体如下：

- 在早期学习项目和情景中，引导家庭积极参与。
- 鼓励并帮助家庭了解让孩子学习多种语言的重要性，并提供策略以帮助、支持和维持其母语的学习。
- 认识到家庭必须依赖照料者和教育者在文化价值观及家庭规范方面尊重并支持他们的孩子。

家庭系统理论

家庭系统理论（family systems theory）提出，相互联系的家庭成员会以可预测或惯常的方式影响彼此。它关注单个家庭的角色和行为模式，以及这些因素对成人和儿童关系的影响方式，彼此之间的影响以及对家庭之外人的影响。它既识别了家庭成员之间的连接，也识别了成员之间彼此关联的可预见的方式（Christian, 2006）。

了解家庭系统理论有助于你理解家庭呈现出的这种动态变化，以及你如何才能对来自不同家庭的孩子提供支持。理解家庭作为一个相互联系的体系是如何工作的，这将有助于你与多种多样的家庭建立伙伴关系，深入理解不同家庭的需要和偏好。这个理论中的六个维度（下文中会讨论）与那些与幼儿相处的人尤为相关。其中一些还以连续体的形式发生，处于这个连续体中的家庭会影响他们的互动模式。

边界——对团聚或分离的期待及对家庭内外成员的理解。家庭边界是一个连续体，一端重视分离、独立、自主，另一端则强调团聚、一致、控制与联系。在边界感强的家庭里，孩子阅读测试上的表现不佳或一定时间内反复出现的品行不端都可能被视为整个家庭的负面反映。强家庭边界意味着关于纪律、自理技能以及儿童的社会联系等都由家庭单元决定，而他人的影响会被认为具有侵犯性。边界感强的家庭很有可能会全家一同参加学校需要家长参与的活动，因此教师必须提前准备并做好迎接工作。这个连续体另一端的家庭则重视独立，对家庭单元之外的人的意见持开放态度。他们似乎不太关心孩子在学校里的经历和表现，可能让孩子独立做很多决定。他们强调自主，也不会太在意教师是否理解他们。记住，这两者没有孰优孰劣之分，只是家庭动力的不同表现而已。

角色——家庭成员在彼此的关系中所扮演的角色。在所有家庭里，一个成员可能充当一个或多个重要角色，孩子和成人都不例外。一些成员可能是家庭里的和平氛围维护者，主要帮助解决冲突；其他成员则可能是活宝、受气包、问题解决者或监护人。这些角色也会被带到校园环境里，同时影响儿童和成人的行为表现。认真关注家庭成员的角色，将帮助你能更好地理解儿童，并有效地与家庭沟通。

规则——指导行为及与他人交往的标准和程序。关于在特殊情境及与特定个人交往时该如何表现，所有家庭都有自己的规则，或外在或潜在。一些家庭有很多且严格的规则；另一些家庭则只有很少的规则，且在执行规则上也不那么严格。规则的代际传递是文化的基本功能，因此，这些规则或多或少都由文化所决定。有时，家庭规则可能与学校规则不一样。例如，有些家庭规则要求孩子能够"维护自己的利益"，在遇到威胁时要表现出攻击性。在某些学校活动中，比如迎新会上，男孩和女孩都要乔装打扮，这可能会与有关性别行为和期望的家庭规则相冲突。你需要了解家庭的信仰，以便帮助孩子协调这些分歧，敏感且尊重地与家庭展开讨论。

等级——关于哪些成员在家里更有决策权的决定。在一些家庭中，决策是由两名伙伴共同协商做出的；而在另一些家庭，决策权可能被一人独揽；还有一些家庭，是由有威望的长者做出大多数重大决定。了解一个家庭的等级可以让你理解一些重要的事情，包括他们相互之间是如何沟通和相处的，与孩子是如何沟通和相处的，以及与你是如何沟通和相处的。这种等级可能由年龄、性别或家庭中的地位所决定。教师就所关切的问题要与家庭的决策者进行沟通，同时也要兼顾其他成员。

气氛——家庭的情感环境和物理环境。这个维度是指在各种各样的情况下家庭能提供温暖和支持关系的程度，这既包括那些温暖和有支持性的家庭，也包括分离和疏远的家庭，甚至还包括那些经济条件有限或物质条件比较恶劣的家庭。相反，那些经济富足的家庭有时只能给家庭成员提供有限的情感安全感和支持。营造支持性课堂氛围的教师能支持、鼓励班上的所有孩子，尤其是那些来自情感上缺乏安全感和物质条件不太好的家庭的孩子们。

平衡——家庭的稳定性和一致性。在这个连续体一端的家庭一直很稳定，他们的情况没有多少变化，另一端的家庭则经常有变动、不稳定。大多数家庭处于中间状态。诸如疾病、失业、出现死亡或精神疾病等消极情况，与搬家、新生儿出生或工作晋升等其他变化一样，都会打破儿童所在家庭的平衡。了解每个家庭的情况有助于你理解他们之间的关系，以及这些情况将会对孩子产生什么样的影响。一旦你可以给儿童提供一个稳定的学校环境，那么你就可以帮助孩子处理其在家庭里的不平衡。

理解你自己和你的角色

有效的幼儿教师能认识到他们个人关于教养的价值观和信念，也能认识到教师与家庭在幼儿生活中应该扮演的角色。在本书中，我们鼓励你审视自己在这份与孩子相处的工作上的价值观及态度。为了和家庭建立成功的伙伴关系，值得花时间思考一下自己在父母角色方面的态度，以及你所认为的良好教养方式的特点。

第 13 章

你对育儿所持的价值观和信念

4 岁的凯拉来到学校，她穿着锃亮的白色鞋子和熨烫整洁的连衣裙，带着发卡的头发一看就是仔细梳理过的。她的朋友托妮穿着运动鞋、旧短裤和一件干净的 T 恤衫，头发有点儿乱。在一天结束的时候，凯拉的鞋子磨破了，裙子上沾了些颜料，头上的发卡也丢了。她的妈妈责备道："瞧瞧你把新衣服都弄脏了。我不可能每周都给你买新的！"而托妮的衣服也沾了颜料，短裤也撕破了。她的爸爸却说道："看来你这一天过得还蛮有趣"，同时还给了她一个拥抱。

你将会跟各种各样的家庭打交道，他们有着不同的育儿方式，持有不同的教育观念。其中某些人的观点或信念可能与你的一致，但也有一些人的看法与你的观点截然不同。做好准备，用建设性的方式解决这些分歧，而不是把自己当成"专家"或一味推卸责任。在上文那段描述中，哪位家长的育儿观点与你的更接近？你会对孩子的着装或父母的行为有强烈的反应吗？人们常常把差异看成是"错误的"而非不同的。成为一名学前教育工作者，你有责任了解你将遇到的各种各样的家庭以及他们照料和养育孩子的方式，而且要对此持开放态度。如果你发现自己对某个家长的育儿理念或实践反应很强烈的话，这表明你需要更深入地了解自己的信念。

当你遇到儿童"应该"如何被照料的不同观点时，最好把你可能体验到的经历视为一种文化差异。记住，文化差异不仅体现在肤色、语言、宗教和原国籍上，它也存在于种族相似而社会经济地位不同的家庭，存在于族裔背景相同而移民世代不同的家庭，存在于来自同一个国家的不同地区的家庭，包括我们自己。

反思你在育儿实践方面的观点

选择"文化如何影响育儿"专栏里描述的 2~3 个实践，想一下，在你小的时候，你的家庭是如何处理这些问题的。关于应该如何做，你有强烈的观点吗？你对这些实践的感受会如何影响你与你将照料的儿童所在家庭的关系？

有时，教师与家长之间最明显的沟通不良是由文化差异引起的。洞悉并意识到很多差异都是文化所致，你会发现自己变得更开放，更易于接受并欣赏所有的家庭。为此，你必须清楚自己对什么是好的教养方式持怎样的观点，而你的观点又受你的文化背景和经验的影响。

介绍文化影响家庭的多种方式及其关于儿童和教育观念的知识似乎超出了本书的范围，但下文的专栏"文化如何影响育儿"阐述了一些你可能会遇到的常见差异。当你阅读该部分内容时，仔细思考和反思你自己的价值观和信念。

出于你对儿童的承诺，你可能很难接受父母与你对孩子的期望和态度有很大的差异。如果你认为这些差异是照顾不周或严厉苛刻，那么尤其会出现上述情况。你甚至会发现，很难确定这些是否仅仅源于价值观或期望的差异，抑或是出于虐待，而后者是你应该报告的。

支持各种家庭，最好避免盲目假设。记住，不是所有家庭都庆祝同样的节日，吃同样的食物，以同样的方式看待儿童和父母的角色，用同样的方式照料儿童，信仰同一个上帝，或者有同样的死亡观。为了避免妄加推断，请家长帮助你支持他们的孩子，分享他们的观点、价值观及信仰。开始这种谈话的一个方式是问他们是否庆祝节日或生日以及如何来庆祝（见图 13.1）。在本章接下来的几部分，我们会介绍

文化如何影响育儿

- **如厕** 家长希望孩子接受如厕训练的年龄，以及教孩子如何使用厕所的过程。
- **食物和喂食** 什么时候开始给孩子喂辅食；哪些食物适合孩子吃，哪些不合适；孩子应该吃多少；谁来给孩子喂食以及喂到几岁；孩子应该在哪儿以及和谁在一起进食；餐桌礼仪；什么时候给孩子喂食。
- **喂奶、奶瓶和奶嘴** 是否应该给孩子喂奶，喂到几岁以及在什么环境下喂奶；喂奶频率应该按婴儿的需要还是定时；用奶瓶喝奶的孩子应该到多大不再用奶瓶；是否应该提供橡皮奶嘴以及什么时候不再用奶嘴。
- **睡眠安排** 孩子应该跟谁一起睡；何时何地及怎样让孩子入睡；孩子是否需要常规的小憩及其时长。
- **洗澡和梳洗** 孩子多久洗一次澡；花多少时间和精力打理和保持头发、指甲、牙齿干净和整洁；容忍孩子脏乱的程度。
- **个人护理和独立** 孩子多大时期望他能独立完成一些自理任务；孩子会走后，是否还应该抱；孩子完成任务可以给予多少帮助。
- **孩子表达尊敬或不敬的方式** 孩子是否可以通过眼神来对成人表达敬意；孩子是否可以向成人请教问题、对话或开玩笑；孩子是否可以直呼成人的名字。
- **孩子在家庭里的角色** 孩子或成人是否在家里处于中心地位；孩子的活动影响家庭的程度，以及孩子的东西放在家里的什么位置；孩子是否可以参与重大家庭活动，如婚礼和葬礼。
- **孩子的责任** 孩子是否被期望去完成一些家务，以及孩子多大时会承担严肃的职责，如照顾更小的弟弟妹妹。
- **在游戏和学习上的价值观** 游戏被视为一项重要的任务还是消遣，学业知识是否被认为是最重要的学习。
- **安全及健康的定义** 孩子是否应该被保护以免遭遇健康及安全风险（如感冒或登高），他们是否可以冒险去锻炼身体的力量和技能。
- **在学校和其他场合的合适着装** 孩子是否被要求穿着指定的校服去学校，并保持衣服干净整洁；或者可以穿便装，弄脏了也没关系。
- **性别角色** 是否期望孩子按与性别匹配的方式游戏或行动（如玩布娃娃或打闹），是否期望成人遵守传统的性别角色。
- **谦逊和稳重** 身体的哪些部分应该被遮住；认为什么样的衣着和装饰对幼儿和成人而言是合适的。
- **适合孩子的知识** 是否给孩子讲授以及几岁时讲授一些知识，如身体各部位的名称、性、出生、疾病、残障、死亡和暴力。
- **对待性萌发的态度** 是否期望孩子在性知识方面知道的越少越好，成人是否认为给孩子讲一些性知识是合适的。

图 13.1 节日庆典调查表

节日庆祝调查

大多数人都有一些特殊的日子要庆祝，这是他们的文化和家庭传统的一部分。我们尊重您家庭的信仰，想了解您家庭庆祝哪些节日。为了尽可能地增进理解，我们想了解有关您家庭节日的一些信息，请完成以下调查。如果出于宗教或信仰的原因，您不愿意让孩子出席某些庆典或活动，也请告知我们。从即将到来的秋季节日开始，请列出您家会庆祝的重要节日或假日。谢谢您的配合和支持。

家长姓名：_____

哪些节日、庆典或活动是您不希望您的孩子参与的？请描述。

请告诉我们，您的家庭都庆祝哪些节日以及如何庆祝。

节日	在家里如何庆祝	您是否愿意在学校里以某种方式分享您的节日？如何分享？
生日		
秋季		
万圣节		
亡灵节		
犹太新年		
其他秋季节日		
冬季		
圣诞节		
宽扎节		
元旦		
情人节		
春节（中国）		
其他冬季节日		
春季		
开斋节		
女生节		
圣帕特里克节		
母亲节		
其他春季节日		
夏季		
父亲节		
独立日（美国）		
其他夏季节日		

一些了解家庭价值观及偏好的其他方式。

你的角色——教师和父母之间的区别

当你开始与儿童的家庭相处时，有必要认识到作为教师和作为家长之间的区别。尽管这两个角色有一些重要的相似之处，但我们发现，莉莲·卡茨在《母亲养育与教师教育——一些重要的差异》（Katz, 1980）一书中描述的区别，对于新手教师很有帮助。卡茨指出了教师和家长有怎样的不同，以及他们在帮助孩子成长和学习的过程中是如何互补的。

与家长和儿童之间的依恋相比，师幼关系有较大的区别。教师需要现实地赏识儿童，他们应保持一定的距离，客观地观察和评价儿童，平衡个体需求和集体利益。父母是孩子最热情的支持者和粉丝，他们关怀孩子的一生，而教育者只是在与儿童相处的时间照料孩子。不要期望家长有和教育者相同的观点，他们是孩子的拥护者。并且，尽管你对每一个孩子的学习都负有责任，但你与孩子的关系和家庭与孩子的关系比起来，还是有很大的不同。

你与家长关系的发展阶段

观察教师与家长关系的另一个视角是熟悉很多教师都要经历的教师与家长关系的三个阶段（Gonzalez-Mena & Eyer, 2009; Keyser, 2006）。了解这些阶段，你将会用更宽阔的视角看待自己与儿童家庭的互动，更好地处理与他们的关系。

新手教师通常希望自己成为孩子的救世主，他们把自己的角色理解为帮助孩子从家庭成员中解救出来。在这个阶段，教师与家长之间有很大的距离，教师认为自己具有专业的保教知识，他们比儿童的家长更优秀。如果你发现，为了让儿童生活得更好，你想把一个孩子带回自己家，那么，你很有可能正处于这一初始阶段。

随着经验的丰富和不断地反思，教师一般会进入到第二阶段，即认识到家长是儿童生活中占主导地位的力量，家长对儿童的成长有最重要的影响。在这一阶段，教师会试图改变或"修正"家庭，以使其更有益于儿童的发展。如果你希望自己给家长提供更多的技能和知识，以便家长能更好地与儿童互动，那么很可能你正处在第二阶段。

最后一个阶段，教师理解了他们的角色是家长的合作者。在这个第三阶段，教师认识到与每一个孩子的相处都只是一个相对短暂的时期，教师在家长和儿童的这种永久关系中起一个支持的作用。如果你能主动与儿童家庭建立真正的伙伴关系，尊重家长的经验，并与他们分享你的经验和知识，那么你就进入了这个最后阶段。

第13章 建立与儿童家庭的关系

在高质量的学前教育项目中，教师真心重视儿童家庭，并努力与其建立良好的关系、制定政策、做出决定，以支持作为一名家庭成员的儿童。这些项目里的教师和管理者与家长建立关系的方式能增加家庭的成就感，以及他们与孩子相处时的愉悦感。

有时，被称为以家庭为中心的实践，则是以教师与儿童家庭之间有意义又相互信任的关系为基础的（Keyser, 2006）。对所有儿童和家长而言，以家庭为中心的实践很有价值，那些有障碍儿童的家庭尤其能从中获益。在以家庭为中心的项目中，教师会定期与每一个家庭沟通，尊重每一个家庭。成为一个以家庭为中心的教师，你既需要实践，也要有目的性；你需要认识到与家长沟通的重要性，它是值得你付出时间和努力的。你需要换个角度考虑问题，从认为项目应该关注儿童，转到考虑项目聚焦家庭带来的价值。

开 始

一旦一个家庭选择了你的学前教育项目，继续并拓展这种新关系的途径也就打开了。当儿童入园时，家长应该收到一份关于该机构及你的课程的情况介绍。在一年的开始或一批新生入园的时候，一些机构会邀请家长参加一个初期会议，介绍机构的目标和政策，家长也可以提出问题。有些机构也会分别为每个家庭单独介绍。

跟家庭成员交谈，了解孩子的成长、发展、家庭状况，听取他们对儿童的个人观点，深入了解他们的育儿方式，这些对你来说都很重要。在初期会议上，你可以和家长对话，了解他们对儿童的目标及对机构的期望。这是问他们愿意如何参与到项目中来的大好时机。你也可以让家长完成一个书面调查问卷，提供一些关于儿童习惯、喜好、需求、特长及技能的信息。问卷中要设计一些问题，请家长分享他们对孩子的看法以及他们对孩子的目标、愿望、希望和梦想。我们一般喜欢同时使用书面问卷和初期会议这两种方式来建立与新加入项目家庭的关系。

家 访

一些项目把家访作为促进家长、儿童和教师三者之间相互了解、和谐相处的一种方式。教师在新学年开始前后，选择合适的时间去造访每一个家庭。在开端计划中，家访可能安排得更频繁。这些家访通常时长30~45分钟，家长和教师能利用这些时间相互了解。有些儿童会很兴奋地向新教师展示他们心爱的玩具或宠物，还有一些孩子可能会很害羞。

尽管很多教师和家长都认为家访是促进彼此之间有效交流的好方式，但也要注意，家访也有可能成为家庭的一种负担。有些家庭可能对他们家的环境和条件不自信，担心会受到负面评价;另外还有些家庭会认为他们的私人空间受到了侵犯,他们可能会认为这是对他们教养方式的视察。我们发现,告诉家长家访的目的可促进家庭、儿童与教师之间相互了解,帮助儿童更好地了解他的家人和教师,增进彼此之间的相互信任。可以让他们自由选择是否需要家访。

建立和谐的关系

在充满关怀、尊重、接纳和个体关注的氛围里,人与人之间的关系更容易培养。在与你项目中的家庭建立良好关系的过程中,你需要做的事情通常看上去都显得微不足道,也很容易被忽视,就像日常的礼节一样简单。当家长感到他们是受欢迎的(他们走进学校,你热情地跟他们打招呼,花一点时间与他们交谈),这种关系也就开始了。当你发现放松和闲聊的时间变得频繁时,说明这种关系已处于发展之中。与家长谈话,你可以了解他们对什么感兴趣,他们做什么,他们关心什么。记下他们告诉你的人或事,以便在后续的谈话中询问相关的情况。"昨天你带小狗去看兽医,情况怎么样?""你准备给宝宝的育儿室涂什么颜色的油漆?"这样的跟踪关注会让家长明白,你对他们感兴趣,关注他们所关心的事情。

定期的非正式谈话有利于你们相互了解并建立信任。给家长讲述儿童在学校的故事——几乎每个家长都想了解他们不在儿童身边时发生在孩子身上的一切。"杰里米今天很兴奋,因为他完成了酵母实验的所有步骤,并把这些记录在他的科学笔记本里。他很高兴自己能完成这样一个成长任务,迫不及待地想要和你分享他新学到的'科学术语'!"或者"莉拉今天用了20分钟的时间上下这些台阶,她抱定决心要掌握这一攀爬技巧!"

了解儿童在幼儿园生活和家庭生活中发生的事情及相互间的过渡,认识并分享家长的快乐与悲伤。"如果你能把艾拉刚出生的小妹妹带来并介绍给班上的同学,那就太棒了。艾拉肯定会很兴奋,我们也很希望见到她!"

可以让家长感受到,你是一个热情且有能力的人——"昨晚,我按照幼儿园的食谱做了很不错的烤宽面条,我的家人很喜欢!"但是,和家长分享你的私人问题可能就不太合适。记住,即使是在日常交谈中,也要小心维护个人隐私。没有什么比闲言碎语和泄露别人的隐私更伤害彼此之间的信任了。

让家长感受到他们是受欢迎的

不管家长是第一次还是第四十次来到你的教室,都要让家长感受到他们是受欢迎的,这十分重要。

> 开学第一个月的某个上午,小班的教师杰基正在和孩子们一起做肉桂吐司,这时麦迪逊的妈妈推门进来。"你好,塔拉!"杰基抬头并微笑着说,"要不要加入我们?"

在大厅对面的中班教室，马特的妈妈阿曼达来到了门口。这时，马特的老师温蒂正在给孩子们读故事。温蒂抬起头，皱了皱眉。阿曼达站了大约十分钟，温蒂也没有和她打招呼。最后，阿曼达示意马特出来，然后带他离开，也没有跟老师打招呼。

这些家长来到幼儿园的不同待遇，传递出的信息是他们是否受欢迎。什么能让人感觉到他是受欢迎的？当教师称呼他们的名字并问好，用他们喜欢的方式与之交谈，这样便能让家长感觉到是受欢迎的。有些成人喜欢别人直呼自己名字，这样对他们来说是友好的；另一些人喜欢在称呼上冠以正式的称谓或头衔（如先生、小姐等），认为这是一种尊重的标志。如果你有一个"开门"政策，这也表明他们是受欢迎的。"开门"政策的意思是，家庭成员可以随时造访你的教室，而且他们会受到像客人一样的接待，而不是感觉像个入侵者。

你可以让家长感受到他们每天都是受欢迎的。如果可以，尽量向他们问好，并回答他们的问题。尽快记住他们的名字，记住他们告诉你的关于他们家庭和孩子的事情，并询问他们的一些做法。邀请他们来你的教室，如果他们没有时间在此逗留，也要理解。给他们提供有用的方法，帮助解决在学校和在家里的问题。当你做这些简单的小事时，你就是在建立对家庭、儿童和项目有支持作用的关系。

另一个使家长感到受欢迎并有参与感的方法是在项目里建一个"家庭角"。这个区域可以放置舒适的成人坐椅或长沙发、阅读材料、咖啡或茶、儿童玩耍时的照片，甚至循环播放简单介绍项目的视频。在这个区域，家长们可以随意聊天，增进家庭之间的联系。婴儿项目还可以给母乳喂养的妈妈提供一个舒适的私人空间，以支持母婴依恋和健康的婴儿营养，让家长意识到你很重视家长与宝宝之间的特殊关系。

交流与沟通

你与家庭的相处，必然会涉及沟通的问题。有些沟通是社交性的，是为了建立并保持和谐的关系；有些则是为了彼此间交流信息。你和家长都持有对方需要的涉及孩子切身利益的信息。家长会带来他们对自己的孩子作为一个个体的认识和经验，而你能为家长提供普遍意义上的关于儿童的知识，介绍一些目前幼儿教育的最佳实践。如果你想给每个儿童创造最佳体验，这两类信息都十分关键。

为了让家长理解你的目标及这个项目如何促进儿童的成长与学习，你需要以有意义的方式，主动和家长分享你所拥有的关于儿童发展与学前教育方面的知识。这意味着你要将专业术语转化为家长可以接受的语言。比如，说你会给孩子"提供动作发展的机会",不如告诉家长"游泳、滑行、骑三轮车和攀登可以增强孩子的力量和协调能力。"尽管可能没有告诉家长"运动技能和自信心有利于孩子在社会交往和学业成绩上取得成功"这样更准确。

交流技巧

你在研究指导儿童如何与成人沟通时会学到一些交流技巧,这些技巧可以为你所用。在与孩子和家长互动时,积极倾听和"我方信息"都是有用的。积极倾听意味着不仅要关注家长的语言,还要留意他们的非语言线索。让他们知道,你在倾听,并且给对方反馈,确认你听到的信息。"听起来,你是担心艾玛还没有具备上学前班所应该掌握的技能?"或者"我想你是在告诉我,你担心如果卡莱尔继续呆在水池边玩,他可能会感冒。"这样的交流会让家长感到你正在关注他们所担心的事情。

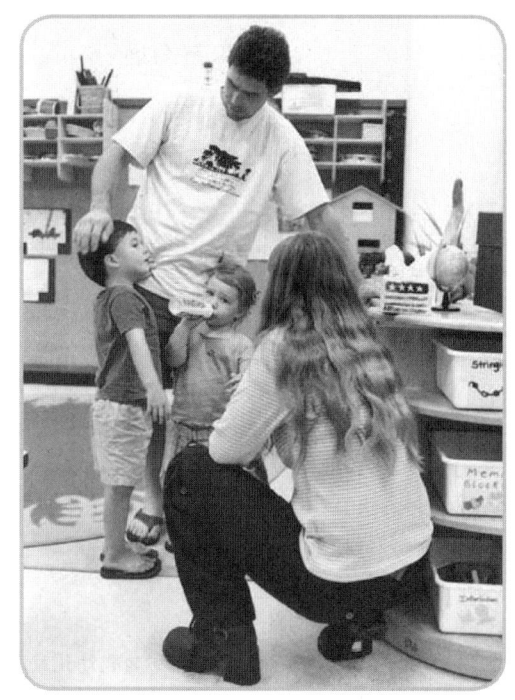

练习清晰并尊重地与家长分享你的观点:"在课堂上,我给儿童提供很多动手体验的机会,因为我相信这有助于开发他们重要的学习技能";或者"我注意到贝卡好像不太愿意参加艺术活动,我在想她是不是担心会弄脏衣服。"这种类型的陈述以一种不伤害他人的方式精确地表达了你的想法。

记住你和家长的观点都很有价值,你们中的任何一方都不是绝对正确的。确保以对话而非讲座的形式交流信息。虽然你需要尊重家长,但你也要坚持依从自己的专业判断。如果家长的要求与你了解的对儿童最好的做法相违背,那么你有道德责任从儿童的利益出发行事,但是你需要仔细考虑,然后礼貌而又清晰地向家长解释原因。

日常交流

保持与家长之间良好的日常沟通,需要灵活性和计划性。在大多数幼儿园,家长每天都去接送孩子。此时,你就有机会与他们分享你所观察到的有关他们孩子的一些事情。

"西德尼今天在数学活动中很用功。他坚持不懈地找出将数学积木进行分组的各种方法,很兴奋地给我解释他发现的几种不同的组合方式。"

"考特妮今天过得不太顺利。她因为乐珊不和她一起玩而伤心。之后,她的小兔子埋在沙堆里不见了,我们在午休时间也没有找到,她很长时间都没能入睡。最后她睡了一小会儿,下午情绪好些了,尤其是我们找到小兔子之后。"

日常交流应该包括积极的观点,以及儿童做得不错的、有兴趣的逸事。如果儿童遇到困难,需要以合适的方式告知家长,但需要注意,避免将所有精力放在这一件事上,或让这一信息成为谈话的焦点。我们记得一个妈妈说她害怕去接孩子,因为她不想听到冗长而枯燥的有关她孩子"不良行为"的故事。当你和家长说一些需要注意的事情时,最好用一些有策略的方式。如果你有持续的担心,可以安排一个时间,坐下来和家长单独谈谈。

书面沟通

每个教师都需要采用书面的方式与家长进行沟通。无论你是通过布告栏、便条、时事通讯还是电子邮件,你都需要有一个常规的书面交流的制度。

在很多婴幼儿教育项目里,家长们每天都会收到一个每日书面报告(如图13.2)。这样是为了将一些重要的照料信息告知家长,如孩子吃了什么,什么时候吃的,什么时候睡觉,什么时候排便。给家长简短介绍一天中某些特殊情况有助于提升他们的参与感。

5岁以下孩子的教育项目应该设置一个家庭交流中心。在交流中心,家长可以快速得知孩子班级活动的最新消息。在教室入口的签到区,为家长准备一个信息中心,这是个不错的主意。在这里,每个家庭有一个信箱或消息口袋。旁边的布告栏可以张贴接下来要进行的活动、一天中让人兴奋的事情或其他你想分享的简要信息。旁

图 13.2　为婴幼儿家庭提供的每日信息表

每日信息

日期:_____　　　　　　　　　　孩子姓名:_____

家长部分
当您登记的时候,请提供给我们一些信息,以便我们了解您孩子今天的需求。
喂食:_____
睡觉:_____
尿布/如厕:_____
您还有其他想要与我们分享的吗?_____
_____
_____

教师部分
亲爱的家长:以下是关于您孩子今日表现的一些信息。如需更多,可与我们进一步交流。
喂食/吃饭:_____
睡觉:_____
尿布/如厕:_____
今日其他信息:_____
_____
_____

边可以张贴周计划，这样家长就能了解每周的活动以及你为孩子设置的学习目标。

在一些每天八小时以上运营的学前教育项目中，教师很难做到天天都跟家长谈话。这种情况下，可以在签到处附近给每一个孩子的家长准备一个交流日志（笔记本或文件夹），以此作为面对面交流的辅助，我们发现这种方式很有效。教职工和家庭成员经常阅读并记录日志，分享彼此关于孩子的信息。

在学前班或小学教室，当父母到教室接送孩子时，设置一个交流中心也是非常有价值的。然而，在大多数小学和一些学前学校，家长并不在教室接送孩子。如果你在这样一个学校任教，你可能很少有机会与家长交流。这种情况下，就有必要设计其他的方式与家长保持沟通。建立每周时事通讯或日志记录，让孩子带回家，第二天再让孩子带回来；或者使用简短频繁的电子邮件，也可以帮助你与家长保持联系，进行沟通。有一些教师通过电子邮件群发系统或定期更新班级博客的方式与家长保持联系。

学校网站和时事通讯可以让教师提供大家关心的信息，详细地介绍项目的各个方面，或寻求家庭的帮助，提供关于儿童发展或其他大家感兴趣的主题信息。如果这些信息具有吸引力且简短易读，便是最成功的。也有一些学前教育项目采用电话热线的方式，事先录音，告诉家长孩子的作业情况或其他相关消息。

不管多大年龄的孩子，如果生活在两个家庭，你需要找到一些能让两个家庭分享书面材料的方式。如果家长不会讲或阅读英文，那你还需要翻译书面材料。当然，所有书面材料，不管是便条还是期末进度总结，你都需要精心准备，精细到语法、拼写和标点符号。如果这对你来说有难度，那么你可以在发送给家长之前，请一名同事帮助先校对一遍。

家长会

作为一名教师，召开家长会是一项常规工作。家长会可以让教师和家长有时间分享彼此的信息和观点。它允许交流一些深入的或个人的信息，这是其他交流方式难以做到的。

家长会的核心目标是要和家长达成支持孩子发展的共识或联盟。定期的家长会可以帮助你与家庭建立良好的关系。如果会议很少召开或只在出现问题时才召开，这样的会议对你和家庭来说都是一种压力，同时效果也更差。

有些家长可能对参加家长会颇感忧虑。这可能是由于他们自己上学时曾有过不愉快的经历，也可能是认为开家长会就意味着会听到一些坏消息。当你邀请家长来参加家长会时，一定要向他们解释清楚会议的目的，分清楚哪些是为分享孩子的进步和信息而定期召开的家长会，哪些是旨在讨论特殊问题的会议。

会前要认真准备，确保你有足够的时间和空间召开一个没有压力又有成效的家长会。你可能需要早到或晚走，以保证自己有足够的时间。检查那些有趣的观察记录和其他评估，回顾所有关于儿童的其他记录，收集照片、视频或孩子的作品样本等可以表明儿童发展和学习的材料。很多教师会创建一个档案袋，写一个发展总结，或填写一张体现孩子进步的清单。也有教师发现准备一份书面的会议计划会很有帮助，如图13.3所示。这会让他们更加放松，因为他们知道自己已经整理了想法，更不容易忘记那些想要与家庭分享的重要内容。这个书面计划同时也可以提醒教师，家长是会议重要的一方，要鼓励家长积极地作出贡献。

在第一次家长会上，你需要向家长解释，会议的目的是为了定期地让家长和教

图 13.3 家长会计划示例

家长会计划示例

幼儿姓名：_____　　　　　　　　　　　　　日期：_____

家庭成员：_____

教师：_____

要讨论的话题

在学校，如何促进孩子的成长：

在家里，如何促进孩子的成长：

在会上，家长需要哪些资源：

会议中提出的问题或需要关注的事情：

后续计划：

关于孩子未来的家庭计划（接下来是上学，等等）：

师分享信息，增进彼此的了解。强调你很欢迎他们表达观点和提出问题，家长会是家长和教师联合的过程。你可以利用这次会议设置一些有关儿童成长的共同目标，这些目标在以后的会议中你还会提到。

当你分享你对孩子在校表现的观点时，尽量描述孩子做了什么，而不说他/她人怎样。例如，你可以说，"在使用一个新设备之前，卢卡斯总是先观察一下别人是怎么做的。他好像喜欢在一个安静的地方待很长时间。"而不要说"卢卡斯很害羞。"最好多讨论儿童的特长和技能，并看看哪些方面还需要进一步提高。请家长将你的观察和观点与他们了解到的事实作比较，请他们告诉你他们观察到了什么，分享他们对教学活动和策略的建议，以便更恰当地满足儿童的需求。

在很多小学和一些幼儿园，儿童也会参加家长会，并且由他们先描述课堂活动，分享他们的作品。这种形式的家长会效果很好，它不仅能保证家长的有效参与，同时也能够有效地沟通孩子在校的经历。

当需要讨论一个问题时（比如，当你和一位家长商量怎样才能让儿童不伤害他人），要相信家长的意愿是好的，且能找到解决问题的办法。你可以利用家长会的机会去澄清这个问题，双方对目标达成共识，同时制订一个在家和在校的执行计划，确定好何时碰面评估你们的实施效果。我们建议，记录下你与家长达成一致的所有事项，并准备复印件，各方都留一份。

处理问题和担忧

当朱尔斯的奶奶来接他时，他独自在单人小餐桌边坐着，刚吃完饼干，喝完牛奶。"你们为什么丢下他，让他一个人待着呢？"她用生气的口吻责问朱尔斯的老师。

因为家长都特别关心自己的孩子，所以他们难免会从你班上所发生的事情中发现一些问题和担忧。有必要提醒自己，提出问题不仅是家长的权利，也是家长的责任。家长在教育自己孩子的同时，也要了解你在做什么以及你为什么要那样做。提出问题，能引导你们进行公开地交流，有利于你更好地理解家长及他们与儿童之间的关系。你需要准备好回应这些问题，而不是产生戒备心，应该以一种能够保持大家顺畅沟通的方式进行应对。

家长经常会问以下三类问题：

- 游戏的目的及其在孩子学业进步方面的价值。
- 关心孩子的东西和衣物。
- 孩子在保教机构中的健康及安全问题。

这些问题关系到他们对孩子和学校的期望，也可能与他们的文化有关。

第13章

一天早晨，4岁的皮特的妈妈罗丝走进儿子的教室，对教师加里说："我不认为你们给皮特提供了足够的挑战。他和我在家里时，都要学写ABC，但是他在这里却只是玩积木和骑三轮车。你知道，他这个秋季就要上学前班了。"

加里该说什么呢？如果他防御式地反驳道："皮特刚进入我们中心时，就告诉过你我们开展的是以游戏为基础的活动。因为研究表明儿童可通过游戏进行学习。"这样并没表达出他理解了或关心罗丝的疑问。同样地，如果加里不担责任地说："是啊，很多孩子都对字母感兴趣，但是皮特不是这样，除非我们强迫他。"这样的回应也没有解除罗丝的担忧。

当家长问你一些关于课程方面的问题时，你要认真对待，不要不屑一顾，这非常关键。当他们在审视你的项目时，他们可能不会去了解那些与课业学习相关的活动，他们可能对你项目的主要特点——实践学习活动没有多少认识。当你与家长交流时，要主动向他们解释幼儿的学习方式与成人有很大的不同，动作的发展和感知技能是后续学习活动（即更抽象的学习）的基础。你可以提醒家长"做中学"是一种重要的学习方式，比如烹饪、开车、给幼儿洗澡、使用电脑这些技能都是通过动手"做"学会的。向家长解释儿童在认识具体事物方面的发展顺序，如"儿童在学会区分数字和字母等没有明显差别的事物之前，首先要学会区分一些更加明显的事物，如圆形的蓝色珠子和方形的紫色珠子"。你可以通过举一些具体的例子来帮助家长理解你让儿童参加这些活动的目的。

上文例子中的加里可以与罗丝进行类似这样的对话：

加里：谢谢您告知我您现在所在做的以及您的担心。我注意到皮特现在会写一些字母了。但他在学校时，好像对字母并不是特别感兴趣。他在家里很喜欢写字母吗？

罗丝：噢，不，除非我坐在他旁边监督。他知道他必须做这些。

加里：我注意到皮特喜欢看书和听故事，这是培养阅读爱好很重要的第一步。另外，我还发现他喜欢玩一些有押韵的单词，这对学习阅读也很有帮助。

罗丝：教他字母和单词怎么样？我上周给他买了练习簿，这是他的家庭作业，和他哥哥的一样。为什么你不教他这些呢？

加里：我所做的是为每个孩子建立一个词库，这是皮特的"特殊单词"表。他有五个单词，是家庭所有成员的称谓。同时，我也在教室里准备了更多的印刷体词汇。你知道，年初的时候，我在教室里的不同东西上面都贴了标签，像这个鬃毛积木盒，最近我又增加了一些标签和标志。皮特很喜欢我们玩的"找字母"游戏。我发现字母游戏对每个孩子都有针对性，更活跃，对皮特也更有效。

罗丝：是的，他确实喜欢动。

加里：我希望他能保持这种学习劲头，因此我想把阅读学习设置得更有趣，更有意义。他们这批孩子在这个秋季都要进学前班，我们计划在今年剩余的时间带孩子们做更多的字母活动。我一定让您及时知道皮特在这些活动中的表现，你觉得这样做好吗？

罗丝： 哦，好的！

很多父母忙碌地工作了一天回到家，发现他们早晨给孩子穿的干净衣服都变得脏兮兮的，甚至还沾上了颜色，可能会很苦恼。儿童在一些感官活动、艺术和科学课程中把衣服弄脏，这是许多家长经常提及的问题。有时家长在了解了这些活动的目的和作用后，对此会理解。有的家长送儿童上学时，会选择让他们穿可以弄脏的衣服。当然也有一些家长对弄脏衣服感到心烦，因为他们希望自己的孩子总能给人一个好印象，希望人们看到他们把孩子照顾得很周到。有些家长更愿意孩子在学校时穿游戏衣服，放学回家之前再给孩子换上干净的衣服。

有些成人可能对儿童在学前教育和保育项目中接受的身体挑战感到惊讶和担心。他们可能从不允许儿童爬到攀爬架的顶端，或使用如锯子、剪刀、小刀等工具。他们可能不能理解你为什么要这样做。家长可能也对孩子在严格的监护下可以安全地做什么缺乏足够的认识。让家长知道，我们与他们一样关心孩子的安全，和家长讨论这些活动的重要性以及我们采取的安全措施。你需要让家长知道你不会让儿童冒险尝试他们能力以外的活动，然后再向他们说明你如何安全地为孩子提供探索的机会，这些探索利于儿童的发展。

有障碍的儿童家长可能会询问，你是如何帮助他们的孩子达到鉴定目标和发展里程碑的，以及他们的孩子是否被其他孩子接受，是否有同等的参与机会。多花一些时间，通过具体事例，为家长认真地解答这些疑问。通常情况下，你的解答可以帮助家长明白，其实他们的孩子在很多方面和其他孩子是一样的，明白他们的孩子

家园合作

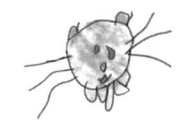

反思你的伦理责任

一位妈妈每次在她女儿稍微有一点儿小病的征兆时，就让她呆在屋里。同时要求一个工作人员也呆在屋里陪着这个孩子，要求在游戏场地有更高的师幼比，充分保证安全。

运用第24页的"伦理反思指南"，思考你在这种情形下的伦理责任。

与儿童家庭建立良好关系的黄金法则

1. 多听少说。
2. 用各种策略与所有家庭多多交流。
3. 当家长来到教室或游戏场地时，要微笑并向他们问好。
4. 每次的交流中都要有积极因素。
5. 帮助家长确定和清楚地表达他们对孩子的目标、希望及梦想。
6. 对每个家庭的所有信息都要严格保密。
7. 在教室为家长设置一些舒适区域。
8. 提供各种机会，以便家庭也能融入进来，成为项目的一部分。
9. 鼓励家庭之间相互了解和支持。
10. 让家长知道你很喜欢并欣赏他们的孩子。

正在体验每天的成功,能够有效地与其他孩子互动。

在每一种情况下,坦诚地讨论家长们所担心的问题,想出一个双方都能接受的解决方案,如果家长的意见与你不一致,不要评判别人,这很重要。那些感到自己的想法被倾听的家长也会更加支持你的项目;当他们有忧虑时,也更愿意倾听你的回应和解释。

专栏"与儿童家庭建立良好关系的黄金法则"总结了一些与家庭相处的策略。

家庭参与

在学前教育项目中,家庭的参与是全方位的、贯穿始终的,家庭会参与项目的各个方面,有时也会在需要解决某一具体问题时联系家长。参与程度的不同,反映的是不同家庭的需要以及不同教育工作者的偏好。

课堂参与

当有家庭成员参与你的课堂活动时,这可以成为你教学的有利条件!参与其中的家长可以在活动中与儿童合作,鼓励其他家长参与课堂活动,给项目政策提供支持,建立支持性的社会关系,加强项目与社区的联系,他们会为你带来从其他地方得不到的知识和资源。当家长作为志愿者参与课堂活动时,他们会使你的项目更加丰富,你可以做更多的事情。当家长在课堂中与儿童个体或小团体合作时,他们会支持儿童的体验,也能陪你带孩子完成去外地的学习之旅。

当家庭成员志愿参与活动时,家庭、教师和儿童都能从中受益。当家庭成员参与课堂活动时,他们可从以下方面受益:

- 有机会学到指导儿童成长与发展的新方法。
- 当家长看到孩子参与家庭情境之外的活动时,对孩子会有更深入的了解。
- 加深对课程的理解,或许他们在家里也可以进行这些活动。
- 对做自己孩子的教师感到更能得心应手。
- 作为对你所在项目的贡献者,他们能从中建立胜任感以及被需要感。

当家庭成员参与项目时,孩子可从以下方面受益:

- 有机会看到自己的家庭成员以其他角色出现。
- 能熟悉与自己父母和教师有着不同技能、感情和相处方式的成人。
- 能看到熟悉的成人以相互尊敬、有意义和有效的方式互动。
- 能得到更多的个性化关注。
- 体验更丰富多彩的课程。

当家庭成员参与项目时,教师可从以下方面受益:

- 获得拓展项目的机会,因为儿童–成人的比例提高了。
- 能从不同家庭的分享中获得更多知识和专业技能。
- 有机会观察到儿童与其家庭成员之间的关系。
- 提高对每个家庭及他们的价值观、偏好和风格的了解。
- 有机会发展与每个家庭成员之间更有意义的关系。
- 有更多的机会与每个孩子互动。

家长需要一些时间来适应课堂活动,所以要从简单的事情开始。提供各种方式,方便家长为丰富儿童的学校体验做出真正的贡献。对于第一次注册入园的家庭,这便是一个了解他们想如何参与进来的好时机。使用图 13.4 的"家长参与调查表"便是一个好的开始。

一种传统的家庭参与形式是给家庭成员提供与教师和孩子在教室相处的机会。这种方式对没有外出工作的家长很合适,但也不要假定有工作的家长就不能参与。他们可能只是在周末或晚上工作,这样他们在工作日是有时间的,如果他们想与孩子一起度过学校时光也是可行的。又或许在家长开放日,如果他们有假期,也可以参与进来。已经退休的祖父母可能愿意与儿童一起阅读、烘焙或种植花木。不要忘记扩大邀请范围,请无监护权的父母也参与学校的活动。

为了保证成功的课堂参与,让家庭成员从简单的任务开始,比如一起散步、给 2~3 个儿童读故事,或者帮助你为活动做准备。让他们以自己感觉舒服和自然的方式参与进来,帮助他们提高技能。当家长变得越来越轻松时,一些家长会更积极地参与到你的项目之中,比如和你一起做规划,又或许会分享他们特有的知识和技能。

筹划与家庭日程相协调的活动。邀请家长来参观,让他们观察孩子,在课堂提供帮助是很容易的。那些有灵活日程安排的家长可以在教学日来给儿童讲故事、陪儿童出游,或者担任你课程的特殊资源访问者。有些家长能参加一个特制的早餐,有些家长可以参加放学时的离园仪式。如果提前通知家长,他们或许还可以参加一些特殊活动,如生日聚会或特殊的午宴。

你要努力保证不仅有女士参加,还要有男士参加。因为男士可能会认为幼儿园,尤其是婴幼儿班级,不是他们呆的地方,他们不知道可以帮上什么忙。事实上,很多男士都可以很好地参与到上述活动之中。他们可能需要你向他们发出特殊邀请,

图 13.4　家长参与调查表

家长参与调查

家庭成员也是我们中心的重要人士，无论大小活动，我们都非常欢迎您参与幼儿园各个方面的工作。参与您孩子的学前教育项目是分享孩子经历的绝佳方式，这不仅对教师有利，同时也能让孩子知道您关心他/她的保教情况，而且这样的参与也可以很有趣！根据您的时间和兴趣，您可以以多种方式参与进来。我们知道不是每个人都愿意或能够做任何事。为了便于我们了解您的参与需求，请填写下面的调查表并和入园登记表一起返回给我们。

你的姓名：_____　电话号码：_____　电子邮箱：_____

儿童项目

_____ 我愿意过来和孩子一起在学校吃午饭。
_____ 我愿意参与一次野外旅行并提供帮助。
_____ 我愿意在教室提供帮助。
_____ 我愿意帮助你们为孩子策划一次活动（如远足、聚会等）。
_____ 我愿意参加一项与孩子一起进行的活动，如烹饪、分享故事、在花园里劳动、教唱一首歌曲。我愿意：

对我最合适的日期和时间：

家庭项目

_____ 我愿意参加一次父母社交聚会，比如聚餐、野营或野餐。
_____ 我愿意认识一些参加家庭互助小组的父母。
_____ 我愿意参加一次父母教育活动（关于管教、儿童学习与发展等方面）。

我感兴趣的主题有：

_____ 我想加入"父母&朋友俱乐部"并参与他们的活动。
_____ 在募集资金或为儿童及家庭策划活动上，我愿意和其他父母共同协作。我尤其愿意提供这方面的帮助：

改善并维护环境

_____ 我愿意把我们使用的塑料袋或其他可回收物递送过来（请先咨询）。
_____ 我愿意在工作日、周末或学校休息日提供帮助。
_____ 我愿意借/还图书馆的书或购物。
_____ 我愿意制作或修理教室里的设备（我们为那些手工好的家长提供了不少项目：做一些新的玩具面团、缝制或修补戏剧服装、做枕头、整合游戏或制作剪贴簿）。我尤其愿意：

管理或提升项目

_____ 我愿意参加委员会或董事会，就学校如何运作提供建议。
_____ 我愿意成为招生委员会的成员。
_____ 我愿意审读政策手册并为改进提供建议。
_____ 我愿意在教师或园长办公室提供帮助。
_____ 我愿意作为家长代表与立法人员或社区组织沟通。
_____ 我愿意在社区组织一次展览，为其他人介绍该项目。

教职员工没有想到的其他主意：

确定他们是受欢迎的。另外，如果你一开始就请他们利用其专业技能为幼儿园提供帮助，则有些男士会感到更自在，比如修理一个坏的三轮车，或帮助儿童种植花木。

记住，当家长参与到班级中时，你还有一个额外的责任就是管理好他们。给予他们一些指导，让他们学习一些政策、日常活动和程序，这样可以使家长感到胸有成竹，保证他们能够理解幼儿园的期望，这样才能保证活动的质量。如果你花时间去通过合作筹划活动，在一天结束时讨论经验并相互给予反馈，这样能进一步增强课堂的满意体验。

建立一个包含活动信息及待办事项的卡片档案，这有利于家长了解什么样的参与是需要的、并受欢迎的。在教室的各个区域张贴书面介绍，包括活动的目的以及成人该如何与儿童互动，这也是一个支持家长参与活动的好方法。

同时你也需要思考和准备，让那些不能参与课堂活动的家长参与进来。很多人会踊跃参加班级聚餐、家长开放日或与课程相关的晚上的特殊活动。你可以准备书、艺术品或自然材料活动袋，允许家长借回家和孩子一起活动。你也可以要求家长在家里创作一些东西，为课堂活动做准备。如果你为家长准备一些可用的材料（比如，一些做橡皮泥、游戏和课堂服装所需的材料或配料及使用说明）会更好。

项目参与

当家长参与到项目中时，他们常常会成为你最大的同盟。一些人可能会安排一些社交活动，以帮助其他家庭成为学校社区的一部分；一些人可能通过筹款活动或撰写拨款申请书为寻找资源提供帮助；也有一些人可能愿意加入教职工队伍，一起做一些更新、修理或清洁方面的工作。

很多项目会定期开展工作日活动，让家长和教职工们共同从事一天的清洁和修理工作。如果家长对所参加的任务有自己的建议，并能凭自己的技能和兴趣去选择工作，那么这样的工作日会更有成效。另外，教职员工和家长必须收集到所需设备及材料，安排食物，保证工作可以在指定时间内完成。工作日的活动儿童也可以参与其中，但是必须要选出几名成人负责监护，确保在教职工和父母工作时儿童的安全。诸如手工工作坊和家庭工作日这类活动，有助于在家庭之间创造出一种社区团体感。

也有不少幼儿家庭感到被其他人孤立。这种情况对那些刚搬到一个新社区或者孩子有障碍的家庭来说，可能确实存在。和别人一起工作有助于建立起相互支持的关系网，大家共同分享教养幼儿的快乐与压力。

家庭成员同时也可以成为顾问委员会、政策董事会及招生委员会的成员。如果家长是决策机构的成员，他们可以真正和工作人员合作，把幼儿园建设成为真正以家庭为中心，能够准确反映参与家庭的兴趣和需要。参与政策制定的家庭成员会感觉到幼儿园真正属于他们及他们的孩子，会有更强烈的使命感，愿意投入更多的精力和资源。这样的家庭成员会成为你项目的重要拥护者。

家长想了解他们的孩子在学前教育项目中的体验。很多人会赞赏参与项目的方式。对不同家庭的需求保持敏感，通过各种方式鼓励他们参与到项目中来，与孩子互动。专栏"家园联系：关于项目参与"总结了之前提到的一些策略。

家庭教育

传统意义上的学前教育项目业已包括了家庭教育活动。家庭教育可以涵盖一系列广泛的主题：儿童发展、教养技能以及家庭成员的其他兴趣。在与家庭的定期交

反思在你的教育经历中，你家庭的参与方式

回想在你的教育经历中，你家庭的参与方式。学校是如何鼓励家长参与的？这些参与对你和你的家庭有哪些影响？

第 13 章

> **家园联系**
>
> **关于项目参与**
>
> 可以通过提供以下这些来鼓励家庭参与：
>
> 1. **信息**：分享有关教养、儿童发展、儿童管教以及支持儿童成长与学习方面的宣传页、宣传册和文章。通过相关社区资源信息与家庭建立联系。
> 2. **志愿者机会**：给家庭提供多种可自愿投入时间及其专业技能的参与方式，无论室内还是室外。
> 3. **关于贡献的建议**：让家庭多了解一些项目的创意和建议，给予材料方面的贡献当然是受欢迎的。确保给他们提供机会参与项目的决策。
> 4. **鼓励孩子学习的策略**：和家庭分享在家里支持孩子学习的那些行之有效的方式、活动和经验。

反思你见过的参与儿童教育的家庭

思考一个你观察过的或在其中工作过的项目。你观察到了什么类型的家庭参与？学校教职工对家庭参与的态度是怎样的？你认为家庭对此有何感受？

流中，当你在课堂上示范积极的互动策略时，你就是在以非正式的方式提供家庭教育。当你发现很多家长都有共同感兴趣的主题时，你便可以以更结构化的方式，为他们提供一些适宜的信息，比如一篇时事通讯文章、一个家庭讨论夜、一个工作坊或一堂课。如果某个主题超出你的技能和专业知识，你可以邀请和吸收学校和社区中的其他人加入。

参与你项目的家庭和社区成员可能有某种家庭教育项目资源。我们组织过各种各样的主题讨论，如一位儿科医生家长组织过一场关于过敏的工作坊，一个有剪贴簿制作技能、年轻又富有创意的母亲提供过一场关于如何制作剪贴簿的工作坊。理解项目的价值和目标的家长们通常都很愿意分享他们的特殊技能和知识，甚至会邀请他们的朋友也来参与。

与学前教育项目的其他方面一样，家庭教育项目也需要筹划。调查家长最希望学些什么，何时以及何种环境对他们而言最好。如果你提供儿童保育，给儿童和家庭提供饮食，或在演讲前、中、后提供健康的茶点，这些细节都将提高家庭教育项目的参与度。生动的互动环节通常是最有效的，如果演讲者提前了解了参与者的知识水平和学习风格，家长就会更愿意参与到演讲的互动之中。

提供亲职教育的另一种方式是设置一间有书和杂志的图书室，家长可以借阅。你可以向当地的商人或基金会寻求资助，或者让家长组织募捐活动。有时，家庭也会捐一些他们认为有益的书或杂志。图书室可以设置在教室的一角或学校办公室附近。安排一场有吸引力的展览，鼓励父母读书、借书，这会很有效。

支持家庭

所有家庭都必须处理各种各样的育儿任务，还必须解决很多日常教养中出现的难题。然而，有些家庭面临的处境需要一些额外的支持。作为一名幼儿教师，你的工作内容之一就是识别这些挑战，并为其提供合适的支持。

在承受压力时提供帮助

每个人都会面临压力。有些压力相对较小，不过是在忙碌生活中需要承担责任；而有些压力则较大，比如家庭结构发生变化：有了新生儿、有人死去、离婚、装修或搬家、再婚，或者失去工作或家庭。如果最初你与儿童家庭建立了信任关系，那么家长会感到把生活中的压力告诉你是合适的，并且会请你提供帮助。

尽管你不是咨询顾问，但你会发现了解并掌握一些在困难时期支持家庭的策略很有帮助。你可以通过以下几种方式帮助他们。首先是陪伴，做一些你力所能及的事情。如果你在场，表现出关注和专业性，儿童和家长都会感受到你的支持。否则，只会增加他们的压力。

你提供帮助的最简单的方式之一是，当家庭处于压力期间，多加留意并保持儿童的在园生活尽可能稳定。这期间不适合将儿童调到一个新的小组或在日程安排上做大的调整，或重新安排住宿。第二，帮助家长发现需要哪些帮助。做到这点，你需要知道如何获得以下资源：如医疗诊所、家庭咨询、法律援助、心理健康服务、家庭暴力庇护、家庭调解机构、财政支持［如妇女婴儿和儿童计划（WIC）以及可以得到的食品救济券］，等等。准备一个含项目名称和服务、营业时间及联系方式的资源列表，这很有帮助。如果你能提供一些特殊信息，使家长可快速联系到一些合适的机构或项目，他们会非常感激的。

在父母离婚或儿童的监护权纠纷问题上，有时你会被要求在其中担任支持性的角色，这几乎是不可避免的。在这种情况下，一份清晰解释你们项目的政策和程序的声明（通常在家长手册中可以找到），可以帮助家长理解教师能做什么，不能做什么，说明教师最主要的职责是维护孩子的利益。当遇到家长离异或分居时，帮助他们的方式之一是与家长交流，让他们知道这种问题也很正常，没什么大不了的，也并不意味着失败。当离异或监护权争夺确实发生时，你很容易就会表现出对父母双方其中一方的偏向。记住，除非儿童面临危险处境，你要做的就是保持中立，这样才能更好地维护孩子的利益。万一家庭成员之间发生冲突，可参考美国幼儿教育协会的道德行为规范的 P2.14 部分："如果家庭成员之间发生冲突，我们将公开我们的工作，分享我们对这个孩子的观察，以帮助家长们做出明智的决定。我们应防止成为冲突一方的支持者"（见附录 A）。

第13章 加强家庭工作

作为一名学前教师，你在家庭和儿童的生活中扮演着重要的角色，你是预防——不仅是报告——儿童虐待和忽视方面关键的一环。你对家庭的支持和强化可以降低儿童受到虐待和忽视的风险（NAEYC，2004）。社会政策研究中心指出了防止儿童虐待和忽视的五个因素。对成人来说，这些因素分别是：(1) 父母的心理韧性或复原力，(2) 社会关系，(3) 有关教养和儿童发展方面的知识，(4) 需要时所能获得的具体支持。对于儿童来说，关键因素是健康的社会性和情绪发展（CCSP，2004）。

作为一名学前教师，你对家庭所做的工作能够支持每个因素的发展。如果你把本章讨论到的策略运用到实践中，那么你便是在采取措施帮助家长获取积极养育孩子所需要的知识和技能。

美国幼儿教育协会的"支持型教师"、"强化家庭"倡议，均鼓励教师在他们的学前教育项目中学习并使用一套强化家庭的方法。图13.5列出了这种方法的框架。

帮助有障碍儿童的家庭

有障碍儿童的家庭应该随时受到你们项目的欢迎。你能够帮助他们的一种方式是，确保他们可以和正常儿童家长一样参与到项目之中。就像你对其他家长那样，邀请他们在工作日提供帮助，或者提供野外旅行帮助；当安排家庭活动时，确保所提供的儿童保育满足所有孩子的需要；帮助他们认识其他家庭。例如，在家庭活动上，或当他们接送孩子时，你可以这样告诉他们，"布朗太太，向您介绍西本麻里太太，她的女儿莉莎是妮科尔今天野外旅行的伙伴"。

就像有正常儿童的家庭，障碍儿童的家庭同样需要常规的交流，分享积极的信息。另一个提供帮助的方式是，确保他们有多种方式能联系到你（如，电话、书面日志

图13.5 预防虐待的家庭强化方法

学前教师可以通过如下方式支持和强化家庭，降低儿童受虐待和忽视的风险：
1. 通过发展适宜性实践，为儿童提供高质量的保育和教育。
2. 与儿童家庭建立密切的关系。
3. 识别那些可能置儿童于虐待风险之中的情境及虐待的迹象，给家庭提供合适的帮助。
4. 理解并帮助家长了解和处理孩子的问题行为。
5. 强化儿童和家长的优势。
6. 了解自己肩负的职业责任。

资料来源：Information from M. Olson, "Strengthening Families: Community Strategies That Work," *Young Children* 62(2), 2007; NAEYC, *Building Circles, Breaking Cycles—Preventing Child Abuse and Neglect: The Early Childhood Education Role*, 2004.

和电子邮件）。给每个孩子建立一个交流日志，便于家长更容易且更自在地通过书面方式表达自己的担忧，无须直接跟你说。家长会应该让人感觉"安全"，这样家长就可以了解孩子的信息，而不会觉得带有偏见和主观判断。你给孩子保存的轶事记录可以作为你和家长谈话的基础。努力收集关于障碍儿童的信息，因为你拥有的信息越多，你与家庭分享信息的时候也越容易看到进展。

如果在孩子被鉴定为有障碍之前，这个家庭已经参与你的项目一段时间了，此时，你可能需要提高沟通的频率，以保证孩子和家庭得到所需要的服务。也要努力让这些家庭参与日常活动，即使一开始他们可能会因为不适应生活中出现的新变化而不愿较多地参与进来，之后，他们会感激你能一直持续地邀请他们。

理解法律和道德责任

至此，我们已经描述了作为一名专业的学前教育工作者，你在儿童及其家庭的生活中所扮演的角色以及负有的责任。除此之外，每个教师也有道德和法律义务。

保密原则

保守秘密是每位教师的道德义务，保密的重要性，怎么强调都不为过。涉及家庭的保密意味着仅在司法需要的情况下，才与家庭成员和他们的孩子分享这些信息。甚至跟你的朋友讲述班上某个孩子的一件"趣事"，实质上也是违反保密原则的。

幼儿教师对儿童的记录也负有相关的法律责任。一般来说，合法了解儿童档案的个人（除了孩子的教师和项目管理人员）只能是父母或监护人以及那些为了更好地服务孩子需要了解其信息的专业人士。《家庭教育权利和隐私法案》（*The Family Education Rights and Privacy Act*, FERPA）承认家长有权检查孩子的官方记录，保护这些记录的隐私。在大多数项目里，官方记录保存在上锁的档案柜里。

报告儿童虐待和忽视

作为一名学前教育工作者，无论从道德上，还是法律层面上，你都有责任报告疑似儿童虐待或忽视的案例。就像医生那样，你是一个"义务报告者"。美国每个州都有自己的法律法规涉及学前教育项目里的儿童虐待报告。遵守规定通常是项目管理者的义务，然而，意识到自己特殊的责任，对你来说也是很重要的。美国的学前教师可在其所在州管理学前教育项目机构那里了解到更多相关的法定义务。家长将孩子送进学前机构之时，就应被告知学前教育工作者是"义务报告者"，而且教职工的目标是和家庭成员共同教育和保护孩子。

家园合作

反思你为家庭提供支持的优势与挑战

在与家庭交流以及在为家庭处理应激情况提供帮助时，你认为你的潜在优势是什么？什么可能对你是挑战？你有什么经验、知识和技能会帮到你？你还需要继续提升哪些知识和技能？

第 13 章

反思你的伦理责任

杰里米的妈妈在学年初曾告诉过你,这个孩子可能有点"野蛮",并且她和她的男朋友已经采取措施来管教他,阻止他的一些不好的行为。她请你随时告知她杰里米在校的不良行为。一天,杰里米向其他小孩扔沙子,还用铁锹打那个小孩。当你接近时,杰里米开始哭泣、发抖,一遍遍乞求你,"不要告诉妈妈,不要告诉保罗。"

运用第 24 页的"伦理反思指南",反思在这种情况下你的伦理责任。

每个项目都应该有相关的书面文件,阐明项目和员工有义务报告儿童虐待和忽视,以及按政策规定去保护孩子。有关这方面的信息应该是入职培训的重要内容之一。如果这些东西没有提供给你,你可以询问,以便你知道应该做什么,并慢慢熟悉你的项目以及所在州的报告程序,以及你们社区有哪些资源可用,以防止儿童受到虐待或忽视。

大多数学校和儿童保育中心都有专人,一般是校长或主任,专门为你提供指导,帮助你记录你的担忧并报告虐待案例。发现儿童有受虐待和忽视的迹象也是你的责任。关于这些迹象可见本书第 7 章"健康、安全和幸福"的相关内容。

当你怀疑儿童受虐待或忽视时,你和你的同事或管理者需要与家庭协商,设计一个应对问题的方案,提供咨询以及合适的亲职教育,并且转介到那些能够帮助这些家庭的有关机构。如果你遇到这种情况,尽力与家长保持良好的关系,并尽可能与家庭一起协作解决问题。讨论时,要聚焦儿童积极的方面,以建设性的方式小心关注和评论家长解决儿童问题的尝试。尽你所能避免对家庭作评判,让他们知道你的目标是支持他们,帮助他们解决问题。交谈中,尽量避免让家长感觉不合适或不能胜任,努力让他们相信你历来都尊重他们。无论儿童还是家长,都不应被贴上"受虐者"或"施虐者"标签,对这些事情应该严格保密。要知道,出现疑似虐待或忽视问题的家庭,可能是因为他们正处在压力环境之下,他们在努力养育孩子的过程中需要得到更多的支持和帮助。

总　结

以支持最优发展的方式教育和保育儿童,在这一种共同目标下,家庭和学前教育专家能够成为合作者。学前教师知道,当他们照料孩子时,同时也是在照料和关爱家庭。作为该领域的一员,你将在很多家庭的生活中扮演重要角色。你将成为那些给家庭提供帮助的社交网络的一部分,以使家庭在复杂的社会中运作,并为他们的孩子提供他们所需的养育和保护。

学习成果

阅读完本章后，认真完成"拓展学习"部分的选读任务，准备"你的专业档案袋"部分的项目，你将会在满足 NAEYC 标准 2：与家庭和社区建立联系（NAEYC, 2009）上又有进步。

核心内容：

2a：了解并理解家庭和社区的多样性

2b：通过建立尊重、互惠的关系支持并融入家庭和社区中

2c：鼓励家庭和社区参与到儿童的发展和学习中

拓展学习

采访和观察一个项目：选择一个学前教育项目。采访主任或家庭参与协调者，了解可能的各种家庭参与方式、家庭参与的项目理念以及项目与家庭的交流方式。观察学校环境以及与家庭沟通的方式（如家庭公告栏）。也要注意，他们通过什么方式来包容不同的文化、能力、语言及家庭系统排列。与同学讨论或在论文中论述你从探索中学到了什么，反思这些会对你作为一名学前教育工作者有何启发。

比较两个项目：在第二个项目中重复上述活动，写一篇论文比较这两个项目的异同。

回顾 NAEYC 道德行为准则：回顾道德行为准则的第二部分。反思你在访问学校和访谈过程中所观察到的事情是否符合第二部分所列出的理念和原则，写下你的结论。

比较家庭材料：选择两个学前教育项目。收集每个项目给家庭提供的材料样本：宣传册、申请表、手册、时事通讯、政策声明等。依据本章的观点对提供的材料进行比较和评估，写下这两个项目在理念和对家庭的态度上的差异，以及你从中学到了哪些可能对你作为学前教育工作者有所帮助的内容。

采访家庭成员：选取学前教育项目里的一两个家庭，并与其成员面谈，邀请他们讨论教养幼儿的日常经验。询问他们在参与、信息交流和支持方面对孩子所在项目有什么预期，了解他们认为项目在这些事情上做得如何。写下你所了解到的，以及这些对作为学前教育工作者的你有何启发。

采访你的家庭：采访你的父母或监护人。请他们回忆在你小时候他们如何养育你，以及他们从你的学校得到了什么样的帮助。如果可以，查看一下他们保留的当年你的"作品"（如成绩单、学校时事通讯、家长手册）。请他们描述一下在你小时候参加的项目里，家庭参与方式是什么。思考并写下你所学到的，以及它们对作为学前教育工作者的你有什么启发。

 **你的专业档案袋**

给家长写一封通讯：给学前教育项目中的孩子的家长写一封通讯，帮助他们了解儿童的发展和学习。选择一个发展领域写这篇文章，把它发给家长，并请家长反馈。把一份复件、一份反馈意见总结以及你从中所学到的反思放入档案袋。

使教室方便家长参与：评估幼儿的教室，想办法使教室更适合家长参与。比如，加一把成人型号的椅子；设一个家长区；做一个家庭布告栏或给家庭成员提供信息，张贴在他们感兴趣的地方。记录、拍摄并将样本放入档案袋，以此展示你如何使教室更适合家庭参与。

让家庭参与到学前教育项目中来：帮助家庭参与到学前教育项目中来。与一位教师和一两位家庭成员交谈，列出家庭成员的参与方式清单。包括现场参与（如教室或学习旅行中的志愿行为）、在家参与（如缝枕头或洗衣服）。与家庭分享这份清单并邀请他们参与。在你的档案袋里放入这份清单、家庭反馈情况的描述以及你对从中所学到的反思。

策划一次家庭活动：计划并实施一次家庭活动，如开放参观日、家庭聚餐或工作坊。在你的档案袋里放入介绍活动信息的海报或时事通讯以及对活动过程的描述，如果有照片也可以放进去，对此次活动在促进家庭参与项目上是否有效的反思，以及你对从中所学到的反思也放入其中。

为家庭提供资源目录：搜索你所在社区能够给幼儿家庭提供服务的机构和社区资源，以及家庭可能感兴趣的活动。给出联系方式、转介程序以及每个资源的简要介绍。

我的教育实验室

访问本书"我的教育实验室"（myeducationlab.com），找到专题3：家庭/社区，你可以：

- 找到关于家庭/社区的学习成果以及与之相关的国家标准。
- 完成有助于你更好地理解本章内容的"任务和活动"。
- 通过"建构教学技能和性情"学习单元，运用并实践你对本章核心教学技能的理解。
- 对照"学习计划"检查你对本章内容的掌握程度。你可以做章节测试，获得反馈，然后通过"复习、练习和拓展"来提高你对本章内容的理解。

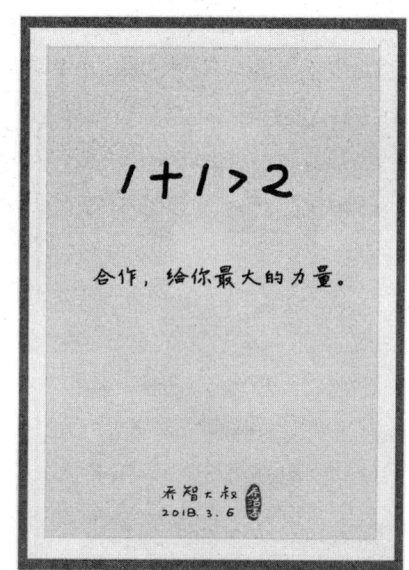

我们之中那些在这个世界上教育、照料孩子的人,有一种特殊的使命:这种使命与贵重财物的积累无关,但是与心和脑的价值有很大的关系。事实上,那是我们的领地:下一代的头脑和心灵,未来的思想和情感。

——弗雷德·罗杰斯

14 成为学前教育专家

在你开始本书的学习之旅时,我们曾建议你反思你想象中的学前教师是什么样子。你的想法可能很简单,我们的学生也经常把幼儿教师想象为一个朗读故事、教ABC或帮别人贴创可贴的和蔼可亲的人。当你读到本书的最后一章,你会意识到幼儿教育是一项相当复杂而艰巨的任务。事实上,就像在上一页的引言中罗杰斯先生说的那样,它是一种使命,一种召唤,一种发自内心的奉献精神。你感受到学前教育对你的召唤了吗?如果你感受到了,你可能想知道接下来该做些什么。你也可能追问,教育幼儿承担着怎样重大的责任,并且你可能在想,成为一名学前教育工作者会是什么样子,如何才能成功做好幼教工作。

本章的目的就是帮你思考这些问题。我们想鼓励你为学前教育和保育事业作贡献,因为幼儿、家庭和社会都需要你。现在是时候仔细想一想这条你将有可能踏上的道路,成为一名专业的学前教育工作者(那些经过专业训练、使用个人技能和能力实现对幼儿的承诺来服务社会的人)。我们将为你的旅程提供地图。我们会描述一些你在求知旅程中所需要的知识、准备和技能。同时,你也要明白,在这个过程中,你还会遇到各种各样的挑战,需要你坚定地站在你所了解的如何做才能最有利于儿童发展的立场上。最后,我们希望你明白,在成为一名专业的学前教育工作者的旅途中遇到的喜悦和压力,都将可以与你的导师和同事等同行者共同分享。

第14章

对幼儿做出承诺

> 我深信,好的教师首先要有坚定的承诺和信念来指导自己的实践。
>
> ——詹姆斯·海默斯

我的教育实验室

访问"我的教育实验室",利用"个性化学习计划",提高你对本章概念的理解。你也可以通过基于视频的"任务和活动"以及"建构教学技能和性情"课程来磨炼教学技能。

作为一名学前教育工作者,首要的也是最重要的终极承诺是为儿童尽责。如果你选择和孩子们在一起,那就是选择了世界上最重要的工作。他们是未来的成人,他们生命中最脆弱的时期将在你的呵护下度过。今天的幼儿需要保护,明日的成人才会健康强壮;他们需要养育,这样长大之后才会敏锐并关爱他人;他们需要能让他们喜爱学习的体验,这样他日才可能成为博学、有创新思维、有探索精神和问题解决能力的人。今天的儿童有很多的问题需要去解决。他们需要指导,以便长大之后会欣赏、关怀这个我们赖以生存并变幻莫测的世界;他们需要学习合作,以便长大以后,无论对家庭还是对这个世界,他们都会成为和平环境的创造者。若想在最大程度上满足孩子的这些需求,那么你需要有理念基础、知识和技能,以及对道德行为的恪守。

形成理念

刚进入早期保教领域时,你可能有一些自己的认识,比如,儿童是什么样的,如何教他们,你在他们的成长中将扮演怎样的角色。经过阅读和学习,你的知识面拓宽了,一些想法也随之发生改变、得到了扩展。随着你在这个领域开始工作之后,你开始反思自己的工作实践,学到更多知识和技能,你的这些想法汇合成一套理念——一套可以指导你实践、结构清晰的原则和信条。这套理念是一位学前教育工作者的自我同一性中十分重要的一部分,它将在你的整个职业生涯中不断演化。

我们在第1章中曾建议你建立一个专业档案袋,写下你所坚信的并对儿童来说重要的东西。现在正是回顾那些你曾写过的内容,反思你的信念是否发生了变化、你是谁以及在幼儿的生活中你想扮演什么角色等问题的好时机。当你重新翻阅这些内容时,你可以在此基础上写出自己的阐述,这也将成为你的"教育工作理念"。

了解儿童和最佳实践

作为一名学前教育工作者,你的知识

的核心是欣赏并理解儿童。观察儿童是一名专业的学前教育工作者首要且需要一直持续的活动，因为儿童是复杂的，且学前教育理论总在不断变化，你的整个职业生涯都将要不间断地学习。

你会听到一些关于课程、指导、儿童发展等方面的新观点，有时会跟你学到的或者你认为正确的观点相冲突。当听到这些观点时，请保持开放心态，以便利用好新信息，而不要盲目地接受"专家"告诉你的一切，尤其是当他们有东西要出售的时候。相信你从自己的观察中了解到的。有时，一个新的观点会引起你的共鸣，你会回应："对，言之有理。我也从我认识的孩子身上发现了这一点。"而另外一些时候，你也许会有疑问，这个作者或研究者到底有没有与真实的儿童接触过。你所体会到的这种不一致可能反映了文化或群体的差异，抑或是作者或研究者关于儿童和学习的观点存在差异。用你的亲身体会和对孩子的观察去区分哪些是有道理的，哪些只是昙花一现的时尚而已。

记住，仅仅在几年前，一些现在已被接受的实践（比如张贴字母图表，让有轻度疾病的儿童上学，融合有障碍儿童与正常儿童在一个教室学习）曾被认为是不好或没有必要的。同时，现在一些受到怀疑的实践（比如让学步儿进行长时间的团体活动；暂时隔离；不带手套换尿布；在坚硬的地面上摆放运动器材等）却被认为是合理的。盲目地接受一些新观点或固执地拘泥旧方法都有隐患。很多当下看来确定的观点都有可能发生改变，然而，对儿童和童年期的尊重是不会改变的。

理解并运用道德准则

我们希望你能发现并重视美国幼儿教育协会的道德行为准则以及建立在这种准则之上的核心价值（见附录A），或者那些在你的项目中使用的道德准则，这些道德准则能帮助你遵照所有学前教育工作者都应承担的道德责任行事，它们是你对儿童和家庭的专业承诺中很重要的一部分。理解道德责任可以使你拒绝诱惑，不做那些讨巧的或讨人喜欢的事，而是坚持做正确的事。如果你选择做一些事情，只是因为它比较容易或便利，但它违背了你的道德义务（比如与孩子在一起时接私人电话；为了顾及配班教师的需要，而要求孩子必须吃完午餐才能喝牛奶），这在道德上是不合适的。给予孩子足够的关注和健康的体验正是你的道德责任。请记住，图自己方便或照顾别人面子的保教行为都不符合正确的职业价值观。

这一准则描述了你的道德责任，当你遇到道德困境（一种职业困境，这种情况下通常会有不止一种合理的解决方法）时，准则会给予你指导。在这种困境中，你为之尽责的一个团体或个人与另一个你同样对之担负职业责任的团体或个人发生了利益上的冲突。本书的一些章节设有"反思你的道德责任"专栏，描述了一些常见的道德困境。

成为学前教育专家

反思在幼儿的成长中，你想扮演什么角色？

想一下，关于幼儿期和童年期，你看重的是什么。阅读每一个问题时，请记下一些词来概括你的想法。你认为在学前教育项目中，幼儿需要什么？关于幼儿如何学习，你了解些什么？这对于作为教师的你意味着什么？你认为学前教育项目应该是什么样的？在儿童及其家庭生活中，你想扮演什么角色？在儿童的生活中，你想成为一个什么样的人？

把这些反思和想法作为你自己教育理念的基础。

第 14 章

反思并确立目标

你知道，了解并反思自己的行为是很重要的。善于反思的教师总是会花时间去思考已经发生的事情，想知道他们的决定和行为是如何影响儿童、家庭和同事的。我们鼓励你通过思考本书各章节中反思专栏的问题来练习这一技能。安·爱泼斯坦也提醒过我们有目的或有意识教学的重要性，即为了促进儿童发展，行动的时候心中要有明确的结果和目标。为了确保我们选择的实践和策略达到这些目标，我们必须"花时间去反思，并根据儿童的反应来调整教学策略"（Epstein, 2007）。在我们的经验里，那些有持续反思习惯的教师，通常也是对工作保有激情并且能够恰当地采用新知识并与之一起成长的人。

当发生变化时，请你反思

回忆一下，当你学了一些新知识改变了你之前的行为方式（比如写论文、旅行、烹饪或做家务的方式）的那些时刻。你是突然改变所有，尝试一下，之后又回到原来的行为方式，抑或先思考很长一段时间，然后再改变？你喜欢改变还是拒绝改变？当你被要求在工作中做出一些改变时，你希望如何去做？

对自己做出承诺

整本书我们都在强调自我反思和自我理解的重要性，我们首先要求你从做人的角度去反思自己，因为这是成为一名教师的基础。现在，我们请求你以"做人"和立志成为一名幼教"专业人士"的名义对自己做出承诺。

没有任何书、玩具、视频或电脑程序可以代替你这样一个了解并关心孩子的人。你是影响儿童发展的关键因素，你将设定目标、制订计划并付诸实施。你需要付出的是自己——你的关爱、精力、知识、技能，还有你那郑重的承诺。

关爱自己

任何人，如果他从未犯过错误，那他也从未有机会尝试任何新事物。

——阿尔伯特·爱因斯坦

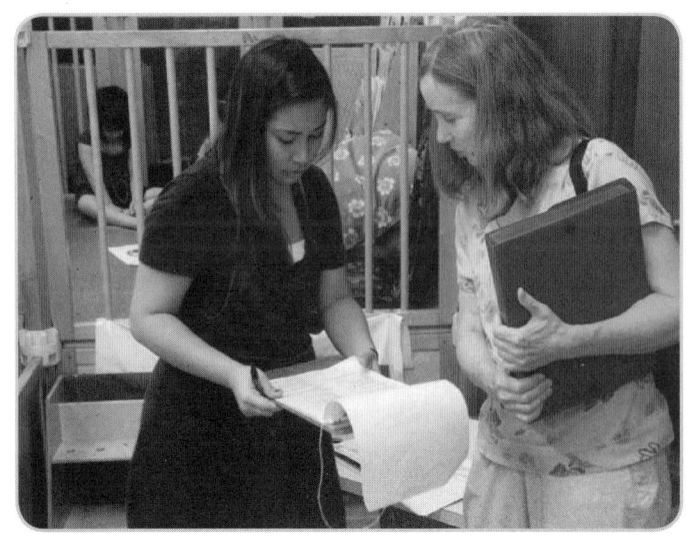

为了完成为幼儿提供保教服务这一艰巨而光荣的任务，你首先需要保证自己身心健康。照顾自己的身体，需要注意营养、锻炼、休息和放松。滋养你的心灵，始终保持着一个求学者的朝气与进取。不断与人交流，这样你才能感觉自己值得投入其中并获得智力上的激发。丰富你的精神世界，你需要静静地反思，欣赏美的事物，从事创造性的活动。

作为一名新手教师，你需要为自己设定现实的目标。这样你能发现并发挥自己的优势，不怕犯错并能从中学习。同样重要的是，不要奢望事事都能做得完美，尤其是在开始教学的前一两年。为了完成这份与孩子打交道工作中的诸多任务，你需要工作得"足够好"，要为自己带来满足感。时刻把孩子放在首位是一个良好的开端，你还有很多年的时间，努力打造更加"完美"的课堂和课程。

与同事交流

在你的教学生涯刚起步时，另一个照顾好自己的方式是与同事建立良好的关系。你的同事不只是与你一起工作的人，他们还是与你分享职业生活和承诺的人。如果幸运的话，他们会与你有共同的理念和热情，理解你的喜乐与悲伤，愿意听你倾诉，拍一下你的肩膀给你鼓励，给予你诚恳的反馈。他们使你有机会参与合作学习，合作学习让人兴奋，变得强大。它可以提高你的实践能力，同时也能提升你的职业满意度。

良好的同事关系也有利于提升学前教育项目的质量，使你的工作更轻松、更愉悦。运用你在学前教师培训中所学到的沟通技巧，帮助你与其他成人及儿童建立良好的关系。如果你努力让自己和蔼可亲、公平正直，并确保自己完成工作职责（甚至超出自己的职责），你会被大家认为是一个好同事。保持敏感并尊重同事之间的文化期望、价值观及相处方式。确保自己知道你对同事和雇主所负有的道德责任，我们在道德行为准则章节中已对此进行了阐述。

规划你的职业生涯

工作就是实实在在的爱。如果你对工作没有丝毫热爱，只有厌恶，那你最好还是辞掉这份工作，坐在寺庙门口等待那些喜爱工作的人们向你施舍。

——卡里·纪伯伦

你已经学了很多重要的东西，也开始培养自己的技能，这些技能可以使你成为一个有爱心、有能力的学前教育工作者。加入这个领域时，你需要进行很多的选择，个人选择、价值观选择和职业选择。思考以下问题有助于你做出明智的职业选择。

问自己的第一个问题是：作为一名教师，什么年龄段的孩子最吸引我？在儿童早期，每个年龄段都各自有其魅力，都需要一位喜欢其独特快乐和挑战的教师。有的教师喜欢婴幼儿，有的喜欢幼儿园的孩子，有的喜欢学前班的儿童，还有的喜欢小学年龄段的孩子，而有些教师能从与多个年龄段的孩子的相处中发现乐趣。你是哪种情况呢？如果你选择了适合你的年龄段，在工作中你将更开心，对孩子也更有利。如果你选择了一个不适合你的年龄段的儿童，进而导致你的教学方式很适合别的年龄段而不适合这一年龄段的儿童，到头来，对自己、对孩子都没有好处。

下一个问题是：在刚刚步入职业生涯时，我想扮演什么样的教学角色？你想大部分时间单独教学，还是想成为一个共同做出决策的教学团队中的一员？你是想全权负责做主班教师，还是想先当一个配班教师，主要责任让其他人负呢？我们的很多学生经过实习之后，明白了教师的工作范围，一般都愿意先做配班教师。

另一个需要问自己的问题是：我对独立性的期望有多高？我愿意在一个有很多约束但待遇很好的大机构工作吗？每个人都想要一份不错的薪水，每个人也都想拥有足够的自由去做他们认为最好的事情。然而，拥有一定的自由去选择自己认为最佳的教学方式，或者在一个较大的机构里拥有一份稳定、待遇很好的工作，这两者不可兼得。

没有什么工作是完美的。你是否更愿意与年龄较小的孩子一起工作？你是否更愿意成为一个团队中的一员？你是否不喜欢有太多的规定，告诉你如何教、教什么？如果是这样，那么你可能在幼儿园或婴幼儿项目里工作会更开心。你是否更愿意教年龄稍大一些的孩子，少一些团队合作？你是否需要更好的薪水，更愿意由学校或地区来规定课程和评估？那么，你大概更适合在一个公立小学的学前班或小学部教学。反思这些问题，将有利于你在自己的教学生涯中做出选择。

如果你刚刚起步，另一个需要你考虑的问题是，什么样的教师培训项目最适合你。是一个培训你如何教导5岁以下幼儿的项目，还是一个将你培训成一名小学教师的项目，抑或者是能让你灵活适应这两个年龄段的培训课程？意识到这个选择所暗含的意义非常重要。我们有一些学生惊讶地发现，尽管他们已经有了副学士学位，但还需要几年的学校学习，再拿一个学位才能在公立学校任教。我们也知道，一些教师同样吃惊地发现，除了有教师资格证和硕士学位，他们还需要去学校接受专门培训，学习在工作中如何与婴幼儿相处。

职业决策并非一成不变，也不必永久维持。因为你也在不断成长和改变，所以你在专业成就方面的需求也会随之发生变化。在不同环境下与不同年龄段的孩子相处，这样的工作经历越多，你越能更快地明白与孩子相处的工作是否是你的正确选择，以及什么样的职位才最适合你。

很多种工作都可以让你实现对儿童的承诺，并不是每一个获得学前教育学位的人在整个职业生涯中都直接与孩子们在一起。一些转行的人发现自己在儿童发展和早期学习方面的知识为之后的工作奠定了基础。最重要的是，你对自己以及学前教育领域的深入了解，以及由此做出的明智决策，都将有益于你自己、儿童及其家庭。

对职业做出承诺

我们生活在一个需要共同承担责任的世界里。我们很容易说出这样的话："这不是我的孩子，不是我的社区，不是我的世界，不是我的问题。"然而还是有一些人能

反思你未来的事业

当你开启职业道路时，你想在一个什么样的环境中工作？你愿意与什么样的孩子相处？在学前教育和保育领域，你认为什么样的工作对你来说是完美的？它为什么吸引你？这个工作需要什么样的培训？

发现需求并做出回应。这些人是我心目中的英雄。

——弗雷德·罗杰斯

教育和保育幼儿就是在呵护未来。你对自己的职业做出承诺就是在呵护未来。随着你的经验增多以及职业上的成熟，你最初的承诺将也会随之论变。当你加入一个专业组织，帮助父母理解孩子是如何学习的，在工作坊或会议中分享你的知识，与其他专业人士协作，一起满足孩子或家庭的需求，指导一名新教师，为了孩子的利益与朋友或立法者沟通和交涉，在道德准则的基础上申明自己的立场，你做的这一切，都是在关心这个行业，呵护我们所有人的未来。

像真正的专家一样行动

当你致力于像专家那样行事的时候，你就是对儿童、对自己、对自己的职业做出了承诺。我们都听过某人被称为"真正的专家"，这个词通常意味着相当高的评价。成为一名真正的专家，意味着你应该这样对待儿童、家庭和社会：

- 为你所做的重要工作感到自豪。
- 按照道德准则来生活和学习。
- 承诺自己将对儿童的发展提供帮助，为家庭育儿提供支持。
- 在观察儿童及其家庭时保持客观，跟他们打交道时保持理性。
- 对待儿童及其家庭要诚实，注意不要夸大你的知识、训练或技能。
- 与家庭和同事建立以信任为基础的关系。
- 值得信赖——诚实严谨地遵守保密原则，无论诱惑有多大，也要坚决抵制传播流言蜚语的欲望。
- 履行你的承诺，坚守你的诺言，注意做不到的事不要轻易许诺。
- 向自己保证，成为一个好同事和好员工。
- 与其他专业人士合作（如治疗师、教育工作者、持证职工等），共同服务儿童及其家庭。
- 争取继续深造的机会，成为一名专业人士。
- 举止端庄得体。
- 成为孩子及其家庭成员的榜样。
- 拥护儿童、家庭以及可以满足他们需求的项目实践。

依据最高的职业标准来行动，你就能实现自己对儿童的承诺。依据专业素质的理想来行动，你就会自我感觉良好；为你赢得家庭、同事和社区成员的尊重；也将帮助学前教育领域获得更多专业认可。

继续学习和成长

渴望学习和成长是专业人士的重要标志之一。像儿童一样，你也需要资源、时间和勇气去探索、实验和学习。你教学时间的长短和你作为一名教师的经验，在很大程度上决定了可助你持续成长的在职专业培训的类型。表14.1给出了不同阶段职业发展培训活动的类型描述，这些活动也许能对应每一个阶段。伊丽莎白·琼斯和格雷琴·雷诺兹建议，教育工作者可以把他们的智力兴趣和关注当作一种游戏形式（Jones & Reynolds, 1992）。你可以追求有趣、好玩的主题，决定你想学什么、想培养何种技能。

加入专业组织

你可能很好奇为什么你的大学老师以及本书的作者，一直在向你推荐专业组织。你可能会收到一本宣传册，或被怂恿交一笔钱加入一个或多个专业团体。

为什么组织成员资格会如此受重视？当你浏览本书最后的参考文献时，你可能会明白其中一个原因。你会注意到，专业组织会出版一些可以拓展该领域知识的书籍和期刊。另外一个原因是，专业组织可以为儿童、从业者和同行做一些重要的事：汇集研究，提供信息，发表专业立场，建立标准，为儿童利益呼吁，为该领域发出

表14.1 教师发展的不同阶段

教师－阶段	特点	适宜的专业支持/教育
阶段1：生存期（1年）	应用所学知识和技能	与同事沟通交流；实用的意见和建议
阶段2：巩固期（2~5年）	把所知道的整合到一起，形成自己的教学风格和方法	现场的帮助、咨询、教练和辅导
阶段3：重生期（3~5年）	自信心提高，可能会产生职业倦怠，需要重新燃起职业热情	参观其他项目、专业阅读、会议、课程、做行动研究，以及参加专业协会
阶段4：成熟期（5年以上）	对工作中的价值观、理论、议题、哲学和理念更有兴趣	研讨会，获得高级学位和理论性的专业阅读

资料来源：Information from L. G. Katz, "The Developmental Stages of Teachers," *Talks with Teachers of Young Children*, 1995.

集体声音。

加入专业组织，你可以拥有成长和参与同侪社区的机会。组织会为其成员提供共同的目标感，并且会以出版、会议和社区活动的形式支持成员。找一个你所在地区比较活跃的组织并加入，你不仅会获得有价值的信息，也有机会和那些与你做着同样工作、关注同样事情以及有同样担忧的人相处。作为一名学前教育工作者，能经常与同事分享就会为你带来许多乐趣。

你只有成为专业组织的一员，这个组织才能代表你。你不应该仅仅为了可以获得期刊、会员卡、低价参会费或低保险费率才加入这个组织。你加入它，表明你是该行业的一员并支持它。图14.1提供了一些不同学前教育专业组织的网站信息。你不可能参加所有组织，但是作为一名坚定的学前教育专业人士，你将发现一个或几个最感兴趣的加入进去。如果你不住在美国，应该也有你可以加入的学前教育专业组织。我们在图14.1中给出了其中一部分，你也可以通过网络查询一些你所在地区的学前教育专业组织。

图14.1 部分学前教育专业组织的网站信息

美国学前教育专业组织	代表学前教育和保育分部的美国专业组织	国际蒙台梭利协会
美国蒙台梭利学会 www.amshq.org	特殊儿童委员会 www.cec.sped.org	E-mail：info@montessori-ami.org www.montessori-ami.org
国际学前教育协会（ACEI） www.acei.org	美国家庭儿童保育协会 E-mail：nafcc@nafcc www.nafcc.org	英国学前教育协会 www.early-education.org.uk
监督和课程发展协会 E-mail：member@ascd.org www.ascd.org	美国儿童保育资源和转介机构协会 www.naccrra.org	加拿大儿童保育联盟 E-mail：info@cccf-fcsge.ca www.cccf-fcsge.ca
美国幼儿教育协会（NAEYC） www.naeyc.org	美国大学儿童中心联盟（NCCCC） E-mail：ncccc@smtp.bmai.com www.campuschildren.org	加拿大幼儿协会(CAYC)会员服务部 E-mail：caycmeb@cayc.ca www.cayc.ca
南部学前教育协会（SECA） www.southernearlychildhood.org	**美国之外的学校教育专业组织**	澳大利亚学前教育公司，原澳大利亚学前教育协会 E-mail：eca@earlychildhood.org.au www.aeca.org.au
	世界学前教育组织（OMEP） www.omep.org.gu.se	太平洋学前教育研究协会—日本 www.org.kobe-u.ac.jp/pecera-japan
	美国国家委员会 www.omep-usnc.org	中国香港 www.pecera.org.hk
	学前教育工作者协会（新加坡） www.aeces.org	新西兰生物技术办公室/新西兰儿童保育协会 www.nzchildcare.ac.nz

第14章 呼吁

你的另一项职业承诺是呼吁（advocacy）。呼吁指的是什么？意思是对一个你认为对的政策或事业给予支持。呼吁这种观念似乎与你格格不入。你已然选择了一份涉及很多人际关系的职业，鼓励你给予热情、接纳及养育。而呼吁似乎要求相反的特质。一些为儿童所做的呼吁是非常公开的，要以一种自信坚定的方式大声说出来，传达给政策制定者。同时，它也可以是私下的、亲切的。你精心地展示孩子们的艺术作品，体现的是你对作品的审美和价值的肯定，你就是在为儿童呼吁。当你用平等尊重的态度对待你班上的学生并要求其他人也这样对待他们时，你就是在为儿童呼吁。在员工会议上，你建议调整一下点心时间，因为你注意到孩子们饿了，你就是在为儿童呼吁。随着你的不断成长，你发现自己建立了自信，越来越能在公共场合为儿童发声。

你为何要成为一个倡导者？尽管你现在还不相信，但你确实是一个有影响力的人了。你对你的家人和朋友是有影响的。他们了解你并相信你，你告诉他们关于学前教育和保育的知识，这些知识可能比他们从报纸或电视上得来的更有影响力。你在你的社区是有影响的。你们那条街上的人、你的街坊邻居以及你们镇上的人都认识你。在学前教育方面，你是他们眼里的专家，他们信任你。你在你们当地政府是有影响力的。你会认识你们地方教育委员会、市政委员会及州立法机构的成员及他们的同事、朋友和家人。你代表着那些推选出这些政府成员的人们的意见和选票。对他们来说，你会和专家一样，甚至比任何其他专家都更重要。

学前教育工作者越来越致力于为儿童的利益呼吁。我们要逐渐改变自己"和蔼阿姨"的形象，成为孩子们利益的倡导者。对于政治进程我们会更老练，而且会与那些同样代表幼儿及其家庭利益，并与我们有着同样关注点，也希望提高公众意识、影响公众态度和立法的人们形成联盟。当你比较熟悉政治进程时，当你更深入地了解了社区、州和国家对提升儿童服务所做的努力时，当你向自己的社区成员、媒体或政府领导表达自己的观点以及分享自己的知识时，你就是在为幼儿的利益呼吁。

每当你加入其他学前教育工作者的工作中时，每当你影响另外一个人时，你都是在增强这个领域的影响力。在我们这样一个大而又多元化的国家里，很容易对影响国家政策感到无望。你只是一个人，也许只是个年轻人，你还不是你所在领域公认的专家。但是你是一个公民，是一个选民，你能影响其他公民和选民。作为一个成长中的专业人士，你将要学习一些为儿童利益而呼吁的有效方法。

坚持那些对孩子有利的东西

你已经知道，儿童学习的最佳方式是童年期的自然活动：游戏、动手探索以及与作为敏锐观察者的教师进行个性化互动；你也知道，我们在考量每个儿童时，必须要参考其特定的家庭、文化和社会背景。但是，这些被学前教育者所坚信的观点，在当今的美国教育界却并不盛行。你可能会遇到一些家长、教师、管理者和政策制定者，他们并不认同你关于儿童发展的观点以及你所推崇的幼儿教学方法。你也可能会遇到由学区、管理者或教师做出的一些并没有代表儿童最佳利益的决定。在工作中，你有时会被要求：

- 减少儿童游戏、艺术活动、小憩、休息或享受甜点的时间，以便儿童用更多时间完成学业任务。
- 教一些与儿童年龄及能力不符的技能或内容。
- 让儿童做一些超出他们能力的纸笔测试，给他们造成压力，或用来决定他们未来的学习体验。
- 使用一套你认为严厉但无助于儿童养成自控能力的纪律制度。

当以上这些情况发生时，你该怎么办？如果你不想忽略这些命令或者想逃避，你可以像罗杰斯先生（Rogers, 2003）所说的那样："做牡蛎中的一粒沙子。"

成为珍珠形成过程中的一粒沙，你必须根据你的优势，学会用委婉的方式表达对那些教育实践的"不认可"。如果你谈及儿童是如何学习的，以及他们需要的是适宜的课程和评估方式时，你可能会听到一些不屑一顾的评论。你没必要去勉强同意其他人的想法。当谈到要重视学业内容，因为它很重要时，你可以同意幼儿阶段是奠定学业基础的关键期。同时，你也要坚持认为，正因为幼儿阶段如此关键，我们更应该提供真正有效的教育经验。

当有人挑战你的观点时，你要能清晰地表达出自己的见解和信念。这样，倘若你被要求去做一些并不能代表儿童最佳利益的实践，你就能更好地抵抗住压力。你可以解释游戏及其他形式的适宜教导方式是如何帮助幼儿做好学业准备的。为了达到效果，你可能更愿意用实际行动来证明"儿童能够通过游戏学习"。通过不断学习、进取，将有助于你能向他人解释专家告诉我们的有关儿童如何学习的观点。随着你越来越善于观察并记录儿童的学习，你便能够更直观地用家长、管理者和政策制定者可以理解的方式向他们做出你的解释。确保和学前教育工作者以及其他相关的专业人士保持联系，这样你便拥有给力的同事和支持者：你不可能一个人完成这些事情。支持所有那些拥护儿童利益的人——他们也支持着我们所有人。

选择何时坚持、何时放弃也很重要。并不是每件事情都值得抗争到底，并不是每次战斗都能取得胜利。作为一个有道德的专业人士，你也许需要做出艰难的选择。

我们建议你站在儿童的立场上,把他们的利益放在首位;当被要求执行错误命令时,要敢于拒绝;坚持说出那些你认为对的事情;敢于承担风险,就算会把自己置于不受欢迎的处境;鼓励别人也这样做。做到上述几条的确不易,但这是正确的事情,孩子们需要你这样做。

总 结

在儿童的生活中,你是谁?作为一名学前教育工作者,你是谁?成为一名学前教育专家需要时间和经验、关怀和承诺,还需要你立志持续不断地学习。这一过程也许很艰难且充满挑战,但同时它也能带给你很多与孩子相处的快乐和满足感,带给你得以帮助塑造未来的知识和技能。作为你的同行,我们欢迎你!

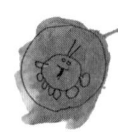

学习成果

阅读完本章后,请你认真完成"拓展学习"部分的选读任务,准备"你的专业档案袋"部分的条目,你将会在满足 NAEYC 标准 6:成为专业工作者(NAEYC,2009)上又有进步。

核心内容:

6a:认同并投身学前教育领域

6b:了解并支持道德标准和其他职业指导原则

6c:通过参加继续教育和合作学习指导实践

6d:整合儿童教育中有见地、反思性和批评性的观点

6e:为幼儿和学前教育专业代言

拓展学习

加入当地的某个专业组织:了解哪些专业组织在你所在的社区里有分会(可能你的大学校园里更多)。参加会议并加入这个组织。然后反思你所学到的东西。

制订五年计划:考虑你的专业目标,制订一个为期五年的职业生涯计划。把这个计划告诉你的朋友或家人,并与他们谈论你的计划。向大学辅导员展示你的计划,争取得到资金资助来实现计划。记录你所做的事情。

创建职业誓言:阅读本章关于如何成为真正的学前专家部分,以及附录 A 中 NAEYC 道德行为准则最后的承诺声明,写下你自己的职业誓言。把它贴在你的镜子旁或公告栏上,并放进你的专业档案袋里。

读专业期刊或出版物：选择下列一种或几种的专业出版物阅读：

《儿童保育信息交流》

《学前教育》

《学前教育研究与实践》

《学前教育研究季刊》

《早期干预杂志》

《当今学校学前教育》

《幼儿教育》

《幼儿》

《特殊幼儿》

 **你的专业档案袋**

厘清你的定位：阅读并修订你的自传、个人使命宣言及教育理念。将修订版本放入你的档案袋。

加入你所在地的专业组织：参加这些专业组织的会议，反思你做了什么，以及你为档案袋中的专业部分学到了什么。

记录一次呼吁行动：访问一位立法者，举办一次儿童作品的公开展示，给编辑写一封信，或其他你选择的呼吁行为，记录下来。

我的教育实验室

访问本书"我的教育实验室"（myeducationlab.com），找到专题12：专业化和职业道德。你可以：

- 找到关于专业化和职业道德的学习成果以及与之相关的国家标准。
- 完成有助于你更好理解本章内容的"任务和活动"。
- 通过"建构教学技能和性情"学习单元，运用并实践你对本章核心教学技能的理解。

- 在"教师讲坛"部分观看CCSSO美国国家优秀教师年度奖项得主关于"我为什么当教师"的视频片断。
- 在"专业视角"部分听学前领域专家的讲话。
- 对照"学习计划"检查你对本章内容的掌握程度。你可以做章节测试，获取反馈，然后通过"复习、练习和拓展"活动来提高你对章节内容的理解。

我的教室里，没有"坏孩子"。

附录 A

美国幼儿教育协会的道德行为准则和承诺声明

美国幼儿教育协会的立场声明

2005 年 4 月修订

2011 年 5 月重申并更新版本

获得国际儿童教育协会认可

被美国家庭托儿所协会采用

前　言

美国幼儿教育协会（简称 NAEYC）认为，那些从事幼教工作的人面临许多日常抉择，这些抉择会受到道德和伦理的影响。**NAEYC 的道德行为准则**为教师的责任行为提供指导，并为解决幼儿保育和教育过程中遇到的主要道德困境提出了通用原则。**承诺声明**并不是道德行为准则的组成部分，但它是教师承认幼儿保教领域独特的价值观和道德义务的个人意愿。

道德行为准则主要聚焦于 0~8 岁儿童教育机构中儿童及其家庭的日常实践，这些机构包括婴儿/学步儿教育机构、学前教育机构、托幼中心、医院和儿童生活环境、家庭式托儿所、幼儿园以及小学课堂。既然是涉及幼儿的问题，那么这些条款也适用于那些不直接接触儿童的工作人员，包括机构管理者、亲职教育人员、学前教育领域的成人教育工作者，以及对机构负有监管责任和批准权限的官员。（注：另请参见"道德行为准则：对学前教育领域的成人教育工作者的补充说明"，在线阅览网址：www.naeyc.org/about/positions/pdf/ethics04.pdf；"道德行为准则：对学前教育机构管理者的补充说明"，在线阅览网址：http://www.naeyc.org/files/naeyc/file/positions/PSETH05_supp.pdf。）

核心价值观

学前保育和教育的道德行为标准是建立在对以下这些核心价值观承诺的基础之上，这些核心价值观深深地根植于学前保育和教育领域的发展历史中。我们承诺做到：

- 把童年视为人生命周期中独特而宝贵的阶段。
- 了解儿童是如何发展和学习的，并以此为基础开展工作。
- 理解并支持儿童与家庭之间的纽带关系。
- 认识到只有在家庭、文化*、社区和社会背景中才能最好地理解和支持儿童。
- 尊重每个人（儿童、家长和同事）的尊严、价值和独特性。
- 尊重儿童及其家庭和同事的多样性。
- 认识到只有建立起基于信任和尊重的关系，儿童和成人才能从中发挥出最大的潜能。

---

* 文化包括种族、种族身份、经济发展水平、家庭结构、语言以及宗教和政治信仰，这些方面深深地影响着每个儿童的发展以及他们与这个世界的关系。

资料来源：Copyright © 2011 by the National Association for the Education of Young Children.

概念框架

道德行为准则提出了职业责任的框架,分四部分。每一部分会强调某一领域的职业关系:(1)与儿童的关系;(2)与家长的关系;(3)与同事的关系;(4)与社区和社会的关系。每一部分都会介绍在不同背景下学前教育从业者的主要职责,紧接着是一系列能够反映示范性专业实践的理念(I),以及用来描述被要求、禁止或鼓励的实践活动的原则(P)。

理念反映了学前教育从业者的抱负,而**原则**会指导和帮助学前教育从业者解决遇到的道德困境。*提出理念和原则的目的是,当学前教育从业者需要负责地解决他们遇到的问题时,能够为其审慎的决策提供基础。尽管道德行为准则为从业者解决某些道德困境提供了特定的指导,但在许多其他情况下,学前教育从业者仍将需要把道德行为准则与职业判断相结合。

道德行为准则中的理念和原则为我们提供了职业责任的共享框架,职业责任是我们对学前教育领域核心价值观的承诺。该准则公开宣告了我们应承担的学前教育领域的责任,并以此来支持我们工作中的道德行为。面临道德困境时,从业者急需从该准则的应用部分以及贯穿其中的精神中寻求指导。

通常,并没有解决道德困境的"正确方法",似乎也没有什么显而易见、积极有效的方法来掌握某一情境。当某种重要的价值观与另一价值观相悖时,我们就会面临道德困境。当面临进退两难的局面时,我们的职业责任是查阅道德行为准则以及所有相关部分的资料,最大限度地找到解决办法。

第一部分 面向儿童的道德责任

童年是人的一生中独特而又重要的阶段。在这一阶段,我们的首要责任是为孩子们提供安全、健康、适合养育并能及时作出反应的保育和教育环境。我们致力于支持儿童的发展和学习;尊重个体差异;帮助儿童学会生存、游戏与合作。我们也致力于促进儿童发展自我意识、能力、自我价值、心理韧性以及身体健康。

理 念

I-1.1 熟悉学前保育和教育的基础知识,并通过参加继续教育和培训,随时更新这些知识。

I-1.2 以现有知识、学前教育领域的研究、儿童的发展、相关学科以及每个儿童掌握的特殊知识为基础开展教学实践。

I-1.3 承认并尊重每个儿童的独特气质、能力和发展潜力。

I-1.4 理解儿童的脆弱性以及他们对成人的依赖。

I-1.5 创设和保持安全、健康的环境,以促进儿童的社会性、情绪、认知和身体的发展,并尊重他们的尊严和贡献。

I-1.6 使用那些适合于儿童的评估工具和策略,这些工具和策略专门为儿童而设计,并且评估结果潜在地有利于儿童发展。

I-1.7 借助评估信息来理解和支持儿童的发展和学习,支持教学,并识别那些需要额外辅导的孩子。

I-1.8 支持每个儿童在包容开放的环境中游戏和学习的权利,这些环境要能满足正常和异常儿童的需求。

I-1.9 倡导和确保所有儿童,包括那些有特殊需求的儿童,都有机会通过支持性帮助获得成功。

I-1.10 确保机构(项目)中每个孩子的文化、语言、种族和家庭结构获得认可,并得到重视。

I-1.11 为所有儿童提供与其所熟悉的语言相关的经验,并支持他们持续地使用母语以及学习英语。

I-1.12 当儿童及其家庭从一个学段向下一个学段过渡时,家园合作为孩子提供安全平稳的过渡。

原 则

P-1.1 最重要的是,我们不伤害儿童。我们不参与那些具有情感伤害的、身体损害的、不尊重儿童的、羞辱儿童的、危险的、利用儿童的或恐吓性的实

---

* 每一种理念不一定有对应的原则。

践活动。这条原则优先于道德行为准则中的所有其他原则。

P-1.2　我们应该在积极的情感和社会环境中照料和教育儿童，这样的环境能给儿童提供认知刺激，并支持每个儿童的文化、语言、道德和家庭结构。

P-1.3　我们不参加任何歧视儿童的实践活动，包括拒绝某些利益诱惑；给予儿童特殊的对待；或者仅仅因为其性别、种族、国籍、移民身份、偏爱母语、宗教信仰、医疗条件、残疾，或者其家人的婚姻地位/家庭结构、性取向、宗教信仰或者其他的家庭从属关系，从而拒绝他们入园（入托）或参加活动。（这条原则并不适用于那些有合法授权专门为特定人口的儿童提供服务的机构。）

P-1.4　当决策涉及儿童时，我们将采用双向沟通的方式收集所有的相关知识（包括家庭的和员工的），并酌情确保敏感信息的保密性。（参见 P-2.4。）

P-1.5　我们会使用恰当的评估系统，包括多种信息来源，并提供关于儿童学习和发展的信息。

P-1.6　在做关于招生、留级或安排特殊教育服务等决策时，我们尽力确保以多种信息资源为基础，而不是以某次单一的评估结果，例如某次测验分数或是某次单一的观察结果。

P-1.7　我们努力和每个孩子建立独特的关系；在教学策略、学习环境和课程等方面进行个性化的调整；与家长沟通以便让每个孩子从所在的项目中受益。如果我们尝试过了以上的努力，当前的安排仍然不能满足某个孩子的需求，或是某个孩子严重地危害了其他儿童从该项目中受益，那么我们将与这个孩子的家人以及相应的专家进行沟通，以便确定这个孩子是否需要额外的服务和（或）做新的安排，以保证这个孩子顺利成长。（这条原则并不适用于那些有合法授权专门为特定人口的儿童提供服务的机构。）

P-1.8　我们要熟知危险因素以及虐待、忽视儿童的预兆，包括人身的、性的、言语的和情感的虐待，以及身体的、情感的、教育的和医疗的忽视。我们还要了解并遵守那些保护儿童免受虐待和忽视的国家法律和社区程序。

P-1.9　当我们有合理的理由怀疑儿童被虐待或受忽视时，应当向相关的社区机构反映，并持续关注以确保相关机构已采取适当的行动。必要时，通知父母或监护人，把要做的或已经采取的措施移交给他们。

P-1.10　当有人告知我们，他（她）怀疑某个孩子可能正遭受虐待或忽视，我们应该协助此人采取适当的行动，以保护这个孩子。

P-1.11　当我们意识到某些活动或情境会危及儿童的健康、安全或幸福时，我们在道德上有责任去保护这些儿童，或者通知其父母和（或）那些有能力保护这些儿童的人。

第二部分　面向家长的道德责任

家长*对儿童的发展而言至关重要。因为家长和学前教育工作者在儿童的幸福方面有共同的利益关系，为了促进儿童的发展，我们的首要责任是促成家庭与学前教育机构之间的交流、配合与合作。

理　念

I-2.1　熟悉有效开展家长工作的相关知识，并通过继续教育和培训来更新这些知识。

I-2.2　与我们服务的家长发展相互信任的关系，并建立伙伴关系。

I-2.3　欢迎所有的家长，并鼓励他们参与到项目中来，包括参与决策。

I-2.4　在我们支持家长的育儿行为时，要聆听他们的心声，欣赏并借助他们的特长和能力，向他们学习。

I-2.5　尊重每个家庭的尊严和偏好，努力了解每个家庭的结构、文化、语言、习俗和信仰，以确保所有

---

* 这里的家长包括孩子的父母，还有那些对教、养孩子负有责任并为孩子呼吁的成人。

家庭和儿童所处文化环境的一致性。

I-2.6 肯定家庭的教养价值观，承认他们有为自己的孩子做决定的权利。

I-2.7 和家长们分享每个孩子的教育和发展信息，帮助他们理解和欣赏学前教育专业现行通用的知识。

I-2.8 教师通过与儿童的家长进行交流，增进自己对每个孩子的理解，同时帮助家长们增进对其孩子的理解，并且支持他们不断发展其作为父母的技能。

I-2.9 鼓励家长们努力去创建支持网络，必要时，通过为家长们提供与学前教育工作者、其他家长、社区资源以及专业人士交流的机会，参与家庭支持网络的创建工作。

原　则

P-2.1 除非法庭有限令或其他法律限制不能进入，否则我们不应拒绝家长们进入孩子的教室或幼教机构的其他区域。

P-2.2 我们要告知家长有关我们机构的理念、政策、课程、评估体系、文化实践和人员资格，以及解释我们为何这样教的原因——与我们对待儿童的道德责任相一致（见第1章节）。

P-2.3 在适当的时候，我们会通知家长，让他们参与到政策制定中来（参见I-2.3）。

P-2.4 我们将确保家长参与到对儿童产生影响的重大决策中来（参见P-1.4）。

P-2.5 我们将用家长能理解的语言，努力与所有家庭进行有效的沟通。如果我们自己的机构没有充足的资源，我们将借助社区资源来翻译或解释。

P-2.6 当家长们和我们分享有关他们的孩子和家庭信息时，我们将确保这些家长提供的信息是我们机构制订计划和实施计划的重要依据。

P-2.7 我们将告知家长我们机构关于儿童评估的本质和目的，以及他们孩子的数据将被如何使用。

P-2.8 我们将对儿童的评估信息保密，只有当需求合法时我们才会共享这些信息。

P-2.9 当儿童受伤和发生意外事故时，或处于诸如可能导致孩子感染的传染性疾病风险中时，或发生可能导致孩子紧张情绪的特殊事件时，我们将会及时通知家长。

P-2.10 我们将毫无保留地告知家长任何涉及他们孩子的研究项目，家长有权给出或拒绝给出同意书，且不受任何处罚。我们也将禁止或不参与以任何形式可能妨碍孩子教育、发展或幸福的研究。

P-2.11 我们不做也不支持利用家长关系。我们不应利用与家长们的关系来谋求私利，或者牵扯进家庭成员的关系中，这可能会损害师幼互动的有效性。

P-2.12 我们将制定书面政策，以保证儿童信息的保密性和防止泄露。这些政策文件应当提供给机构中的所有人员及家长们。除了家长、机构工作人员和有保密义务的顾问外，其他人公开儿童信息时必须征得家长同意（虐待和忽视儿童的情况除外）。

P-2.13 我们坚持保密性，尊重家庭的隐私权，防止泄露孩子的保密信息和打扰儿童的家庭生活。然而，当我们有理由认为孩子的福祉处于风险中时，我们有权向相关机构和有法律责任介入儿童权益的个人来共享孩子的保密信息。

P-2.14 如果家庭成员间发生冲突，我们将公开我们的工作，分享我们对这个孩子的观察，以帮助家长们做出明智的决定。我们应防止成为冲突一方的支持者。

P-2.15 我们将会熟练而得体地把家长转介给社区资源和专业支持服务机构。完成转介后，我们还要继续跟进，确保家长们获得了适宜的服务。

第三部分　面向同事的道德责任

在充满关爱、合作的工作场所，人的尊严会被尊重，职业满意度得以提高，积极的关系得以发展并保持。基于我们的核心价值观，同事间的主要责任是建立和维持能够支持我们高效工作和满足专业需求的环境及人际关系。适用于儿童的理念，同样也适用于我们在工作场所中相互影响的成人。[注：第三部分的责任包括对同事和雇主的责任。详见"道德行为准则：学前教育项目管理人员的补充（雇员最初出现在 2005 年修订版的准则中），在线阅览网址：http://www.naeyc.org/files/naeyc/file/positions/PSETH05_supp.pdf。]

A：面向同事的责任

理　念

I-3A.1　与同事建立和保持尊重、信任、互相保密、协作、合作的关系。

I-3A.2　与同事共享资源、共同合作，以确保提供最好的儿童保育和教育项目。

I-3A.3　在满足他们的专业需求和专业化发展方面，支持他们合作共事。

I-3A.4　给予同事在专业成就方面的认可。

原　则

P-3A.1　我们要认可同事对机构作出的贡献，不参与那些有损他们名誉或者削弱他们对儿童及其家庭工作积极性的活动。

P-3A.2　当我们担忧某一同事的职业行为时，我们要用一种尊重人格尊严和成员间差异性的方式，先让这个同事知晓我们的担忧，然后用私密的方式一起解决问题。

P-3A.3　就同事的个体特征或专业行为发表意见时，我们要本着关爱的态度。我们的评价应该基于一手信息，而不是道听途说，还应考虑到它与儿童和机构的利益关系。

P-3A.4　我们不能因同事的性别、种族、国籍、宗教信仰或是其他特征、年龄、婚姻状况/家庭结构、残疾或性取向而歧视他（她）。

B：面向雇主的责任

理　念

I-3B.1　协助机构提供最优质的服务。

I-3B.2　不做有损我们机构声誉的事情，除非机构违反了保护儿童的法律和法规，或是违反了该准则的相关规定。

原　则

P-3B.1　我们将遵守机构的所有政策。若不认同某些政策，可通过建设性的行动，在组织内实现有效改变。

P-3B.2　只有当被授权时，我们的言行才代表组织。无论是代表组织发言，还是发表个人判断，都应当慎言。

P-3B.3　不要违背为保护儿童而制定的法律或法规，当意识到违规时，我们要采取与道德行为准则相一致的适宜行动。

P-3B.4　当我们担忧某个同事的职业行为，且儿童的幸福尚未处于风险中时，我们可以对该同事说出我们的担忧。但是，如果该同事没有重视，让儿童处于危险中或是情况没有得到改善，那么我们要把该同事不道德或不称职的行为上报给相关部门。

P-3B.5　当担心环境或条件可能会影响机构的保教质量时，我们将报告给机构的管理者，或者必要时，上报其他相关管理部门。

第四部分　面向社区和社会的道德责任

学前教育机构需要在由儿童家庭组成的、与他们有直接关系的社区环境下运营，需要在关心儿童福祉的其他社会机构的帮助下运营。我们对社区的责任是提供项目，以满足不同家庭的多种教育需求；与机构和专家合作，共同承担教育儿童的责任；协助家长们获得这些机构和专家的帮助；协助有需求但目前尚未成型的社区教育项目的发展。

作为个体，我们认为我们的责任是成为一个正直诚实的人，为儿童提供最佳的保教项目。鉴于我们在儿童早期发展和教育方面拥有的专业知识，以及我们在幼儿福祉和保护方面担负着巨大的社会责任，我们认为在学前教育机构和大型的社区中，维护幼儿利益最大化，随时为幼儿的利益呼吁，这是一种共同的责任。

在这一部分，理念和原则有个人和"集体"之分，这主要是为了区别学前教育工作者个人以及早教工作团体有关儿童利益最大化的不同责任。

理念（个人的）

I-4.1　为社区提供优质的儿童保育和教育项目及服务。

理念（集体的）

I-4.2　在涉及解决幼儿、家长和学前教育工作者的健康、教育和福祉的问题方面，努力促进专业人员、各机构和不同专业跨学科间的合作。

I-4.3　通过教育、研究和呼吁等工作，努力建立一个环境安全的世界，让所有的儿童接受卫生保健，生活衣食无忧；接受教育；过上远离家庭和社区暴力的生活。

I-4.4　通过教育、研究和呼吁等工作，使社会中的所有儿童都有机会进入高质量的儿童早期保教项目。

I-4.5　努力确保建立适宜的评估体系，其中包含多渠道收集信息，使用这些评估体系的目的是让儿童受益。

I-4.6　提高对幼儿及其需求的了解和理解。努力保证儿童的权利获得充分的社会认可，社会更多地承担起为所有儿童谋幸福的责任。

I-4.7　支持提高儿童及其家庭福祉的政策和法规，努力工作以改变那些削弱他们福祉的现象。参与制定发展所需的政策和法规，积极地与家庭、其他个人及团体合作。

I-4.8　进一步推动学前教育和保育领域的专业化发展，并强化实现本准则所反映的核心价值的承诺。

原则（个人的）

P-4.1　我们应开诚布公地交流所提供服务的性质与范围。

P-4.2　我们应该申请、接受适合自己并能胜任的工作岗位，不会提供因缺乏能力、资格或资源而不能胜任的服务。

P-4.3　我们应仔细核查推荐信，不聘用或推荐任何其能力、任职资格或品德与职位不匹配的人。

P-4.4　我们应客观准确地报告依托于我们机构实践基础之上形成的知识。

P-4.5　我们应了解如何恰当地使用评估策略与说明，以及如何准确地向家长解释评估结果。

P-4.6　我们要熟悉那些旨在保护我们机构中儿童的相关法律和法规，并确保这些法律和法规得以遵守。

P-4.7　当意识到某些活动或环境可能危及儿童的健康、安全或福祉时，我们有道德责任保护儿童，或者通知儿童家长或能帮助儿童的其他人。

P-4.8　我们不参加那些与保护机构中儿童的法律、法规相背离的实践和活动。

P-4.9　当有证据证明某个学前教育机构正在违背保护儿童的法律或法规时，我们要将此事及时报告给能够纠正此情形的相关管理部门。

P-4.10　当某一机构违背了NAEYC的道德行为准则，或要求员工违背该准则时，经批准在证据得到公正评估后，我们应公开该机构的信息。

原则（集体的）

P-4.11　当制定政策的目的并不是保护儿童的利益时，那么我们全体工作人员都有责任去改变这些政策。

P-4.12　当有证据证明提供服务的幼教机构未能履行其确保儿童福祉的职责时，从道义上我们都有责任告知有关管理部门或公众。我们也要注意跟进事件的后续发展，直到问题解决。

P-4.13　当某个保护儿童的机构不能为受虐待或被忽视的儿童提供足够的保护时，我们要认识到我们共有一种道义责任，努力争取来改善这些服务。

> **承诺声明**
>
> 作为一名学前教育工作者,我承诺致力于促进学前教育价值观的推广,这些价值观反映了美国幼儿教育协会制定的道德行为准则的理念和原则。我会尽我最大所能:
>
> - 绝不伤害孩子。
> - 确保幼教机构建立在目前儿童发展和儿童早期教育业已取得的知识和研究基础之上。
> - 尊重并支持家长们对儿童的养育工作。
> - 尊重儿童早期保育和教育领域的同事,并支持他们遵守美国幼教协会的道德行为准则。
> - 在社区和社会中,作为一名儿童权益的倡导者、呼吁者,努力为儿童及其家庭和教师服务。
> - 随时了解并持有高标准的专业行为。
> - 不断地自我反思,意识到自己的个性特征、偏好和教育信念会影响儿童及其家庭。
> - 对新观念持开放态度,乐于听取他人意见。
> - 不断地学习、成长,成为一名专业人士。
> - 尊重《美国幼儿教育协会的道德行为准则》中的理念与原则。
>
> ———
> * 这份承诺声明并不是准则的一部分,但是它体现了个体愿意信仰儿童早期保育和教育中独特价值观和道德责任的个人承诺。对道德责任的认知会促使个体成为本专业的一分子。

与伦理相关的术语表

伦理准则(Code of Ethics,也译作道德准则)	用来定义幼儿保教领域的核心价值观,当专业人员在工作中遇到冲突的义务或责任时,为其提供指导。
价值观(Values)	价值观是这样一些品质或原则:个体认为是可取的或有价值的,指导个体珍视自己、他人及生活其中的世界。
核心价值观(Core Values)	某一职业所持有的承诺,可以被从业人员有意识地、会意地信奉,因为它们对社会是有益的。个体的价值观和职业核心价值观是有差异的。
道德(Morality)	人们关于何为善、对和恰当的观点;人们关于自己义务的信念;人们关于如何行事的理念。
伦理(Ethics)	关于对与错,或义务与责任的研究,它涉及对道德的批判性反思,以及在价值观和考量关系道德困境间做出选择的能力。
职业伦理(Professional Ethics)	指某一职业的道德承诺,它包括有助于个体在工作中拓展和提高个人道德实践的道德反思,它关注职场中关于对与错的行为,它有助于个体解决工作中遇到的道德困境。
伦理责任(Ethical Responsibilities)	个体必须做或必须禁止的行为。伦理责任是明确的,被写入道德行为准则(例如,学前教育工作者绝不应该向一个在法律上没有知情权的人分享儿童及其家庭的机密信息)。
道德困境(Ethical Dilemma)	它是一种道德冲突,涉及当个体面对冲突的职业价值观和责任时决定做出的适宜行为。

术语及定义的资料来源

Feeney, S., & N. Freeman. 2005. *Ethics and the early childhood educator: Using the NAEYC code*. Washington, DC: NAEYC.

Kidder, R. M. 1995. *How good people make tough choices: Resolving the dilemmas of ethical living*. New York: Fireside.

Kipnis, K. 1987. How to discuss professional ethics. *Young Children* 42(4): 26–30.

附录 B

环境检查清单

安全检查清单

这份检查清单可用于评估现有环境下儿童的安全性，也可用于规划及创设安全的环境。

机构名称＿＿＿＿＿＿＿＿＿＿＿＿＿＿＿＿＿＿＿＿＿＿＿＿＿＿＿＿＿＿ 日期＿＿＿＿＿＿＿＿＿＿＿＿＿＿

员工人数＿＿＿＿＿＿＿＿＿＿＿＿＿＿ 儿童人数＿＿＿＿＿＿＿＿＿＿＿＿＿＿ 儿童年龄＿＿＿＿＿＿＿＿＿＿＿＿＿＿

用以下符号适当标记：✓ 代表是 / 恰当的，– 代表不是 / 不恰当的。

常　规

＿＿＿＿＿ 机构获得许可证或符合颁发许可证的标准。

＿＿＿＿＿ 儿童随时能获得适当的监护。

　　　＿＿＿＿＿ 婴幼儿决不会无人看护，他们应该一直处于成人的视线范围内，而且是触手可及之处。

　　　＿＿＿＿＿ 学龄前儿童决不能无人看护，要处于成人的视线和听力监护范围内。

　　　＿＿＿＿＿ 在成人的视线和听力监护范围内，学龄儿童可以短时独立玩耍。

＿＿＿＿＿ 建筑和设备结构坚固，无锈蚀，无油漆脱落，无碎片。

＿＿＿＿＿ 设备和家具上的螺栓和粗糙边缘要凹进去，或者有覆盖物。

＿＿＿＿＿ 机构的入口和庭院是安全的。员工可监控到每一个进出的人。

＿＿＿＿＿ 上学和放学流程都要确保儿童的安全，防止发生交通事故，防止儿童被未经授权的人带走。

＿＿＿＿＿ 遵守签到 / 外出登记程序，机构员工和家长都要熟悉这些程序。

＿＿＿＿＿ 室内外没有碎片和积水。

＿＿＿＿＿ 锋利的工具和器皿、玻璃制品及漂白剂、喷雾剂应放在儿童够不到的地方。

＿＿＿＿＿ 药品、清洁剂、杀虫剂、气雾喷雾器和其他有毒物品应锁在儿童触及不到的地方。

＿＿＿＿＿ 楼梯、斜坡、阁楼、甲板和平台应安装高于 50 厘米的稳固护栏。

＿＿＿＿＿ 楼梯、斜坡、阁楼以及平台上没有玩具和杂乱物。

_____ 设备没有潜在危险（开口的宽度小于9厘米或大于23厘米）。

_____ 设备和家具的尺寸要适合入园的儿童使用。

_____ 游戏区之间的路面（包括室内和室外）要确保没有玩具和设备，避免儿童被绊倒。

_____ 确保厨房、储物柜、园艺棚、成人浴室以及含有危险材料的其他区域远离儿童活动区。

_____ 有定期检查和维护机构安全的可行程序。

_____ 禁止出现射击或射弹玩具。

_____ 塑料袋要放在儿童够不到的地方；一律不许有气球。

突发事件的预防和准备

_____ 有遇突发事件可用的电话，紧急号码应张贴在电话附近；机构的地址和电话号码也要公开张贴。

_____ 有儿童的地方，要有接受过儿科急救及心肺复苏培训的员工同时在场。

_____ 要有应对紧急突发事件的程序，员工须熟悉该程序。

_____ 急救箱内备有充足的药物，方便取用，且标记显著。

_____ 外出旅行时要备有急救箱。

_____ 有可用的急救手册。

_____ 撰写儿童受伤报告，保存好儿童的伤情记录。

_____ 有处理紧急医疗事故的预案，且所有员工了解该预案。

_____ 紧急出口标记清晰，出口处不得堆积杂物。

_____ 张贴紧急疏散计划，并由消防部门评估该计划。

_____ 每月进行一次紧急疏散演习。

_____ 紧急疏散计划要考虑到有特殊需要的儿童。

_____ 备有民防突发事件预案，所有员工和家长须知晓。

_____ 安装烟雾探测器，并保证正常运行。

_____ 每个房间备有灭火器，要进行年检，员工要知道如何使用灭火器。

_____ 一旦发生某个儿童或老师必须就医的情况，需备有确保整个班级安全的计划。

_____ 当机构带儿童外出时，确保他们乘坐合适、合法和安全的交通工具。

内部环境

_____ 环境设置要便于机构员工监控到所有区域。

_____ 家具要稳固，不易倾倒。

_____ 将视听设备和设备车进行固定，不会侧翻。不使用时要收起来。

_____ 设备没有损坏，能良好有序地运行。

_____ 矮窗户、门和镜子要安装安全性高的玻璃或有机玻璃。

_____ 玻璃门和落地窗要有贴纸，确保人们不会误撞到。

_____ 加热器、散热器、管道和热水箱要远离儿童。

_____ 热水龙头要关闭，或是水温低于49摄氏度，避免烫伤儿童。

_____ 如果儿童必须使用较高的厕所、洗手池或饮水器，要为他们准备稳固防滑的高脚凳。

_____ 家具不要放在高且未固定的架子上。

_____ 为了5岁以下儿童的安全，机构内不用的电源插座要有保护盖。

_____ 电线不要交叉，也不要置于地毯下。

_____ 地毯必须固定，或者背面有防滑材料，地毯边缘不能有让孩子绊倒的隐患。

_____ 用水处的地板和入口的地面要防滑。

室外环境

_____ 室外的游戏区有围栏保护，配有儿童安全门。

_____ 院子里种植的植物须是无毒的。

_____ 室外备有储备齐全的急救箱。

_____ 永久性的室外设备要安全地固定，可移动的设备须稳固。

_____ 人造橡胶的表面状况要良好，所有攀爬、旋转和滑动的设备降落区下方要铺有30厘米厚的散沙、木屑或豆粒般大小的砾石。

_____ 滑梯和攀爬结构不能超出限定的安全高度（儿童平均身高的2倍）。

_____ 秋千牢固地悬挂在封闭的紧固件上，而非开放式的 S 型挂钩上。

_____ 秋千的坐垫由柔软或轻便的材料制成。

_____ 秋千要远离人行道，并且设立围栏，避免儿童走进秋千摆荡区。

_____ 安装遮阳板，或避免让儿童正午阳光直射，以防止晒伤。

_____ 确保设备不存在夹伤或挤伤儿童手指的安全隐患。

婴幼儿机构的特殊注意事项

_____ 婴儿床和床门之间的缝隙距离要小于 6 厘米。

_____ 婴儿床与儿童门要有功能良好的锁定装置。

_____ 婴儿床要符合 2011 年消费品安全委员会（CPSC）的标准。

_____ 可攀爬的设备须安全固定。

_____ 家具采用圆形边缘设计或者在边缘加有防撞条。

_____ 床垫与婴儿床匹配，大小适宜。

_____ 不要将床铃等物件挂在婴儿床、婴儿床围栏或者窗帘上方等位置。

_____ 无悬垂的电器线。

_____ 婴儿车和车体须稳固，有能用的约束带和良好的刹车性能。

_____ 玩具的直径至少 4 厘米。

_____ 幼儿在场时楼梯门应锁定。

_____ 为不能自由活动的婴儿留出独立空间。

_____ 成人任何时候都要保证自己可以腾出一只手来照顾婴幼儿。

_____ 婴幼儿要在成人视线可及的范围内睡眠。

健康检查清单

这份检查清单可用于评估现有环境下儿童的健康状况,也可用于规划及创设健康的环境。

机构名称_____ 日期_____

员工人数_____ 儿童人数_____ 儿童年龄_____

用以下符号适当标记:✓ 代表是 / 恰当的,– 代表不是 / 不恰当的。

政策和程序

_____ 机构要获得许可证或符合颁发许可证的标准。

_____ 健康记录:

  _____ 是为每个孩子建立的健康文档,并管理有序,获取方便。

  _____ 是记录孩子当前的免疫、疫苗接种和健康体检情况。

  _____ 必要时,包括为有特殊健康需求或慢性疾病患儿提供指导。

  _____ 包含新近的紧急联系信息,其中含有儿童健康护理提供者。

_____ 入园登记时家长填写孩子的健康史。

_____ 机构要和健康咨询师签书面协议,咨询师可以是有认证资格的儿科健康专家,也可以是接受过针对幼教健康咨询专门培训的专家。

_____ 备有基础的儿童健康和疾病手册。

_____ 机构与健康护理专家一起制定书面健康政策,分发给每个员工和家长。

_____ 有关于儿童因疾病必须退学的书面政策,员工和家长们了解该政策。

_____ 备有在机构内隔离生病儿童的政策和程序;生病儿童在舒适的环境中由教师专门看护。

环境

_____ 有儿童随时可用的、卫生的饮用水。

_____ 对儿童来说,厕所设备在任何时候都是干净和方便使用的。

_____ 纸抽、肥皂、纸巾、卫生纸放在儿童够得到的地方。

_____ 在每个成人洗手池边要张贴正确的洗手流程。

_____ 按照表 7.2 所述的标准对教学区和材料进行清洁和消毒。

_____ 窗户和门要定期打开通风,以排出污气。

_____ 房间的温度和湿度保持在舒适的水平。

_____ 经常清洁空调、空气过滤器、加湿器和抽湿机,以减少污染。

_____ 根据实际需要,经常、定期清洗动物笼。

_____ 鉴定含铅、氡和石棉的建筑物,采取必要的措施,防止儿童和成人接触这些物质。

_____ 设施和室外游戏区须是完全无烟区。

健康实践

_____ 成人和儿童都熟知并且日常都遵循洗手流程。

_____ 教会儿童正确的洗手流程,必要时要提供帮助。

_____ 儿童和成人在饭前便后要洗手。

_____ 必要时儿童需要更换衣服,机构为儿童备有额外的干净衣物。

_____ 脏衣服存放在封闭的塑料袋中,远离儿童游戏区。

_____ 每次玩具被儿童弄脏或是放进嘴里后,都要清洗和消毒。

_____ 选择营养丰富的食物作为正餐、加餐和烹饪活动的原料。

_____ 员工不得给4岁以下儿童提供这些食物：热狗，不论是整个的还是切成片的；整颗葡萄；坚果；爆米花；棉花糖、橡皮糖；花生酱汤；大块的生胡萝卜、苹果，或者比可以整块吞咽还大的肉丁。

_____ 不能把食物作为惩罚或奖励的手段。

_____ 用餐前、吃小吃前以及准备食物前，应该先对桌子进行清洁和消毒。

_____ 儿童在用餐之后要刷牙。

_____ 牙刷存放要注意卫生。

_____ 每个儿童要有整洁的个人午睡环境。

_____ 垃圾桶要摆放整齐，有盖子盖在上面，每天清倒。

_____ 在寒冷的冬天，儿童穿的衣服须是干的，并且逐层保暖。

_____ 儿童有在阴凉处玩耍的机会。当在太阳光下时，要为他们穿上防晒服、涂抹防晒霜或者两者都用。

婴幼儿机构的特殊实践

_____ 员工熟悉并且会实际操作卫生的换尿布程序。

_____ 为孩子换尿布时，要在尿布桌上铺专用的纸，每次使用后用消毒液给尿布桌消毒。

_____ 奶瓶要冷藏保存。

_____ 有脚踏式垃圾桶，用来放尿布。

_____ 每天记录儿童的食物摄入量、大小便情况和其他的健康问题。这些信息要与家长们共享。

_____ 支持母乳喂养：提供舒适的母乳喂养场所，存储和喂食乳汁的方式都要注意保留其营养成分。

_____ 抱着还不能坐的婴儿给其喂奶。其他的婴儿可坐着吃奶或抱着喂奶。学步儿或2岁的幼儿在婴儿床或其他床上时，成人不能用奶瓶给其喂奶，任何时候也不要让他们自己抱着奶瓶吃奶。学步儿或2岁幼儿在爬行或行走时不能拿着瓶子、有吸管的杯子或是普通杯子。

_____ 每个孩子都应有自己的睡眠环境和床上用品；床单至少每周换一次或者根据需要更换。

_____ 婴儿应仰躺睡在硬表面的床上；枕头、棉被、羊毛围巾、羊皮、毛绒玩具以及其他的柔软物品禁止放在8月龄以下婴儿的床上或是其他设备上。

_____ 每次喂奶之后，要用一次性纸巾或婴儿专用的卫生软布擦拭婴儿的牙齿和牙龈。

婴幼儿学习环境检查清单

该检查清单可用于评估婴幼儿现有的学习环境，也可用于规划及创设婴幼儿的学习环境。没有一个机构能够包含下列所有的清单，但是带 * 标志的条目是大多数优质幼教机构具有的，也是基本的。

机构名称_____ 日期_____

员工人数_____ 儿童人数_____ 儿童年龄_____

用以下符号适当标记：✓ 代表是 / 恰当的，– 代表不是 / 不恰当的。

室内环境

空　间

_____ 明确界定"娃娃家"的空间，与其他的群体 / 班级区分开来 *

_____ 每个儿童的人均空间为 3.25 平方米 *

_____ 空间的布置能让成人时刻看到所有的儿童 *

_____ 可方便地到达和使用饮用水、洗手池和厕所 *

_____ 屏蔽外界的噪音和刺激 *

_____ 根据需要控制通风和温度 *

_____ 尽可能采用明亮的自然光线 *

_____ "易湿区域"（入口处、就餐区）要防水防滑，易于打扫，有平整的地板

_____ "干燥区域"（例如睡眠区和游戏区）的地板上要有清洁、舒适的地毯类覆盖物

_____ 专门为使用助行器或轮椅的个体（儿童、家长、参观者或员工）准备的无障碍通道

区　域

_____ 更衣室要远离就餐区和游戏区 *

_____ 设有睡眠区 / 安静区 *

_____ 设有食物准备区 / 就餐区 *

_____ 设有家长接送孩子的专门区域 *

_____ 设有灵活的中心区 *

婴儿的房间

_____ 为行动不自如的孩子设置保护区 *

_____ 为行动自如的孩子设置玩耍区

学步儿和 2 岁孩子的房间

_____ 设有玩具区

_____ 设有餐桌区

_____ 设有图书区

_____ 设有假装游戏区

_____ 设有感官游戏区

室内的设备和材料

入园和离园区

_____ 配有保护儿童安全的大门 / 室内门 *

_____ 设有供家长与教师联系的公告牌和邮箱 *

_____ 有时钟和登记簿

_____ 用于放置儿童物品、标注儿童名字和照片的立体架子 *

_____ 周围有适合成人坐的椅子或沙发

_____ 告别窗——儿童能够通过该窗口看见家人的离开

食物准备 / 就餐区 *

_____ 有便于准备食物且适合成人身高的桌子或台面 *

_____ 放置设备或食材的柜子或架子上要有标记，以便清理

_____ 设有洗手池和专门清理残渣的水池 *（如果要洗碗就用洗碗机或另外的水池）

_____ 有常用家具（冰箱、炉子或微波炉）*

_____ 至少备有一个对儿童来说是安全的上锁橱柜

_____ 有用来记录食物的笔记板或笔记本

_____ 有碗碟、盆、平底锅等 *

_____ 有诸如海绵、扫帚、拖把等清理设备 *

婴儿的房间

_____ 成人的座位要舒适，便于抱、喂、照料孩子 *

学步儿和 2 岁孩子的房间

_____ 有适合学步儿使用的桌椅

睡眠区

_____ 配有孩子们能看得见的镜子、图片、风铃等物品 *

_____ 有存放孩子们从家里带来的床品和玩具的储物架/储物箱，且分别有标记

_____ 配有摇椅 *

_____ 有记录孩子睡眠情况的笔记板或笔记本

婴儿的房间

_____ 配有婴儿床，或其他安全、具有文化适宜性的婴儿睡眠布置 *

学步儿和 2 岁孩子的房间

_____ 有厚垫子或婴儿床

换尿布区 / 机动区 / 如厕区 *

_____ 配有坚固的适合成人身高的尿布台，* 尿布台带有可移动的隔板

_____ 架子上面或尿布台旁边方便放置药膏 *

_____ 有适合成人使用的洗手池，并配有热水

_____ 有适合儿童大小 / 深度的浴盆

_____ 有可单手使用的纸巾分配器

_____ 为盛放每个孩子的尿布和衣服而准备的贴有标签的盒子和箱子 *

_____ 有用来盛放儿童用过的尿布和衣物的塑料袋 *

_____ 有用来盛放丢弃尿布的有盖垃圾桶 *

_____ 有用于记录尿布使用情况 / 如厕情况的笔记板或笔记本 *

_____ 区域是清洁的，令人舒适的 *

学步儿和 2 岁孩子的房间

_____ 有专为学步儿设计的低矮坐便器和洗手池，或者有稳固的阶梯状凳子方便孩子如厕和洗手 *

_____ 周围有供另一个儿童坐 / 看的地方

灵活的中心游戏区

_____ 配有干净且铺有地毯的地板

_____ 有台阶、稳固的沙发、来回巡游的小屋、平台或攀援物 *

_____ 用来装垃圾的容器（篮子、桶）

_____ 配有干净的宠物笼或水族箱 *

_____ 供孩子们喂养、浇水和保护的植物 / 动物 *

_____ 不易破碎的镜子 *

_____ 玩具特征：

_____ 足够大，容易被抓住

_____ 很轻，可以举起

_____ 足够柔软，不致划伤孩子

_____ 足够结实，可以让孩子们扔、踏或抛

婴儿的房间

_____ 玩耍和探索的材料沿着周边围成更大的空间

_____ 为会爬的孩子准备几个玩耍空间

_____ 如果房间里同时有会爬和不会爬的婴儿，要配有保护不会爬的婴儿的矮围栏

_____ 沙发或矮一点的桌子要有扶手

学步儿和 2 岁孩子的房间

_____ 可移动的攀援物或平台

_____ 没有高的、不稳定的架子

_____ 架子安全稳固，不会侧翻

感觉游戏区 *

_____ 有玩混合游戏的桌椅

_____ 有适合学步儿玩水的桌子

_____ 有许多玩沙子和水的容器 *
_____ 有打节奏的乐器
_____ 有黏土和面团
_____ 有颜料
_____ 有肥皂和液体

玩具 *
_____ "躲猫猫"的玩具
_____ 动物形象的玩具
_____ 带盖子的盒子
_____ 能发声回应的声音玩具
_____ 由1~8块图片组成的完整拼图 *
_____ 自制玩具
_____ 拼装的连锁块
_____ 玩偶盒
_____ 大型的木珠串
_____ 大颗的扣珠
_____ 风铃
_____ 音乐盒
_____ 嵌套容器（塑料碗、杯子）
_____ 钉板和木板钉（大尺寸）
_____ 弹出式玩具
_____ 可以拖或拉的玩具
_____ 摇铃
_____ 形状分类盒
_____ 简单的单片带圆头的拼图
_____ 简单的可以组合在一起的玩具
_____ 可挤压的玩具
_____ 可以叠套的玩具
_____ 嵌合式拼装玩具
_____ 纹理球
_____ 可吮吸和咬的玩具
_____ 玩具车
_____ 矮的、开放式的存储材料的储物架 *

图书 *
_____ 布质或硬纸板类图画书 *

_____ 图片集（裱好的和塑封的）
_____ 各种风格的插图 *
_____ 用孩子熟悉的事物和自己的照片制作的图书 *
_____ 新的和经典的书籍
_____ 用篮子或墙壁悬挂袋来放书
_____ 有情节的简单故事书
_____ 包含不同民族、不同年龄、不带刻板印象的人物角色书 *
_____ 不以商业为目的的书
_____ 儿歌类的图
_____ 文字较少的图书和有文本的书籍
_____ 情绪和概念类的书 *
_____ 坚固的非硬纸板书
_____ 干净的抱枕和地毯
_____ 柔软的大椅子或沙发，可供成人和儿童坐在一起阅读

积极的游戏活动 *
_____ 可拖和拉的玩具
_____ 带滑梯的小型攀爬设备
_____ 可钻或爬的通道（购买的或自制的）
_____ 可爬行通过的大箱子
_____ 小汽车和小卡车
_____ 可以推和拉的小火车和越野车
_____ 各种型号的软球
_____ 可以在上面爬的软枕头
_____ 有多个同类玩具，确保每个孩子有多种选择（2~3个）

为年龄较大的学步儿和2岁的孩子额外设立的区域
这些区域专为年龄较大的学步儿和2岁的孩子设立，或是为较小的学步儿进入游戏区做准备。

积木区
_____ 关于积木的明信片或照片
_____ 可以存放积木的矮的、开放式的储物架 *
_____ 配有低绒面的地毯或干净的地板 *

_____ 单元块（5~10 种形状的 100 块积木）
_____ 大型的图片（动物／人）和汽车玩具
_____ 嵌合式积木
_____ 大块的软积木
_____ 如果空间允许，准备 20 多个硬纸板的、塑料的或轻便的空心木质的积木
_____ 积木要干净，没有裂痕

艺术区

_____ 用于绘画的板面，包括桌面、墙壁或者画架（适合学步儿使用）
_____ 低矮的桌椅 *
_____ 无毒且易洗的颜料，至少包括三种主要颜色（红色、黄色、蓝色）以及黑色和白色 *
_____ 各种型号的画笔：包括有短把手的粗画笔和细画笔 *
_____ 手指画的颜料和基本材料 *
_____ 面板和工具 *
_____ 用于在画架上作画的大纸 *
_____ 至少有一面是干净的白纸 *
_____ 有再生材料（硬纸板、泡沫塑料、包装纸、织物、塑料瓶和盖子）*
_____ 无毒的、打开的大蜡笔和大毡笔
_____ 有碗、勺子和测量工具
_____ 收集混合材料的物品（如纺织品等）
_____ 纱、线、带子
_____ 工作服或旧衬衫（用来保护孩子的衣服）*
_____ 有泥板或黏土工具 *
_____ 特殊用纸（如建筑用纸、棉纸）
_____ 有托盘、塑料杯或塑料容器 *
_____ 陶艺黏土
_____ 橡皮泥 *
_____ 配备白色胶水和浆糊 *

假装游戏区

_____ 适合儿童使用的桌椅 *
_____ 为每个孩子和玩偶提供"床"或床垫

_____ 有开放式的储物架 *
_____ 小型的、敞开式无门橱柜
_____ 不易破碎的全身镜
_____ 能反映儿童"家庭成员"的服装和道具 *
_____ 反映不同文化、职业和想象角色的制服、服饰和道具 *
_____ 两部电话 *
_____ 坛子和罐子
_____ 不易破碎的碗碟
_____ 大型的木制或塑料用具
_____ 描绘家庭生活等场景的图片

室内布置和美感

_____ 有序且具吸引力 *
_____ 色彩柔和的墙面
_____ 储物架靠近游戏区 *
_____ 玩具分门别类、有序摆放，不杂乱堆积 *
_____ 玩具和书完好无损 *
_____ 玩具和书整洁，有序摆放 *
_____ 储物架用图片加以标识
_____ 地板和桌子都有覆盖物（塑料的或旧的桌布）
_____ 噪音最小化 *
_____ 同类物品数量丰富（2~3 个），保证每个孩子可自由选择
_____ 备有存储和流通的额外材料
_____ 图案、色彩和存储相得益彰
_____ 没有用于商业宣传或媒体报道的产品或人物
_____ 美的事物，例如鲜花、植物或雕塑
_____ 图片呈现在婴幼儿的眼睛前方 *
_____ 壁挂（要有纹理，可触摸）
_____ 装饰区用艺术品、照片、孩子作品、书的封面和展览品来装饰
_____ 图片要反映孩子及其家庭的文化和特征
_____ 恰当地使用记录／磁带播放器和录音设备 *（例如，在小憩时播放轻音乐）

户外环境

空间

_____ 用来保护的围栏 *

_____ 每个孩子要有7平方米的户外活动空间

_____ 有带儿童安全锁的门 *

_____ 位于临近室内环境处

_____ 有方便使用的厕所和洗手池 *

_____ 有自然特征（如卵石、小山丘和树木）

_____ 能遮挡阳光、风、雨 *

_____ 有坚硬的路面可以玩各类车，并远离其他游戏区

_____ 可用来触摸、爬和攀爬的不同高度和材质的设施 *

_____ 有舒适的地方用来坐卧 *

_____ 有可饮用和玩耍的水 *

婴儿的户外游戏区

_____ 为婴儿设计的室外游戏区要与年龄较大孩子的游戏区分开 *

_____ 为不会爬的孩子设置单独的区域 *

_____ 设遮阳区

婴儿和学步儿的户外游戏区

_____ 为学步儿设计的室外游戏区要与年龄更大孩子的游戏区分开

户外设备和材料

_____ 设备要根据儿童的身高设定比例

_____ 有攀爬、滑行的设备，秋千区下面要有保护孩子安全的地面

_____ 可以反弹的在运动场玩的大球 *

_____ 玩水的玩具（杯子/勺子、吸管、漏斗、水罐、管子、水轮等）

_____ 玩沙的玩具（杯子/勺子、罐、小汽车、桶、小铲等）

_____ 浅水池

为婴儿准备的户外材料

_____ 用来躺的毯子

_____ 挂在树上的光影和风铃

为学步儿和2岁孩子准备的户外材料

_____ 用来玩室外游戏的桌子

_____ 开展艺术活动的空间

_____ 用来挂衣服和艺术品的线或架子

_____ 带盖的沙盒或者其他替代品

_____ 可以推、拉的小火车和四轮马车

_____ 与幼儿身高匹配的沙盘/水表或浴盆

_____ 有房子或其他安全存储空间来存放户外用品

_____ 天然的或人造的平衡木

_____ 玩泥的玩具（铲、罐、玩具平底锅、桶、小铲子）

_____ 用脚驱动的可以骑的玩具

_____ 存放车辆区

_____ 可以推、拉且带轮的儿童骑乘车

户外布置和美感

_____ 用于玩水、玩沙和玩泥的玩具要彼此分开

_____ 在玩水、玩沙和玩泥的区域有储存玩具的空间 *

_____ 玩具排列有序，有吸引力

时间

_____ 每天都有在户外玩耍的机会（如果天气允许）*

_____ 要遵循婴儿的作息时间表 *

_____ 学步儿的作息时间根据可预测的常规时间表来灵活安排 *

幼儿园 / 学前班学习环境检查清单

该检查清单可用于评估幼儿园或学前班儿童现有的学习环境，也可用于规划及创设他们的学习环境。没有一个机构能够包含下列所有的清单，但是带 * 标志的条目是大多数优质幼儿园和学前班具有的，也是基本的。

机构名称_____ 日期_____

员工人数_____ 儿童人数_____ 儿童年龄_____

用以下符号适当标记：✓ 代表是 / 恰当的，– 代表不是 / 不恰当的。

室内环境

空间

_____ 明确界定"娃娃家"的空间 *
_____ 每个儿童的人均空间为 3.25 平方米 *
_____ 用带有部分遮挡的架子和间隔物隔开，布置学习中心 *
_____ 环境的布置要便于成人监护儿童（儿童在成人的视线和听力范围之内）*
_____ 噪音区和安静区应该相互独立
_____ 通道不穿越各中心区 *
_____ 为中心区设立额外的空间，儿童可以玩分组游戏，如搭积木、角色扮演、操作玩具
_____ 所有的空间都利用起来（没有空间"死角"）
_____ 屏蔽外界的噪音和刺激
_____ 根据需要控制通风 * 和温度
_____ 尽可能采用明亮的自然光线 *
_____ 可方便到达和使用的饮用水、洗手池和厕所 *
_____ 无走廊（长而窄的过道）或跑道（沿着货架或桌子的环形路径）
_____ "易湿区域"（入口处、艺术区、就餐区）要防水防滑，易于打扫，有平整的地板
_____ "干燥区域"（如积木区和戏剧表演区）的地板上要有清洁、舒适的地毯类覆盖物

_____ 专门为使用助行器或轮椅的个人（儿童、家长、参观者或员工）准备进出的通道

学习中心 / 区域包括……

_____ 入园 / 离园区
_____ 组合积木区 *
_____ 空心积木区
_____ 图书馆 *
_____ 戏剧表演区 *
_____ 玩具和游戏区 *
_____ 艺术中心 *
_____ 书写区 *
_____ 探索区（科学、数学、社会研究）
_____ 木工区（也许在室外进行）
_____ 儿童的私人区域
_____ 户外的游戏环境 *
_____ 大群体集聚的空间 *
_____ 由天气决定的需要在室内开展混合活动的空间 *
_____ 由天气决定的需要在室内开展积极游戏的空间 *
_____ 加餐 / 正餐的空间 *
_____ 休息的空间（针对全天班的机构）*
_____ 物架上无杂物
_____ 适合小组集聚的空间

室内的设备和材料

入园和离园区

_____ 配有保护儿童安全的大门/室内门 *

_____ 设有供家长与教师联系的公告牌和邮箱 *

_____ 有时钟和登记簿

_____ 用于放置儿童物品的标注儿童名字和照片的立体架子 *

_____ 有适合成人坐的椅子或沙发

假装游戏（戏剧表演）区 *

_____ 尽可能临近空心积木区

_____ 适合儿童使用的桌子和 2~4 把椅子 *

_____ 带门的小柜子

_____ 能提供不同功能的假的炉子/水槽或其他替代品 *

_____ 开放式的货架箱或筐，或者用来挂衣服的墙上挂钩

_____ 容器/储物架上的材料配有文字和图片标注

_____ 不易破碎的全身镜

_____ 男孩和女孩的演出服和道具 *

_____ 反映家庭、文化、职业和想象角色的服装和道具 *

_____ 反映儿童的家庭、文化、社会团体和当地儿童特征的服装和道具 *

_____ 日常生活中的常用物品，如厨房用具、书籍、家具和工具

_____ 两部电话 *

_____ 不同种族的玩具娃娃

_____ 可以容纳儿童和玩偶的坚固的"床"

_____ 描绘家庭生活和其他场景的图片

_____ 其他的道具放在耐用、好看、有盖的箱子里。根据职业、情景、角色组织游戏，或者是通过儿童的表演兴趣和研究主题来变换角色

操作玩具和游戏区 *

_____ 区域至少可以同时供 4 个儿童玩耍，如果有条件，建筑玩具要与桌面游戏分开

_____ 有便于孩子开展活动的托盘、垫子和工作台

_____ 有低矮、开放式的储物架，靠近工作区 *

_____ 有舒适的地毯或低矮的桌椅 *

_____ 搭建类玩具，例如乐高、六边形插塑、万能工匠等，应该分开存放

_____ 数学教具，如拼接板、古式积木、连环的立方体套等，应该分开存放

_____ 有 8~25 块拼图的完整拼图

_____ 有收集纽扣、帽子等的收纳盒

_____ 操作性或教师设计的完整概念游戏或工作任务

_____ 任何类型的非电池操作的玩具

_____ 标有文字和图片的容器/储物架

_____ 有塑料盒或其他空间供儿童保存和展示他们完成的作品

组合积木区

_____ 至少可以供 4 个儿童搭建积木的空间 *

_____ 为 3~4 岁儿童提供 100~150 块干净且没有裂纹的硬木质组合积木 *，为 5~6 岁儿童提供 200~700 块此类硬木质组合积木

_____ 有 14~15 种积木形状

_____ 用矮的开放式储物架收纳积木块 *

_____ 短绒的地毯或是干净的地板 *

_____ 每种类型的积木块分开存放 *，并且清楚地标明每类积木的轮廓图

_____ 品质相似的积木挨近放，不同积木之间的区别清楚

_____ 有关于搭建积木的海报或照片、书籍

_____ 有玩具车、路牌、玩具屋、小人偶和动物形象的玩偶、树状的积木以及其他的道具

_____ 储物架上的道具要有单独的储物筐，并单独标记 *

空心积木区

_____ 至少可以供 4 个儿童搭建积木的空间，在室内的通道或是室外某个带有棚顶的空间下

_____ 如果在室内，要靠近戏剧表演区

_____ 至少有 17 块干净且没有裂痕的空心积木 * 和 6 块木板

_____ 地板铺有短绒的地毯或柔软的表面，以降低噪音和减少对积木的损害 *

_____ 在地板或者储物架上有存放所有积木的空间 *

_____ 帽子、床单、长布条等道具 *

艺术区

_____ 有可供成人用来存放材料的封闭有盖的储物空间

_____ 有可供儿童用来存放材料的储物架

_____ 高度可调节的画架，即使是年龄最小的儿童也能够到画架的上端 *

_____ 易于清洗的低矮桌椅 *

_____ 多种颜料：包括黑色和白色这两种绘画的主要颜料 *；水彩画的颜料；手指画的颜料

_____ 各种型号的画笔 *

_____ 宽平纹的织物

_____ 黏土板和玩黏土的工具

_____ 绘画用的无毒毡笔 *、打开的无毒蜡笔 *、粉笔

_____ 橡皮泥

_____ 在画架上作画用的大纸 *

_____ 方便儿童小手使用的剪刀 *

_____ 玩橡皮泥的板和工具

_____ 再生材料（硬纸板、泡沫塑料、包装纸、织物、塑料瓶和盖子）*

_____ 收集混合材料和织物的物品

_____ 纱、线、带子

_____ 工作服或旧衬衫（用来保护孩子的衣服）

_____ 手指画的颜料和基本材料 *

_____ 食用色素

_____ 陶艺黏土 *

_____ 白色胶水和浆糊 *

_____ 至少一面是干净的白纸 *

_____ 托盘、塑料杯和其他容器 *

_____ 特殊用纸（如建筑用纸、棉纸）

_____ 能激发美感的事物

_____ 有备用的地板/桌面覆盖物

图书馆 *

_____ 独立、安静的区域 *

_____ 有舒适干净的抱枕、地毯或椅子，方便儿童坐下来阅读 *

_____ 有矮书架，便于展示书的封面 *

_____ 有大而舒适的椅子或沙发，成人可以坐下来和儿童一起阅读

_____ 柔和的灯光 *

_____ 各类书籍 *……

　　_____ 与发展阶段相适应 *

　　_____ 有各种风格的插图 *

　　_____ 包含不同民族、不同年龄、不带刻板印象的人物角色 *

　　_____ 包含角色各异的男性和女性的书 *

　　_____ 不以商业为目的的书

　　_____ 现实类和幻想类的小说 *

　　_____ 科普读物 *

　　_____ 情绪和概念类的书

　　_____ 诗歌 *

　　_____ 新的和经典的书 *

　　_____ 儿童创作的书

　　_____ 书—磁带配套的收听中心

　　_____ 大开本的书和大书架

_____ 书保存良好 * 或者修复完整

_____ 用书套/海报和与阅读有关的艺术印刷品装饰书

_____ 语音书收听中心

_____ 讲故事用的玩偶、道具、法兰绒板等材料

书写中心 *

_____ 柔和的光线 *

_____ 适合儿童使用的桌椅 *

_____ 靠近桌子的储物架 *

_____ 打开包装的蜡笔 *

_____ 无毒的记号笔 *

_____ 打孔机

_____ 直尺、量角器

_____ 削好的铅笔 *
_____ 剪裁均匀的纸张 *
_____ 沙线
_____ 循环使用的信封
_____ 篮子、罐子、笔筒、蜡笔等 *

探索中心 *
_____ 靠近窗口 *
_____ 靠近水池
_____ 低的桌子或台面 *
_____ 桌子和椅子 *
_____ 水表/沙盘 *（可能在户外或用感觉游戏区的浴盆/也可能用盆来代替）
_____ 塑料桶和大水罐 *
_____ 量杯/匙
_____ 天平和标尺
_____ 有照片和海报，以便阐述概念
_____ 科普书 *（可能在图书馆）
_____ 分类收集物（纽扣、石块等）
_____ 材料的顺序和比例
_____ 数学教具（可能出现在操作玩具/游戏中），例如珠子或积木、古氏积木、彩色方块等
_____ 概念游戏和拼图（可能出现在操作玩具/游戏中）
_____ 放大镜 *
_____ 托盘 *
_____ 可用于研究和拆卸的小机器
_____ 水族箱和装动物的笼子
_____ 用来存储的密闭容器
_____ 探查道具
_____ 用来解释概念的海报和照片

感觉游戏区 *
_____ 靠近洗手池或户外 *
_____ 沙盘/水表
_____ 光台
_____ 矮的开放式架子用于存储材料 *
_____ 桌椅

_____ 盆或浴盆 *
_____ 碗、杯子和桶
_____ 汤勺、量杯和大水罐
_____ 漏斗、吸管、搅拌器、打蛋器
_____ 在光台上用的眼药水滴管和半透明的冰块托盘
_____ 围裙或防水工作服 *
_____ 塑料桌布或浴巾
_____ 水 *
_____ 自然材料：沙、土、泥巴 *
_____ 模型材料：面团、黏土（可能出现在艺术区）*
_____ 干材料：木屑、可用的水族馆砾石、大米、豆类、通心粉、燕麦片
_____ 混合物：玉米淀粉和水、"超级动力沙"和"飞天法宝"
_____ 食用色素
_____ 清洗液
_____ 在光台上玩的清晰的彩色玩具
_____ 制作模型作品的桌布或托盘

木工区
_____ 有稳固的工作台和平台，供身材矮小的儿童站立使用 *
_____ 儿童可以跪在上面的锯台
_____ 工具存放架要靠近桌子 *，工具摆放整齐有序（存放架上要标有照片和文字）
_____ 3副安全眼镜 *（一副给老师，2副给学生），3副都是可调整无弹性带的眼镜
_____ 工具：
　　_____ C型钳子或小杆夹
　　_____ 2个比较轻的锤子
_____ 1个成人使用的锤子 *
_____ 钢锯和额外的刀片
_____ 小的横锯
_____ 2个钻头支架和钻头、螺旋钻头和飞利浦钻头
_____ 平头螺丝刀
_____ 2个飞利浦螺丝刀

_____ 锉和锉刀
_____ 8米的卷尺
_____ 木工标尺
_____ 物料：
　　_____ 螺丝、钉子和胶水
　　_____ 砂纸
　　_____ 铅笔
　　_____ 柔软的未经处理的木材，如松木或杉木（不是木屑板）*
_____ 存放木块的盒子 *

室内布置与美感

_____ 房间井然有序，富有吸引力 *
_____ 混乱程度降至最低 *
_____ 色彩柔和的墙面
_____ 图案、色彩和存储相得益彰
_____ 每个中心的设备/材料齐全、可用、状态良好
_____ 动物在干净的笼子或水族箱里被喂养和保护 *
_____ 栽种的植物 *
_____ 干净整洁的储物架、地板和地毯
_____ 教师有存放自己私人物品的高的或有锁的储物柜 *
_____ 危险的材料要锁在柜子里 *
_____ 储物架上有图片标识
_____ 成套的玩具要单独存放，避免混杂 *
_____ 玩具和书籍保存良好 *
_____ 玩具和书籍整齐有序 *
_____ 装饰区用艺术品、照片、孩子作品、书的封面和展览品来装饰
_____ 图片要反映孩子及其家庭的文化和特征
_____ 大多数的图片和展览品要和儿童的视线齐平 *
_____ 美的事物，例如鲜花、植物或雕塑
_____ 有合适的音乐（例如小憩时放舒缓的音乐）
_____ 没有用于商业宣传或媒体报道的产品或人物
_____ 地板和桌子都有覆盖物（塑料的或旧的桌布）
_____ 备有存储和流通的额外材料

室外环境

空间

_____ 用来保护的围栏 *
_____ 每个孩子要有7平方米的户外活动空间
_____ 带儿童安全锁的门 *
_____ 位于临近室内环境处
_____ 方便使用的厕所和洗手池 *
_____ 有供孩子们跑的大草坪
_____ 有自然特征（如卵石、小山丘和树木）
_____ 能遮挡阳光、风、雨 *
_____ 有坚硬的路面可以玩各类车，并远离其他游戏区
_____ 可用来触摸、爬和攀爬的不同高度和材质的工具 *
_____ 有舒适的地方用来坐卧 *
_____ 有可饮用和玩耍的水 *

空间/区域包括……

_____ 过渡区 *
_____ 手工创造区
_____ 体育/积极游戏区 *
_____ 自然元素区 *
_____ 社会戏剧表演区

户外设备和材料

过渡区

_____ 长凳、轮胎、台阶或墙壁的边缘供儿童等待、聚集或者观察合适的活动并做出选择 *
_____ 儿童三轮车、摩托车和小火车的停车区；车辆要靠近骑行区的入口处
_____ 儿童三轮车和小火车的存放处（也可能出现在体育/积极游戏区）*

手工创意区

_____ 桌椅都要适合户外活动 *
_____ 画架 *
_____ 木工台
_____ 用来挂衣服和艺术品的绳或架子 *

体育 / 积极游戏区

_____ 攀爬架或者供攀爬、滑行的"超级结构"

_____ 秋千

_____ 攀爬或秋千区的路面下和15厘米外有保护结构（25厘米厚的沙子和木屑等，或是2厘米厚的橡胶垫）

_____ 可用于搭建和攀爬的便携式设备

_____ 自然或人造的平衡木 *

_____ 鼓励积极活动的材料：铁环、降落伞、跳绳

_____ 儿童三轮车和小货车 *

_____ 各种型号的弹力球 *

_____ 存放所有球的篮子、袋子或其他容器

自然元素区

_____ 圆木、光滑的石头

_____ 可以坐的长凳或其他地方

_____ 有盖的沙箱或适当的替代物 *

_____ 沙盘 / 水表或大浴盆 *

_____ 充足的干净沙子 *

_____ 可用于挖的泥巴和土

_____ 可以种绿植的地方

_____ 喂鸟器、鸟盆

_____ 如果天气允许，可饲养宠物

_____ 玩沙子的玩具（杯 / 勺子、壶、桶、小铲子等）*

_____ 玩水的玩具（杯子 / 勺子、吸管、漏斗、水罐、管子、水轮等）*

_____ 玩泥的玩具（铲、罐、玩具平底锅、桶、小铲子）

_____ 玩水、沙和泥的玩具彼此分开

_____ 软管和大水桶 *

_____ 玩泡泡游戏的一套玩具

社会戏剧表演区

_____ 剧场或可替代的场地

_____ 装扮的服装和道具

_____ "零部件"（空心积木、床单、小轮胎、木板和其他可移动的物品）

_____ 交通通道

户外布置与美感

_____ 院子井然有序，且富有吸引力 *

_____ 混乱程度降至最低 *

_____ 设备 / 材料齐全、可用、状态良好

_____ 动物在干净的笼子或水族箱里被喂养和保护 *

_____ 栽种的植物 *

_____ 危险的材料要锁在柜子里 *

_____ 储物架上有图片标识

_____ 玩具和书籍保存良好 *

_____ 玩具存放整齐有序 *

_____ 美的事物，例如鲜花、植物或雕塑

_____ 没有用于商业宣传或媒体报道的产品或人物

时间

_____ 如果天气允许，每天上午、下午至少有1小时的户外玩耍时间 *

_____ 有大量的时间供儿童选择室内和室外的活动（上午和下午至少1小时）*

_____ 安静、久坐的活动要与活跃的活动交替进行

_____ 结构化小组的时间较短（10～20分钟，具体根据儿童的年龄和小组的能力来确定）*

_____ 合理安排营养、休息和个人护理的时间 *

_____ 儿童尽可能多地自主管理自己的时间（学习、玩耍、吃饭、午睡等时间管理）

_____ 一日常规活动 *（例如晨歌、午休故事）

小学低年级儿童学习环境的补充事项

与幼儿园和学前班的环境类似，小学低年级的教室也应该是安静的。它们通常更像教室了，年龄较大的儿童开始使用排列整齐的课桌椅。针对学龄儿童办的课外班机构，需要每天在体育馆或者多功能教室搭建临时的学习环境。如果你要评估或准备构建的教室是一个学习中心的教室，那么就可以使用前面提到的幼儿园/学前班的检查清单，必要时可以再增加以下清单。

机构名称/年级_____ 日期_____

员工人数_____ 儿童人数_____ 儿童年龄_____

用以下符号适当标记：✓ 代表是/恰当的，– 代表不是/不恰当的。

积木区的补充

_____ 用图片和文字标记的储物架

_____ 周围有可用于做标记的纸笔

戏剧表演区的补充

_____ 方便儿童使用的道具箱

_____ 用图片和文字标记的储物架

_____ 供孩子们搭建、布置舞台的箱子与平台等

玩具/游戏区的补充

_____ 25~100 块的拼版拼图

_____ 轮胎、齿轮等大型成套建筑玩具

_____ 建筑玩具的使用说明和规律

_____ 简单的棋类游戏（例如儿童乐园、飞行棋、垄断少年、打破僵局等）

_____ 简单的卡片游戏（例如去钓鱼、乌诺）

探索/感觉区的补充

_____ 测量工具

_____ 水轮

_____ 管状材料/细管

艺术区的补充

_____ 彩铅

_____ 干净且直立存放的刷子

_____ 贴有标签的容器和架子

_____ 油基黏土

书写中心的补充

_____ 铅笔和细蜡笔

_____ 字典或文档

_____ 带横线的纸

_____ 订书机

_____ 能够做简单的文字处理/页面处理/绘图程序的计算机

探索区的补充

_____ 诸如小刀和剪刀类的工具

_____ 手工艺品集

_____ 地球仪和地图

_____ 儿童百科全书和其他文库资源（如地图册）

_____ 可以上网的电脑

户外的补充

_____ 网兜和绳索

_____ 自行车和滑板车

_____ 组织性游戏的设备

_____ 用于玩"跳房子"、跳绳等游戏的硬地面

附录 C

NAEYC 的学前教育专业准备项目标准与本书章节内容对应表

标准	核心内容	章节和主题
1：促进儿童的发展和学习	1a. 了解并理解幼儿的特征和需要 1b. 了解并理解影响幼儿发展和学习的多种因素 1c. 运用发展的知识创设健康、尊重、支持以及富有挑战性的学习环境	4：儿童发展研究，102 4：发展的生物基础，107 4：儿童的全面发展，131 5：真实性评估，145 7：身体健康与安全，230 7：为儿童创设安全场所，230 7：发展差异和安全，231 7：为幼儿创设健康的环境，241 7：身体接触的重要性，254 7：良好的过渡促进幸福感的发展，254 7：对危机期的儿童给予支持，259 8：创设学习环境，267 8：不同的儿童——不同的场所，281 8：时间，300 9：理解游戏，310 9：儿童为什么要游戏，313 9：游戏在儿童发展中的作用，321 9：促进游戏，325 9：户外游戏的特殊作用，333 9：游戏中存在的问题，334 9：追逐打闹游戏，338 9：排他——你不能说"你不能玩"，339 9：日益减少的游戏机会，340 10：儿童如何学习，348 10：身体发展课程，352 10：沟通课程，359 10：创造性艺术课程，367 10：探究性课程，378 11：课程计划应考虑的因素，391 12：观察和记录，442 12：确定教育需求，445 12：从事障碍儿童工作的特点和策略，454 12：其他特殊需要，461 13：建立与儿童家庭的关系，480 附录 B，524

(续表)

标准	核心内容	章节和主题
2：与家庭和社区建立联系	2a. 了解并理解家庭和社区的多样性 2b. 通过建立尊重、互惠的关系支持并融入家庭和社区中 2c. 鼓励家庭和社区参与到儿童的发展和学习中	1：家园协作，7 1：对待多样性的态度，13 2：家庭压力和多样化，53 5：与家长共享信息，179 6：尊重差异的指导，187 11：家庭、文化和社区，395 12：与障碍儿童的家长一起工作，465 13：理解家长，472 13：家庭参与，490 13：在承受压力时提供帮助，495 13：加强家庭工作，496
3：通过观察、记录和评估等方式支持儿童及其家庭	3a. 理解评估的目标、价值和使用方法 3b. 了解并使用观察、记录以及其他合适的评估工具和方法 3c. 理解并运用可靠的评估工具，促进每个儿童的积极发展 3d. 了解对与家长、专业同事间合作关系的评估	1：强调标准，7 2：教育标准运动，46 5：什么是评估，144 5：为什么评估儿童——评估的目的，144 5：真实性评估，145 5：标准化评估，173 5：与家长共享信息，179 11：内容标准，396 11：以观察为基础制订计划，403 11：评价并记录学习，413 12：识别有特殊需要的儿童，442
4：运用发展性有效方法与儿童及其家庭建立联系	4a. 理解积极的关系和支持性互动是幼教工作的基础 4b. 了解并理解幼儿教育的有效策略和工具 4c. 使用各种发展适宜性的教学和学习方法 4d. 反思自身的教学实践，促进每个儿童的积极发展	1：学前教育工作者，4 1：专业成长之路，24 5：什么是评估，144 5：为什么评估儿童——评估的目的，144 5：真实性评估，145 5：标准化评估，173 6：指导是什么，185 6：指导的目标，191 6：教学金字塔，195 6：积极沟通，建立健康的关系，196 6：指导儿童的社交活动，204 6：团体指导：有效的课堂管理策略，208 6：处理问题行为，216 7：身体健康与安全，230 7：幸福，253 8：创设学习环境，267 8：不同的儿童——不同的场所，281

（续表）

标准	核心内容	章节和主题
		8：时间，300
		9：理解游戏，310
		9：儿童为什么要游戏，313
		9：游戏在儿童发展中的作用，321
		9：促进游戏，325
		9：户外游戏的特殊作用，333
		9：游戏中存在的问题，334
		10：什么是课程，346
		10：身体发展课程，352
		10：沟通课程，359
		10：创造性艺术课程，367
		10：探究性课程，378
		11：课程计划应考虑的因素，391
		11：制订计划，404
		12：为融合教育做好准备，441
		12：实施融合教育，446
		12：从事障碍儿童工作的特点和策略，454
		12：其他特殊需要，461
		13：理解家长，472
		13：家庭参与，490
		13：在承受压力时提供帮助，495
		13：加强家庭工作，496
		14：了解儿童和最佳实践，504
		14：反思并设定目标，506
		所有章节：反思专栏
5：运用学科知识设计有意义的课程	5a. 理解学科中的内容知识和资源 5b. 了解并应用核心概念、探究工具及内容领域或学科的结构 5c. 运用自身知识、适宜的儿童学习标准和其他资源，为每个儿童设计、实施和评估有意义且富有挑战性的课程	5：与家长共享信息，179 10：什么是课程，346 10：身体发展课程，352 10：沟通课程，359 10：创造性艺术课程，367 10：探究性课程，378 11：课程计划应考虑的因素，391 11：课程选择的影响因素，392 11：组织课程，397 11：制订计划，404

（续表）

标准	核心内容	章节和主题
6：成为专业工作者	6a. 认同并投身学前教育领域 6b. 了解并支持道德标准和其他职业指导原则 6c. 通过参加继续教育和合作学习指导实践 6d. 整合幼儿教育中有见地、反思性和批判性的观点 6e. 为幼儿和学前教育专业代言	1：学前教育工作者，4 1：与团队成员一起工作，8 1：作为普通人的教师，8 1：作为专业工作者的教师，16 1：伦理反思指南，24 1：专业成长之路，24 2：幼教机构概述，36 2：针对0~5岁儿童的幼教机构，37 2：针对5~8岁儿童的教育机构，44 2：教育标准运动，46 2：学前教育的争论和发展趋势，48 5：什么是评估，144 5：标准化测验的争议，176 5：保密，179 5：反思你的伦理责任，180 6：体罚从来不可取，222 7：保护儿童远离虐待和忽视，240 7：反思你的伦理责任，246 9：反思你的伦理责任，338，341 10：反思你的伦理责任，363 12：融合教育与法律，440 12：为融合教育做好准备，441 12：合作，453 12：反思你的伦理责任，466 13：反思你在育儿实践方面的观点，476 13：反思在你的教育中，你的家庭的参与方式，493 13：反思你见过的参与儿童教育的家庭，494 13：支持家长，495 13：理解法律和道德责任，497 13：反思你为家庭提供支持的优势与挑战，497 14：对幼儿做出承诺，504 14：理解并运用道德准则，505 14：对自己做出承诺，506 14：与同事交流，507 14：对职业做出承诺，508 14：坚持那些对孩子有利的东西，512 附录 A，517

The Standards and Key Elements are from NAEYC. "NAEYC Standards for Early Childhood Professional Preparation Programs." Position statement. Washington, DC: Author. Reprinted with permission from the National Association for the Education of Young Children (NAEYC). Copyright © 2009 NAEYC. Full text of all NAEYC position statements is available at www.naeyc.org/positionstatements. These correlations are suggested by the authors.

参考文献

第1章

Barnett, W. S. (2004). Better teachers, better preschools: Student achievement linked to teacher qualifications. *NIEER Preschool Policy Matters, 2*(1–11).

Bellm, D. (n. d.) Establishing teacher competencies in early care and education: A review of current models and options for California. Policy brief for Building California's preschool for all workforce. Berkeley, CA: Center for the Study of Child Care Employment.

Biber, B., & Snyder, A. (1948). How do we know a good teacher? *Childhood Education, 24*(6), 281–285.

Bredekamp, S. (1992). Composing a profession. *Young Children, 47*(2), 52–54.

Bredekamp, S. (2011). *Effective practices in early childhood education: Building a foundation*. Upper Saddle River, NJ: Pearson.

Bredekamp, S., & Copple, C. (Eds.). (2009). *Developmentally appropriate practice in early childhood programs* (3rd ed.). Washington, DC: NAEYC.

Burks, J., & Rubenstein, M. (1979). *Temperament styles in adult interaction*. New York: Brunner/Mazel.

Cartwright, S. (1999). What makes good early childhood teachers? *Young Children, 54*(6), 4–7.

Colker, L. J. (2008, March). Twelve characteristics of effective early childhood teachers. *Beyond the Journal*. Available online from NAEYC. Retrieved from http://journal.naeyc.org/btj/200803/BTJColker.asp

Council for Exceptional Children. (n. d.). *CEC standards for professional practice*. Retrieved from www.cec.sped.org/content/navigationmenu/professionaldevelopment/professionalstandards/

Council for Professional Recognition. (2011). *National Competency standards for CDA credential*. Retrieved from www.cdacouncil.org/the-cda-credential/about-the-cda/cda-competency-standards

Derman-Sparks, L. (1989). *Anti-bias curriculum: Tools for empowering young children*. Washington, DC: NAEYC.

Early, D. M., Maxwell, K. L., Burchinal, M., Alva, S., Bender, R. H., Bryant, D., . . . Zill, N. (2007). Teacher's education, classroom quality, and young children's academic skills: Results from seven studies of preschool programs. *Child Development, 78*, 558–580.

Epstein, A. S. (2007). *The intentional teacher: Choosing the best strategies for young children's learning*. Washington, DC: NAEYC.

Feeney, S., & Chun, R. (1985). Effective teachers of young children. *Young Children, 41*(1), 47–52.

Gardner, H. (1983). *Frames of mind*. New York: Basic Books.

Jersild, A. (1955). *When teachers face themselves*. New York: Teachers College Press.

Katz, L. G. (1993, April). Dispositions: Definitions and implications for early childhood practices. Retrieved from http://ceep.crc.uiuc.edu/eecearchive/books/disposit.html

Katz, L. G. (1995). The developmental stages of teachers. In *Talks with teachers of young children*. Norwood, NJ: Ablex.

Kidder, R. (1995). *How good people make tough choices*. New York: Simon & Schuster.

Kipnis, K. (1987). How to discuss professional ethics. *Young Children, 42*(4), 26–33.

Kontos, S., & Wilcox-Herzog, A. (2001). How do education and experience affect teachers of young children? *Young Children, 56*(4), 85–91.

National Association for the Education of Young Children (NAEYC). (2005). *Code of ethical conduct and statement of commitment* (Rev. ed.). Washington, DC: NAEYC.

National Association for the Education of Young Children (NAEYC). (2009). *NAEYC standards for early childhood professional preparation programs: Position statement*. Washington, DC: Author. Retrieved from www.naeyc.org/files/naeyc/file/positions/ProfPrepStandards09.pdf

National Board for Professional Teaching Standards (NBPTS). (2001). *Early childhood generalist standards* (2nd ed.). Retrieved from www.nbpts.org/userfiles/File/ec_gen_standards.pdf

Thomas, A., & Chess, S. (1977). *Temperament and development*. New York: Brunner/Mazel.

第2章

Ackerman, D. J., & Barnett, W. S. (2009). Does preschool education policy impact infant/toddler care? Preschool Policy Brief, National Institute for Early Education Research. Rutgers, NJ. Retrieved from http://nieer.org/resources/policybriefs/21.pdf

Administration for Children & Families. Early Childhood Learning & Knowledge Center. (2011). Head Start performance standards and other regulations. Retrieved from http://eclkc.ohs.acf.hhs.gov/hslc/Head Start Program/Program Design and Management/Head Start Requirements/Head Start Requirements

Administration for Children & Families. (n. d.). ARRA—Child Care and Development Block Grant. Retrieved from www.cfda.gov/index?s=program&mode=form&tab=step1&id=43a6d927e2c8c46904d85a06d0d11543

Administration for Children & Families, Office of Head Start. Head Start Program Fact Sheet. Fiscal Year 2010. Retrieved from www.acf.hhs.gov/programs/ohs/about/fy2010.html

Administration for Children, Youth, and Families. (2001). Head Start FACES, Chapter 5. Retrieved from www.acf.hhs.gov/programs/opre/hs/faces/reports/perform_3rd_rep/meas_99_title.html

Administration for Children, Youth, and Families. (2003). Head Start FACES, progress report. Retrieved from www.acf.hhs.gov/programs/opre/hs/faces00/reports/perform_4thprogress/faces00_title.html

Administration for Children, Youth, and Families. (2006). Head Start FACES, progress report. Retrieved from www.acf.hhs.gov/programs/opre/hs/faces/reports/research _2003_title.html

Alliance for Childhood. (2011). Policy brief, Why we object to the K–3 Core Standards. Retrieved from www.allianceforchildhood.org

Barnett, W. S. (1995). Long-term effects of early childhood programs on cognitive and school outcomes. *The Future of Children; Long-Term Outcomes of Early Childhood Programs, 5*(3). Los Altos, CA: Center for the Future of Children, The David and Lucile Packard Foundation.

Barnett, W. S. (2004). Better teachers, better preschools: Student achievement linked to teacher qualifications. *Preschool Policy Matters, 2*. New Brunswick, NJ: National Institute for Early Education Research, Rutgers University.

Barnett, W. S., Epstein, D. J., Carolan, M. E., Fitzgerald, J., Ackerman, D. J., & Friedman, A. H. (2010). State preschoool yearbook: The state of preschool 2010. Retrieved from the website of the National Institute for Early Education Research, http://nieer.org/yearbook

Barnett, W.S., Hustedt, J.T., Friedman, A.H., Stevenson Boyd, J., & Ainsworth, P. (2007). State preschoool yearbook: The state of preschool 2007. Retrieved from the website of the National Institute for Early Education Research, http://nieer.org/yearbook

Belsky, J. (2001). Emanuel Miller lecture, Developmental risks (still) associated with early child care. *Journal of Child Psychology and Psychiatry, 42*(7), 845–859.

BUILD Initiative. (2009). Early childhood systems working group. Retrieved from www.buildinitiative.org/content/early-childhood-systems-working-group-ecswg

Burchinal, M. R., Cryer, D., Clifford, R. M., & Howes, C. (2002). Caregiver training and classroom quality in child care centers. *Applied Developmental Science, 6*, 2–11.

CLASP (Center for Law and Social Policy). (2008). Retrieved from www.clasp.org/publications/ehs_pir_2009.pdf

CLASP (Center for Law and Social Policy). (2010a). Head Start by the numbers: 2009 PIR profile. Retrieved from www.clasp.org/admin/site/publications/fil es/hsdata2009us.pdf

CLASP (Center for Law and Social Policy). 2010b. Early Head Start participants, programs, families, and staff. (2009). Retrieved from www.clasp.org/publications/ehs_pir_2009.pdf

Common Core Standards Initiative. (2010). Core standards. Retrieved from www.corestandards.org

Cryer, D. (2003). Defining and assessing early childhood program quality. *Annals of the American Academy of Political and Social Science, 563,* 39–55.

Department of Defense. (2008). Overview of the military child development system. Retrieved from www.militaryhomefront.dod.mil/portal/page/mhf//MHF/MHF_DETAIL_1?id=20.80.500.95.0.0.0.0.0.0&current_id=20.80.500.95.500.30.30.0.0

Early, D. M., Maxwell, K. L., Burchinal, M., Bender, R. H., Bryant, D., Cai, K., . . . Zill, N. (2007). Teacher's education, classroom quality, and young children's academic skills: Results from seven studies of preschool programs. *Child Development, 78,* 558–580.

Foundation for Child Development. (2008). How can we improve the education of America's children? New York: Foundation for Child Development Newsletter. Retrieved from www.fcdus.org/issues/issues_show.htm?doc_id=447076

Frank Porter Graham Center. (1999, October). *Early learning, later success: The Abecedarian Study.* Chapel Hill, NC: Frank Porter Graham Child Development Center, University of North Carolina.

Gomby, D. S., Larner, M. B., Stevenson, C. S., Lewit, E. M., & Behrman, R. E. (1995, Winter). Long-term outcomes of early childhood programs: Analysis and recommendations. In R. E. Behrman (Ed.), Long-term outcomes of early childhood programs. *The Future of Children, 5*(3). Los Altos, CA: Center for the Future of Children, The David and Lucile Packard Foundation.

Graves, D. H. (2002). *Testing is not teaching: What should count in education.* Portsmouth, NH: Heinemann.

Haring, N. G., McCormick, L., & Haring, T. G. (1994). *Exceptional children and youth: An introduction to special education* (6th ed.). Upper Saddle River, NJ: Pearson.

Head Start Bureau. Administration for Children and Families. (2004). Head Start fact sheet. Retrieved from www.acf.hhs.gov/programs/ohs/about/fy2004.html

Hruska, K. (2009). Your updated guide to military child care. *Military Money,* Spring 2009. Retrieved from www.militarymoney.com/spouse/militarychildren/tabid/128/itemId/2216/Default.aspx

Hyson, M. (2003). Introducing NAEYC's Early Learning Standards: Creating the conditions for success. *Young Children, 58*(1), 66–68.

Iruka, I. U., & Carver, P. R. (2006). *Initial results from the 2005 NHES Early Childhood Program Participation survey.* Washington, DC: U.S. Department of Education, National Center for Education Statistics. Retrieved from http://nces.ed.gov/pubs2006/earlychild/index.asp

Kagan, S. L., & Kauerz, K. (2007). Reaching for the whole: Integration and alignment in early education policy. In R. C. Pianta, M. J. Cox, & K. Snow (Eds.), *School readiness and the transition to kindergarten in the era of accountability* (pp. 11–30). Baltimore: Brookes.

Kagan, S. L., Scott-Little, C., & Stebbins Frelow, V. (2003). Early learning standards for young children: A survey of the states. *Young Children, 58*(5), 58–64.

Karoly, L. A., Greenwood, P. W., Everingham, S. S., Hoube, J., Kilburn, M. R., Rydell, C. P., . . . Chiesa, J. R. (1998). *Investing in our children: What we know and don't know about the costs and benefits of early childhood interventions.* Santa Monica, CA: Rand Corporation.

Kauerz, K. (2005, March). State kindergarten policies: Straddling early learning and early elementary school. *Young Children: Beyond the Journal.* Retrieved from http://journal.naeyc.org/btj/200503/01Kauerz.asp

Klein, J. (2011, July 07). Time to ax public programs that don't yield results. *Time, 178,* 3.

Kohn, A. (2000). *The case against standardized tests: Raising the scores, ruining the schools.* Portsmouth, NH: Heinemann.

Lazar, I., & R. Darlington. (1983). *As the twig is bent: Lasting effects of preschool programs.* Hillsdale, NJ: Erlbaum.

Lewit, E. M., & Baker, L. (1995, Summer–Fall). School readiness. *The Future of Children, 5*(2), 128–139.

McKey, R. H., (Ed.). (l985). Project Head Start, a national evaluation: Summary of the study. In D. G. Hayes (Ed.)

Britannia Review of American Education (pp. 235–243). Chicago: Encyclopedia Britannica.

Morgan, G. G. (2003). Regulatory policy. In D. Cryer & R. M. Clifford (Eds.), *Early childhood education and care in the United States* (pp. 65–85). Baltimore: Brookes.

National Association of Child Care Resource and Referral Agencies (NACCRRA). (2007). Parents and the high price of child care: 2007 update. Retrieved from www.naccrra.org/docs/press/price_report.pdf

National Association of Child Care Resource and Referral Agencies (NACCRRA). (2008). Child care in America: 2008 state fact sheets. Retrieved from www.naccrra.org/policy/docs/ChildCareinAmerica.pdf

National Association of Child Care Resource and Referral Agencies (NACCRRA). (2011). Number of children potentially needing child care. Retrieved from www.naccrra.org/randd/docs/Children-Under-Age-6-Potentially-Needing-Care.pdf

National Association for the Education of Young Children. (1993). *Position statement on school readiness*. Washington, DC: NAEYC.

National Association for the Education of Young Children. (1997). NAEYC position statement on licensing and public regulation of early childhood. *Young Children, 53*(1), 43–50.

National Association for the Education of Young Children. (2003). *Early learning standards: Creating the conditions for success*. Joint position statement of NAEYC and the National Association of Early Childhood Specialists in State Departments of Education. Executive Summary. *Young Children, 58*(1), 69–70.

National Association for the Education of Young Children Academy. (2009). Accreditation of programs for young children. Retrieved from www.naeyc.org/academy/accreditation/search

National Center for Education Statistics (NCES). (2011). *Digest of education statistics, 2010*. Washington, DC: Department of Education, Office of Educational Research and Improvement. Retrieved from http://nces.ed.gov/pubs2011/2011015.pdf

National Commission on Excellence in Education. (1983). *Nation at risk: The imperative for educational reform*. Washington, DC: U.S. Government Printing Office.

National Education Goals Panel. (1997). *National Education Goals report: Building a nation of learners*. Available from the University of Illinois at Urbana-Champaign at its ReadyWeb website http://readyweb.crc.uiuc.edu/virtual-library/1997/goals/contents.html

NICHD Early Child Care Research Network. (1997). The effects of infant child care on infant-mother attachment security. *Child Development, 68,* 860–879.

NICHD Early Child Care Research Network. (1999). Child outcomes when child care center classes meet recommended standards for quality. *American Journal of Public Health, 89*(7), 1072–1077.

Padak, N., & Rasinski, T. (2003, April). Family literacy programs: Who benefits? Columbus Ohio: Ohio Literacy Resource Center, Kent State University. Retrieved from http://literacy.kent.edu/Oasis/Pubs/WhoBenefits2003.pdf

QRIS National Learning Network. (2009). Quality, rating and improvement systems. Retrieved from http://qrisnetwork.org/

Ray, B. D. (2006, July). Research facts on homeschooling. National Home Education Research Institute (NHERI). Retrieved from www.nheri.org/Research-Facts-on-Homeschooling.html

Schulman, K. (2000). The high cost of child care puts quality care out of reach for many families. Issue brief. Washington, DC: Children's Defense Fund.

Schweinhardt, L. J., & D. P. Weikart. (1997) *Lasting differences: The High/Scope preschool curriculum comparison study through age 23*. Ypsilanti, MI: High/Scope Press.

Scott-Little, C., Lesko, J., Martella, J., & Milburn, P. (2007). Early learning standards: Results from a national survey to document trends in state-level policies and practices. *Early Childhood Research and Practice, 9*(1). Retrieved from http://ecrp.uiuc.edu/v9n1/little.html

Thorman, A. & Kauerz, K. (2011). QRIS and P-3: Creating synergy across systems to close achievement gaps and improve opportunities for young children. Early Childhood Systems Reform brief. Retrieved from www.buildinitiative.org/files/QRIS_P-3brief.pdf

U.S. Census Bureau. (2005). Who's minding the kids? Child care arrangements: Spring 2005, detailed tables. Retrieved from www.census.gov/population/www/socdemo/child/ppl-2005.html

U.S. Charter Schools. (n. d.). Overview. Retrieved from www.uscharterschools.org/pub/uscs_docs/o/index.htm

U.S. Department of Health and Human Services. Administration for Children and Families. (2010). News release. Formation of policy board on early learning. Retrieved from www.hhs.gov/news/press/2010pres/08/20100803a.html

U.S. Department of Health and Human Services. Administration for Children and Families (2011). Press release. Obama Administration announces $500 million for Race to the Top Early Learning Challenge. Retrieved from www.hhs.gov/news/press/2011pres/05/20110525a.html

Whitebook, M., Howes, C., & Phillips, D. (1998). *Worthy works, unlivable wages: The national child care staffing study, 1988–1997*. Washington, DC: Center for the Child Care Workforce.

Whitebook, M., Howes, C., & Phillips, D. (1990). *Who cares? Child care teachers and the quality of care in America: Executive summary*. Washington, DC: National Center for the Early Childhood Workforce.

Zero to Three. (2008). Early learning guidelines for infants and toddlers: Recommendations for states. Washington, DC: Zero to Three. Retrieved from www.zerotothree.org/site/DocServer/Early_Learning_Guidelines_for_Infants_and_Toddlers.pdf?docID=4961

第3章

Antler, J. (1987). *Lucy Sprague Mitchell: The making of a modern woman*. New Haven: Yale University Press.

Auleta, M. S. (1969). *Foundations of early childhood education*. New York: Random House.

Beatty, B. (1995). *Preschool education in America: The culture of young children from the colonial era to the present*. New Haven and London: Yale University Press.

Braun, S. J., & Edwards, E. P. (1972). *History and theory of early childhood education*. Belmont, CA: Wadsworth.

Brosterman, N. (1997). *Inventing kindergarten*. New York: Abrams.

Byers, L. (1972). *Origins and early history of the parent cooperative nursery school movement in America.* ERIC Document Reproduction Service No. ED091063

Cleverley, J., & Phillips, D. C. (1986). *Visions of childhood: Influential models from Locke to Spock* (Rev. ed.). New York: Teachers College Press.

Colville, D. (2011). Froebelian kindergarten and association school. *The UCL Bloomsbury project.* London, UK: University College London. Retrieved from www.ucl.ac.uk/bloomsbury-project/articles/individuals/ronges.htm

Coontz, E.K. (n.d.). *Best-kept secret: Cooperative preschool programs.* Davis, CA: University of California.

Cuffaro, H. K. (1995). *Experimenting with the world: John Dewey and the early childhood classroom.* New York: Teachers College Press.

Cunningham, H. (1995). *Children and childhood in Western society since 1500.* London and New York: Longman.

Deasey, D. (1978). *Education under six.* New York: St. Martin's Press.

Dewey, J. (1961). *The school and society.* Chicago: University of Chicago Press. (Original work published 1899.)

Dewey, J. (1972). *Experience and education.* New York: Collier Books.

Education Commission of the States. (2011). *Access to kindergarten: Age issues in state statutes.* Retrieved from http://mb2.ecs.org/reports/Report.aspx?id=32

Edwards, C. P. (2002, Spring). Three approaches from Europe: Waldorf, Montessori, and Reggio Emilia. *Early Childhood Research and Practice, 4*(1). Retrieved from http://ecrp.uiuc.edu/v4n1/edwards.html

Edwards, C., Gandini, L., & Forman, G. (Eds.). (1998). *The hundred languages of children.* Norwood, NJ: Ablex.

Goetz, H. W. (1993). *Life in the Middle Ages from the seventh to the thirteenth century.* Notre Dame, IN: University of Notre Dame Press.

Goffin, S. G., & Wilson, C. (2001). *Curriculum models and early childhood education: Appraising the relationship* (2nd ed.). Upper Saddle River, NJ: Pearson.

Grubb, W. N., & Lazerson, A. M. W. (1988). *Broken promises: How Americans fail their children* (Rev. ed.). Chicago: University of Chicago Press.

Gutek, G. L. (1994). *A history of the Western educational experience* (2nd ed.). Longrove, IL: Waveland Press.

Haas, L. (1998). *The Renaissance man and his children: Childhood and early childhood in Florence 1300–1600.* New York: St. Martin's Press.

Hartley, D. (1993). *Understanding the nursery school.* London: Cassel.

High/Scope Education Research Foundation. (1989). *The High/Scope K–3 curriculum: An introduction.* Ypsilanti, MI: High/Scope Press.

Hohmann, M., & Weikart, D. P. (2002). *Educating young children: Active learning practices for preschool and child care programs* (2nd ed.). Ypsilanti, MI: High/Scope Press.

Hymes, J. L. (1996). Industrial day care's roots in America. In K. M. Paciorek & J. H. Munro (Eds.), *Sources: Notable selections in early childhood education* (2nd ed.). Guilford, CT: Dushkin/McGraw-Hill.

Kramer, R. (1988). *Maria Montessori: A biography.* Reading, MA: Addison-Wesley.

Lascarides, V. C., & Hinitz, B. F. (2000). *History of early childhood education.* New York and London: Falmer.

McMillan, M. (1919). *The nursery school.* New York: Dutton.

Michel, S. (1999). *Children's interest/mothers' rights: The shaping of America's child care policy.* New Haven: Yale University Press.

Mitchell, A., & David, J. (Eds.). (1992). *Explorations with young children.* Mt. Rainier, MD: Gryphon House.

Montessori, M. (1965). *Dr. Montessori's own handbook.* New York: Schocken.

Montessori, M. (1967). *The absorbent mind.* New York: Holt, Rinehart & Winston.

Nager, N., & Shapiro, E. (Eds.). (2000). *Revisiting progressive pedagogy: The Developmental Interaction Approach.* Albany: SUNY Press.

Orme, N. (200)3. *Medieval children.* New Haven, CT: Yale University Press.

Osborn, D. K. (1991). *Early childhood education in historical perspective* (3rd ed.). Athens, GA: Education Associates.

Paciorek, K. M., & Munro, J. H. (Eds.). (1996). *Sources: Notable selections in early childhood education.* Guilford, CT: Dushkin.

Paciorek, K. M., & Munro, J. H. (Eds.). (1999). *Sources: Notable selections in early childhood education* (2nd ed.). Guilford, CT: Dushkin/McGraw-Hill.

Prochner, L. (2009). *A history of early childhood education in Canada, Australia, and New Zealand.* Vancouver, BC: University of British Columbia Press.

Schweinhart, L. J., Barnes, H. V., & Weikart, D. P. (1993). Significant benefits: The High/Scope Perry Preschool Study through age 27. *Monographs of the High/Scope Educational Research Foundation, 10.* Ypsilanti, MI: High/Scope Press.

Shapiro, M. S. (1983). *Child's garden: The kindergarten movement from Fröebel to Dewey.* University Park: Pennsylvania State University Press.

Silber, K. (1965). *Pestalozzi: The man and his work.* New York: Schocken.

Smith, T. E. & Knapp, C. E. (Eds.). (2010). *Sourcebook of experiential education: Key thinkers and their contributions.* New York: Routledge Publications.

Standing, E. M. (1959). *Maria Montessori: Her life and work.* Fresno, CA: Academy Library Guild.

Steiner, G. Y. (1976). *The children's cause.* Washington, DC: Brookings Institution.

Steinfels, M. O. (1973). *Who's minding the children?* New York: Simon & Schuster.

Weber, E. (1969). *The kindergarten: Its encounter with educational thought in America.* New York: Teachers College Press.

Weber, E. (1984). *Ideas influencing early childhood education: A theoretical analysis.* New York: Teachers College Press.

Williams, C. L., & Johnson, J. E. (2005). The Waldorf approach to early childhood education. In J. L. Roopnarine & J. E. Johnson (Eds.), *Approaches to early childhood education* (4th ed., pp. 336–362). Upper Saddle River, NJ: Pearson.

Williams, L. R. (1993). Historical and philosophical roots of early childhood practice. *Encyclopedia of Early Childhood Education.* New York: Garland.

Wolfe, J. (2002). *Learning from the past: Historical voices in early childhood education* (2nd ed.). Mayerthorpe, Alberta, Canada: Piney Branch Press.

Wortham, S. C. (1992). *Childhood, 1892–1992.* Wheaton, MD: Association for Childhood Education International.

第 4 章

Ainsworth, M. (1979). *Patterns of attachment.* New York: Halsted Press.

Bailey, D. B., Jr., Bruer, J. T., Symons, F. J., & Lichtman, J. W. (Eds.). (2001). *Critical thinking about critical periods.* Baltimore: Brookes.

Berk, L. E. (2008). *Infants and children: Prenatal through middle childhood* (8th ed.). Needham Heights, MA: Allyn & Bacon.

Berk, L. E. (2009). *Child development* (6th ed.). Upper Saddle River, NJ: Pearson.

Berk, L. E., & Winsler, A. (1995). *Scaffolding children's learning: Vygotsky and early childhood education.* Washington, DC: NAEYC.

Bodrova, E., & Leong, D. (2007). *Tools of the mind: The Vygotskian approach to early childhood education* (2nd ed.). Upper Saddle River, NJ: Pearson.

Bowlby, J. (1969). *Attachment and loss.* New York: Basic Books.

Breslin, D. (2005). Children's capacity to develop resiliency: How to nurture it. *Young Children, 60*(1), 47–52.

Bruer, J. T., & Greenough, W. T. (2001). The subtle science of how experience affects the brain. In D. B. Bailey, Jr., J. T. Bruer, F. J. Symons, & J. W. Lichtman (Eds.). *Critical thinking about critical periods.* Baltimore: Brookes.

Chess, S., & Thomas, A. (1996). *Temperament: Theory and practice.* New York: Brunner/Mazel.

Copple, C., & Bredekamp, S. (2006). *Basics of developmentally appropriate practice: An introduction for teachers of children 3 to 6.* Washington, DC: NAEYC.

Copple, C., & Bredekamp, S. (Eds.). (2009). *Developmentally appropriate practice in early childhood programs serving children from birth through age 8* (3rd ed.). Washington, DC: NAEYC.

Damon, W. (1988). *The moral child.* New York: Free Press.

Dennis, W. (1973). *Children of the creche.* New York: Appleton-Century-Crofts.

Edwards, C. P. (1986). *Promoting social and moral development in young children.* New York: Teachers College Press.

Eisenberg, N. (1992). *The caring child.* Cambridge, MA: Harvard University Press.

Erikson, E. (1963). *Childhood and society* (Rev. ed.). New York: Norton.

Frager, R. D., & Fadiman, J. (Eds.). (1987). *Motivation and personality* (3rd ed.). Upper Saddle River, NJ: Pearson.

Galinsky, E. (2010). *Mind in the making: The seven essential life skills every child needs.* New York: Harper Collins.

Gardner, H. (1983). *Frames of mind.* New York: Basic Books.

Gardner, H. (1991). *The unschooled mind.* New York: Basic Books.

Gardner, H. (1993). *Multiple intelligences: The theory in practice.* New York: Basic Books.

Gerber, M. (Ed.). (1997). *The RIE manual for parents and professionals.* Los Angeles: Resources for Infant Educators.

Gesell, A. (1940). *The first five years of life.* New York: Harper & Row.

Gesell, A., & Ilg, F. L. (1974). *The child from five to ten* (Rev. ed.). New York: Harper & Row.

Gilligan, C. (1982). *In a different voice.* Cambridge, MA: Harvard University Press.

Gonzalez-Mena, J., & Eyer, D. W. (2009). *Infants, toddlers, and caregivers* (8th ed.). New York: McGraw-Hill.

Hawley, T. (2000). *Starting smart: How early experiences affect brain development.* Washington, DC: Ounce of Prevention Fund and Chicago: Zero to Three.

Healy, J. M. (1990). *Endangered minds.* New York: Simon & Schuster.

Hunt, J. M. (1961). *Intelligence and experience.* New York: Ronald Press.

Kagan, J. (1984). *The nature of the child.* New York: Basic Books.

Kagan, J., Arcus, D., Snidman, N., Feng, W., Hendler, J., & Green, S. (1994). Reactivity in infants: A cross national comparison. *Developmental Psychology, 60,* 342–345.

Kaiser, B., & Rasminsky, J. (2012). *Challenging behavior in young children: Understanding, preventing, and responding effectively* (3rd ed.). Upper Saddle River, NJ: Pearson.

Kamii, C., & DeVries, R. (1993). *Physical knowledge in preschool education.* New York: Teachers College Press.

Kersey, K., & Malley, C. (2005). Helping children develop resiliency: Providing supportive relationships. *Young Children, 60*(1), 53–58.

Kohlberg, L. (Ed.). (1981). *The philosophy of moral development: Moral stages and the idea of justice.* San Francisco: Harper & Row

Kohlberg, L. (1984). *The psychology of moral development: The nature and validity of moral stages.* New York: Harper & Row.

Kostelnik, M. J., Whiren, A., Soderman, A. K., Gregory, K., & Stein, L. C. (2002). *Guiding children's social development* (3rd ed.). Albany, NY: Delmar.

Lewis, M., Ramsay, D., & Kawakami, K. (1993). Differences between Japanese infants and Caucasian American infants in behavioral and cortisol response to inoculation. *Child Development, 64,* 1722–1731.

Lickona, T., Geis, G., & Kohlberg, L. (Eds.). (1976). *Moral development and behavior: Theory, research, and social issues.* New York: Holt, Rinehart & Winston.

Lin, H. L., Lawrence, F. R., & Gorrell, J. (2003). Kindergarten teachers' views of children's readiness for school. *Early Childhood Research Quarterly, 18*(2), 225–236.

Lalley, R. J. (2009) The science and psychology of infant–toddler care: How an understanding of early learning has transformed child care. *Zero to Three, 30*(3), 47–53.

Maslow, A. H. (1968). *Toward a psychology of being.* Princeton, NJ: Van Nostrand.

Maslow, A. (1970). *Motivation and personality* (2nd ed.). New York: Harper & Row.

McCall, S. G., & Plemons, B. (2001). The concept of critical periods and their implications for early childhood services. In D. B. Bailey, Jr., J. T. Bruer, F. J. Symons, & J. W. Lichtman (Eds.). *Critical thinking about critical periods.* Baltimore: Brookes.

McDevitt, T. M., & Ormrod, J. E. (2010). *Child development and education* (4th ed.). Upper Saddle River, NJ: Pearson.

Mooney, C. G. (2000). *Theories of childhood: An introduction to Dewey, Montessori, Erickson, Piaget, and Vygotsky.* St. Paul, MN: Redleaf Press.

National Center for Learning Disabilities (NCLD). (2010). *What is executive function?* Retrieved from www.ncld.org/ld-basics/ld-aamp-executive-functioning/basic-ef-facts/what-is-executive-function#top

National Institute of Child Health and Human Development (NICHD). (2006). *The NICHD study of early child care and youth development (SECCYD): Findings for children up to age 4 1/2 years.* Retrieved from www.nichd.nih.gov/publications/pubs_details.cfm?from=&pubs_id=5047

Piaget, J. (1965). *The moral judgment of the child*. New York: Free Press. (Original work published 1932.)

Piaget, J. (1966). *The origins of intelligence in children* (2nd ed.). New York: International Universities Press.

Ramey, C., Campbell, F., & Blair, C. (1998). Enhancing the life course for high-risk children. In J. Crane (Ed.), *Social programs that work* (pp. 184–199). New York: Russell Sage Foundation.

Reynolds, A., & Ou, S. (2011). Paths of effects from preschool to adult well-being: A confirmatory analysis of the child-parent center program. *Child Development, 82*(2), 555–582.

Rothbart, M. K., Ahadi, B. A., & Evans, D. E. (2000). Temperament and personality: Origins and outcomes. *Journal of Personality and Social Psychology, 78*, 122–135.

Santrock, J. W. (2009). *Child development* (11th ed.). New York: McGraw-Hill.

Shonkoff, J., & Phillips, D. (Eds.). (2000). *From neurons to neighborhoods: The science of early childhood development*. Washington, DC: National Academy Press.

Shore, R. (1997). *Rethinking the brain*. New York: Families and Work Institute.

Skeels, H. M. (1966). Adult status of children with contrasting early life experiences. *Monographs of the Society for Research in Child Development, 31* (Serial No. 105).

Smetana, J. G., Killen, M., & Turiel, E. (1991). Children's reasoning about interpersonal and moral conflicts. *Child Development, 62*, 629–644.

Sylwester, R. (1995). *A celebration of neurons: An educator's guide to the human brain*. Alexandria, VA: Association for Supervision and Curriculum Development.

Tabors, P. O. (2008). *One child, two languages: A guide for early childhood educators of children learning English as a second language*. Baltimore: Brookes.

Thomas, A., & Chess, S. (1977). *Temperament and development*. New York: Brunner/Mazel.

Thomas, A., Chess, S., & Birch, H. G. (1970). The origin of personality. *Scientific American, 223*, 102–109.

Vygotsky, L. S. (1962). *Thought and language*. Cambridge, MA: MIT Press.

Vygotsky, L. S. (1978). *Mind in society: The development of higher psychological processes*. Cambridge, MA: Harvard University Press.

Walker, L. J. (1995). Sexism in Kohlberg's moral psychology? In W. M. Kurtines & J. L. Gewirtz (Eds.), *Moral development: An introduction*. Boston: Allyn & Bacon.

Werner, E. E., Bierman, J. M., & French, F. E. (1971). *The children of Kauai: A longitudinal study from the prenatal period to age ten*. Honolulu: University of Hawaii Press.

Werner, E. E., & Smith, R. S. (1992). *Overcoming the odds: High-risk children from birth to adulthood*. Ithaca, NY: Cornell University Press.

Woolfolk, A., & Perry, N. (2012). *Child and adolescent development*. Upper Saddle River, NJ: Pearson.

Youngquist, J., & Martinez-Griego, B. (2009). Learning in English, learning in Spanish: A Head Start program changes its approach. *Young Children, 64*(4), 92–98.

第 5 章

Bentzen, W. R. (2008). *Seeing young children: A guide to observing and recording behavior* (6th ed.). Albany, NY: Delmar.

Cryan, J. R. (1986). Evaluation: Plague or promise? *Childhood Education, 62*(5), 344–350.

Curtis, D., & Carter, M. (2000). *The art of awareness: How observation can transform your teaching*. St. Paul, MN: Redleaf Press.

Daniels, D. H., Beaumont, L. J., & Doolin, C. A. (2007). *Understanding children: An interview and observation guide for educators* (2nd ed). New York, NY: McGraw-Hill Higher Education.

Dichtelmiller, M., Jablon, J. R., Dorfman, A. B., Marsden, D. B., & Meisels, S. J. (2001). *The work sampling system: Work sampling in the classroom (a teacher's manual)*. San Antonio, TX: Pearson.

Dodge, D. T., Colker, L. J., & Heroman, C. (2010). *The creative curriculum for preschool* (5th ed.). Washington, DC: Teaching Strategies.

Dodge, D. T., Rudick, S., & Berke, K. (2006). *The creative curriculum for infants, toddlers, and twos* (2nd ed.). Washington, DC: Teaching Strategies.

Epstein, A. S., Schweinhart, L. J., DeBruin-Parecki, A., & Robin, K. B. (2004, July). Preschool assessment: A guide to developing a balanced approach. *Preschool Policy Matters*. New Brunswick, NJ: National Institute for Early Education Research.

Forman, G., & Hall, E. (2005). Wondering with children: The importance of observation in early education. In *Early Childhood Research & Practice* (ECRP) *7*(2). Retrieved from www.ecrp.uiuc.edu/v7n2/forman.html

Friedman, D. L. (2012). *Creating and presenting an early childhood portfolio: A reflective approach*. Belmont, CA: Wadsworth.

Galper, A. R., & Seefeldt, C. (2009). Assessing young children. In S. Feeney, A. Galper, & C. Seefeldt (Eds.), *Continuing issues in early childhood education* (3rd ed., pp. 329–345). Upper Saddle River, NJ: Pearson.

Graves, D. H. (2002). *Testing is not teaching: What should count in education*. Portsmouth, NH: Heinemann.

Gronlund, G., & Engel, B. (2001). *Focused portfolios: A complete assessment for the young child*. St. Paul, MN: Redleaf Press.

Guddemi, M. P. (2003). The important role of quality assessment in young children ages 3–8. In Gullo, D. F. (2005). *Understanding assessment and evaluation in early childhood education* (2nd ed.). New York: Teachers College Press.

Helm, J., Beneke, S., & Steinheimer, K. (2008). *Windows on learning: Documenting young children's work* (2nd ed.). New York: Teachers College Press.

High/Scope. (2003). High/Scope preschool child observation record. Florence, KY: Wadsworth.

Hughes, K., & Gullo, D. (2010). Joyful learning and assessment in kindergarten. *Young Children, 65*(3), 57–59.

Jones, J. (2004). Framing the assessment discussion. In D. Koralek (Ed.), *Spotlight on young children and assessment*. Washington, DC: NAEYC.

Koralek, D. (Ed.). (2004). *Spotlight on young children and assessment*. Washington, DC: NAEYC.

Losardo, A., & Notari-Syverson, A. (2011). *Alternative approaches to assessing young children* (2nd ed.). Baltimore: Brookes.

Marion, M. (2004). *Using observation in early childhood education*. Upper Saddle River, NJ: Pearson.

Maxwell, K. L., & Clifford, R. M. (2004, January). Research in review: School readiness assessment. *Young Children: Beyond the Journal*. Available from NAEYC at www.journal.naeyc.org/btj/200401/maxwell.asp

McAfee, O., & Leong, D. J. (2010). *Assessing and guiding young children's development and learning* (5th ed.). Upper Saddle River, NJ: Pearson.

McAfee, O., Leong, D., & Bodrova, E. (2004). *Basics of assessment: A primer for early childhood educators.* Washington, DC: NAEYC.

Meisels, S. J. (2006). *Accountability in early childhood: No easy answers.* Occasional Paper, No. 6. Chicago: Erikson Institute Herr Research Center for Children and Social Policy.

Meisels, S. J., & Atkins-Burnett, S. (2005). *Developmental screening in early childhood: A guide* (5th ed.). Washington, DC: NAEYC.

Meisels, S. J., Dombro, A. L., Marsden, D. B., Weston, D., & Jewkes, A. M. (2003). *The Ounce Scale: An observational assessment for infants, toddlers, and families.* New York: Pearson Early Learning.

National Association for the Education of Young Children (NAEYC) & National Association of Early Childhood Specialists in State Departments of Education (NAECS/SDE). (2003). Joint Position Statement. *Early childhood curriculum, assessment, and program evaluation: Building an effective, accountable system in programs for children birth through age 8.* Retrieved from www.naeyc.org/about/positions/pdf/CAPEexpand.pdf.

Puckett, M. B., & Black, J. K. (2008). *Meaningful assessment of the young child: Celebrating development and learning* (3rd ed.). Upper Saddle River, NJ: Pearson.

Seitz, H. (2008, March). The power of documentation in the early childhood classroom. *Young Children, 63*(2), 83–92.

Shillady, A. L. (2004, January). Choosing an appropriate assessment system. *Young Children: Beyond the Journal.* Retrieved from www.journal.naeyc.org/btj/200401/shillady.ASP.

Shores, E. F., & Grace, C. (2005). *The portfolio book.* Upper Saddle River, NJ: Pearson.

Wortham, S. C. (2011). *Assessment in early childhood education* (6th ed.). Upper Saddle River, NJ: Pearson.

第 6 章

American Academy of Pediatrics. (2009). Discipline and your child. *Healthy children.* Retrieved from www.healthychildren.org/English/family-life/family-dynamics/communication-discipline

Bilmes, J. (2004). *Beyond behavior management: The six life skills children need to thrive in today's world.* St. Paul, MN: Redleaf Press.

Bowlby, J. (1982). *Attachment and loss: Vol. 1. Attachment.* London: Hogarth.

Brazelton, T. B., & Greenspan, S. I. (2000). *The irreducible needs of children: What every child must have to grow, learn, and flourish.* New York: Perseus.

Breslin, D. (2005). Children's capacity to develop resiliency: How to nurture it. *Young Children, 60*(1), 47–52.

Bronson, M. (2000). Recognizing and supporting the development of self-regulation in young children. *Young Children, 55*(2), 32–37.

CASEL Forum Report. (2011, April 13–14). *Expanding social and emotional learning nationwide: Let's go!* Collaborative for Academic, Social, and Emotional Learning (2011). Retrieved from http://casel.org/wp-content/uploads/2011-Forum-Report.pdf

Copple, C., & Bredekamp, S. (Eds.). (2009). *Developmentally appropriate practices in early childhood programs* (3rd ed.). Washington, DC: NAEYC.

Durlak, J., Weissberg, R., Dymnicki, A., Taylor, R., & Schellinger, K. (2011). The impact of enhancing students' social and emotional learning: A meta-analysis of school-based universal interventions. *Child Development, 82*(1), 405–432.

Dreikurs, R. (1969). *Psychology in the classroom.* New York: Harper & Row.

Fields, M. V., Perry, N. J., & Fields, D. M. (2010). *Constructive guidance and discipline: Preschool and primary education* (5th ed.). Upper Saddle River, NJ: Pearson.

Fox, L., Dunlap, G., Hemmeter, M. L., Joseph, G. E., & Strain, P. S. (2003). The teaching pyramid: A model for supporting social competence and preventing challenging behavior in young children. *Young Children, 58*(4), 48–52.

Fox, L., Carta, J., Strain, P., Dunlap, G., & Hemmeter, M. L. (2009). Response to intervention and the pyramid model. Tampa, FL: University of South Florida Technical Assistance Center on Social Emotional Intervention for Young Children; www.challengingbehavior.org

Gartrell, D. (1987). Punishment or guidance? *Young Children, 42*(2), 55–61.

Gartrell, D. (1995). Misbehavior or mistaken behavior? *Young Children, 50*(5), 27–34.

Gartrell, D. (2001). Replacing time-out: Part One—Using guidance to build an encouraging classroom. *Young Children, 56*(6), 8–16.

Gartrell, D. (2002). Replacing time-out: Part Two—Using guidance to maintain an encouraging classroom. *Young Children, 57*(2), 36–43.

Gartrell, D. (2004). *The power of guidance: Teaching social-emotional skills in early childhood classrooms.* Clifton Park, NY: Delmar; and Washington, DC: NAEYC.

Gilliam, W. (2005). Prekindergarteners left behind: Expulsion rates in state prekindergarten programs. *FCD Policy Brief Series No. 3.* NY: Foundation for Child Development.

Ginott, H. (1972). *Teacher and child: A book for parents and teachers.* New York: Macmillan.

Gonzalez-Mena, J. (2011). *Foundations: Early childhood education in a diverse society* (5th ed.). Boston: McGraw-Hill.

Gonzalez-Mena, J., & Eyer, D. W. (2009). *Infants, toddlers, and caregivers* (8th ed.). Boston: McGraw-Hill.

Gordon, T., with Burch, N. (2003). *Teacher effectiveness training: The program proven to help teachers bring out the best in students of all ages.* New York: Three Rivers Press.

Hemmeter, M. L. (July/August, 2007). We are all in this together. Supporting children's social emotional development and addressing challenging behavior. *Exchange.*

Hitz, R., & Driscoll, A. (1998). Praise or encouragement: New insights into praise. *Young Children, 43*(5), 6–13.

Honig, A. S. (1985). Compliance, control, and discipline. *Young Children, 40*(3), 47–52.

Howes, C., & Ritchie, S. (2002). *A matter of trust: Connecting teachers and learners in the early childhood classroom.* New York: Teachers College Press.

Hyson, M. (2002). Emotional development and school readiness. *Young Children, 57*(6), 76–78.

Kaiser, B., & Rasminsky, J. S. (2012). *Challenging behavior in young children: Understanding, preventing, and responding effectively.* Upper Saddle River, NJ: Pearson.

Katz, L. G. (1984). The professional early childhood teacher. *Young Children, 39*(5), 3–10.

Kersey, K. C., & Malley, C. R. (2005). Helping children develop resiliency: Providing supportive relationships. *Young Children, 60*(1), 53–58.

Kohn, A. (2001). Five reasons to stop saying "Good job!" *Young Children, 56*(5), 24–28.

Kostelnik, M., Whiren, A., Soderman, A., Stein, L., & Gregory, K. (2003). *Guiding children's social development* (4th ed.). Belmont, CA: Cengage Wadsworth.

Livergood, N. D. (n. d.). *Social intelligence: A new definition of human intelligence.* Retrieved from www.hermes-press.com/socint4.htm

Marshall, H. (2001). Cultural influences on the development of self-concept: Updating our thinking. *Young Children, 56*(6), 19–25.

Meece, D., & Soderman, A. K. (2010). Positive verbal environments: Setting the stage for young children's social development. *Young Children, 65*(5), 81–86.

Pizzolongo, P., & Hunter, A. (2011). I am safe and secure: Promoting resilience in young children. *Young Children, 66*(2), 67–69.

Rogers, F. (2003). *The world according to Mister Rogers: Important things to remember.* New York: Hyperion.

Schreiber, M. E. (1999). Time-outs for toddlers: Is our goal punishment or education? *Young Children, 54*(4), 22–25.

Straus, M. A., Sugarman, D. B., & Giles-Sims, J. (1997). Spanking by parents and subsequent antisocial behavior of children. *Archives of Pediatric and Adolescent Medicine, 151*(8), 761–767.

Sugai, G., Horner, R. H., Dunlap, G., Hieneman, M., Lewis, T. J., Nelson, C. M., . . . Ruef, M. (2000). Applying positive behavioral support and functional behavioral assessment in schools. *Journal of Positive Behavior Interventions 2*(3), 131–143.

Vance, E., & Weaver, P. J. (2002). *Class meetings: Young children solving problems together.* Washington, DC: NAEYC.

Willis, C., & Schiller, P. (2011). Preschoolers' social skills steer life success. *Young Children, 66*(1), 42–49.

第 7 章

American Academy of Pediatrics Committee on Public Education. (2001). Children, adolescents, and television. *Pediatrics, 10*(2), 423–426).

American Academy of Pediatrics (AAP), American Public Health Association (APHA), & National Resource Center for Health and Safety in Child Care and Early Education (NRC). (2011). *Caring for our children: National health and safety performance standards: Guidelines for early care and education programs* (3rd ed.). Elk Grove Village, IL: American Academy of Pediatrics; Washington, DC: American Public Health Association. Also available at http://nrckids.org.

American Academy of Pediatrics (AAP). (2008a). *A child care provider's guide to safe sleep.* Retrieved from healthychildcare.org/pdf/SIDSchildcaresafesleep.pdf

American Academy of Pediatrics (AAP). (2008b). *A parents' guide to safe sleep.* Retrieved from healthychildcare.org/pdf/SIDSparentsafesleep.pdf

Aronson, S. (Ed.), with Spahr, P. M. (2002). *Healthy young children: A manual for programs.* Washington, DC: NAEYC.

Aronson, S., & Shope, T. (Eds.). (2008). *Managing infectious diseases in child care and schools: A quick reference guide.* Elk Grove Village, IL: American Academy of Pediatrics.

Branum, A., & Lukacs, S. (2008). *Food allergy among U.S. children: Trends in prevalence and hospitalizations.* NCHS data brief, no. 10. Hyattsville, MD: National Center for Health Statistics.

Brazelton, T., & Greenspan, S. (2000). *The irreducible needs of children: What every child must have to grow, learn and flourish.* Cambridge, MA: Perseus.

Copple, C., & Bredekamp, S. (Eds.). (2009). *Developmentally appropriate practices in early childhood programs* (3rd ed.). Washington, DC: NAEYC.

Carlson, F. (2006). *Essential touch: Meeting the needs of young children.* Washington, DC: NAEYC.

Centers for Disease Control & Prevention (CDC). (2011). *Lead.* Retrieved from cdc.gov/nceh/lead

Consumer Product Safety Commission (CPSC). (2008). *Nursery product-related injuries and deaths among children under age five.* Washington, DC: U.S. Government Printing Office.

Consumer Product Safety Commission (CPSC). (2010). *Public playground safety handbook.* CPSC Document #325. Retrieved from www.cpsc.gov/cpscpub/pubs/325.pdf

Eliassen, E. (2011). The impact of teachers and families on young children's eating behaviors. *Young Children, 66*(2), 84–89.

Galinsky, E. (1971a). *School beginnings: The first day.* New York: Bank Street College of Education.

Galinsky, E. (1971b). *School beginnings: The first weeks.* New York: Bank Street College of Education.

Goodman-Bryan, M., & Joyce, C. (2010). Touch is a form of communication. *The Urban Child Institute.* Retrieved from www.urbanchildinstitute.org

Greenman, J. (2001). *What happened to the world? Helping children cope in turbulent times.* New York: Bright Horizons.

Greenman, J. (2007). *Caring spaces, learning places: Children's environments that work.* Redmond, WA: Exchange Press.

Hirsch, E. [n.d.]. *Transition periods: Stumbling blocks of education.* New York: Early Childhood Education Council of New York.

Holland, M. (2004). "That food makes me sick!" Managing food allergies and intolerances in early childhood settings. *Young Children, 59*(2), 42–46.

Huettig, C., Sanborn, C., DiMarco, N., Popejoy, A., & Rich, S. (2004). The O generation: Our youngest children are at risk for obesity. *Young Children, 59*(2), 50–55.

Jacobs, N. L. (1992). Unhappy endings. *Young Children, 47*(3), 23–27.

Jordan, N. H. (1993). Sexual abuse prevention programs in early childhood education: A caveat. *Young Children, 48*(6), 76–79.

Marotz, L. (2012). *Health, safety, and nutrition for the young child.* Belmont, CA: Wadsworth Cengage Learning.

Maslow, A. (1968). *Toward a psychology of being.* New York: Van Nostrand Reinhold.

National Association for the Education of Young Children (NAEYC). (1993). *Violence in the lives of children.* Position Statement. Washington, DC: NAEYC.

National Association for the Education of Young Children (NAEYC). (1996). *Prevention of child abuse in early childhood programs and the responsibilities of early childhood professionals to prevent child abuse.* Position Statement. Washington, DC: NAEYC.

National Association for the Education of Young Children (NAEYC). (2005/2011). *Code of ethical conduct and statement of commitment* (Rev. ed.). Washington, DC: NAEYC.

National Association for the Education of Young Children (NAEYC). (2007). *NAEYC early childhood program standards and accreditation criteria: The mark of quality in early childhood education.* Washington, DC: NAEYC. Retrieved from www.naeyc.org/academy/standards

National Association for the Education of Young Children (NAEYC). (2009). *NAEYC standards for early childhood professional preparation programs.* Washington, DC: NAEYC.

National Association of Child Care Resource and Referral Agencies (NACCRRA). (2010). *Child care in America: 2010 fact sheets.* Arlington, VA: NACCRRA.

National Association for Sport and Physical Education (NASPE). (2002). *Active start: A statement of physical activity guidelines for children birth to five years.* Reston, VA: NASPE.

Pianta, R. C., Cox, M. J., Early, D., & Taylor, L. (1999). Kindergarten teachers' practices related to the transition to school: Results of a national survey. *Elementary School Journal, 100*(1), 71–86.

Pica, R. (2006). Physical fitness and the early childhood curriculum. *Young Children, 61*(3), 12–18.

Sanders, S. (2002). *Active for life: Developmentally appropriate movement programs for young children.* Washington, DC: NAEYC.

Sicherer, S., Muñoz-Furlong, A., & Sampson, H. (2003). Prevalence of peanut and tree nut allergy in the United States determined by means of a random digit dial telephone survey: A 5-year follow-up study. *Journal of Allergy and Clinical Immunology, 112*(6), 1203–1207.

Sorte, J., & Daeschel, I. (2006). Health in action: A program approach to fighting obesity in young children. *Young Children, 61*(3), 40–48.

U.S. Department of Agriculture. (2011). *My Plate.* Retrieved from www.choosemyplate.gov

U.S. Department of Health and Human Services. (2003a). *Easing the transition from preschool to kindergarten: A guide for early childhood teachers and administrators.* Retrieved from headstartinfo.org/recruitment/trans_hs.htm

U.S. Department of Health and Human Services, Office of Disease Prevention and Health Promotion. (2006). *Healthy people 2010.* Retrieved from healthypeople.gov

White House Task Force on Childhood Obesity: Report to the President. (2010). *Solving the problem of childhood obesity within a generation.* Executive Office of the President of the United States. Retrieved from www.letsmove.gov/sites/letsmove.gov/files/TaskForce_on_Childhood_Obesity_May2010_FullReport.pdf

WHO. (1948, June). Preamble to the Constitution of the World Health Organization as adopted by the International Health Conference, New York.

第 8 章

American Academy of Pediatrics (AAP), American Public Health Association (APHA), & National Resource Center for Health and Safety in Child Care and Early Education (NRC). (2002). *Caring for our children: National health and safety performance standards: Guidelines for out-of-home child care programs* (2nd ed.). Elk Grove Village, IL: AAP; and Washington, DC: APHA. Also available at the NRC website, http://nrckids.org/CFOC/index.html

American Academy of Pediatrics (AAP), Committee on Public Education. (2001). Children, adolescents, and television. *Pediatrics, 107*(2), 423–426.

American Academy of Pediatrics, American Public Health Association, & National Resource Center for Health and Safety in Child Care and Early Education. (2010). Preventing childhood obesity in early care and education programs, p. 58. Retrieved from http://nrckids.org/CFOC3/PREVENTING_OBESITY/index.htm

American Academy of Pediatrics. (2010). Policy statement—media education. *Pediatrics, 126*(5). Retrieved from http://pediatrics.aappublications.org/content/early/2010/09/27/peds.2010-1636

Aronson, S. (Ed.), with Spahr, P. M. (2002). *Healthy young children: A manual for programs.* Washington, DC: NAEYC.

Bergman, R., & Gainer, S. (2002, September–October). Home-like environments. *Child Care Information Exchange,* 50–52.

Berry, P. (2001). *Playgrounds that work.* Baulkham Hills, NSW, Australia: Pademelon Press.

Bredekamp, S., & Copple, C. (Eds.). (2009). *Developmentally appropriate practice in early childhood programs* (3rd ed.). Washington, DC: NAEYC.

Bronson, M. B. (1996). *The right stuff for children birth to 8: Selecting play materials to support development.* Washington, DC: NAEYC.

Bullard, J. (2010). *Creating environments for learning: Birth to age eight.* Upper Saddle River, NJ: Pearson.

Bunnett, R., & Kroll, D. (2000, January–February). Transforming spaces: Rethinking the possibilities—Turning design challenges into opportunities. *Child Care Information Exchange,* 26–29.

Campaign for a Commercial-Free Childhood. (2011). May 31, 2011 response to NAEYC's draft statement, "Technology in early childhood programs serving children from birth through age 8." Retrieved from www.commercialfreechildhood.org/pdf/naeycreply

Chandler, P. A. (1994). *A place for me: Including children with special needs in early care and education settings.* Washington, DC: NAEYC.

Christakis, D. A., Zimmerman, F. J., DiGiuseppe, D. L., & McCarty, C. A. (2004). Early television exposure and subsequent attentional problems in children. *Pediatrics, 113*(4), 708–713.

Consumer Product Safety Commission (CPSC). (2008). *Public playground safety handbook.* CPSC Document #325. Retrieved from www.cpsc.gov/cpscpub/pubs/325.pdf

Cordes, C., & Miller, E. (Eds.). (2000). *Fool's gold: A critical look at computers in childhood.* College Park, MD: Alliance for Childhood.

Cuffaro, H. K. (1995). *Experimenting with the world: John Dewey and the early childhood classroom.* New York: Teachers College Press.

Curtis, D., & Carter, M. (2003). *Designs for living and learning: Transforming early childhood environments.* St. Paul, MN: Redleaf Press.

DeBord, K., Hestenes, L. L., Moore, R. C., Cosco, N. G., & McGinnis, J. R. (2005). *Preschool Outdoor Environment Measurement Scale-POEMS.* Winston Salem, NC: Kaplan.

Dodge, D. T., Ruddik, S., & Berke, K. (2006). *Creative curriculum for infants and toddlers* (2nd ed.). Washington, DC: Teaching Strategies.

Edwards, C., Gandini, L., & Forman, G. (eds.). 1998. *The hundred languages of children.* 2nd ed. Norwood, NJ: Ablex.

Elliott, S. (Ed.). (2008). *The outdoor playspace naturally*. Castle Hills, NSW, AU: Pademelon Press.

Feeney, S., & Moravcik, E. (1987). A thing of beauty: Aesthetic development in young children. *Young Children, 42*(6), 7–15.

Field, T. (1999). Music enhances sleep in preschool children. *Early Child Development and Care, 150*(1), 65–68.

Frost, J. L. (1992). *Play and playscapes*. Albany, NY: Delmar.

Frost, J. S., Wortham, S. C., & Reifel, S. (2012). *Play and child development* (4th ed.). Upper Saddle River, NJ: Pearson.

Gandini, L. (1984, Spring). Not just anywhere: Making child care centers into "particular" places. *Beginnings*, 17–20.

Garner, A., Skeen, P., & Cartwright, S. (1984). *Woodworking for young children*. Washington, DC: NAEYC.

Gonzalez-Mena, J., & Eyer, D. W. (2007). *Infants, toddlers, and caregivers* (7th ed.). New York: McGraw-Hill.

Greenman, J. (1998). *Places for childhoods: Making quality happen in the real world*. Redmond, WA: Exchange Press.

Greenman, J. (2005). Places for childhood in the 21st century: A conceptual framework. *Beyond the Journal: Young Children on the Web*. Retrieved from www.journal.naeyc.org/btj/200505/01Greenman.pdf

Greenman, J. (2007). *Caring spaces, learning places: Children's environments that work*. Redmond, WA: Exchange Press.

Haas-Foletta, K., & Ottolini-Geno, L. (2006, March–April). Setting the stage for children's success: The physical and emotional environment in school-age programs. *Child Care Information Exchange*, 40–44.

Harms, T., & Clifford, R. (2004). *Early childhood environment rating scale*. New York: Teachers College Press.

Hill, D. M. (1977). *Mud, sand, and water*. Washington, DC: NAEYC.

Hirsch, E. (1996). *The block book*. Washington, DC: NAEYC.

Johnson, J. E., Christie, J. F., & Wardle, F. (2005). *Play and early childhood development* (3rd ed.). Boston: Allyn & Bacon.

Jones, E., & Prescott, E. (1984). *Dimensions of teaching-learning environments: A handbook for teachers in elementary schools and day care centers* (2nd ed.). Pasadena, CA: Pacific Oaks College.

Keeler, R. (2008). *Natural playscapes: Creating outdoor play environments for the soul*. Redmond, WA: Exchange Press.

Koralek, D. G., Colker, L. J., & Dodge, D. T. (1993). *The what, why, and how of high-quality early childhood education: A guide for on-site supervision*. Washington, DC: NAEYC.

Moravcik, E., Nolte, S., & Feeney, S. (2013). *Meaningful curriculum for young children*. Upper Saddle River, NJ: Pearson.

National Association for the Education of Young Children (NAEYC). (1996). NAEYC position statement: Technology and young children—Ages three through eight. *Young Children, 51*(6), 11–16.

Nimmo, J., & Hallet, B. (2008). Childhood in the garden. *Young Children, 63*(1), 32–38.

Olds, A. R. (2001). *Child care design guide*. New York: McGraw-Hill.

Phillips, D. A. (1987). *Quality in child-care: What does research tell us?* Washington, DC: NAEYC.

Prescott, E. (2008, March–April). The physical environment. *Child Care Information Exchange*, 34–37.

Readdick, C. A. (1993). Solitary pursuits: Supporting children's privacy needs in group settings. *Young Children, 49*(1), 60–64.

Rosenow, N. (2008). Teaching and learning about the natural world. *Young Children, 63*(1), 10–13.

Seefeldt, C. (2002). *Creating rooms of wonder*. Beltsville, MD: Gryphon House.

Shade, D. (1996). Software evaluation. *Young Children, 51*(6), 17–21.

Sommer, R. (1969). *Personal space: The behavioral basis for design*. Upper Saddle River, NJ: Pearson.

Sutterby, J., & Thornton, C. D. (2005). Essential contributions from playgrounds. *Young Children, 60*(3), 26–33.

Wein, C. A., Coates, A., Keating, B., & Bigelow, B. C. (2005). Designing the environment to build a connection to place. *Young Children, 60*(3), 16–24.

White House Task Force on Childhood Obesity. (2010). *Solving the problem of childhood obesity within a generation*. Washington, DC: Office of the President.

Woodhouse, J. L., & Knapp, C. E. (2000). *Place-based curriculum and instruction: Outdoor and environmental education approaches*. Charleston, WV: ERIC Clearinghouse on Rural Education and Small Schools.

第 9 章

American Academy of Pediatrics (AAP), Committee on Public Education. (2001). Children, adolescents, and television. *Pediatrics, 107*(2), 423–426.

Bodrova, E., & Leong, D. J. (2003). Chopsticks and counting chips: Do play and foundational skills need to compete for the teacher's attention in an early childhood classroom? *Young Children, 58*(3), 10–17.

Bodrova, E., & Leong, D. J. (2007). *Tools of the mind: The Vygotskian approach to early childhood education* (2nd ed.). Upper Saddle River, NJ: Pearson.

Bronson, M. B. (2000). *Self-regulation in early childhood: Nature and nurture*. New York: Guilford Press.

Brown, S. & Vaughn, C. (2009). *Play: How it shapes the brain, opens the imagination, and invigorates the soul*. New York: Avery.

Carlson, F. (2009). Rough and tumble play 101. *Childcare Information Exchange, 188*, 70–72.

Centers for Disease Control (CDC). (2007). Childhood overweight. Retrieved from www.cdc.gov/nccdphp/dnpa/obesity/childhood

Csikszentmihalyi, M. (2008). *Flow: The psychology of optimal experience*. New York: Harper.

Dewey, J. (1910). *How we think*. London: D.C. Heath.

Ebbeck, M., & Waniganayake, M. (Eds). (2010). *Play in early childhood education: Learning in diverse contexts*. Victoria, AU: Oxford University Press.

Elkind, D. (1981). *The hurried child: Growing up too fast too soon*. Menlo Park, CA: Addison-Wesley.

Elkind, D. (2007). *The power of play: Learning what comes naturally*. Philadelphia: Da Capo Lifelong Books.

Frost, J. L. (2008, June). *Neuroscience, play and brain development*. Paper presented at IPA/USA Triennial National Conference, Longmont, CO. ERIC Document Reproduction Service No. ED427845.

Frost, J. S., Wortham, S. C., & Reifel, S. (2008). *Play and child development* (3rd ed.). Upper Saddle River, NJ: Pearson.

Ginsburg, K. R., Committee on Communications & Committee on Psychosocial Aspects of Child and Family Health.

(2007). The importance of play in promoting healthy child development and maintaining strong parent-child bonds. *Pediatrics, 119*(1), 183–196.

Groos, K. (1976/1901). *The play of man.* New York: Arno Press.

Hall, G. S. (1904). *Adolescence.* New York: D. Appleton.

Hassett, J. M., Siebert, E. R., & Wallen, K. (2008, March 25). Sex differences in rhesus monkey toy preferences parallel those of children. *Hormones and Behavior, 54*(3), 359–364.

Hughes, F. (2009). *Children, play, and development* (4th ed.). Boston: Allyn & Bacon.

Huizinga, J. (1971). *Homo Ludens: A study of the play-element in culture.* (3rd rev. ed.). London, UK: Maurice Temple Smith Ltd.

Isenberg, J. P., & Quisenberry, N. (2002). *Play: Essential for all children.* Position Paper of the Association for Childhood Education International. Retrieved from www.acei.org/wp-content/uploads/PlayEssential.pdf

Jarvis, P. (2006). "Rough and tumble" play: Lessons in life. *Evolutionary Psychology, 4,* 330–346. Retrieved from www.epjournal.net/filestore/ep043303462.pdf

Johnson, J. E., Christie, J. F., & Yawkey, T. D. (1999). *Play and early childhood development* (2nd ed.). Glenview, IL: Scott, Foresman.

Johnson, J. E., Christie, J. F., & Wardle, F. (2005). *Play and early childhood development* (3rd ed.). Boston: Allyn & Bacon.

Jones, E., & Reynolds, G. (1992). *The play's the thing: Teachers' roles in children's play.* New York: Teachers College Press.

Levin, D. E. (1998). *Remote control childhood: Combating the hazards of media culture.* Washington, DC: NAEYC.

Levin, D. E., & Carlsson-Paige, N. (2006). *The war play dilemma: What every parent and teacher needs to know* (2nd ed.). New York: Teachers College Press.

Orenstein, P. (2006, December 24). What's wrong with Cinderella? *New York Times Magazine,* Retrieved from www.nytimes.com/2006/12/24/magazine/24princess.t.html

Paley, V. G. (1993). *You can't say you can't play.* Boston: Harvard University Press.

Paley, V.G. (2004). *A child's work: The importance of fantasy play.* Chicago: University of Chicago Press.

Parten, M. B. (1932). Social participation among preschool children. *Journal of Abnormal Psychology, 27*(3), 243–269.

Patrick, G. T. W. (1916). *The psychology of relaxation.* Boston: Houghton-Mifflin.

Pellegrini, A. (1995). *School recess and playground behavior.* New York: State University of New York.

Pellis, S. M., & Pellis, V. C. (2007). Rough-and-tumble play and the development of the social brain. *Current Directions in Psychological Science, 16*(2), 95–98.

Piaget, J. (1962). *Play, dreams, and imitation in childhood.* New York: Norton.

Reifel, S., & Sutterby, J. A. (2009). Play theory and practice in contemporary classrooms. In S. Feeney, A. Galper, & C. Seefeldt (Eds.). *Continuing issues in early childhood education* (3rd. ed., pp. 238–257). Upper Saddle River, NJ: Pearson.

Reynolds, G., & Jones, E. (1997). *Master players: Learning from children at play.* New York: Teachers College Press.

Rogers, S. (Ed) (2011). *Rethinking play and pedagogy in early childhood education: Concepts, contexts, and cultures.* New York: Routledge.

Saracho, O., & Spodek, B. (Eds.). (1998). *Multiple perspectives on play in early childhood education.* Albany: State University of New York Press.

Schickedanz, J. A., Schickedanz, D. I., & Forsythe, P. D. (1993). *Understanding children.* Mountain View, CA: Mayfield.

Shonkoff, J. P., & Phillips, D. A. (Eds.). (2000). *From neurons to neighborhoods: The science of early childhood development.* Washington, DC: National Academy Press.

Smilansky, S. (1968). *The effects of sociodramatic play on disadvantaged pre-school children.* New York: Wiley.

Smilansky, S., & Shefatya, L. (1990). *Facilitating play: A medium for promoting cognitive, socio-emotional, and academic development in young children.* Gaithersburg, MD: Psychosocial and Educational Publications.

Spencer, H. (1963/1861). *Education: intellectual, moral, and physical.* Paterson, NJ: Littlefield Adams.

Trawick-Smith, J. (1994). *Interactions in the classroom: Facilitating play in the early years.* Upper Saddle River, NJ: Pearson.

United Nations General Assembly. (1989, November 20). *Convention on the Rights of the Child.* New York: United Nations.

Van Hoorn, J., Monighan Nourot, P., Scales, B., & Alward, K. R. (2007). *Play at the center of the curriculum* (4th ed.). Upper Saddle River, NJ: Pearson.

Williams, A. (2007, May 20). Putting the skinned knees back into playtime. *New York Times.* Retrieved from www.nytimes.com/2007/05/20/fashion/20retro.html.

Wolk, S. (2008). Joy in school. *The Positive Classroom, 66*(1), 8–15.

第10章

Bowman, B. (Ed.). (2003). *Love to read: Essays in developing and enhancing early literacy skills of African American children.* Washington, DC: National Black Child Development Institute.

Campbell, D. (2000). *The Mozart effect in children: Awakening your child's mind, body, and creativity with music.* New York: Avon.

Chaillé, C., & Britain, L. (2003). *The young child as scientist: A constructivist approach to early childhood science education* (3rd ed.). Boston: Allyn & Bacon.

Children's Defense Fund. (2010). *The state of America's children 2010.* Washington, DC: Children's Defense Fund.

Colbert, J. (2003, August–September). Understanding curriculum: An umbrella view. *Early Childhood News,* 16–23.

Comenius, J. A. (1967). *Didactica magna.* (M. W. Keating, Ed., Trans.). New York: Russell & Russell. (Original translation published 1896.)

Consortium of National Arts Education Associations. (1994). *National standards for arts education: What every young American should know and be able to do in the arts.* Reston, VA: Music Educators National Conference.

Copple, C., & Bredekamp, S. (Eds.). (2009). *Developmentally appropriate practice in early childhood programs* (3rd ed.). Washington, DC: National Association for the Education of Young Children.

Council on Physical Education for Children (COPEC). (2000). *Appropriate practices in movement programs for young children ages 3–5: A position statement of the National Association for Sport and Physical Education*

(NASPE). Reston, VA: American Alliance for Health, Physical Education, Recreation & Dance.

Copley, J. V. (2009). *The young child and mathematics* (2nd ed.). Washington, DC: NAEYC.

Cuffaro, H. K. (1995). *Experimenting with the world*. New York: Teachers College Press.

Dixon, G. T., & Tarr, P. (1988). Extending art experiences in the preschool classroom. *International Journal of Early Childhood, 20*(1), 27–34.

Epstein, A. S. (2007). *The intentional teacher*. Washington, DC: NAEYC.

Feeney, S., & Moravcik, E. (1987). A thing of beauty: Aesthetic development in young children. *Young Children, 42*(6), 7–15.

Feeney, S., & Moravcik, E. (1995). *Discovering me and my world*. Circle Pines, MN: American Guidance Service.

Feeney, S., Galper, A., & Seefeldt, C. (Eds.). (2009). *Continuing issues in early childhood education* (3rd ed.). Upper Saddle River, NJ: Pearson.

Fields, M. V., Groth, L. A., & Spangler, K. L. (2004). *Let's begin reading right: A developmental approach to emergent literacy* (5th ed.). Upper Saddle River, NJ: Pearson.

Fröebel, F. (1885). *The education of man*. (J. Jarvis, Trans.). New York: Lovell.

Gabbard, C. P. (2004). *Lifelong motor development* (4th ed.). San Francisco: Benjamin Cummings/Pearson Education.

Gallahue, D. L., & Donnelly, F. C. (2007). *Developmental physical education for all children* (4th ed.). Champaign, IL: Human Kinetics.

Harlan, J. D., & Rivkin, M. S. (2004). *Science experiences for the early childhood years: An integrated affective approach* (8th ed.). Upper Saddle River, NJ: Pearson.

Holt, B. G. (1989). *Science with young children* (Rev. ed.). Washington, DC: NAEYC.

Hymes, J. L. (2001 [1947]). Planning ahead for young children. Speech to the National Association for Nursery Education. Reprinted in *Young Children, 56*(4), 62–94.

Hyson, M. (2008). *Enthusiastic and engaged learners: Approaches to learning in the early childhood classroom*. New York: Teachers College Press.

Katz, L. G. (2007). Standards of experience. *Young Children, 62*(3), 94–95.

Marlay, A. (1993). The importance and value of the development of aesthetic awareness in the education of young children. *Professional News, 1*(2), 19–27.

Mitchell, A., & David, J. (Eds.). (1992). *Explorations with young children*. Mt. Rainier, MD: Gryphon House.

Moravcik, E. (2000). Music all the livelong day. *Young Children, 55*(4), 27–29.

Moravcik, E., Nolte, S., & Feeney, S. (2013). *Meaningful curriculum for young children*. Upper Saddle River, NJ: Pearson.

Moskowitz, A. (1979). The acquisition of language. *Scientific American, 239*(5), 82–89.

Mulcahey, C. (2009). *The story in the picture: Inquiry and artmaking with young children*. New York: Teachers College Press.

Nager, N., & Shapiro, E. K. (Eds.). (2000). *Revisiting a progressive pedagogy: The developmental-interaction approach*. Albany, NY: State University of New York Press.

National Association for the Education of Young Children. (2009). *NAEYC Standards for Early Childhood Professional Preparation Programs*. Retrieved from www.naeyc.org/files/naeyc/file/positions/ProfPrepStandards09.pdf

National Association for Sport and Physical Education (NASPE). (2004). *Moving into the future: National standards for physical education* (2nd ed.). Reston, VA: American Alliance for Health, Physical Education, Recreation, and Dance.

National Council for the Social Studies (NCSS). (2010). *National curriculum standards for social studies: A framework for teaching, learning, and assessment*. Silver Spring, MD: NCSS.

The National Association of Music Educators (MENC). (1991). *MENC position statement on early childhood education*. Reston, VA: MENC. Retrieved from www.menc.org/about/view/early-childhood-education-position-statement

National Council of Teachers of Mathematics (NCTM) & National Association for the Education of Young Children (NAEYC). (2003). Learning paths and teaching strategies in early mathematics. *Young Children, 58*(1), 41–42.

National Research Council. (1996). *National science education standards*. Washington, DC: National Academy Press.

Neuman, S. B., Copple, C., & Bredekamp, S. (1999). *Learning to read and write*. Washington, DC: NAEYC.

Neuman, S. B., & Roskos, K. (2005). Whatever happened to developmentally appropriate practice in early literacy. *Beyond the Journal; Young Children on the Web*, 1–6.

Ogden, C., & Carroll, M. (2010). *Prevalence of obesity among children and adolescents: United States, trends 1963–1965 through 2007–2008*. Division of Health and Nutrition Examination Surveys, Atlanta, GA: CDC.

Ross, M. (1981). *The aesthetic imperative: Relevance and responsibility in art education*. Oxford: Pergamon.

Sanders, S. W. (2002). *Active for life: Developmentally appropriate movement programs for young children*. Washington, DC: NAEYC.

Schickedanz, J. (1999). *Much more than the ABC's*. Washington, DC: NAEYC.

Seefeldt, C. (Ed.). (2005). *The early childhood curriculum: Current findings in theories and practice* (3rd ed.). New York: Teachers College Press.

Seefeldt, C., Castle, S. D., & Falconer, R. (2009). *Social studies for the preschool/primary child* (8th ed.). Upper Saddle River, NJ: Pearson.

Skill Builders Pediatric Occupational Therapy. (2002). *Fine Motor Development 0 to 6 Years*. www.skillbuildersonline.com

West, J., Denton, K. L., & Germino-Hausken, E. (2000). *America's kindergartners*. Washington, DC: National Center for Education Statistics.

第 11 章

Association for Supervision and Curriculum Development. (2002). *Overview of curriculum integration*. Alexandria, VA: Association for Supervision and Curriculum Development. Retrieved from www2.yk.psu.edu/~jlg18/506/ci_over.pdf

Baratta-Lorton, M. (1972). *Workjobs*. Menlo Park, CA: Addison-Wesley.

Berk, L. E., & Winsler, A. (1995). *Scaffolding children's learning*. Washington, DC: NAEYC.

Biber, B. (1969). *Challenges ahead for early childhood education*. Washington, DC: NAEYC.

Biber, B. (1984). A developmental-interaction approach: Bank Street College of Education. In M. C. Day & R. K. Parker (Eds.), *The preschool in action: Exploring early childhood programs* (2nd ed., 421–460). Boston: Allyn & Bacon.

Bloom, B. S., Mesia, B. B., & Krathwohl, D. (1964). *Taxonomy of educational objectives* (Vol. 1, *The affective domain*, Vol. 2, *The cognitive domain*). New York: David McKay.

Copple, C., & Bredekamp, S. (Eds.). (2009). *Developmentally appropriate practice in early childhood programs* (3rd ed.). Washington, DC: NAEYC.

Bredekamp, S., & Rosegrant, T. (Eds.). (1992). *Reaching potentials: Appropriate curriculum and assessment for young children* (Vol. 1). Washington, DC: NAEYC.

Bredekamp, S., & Rosegrant, T. (Eds.). (1995). *Reaching potentials: Transforming early childhood curriculum and assessment for young children* (Vol. 2). Washington, DC: NAEYC.

Carter, M., & Curtis, D. (1996a). *Reflecting children's lives: A handbook for planning child centered curriculum*. St. Paul, MN: Redleaf Press.

Carter, M., & Curtis, D. (1996b). *Spreading the news: Sharing the stories of early childhood education*. St. Paul, MN: Redleaf Press.

Cuffaro, H. K. (1995). *Experimenting with the world*. New York: Teachers College Press.

Edwards, C., Gandini, L., & Forman, G. (1998). *The hundred languages of children* (2nd ed.). Norwood, NJ: Ablex.

Epstein, A. S. (2007). *The intentional teacher*. Washington, DC: NAEYC.

Feeney, S. (2006, September). Which way should we go from here? Some thoughts about early childhood curriculum. *Young Children: Beyond the Journal*. Retrieved from http://journal.naeyc.org/btj/200609/FeeneyBT.pdf.

Goffin, S. G. (2001). *Curriculum models and early childhood education: Appraising the relationship* (2nd ed.). Upper Saddle River, NJ: Pearson.

Harlan, J. D., & Rivkin, M. S. (2007). *Science experiences for the early childhood years: An integrated affective approach* (9th ed.). Upper Saddle River, NJ: Pearson.

Helm, J., Beneke, S., & Steinheimer, K. (2007). *Windows on learning: Documenting young children's work* (2nd ed.). New York: Teachers College Press.

Helm, J. H., & Katz, L. (2001). *Young investigators: The project approach in the early years*. New York: Teachers College Press.

Hirsch, R. A. (2004). *Early childhood curriculum: Incorporating multiple intelligences, developmentally appropriate practice, and play*. Boston: Allyn & Bacon.

Hyson, M. (2008). *Enthusiastic and engaged learners: Approaches to learning in the early childhood classroom*. New York: Teachers College Press.

Jones, E., & Nimmo, J. (1994). *Emergent curriculum*. Washington, DC: NAEYC.

Katz, L. G. (1993). *Dispositions as educational goals*. Urbana, IL: ERIC Document Reproduction Service No. ED363454.

Katz, L. G., & Chard, S. C. (2000). *Engaging children's minds: The project approach*. Norwood, NJ: Ablex.

Katz, L. G. (2007). Standards of experience. *Young Children, 62*(3), 94–95.

Kostelnik, M. J., Soderman, A. K., & Whiren, A. P. (2010). *Developmentally appropriate curriculum: Best practices in early childhood education* (5th ed.). Upper Saddle River, NJ: Pearson.

Mitchell, A., & David, J. (Eds.). (1992). *Explorations with young children*. Mt. Rainier, MD: Gryphon House.

Moravcik, E., Nolte, S., & Feeney, S. (2013). *Meaningful curriculum for young children*. Upper Saddle River, NJ: Pearson.

Moravcik, E., & Feeney, S. (2009). Curriculum in early childhood education: Teaching the whole child. In S. Feeney, A. Galper & C. Seefeldt (Eds.). *Continuing issues in early childhood education* (3rd ed., pp. 218–237). Upper Saddle River, NJ: Pearson.

Nager, N., & Shapiro, E. K. (Eds.). (2000). *Revisiting a progressive pedagogy: The developmental-interaction approach*. Albany: State University of New York Press.

National Association for the Education of Young Children & National Association of Early Childhood Specialists in State Departments of Education. (2003). Executive summary early learning standards: Creating conditions for success. *Young Children, 58*(1), 69–70.

Phillips, D., Mekos, D., Scarr, S., McCartney, K. & Abbott–Shim, M. (2000, Winter). Within and beyond the classroom door: Assessing quality in child care centers. *Early Childhood Research Quarterly, 15*(4), 475–496.

Roopnarine, J. L., & Johnson, J. E. (Eds.). (2009). *Approaches to early childhood education* (5th ed.). Upper Saddle River, NJ: Pearson.

Schickedanz, J., Pergantis, M. L., Kanosky, J., Blaney, A., & Ottinger, J. (1997). *Curriculum in early childhood: A resource guide for preschool and kindergarten teachers*. Boston: Allyn & Bacon.

Seefeldt, C. (Ed.). (1999). *The early childhood curriculum: Current findings in theories and practice* (3rd ed.). New York: Teachers College Press.

Wheatley, K. F. (2003). Promoting the use of content standards: Recommendations for teacher educators. *Young Children, 58*(2), 96–101.

Wiltz, N. W., & Klein, E. L. (2001, Summer). "What do you do in child care?" Children's perceptions of high and low quality classrooms. *Early Childhood Research Quarterly, 16*(2), 209–236.

第 12 章

Allen, K. E., & Schwartz, I. S. (1996). *The exceptional child: Mainstreaming in early childhood education* (3rd ed.). Albany, NY: Delmar.

Allington, R. L. (2009). *What really matters in response to intervention*. Upper Saddle River, NJ: Pearson.

Bowe, F. G. (2000). *Birth to five: Early childhood special education*. Albany, NY: Delmar.

Boyle, C. A., Boulet, S., Schieve, L. A., Cohen, R. A., Blumberg, S. J., Yeargin-Allsopp, M., . . . Kogan, M. D. (2011). Trends in the prevalence of developmental disabilities in U.S. children, 1997–2008. *Pediatrics,* 2011; peds.2010-2989; published ahead of print May 23, 2011. doi:10.1542/peds.2010-2989

Copple, C., & Bredekamp, S. (Eds.). (2009). *Developmentally appropriate practice in early childhood programs* (3rd ed.). Washington, DC: NAEYC.

Buysse, V., & Wesley, P. W. (Eds.). (2006). *Evidence-based practice in the early childhood field*. Washington, DC: Zero to Three Press.

Carta, J. J., Schwartz, I. S., Atwater, J. B., & McConnell, S. R. (1991). Developmentally appropriate practice: Appraising its usefulness for young children with disabilities. *Topics in Early Childhood Special Education, 13*(1), 1–20.

Division for Early Childhood (DEC). (2007). *Promoting positive outcomes for children with disabilities: Recommendations for curriculum, assessment and program evaluation*. Missoula, MT: Author.

Division for Early Childhood/National Association for the Education of Young Children (DEC/NAEYC). (2009). *Early childhood inclusion: A summary.* Chapel Hill: The University of North Carolina, FPG Child Development Institute.

Dunlap, L. L. (2009). *An introduction to early childhood special education: Birth to age five.* Upper Saddle River, NJ: Pearson.

Edmiaston, R., Dolezal, V., Doolittle, S., Erickson, C., & Merritt, S. (2000). Developing individualized education programs for children in inclusive settings: A developmentally appropriate framework. *Young Children, 55*(4), 36–41.

French, K. (2004). Supporting a child with special health care needs. *Young Children, 59*(2), 62–63.

Hall, L. J. (2009). *Autism spectrum disorders: From theory to practice.* Upper Saddle River, NJ: Pearson.

Hull, K., Goldhaber, J., & Capone, A. (2002). *Opening doors: An introduction to inclusive early childhood education.* Boston: Houghton Mifflin.

Kaplan-Sanoff, M., & Kletter, E. F. (1985). The developmental needs of abused children: Classroom strategies. *Beginnings, 2*(4), 15–19.

Kostelnik, M., Onaga, E., Rohde, B., & Whiren, A. (2002). *Children with special needs: Lessons for early childhood professionals.* New York: Teachers College Press.

McCormick, L., & Feeney, S. (1995). Modifying and expanding activities for children with disabilities. *Young Children, 50*(4), 10–17.

Mulligan, S. A. (2003). Assistance technology: Supporting the participation of children with disabilities. *Young Children, 58*(6), 50–53.

National Association for the Education of Young Children (NAEYC). (2005/2011). *Code of ethical conduct and statement of commitment* (Rev. ed.). Washington, DC: NAEYC.

Nemeth, K. N. (2009). *Many languages, one classroom: Teaching dual and English language learners.* Silver Spring, MD: Gryphon House.

Sandall, S. R., & Schwartz, I. S. (2002). *Building blocks for teaching preschoolers with special needs.* Baltimore: Brookes.

Snow, K. (2009). Disability is natural. (E-newsletter). Retrieved from disabilityisnatural.com/explore/pfl

Turnbull, A.R., Turnbull, R., Shank, M. & S. J. Smith. (2004). *Exceptional lives: Special education in today's schools* (4th ed.). Upper Saddle River, NJ: Pearson.

U.S. Department of Health and Human Services, Administration for Children and Families, Office of Head Start. (2008). Dual language learning: What does it take? Head Start dual language report. Retrieved from http://eclkc.ohs.acf.hhs.gov/hslc/tta-system/teaching/eecd

Wolery, M., & Wilbers, J. S. (Eds.). (1994). Including children with special needs in early childhood programs. *Research Monographs of the National Association for the Education of Young Children* (Vol. 6). Washington, DC: NAEYC.

第 13 章

Barbour, C., Barbour, N. H., & Scully. P. A. (2011). *Families, schools, and communities: Building partnerships for educating children* (5th ed.). Upper Saddle River, NJ: Pearson.

Berger, E. H., & Riojas-Cortez, M. (2012). *Parents as partners in education: Families and schools working together* (7th ed.). Upper Saddle River, NJ: Pearson.

Brickmayer, J., Cohen, J., Jensen, I., & Variano, D. (2005). Supporting grandparents who raise grandchildren. *Young Children, 60*(3), 100–104.

Center for the Study of Social Policy (CCSP). (2004). *Protecting children by strengthening families: A guide book for early childhood programs.* Washington, DC. Retrieved from www.cssp.org

Christian, L. G. (2006). Understanding families: Applying family systems theory to early childhood practice. *Young Children, 61*(1), 12–20.

Copple, C. (Ed.). (2003). *A world of difference: Readings on teaching young children in a diverse society.* Washington, DC: NAEYC.

Diffily, D., & Morrison, K. (Eds.). (1996). *Family-friendly communication for early childhood programs.* Washington, DC: NAEYC.

Dombro, A. L., & Lerner, C. (2006). Sharing the care of infants and toddlers. *Young Children, 61*(1), 29–33.

Epstein, J. L. (2001). *School, family, and community partnerships: Preparing educators and improving schools.* Boulder, CO: Westview.

Galinsky, E. (1981). *Between generations: The six stages of parenting.* New York: Times Books.

Gennarelli, C. (2004). Communicating with families: Children lead the way. *Young Children, 59*(1), 98–99.

Gonzalez-Mena, J. (2001). *Multicultural issues in child care* (3rd ed.). Mountain View, CA: Mayfield.

Gonzalez-Mena, J. (2008). *Diversity in early education programs: Honoring differences* (5th ed.). Boston: McGraw-Hill.

Gonzalez-Mena, J. (2009a). *The child in the family and the community* (5th ed.). Upper Saddle River, NJ: Pearson.

Gonzalez-Mena, J. (2009b). What is the role of families in early care and education? In S. Feeney, A. Galper, & C. Seefeldt (Eds.), *Continuing issues in early childhood education* (3rd ed., 369–386). Upper Saddle River, NJ: Pearson.

Gonzalez-Mena, J., & Eyer, D. W. (2009). *Infants, toddlers, and caregivers.* Boston: McGraw-Hill.

Katz, L. (1980). Mothering and teaching—Some significant distinctions. In L. Katz (Ed.), *Current topics in early childhood education* (Vol. 3, 47–63). Norwood, NJ: Ablex.

Keyser, J. (2006). *From parents to partners: Building a family-centered early childhood program.* St Paul, MN: Redleaf Press.

Levine, J. A., Murphy, D. T., & Wilson, S. (1993). *Getting men involved: Strategies for early childhood programs.* New York: Scholastic.

National Association for the Education of Young Children (NAEYC). (1995). *Responding to cultural and linguistic diversity: A position statement.* Washington, DC: NAEYC.

National Association for the Education of Young Children (NAEYC). (2004). *Building circles, breaking cycles—Preventing child abuse and neglect: The early childhood educator's role.* naeyc.org/ece/pdf/duke.pdf

National Association for the Education of Young Children (NAEYC). (2005/2011). *Code of ethical conduct and statement of commitment* (Rev. ed.). Washington, DC: NAEYC.

National Association for the Education of Young Children (NAEYC). (2007). *Early childhood program standards and accreditation criteria: The mark of quality in early childhood education.* Washington, DC: NAEYC.

National Association for the Education of Young Children (NAEYC). (2009). *NAEYC standards for early childhood*

Olson, M. (2007). Strengthening families: Community strategies that work. *Young Children, 62*(2), 26–29.

Powers, J. (2005). *Parent-friendly early learning: Tips and strategies for working well with families.* St. Paul, MN: Redleaf Press.

Riojas-Cortez, M., Flores, B. B., & Clark, E. R. (2003). Los niños aprenden en casa: Valuing and connecting home cultural knowledge with an early childhood program. *Young Children, 58*(6), 78–83.

Rogers, F. (1994). *You are special: Words of wisdom from America's most beloved neighbor.* New York: Penguin Books.

Sammons, W. A. H., & Lewis, J. M. (2000). What schools are doing to help the children of divorce. *Young Children, 55*(5), 64–65.

Turbiville, V. P., Umbarger, G. T., & Guthrie, A. C. (2000). Fathers' involvement in programs for young children. *Young Children, 55*(4), 74–79.

Turnbull, A. P., & Turnbull, H. R. III. (2001). *Families, professionals, and exceptionality: Collaborating for empowerment* (4th ed.). Upper Saddle River, NJ: Pearson.

U.S. Census Bureau, Housing and Household Economic Statistics Division, Fertility & Family Statistics Branch. (2008). America's families and living arrangements. Retrieved from www.census.gov/population/www/socdemo/hh-fam/cps2008.html

第14章

Epstein, A. (2007). *The intentional teacher: Choosing the best strategies for young children's learning.* Washington, DC: NAEYC.

Feeney, S. (2012). *Professionalism in early childhood education: Doing our best for young children.* Upper Saddle River, NJ: Pearson.

Feeney, S., & Freeman, N. (2005, rev. ed.). *Ethics and the early childhood educator: Using the NAEYC Code.* Washington, DC: NAEYC.

Feeney, S., Galper, A., & Seefeldt, C. (Eds.). (2009). *Continuing issues in early childhood education* (3rd ed.). Upper Saddle River, NJ: Pearson.

Goffin, S. G., & Lombardi, J. (1988). *Speaking out: Early childhood advocacy.* Washington, DC: NAEYC.

Hymes, J. L., Jr. (1981). *Teaching the child under six* (3rd ed.). Upper Saddle River, NJ: Pearson.

Jones, E., & Reynolds, G. (1992). *The play's the thing: Teacher's roles in children's play.* New York: Teachers College Press.

Katz, L. G. (1995). *The developmental stages of teachers. Talks with teachers of young children.* Norwood, NJ: Ablex.

National Association for the Education of Young Children. (2005/2011). *Code of Ethical Conduct and Statement of Commitment* (rev. ed.). Washington, DC: NAEYC. Retrieved from www.naeyc.org/files/naeyc/file/positions/Ethics Position Statement2011.pdf

Rogers, F. (2003). *The world according to Mister Rogers: Important things to remember.* New York: Hyperion.

Stonehouse, A. (1994). *Not just nice ladies.* Castle Hills, NSW, AU: Pademelon Press.

有些老师像太阳,
她们一出现,
孩子的天就晴了。

图书在版编目（CIP）数据

儿童生活中我是谁：学前教育导论：第 9 版/（美）菲尼,（美）莫拉维茨克,（美）诺尔蒂著；洪秀敏，李晓巍，王兴华译. —北京：商务印书馆，2019
ISBN 978-7-100-11051-8

Ⅰ.①儿… Ⅱ.①菲…②莫…③诺…④洪…⑤李…⑥王… Ⅲ.①学前教育–教学研究 Ⅳ.① G612

中国版本图书馆 CIP 数据核字（2015）第 018691 号

版权所有。未经出版人事先书面许可，对本出版物的任何部分不得以任何方式或途径复制或传播，包括但不限于复印、录制、录音，或通过任何数据库、信息或可检索的系统。

本授权中文简体字翻译版由培生教育出版公司和商务印书馆合作出版。此版本经授权仅限在中华人民共和国境内（不包括香港特别行政区、澳门特别行政区和台湾地区）销售。

版权 ©2019 由培生教育出版公司与商务印书馆所有。

本书封底贴有培生教育出版公司防伪标签，无标签者不得销售。

所有权利保留。
未经许可，不得以任何方式使用。

儿童生活中我是谁：学前教育导论（第 9 版）

〔美〕斯蒂芬妮·菲尼　伊娃·莫拉维茨克　谢里·诺尔蒂　著
洪秀敏　李晓巍　王兴华　译
洪秀敏　审校
刘力　陆瑜　策划
赵延芹　刘丽丽　责编

商 务 印 书 馆 出 版
（北京王府井大街36号　邮政编码100710）
商 务 印 书 馆 发 行
山东临沂新华印刷物流集团
有 限 责 任 公 司 印 刷
ISBN 978-7-100-11051-8

2019年3月第1版　　　开本 850×1092　1/16
2019年3月第1次印刷　　印张 37
定价：128.00 元

请不要阻挡孩子的眼泪,
他终将要去面对
一个人的地老天荒。